Karl von Hase

Dogmatik der evangelisch-lutherischen Kirche

Ein dogmatisches Repertorium für Studierende

Karl von Hase

Dogmatik der evangelisch-lutherischen Kirche
Ein dogmatisches Repertorium für Studierende

ISBN/EAN: 9783742890887

Hergestellt in Europa, USA, Kanada, Australien, Japan

Cover: Foto ©Lupo / pixelio.de

Manufactured and distributed by brebook publishing software (www.brebook.com)

Karl von Hase

Dogmatik der evangelisch-lutherischen Kirche

HUTTERUS REDIVIVUS

ODER

DOGMATIK

DER

EVANGELISCH-LUTHERISCHEN KIRCHE.

EIN

DOGMATISCHES REPERTORIUM

FÜR

STUDIRENDE.

Elfte, verbesserte Auflage.

LEIPZIG

DRUCK UND VERLAG VON BREITKOPF UND HÄRTEL.

1868.

„Es will jedermann im Laden feil stehen, nicht dafs er Christum oder sein Geheimnifs wolle offenbaren, sondern sein eigen Geheimnifs und schöne Gedanken, die er über Christi Geheimnifs hält, nicht will umsonst gehabt haben, damit er hoffet auch die Teufel zu bekehren, so er doch nie eine Mücke bekehrt hat oder bekehren kann, wo nicht das Verkehren das erste drin wäre."

LUTHER.

Der

Hochwürdigen theologischen Facultät

zu

Tübingen.

Seit Sie, Hochwürdige Herren, ein freundliches Verhältnifs früherer Jahre ehrend, mich unter Ihre Doctoren erwählten, sind wieder Jahre vorübergegangen, ohne dafs ich, allein mit kirchenhistorischen Studien beschäftigt, deren Früchte langsam reifen, Ihnen öffentlich nach academischer Sitte meinen Dank aussprechen konnte. Auch jetzt kann ich es nur mit der Erneuerung eines ältern Buches, doch mache ich grade dieses gern zum Boten meines Dankes. Zwar ist das dogmatische System, dessen Sache hier vorzugsweise geführt wird, nicht das Meine; auch, soweit mir bekannt ist, nicht das Ihre: dennoch ist dieses Buch gewissermafsen in Tübingen zu Hause. Denn als ich unter den Auspicien dieser Hochwürdigen Facultät in das academische Leben eintrat, und auf dem Catheder, wo einst der verklärte Storr gelehrt hatte, in einem Lande, wo seine ehrwürdigen Freunde und Schüler rings umher die Segnungen des Evangeliums verkünden, Behauptungen geltend machen mufste, die damals dieser Stätte ungewöhnlich waren: habe ich noch einmal alles von vornherein mit vieler Sorge überlegt und mich hineingedacht in die alten Satzungen der Kirche. Die ganze geistige Umgebung grade durch ihre christliche Milde und wissenschaftliche Besonnenheit liefs mich die Auffassung des Christenthums als übernatürliche, unmittelbare Offenbarung im reinsten Lichte erblicken. Meine Überzeugung ist nicht geändert worden, wohl aber ging mir das Herz mehr und mehr auf für den Glauben unsrer Väter, und ich begann zu verstehn, warum der Glaube eben in dieser Gestalt verordnet war sie selig zu machen. Das dogmatische System des 16. und 17. Jahrhunderts kam mir vor wie einer unsrer alten deutschen Münster mit seinen himmelstrebenden Spitzbogen und wunderlichen sinnvollen Zierrathen. Nicht allezeit ist der Herr in solch einem steinernen Hochwalde verehrt worden. Als Er selbst noch auf Erden wandelte, war der Himmel und die Erde seine Kirche, ein Berg seine Kanzel; darnach hielt man das Liebesmahl in Werkstätten und in Katakomben; zu andrer Zeit erschallte das *Te Deum laudamus* unter den heitern Säulenhallen und Kuppelgewölben des Südens; und überall wo Zwei oder Tausende sich in seinem Namen versammelt hatten, war der Herr mitten unter ihnen. Einen Dom wie unsre Vorfahren kann unsre Zeit nicht wieder baun, vor einigen Jahrzehnten hielt man's sogar für ein altgothisch barbarisch Bauwerk; es wird einem aber doch ganz besonders wie in einem Gotteshause darin zu Muthe. Aus dieser Gesinnung ist der eigenthümliche Zug, der durch den Hutterus geht, wohl zunächst entstanden, und ich bringe ihn dankbar in seine Heimath zurück.

Wenn in dem Ehrengeschenke, das ich Ihnen danke, Hochwürdige Herren, eine hohe ernste Mahnung liegt, wie sie für so viele nun vorübergegangene Lehrer der Kirche darin lag, und selbst dem grofsen Erneuerer derselben zur Freudigkeit und in trüben Stunden zum Troste war: so liegt mir auch noch eine besonders freundlich irdische Beziehung darin, als ein Andenken aus dem Lande, das durch soviel Liebes und Trübes, was der Jüngling einst dort erlebte, in meiner Erinnerung eine zweite Heimath geworden ist. Gottes reicher Segen walte über dem schönen Schwabenlande mit seinen Rebenhügeln und seinen Männern furchtlos und treu.

Jena, am 2. Osterfeiertage 1833.

Dr. Karl Hase.

VORREDE ZUR ERSTEN AUFLAGE.

Dieses Werk ist blos historisch, aber nach jener höhern Auffassung der Historie, welche nicht blos einzelne Erscheinungen des Geistes berichtet, sondern eindringt in das geistige Leben, aus welchem sie mit innerer Nothwendigkeit hervorgingen. Bei der rein objectiven Darstellung, in welcher jede Beziehung auf den eignen Glauben des Verfassers ausgeschlossen ist, selbst die exegetischen und dogmengeschichtlichen Bestandtheile nur vom Standpunkte der Kirchenlehre aus aufgefaßt sind, wurde für angemessen geachtet, um auch hierin jede persönliche Beziehung fernzuhalten, statt des Verfassers den Namen eines Kirchenlehrers der Vorzeit dem Buche vorzusetzen. Es ziemte aber nicht, daß der Geist unsers *Hutterus* erschiene als der redliche Eiferer für den Buchstaben kirchlicher Orthodoxie, der dem 17. Jahrhunderte angehörte, sondern wie er vielleicht lehren möchte im 19. Jahrhunderte, wenn er zurückkehrte ein verklärter Geist, und dennoch treu dem altväterlichen Glauben diesen vertheidigen würde gegen ein anders gewordnes Zeitalter, ohne die Erforschungen und Fortschritte desselben gänzlich zu verschmähn. Die altprotestantische Dogmatik ist daher dargestellt worden, sowohl nach ihrem Buchstaben, als nach ihrem Geiste, mit derjenigen Freimüthigkeit und Liberalität, die dem christlichen und protestantischen Geiste eigenthümlich ist, wie oft sie auch durch Leidenschaft getrübt wurde.

So weit concise Formeln vorhanden waren, ist die Darstellung besonders des kirchlichen Systems mit den eignen Worten seiner berühmtesten Dogmatiker gegeben oder doch in den Noten belegt worden, so daß also bei jedem dogmatischen Begriffe derjenige Dogmatiker, welcher das Gemeinsame vorzüglich klar oder charakteristisch aufgefaßt hat, angeführt ist, und sonach, wofern sein individuelles Abweichen nicht besonders angemerkt ist, immer als Repräsentant seines Systems gilt, nach der Ordnung, unter welcher die dogmatischen Hauptsysteme in der Geschichte der Dogmatik [*Locus III*] aufgefaßt worden sind.

Die Citate aus den dogmatischen Hauptwerken sind da, wo sie an dem gewöhnlichen Orte zu finden sind, nur mit dem Namen des Autors bezeichnet. Die benutzten Ausgaben, auf welche sich auch die in besondern Fällen angegebne Seitenzahl bezieht, sind, wo es nöthig war, im Register der Abbreviaturen angegeben. Stellen aus ältern Ausgaben sind dann ausdrücklich angeführt, wenn sie entweder eine Thatsache für sich bilden, oder eine concisere Formel enthalten.

Unsre Schrift ist zunächst für Studirende bestimmt, sowohl zur Vorbereitung auf dogmatische Studien, als zur Repetition. Hinsichtlich des Erstern vornehmlich zur Vorbereitung auf dogmatische Vor-

lesungen, da dem academischen Lehrer wünschenswerth ist, theils
dafs seine Zuhörer mit dem jedesmaligen Gegenstande des Vortrags
im voraus historisch bekannt sind, theils dafs er, um die herkömmlichen Formeln der ältern Dogmatik nicht alljährlich dictiren zu
müssen, auf ein bekanntes und von aller Individualität möglichst
freies Lehrbuch verweisen könne, ohne dieses defshalb auf eine bestimmte Weise als Compendium zu Grunde legen zu müssen. Hinsichtlich des Zweiten aber vorzüglich zur Vorbereitung auf academische Examinatorien und öffentliche Prüfungen, für welche ein
solches um den Mittelpunkt der Kirchenlehre zusammengedrängtes
Repertorium von dogmatischen Begriffen überaus bequem ist. Und
nur für diese Repetition, nach vorhergegangnen eignen Studien der
kritischen und insbesondere der philosophischen Dogmatik, werden
die aus ihr gezognen Formeln vollkommen verständlich sein.

Eine wissenschaftliche Bedeutung spricht dieses Werk blos für
die Darstellung des altkirchlichen Systems an. Jene alte Orthodoxie, — welche Lessing, ihr ehrwürdiger Gegner, wegen ihres starken
und kühnen Geistes bewunderte, während vor der neuen Rechtgläubigkeit ihm zuweilen eben so übel wurde, als vor der neuen Aufklärung, — sie ist dargestellt worden in ihrer ganzen Kraft und
Consequenz; und eine solche Darstellung, ohne irgend eine äufsere
Rücksicht, schien allerdings der Wissenschaft in mancher Hinsicht
förderlicher, als die neuern Concordate zwischen dem alten Kirchenglauben und der Philosophie oder Unphilosophie des Tages, welche
nicht selten in scheinbarem Vereine von beiden Seiten Widerstrebendes vermischen und Eigenthümliches aufopfern. Zwar ist die
ältere Dogmatik durch die verdienstvollen Bemühungen von *Bretschneider*, *Augusti* und *de Wette* unter den Zeitgenossen bekannter
geworden, als sie vor einigen Jahrzehnten war: dennoch fehlte ein
Werk, in welchem die Principien dieser Dogmatik auf ihrem eigenthümlichen Standpunkte dargestellt, in ihrer religiösen Bedeutung
und wissenschaftlichen Consequenz nachgewiesen, und zu den in
ihnen liegenden Entwicklungen fortgebildet würden. Eine Wissenschaft aber von dem Glauben, für welchen unsre Vorfahren Gut und
Blut eingesetzt haben, verdient wenigstens von ihren Nachkommen
genau gekannt zu werden.

Dieser Glaube unsrer Väter ist dargestellt worden in einem
Geiste, der heimisch ist unter den Gefühlen der Vorwelt. Nicht als
wenn die Formeln der Vorzeit gelten sollten, weil sie gegolten haben:
aber davon ziemt Jünglingen, den künftigen Lehrern und Hirten der
Kirche, auszugehn, wovon die Geschichte unsrer Kirche selbst ausgegangen ist, damit sie die Zeit, die vor ihnen gewesen, und aus der
die Gegenwart geworden ist, daher aus ihr auch verstanden wird,
in der wissenschaftlichen Erinnerung durchleben, und festgewurzelt
in der Vergangenheit vorwärts streben und aufwärts. Und so mag
der Herr der Kirche auch diesen Versuch, mit den ernsten Stimmen
der Wissenschaft ihn zu preisen, an der zum heiligsten Dienste der
Menschheit bestimmten Jugend segnen nach seinem Wohlgefallen.

Leipzig, am 15. October 1828.

AUS DER VORREDE ZUR ZWEITEN AUFLAGE.

Bei mehrjährigen Vorlesungen hat sich mir der *Hutterus* in der Art bewährt, dafs ich, ohne auch nur seiner Ordnung zu folgen, denn eine Dogmatik auf dem Standpunkte unsrer Zeit bringt eine andre Anordnung mit sich, zur Vorbereitung auf das jedesmalige Lehrstück verwies und dann dieses dogmatische Material für die wissenschaftliche Discussion voraussetzte. Wenn ich mich zuweilen daran erfreute zu bemerken, dafs die jüngern Freunde durch die Behandlung der Kirchenlehre, wie sie sich im *Hutterus* findet, im Gegensatze des oberflächlichen Absprechens oder des dumpfen Buchstabenglaubens, die beide in unsrer Zeit schroff nebeneinander stehn, zu der ernsten und frommen Betrachtungsweise hingeleitet wurden, ohne welche die tiefsinnigen Satzungen altväterlicher Frömmigkeit nicht zu verstehn sind: so fühle ich mich dagegen verpflichtet, vor dem exegetischen Bestandtheile des *Hutterus* zu warnen. Er ist weder so vorherrschend, wie die christliche Dogmatik, noch so wissenschaftlich, wie die philologische Bildung unsrer Zeit ihn fordert: sondern es ist eben der beschränkte Standpunkt unsrer alten Dogmatiker, gegen die neuen Forschungen bald mühselig vertheidigt, bald möglichst mit ihnen versöhnt. Man hat aus diesem Buche nicht zu lernen, wie die H. Schrift in der Dogmatik angewandt werden soll, sondern wie sie von den alten Dogmatikern angewandt worden ist.

Jena, am 8. April 1833.

VORREDE ZUR VIERTEN AUFLAGE.

Der *Hutterus redivivus* hat eine geschichtliche Bedeutung, an welche bei der Ausarbeitung des harmlosen Buches nicht gedacht worden war, dadurch erhalten, dafs eine theologische Partei durch ihren unverständigen Kampf gegen dieses Buch ihre wissenschaftliche Ohnmacht vollends zu Tage gebracht hat; eine Partei, welche den Mafsstab der Aufklärung, deren sie sich erfreut, an die ganze Vergangenheit legt, und alles, was demselben nicht entspricht, für Aberglauben und Unsinn hält; welche alles historischen Sinnes beraubt sich davor entsetzt, wenn jemand in den uns fremd gewordenen Anschauungen der Vorzeit einen tiefen Sinn anerkennt, indem sie alsbald von der Angst ergriffen wird, dafs man diese Vorzeit, weil sie einst herrlich gewesen ist, in der Gegenwart erneuen wolle. Das Weitere aus der Vorrede zur dritten Auflage (von 1836) konnte ebendefshalb jetzt ausgelassen werden, denn die geistige Beschränktheit, welche in diesem ganz unphilosophischen Buche eine Zeitphilosophie witterte, und diesen Versuch, die religiösen Gefühle und Gesinnungen, auf denen die alte lutherische Dogmatik ruht, darzulegen, mit der allegorischen Benutzung kirchlicher Formeln für Schellingsche und Hegelsche Philosopheme zusammenwarf, ist so unleugbar geworden, dafs diese Streitsache auf immer abgethan ist. Auch hat der *Hutterus* seine Bestimmung, die academische Jugend mit der alten Dogmatik unsrer Kirche gründlich bekannt zu machen, und nächstdem eine leichtere, nur übersichtliche Bekanntschaft der neuern Systeme zu vermitteln, im weitesten Kreise erfüllt. Es bedarf dazu keiner besondern Verständigung oder Empfehlung mehr, und ich darf mich dieses Erfolgs getrost erfreun, weil er nicht möglich war ohne den neuerwachten historischen Sinn für die eigenthümlichen Zustände der Vorzeit, und ohne die neubelebte Pietät für das, was unsern Vätern heilig war.

Ich selbst scheide jetzt gewissermafsen von meinem Buche, nachdem es mir und meinen Zuhörern ein Jahrzehent durch ein bequemes Compendium gewesen ist, denn freilich ist die neue Bearbeitung meiner evangelischen Dogmatik als der treue Ausdruck meines eignen, innersten Selbst mir weit mundrechter für meine dogmatischen Vorlesungen. Aber ich habe defshalb kein Recht gehabt, eine neue Ausgabe des *Hutterus* zu verweigern, der andern grade durch dasjenige, was darin mir nicht angehört, werth und brauchbar ist. Sähe es nicht wie eine Sonderbarkeit aus, so würde ich diese Ausgabe gleich auf dem Titel als eine verminderte und wenig verbesserte bezeichnet haben. Die Verminderung ist hie und da durch den noch strenger gefafsten Ausdruck, zum Theil auch nur durch das Verdienst des Setzers entstanden. An einem Buche, das sich gleich anfangs ganz losgetrennt von der Individualität seines Verfassers und fast auch von der seines Zeitalters in starrer Objectivität darstellte, wird man grofse Umbildungen nicht erwarten, und so hat auch bei dieser Auflage nur eine Ausbesserung im Kleinen mit den gewöhnlichen Nachträgen aus den seit 1836 erschienenen dogmatischen Werken innerhalb des festabgeschlofsnen Planes stattgefunden.

Jena, am 18. October 1838.

VORREDE ZUR FÜNFTEN AUFLAGE.

Diese Auflage ist wenig mehr als ein Abdruck der vorigen, der nunmehr die schärfsten Spitzen der Opposition aus der Straufsischen Glaubenslehre beigefügt werden konnten.

Man hat sich verwundert, dafs ich nicht schon in der letzten Vorrede des *Melanchthon redivivus* gedacht habe, da derselbe laut Titel und Vorwort durch unsern *Hutterus* hervorgerufen und ihm entgegengesetzt ist. Der mir nur im Guten bekannte Verfasser ist seitdem einem gesegneten Wirkungskreise und dieser streitenden Kirche allzufrüh entrissen worden. Es sei daher genug an dem Bekenntnisse, das ich kaum erst auszusprechen brauche: wer es verstünde, uns den edlen, in einem grofsen Zeitalter vollkommen entwickelten Geist Melanchthons zu beschwören, der würde etwas unermefslich gröfseres, unsrer Zeit gemäfseres thun, als wer nur den beschränkten, in enger Zeit aufgewachsnen Geist des *Hutterus* citirt; aber freilich zu dem ersteren Unternehmen gehört auch eine ganz andre Geisteskraft als zum zweiten.

Jena, am 8. März 1842.

VORREDE ZUR SECHSTEN AUFLAGE.

Die Verbesserungen sind abermals so unbedeutend, dafs niemand die neue Auflage als solche anzuschaffen braucht. Wiefern der *Hutterus* „die Dogmatik der lutherischen Kirche von Heinrich Schmid" mitveranlafst hat, darf ich dieses Anlasses mich erfreuen. Das Verhältnifs beider Bücher hat der Verfasser im allgemeinen richtig bezeichnet: auch seine Darstellung ist historisch, Vergangnes darstellend; aber die meine hat sich bei Darstellung derselben Vergangenheit im lebendigsten Verkehr mit der Gegenwart gedacht. Ich habe dreierlei gewollt: den Inhalt der orthodox lutherischen Dogmatik streng historisch darstellen, die darin liegenden Consequenzen entwickeln, endlich versuchen, was sich dafür gegenüber der gesammten Heterodoxie unserer Zeit noch vorbringen lasse. Wenn aber H. D. Schmid in der Besorgnifs, sein Buch „könnte durch den *Hutterus* etwa als überflüssig erscheinen," die Voraussetzung aufstellt, dafs bei einem Unternehmen der Art „die kirchliche Lehre wohl schwerlich einer Färbung gänzlich entgehn könne," so hat er die Nachweisung, dafs diese Färbung wirklich eingetreten sei, auch nicht einmal versucht. So wenig es für die Treue seiner historischen Darstellung etwas erweist, dafs er versichert, der Lehre seiner Kirche mit aufrichtigem Herzen zugethan zu sein, so wenig war für meine historische Treue dadurch etwas zu fürchten, dafs ich, obwohl persönlich frei darüber stehend, doch meine Freude daran hatte mich in die altväterliche Glaubenslehre zu vertiefen. Man hat mir vorgehalten, dafs Sätze des *Hutterus* im Widerspruche stehn mit Sätzen meiner andern Schriften, und ich sollte meinen, es gehöre kein besonderer Scharfsinn dazu, das zu entdecken: aber noch niemand hat nachgewiesen, dafs die alte orthodoxe Dogmatik unsrer Kirche im *Hutterus* nicht vollkommen treu dargestellt sei, soweit sich sein Inhalt als eine Darstellung derselben gibt. Darum jedoch ist das andre Werk keineswegs überflüssig. So ein eng begränzter historischer Zweck hat eigenthümliche Vorzüge und hat insbesondre einen fleifsig ausgewählten Reichthum von Belegstellen zugelassen, wie er unserm *Hutterus* in seinem Compendiumsstyle nicht ziemte, dem vielmehr manches der Art, das in der ersten Bearbeitung stand, in den spätern Auflagen ausgefallen ist. Dies allein vermisse ich an dem genannten Werke auf seinem eignen Standpunkte, dafs der Verfasser aus Scheu, der historischen Objectivität etwas zu vergeben, nicht gewagt hat den religiösen Inhalt und die Grundgedanken der altprotestantischen Dogmatik wissenschaftlich darzulegen. Er gibt nur ihre Formeln mit den untergesetzten Belegstellen. Er verzichtet „auf jede s. g. höhere geschichtliche Auffassung." Es ist freilich mit dieser höhern oder tiefern Auffassung in der Geschichte wie in der Schriftauslegung allerlei Unfug getrieben worden: allein diejenigen, welche mit einem Seitenblicke hierauf sich der Mühe des Eindringens in die erzeugenden Gedanken überheben, zumal in der Geschichte einer Wissenschaft, meinen doch auch nur auf einem höhern Standpunkte zu stehn, der übrigens recht bequem ist.

Die Glaubenslehre von Alex. Schweizer gibt ein Exempel davon, wie man bei voller historischer Treue doch das innere Getriebe einer Gedankenwelt zu ergründen habe. Was er für die reformirte Dogmatik unternommen hat, ist schwieriger und verdienstlicher, als die Aufgabe des *Hutterus* war, denn die Dogmatik der reformirten Kirche ist weit weniger in einem Typus durchgebildet und war in ihrem Gesammtbilde unserm Blicke fast entschwunden. Der Abschluſs jedes Lehrsatzes durch eine offne Kritik des Verfassers von einem befreundeten, aber freien Standpunkte aus, thut der historischen Genauigkeit keinen Eintrag; auch mir hätte diese Form in Darlegung der lutherischen Dogmatik näher gelegen, wäre ich nicht damals, als ich den *Hutterus* schrieb, jung gewesen, und hätte ich nicht bereits Gelegenheit gehabt meine dogmatische Überzeugung in einem andern Werke auf das bestimmteste auszusprechen.

Jena, am Martinstage 1844..

VORREDE ZUR SIEBENTEN AUFLAGE.

Mit den bescheidenen Zusätzen und Verbesserungen dieser Auflage verhält es sich wie bei ihren letzten Vorgängern. Aber mit besonders gutem Muthe habe ich diesmal das Buch durchgesehn, weil überall in Deutschland die künstlichen Mächte gefallen sind, welche das Schattenbild altväterlicher Dogmatik in der Gegenwart wieder beleben wollten, und die es noch wollen, müssen es jetzt allein auf die eigne Kraft der Sache versuchen. Man wird fortan die Dogmatik der Vergangenheit unbefangener betrachten, wenn es nur gilt, wie es dem Verfasser dieser Darstellung derselben vom Anfange an galt, die Bedeutung zu erkennen, welche sie für den religiösen Geist einst gehabt hat.

Jena, am 18. Juni 1848.

VORREDE ZUR ACHTEN AUFLAGE.

Die Hoffnung, mit der ich die letzte Vorrede schrieb, ist wie so manche Hoffnung jenes Jahrs unerfüllt geblieben, ja ihr Gegentheil eingetreten. Dadurch war mir die Lust dazu vergangen, als voriges Jahr mein Freund und Verleger das Bedürfniſs einer neuen Auflage anzeigte. Doch hatte ich kein Recht mich einem Buche zu entziehn, das auf den theologischen Unterricht einigen Einfluſs zu üben scheint, und bei der endlich unternommenen kleinen Arbeit zur Revision ist mir die alte Neigung zu dem seltsamen Buche bald wiedergekommen. Dabei drang sich mir seine veränderte Stellung auf. Zu der Zeit, als der alte *Hutterus* zum *redivivus* wurde, war es, abgesehn von der Vorrede, das orthodoxeste Buch und die alleinige orthodoxe Dogmatik in der neuern Literatur der deutschen lutherischen Kirche wie der benachbarten Nationalkirchen, die sich's durch Übersetzungen aneigneten; aber fremd jener Zeit, wie mir selbst, angesehn wie ein *revenant*, ein Gespenst aus vergangenen Tagen. Dermalen ist nicht nur die Kenntnifs der altprotestantischen Dogmatik und der Respect vor ihrem religiösen Ernste weitverbreitet, sondern auch eine, wenn nicht grofse, doch eifrige Partei ist bemüht diese Glaubenslehre als die allein berechtigte wieder in der gegenwärtigen Kirche zur Herrschaft zu bringen. Früher war es ein Nebengeschäft meines Buchs den Halb-Orthodoxen, welche damals als die Träger der Rechtgläubigkeit galten, darzuthun, wie weit sie vom altväterlichen Glauben abstanden. Jetzt, indem ich den gleich anfangs klar bezeichneten und festverschränkten Standpunkt meines *Redivivus* festhielt, war ich einigemal veranlafst, die freisinnigen Consequenzen, welche in der lutherischen Dogmatik liegen, gegen diejenigen geltend zu machen, welche auch ihren Buchstaben restauriren wollen, viel lutherischer als Luther in seinem wahrhaft reformatorischen und prophetischen Wesen. Hr. *D*. Kahnis hat seine interessante Schrift über den innern Gang des deutschen Protestantismus, anknüpfend an das Wort des Apostels, „halte was du hast, auf dafs niemand deine Krone raube!" mit der Losung seiner Partei beschlossen: „unsre Krone ist unser Bekenntnifs." Unser *Hutterus*, darin dem Apostel, der nur von christlicher Standhaftigkeit spricht, wohl näher, wollte nur den religiösen Inhalt des Bekenntnisses seiner Zeit vertreten. Jena, am Martinstage 1854.

VORREDE ZUR NEUNTEN AUFLAGE.

Die Sammlung der alten Vorreden ist stehn geblieben, da sie auf die wechselnden Zeitverhältnisse hindeuten, unter denen unser *Redivivus* einigemal erschienen ist. Diese Verhältnisse haben sich seit der letzten Vorrede nicht wesentlich verändert, nur dafs die Partei, zu welcher der *Hutterus* in so eigenthümliches Verhältnifs gekommen ist, begonnen hat, einerseits eine selbstständige Dogmatik aus ihrer Mitte hervorzubringen, andererseits sich mit Abfallsbeschuldigungen und Entsetzungen unter einander anzufallen, während die Zeichen am Himmel und auf Erden darauf hinweisen, dafs in nicht ferner Zukunft die lutherische Orthodoxie nicht mehr ein Beförderungsmittel, sondern wieder eine freie Wissenschaft sein wird, wie der *Hutterus* sie immer getrieben hat.

Jena, am 15. Juli 1858.

VORREDE ZUR ZEHNTEN AUFLAGE.

Wiederum ist nachgetragen was aus der Ärnte seit 1858 den dogmatischen Studien etwa dienen mag. Unser wiedergeborner *Hutterus* ist nun auch alt geworden, und die Stürme, die seine zweite Jugend umbrausten, haben längst sich gelegt. Den Verfasser aber, als er zum zehntenmal das Werk seiner eignen Jugend zum Druck durchsah, hat es recht zur Bescheidenheit gemahnt, denn von allem, was er sonst geschrieben hat, ist doch wohl dieses Buch das am weitesten verbreitete, und das enthält am wenigsten von ihm selbst.
Jena, am 8. März 1862.

VORREDE ZUR ELFTEN AUFLAGE.

Nachdem einige Werke erschienen sind, wohlgeeignet den *Hutterus* zu ersetzen und von Verfassern, die nicht blos ein historisches Interesse an der altprotestantischen Dogmatik haben, konnte ich daran denken, unsern *Redivivus* nach seinem neuen fleifsig vollbrachten und jungen Fleifs fördernden Durchleben eines mehr als vollen Menschenalters wieder zu seinen Vätern sich legen zu lassen. Indefs wie die Jugend ihn fortwährend gebrauchte und mein Verlagsfreund die Gestaltung einer neuen Auflage forderte, hatte ich kein Recht dem zu wehren, und so habe ich abermals in jene altväterliche Dogmatik mich hineinsinnend die kleinen Besserungen und Zusätze vollzogen, wie das Fortleben in der Gegenwart sie empfahl.

Die Correctheit der Citate Heiliger Schrift ist durch eine unerwartete Hülfe gefördert worden. Vor einigen Jahren hat ein damaliger Student der Theologie in Greifswald, Wilhelm Sicker, alle diese Citate prüfend nachgeschlagen und aus Pietät zum *Hutterus* etwa für den Gebrauch einer neuen Ausgabe mir ein Verzeichnifs derjenigen zugesandt, welche ihm falsch oder minder genau erschienen zugleich mit Nachweisungen und Vermuthungen, welche andre Stelle gemeint sei; ein zu meiner Beschämung gar stattliches Verzeichnifs, theils wo in meine eignen Citate durch die wiederholten Drucke hie und da eine falsche Zahl eingeschlichen war, theils wo ich Stellen meist altprotestantischer Dogmatiker mit ihren von Haus aus falschen, oder auch nur in ihren Drucken gefälschten Bibel-Citaten aufgenommen hatte. Sei hierdurch dem mir persönlich ganz unbekannten freundlichen Gehülfen ein herzlicher Dank gesagt.
Jena, am 18. October 1867.

ERKLÄRUNG DER ABBREVIATUREN.

abs.	— absolut
A. C.	— Apologia Confessionis Augustanae
Acc.	— Accidens
AKD	— altkirchliche Dogmatiker, cf. §. 26.
allg.	— allgemein
Am	— v. Ammon, Summa, ed. 4. 830.
App. u. apost.	— Apostel u. apostolisch
Arist	— Aristoteles
A. S.	— Articuli Smalcaldici
A. T.	— Altes Testament
Ath n	— Athanasius
Auctort.	— Auctorität
Auctortsgl.	— Auctoritätsglaube
Aug	— Augusti, Dogmatik 2. A. 825.
Augtms.	— Augustinismus
Augtn	— Augustinus
BC	— Baumgarten-Crusius
Bgr.	— Begriff
Budd	— Buddeus, Institt. Lps. 724. 4.
bes.	— besonders
Bmg	— Baumgarten
Br	— Baier, Lps. 750.
Brt	— Bretschneider, Handb. 4. A. 838. Syst. Entwicklung [4. A. 841.
Bwsts.	— Bewufstsein
C. A.	— Confessio Augustana
Cal	— Calovius, Systema. Vit. 655. 4.
Carp	— Carpovius
Chmn	— Chemnitius, Loci th. Vit. 615. f.
Cic	— Cicero
Clv	— Calvinus
Clx	— Calixtus
C. maj.	— Catechismus Lutheri major
C. min.	— Catechismus Lutheri minor
Crm	— Cramer
C. Trid.	— Concilium Tridentinum
dgg.	— dagegen
D. DD	— Dogma Dogmatiker
Ddr	— Döderlein, Institt. ed. 4. 787.
Def. u. Deff.	— Definition u. Definitionen
dgmgschl.	— dogmengeschichtlich
Dk	— Dogmatik
dgm.	— dogmatisch
DG	— Dogmengeschichte
dms. dns. drs. etc.	— demselben etc.
ebndsh.	— ebendefshalb
Ebr	— Ebrard, Dogmatik
Ecc. eccl.	— Ecclesia ecclesiasticus
entggstzt.	— entgegengesetzt
Eschn	— Eschenmayer
Eus	— Eusebius
Ev. ev.	— Evangelium evangelisch
F. C.	— Formula Concordiae
F.	— Fides
Fsch	— Fischer, Einl. in d. Dogmk. 825.
GA	— Glaubensartikel
Gesch.	— Geschichte
Ggns.	— Gegensatz
Ggnst.	— Gegenstand
Gl.	— Glaube
GL	— Glaubenslehre
Grh	— Gerhard, ed. Cotta. 762 ss.
Grunds.	— Grundsatz
HB	— Handbuch
Heterod. u. heterod.	— Heterodoxie u. heterodox
H. G.	— Heiliger Geist
Hgl	— Hegel, gewöhnlich, u. stets, wo eine Seitenzahl be-
hist.	— historisch [merkt ist: Phil. der Rel. 832. 2 B.

ERKLÄRUNG DER ABBREVIATUREN.

Hfm	— *Hofmann*, Schriftbeweis.
Hk	— *Henke*, ed. 2. 795.
Hlm	— *Heilmann*
Hol	— *Hollazius*, 750. 4.
Hpteinthlg.	— *Haupteintheilung*
Hs	— *Hase*, ev, Dogmk. 5. Ausg. 860.
H. S.	— *Heilige Schrift*
Hsm	— *Hülsemann*
Hun	— *Hunnius*
Hut	— *Hutterus*, Compend. Vit. 751.
Jhh.	— *Jahrhundert*
Interprt.	— *Interpretation*
Irreligst.	— *Irreligiosität*
K. u. in Zusammensetzungen K, als: KGesetz, KGut, KGl., etc.	— *Kirche*
kan. R.	— *kanonisches Recht*
KD	— *kirchliche Dogmatiker* als Inbegriff der AKD, NKS
Kun	— *Kahnis*, luth. Dogmk. [u. VT
KL	— *Kirchenlehre*
Kl	— *Klein*, Darst. d. dogm. Systems 822.
Kön	— *König*, ed. 11. 703.
KPD	— *kirchlich-philosoph. Dogmatiker*, p. 45.
krchl.	— *kirchlich*
Ksr	— *Kaiser*
Kthles. Kthlk.	— *Katholicismus Katholik*
KV	— *Kirchenväter*
KZ	— *Kirchenzeitung*
L.	— *Lehre Locus*
Lact	— *Lactantius*
LB	— *Lehrbuch*
LBgr.	— *Lehrbegriff*
Lbr	— *Liebner*
Lc	— *Lücke*, ev. Dogmatik
Lg	— *Joh. Peter Lange*, chr. Dogmatik
LL.	— *Libri oder Loci*
L. S.	— *Libri Symbolici*. Citirt nach ihren einzelnen Theilen, Seitenzahl nach Hase, in parenthesi die Verszahl.
luth.	— *lutherisch*
Lth	— *Luthardt*
Lut	— *Luther*
Mel	— *Melanchthon*, Loci theol. Ausg. im Corp. Misn. v. 1580, wo nicht ed. princeps bemerkt ist.
Mich	— *Michaelis*, 2 Ausg. 751.
Möh	— *Möhler*, Symbolik. 4. Ausg. 835.
Monoth.	— *Monotheismus*
Mor	— *Morus*, ed. 2. 791.
Mosh	— *Mosheim*
Mrh	— *Marheineke*, Grundl. d. chr. Dogm. 2. Ausg.
Mrt	— *Martensen*
Myst.	— *Mysticismus*
Natr. Natrs.	— *Naturalist Naturalismus*
NAKS	— *neualtkirchl Supranaturalisten*, p. 52.
NKS	— *neukirchliche Supranaturalisten*, p. 38.
Nothw. nothw.	— *Nothwendigkeit nothwendig*
N. T.	— *Novum Testamentum*
Nz	— *Carl Imm. Nitzsch*, 5. Ausg. 844.
Obj. u. obj.	— *Object u. objectiv*
Offnb.	— *Offenbarung*
Op. Opp.	*Opus Opera*
Orth. u. orth.	— *Orthodoxie orthodox*
P.	— *Pars*
Panth.	— *Pantheismus*
PD	— *philosophische Dogmatiker*, p. 45.
pecc.	— *peccatum*
pelag. Plgms.	— *pelagianisch u. Pelagianismus*
Ph.	— *Philosoph u. Philosophie*
phil.	— *philosophisch*
Phil	— *Philippi*, Glaubenslehre

ERKLÄRUNG DER ABBREVIATUREN.   XV

Plg	— *Pelagius*
PP	— *Patres ecclesiastici*
pos.	— *positiv*
Praedest.	— *Praedestination*
Pr.	— *Princip*
prot. Prtstms.	— *protestantisch* u. *Protestantismus*
Prtst.	— *Protestant*
Quen	— *Quenstedt*, 685. f.
rat. ratst.	— *rational rationalistisch*
Ref. ref.	— *Reformation reformirt*
Rel. rel.	— *Religion religiös*
Relgst.	— *Religiosität*
Rev.	— *Revelatio*
Rkt	— Rückert, Theologie
Rnh	— Reinhard, 5. Ausg. 624.
RPartei.	— *Religionspartei*
RPh.	— *Religionsphilosophie*
RT Rts.	— *Rationalist* u. *Rationalismus*
S.	— *Jahrhundert*
Sart	— *Sartorius*
S. B.	— *Symbolische Bücher*
Schlk.	— *Scholastik*
Scnk	— *Schenkel*
Schl	— Schelling in sr. mittlern Periode.
Schlr	— Schleiermacher, 2. A. 830.
Schw	— Schwarz, Grundr. 816.
Schwr	— Schwarz, das Wesen der Rel. Hal. 847.
Schwz	— *Schweizer*
Scrm.	— *Sacramentum*
Sdrh	— Sederholm, ewige Thatsachen. 845.
sdn.	— *sondern*
SL	— *Scholastiker*
Slbstbw.	—*'Selbstbewufstsein*
Sml	— *Semler*
SPlgms.	— *Semipelagianismus*
Sp. S.	— *Spiritus Sanctus*
SP Spnts.	— *Supernaturalist Supernaturalismus*
Sc. S.	— *Scriptura Sacra*
sr.	— *seiner*
Stdl	— *Steudel*
Subj. subj.	— *Subject subjectiv*
Subst.	— *Substanz*
supern.	— *supernaturalistisch*
th.	— *theils*
theol. Thlg.	— *theologisch Theolog*
Theol.	— *Theologie*
Thol	— *Tholuck*
Thom	— Thomasius, Xti Person u. Werk.
Tieft	— *Tieftrunk*
Tradt.	— *Tradition*
Tr.	— *Trinität*
Tws	— Twesten, 1. B. 3. A. 834.
Tzs	— *Tzschirner*
überh.	— *überhaupt*
Überzg.	— *Überzeugung*
Unfehlbrk.	— *Unfehlbarkeit*
Ungl.	— *Unglaube*
Vft.	— *Vernunft*
Vftrel.	— *Vernunftreligion*
Vftmäsgk.	— *Vernunftmäfsigkeit*
Vrf.	— *Verfasser*
Vrh.	— *Verhältnifs*
Vrst.	— *Verstand*
V. T.	— *Vetus Testamentum*
VT	— *Vermittlungstheologie Vermittlungstheologen*, p. 62.
Wgs	— Wegscheider ed. 8. 844.
Ws	— *Weifse*
Wtt	— de Wette, 1. B. 3. Ausg. 631. 2. B. 3. Ausg. 640.
Xtus u. Xthum	— Christus u. Christenthum.

CONSPECTUS.

PROLEGOMENA. §. 1—27.
Locus I. De Religione. §. 2—10.
Locus II. De Theologia dogmatica. §. 11—18.
Locus III. De Historia Theologiae dogmaticae. §. 19—27.

PARS I. BIBLIOLOGIA. §. 28—51.
Locus IV. De Revelatione. §. 29—37.
Locus V. De Scriptura Sacra. §. 38—49.
Locus VI. De Libris Symbolicis. §. 50—51.

PARS II. THEOLOGIA. §. 52—77.
Locus VII. De Notione Dei. §. 53—63.
Locus VIII. De Creatione et Providentia. §. 64—69.
Locus IX. De Sancta Trinitate. §. 70—72.
Locus X. De Angelis bonis et malis. §. 73—77.

PARS III. ANTHROPOLOGIA. §. 78—88.
Locus XI. De Statu Integritatis. §. 79—81.
Locus XII. De Statu Corruptionis. §. 82—88.

PARS IV. SOTEROLOGIA. §. 89—127.
Cap. I. De paterna erga homines lapsos voluntate. §. 90—92.
Locus XIII. De Praedestinatione. §. 90—92.
Cap. II. De fraterna Jesu Christi reconciliatione. §. 93—105.
Locus XIV. De Christi Persona. §. 94—98.
Locus XV. De Christi Opere salutari. §. 99—102.
Locus XVI. De Christi Statu duplici. §. 103—105.
Cap. III. De gratia Spiritus Sancti applicatrice. §. 106—116.
Locus XVII. De Statu Gratiae. §. 107—110.
Locus XVIII. De Ordine Salutis. §. 111—116.
Cap. IV. De mediis gratiae. §. 117—127.
Locus XIX. De Verbo divino. §. 118—120.
Locus XX. De Sacramentis. §. 121—123.
Locus XXI. De Ecclesia. §. 124—127.

PARS V. ESCHATOLOGIA. §. 128—132.
Locus XXII. De Novissimis. §. 128—132.

PROLEGOMENA.

§. 1. Vorbegriff.

Die DK der ev. luth. K. ist die Wissensch. von der in dieser K. gültigen Rel. Die Prolegomena bestimmen den Inhalt, die Form u. erzählen die Geschichte der DK.

Locus I. De Religione.

§. 2. Historischer Begriff der Religion.

Der hist. Bgr. der Rel.[1]) umfafst das Gemeinsame der Volksreligionen. Die AKD erhoben sich selten zur Allgemeinheit dieses Bgr., weil sie jenseit ihrer Rel. nur die falsche, uneigentlich so genannte Rel. sahn. *Rel. est* (CIC: CAL:) *quae superioris cujusdam naturae, quam divinam vocant, curam caerimoniamque affert;* NKD: *modus Deum cognoscendi colendique*; richtiger, obj: Vrh. des Menschen zu einem übermenschl. Wesen; subj: Anerkennung dieses Vrh. im menschl. Leben. Blos platonisch u. kirchlich HAHN: ,,Streben u. Mittel, die urspr. selige Gemeinschaft mit Gott wiederherzustellen."[2]) Übergang zum phil. Bgr: AM: *Conscientiae vinculum, quo cogitando, volendo et agendo numini nos obstrictos esse sentimus*; h. e. *consensus animi cum voluntate numinis recte cognita.*"[3])

§. 3. Philosophischer Begriff der Religion.

Jede blos empirische Herleitung der Rel. aus der Macht sinnlicher Eindrücke auf die Phantasie, aus der Naturbetrachtung, politischen Erfindung, selbst aus einer ursp. äufsern Offnb. läfst ihr Wesen u. ihre Allgemeinheit unerklärt. Daher sie als nothwendig im menschl. Geiste nachzuweisen ist. Die AKD haben diese phil. Nachweisung verabsäumt, weil sie die Rel. zunächt als historisch gegeben ansahn.

---

1) CIC: NZ: *a religendo* [*diligenter retractando*] Scheu, Gewissenhaftigk., Andacht. LACT: AM: *a religando* Verknüpfung, Verbindlichk. [REDSLOB: zurückhaltendes Band.] Die Etymologie erlaubt beides, ihr Stammwort [*lig, leg*] ist nicht verschieden, die römische Gesinnung entscheidet für das Erste [*scrupulus*]: *Religentem esse oportet, religiosum nefas.* MASSURIUS SABINUS: *a relinquendo* Absonderung von der Welt. LEIDENROTH: aus einem nur in *diligere*, *negligere*, *intelligere* erhaltenen Stammworte *ligere* sehen [lugen, Sanskrit: *lock*], *respectus*. In der H. S: יִרְאַת יְהוָֹה φόβος θεοῦ, יִרְאַת הָאֱלֹהִים ἐπιστρωφῆ θεοῦ, עֲבֹדָה δουλεία, λατρεία, θρησκεία [Vulgata: *religio*], דֶּרֶךְ ὁδός, אֱמֶת אֲמִינָה ἀλήθεια, πίστις, dieses im N. T. mehr von der chr., νόμος von der jüd. Rel. Frommes Leben: יְהוָֹה הָלַךְ לִפְנֵי, προσκυνεῖν θεὸν ἐν πνεύματι καὶ ἀληθείᾳ, εὐσέβεια.

2) SDRH: ,,Wiederanknüpfen unsers Seins an das göttl. Sein."

3) WGS: ,,*Aequabilis atque constans animi affectio, qua homo, necessitudinem suam eamque aeternam, quae ei cum summo rerum universitatis auctore ac moderatore sanctiss. intercedit, intimo sensu complexus, cogitationes, voluntates et actiones suas ad eum referre studet.*" BRT: ,,Gl. an die Realität der Idee der Gotth., mit angemefsner Gesinnungs- u. Handlungsweise," oder ,,das lebendige Bwsts. von Gott u. unserm Vrh. zu ihm, das uns antreibt, ihn über alles zu lieben, zu verehren u. ihm zu gehorchen." FSCH: ,,Anerkenntnifs des gegenseit. Vrh. zwischen Gott u. Welt." GLP: ,,Erhebung ü. die äufsere Natur, Abhängigk. von einer höhern Natur, beides als eins." PHL: ,,Gemeinschaft des Menschen mit Gott." KRN: ,,Die dem Vernunftwissen entsprechende Wirklichkeit des Vrh. der Menschen zu Gott."

Hutterus redivivus. 11. Aufl.

Da jedoch wenigstens eine allgemeine Fähigkeit darzuthun ist, von welcher das Gegebene aufgenommen u. in ihr zur Frömmigk. werde: so ist das krchl. System zu ergänzen.[1]) Die wahre Rel. erscheint dms. als Versöhnung d. i. wiederhergestellte Liebe, die Aufnahme drs. ins Gemüth als Gl. d. i. Hingabe des ganzen Gemüths an die versöhnte Gotth. Hiernach ist das Vrh. des Menschen zu Gott als gläubige Liebe zu beschreiben.[2]) Gott ist für das entwickelte Bwsts die Vollkommenh. alles Guten. Die höhere Natur des Menschen ist ein Streben nach dem Guten. Daher gehört die Liebe Gottes als etwas der Anlage nach Nothwendiges, der Entwicklung nach Freies zum Wesen des Menschen, denn sie ist nur dieses Streben in Bezug auf das reale Object desselben.

Typisch für das Xthum PLATO: Ἐξομοίωσις τῷ θεῷ κατὰ τὸ δυνατόν. — JACOBI: Auf dem Gefühle ruhender Gl. an die Realität des Idealen. WTT: Ahnung des Ewigen im Zeitl. als Gefühl, dessen Modification in den ästhet. Ideen (Gefühlsstimmungen) der Begeistrung o. frommen Heiterk., der Ergebung o. heil. Traurigk., der Andacht u. Anbetung, alle Widersprüche des Lebens u. der Wissensch. in Harmonie auflöst. KANT: Achtung des Sittengesetzes als einer göttl. Satzung. FICHTE: Gl. an eine mor. Weltordnung. SPINOZA: Das freie Sein u. Untergehn der Erscheinung im Absol. durch intellectuale Liebe; [obj:] die Liebe Gottes zu sich selbst. SCHL: Vereinigung des Endl. mit dem Unendl.; [obj:] das Selbstbewufstwerden Gottes in der Weltgesch. HGL: Die denkende Erhebung in das Allgemeine; [obj:] das Wissen des göttl. Geistes von sich durch Vermittlung des endlichen Geistes.[3]) SCHLR: „Frömmigk. ist das Gefühl unsrer selbst als schlechthin abhängig." Hs: Das Streben zu werden wie Gott, welches an sich nie zum Ziele gelangend, als Liebe zu Gott theilnimt an göttl. Vollkommenh.; [obj:] Mittheilung des Göttl. an die Welt aus freier Liebe von Seiten der absol. Persönlichkeit Gottes. MRT: Unbegränzte Ehrfurcht vor der heiligen Macht. EBR: Versöhnung des Selbst- u. Weltbwsts. im Gottesbwsts.[4])

---

1) Nz: „Obwohl gesagt werden darf, dafs der Mensch durch Wechselwirkung des Äufsern u. Innern, also durch Erfahrung, Offnb., Lehre u. Überlieferung zur Gotteserkenntnifs erzogen werde, so wäre doch nichts zu erziehen u. zu bilden vorhanden, wenn der Erziehung nicht schon ein ursp. Gottesbwsts. als wirksame Anlage vorausginge."
2) QUEN. I, 20: *Materia. ex qua constat rel., sunt fides et charitas erga Deum et proximum; finis, hominum cum Deo redunitio.*
3) DR: „Bwsts. der Menschen von Gott an u. für sich durch Gott selber." HINRICHS: [Rel. Hdlb. 522.]„Das mit dem Leben des abs. Geistes identische abs. Leben des menschl. Geistes; [obj:] Selbstmanifestation des abs. Geistes, als die abs. Rel. das ewig sich selber vollbringende Leben dsslb." MRH: „Aufnahme der menschl. Natur in die göttl., Eingerücktsein des menschl. Denkens Gottes in das göttl. Denken Gottes; [obj:] Sichselbstdenken Gottes; [concret:] die Rel. ist nicht verschieden von Gott, dessen Idee sie ist, d. h. worin Gott sich denkt u. gedacht wird." Indem FEUERBACH [Wesen d. Christenth. 841.], was HGL unbestimmt gelassen hatte, ob das Absolute abgesehn vom menschlichen Bwsts. als Geist sei? verneinte, erschien die Menschh. als das Höchste, daher, was insgemein für Rel. angesehn werde, [in der That nur „das Verhalten des Menschen zu sich selbst als zu einem andern Wesen"] eine Selbsttäuschung der Phantasie u. des Egoismus sei, die wahre Religion [ohne Gott] liebev. Hingabe an die Menschheit.
4) SCHWR: Centrale Einh. des Individuellen u. Allgemeinen, des Wissens u. Thuns, als Erfüllt-Sein von Gott u. Seligk. dieses Erfüllt-Seins.

§. 4. Ursprung u. Äuſserung der Rel. im Geiste.

In Zeiten dgm. Kämpfe, unter SL u. RT wurde die Rel. mehr als etwas Theoretisches, unter Mystikern u. Kantianern als etwas Praktisches angesehn: aber das sind nur Schwankungen, die K. hat beide Beziehungen, Gotteserkenntniſs u. thatkräftige Erhebung des Gemüths, allezeit festgehalten. Die AKD nahmen die Rel. als Sache des ganzen Menschen ohne Bestimmung ihres Vrh. zu den verschiedenen Geisteskräften. Kant u. Schk sahn den Ursprung der Rel. im Gewissen, Wtt im ästhetischen, Schlr im urspr. Gefühl.[1]) Hgl, wie schon die meisten SL u. RT, im Erkenntniſsvermögen, Hs in der urspr. Einheit des Gemüths, das sich im Fühlen, Wollen u. Erkennen nothwendig offenbare.[2]) Bei dieser Verschiedenheit über den Ursprung sind doch alle darin einig, daſs die Rel. sich in allen Geistesformen äuſsre.[3]) Dennoch ist die Frage über den Ursprung wichtig: theoretisch, weil für die Ableitung der Rel. aus dem Gefühl o. Gewissen die Wahrh. eines Dogma einen untergeordneten Werth, für die Ableitung aus der Erkenntniſs den höchsten u. alleinigen Werth hat; praktisch, weil die Frage, ob Belehrung o. Erbauung das Erste sei, hierdurch aufgeworfen u. entschieden wird. Die Rel. als Liebe hat ihren Urquell im Gefühl, als Versöhnung ihre Grundlage im Gewissen, als Glaube ist sie eine Art der Erkenntniſs.

§. 5. Religion als Glauben u. Wissen.

Die Rel. entwickelt sich nothw. zu einem Wissen. Alles Wissen fordert ein Subj. u. Obj., o. ein Wissendes u. Gewuſstes. Gewiſs an sich ist nur das Selbstbewuſstsein als Einheit des Wissenden u. Gewuſsten (a=a), o. das zum Obj. gewordene Subj., wiefern es sich unter dem Bgr. einer allgemeinmenschl. Nothw. anschaut. Was auſser dem Slbstbw. ist, o. das Obj., welches nicht Subj. werden kann, nimt dadurch an der Gewiſsh. theil, daſs es im Slbstbw. als nothw. Bedingung dsslb. anerkannt wird. [Ohne du kein ich, ohne ich kein du.] Die Überzeugung von der Macht o. Wirklichk. des Obj., wiefern sie, ohne Beweis durch einen Schluſs, auf dem Slbstbw. ruht, dms. ge-

---

1) „Die Frömmigk. ist rein für sich betrachtet weder ein Wissen noch ein Thun, sdn. eine Bestimmtheit des Gefühls u. des unmittelb. [zuständlichen] Slbstbw."

2) Im gleichen Sinne Fscu das Slbstbw., von dem nur abzugränzen sei, „was es nicht ist, nämlich weder eine Vorstellung, noch ein Gefühl, noch ein Begehren, sdn. es steht über allen dreien als etwas ganz Eigenthümliches, ein Licht, das sich selbst leuchtet u. selbst sieht." Crm: „Rel. subjectiva tres habet modos, tribus animi facultatibus respondentes, fidem religiosam, sensum religiosum et studium s. desiderium religiosum." Stdl: Die Frömmigk. als Act der Hingabe an Gott durchdringt gleichmäfsig Erkennen, Handeln u. Fühlen. Bcck: „Die psych. Urgestalt der Rel. kann nicht in einem einzelnen Factor des Seelenlebens, wie Gefühl, liegen; denn die Rel. umfasst ursprünglich schon alle Thätigkeiten des Seelenlebens in ihrer Einh." Kln: Hingabe des Menschen an Gott im Denken des Wahren, im Wollen des Guten, im Fühlen der Seligkeit, als unmittelbares Leben aus dem Glauben, in welchem der Mensch Gott sein Leben hingibt, um von Gott das wahre Leben zu empfangen.

3) Wie Wtt der rel. Ahnung einen Ideenglauben der Vft. zu Grunde legt, so erweisen Tws u. Nz den nothw. Übergang des Gefühls zu rel. Erkenntnissen u. Gewissenstrieben. Rr fanden die vorherrschende Erkenntniſsseite der Rel. mit Kants Ableitung vereinbar, u. setzten das Wesen der Rel. in fromme Pflichterfüllung. Hgl liefs die Rel. des Gefühls u. Gl. als untergeordnete Stufe gelten.

glaubt wird, heifst **Glaube** [*fides*],¹) der daher sowohl als **idealer** Gl. die Wirklichk. der idealen, wie als **sinnlicher** Gl. die der sinnlichen Welt verbürgt. Dem Gl. gegenüber steht das **Wissen** [*scientia*], welches th. **ursprünglich** ist [Vernunft, *ratio*], nehmlich das Slbstbw., u. als solches Grund alles Gl., th. **abgeleitet** [Verstand, *intellectus*], welches die Modificationen des Obj. durch Schlüsse erkennt, deren letzter Obersatz, das Sein des Obj., auf dem Gl. ruht. Von diesem **phil. Gl.** ist der **hist.** Glaube verschieden, als ein abgeleitetes Wissen, das auf fremden Zeugnissen ruht;²) hist. Gl. in Sachen des phil. Gl. **Auctoritätsgl.**,³) der in den phil. Gl. übergehn kann u. soll. Phil. Gl. u. Wissen, wiefern sie unter dem Bgr. einer innern u. allg. Nothw.⁴) auf dem Slbstbw. ruhn u. von dms. abgeleitet werden, sind gleich gewifs; welche Anerkennung zu den Resultaten der neuern Ph. seit JACOBI gehört, obwohl das Vrh. beider Überzeugungsarten verschieden bestimmt,⁵) u. der Gl. oft in seiner gänzlichen Los-

---

1) J. GRIMM: aus dem untergegangenen Stammwort *liopan* lieben, loben, laub [gedeckte Stätte], gelauben [mitdecken, mitvertreten, für eine Überzeugung eintreten].

2) WGS: „ *Fides phil.* est certa de veritate rerum, quae mundi visibilis terminos excedunt, persuasio, ab idearum vi et efficacia profecta. F. h i s t. argumentis nititur ex aliorum testimonio ductis."

3) AM: „*Quae in alieno testimonio acquiescit*," WGS: „*ob solam dignitatem singularem testibus attributam."*

4) Ohne denselben ist das Slbstbw. **Instinct**, der ideale Gl. **Ahnung** [*divinatio*], das abgeleitete Wissen **Meinung** [*opinio*].

5) Gl: unmittelb. Fürwahrhalten, ohne Vermittelung eines Schlufsbeweises, durch Neigung u. Bedürfnifs. PLATO entwickelte den Brg. als unmittelb. Gewifsh. der Ideen, deren Anschauung ei jedoch γνῶσις u. ἐπιστήμη nannte, πίστις u. δόξα die ungewisse Erkenntnifs der Sinnenwelt. Die Anwendung von πίστις [Vertrauen] auf rel. Überzeugung war herkömmlich: da diese im Xthum als die höchste u. sicherste galt, erhielt πίστις den Rang vor jeder andern Überzeugungsart. Mitten zwischen plat. u. chr. Sprachgebrauch nannten die Alexandriner den chr. [Auctoritäts-] Gl. πίστις, u. stellten ihn als solchen über die heidnische ἐπιστήμη, über die πίστις aber die phil. Begründung drs: γνῶσις. Nur der Neuplat. PROCLUS u. der Gnost. BASILIDES trugen das Principal der πίστις aus der chr. Th. in die Ph. über. Nach AUGTN u. *Jesaia* 7, 9, LXX: ἐὰν μὴ πιστεύσητε, οὐδὲ μὴ συνῆτε, die SL: *credo ut intelligam*. Unter den neuern Ph. erklärte zuerst HUME den Gl. als einzige Überzeugungsart davon, was die sinnl. Erfahrung übersteigt, hielt sich aber ebendfsh. zur Skepsis an diesem Transcendenten berechtigt. JACOBI führte die letzten Gründe alles Wissens auf den Gl. zurück, weil, was durch Gründe u. Schlüsse abgeleitet werde, nicht letzter Grund sein könne, behauptete aber ebendfsh. die vernünftige Nothw. u. Gewifsh. des Gl. KANT: **Wissen** Fürwahrhalten aus subj. u. obj. zureichenden Gründen; Gl. aus nur subj. zureichenden Gründen. FRIES: **Wissen** Überzeugung einer vollständ. Erkenntnifs, deren Objecte durch Anschauung erkannt werden; Gl. [im Sittl.] nothw. Überzeugung aus bloser Vft., die uns nur in Ideen zum Bwsts. kommen kann; **Ahnung** [in der Rel.] nothw. Überzeugung aus blosem Gefühl. ESCHN: [rel.] Gl. ein vom Denken, Fühlen u. Wollen verschiedenes, eigenthümliches Organ für das Ewige u. Heilige. AM: „*Scientia* est firma persuasio oritura e relatione immediata cogitationis ad rem objectam. *Fides* est certa persuasio de veritate eorum, quae sensuum regionem excedunt quidem, tamen propter argumenta, quae cogunt interne, animo sistuntur cogitando tanquam existentia. *Opinio* est persuasio de veritate eorum, quae tantum imaginando et hariolando concipiuntur." TWS: „Gl. ein auf dem Gefühl beruhendes Fürwahrhalten; rel. Gl. die sich unmittelbar im Vorstellen ausdrückende Rel." NZ: „Gl. ist die Einh. des Gefühls u. der Erkenntnifs, ein gefühlsmöfsiges Erkennen." STDL: „Gl. ist Anerkennung der Idee als einer wahren u. geltenden. Er wird nicht ein Wissen, sdn. alles Wissen erprobt entw. den Gl., o. trägt Frucht für den Gl." SCHL: Der rel. Gl., als unsicher u. vermittelt, soll übergehn zur intellectualen Anschau-

reifsung vom Wissen einer subj. Willkür hingegeben wird, in welcher alle Wissensch. untergeht.⁶) Die AKD betrachten die Rel. als unmittelbares an Gott hingegebenes höchstes Leben selbst, über welches gar kein Zweifel statt finden kann. Ihnen ist sonach die erkennende Rel. das Slbstbw., wiefern es sich im nothw. Vrh. zur Gotth. anschaut; woran auch nie ein Ph. gezweifelt hat, er mochte nun die menschl. Natur als verbunden durch die Rel. mit der göttl. o. als eins mit drs. ansehn. Aber das Obj. dieses Vrh., Gott, wiefern es nicht pantheistisch zum Subj. werden soll, kann in seiner Realität nur durch den phil. Gl., in seiner Qualität nur durch abgeleitetes Wissen erkannt werden. Gl. als rel. Function ist das sichere auf dem religiösen Leben ruhende Fürwahrhalten.⁷)

§. 6. Wahrheit u. Reinheit der Religion.

Da die Rel. sich th. historisch in grofsen Gemeinschaften, th. individuell im Leben des Einzelnen frei entwickelt, so kann sie wahr o. falsch, rein o. getrübt erscheinen. Gewöhnlich wird das Erste mehr auf die historische, das Andre auf die individuelle Entwicklung bezogen, so dafs auch innerhalb der [obj.] wahren Rel. die subj. Trübung vorkommt.¹) Die AKD beurtheilen die Wahrh. der Rel. nach ihrer Angemessenh. zur Offnb., die PD zur Vft. Hol: „*Vera rel., quae verbo div. est conformis.*" Hs: „Jede Rel. als Ergebnifs einer Volksbildung ist angemessen o. subj. wahr; wahr an sich ist die, welche der vollendeten Ausbildung der Menschh. entspricht."²) Die erste Ansicht nimt insofern die zweite in sich auf, als die wahre Rel. auch an ihrer Angemessenh. zur Vft. erkannt wird, aber nicht zu der in der Sünde verfinsterten, sdn. durch das Ev. erleuchteten Vft. In der Realdefinition verbinden die AKD hist. u. rel. Merkmale, neuere DD stellen sittlich rel. Postulate auf, an deren Erfüllung sich die wahre Rel. bewähre.³) Scheinbar obj. Definitionen aus der Angemessenh. zum Wesen Gottes beschreiben einen Cirkel.⁴) Eine Trübung der Rel. durch ein scheinbares

---

ung. Hol: Der Gl. als erst äufserlich, dann doch unmittelbar, soll übergehn in das durch sich selbst vermittelte Wissen.

6) Aber auch nur diej. Ph. kann fordern, dafs alles Gl. als unklares Erkennen zum Wissen erhoben werde, welche die urspr. Einheit des Bgr. mit dem Sein [= dem urspr. Wissen] behauptet, wie dieses nothw. die höchste Anschauungsform jedes pantheistischen Systems ist.

7) Kux: „Bwsts. von Gott auf Grund des Gefühls mit sittlicher Hingabe verbunden als Grund u. Organ aller Rel."

1) Qven: „*Rel. falsa est, quae vel falsos Deos colit ut ethnicismus, vel verum Deum non recte colit ut superstitio.*"

2) Schon Dor: „*Quum hominum imbecillitas aegre careat errores, dubitare licet, num ulla rel. inter eas, quae hodie vigent, omnino vera existat. Neque contra tam depravata reperitur ulla, quin veritatem errori per varios quidem gradus permixtam foveat.*"

3) Hol: „*Antiquissima est, probata etiam Patribus V. T., gloriam Dei illustrat, fidem in Jesum salutis auctorem recte docet, sanctimoniam vitae sedulo inculcat, conscientiam tranquillat, εὐθανασίαν procurat.*" — Nz: „Nur dasj. Slbstbw. ist mehr als Weltbwsts., welches, sofern es als Erkenntnifs sich erweist, Unendl. u. Endl. (Gott u. Welt) th. entgegensetzt, th. die Welt durch die Gotth. bedingt, u. sofern es sich als Handlung bezeigt, auf den Ggns. des Rechten u. Unrechten führt." Tws: „Das Wesen der Rel. von ihrer materiellen Seite besteht in der Anerkennung eines von der Welt zu unterscheidenden höhern Seins u. der Abhängigk. der Welt von dms."

4) Kl: „Diej. Vorstellung, welche mit dem, was Gott wirklich ist u. will, o. mit der

Zuviel ist der Abergl. d. h. die Neigung, gegen die Gesetze der von der Offnb. erleuchteten Vft. Sinnliches u. Übersinnliches zu vermischen; meist eben so sehr als Ausartung der Phantasie als der Rel.[5] Im überspannten Ggns. ist der Ungl. die Verleugnung des rel. Gl., welche von der Skepsis, die noch schuldloser Durchgangspunkt sein kann, bis zur Feindschaft (Irreligiosität], o. zur Gleichgültigkeit [Indifferentismus] gegen Rel. u. Offnb. fortschreitet; die Letztre ist der K. am gefährlichsten. Vornehmlich seit HOL wird dem Abergl. coordinirt Mysticismus,[6] mit dem altkirchl. Bgr. des Fanatismus u. Rottengeistes: Gl. an übernatürl. Erleuchtung [*lumen internum*] ohne die krchl. Mittel. Den verschiedenartigsten Aufserungen des Myst. ist gemein: die Herrschaft des von der Phantasie bewegten Gefühls über Offnb. u. Vft. Aber der Bgr. einer Erscheinung, die sich ihrer Natur nach dem Bgr. verbirgt, u. in dermaliger Parteiung oft nach Gunsto. Ungunst bestimmt wird, [z. B. Orthodoxie als Myst.] ist noch nicht abgeschlossen.[7] Die Mystik als Bestandtheil aller Rel.

Idee des allervollkommensten Wesens genau übereinstimmt;" wenigstens hinsichtlich des ersten Satzes. RNH: „*Modus cognoscendi et colendi Deum ipsius attributis conveniens;*" man müfste denn suppliren: *Sc. S. patefactis.*

5) Die Beziehung [CIC: LACT:] auf die *superstites*, u. die Ableitung [GLP:] von *superstare* als Höherstehn in Bezug auf rel. Erkenntnifs ist willkürlich. [PACLUS: NZ:] *Superstitio* von *supersistere* war den Römern das Zuviel in der Rel., das der Staatsrel. willkürlich Hinzugesetzte, daher jede ausländische Cärimonie o. Rel. In der alten K. das Heidenth., in prot. Polemik der Papismus. CIC: „*Timor inanis Deorum.*" QUEN: „*Εθελοθρησκεία, vitium religioni contrarium, quo vel Deo illegitimus, vel creaturae div. cultus tribuitur.*" NK3. „*Persuasio de rerum visibilium et invisibilium rationis et experientiae legibus contrario.*" KANT: „Gänzliche Unterwerfung der Vft. unter Facta" NZ: „Gesetzwidrige Zersetzung u. Vermischung der rel. Grunderkenntnisse mit den Thatsachen des sinnl. Bwsts."

6) Nicht von מִסְתָּר latebra, noch von μύειν τὸ στόμα, sondern von μυεῖσθαι oculos *occludere*. Der Nebenbgr. des Verschliefsens vor dem Lichte ist modern, d. altgriechische Bedeutung ist symbolisch: sterben, um in den Mysterien neu zu leben, insofern *initiari*.

7) HOL bemerkt ein noch vorkommendes Merkmal: „*Mystici contemplantes alios alto supercilio despiciunt et eo perfectionis se progredi autumant, ut christificentur et deificentur.*" LAVATER: „Wärme, die das Licht scheut." WOS: „*Persuasio de singulari animi facultate ad immediatam ipsoque sensu percipiendum cum numine aut naturis coelestibus commercium jam in hac vita perveniendi, quo mens immediate cognitione rerum div. ac beatitate perfruatur. Ratione subjecti vel sensualis vel rationalis dicitur, quatenus aut sensus et imaginatio, aut intellectus et ratio primum tenent locum.*" AM: „*Proclivitas ingenii ad mysteria excogitata et commentitia.*" BRT: „Gl. an fortgehende, unmittelbare, durch besondre rel. Übungen zu erlangende Einwirkungen Gottes auf die Seele, um diese zu erleuchten, zu bessern u. zu beseligen." HS: „Das Gemeinsame u. Fehlerhafte ist das Ausschliefsen der Erkenntnifs u. allgemeinherrsch. Gesetzmäfsigk. vom rel. Leben, wodurch dies zwar an innerer Kraft des Gefühls nicht verliert, aber unfrei u. jedem Irrthum ausgesetzt, mehr o. minder zum Abergl. übergeht; hingegeben der Phantasie Schwärmerei, geworfen auf die Kraft des Willens Fanatismus, auf Erkenntnifs des Geisterreichs Theosophie." Monographien s. 1824: H. SCHMID: Durch vorherrschendes Gefühl in der Rel. erzeugte Meinung, dafs man nur auf leidendl. Wege zu unmittelb. Verbindung mit Gott gelange. SPIEKER: Hang, im Theor. u. Prakt. weniger auf die natürl. Denk- u. Willenskr., als auf übernat. Einflüsse zu bauen. GNOMANN: „Der Abergl. zieht das Übersinnl. zum Körperlichen herab, der Myst. nimt das Sinnl. zur Anschauung des Übersinnl. mit sich hinauf." THOL: [orient. panth. Myst.] „Geistesrichtung auf das über den Bgr. Hinausliegende durch Übergewalt des Gefühls u. der Phant., namentlich derer, die ihre Überzeugung von dem Einbegriffensein des einzel-

§. 8. PERIODEN DER GEOFFENBARTEN RELIGION. 7

ist das unmittelb. Gefühl, wiefern es sich der Reflexion entzieht; seit dem 6. Jhh. in der K. anerkannt, von HOL als *Th. myst. pura et orthod.* der *Th. myst. impura et heterod.* entgegengesetzt. Der kath. Mystik ist eigenthümlich die unmittelbare Vereinigung des Menschen mit Gott, der prot. [Pietismus] die ausschließliche Beziehung des Gefühls auf Sünde u. Erlösung. Aber auch der Myst. als Überschwänglichk. des Gefühls kann ergänzender Ggns. wider einseitige Verstandestheol. o. Durchgangsperiode zur erleuchteten Frömmigk. werden.

§. 7. **Eintheilungen der Religion.**

Vornehmlich die Neuern bezeichnen verschiedne Vrh. der Rel. durch Eintheilungen: 1) *Rel. subjectiva et obj.*, jene im Leben des Einzelnen, diese an sich u. in einer Gesammtheit, o. jene als individuelle Trübung, diese als vollkommen, o. jene als Vrh. des Menschen zu Gott, diese als Vrh. Gottes zum Menschen. 2) *Theoretica, cognitio, practica, cultus numinis et internus et externus, seu quae credenda et quae agenda sunt.* 3) *Publica*, Rel. eines öffentlich anerkannten Gemeinwesens, *privata*, des Einzelnen o. einer vom Staate nicht anerkannten Gemeinde. 4) *Naturalis*, wiefern sie aus der Menschennatur unter Anregung der äußern Natur hervorgeht, in ihrer wissensch. Auffassung *philosophica; positiva*, wiefern sie durch eine Thatsache [Religionsstiftung, Offnb.] für eine Gesammtheit in bestimmter Form gegeben ist,[1]) in ihrer Überlieferung *historica*;[2]) welche Eintheilung nicht einen sich gegenseitig ausschließenden Ursprung anzeigt, da die natürl. Rel. nur als pos. hist. Rel. eine Gesammtheit vereinigen, u. ebendfsh. die pos. Rel. nur eine Erscheinung der phil. Rel. sein kann. 5) *Particularis*, Rel. einer bestimmten Gemeinschaft, *universalis*, das Gemeinsame in aller Rel. o. eine bestimmte Rel. hinsichtl. des Gl. an ihre Bestimmung, Rel. der Menschh. zu werden.

§. 8. **Perioden der geoffenbarten Religion.**

Alle wahrhafte Rel. ist Offnb: Mittheilung Gottes über sich selbst.

---

nen Lebens in das Allleben im unmittelb. Gefühle der Allgewalt des Unendl. suchen. Stetes Hinneigen u. Horchen auf die Regungen u. Laute des Unendl., wie dessen Offenbarungen im tiefsten Grunde des eigenen Ich aufquellen." HEINROTH: „Das krankhafte Streben sich in die Gotth. aufzulösen u. die Gotth. in sich zu concentriren, so dafs Gott u. Mensch im Individuum entzückt zusammenschmelzen." L. WOLFF: „Streben nach einer im Geiste zu fühlenden Vereinigung mit Gott." Je nach dem Mittel drs. speculativ, quietistisch, asketisch o. moralisch; nur die drei ersten Arten falsch. FREUDENTHEIL: Das Xthum ist Mystik, Streben nach Vereinigung mit Gott auf dem Wege der innern Erfahrung; Ausartungen nach entggs. Seiten Rts. u. Myst. WESSENBERG: Als Ausschweifung der Mystik, Stimmung des Gemüths, das, ungenügsam an dem beschränkten Vermögen des Geistes, jenseit der Vft. u. Offnb. durch ein bes. Organ eine unmittelb. Besitznehmung des Göttl. voraussetzt.

1) SCHLR: „Positiv ist der individuelle Inhalt der gesammten frommen Lebensmomente innerhalb einer rel. Gemeinschaft, sofern drs. abhängig ist von der Thatsache, aus welcher die Gemeinschaft selbst als eine zusammenhängende gesch. Erscheinung hervorgegangen ist." Das Wort in diesem Sinne, ohne den Ggns. des Negativen u. ohne den Zusatz des Willkürlichen, erst seit KANT aus der Rechtswiss. entlehnt; vormals: *Th. positiva* im Ggns. von *polemica, Theologi positivi s. biblici* im Ggns. der SL.

2) Nz: Als ein sich nicht ganz ausschließender Ggns: historische Religionen d. h. im Mythus u. Symbol gegründete, positive, in Dogma u. Ritus auf äußerer Auctorität beruhende."

Die Offnb. kann wesentlich nur eine sein, obwohl nach Bildung u. Bedürfniſs verschieden entfaltet.¹) Diese Einh. der göttl. Haushaltung [οἰχονομία] u. Erziehung der Menschh. zum Vollkommneren wird durch die Lehre der Präexistenz des Xthums in der mess. Weiſsagung u. durch Unterscheidung einer dreifachen Stufenfolge der Offnb. anerkannt: 1 *Rel. patriarchalis*, ²) *antediluviana et postdil*. Bewahrung einer urspr. geoffnb. Rel. als Lehre von einem Gott u. Protevang. auf den Schlangentödter (Gen. 3, 15). Die Ableitung des Heidenth. aus dieser urspr. Offnb.³) erkennt die Universalität drs., auf welche hist. die Spur hoher Bildung in der ältesten Völkergesch., wie psychol. die Schwierigk. deutet, daſs ohne rel. Erziehung u. Tradition sich rel. Bildung entwickele; daher auch von neuern Phn. [SCHL, ESCHN] angenommen. Nach der ratst. Kritik des A. T. ist die Rel. der Patr. wegen des spätern Urspr. der Genesis ungewiſs. 2. *Rel. mosaica*⁴) irdische Theokratie in allmäliger Fortbildung zum mess. Reiche durch Prophetie. Wenn nach der ratst. Ansicht Moses sich selbst berief, u. sein Werk nach dem Herkommen antiker Politik o. durch Überlieferung die Form der Offnb. erhielt: so war er dennoch unbewuſst Werkzeug der Vorsehung, um den Monoth. als Volksgl. u. das Xthum in alle Welt einzuführen. 3. *Rel. christ*.⁵) vollkommne u. ewige Rel. (im Geist u. in der Wahrh.) durch Darstellung drs. u. Erziehung der Menschh. zu drs. Die Vollkommenh. wird also in der Befriedigung jedes rel. Bedürfn. u. in höchster Ausbildung zur Rel. erkannt.

§. 9. Christliche Religion.

Was das Xthum sei, erhellt theor. erst aus der ganzen DK, wie praktisch aus einem chr. Leben. Vorläufig wird nur ein abstracter Bgr. gesucht, um den Inhalt der DK zu begränzen u. Nichtchristl. auszuscheiden. Thatsächlich wurde das Xthum in dogm. Streitigkeiten als Lehre angesehn, aber so oft sich eine unbefangene Reflexion hierauf wandte, als Anstalt, Geist u. Leben. AKD: [KÖN:] „*Ratio colendi Deum verum fide in Xtum et caritate erga Deum et proximum, sec. verbum scriptum, ut homo a Deo avulsus Deo reduniatur.*" ¹) NKS · [RNH:] „*Per-*

---

1) QUEN: *Una eademque est in V. ac N. T. quoad substantiam rel., datur diversitas quoad circumstantias, e. g. ratione graduum perspicuitatis.*" Das Kleinliche in dieser ächt hist. Ansicht war das Aufsuchen der einzelnen krchl. Dogmen im A. T.

2) RNH: „*Rudimenta religionis ante Mosen divinitus patefacta.*"

3) BDD: „*Traditione ista, aeque ac ratione, naturalis religionis fonte, hinc inde corrupta, exorta est religio Gentilium. Nulla enim adferri ratio potest, cur Deus quibusdam hocce beneficium conferre, denegare reliquis velit.*" Das Kleinliche hierin war die Meinung einiger KV, daſs die griech. Weish. aus dem A. T. geflossen sei.

4) חירם lex. RNH: „*Modus colendi Deum per Mosen populo Israelitico traditus.*"

5) Im N. T. εὐαγγέλιον, χάρις, πίστις, ἀλήθεια, φῶς, πνεῦμα, καινὴ διαθήκη, σοφία, λόγος θεοῦ-χριστοῦ, νόμος χριστοῦ.

1) QUEN: „*Ratio colendi verum Deum in verbo praescripta, qua homo a Deo per pecc. avulsus, ad Deum per fidem in Xtum, Deum et hominem, perducitur, ut Deo reduniatur eoque aeternum fruatur. Affectiones religionis chr: div. sublimitas, unitas (ut una veritas, ita et una ad salutem via), veritas, perfectionis singularitas (continet omnia, quae ad fidem et vitam chr. sunt necessaria), sanctitas, necessitas, utilitas, antiquitas (corpit statim post lapsum), invincibilitas, perpetuitas, spontaneitas (docere religionem, non cogit, liberum exigens assensum), sortis varietas et efficacitas. Religio chr. μεριχῶς cultum div. immediatum notat, ὁλιχῶς tam credenda, quam agenda complectitur, quae ad pietatem*

§. 9. CHRISTL. RELIGION. §. 10. PROTESTANTISMUS. 9

fectissima cognoscendi colendique Dei ratio per Xtum tradita." RT:
[KL:] ,,*Modus cogn. et col. Deum per Xtum traditus.*"²) PD: [SCHLR:]
,,Eine der teleologischen Richtung der Frömmigk. angehörige monotheistische Glaubensweise, welche sich von andern solchen wesentlich dadurch unterscheidet, dafs alles in drs. bezogen wird auf die durch Jesum von Naz. vollbrachte Erlösung." ³) [Hs:] ,,Überzeugung, dafs die Vollendung des rel. Lebens in Xto angebrochen sei, u. in einer von seinem Geiste beseelten Gemeinschaft auch unser rel. Leben dieser Vollendung nahe." [Nz:] ,,Die Lebensweise, welche in dem Bwsts. von der Erlösung der Welt u. von dem persönl. Erlöser J. Xtus beruht." Dgg: [HGL:] ,,Die Rel. der Einh. des Göttlichen u. Menschlichen." ⁴) Die Beziehung der AKD auf Erbsünde u. Versöhnung schliefst die allg. Wahrh. ein, dafs der Mensch durch die Sünde von Gott getrennt u. durch das Xthum als Rel. wieder mit ihm vereint werde; nähert sich aber ebendfsh. der Verbaldef. von RHN u. KL, da unbestimmt bleibt, welches die von Xto in der H. S. geoffnb. Religion sei, sonach auch, woran ein Christ erkannt werde. Dies ergibt sich aus dem Bgr. des alleinseligm. Gl. an die Barmherzigk. Gottes durch Xtum: Wer sich im Gl. der Liebe Gottes durch Xtum getröstet, ist ein Christ; angemessen der apost. Lehre, dafs Xtus unsers Gl. einziges Fundament. 1 Cor. 3, 11. vrg. Jo. 14, 6. Das Xthum ist das von Xto gegründete Reich Gottes auf Erden.⁵)

§. 10. Christliche Religion als Protestantismus.

Das gemeinsam anerkannte äufsere Kennzeichen der ev. luth. K. ist die *Confessio Augustana*. Da diese jedoch weder Anspruch macht, den Gl. der K. vollständig u. unabänderlich zu entwickeln, noch ebendfsh. andre Sätze dadurch ausschliefst, dafs sie nicht in ihr enthalten sind : so mufs schon defsh. ein inneres Kennzeichen aufgesucht werden. Dies hat in den AKD mehr als Triebgewirkt, als dafs es im Bgr. ausgesprochen wäre, wefshalb ihre Polemik weniger in Vertheidigung eines bestimmt angegebenen Grunds., als in einzelnen Dogmen erscheint, welche einzeln vertheidigt werden. Weil aber hinsichtlich drs. unsicher bleibt, ob sie gerade den wirkl. Ggns. der K. u. vollständig aussprechen, ¹) überhaupt ohne Unterscheidung des Zufälligen vom

---

erga Deum et ad charitatem erga proximum faciunt," wodurch die Rel. dem ganzen Leben als einem chr. zugeeignet wird.

2) NATHS: Gereinigtes Judenthum. Rel. des guten Lebenswandels. Praktischer Gl. an Unsterblichkeit u. Vergeltung.

3) Teleologisch d. h. das Natürliche in den menschl. Zuständen dem Sittlichen untergeordnet, auch im Ggns. der ästhet. Frömmigk.

4) ERDM: ,,Das Bwsts. von der Versöhnung." ULLMANN: [Wesen d. Xth. 5. A. 865.] Das Xthum ist die Rel., welche in der Person ihres Stifters die von jeder andern Rel. nur angestrebte Einheit des Menschen mit Gott verwirklicht u. von diesem schöpferischen Mittelpunkt aus durch Lehre u. sittl. Wirkung, durch Erlösung u. Versöhnung den Einzelnen u. die Menschh. zur Einigung mit Gott zurückführt.

5) BC: ,,Ankündigung u. Aufforderung zum Reiche Gottes auf Erden, in Beziehung auf eine heilige Gesch., um sich durch die ganze Menschh. u. bis an das Ende der Dinge zu vollführen." PHIL: ,,Die christl. Rel. ist die obj. durch göttl. Erlösungsoffnb. in Xto, subj. durch gottgewirkten Herzensgl. vermittelte Wiederherstellung der wechselseitigen Gemeinschaft zwischen Gott u. Menschen."

1) Wenn z. B. die Oberhoheit des Papstes angeführt wurde, so hatte schon die

Wesen ein organisches Ganze nicht verstanden werden kann: so ist, im Ggns. des K a t h o l i c i s m u s , das Wesen der ev. K. als P r o t e - s t a n t i s m u s aufzustellen, d. i. ein Princip, aus welchem alle eigenthümliche Dogmen hervorgehn o. durch dasselbe eigenthümlich bestimmt werden, u. wenn ein solches nicht aufzufinden wäre, würde der Ggns. zufällig u. fliefsend sein, so dafs man ohne Inconsequenz halb Kthlk. halb Prtst. sein könnte. Das Pr. kann m a t e r i a l sein, selbst ein Dogma, das alle andere modificirt: dieses ist nach der Gesch. u. dem Ausspruche der K.²) im Ggns. der kath. Werkheiligk. die R e c h t f e r t i g u n g a l l e i n d u r c h d e n G l a u b e n in Folge der Versöhnung des sündigen Menschen mit Gott durch den Gottmenschen; o. f o r m a l , ein Gesetz über Ableitung sämmtl. Dogmen: als solches entwickelte sich erst allmälig gegen die kath. Tradition die a l l e i n i g e A u c t o r i t ä t der H. S.³) Wenn die ev. K. diese Pr. auf kath. Weise behauptet hätte, so dafs von ihrer unbedingten Anerkennung das krchl. Bürgerrecht abhinge, so wäre sie selbst nur eine Abart des Kthcs., keine eigenthüml. Gestaltung des Xthums, da diese Behauptung folgerecht nur auf dem kath. Pr., krchl. U n f e h l - b a r k e i t , ruhen könnte. Auf diese aber hatte die ev. K. durch ihr formales Pr. verzichtet. Daher war bei diesem Nebeneinanderbestehn zweier gleichberechtigten Pr. einesth. möglich, dafs durch das formale Pr. selbst das materiale widerlegt würde, wenn dasselbe aus der H. S. nicht nachgewiesen werden konnte, andernth. ruht das formale Pr., da es selbst nicht aus der H. S. zu erweisen war, auf der Auctorität einer K., die sich nicht für unfehlbar hält. Also konnte geschehen, dafs aus diesen Pr. selbst sich ein Ggns. entwickelte. Daher ist der Prtstms. aus höherm Gesichtspunkte aufzufassen. Da er nicht andern Grundstein legen kann, als den die App. gelegt haben, bleibt positiv sein Charakter: die V e r s ö h n u n g d u r c h X t u m , e r g r i f f e n im Gl., dadurch die luth. eine ev. Kirche ist; negativ: die P r o t e s t a - t i o n wider die vom Kthles. behauptete Unfehlb. der K., wodurch die luth. eine p r o t . K. ist. Dieser Ggns. ist in der Formel enthalten, dafs der Kthles. das Xthum zunächst von der K., der Prtstms. es zunächst

---

Schmalk. Unterschrift Melanchthons dessen Zufälligkeit erkannt. Oder der phantasiereiche Kthlcs. eigne sich für den Süden, der verständige Prtstms. für den Norden, jener für monarch., dieser für republ. Staaten, jener für das weibliche, dieser für das männliche Geschlecht. Bei dieser Methode werden nicht nur zufällige, sdn. selbst halbhist. Merkmale aufgeführt, z. B. Wos: die Unfehlbarkeit des Papstes, da diese, durch welche der Kthlcs. zum P a p i s m u s wird, selbst *in cathedra*, nur von einem Theile der kath. K. anerkannt u. als KGesetz nie ausgesprochen ist; KL: das Streben nach Oberherrschaft über den Staat, da diese doch nur unter besonderer Gunst der Vrh. versucht wurde, aber einem Grundgedanken die kanon. Rechts entgegensteht: Theilung aller Gewalt in das geistl. u. weltl. Schwert als göttl. Satzung.

2) *F. C.* 683: [6] „*Hic articulus, de justitia fidei, praecipuus est (ut Apologia loquitur) in tota doctrina chr., sine quo conscientiae perturbatae nullam veram consolationem habere, aut divitias gratiae Xti recte agnoscere possunt. Id D. Lutherus suo etiam testimonio confirmavit, cum inquit: Si unicus hic articulus sincerus permanserit, etiam Ecc. sincera, concors et sine omnibus sectis permanet: sin vero corrumpitur, impossibile est, ut uni errori aut fanatico spiritui obviam iri possit.*" *Cf. A. S.* 305. [5.]

3) *A. S.* 308: [15.] „*Ex Patrum verbis et factis non sunt exstruendi articuli fidei. — Regulam aliam habemus, ut videlicet verbum Dei condat articulos fidei, et praeterea nemo, ne angelus quidem.*"

vom Ev. abhängig mache, welche dem krchl. Ausspruche, dafs die wahre K. an der Reinh. des in ihr gelehrten Ev. erkannt werde, wie den neuern wissensch. Bestimmungen zu Grunde liegt.[4] Aber dieses konnte erst dann zur Anerkennung gelangen, als jene Entwicklung des Prtstms. selbst sich in der Gesch. dargestellt hatte, u. die K. über diese Thatsache, welche sie erst für blosen Abfall hielt, in ihrem Wesen ein klares Bwsts. suchte. Der Prtstms. hat sich vornehmlich in zwei grofsen K. verwirklicht. Die ev. luth. K. ist die von Luthers mächtiger Individualität ausgegangene Reformationskirche, welche ihren christlichen Gl. in der C. A. von 1530 u. in den andern Bekenntnifsschriften des deutschen Concordienbuchs einst beurkundet hat, u. in ununterbrochener Gemeinschaft auf die Gegenwart gekommen ist.

Locus II. De Theologia dogmatica.

§. 11. Begriff der Theologie.

1. Wiefern die Rel. als Erkenntnifs gewufst u. mitgetheilt wird, ist sie Lehre, u. diese L. von der Rel. Theologie. Hol: „Th. accipitur sensu quadruplici. Generalissime pro quavis de Deo doctrina. Generaliter pro Th. vera. Specialiter pro Th. revelata. Specialissime pro doctrina de Deo uno et trino."[1]) Die Eintheilung der wahren Th. nach der

---

4) Schlr: „Der Prtstms. macht das Vrh. des Einzelnen zur K. abhängig v. seinem Vrh. zu Xto, der Kthles. das Vrh. zu Xto von seinem Vrh. zur K." Hs: Der Kthles. erklärt seine reale K. für die ideale, der Prtstms. unterscheidet jede reale K. von dem ihrem Streben gesetzten Ideal. Böhme: [Henotikon, Hal. 827.] „Papism: die K. soll herrschen über die Rel. Prtstms: die R. über die K." Wtt: Pr. des Prtstms: christl. Selbständigk., Idee d. Gl., Zurückgehn auf die H. S.; ästhetischer Charakter: Resignation u. Andacht. Tws: Die kath. K hielt sich mehr an den ersten, die prot. mehr an den zweiten Theil jenes Ausspruches des Irenäus: *ubi ecclesia, ibi et spiritus Dei, et ubi spiritus Dei, illic ecclesia et omnis gratia.* Pr. s u b j: sittl. Ernst, Wahrheitsliebe, ev. Selbständigk.; m a t e r i a l: dafs wir ohne Verdienst gerechtfertigt werden, blos aus Gnaden, um Xti willen, durch den Gl.; f o r m a l : Zurückgehn auf die urspr. Offnb. in der H. S., welches sich als Kritik gegen alles Menschenwerk darstellt. Dorner: [Pr. unsrer K. 841.] Als Zusammenfassung des Real- u. Formal-Pr: die rel. Wahrh. lebendig im Geiste u. eine treue dem Gl. obj. Darstellung des Xthums, so dafs die freie christl. Persönlichkeit in freier Lust u. Anerkennung der H. S. ihre Ehre gibt. Mrt: Die freie Einigung des Objectiven u. Subj., der göttl. Offnb. u. des rel. Slbstbw. Scnk: [Pr. des Prtstms.] Als e i n theanthropologisches Pr. die Wiederherstellung der Menschh. zur sittlich vollendeten Lebensgemeinschaft mit Gott durch den Gl. an den Gottmenschen. Gass: [Gesch. d. prot. DK. 854.] „Die freie Aneignung des chr. Heils vom Standpunkte des Gl. an die durch Xtum, den alleinigen Heiland der Welt, offenbarte freie Gnade Gottes, nach der Norm der H. S." Khn: [Pr. d. Prtstms. 865.] Die H. S. alleinige Norm des KGl., Heilsgemeinsch. des Einzelnen mit Gott, das Wesen der K. nicht im äufsern Organismus, sdn. in unsichtb. Gemeinsch. mit Xto, als Schrift-, Heils- u. K.-Princip.

1) Augtn: als altgriech. Eintheilung: *Th. mythica, physica, civilis s. moralis.* Quen: *Th. est sermo (doctrina) de Deo et rebus divinis.* „Λόγος τοῦ θεοῦ Wort, Offnb. Ü. sich selbst u. λόγος περὶ τοῦ θεοῦ, beides im krchl. Sprachgebr. seit dem 2. Jhh. Daneben 2 specielle Beziehungen: unter den KV seit d. 4. Jhh. L. von der Gotth. Xti [ihre Vertheidiger vorzugsweise θεολογοι] neben der L. von sr. Menschwerdung οἰκονομία, unter den SL die L. von Gott als bes. Theil der DK. Bc: „Th. bedeutete im Sprachgebr. des Alterth. immer ein Wissen u. Forschen, welches sich auf der einen Seite über das Volksmäfsige erhob, andrerseits nicht so frei wie die Ph., vielmehr auf pos. Lehren u. Anstalten für die Rel. bezogen war."

verschiedenen Erkenntnifsart ihrer Subjecte[2]) wird seit BDD als dgm. Antiquität aufgeführt. Sie dient allerdings nicht zur Bestimmung des Bgr., da die Gegensätze unserer Th. unbekannte Größen sind: aber ihre wissensch. Grundlage ist eben sowohl die anerkannte Subjectivität aller Th., wiefern sie durch Erkenntnifsform u. rel. Standpunkt bedingt wird, als die im Gl. ergriffne Objectivität, wiefern alle natürl. u. übernatürl. Th. als Bild u. Offnb. des güttl. Slbstbw. erscheint. In drs. Absicht wird genannt als [QUEN:] *,,causa Theologiae efficiens principalis Deus Uni-Trinus,*[3]) *finis intermedius fides salvifica, secundum quid ultimus ad aeternam salutem perductio, absolute ultimus Dei gloria"* 2. Da durch die Darstellung der Rel. als Erkenntnifs eine Wissensch. von drs. erst möglich wird, ist seit Abälard herkömmlich, unter Th. eine gelehrte Wissensch. von der Rel. zu verstehn, so dafs die ursp. Bedeutung zurücktrat, aber der Einth. in *Th. acroamatica* u. *popularis*[4]) noch zu Grunde liegt. Die ältere Def. entspricht dem Bgr. der chr. Rel. auf dms. Standpunkte. HOL: *,, Th. est sapientia eminens practica, e verbo Dei revelata docens omnia, quae ad veram in Xto fidem cognitu, et ad sanctimoniam vitae factu necessaria sunt homini peccatori aeternam salutem adepturo.*[5]) Die neuere Def.

---

2) QUEN: *,,I. Th. ἀρχέτυπος s. πρωτότυπος, infinita Dei sapientia, qua Deus seipsum cognoscit in se ipso et extra se omnia per se ipsum, non solum in Deo, sed et ipse Deus est.* [Göttl. Slbstbw. In Beziehung auf Gott *essentialis, necessaria,* auf die Offnb. *exemplaris, originans.*] *Competit Xto per naturam et essentialiter, quatenus Deus est, per unionis gratiam s. personaliter, quatenus homo est, quo respectu etiam appellatur Th. unionis. II. Th. ἔκτυπος, expressa quaedam ac potius adumbrata infinitae illius Th. imago, a Deo gratiose cum creaturis intelligentibus, pro modo ipsarum, aut in hoc sacculo communicata, aut in futuro communicanda. Est originata, derivata, expressa, creata, accidentalis.* 1) *Th. humanae naturae Xti* [aufser der *Communicatio idiom.* betrachtet] *connata, θεοπνεύστως, infusa, per experientiam acquisita, augmentum admittebat. Intuitiva in altera vita.* [Nur die letzte übertrifft die Th. aller andern Geschöpfe.] 2) *Th. angelorum, naturalis et accessoria, eaque tum intuitiva, tum experimentalis et acquisita, quae partim per revelationem partim per discursum et ratiocinationem perficitur* [KÖN: *Th. Diabolorum triplex est: concreata, revelata, experimentalis.*] 3) *Th. hominum* a) *hujus vitae seu viatorum, abstractiva s. mediata:* a) *ante lapsum s. paradisiaca, tum concreata s. originalis, perfecta θεογνωσία habitualis, quae πρωτοπλάστοις erat indita per gratiam creationis ad imaginem Dei, tum revelata per verbum externum, β) post lapsum, tum naturalis, tum supernaturalis s. revelata;* b) *patriae s. comprehensorum, intuitiva s. immediata, quod demum in patria coel. illam consequantur et metam quasi comprehendant.*"

3) HILARIUS: *,,A Deo discendum, quicquid de Deo intelligendum.*"

4) *Th. acroamatica* uls Gegenstand academ. Vorlesungen. Die esoterischen Vorträge des ARIST für die geübteren Schüler hiefsen 'Ἀκροαματικά, daher die specul. Wissensch. überhaupt. Namen der *Th. acroam.* nach Form u. Gebrauch: *technica, scholastica, esoterica, didactica, academica, τῶν τελείων, confirmatorum.* Ihr Ggns. nach der gewöhnl. Form des Vortrags: QUEN: *Th. catechetica initialis seu rudior, τῶν νηπίων, tironum et initiatorum.* Die neuere Benennung *Th. popularis* fafst den chr. Volksunterricht allgemeiner, *Th. practica* Anleitung ihn zu ertheilen.

5) QUEN: *,,Th., systematice et abstractive spectata, est doctrina e revelatione div. hausta, monstrans, quomodo homines de Dei per Xtum cultu ad vitam act. sint informandi. Habitualiter et concretive considerata, est habitus intellectus θεόσδοτος, practicus per verbum a Spiritu S. homini de vera rel. collatus, ut ejus opera homo peccator per fidem in Xtum ad Deum et salutem act. perducatur."* Jenes obj., dieses subj., welche doppelte Ansicht der Wissensch. als Gegenst. für sich d. i. obj. u. abstract, o.

§. 12. Begriff der Dogmatik.

entspricht dem allg. Bgr. der Rel: HLM: „*Scientia religionis.*" WGS. „*Doctior et subtilior universae religionis doctrinae expositio.*" 3. Als die Th. allmälig in einzelne Wissenschn. zerlegt wurde, blieb ihr Name für den gemeinsamen Bgr. drs: WGS: „*Complexus singularum disciplinarum ad rel. chr. doctrinam subtiliter exponendam maxime necessariarum.*"[6] Ihre jetzt herkömml. Eintheilung, *Th. systematica, exegetica, historica et practica*, nebst Unterabtheilungen gehört in die theol. Encyklopädie. 4. Individuelle moderne Ansichten : *a*) die Beziehung der Rel. auf den allg. chr. geoffenbarten Gl., der Th. auf die krchl. Dogmen als Menschensatzungen seit SEMLER; *b*) die Ableitung der Rel. aus der Th. als folgerechte Annahme drj., welche die Rel. aus dem Wissen ableiten.[7]

§. 12. Begriff der Dogmatik.

Die Darstellung des KGl. als Wissensch. ist der Mittelpunkt aller theol. Disciplinen geworden, daher sie vorzugsweise Th. genannt u. in den ältern Deff. drs. berücksichtigt, obwohl nicht klar von ihren Nebenwissenschn. unterschieden, nach Ausbildung drs. aber, neben andern blos formellen Benennungen, vornehmlich durch BDD dgm. Th. o. DK[1] genannt wurde : *docta et subtilis expositio placitorum in Ecc. receptorum.*[2] Innerhalb des allg. Bgr. einer Wissensch. vom rel. Gl. kann ihr Umfang verschieden bestimmt werden. Sie kann das rel. Leben in seinen ewigen Gesetzen darstellen, phil. DK, sonst natürliche Th., jetzt bes. als phil. Kritik der epochemachenden Volksreligionen RPh.; o. als Wissensch. einer geschichtlich bestimmten Rel.

als Kenntnifs u. Fähigk. in einem Subj. d. i. subj. u. concret, in allen ihren Zweigen sich von selbst versteht, hier aber, im Ggns. des blos theoretischen, ein thatkräftiges u. heilbringendes Wissen betont.

6) BR: „*Habitus cognoscendi Deum et res div. easque docendi, confirmandi ac defendendi, talis quidem, qui objecto conformis est, et in homines pro statu hujus vitae cadit.*" MOR: „*Subtilior religionis expositio, comprehenso simul omni eruditionis apparatu, quem subtilitas illa postulat.*" SCHLU: „Inbegriff drj. wiss. Kenntuisse u. Kunstregeln, ohne deren Besitz u. Gebrauch eine zusammenstimmende Leitung der chr. K. d. h. ein chr. KRegiment nicht möglich ist." CRM: „*Complexus disciplinarum, quarum cognitio accurata necessaria est ad gubernationem ecclesiae.*" KLN: Das wiss. Slbstbw. der K.

7) AM: „*Th. est doctrina de Deo, relato ad mundum. Rel., quae non nisi in creatura rationali locum habet, hominem pietate conjungit cum Deo; Th., quae vel in numine cogitari potest, Deum adducit in cognitionem hominis et religionem comitem habet, tanquam mater filiam.*"

1) *Δόγματα, placita imprimis philosophorum*, unter den KV die Hauptsätze des KGl. mit der Nebenbedeutung des Gelehrten u. Esoterischen, dadurch verschieden [*Basilius Magnus*] von κηρύγματα. DK für gelehrte GLehre zuerst gebraucht von L. F. Reinhart [*Synopsis Th. dogm.* 1659], auf Anlafs der *Th. moralis* von Calixtus [früher *Sententiae, Summa, Loci theol., Institutio rel. chr.*]. Was BRT fordert, dafs die apost. GLehre chr. Th., DK aber nur die gelehrte Darstellung der Meinungen u. Grundsätze über dieselbe zu nennen sei, hat seinen Grund in einer dgm. Ansicht, welche sich bewufst ist, in allem, was über den Buchstaben der H. S. hinausgeht, nur Meinungen zu haben. Dgg. in der Ph. seit Sextus Empir. das Dogmatische dem Skeptischen, seit Kant dem Kritischen entgegengesetzt wurde.

2) RXH: „*Corpus placitorum rel. chr., erudite et subtiliter expositum et in artis formam redactum.*" MNT: „Wissensch. Darstellung u. Begründung der chr. GLehren in ihrem innern Zusammenhange." SCHK: „Darstellung von der Wahrheit des chr. Heils."

dieselbe in ihrem innern Zusammenhange darstellen, so die chr. DK. Diese faſst entw. das gesammte Xthum in seinen hist. Entwicklungen auf: chr. compar. DK, zunächst als Vergleichung der verschiedenen krchl. Systeme: Symbolik; o. das Xthum in der Periode seiner Einführung: bibl. DK, in einer bestimmten K: krchl. DK. Wenn in dieser Darstellung die GSätze einer K. nur äuſserlich aufgefaſst u. etwa in logischen Zusammenhang gebracht werden, entsteht eine bloſse Historie, welche im weitern Sinne eine Wissensch. genannt werden kann, obwohl sie in diese Sätze als Erscheinungen, die nur in dem rel. Gemüth, aus dem sie hervorgingen, verstanden werden, die volle Einsicht nicht gewährt. Diese entsteht durch Verbindung mit der phil. DK, welche die einzelnen GSysteme als bestimmte Gestaltungen des rel. Geistes begreift.

§. 13. Kritische u. kirchliche Dogmatik.

Da der Ggns. der Kirchen die ganze Th. durchdrungen hat, erscheint er mehr o. minder in jeder DK, welche insofern immer kirchlich ist, d. h. einer bestimmten K. angehört. Doch indem die phil. DK u. hist. Kritik sich über die K. hinausstellt, u. durch ihr selbständiges Urtheil einen theilweisen Ggns. entwickelt, entsteht die krit. DK. Wenn sich dgg. die DK auf dem krchl. Standpunkte hält, seine Bedeutung im rel. Leben, die bisherigen Mängel seines Ausdruckes u. die folgerechten Schritte seiner Fortbildung nachweist, entsteht die eigentl. krchl. DK.[1]) Dieses ist obj. dadurch möglich, weil jede K. eine eigenthüml. Erscheinung des chr. Lebens ist u. als solche ihre rel. Bedeutung hat; subj. dadurch, daſs das Gemeingefühl der K., zum eignen Gefühle geworden, als unmittelb. Gl. ausgesprochen u. behauptet, o. durch freie Reflexion in seiner rel. Bedeutung für eine bestimmte gesch. Bildung anerkannt wird; welches Letztere vornehmlich dient, das Erstere zu ergänzen, gänzlich aber von dms. verlassen, das innerste Leben der K. schwerlich auszusprechen vermöchte. Es kann nicht fehlen, daſs die krit. Methode den krchl. Gläubigen ein Miſsbehagen der Störung in der eignen GSicherheit u. der Befürchtung für die Einheit der K. errege. Allein die Verständigung über dieses Gefühl erkennt, daſs die prot. K., wie sie als nicht unfehlbar dieser Kritik ohne innern Widerspruch nicht wehren kann, einesth. durch ihre vollkommene Freilassung sich selbst chrt, indem sie vertraut, daſs ihre

---

1) Schlr: „Dogm. Th. ist die Wissensch. von dem Zusammenhange der in einer chr. KGesellsch. zu einer gegebenen Zeit geltenden Lehre." Als wäre nur dieses DK. Aber zur geltenden L. werden gerechnet „LSätze, welche in einem dgm. Ausdruck sind für das, was in den öffentl. Verhandlungen der K. wenn auch nur in einzelnen Gegenden drs. als Darstellung der gemeinsamen Frömmigk. gehört wird ohne Zwiespalt u. Trennung zu veranlassen." Stdl: „Die DK hat den Inhalt des Gl., unter dessen Anerkennung als des wahren die K., der wir angehören, zusammengetreten ist u. fortbestehen will, zu entwickeln, u. von ihm auf eine wissensch. befriedigende Weise Rechenschaft zu geben." — Hs: „Die DK ist die wissensch. Darstellung der chr. Rel. in ihrem Vrh. zum rel. Geiste." Bc: „Chr. DK ist die Wissensch. des krchl. Xthums, seines Vrh. zum Ev., zur Vft. u. zu dem vernünftig chr. Leben der Einzelnen u. in der K." Esr: „Wissensch. Darstellung der Synthesis zwischen dem Erlösungsbedürfnisse u. der göttl. Erlösungsthatsache." Phil: „Entwicklung des Offenbarungsinhalts wie drs. im gläubigen Menschengeiste sich wiederspiegelt."

Wahrh. vor der freiesten Forschung bestehe, die irrige u. feindselige Kritik aber in der freien u. öffentl. Berathung der Wissensch. allezeit ihren Ggns. finden werde, andernth. dafs die eigne Fülle ihres Geistes in diesen freien Versuchen sich ausspricht, die Regsamk. des innern Lebens sich erhält, u. die im Ggns. bewährten Resultate der Wissensch. besonnen u. allmälig der K. angeeignet werden. Die Kritik aber auf eignem Standpunkte befriedigt allein das höchste Interesse der Wahrh. u. die Selbständigk. eigenthümlicher Geister. Ihr erscheint zuerst die krchl. DK als blose Legitimität, bewufstloses Hängen am Herkommen: aber in tieferer Verständigung erkennt sie in ihr das neben der individuellen Regsamk. nothwendig Gemeinsame eines hist. Institutes, welches dadurch, dafs es sich als Wissensch. zu rechtfertigen strebt, mit der Kritik gleiches Recht eingeht u. die Gelegenh. zur Aufnahme ihrer durchgebildeten Resultate bietet. Die krchl. DK auf eignem Standpunkte ist das wissensch. Slbstbw. der K., ohne welches diese in einer Zeit, da jedes Leben nach wissensch. Verständigung u. Rechtfertigung strebt, nur durch dunkeln Trieb u. Zwang vorübergehend bestehen könnte.[2] Nicht durch Festhalten des Buchstabens, sdn. durch Eingehn in den lebendigen Gemeingeist, aus dem die K. entsprungen ist, erhält sie ihr die freie Liebe der Gläubigen u. sucht in der kath. K. durch unmerkliches Zurückstellen u. Ausbilden einzelner Dogmen die Einstimmigk. mit der fortgeschrittenen Wissensch. zu bewahren, in der prot. K. führt sie offen die Reformation fort durch besonnene Ausbildung ihrer Grundsätze, u. vertritt dieselbe gegen den excentrischen Wechsel einer Revolution, welcher die unbedingte Hingabe des Gemeinsamen an die Kritik Raum geben würde. Ihr demnach gehört u. soll zunächst der prakt. Einflufs auf die K. gehören, durch ihre Vermittelung der Kritik; denn nur dasj., was aus einem hist. Institute hist. u. organisch sich entwickelt, hat als dessen eigenthüml. Leben innern Bestand u. Segen. Selbst die krchl. Sprachweise darf nur besonnen u. allmälig fortgebildet werden, u. ist besonders in ihrer biblischen Einfalt unverletzlich.[3] Hiernach erscheint in wissensch. Hinsicht das Leben der prot. K. wohl bestellt, wenn das Gemeinsame in der krchl., das Individuelle in der krit. DK gleich kräftig sich ausbildet u. in rein wissensch. Bewegung sich gegenseitig ergänzt.

§. 14. Dogmatik der evangelisch-lutherischen Kirche.

Der urspr. Prtstms. ist nach §. 10 in dem Grundgesetze der alleinigen Rechtfertigung durch den Gl. u. der alleinigen Auctorität der H. S. enthalten: aber die Fülle des Individuellen, welches innerhalb der K. durch die Kritik im Ggns. wider den Kthlcs. u. in der Gemeinsch.

---

2) STDL: „Unsre K. will nicht ihr chr. Bwsts., insofern es i h r Bwsts. ist, geltend machen, sdn. einzig insofern, als es dem in der H. S. ausgeprägten chr. Bwsts. n a c h-w e i s b a r analog ist. Die Aufgabe ist, auszuweisen, dafs Alles von dem Gl. einmal zum Inhalte Gemachte sich nicht scheuen darf, sich als im Einklange stehend zu erklären mit jedem zur Aufklärung gekommnen Wahren sonstiger Wissenschaft."
3) CUMN. p. 16: „Est diligentia digna piis, propter concordiam loqui cum Ecc. recte sentiente. Petulans enim mutatio vel errores parit, vel dissidia. Et plerumque periculosis erroribus via sternitur, quando plerique piscatoriam Spiritus S. simplicitatem nauseantes, sub integumento ornatus et elegantiae alicujus, καινοφωνίαν introducunt."

mit Xto sich entwickelte, mufs vorläufig für eine weitere Entwicklung des Prtstms. gehalten werden, wenn auch nicht ohne Entartung. Durch das äufsere KGesetz ist die urspr. Gestaltung Orthodoxie, die Entwicklung in ihrer Mannichfaltigk. Heterodoxie, wodurch kein unbedingter Ggns. behauptet wird, da die eine durch Herkommen o. Gesetz in die andre übergehn kann, beide aber innerhalb der ev. K. sich bewegen, u. unter dem Ideale einer höhern Orthod. stehn, der vollkommnen Darstellung des Xthums, das einst auch in der Gesch. der K. [*Act.* 5, 38 *s.*] zwischen ihnen entscheiden wird. Die DK der ev. luth. K. ist die wissensch. Darstellung zunächst des orthod. Gl. dieser K.[1] Ihr Geschäft ist: 1) Die historisch-kritische Auffassung des KGl. aus den S. B. u. den Schriften der AKD, denen die Darstellung der Orthod. höchstes Gesetz war, welchem sie in einer fest geschlofsnen Schule 2 Jhh. durch genügten. Beide Quellen bilden ein hist. Ganze, obwohl der Unterschied, dafs die symbol. L. von der K. als Gesetz ausgesprochen ist, ihre dgm. Entwicklung aber nur auf wissensch. Ansehn u. Herkommen ruht, daher auch unmittelbar durch dasselbe verändert werden kann, neben der Anerkennung ihrer organischen Einheit ihre äufsere Unterscheidung fordert. Die hist. Kritik hat die Elemente der KL in der H. S. aufzusuchen u. ihre Ausbildung in der Gesch. nachzuweisen. 2) Die systematische Anordnung des hist. Stoffs nach seinem innern Zusammenhange in Gemäfsheit der logischen Gesetze. 3) Die religiöse Begründung, weil die Dogmen erst durch ihre Nachweisung im rel. Gemüthe, dessen Aufsergn. sie sind, wahrhaft begriffen werden.[2] Als Folge dieses hist., log. u. phil. Geschäfts ergibt sich 4) die organische Ausbildung, indem der chr. Geist sich immer vollkommner im Gl. u. in der Wissensch. auszusprechen strebt. Da nun auch die Heterod., wie zum freien Staate die gesetzliche Opposition, zur prot. Kirche gehört, so wird zur Vollständigk. der krchl. DK auch die Darstellung u. Beurtheilung der heterod. Systeme erfordert, soweit sie nach wissensch. Werthe, bei der Unmöglichk. die Stimmen ihrer Anerkennung zu zählen, auf die Gestaltung der K. Einflufs, o. auch nur als eigenthüml. Entwicklungen o. Verirrungen des Prtstms. eine Bedeutung haben.

§. 15. Verhältnifs der Dogmatik zur christl. Religion.

Die DK ist Form, die Rel. Inhalt. Da die Rel. als das höchste Leben selbst nicht urspr. in wissensch. Form entstand, sdn. diese erst an sie gebracht ist, kann sie auch jetzt in ihrer ganzen Kraft ohne diese Form subj. bestehn, während die Form leer ist ohne den Inhalt. Aber die chr. Rel. mufste zur gelehrten Wissensch. werden, sobald sie zur hist. Rel. wurde, deren Urkunden, einer fremden Zeit u. Sprache angehörig, nicht ohne gelehrte Kenntnisse verstanden werden konnten; zur Wissensch., sobald sie eintrat in eine Volksbildung, welche sich aus der Unmittelbark. des Lebens zur Reflexion über dasselbe erhob, daher auch das rel. Leben, um nicht vereinzelt den andern wis-

---

1) Kns: „Die luth. DK hat die GLehren aus dem Materialpr. der Rechtfertigung aus dem Gl. zu entwickeln, aus dem Formalpr. der alleinigen Auctorität der Schrift zu beweisen."

2) Ltu: Die drei Factoren der DK: die Schrift, die KLehre u. das persönliche Glaubensbwsts.

sensch. Anschauungen nachzustehn, in das Gesammtgebiet der Wissensch. eintreten mufste. Denn die Wissensch. ist die Anschauung u. Darstellung des gesammten Lebens o. eines bestimmten Kreises dsslb. nach seinem innern Zusammenhange als Einheit in der Erkenntnifs. Neben dieser äufsern Nothw., unter welcher die DK entstand, die besonnene Ausbildung der chr. Lehre nebst ihrem Schutze wider eindringenden Irrthum übernahm, u. dem christl. Volkslehrer, zwar kein homiletisches Ideenmagazin, aber die Einsicht bietet, ohne welche das Ev. unter gebildeten Völkern nicht segensreich verkündet werden kann: liegt ihre innere Nothw. darin, dafs sie das ausgebildete Slbstbw. des Geistes hinsichtlich der Rel. ist. Allein so wenig sie das Xthum erfunden hat u. erfinden konnte, so wenig vermag sie einen Gottlosen zum Xten zu machen. Zwar den innern Widerspruch seines Wesens kann sie darthun u. ihn dadurch zum Versuche eines chr. Lebens veranlassen, obwohl auch dieses eher durch das einfache Wort des Ev. o. durch seine begeisterte Verkündigung bewirkt wird: aber gegen den, der diesen Widerspruch sich selbst ableugnet o. ungelöst stehn läfst, vermag sie nichts. Sie ist nur ein Wissen um die Frömmigk.,[1]) ihr Beruf, das äufserlich aufgefundene Xthum in seiner Bedeutung für das innere Leben, das innere chr. Leben in seiner allg. Nothw. zum Bwsts. zu bringen. Während neuerer Zeit die DK oft als bloses Erkennen o. Gl. angesehn wurde, behaupten die AKD diese unmittelb. Beziehung auf das fromme Leben: ihnen ist die Th. weniger Lehre, als eine Richtung des Gemüths auf Gott zur Rettung der Seele,[2]) eine gottgegebne, praktische Fähigk.,[3]) das theol. Studium *oratio, meditatio, tentatio*, der rechte Thlg. ein geistig Wiedergeborner.[4]) Vermag dennoch ein unfrommer Thlg. das chr. Leben in einer

---

1) Tit. 1, 1: *ἐπίγνωσις ἀληθείας τῆς κατ' εὐσέβειαν*.

2) Chmn. p. 17: „*Semper cogitandum est, Filium Dei non eam ob causam prodiisse ex arcana sede Patris, et revelasse doctrinam coelestem, ut seminaria spargeret disputationum, quibus ostentandi ingenii causa luderetur: sed potius ut homines de vera Dei agnitione et omnibus iis, quae ad aet. salutem consequendam necessaria sunt, erudirentur. Ideoque praecipua cura debet esse in singulis locis: quomodo et qua ratione doctrina tradita accommodanda et referenda sit ad usum in seriis exercitiis poenitentiae, fidei, obedientiae et invocationis. Ita etiam mentes proficient simul et doctrina et pietate. Vere enim dictum est, Th. magis consistere in a f f e c t u, quam in c o g n i t i o n e. Unde Deus in sua lingua sub uno vocabulo comprehendit et notitiam et affectus, qui notitiam sequuntur.*"

3) Quen: „*Th. est habitus intellectus θεοδότος et practicus. Post lapsum non nascuntur Theologi, sed fiunt, sc. a Deo docti per verbum scriptum. Distingue inter habitus t h e o r e t i c o s, qui in nuda veritatis contemplatione ultimato subsistunt, et p r a c t i c o s, qui quidem cognitionem rei alicujus agendae requirunt, sed ulterius ad praxin et operationem tendunt. Nos Theologiam non theoreticis, sed practicis habitibus annumerandam esse arbitramur.*" Unter den SL hielten einige die Theol. für eine theor. u. specul., andere für eine prakt., die meisten für eine gemischte, einige, als höhern Begr. dieser Mischung, für eine affective Wissenschaft.

4) Hol: „*Oratio studium theologicum inchoat, meditatio continuat, tentatio consolidat. T h e o l o g u s sensu excellentiori dicitur homo renatus, veritati primae, mysteria fidei revelanti, immotum praebens assensum, eique speciali fiducia innitens, aptus ad docendum alios, et ad redarguendum contradicentes.*" Durch Einwirkung des Pietismus ist dieses nur bestimmter hervorgetreten. Aber auch Quen: „*Informatio divina, qua fiunt Theologi, est operatio gratiae Spiritus S. non praecise i n h a b i t a n t i s, sed potius a s s i s t e n t i s, quam gratiam assistentem certo modo etiam habent irregeniti et impii. In*

Klarh. darzustellen, an welcher Gläubige sich klar werden u. erbauen: so geschieht dieses dadurch, dafs er selbst zwar das chr. Leben in sich erfahren hat, aber nur in vorübergehender Rührung u. Entschliefsung, die er durch Phantasie u. Reflexion zurückrufen kann. Die AKD bezeichnen dies als das Vrh. eines aus der Wiedergeburt Zurückgefallnen [*privative irregeniti*], seine, wennschon ausgezeichnete theol. Kenntnifs als eine Kenntnifs des Buchstabens, nicht des Geistes.⁵)

§. 16. Dogmatik u. Ethik.

Das Xthum ist wesentlich eine sittl. Rel. u. ein sittl. Element bildet den Mittelpunkt der KL: die Versöhnung des Sünders durch die Erlösung von der Sünde. Die chr. Ethik ist von Alters her innerhalb der DK verhandelt worden, so jedoch, dafs unter KV u. SL auch Darstellungen vorkommen, in denen die Moral bes. nach ihrer Anwendung auf einzelne Lebensverhältnisse vorwaltet.¹) Nach mehr volksthüml. Anfängen in der Reformationszeit hat unter den Reformirten Danäus [1577], unter den Lutherischen Calixtus [1634] die Ethik als eigenth. Wissensch. neben die DK gestellt. Die AKD sind hierauf eingegangen, ohne doch die Grundgedanken der Moral sammt ihrer Beziehung auf K., Staat u. Haus von der DK auszuschliefsen. Neuere DD haben die DK als theor., die Ethik als prakt. Th. beschrieben,²) nach Kant in der Letztern die Grundlage der Erstern gesehn, o. nach Schl u. Schlegel eine gänzliche Verschiedenh. zwischen Rel. u. Moral angenommen, bis Schlr eine urspr. Einheit von Ethik u. DK behauptete, Schw bei den betreffenden Dogmen auf diese Einheit hinwies, Nz u. Rkt sie durchführten. In der That ist die DK selbst eine prakt. Wissensch., welche sich ebenso wenig blos auf Ansichten bezieht, als die Ethik blos auf Handlgn., sdn. beide wurzeln in lebendiger Gesinnung. Daher, obwohl angemessen ist, dafs in der Moral die Idee des Guten für sich betrachtet u. als sittl. Gesetzgebung auf die gegebenen Vrh. bezogen werde: so gehören doch ihre Grundbegriffe, Unschuld, Sünde u. Wiedergeburt wesentlich zur DK.

illis vero, qui re et nomine Theologi sunt, i. e. qui non tantum habitu theologico, ut sic, instructi, sed simul renati sunt, Theologia non tantum a Sp. S., sed etiam cum Sp. S. est et cum gratiosa ejus inhabitatione conjuncta."

5) Sie verstehen hierunter nicht grade ein auf hist. Studien beschränktes, in den Geist des Gegenst. weder eindringendes, noch im eignen Geiste erfahrnes Wissen, sdn. blos theor. Kenntnifs ohne Wahrh. [Anwendung] im Leben. Hol: „*Spiritualis, ad usum spiritualem applicata, et cum spiritualibus, piis cordis motibus conjuncta.*"

1) Die Nameus-Unterscheidung schon bei *Clemens Alexandrinus*: δογματικὸν u. πρακτικόν, für das Letztere *Theodoretus*: ἠθικός.

2) Seit Pfaff u. Bdd, dieser jedoch: *Isagoge p.* 583: „*Cum credenda et agenda in praxi et usu conjunctissima sint, merito quoque junctim traduntur; quamquam nihil obstet, quominus seorsim considerari queant.*" — Hlm: „*Duabus partibus Th. distribuitur: quarum altera, quae rectas de Deo et hominibus ad Deum relatis sententias tradit, dogmatica, altera, quae consentaneas his principiis atque inde ductas agendi regulas exhibet, moralis dicitur.*" Kl: „*Th. theor. s. dgm. est corpus eorum, quae homini chr. sunt credenda; Th. pract. s. mor. est expositio eorum, quae homini chr. agenda sunt.*" Stdl: Die GL bezieht sich auf die Ansicht, die Sittenlehre auf den Willen des Menschen. Mrt: In der DK das Vrh. zwischen Gott u. Mensch als ein daseiendes, in der Ethik als ein werdendes mittels des freien Strebens der Gläubigen. Enr: als wesentlich gleichen Inhalts, nur dafs in der DK von Gott, in der Ethik vom Menschen ausgegangen wird.

§. 17. Articuli fidei.

Das Xthum im Gl. [*qua creditur*] aufgenommen als Gl. [*quae creditur*] mufste sich erst unwillkürlich nach den Denkgesetzen, dann als System nach bedächtiger Anordnung in bestimmte Sätze gliedern: *articuli, capita fidei, loci th., dogmata*. QUEN: „*Articulus fidei in genere est pars doctrinae coelestis, ad credendum hominibus in Sc. S. proposita, de Deo aliisque rebus supernaturalibus, ad salutem aeternam adipiscendam. Principium essendi est solus Deus; principium cognoscendi non auctoritas Ecc., non hum. ratio, sed div. revelatio, in verbo facta.*" In der Gliederung des Systems ergab sich ein verschiedner Werth seiner Artikel, wiefern einige als begründende, andre als abgeleitete Sätze erschienen.[1] Diese unter den SL u. in den ältern Schriften der ev. K. anerkannte Unterscheidung *ratione momenti* wurde bei der Frage über das, was ohne Gefahr der Rel. u. ihres Zieles, der Seligk., zur Vereinigung mit der ref. K. nachgegeben werden könne, durch HUNNIUS[2] ausgebildet u. von den AKD aufgenommen: *Fundamentum, quod in unaquavis structura est primum, toti structurae substat, nec ab alio sustentatur. Fund. fidei [Rom.* 15, 20. 1 *Cor.* 3, 10 s.] *dicitur, quod fidei et toti adeo Christianismo, veluti domui aedificandae, substernitur. Fund. fidei et salutis est tum substantiale, Xtus, quatenus salutis nostrae auctor exstitit, tum dogmaticum, doctrina de Xto, ex qua fides salvifica concipitur et sustentatur.*[3] *I. Art. fidei fundamentales sunt qui talem habitudinem ad fund. fidei et salutis important, ut eo salvo ignorari, aut saltem negari non possint*: 1) *primarii, qui causam aliquam nostrae salutis constituunt vel explicant, inde salva fide et salute nec ignorari, nec negari possunt:*[4]

---

1) QUEN: „*Forma generica articulorum non consistit in conformitate cum revelatione Dei scripta, sed in relatione distinctorum inter sese fidei capitum, cum ad se invicem, tum et praecipue ad totum corpus doctrinae, cujus particularia membra sunt.*

2) Διάσκεψις *de fundamentali dissensu doctrinae Lutheranae et Calvinianae. Vit.* [026] 663.

3) HUN fügt hinzu, was seine Nachfolger meist auslassen: „*Fund. organicum est Sc. S., quatenus medium est generandae fidei ac principium doctrinae, quod substat et substernitur fidei.*" Er definirt *Fund. substantiale:* „*objectum fidei proprium, quod est Deus gratiam salutiferam hominibus promittens ac suo tempore largiturus, et Xtus merito suo efficiens, ut gratia isthaec deletis peccatis in homines redundare possit, vel, Deus unitrinus in Xto Med. fide amplectendus.*" *Dogmaticum:* „*prima illa coelestis doctrinae pars, quae ad nullum aliud dogma refertur, ut ejus gratia revelata, et ad quam caetera omnia dogmata tamquam propter ipsam revelata referuntur, et ex qua, ut sufficiente et immediata causa, fides resultat.*" Über ihre Verbindung HOL: *Xtus fund. est ex parte rei, doctr. de Xto ex parte nostrae cognitionis. Doctr. de Xto nihil est aliud, quam Xtus intellectu cognitus, et aliis ad cogn. propositus. Non ergo differunt fund. dogm. et subst., nisi ut doctrina et doctrinae objectum, quae demum junctim sumta constituunt fund. reapse unum, quamvis mens nostra illud ut duplex concipiat.*"PHIL: Der Versöhnungstod des Gottmenschen das Fundament des Heils; das göttl. Zeugnifs dieser centralen Heilsgrundthat die centrale Fundamentallehre des Heils [*Art. constit*.], die DK die allseitige Entwicklung drs., indem der Gesammtcomplex peripherischer Fundamentallehren [*Art. consecutivi*] sie in engern o. weitern Kreisen umschliefst; neben jener materialen die formale Fundamentallehre, dafs Gottes Offnb. in allen ihren Theilen unbedingter Glaubensgehorsam gebührt, auch wo der Inhalt drs. nicht ein Moment der unmittelb. Glaubenserfahrung bildet.

4) HUN: *Quorum cognitio explicita necessaria est ad id, ut fides salvifica generetur et sit.*" Die Unterabthlg. hat HOL nach HLs nur eingliederig: *a) constituentes b) antece-*

a) constitutivi, qui ipsum fund. fidei constituunt, quorum ideo cognitio explicita ad fidem et salutem per se necessaria est [e. g. de Xto θεανθρώπῳ, de Xti merito et satisfact.]; b) conservativi, quorum explicita cognitio non quidem per se, sed ad ponendos constitt. necessaria est, quia cum iis necessario cohaerent: α) antecedentes, qui rationem constitutivorum in se continent [e.g. de S. Trinit., de pecc.]; β) consequentes, qui explanant fidei salvificae consequentia, quibus positis fides confirmatur, non positis evanescit [v. c. de Ecc., de Officio Xti reg., de vita beata]; 2) secundarii, qui licet ignorari possint illaeso fidei salutisque fundamento, pertinaciter tamen negari salvo illo non possunt, nedum impugnari [v. c. de communicat. idiom.]5) II. Art. fidei non fundamentales sunt, qui salvo fidei fundam. non solum ignorari, verum etiam negari, aut in utramque partem disputari possunt [v. c. de perpetua angelorum quorund. reject., de Antichr., de irremissibilitate peccati in Sp. S.].

Seit HLM wurde diese Lehrform zurückgestellt, seit SML verworfen. Die Ursache war auch unter KD eine Entfremdung von der KL u. hiermit ein so völliges Mifsverstehn drs., dafs jene Eintheilung für blose Willkür u. ein Abhängigmachen der Seligkeit von todten GFormeln angesehn wurde. 6) Das Mifsverständnifs, welches, durch den Doppelsinn von *Fides* veranlafst, schon unter den AKD bemerkbar wird, besteht in der Meinung, dafs *F*. als Eintheilungsgrund dieselbe *F*. sei, welche eingetheilt wird, nehmlich *F. generalis s. doctrina chr*. Eintheilungsgrund ist aber *F. specialis s. salvifica:* Vertrauen auf die Gnade Gottes durch Xtum, also die Frömmigk. selbst in ihrer chr. Möglichk. u. Gestalt. Die AKD konnten kein andres Fund. legen, als welches ihre K. gelegt u. klar bezeichnet hatte. 7) Ist aber Xtus, im Gl.

---

dentes c) consequentes. Die Deff. dieselben. Die constit. Artikel in der dgm. Thesis: „Deus, motus misericordia in genus hum. lapsum propensissima, omnes miseros peccatores, malitiose non obsistentes efficaci operationi Sp. S., mediante verbo suo, convertit et regenerat, renatos propter satisfactionem Xti, ev. promissione oblatam et vera cordis fiducia acceptam, atque singulariter applicatam, justificat, justificatos aeternum vult salvare." CLX, gegen den dieser LBegriff gebraucht wurde, stand wesentlich auf dem Grunde desselben, indem er überh. nur jene 3 Arten der GA unterschied: *antecedentia, constituentia u. consequentia,* die Ersten erkennbar auch aus der Vft., die Zweiten enthalten im apost. Symbol, die Dritten blose Folgerungen aus dieser Glaubenssubstanz. *Ad Moguntinos, thes.* 66: „*Quae constituunt, cognitu et creditu sunt necessaria, et continentur Symbolo apost. Antecedentium et consequentium cognitio non ad quosvis pertinet, sed ad perfectiores.*"

5) Sie sind *implicite* in den *primariis* enthalten, daher ihre *cognitio implicita* gnügt, auch ihr Ableugnen aus Einfalt nicht des Heiles beraubt. BR: *Quia enim negatio articuli secundarii non adversatur fundamento fidei, nisi per consequentiam; consequentiam autem non capit, qui ex simplicitate negativam illam amplectitur: ideo cum fundamento negatio ista, in tali subjecto, stare potest.*"

6) MOR: [*Comm. I. p.*49.] „*Salva Fide. Hoc nimium est. Sic enim arrogamus nobis judicium de salute aliorum, quasi haec pendeat ab assensu, qui capitibus nonnullis praebetur.*" KL: „Dagg. hat man mit Recht eingewendet, dafs die Seligk. nicht von einem todten Gl. u. von blosen GFormeln, sdn. von Religiosität u. Moralität abhängt."

7) Dafs sie kein andres legten, beweist: a) Die Bezeichnung dieser *fides* als *salvifica, justificans.* b) Die Def. drs. bei HoL: *F. salvifica est medium divinitus collatum, quo peccator, efficaci Sp. S. operatione, mediante verbo div., conversus et renatus, gratiam Dei, in merito Xti fundatam, acceptat, singularique cum fiducia sibi applicat, ut justificetur.*" c) Die Unterscheidung dieser GArtikel als *Art. fidei proprie dicti* von den GA des

§. 17. Neuere DD: Fundamental-Artikel.

ergriffen, nothw. u. alleiniges Fundament aller chr. Frömmigk. u. daher Seligk: so können die andern GSätze nur nach ihrem Vrh. zu diesem Grunde gewürdigt werden.[8]) Diese Classification der Artikel des chr. Gl. *[generalis]* nach ihrem Vrh. zum alleinseligm. Gl. *[specialis]* ist daher im Ggns. des Kthlcs., dem alle von der K. ausgesprochene Dogmen gleich wichtig sind, da mit jedem die krchl. Unfehlbark. selbst geleugnet würde,[9]) ein ächt wissensch. Versuch, das Wesen von der Erscheinung zu sondern, dadurch ein wissensch. System in nothw. Gliederung zu begründen, u. jene grofsartige Toleranz zu erstreben, die im Ggns. jedes Buchstabengl. die Formel nur würdigt nach ihrem Vrh. zum Geiste, u. seine Einh. in ihrer Verschiedenh. nicht verkennt. Der Charakter des Zeitalters, welches an einer bestimmten Auffassung vieler Dogmen hing, wie sie th. nothw. schien, um die Einh. mit der altkath. K. nachzuweisen, th. im Kampfe sich mit dieser Bestimmth. gestaltet hatte, u. welches die *Art. fund.* in der Absicht häufte, um der ref. K. einen Irrthum im Fundamente, daher die Unmöglichk. der Vereinigung nachzuweisen,[10]) liefs dieses Streben nicht zur Vollendung kommen; vielmehr erklärte jede Partei, was ihr durch zufälligen Ggns. wichtig war, für fundamental. Durchgeführt, würde als einziger *Art. fund. const.* das Fundament selbst sich ergeben: der alleinseligm. Gl. durch Xtum, in seiner Gemeinsch. die unsichtb. K. der Gläubigen, u. nach dem tiefen Ernste unsrer K. die Seligk., obwohl dieser Endzweck an die neuere Glückseligkeitstheorie erinnernd, weniger hervorzuheben ist gegen den unbedingten Werth eines

---

Xthums als *Art. fidei in genere*, u. die den Erstern zugetheilte Affection: *in evidentia*, [QUEN:] *quia lumine naturae nequaquam innotescunt*, was von GA im allg. nicht behauptet wird.

8) BDD: „*Licet religionis chr. praecipuum caput atque velut centrum sit peccatorum per mundi Redemtorem expiatio: plurimae tamen cum eo connexae atque arctissimo vinculo conjunctae sunt veritates, quae articuli fidei vocari solent.*"

9) Daher dieser LBgr. von den kath. Thlgn. seit Bossuet als eine willkürliche, menschengefällige Auswahl der GA bestritten u. aus ähnlichen Motiven von einigen modernen Lutheranern [STAHL] verleugnet wird.

10) Daher HUN als *Art. prim. constit.* den Ggns. wider die Prädest. aufführt: „*Deum velle omnes homines salvos fieri et ad agnitionem veritatis pervenire.*" Selbst das wissensch. gewonnene Resultat suchte der Zeitgeist wieder aufzuheben. Nach HLB [*Calvinismus irreconciliabilis.*] QUEN: „*Ex horum dogmatum [fundam.] communi consensu putamus constare invisibilem communionem omnium fidelium; eosque fratres esse, qui ista omnia credunt, nec contrarium sentiunt, nec de aliis etiam dogmatibus, isto numero non comprehensis, falsa docent.*" HLS bekannte, dafs die nothw. Voraussetzung o. Folgerung einer Lehre doch nicht jedem Einzelnen zum Bwsts. komme, aber CAL sprach aus, was längst in theol. Polemik geübt wurde, dafs nicht blos die Lehre, sdn. auch ihre häretische Consequenz zum Häretiker mache. Dennoch wurde hinsichtlich der rel. Erkenntnifs anerkannt, dafs sie zwar im allg. nothw. aber eine dem Grade nach verschiedne, also insofern doch nur zufällige Äufserung der Rel. sei. HOL: „*Necessitas cognoscendi articulos fidei quadantenus limitanda videtur ex parte subj. credentium, e quibus alii simpliciores, alii perspicaciores etc. Ecquis exigat illum gradum notitiae a rustico, qui inveniri debet in litterato? Variant talenta, cum ipse Deus illa inaequaliter dispenset, variant etiam status; accedit quod quidam concertantur stantes in extrema vitae regula, quibusdam conversis majus vivendi cogitandique spatium relictum sit. Illis doctrina fidei summatim proponenda est, ut pie in Xto mediatore obdormiscant; his eadem latius diducenda et explananda est, ut crescant in gratia et cognitione Domini.*"

chr. Lebens an sich. Alle andre GSätze müssen aus dieser Grundlage nothw. in bestimmter Art hervorgehn,[11]) u. haben als *prim.* u. *secund.* nach ihrem Vrh. zum Fundamente verschiednen Werth: aber der Irrthum in ihnen hebt die geistige Gemeinsch. u. den chr. Charakter nicht auf, wiefern er das Fundament nicht aufhebt. Als *non fund.* erscheinen auf diesem Standp. die wissensch. Mittelglieder, welche keinem Ausspruche des rel. Gl. unmittelbar entsprechen, aber in der Reflexion über dns. den syst. Zusammenhang bedingen.

Die NKS u. RT, um der Beziehung auf die Seligk. zu entgehn, verstehn unter dem Fundamente den wesentl. Charakter des Xthums: *A. F. fund. s. essentiales*, qui *salva fide* chr. ignorari aut saltem negari non possunt;[12], a) *universales s. absoluti*, quorum cognitione et professione *Xtianus* discernitur ab *infidelibus*, b) *particulares s. relativi*, quibus singulae *Ecc.* disjunguntur: *illi vel* [SML] *e Symb. App.*, vel [WGS] *e solis Bibliis repetiti*, hi *e formula Ecc. alicujus publica derivati*. Jenes Wesentliche in der H. S. suchten NKS hist. zu ergründen, als das, was die App. deutlich, oft u. ausdrücklich gelehrt.[13])

---

11) THOL: Durch den Gl. an die Versöhnung Gottes in Xto bin ich meines ewigen Heiles gewifs. In welcher Grundwahrh. die chr. Anthropol., TheoL, Soterol. u. Eschatol. als Glieder liegen.

12) DDE: „*A. fund. s. constitutivi* sunt notitiae primae hominibus, quos chr. religione imbuere studebant Apostoli, traditae, quarum igitur sine cognitione et professione nemo *Xti* cultor potuit salutari. *Minus fund. s. consecutivi*, quibus fundata doctrina exstruitur; hi quidem vel *primarii*, si ab App. serio et saepius propositi, vel *secundarii*, quos App. rel obscurius docent, vel per occasionem orationis attingunt; utrique ad perfectiores pertinent." [An diese neuern Benennungen *fund.* o. *consitit* u. *non fund.* s. *consecutt.* schliefst sich Rкн, doch mit der ältern Hptdef.] MoN: „*Necessaria* doctrinae de rel. capita sunt, sine quibus rel., in sacris literis obvia, ne locum quidem habet. *Essentialia* nuncupat usus et *fundamentales* articulos, cum hoc tamen discrimine, ut *primarii directe* tradant necessarias de rel. doctrinas, *secundarii* cum his cohaereant propiore aut remotiore nexu. *Minus necessaria* [non *fund.*] aut ipsam doctrinae οὐσίαν non ingrediuntur, quae vel quaeri solent a *Th.* προβλημαπκῶς (r. c. de modo judicii extr.), vel tranctantur tantummodo θεωρητικῶς (ut de communic. idiomatum)." WGS: „*Articuli*: 1) *fund.*, qui salva rel. integritate tolli nequeunt: a) *prim. s. constit.*, qui complectuntur decreta rel. chr. prorsus necessaria, v. c. de Deo spiritu perfectissimo spirituali modo colendo, per *Jesum* homines ad salutem perducente; b) *secund. s. consecutivi*, qui propius aut remotius cum illis cohaerent, e. c. doct. de ang. 2) *non fund. s. illustrantes*, qui salva rel. integritate tolli possunt, e. c. doctr. de pecc. angelorum."

13) DDE: „1) *Deus est unus*, omnium rerum auctor et rector summus. 2) *Jesus est Messias s. Dominus omnium, Filius Dei.* 3) *J. morti traditus in vitam rediit.* 4) *Ei debetur omnis spes immunitatis a poenis futuris.* 5) *Datur Sp. S.* 6) *Legis Mos. observatio non est necessaria.* 7) *Mortui resurgent.* 8) *Conditio beneficiorum Xti est aversio a pecc.* 9) *Baptismi ritu initiandi sunt Xtiani.*" KNAPP: „1) Einheit des als Vater, Sohn u. Geist offnb. Gottes. 2) L. v. Jesu: a) Messias, Weltheiland, Gottgesandter; b) Hauptmomente sr. Gesch., Rückkehr in den Himmel, einst unser Richter; c) Belehrung u. Begnadigung durch s. Leiden u. Sterben. 3) L. v. mor. Verfall. 4) L. v. unmittelb. u. mittelb. göttl. Belehrung u. Leitung. 5) Unstrblk., Vergeltung, Auferst. 6) Ohne Heiligk. keine Theilnahme an Xto. 7) Das Gesetz kein Erwerbungsgr. der Seligk. 8) Durch die Taufe Aufnahme in die K." AUG: „Bei Bestimmung der Zahl der Artikel vom ersten Range herrschte von jeher grofse Verschiedenh., aber so viel ist ausgemacht, dafs die L. von d. Dreieinigk., von Xtus, dem Gott-Menschen, Mittler u. Versöhner, Erbs., Sünden-Verg., Rechtfertigung, Auferstehung, Gnade u. Gnaden-Mitteln zu den constit. Art. gerechnet werden müssen." Wodurch dieses ausgemacht sei, bleibt unbekannt, u. ob-

§. 17. ARTICULI PURI. §. 18. HAUPTEINTHEILUNG.

Sie bedachten nicht, dafs dieses an sich schwankende Moment auch durch vorübergehenden Ggns. wider Judenth. u. Heidenth. veranlasst sein konnte, wie durch andre Ggns. anderes in der K. hervortrat. Besonders RT u. PD stellten eine *summa fidei* auf durch Verbindung eines rel. Grundgedankens mit der Gesch. Jesu:[14]) nicht Seligk. [*Fund. salutis*], noch Charakteristik des Xthums [*Fund. rel. chr.*], o. einer K. [*Fund. Ecc.*], sdn. Begründung eines theol. Systems [*Fund. systematis*] ist ihr Gesichtspunkt. Ob diese *summa* als constitutives o. nur als regulatives Princip anzusehn sei, darüber schwanken die Meinungen, neigen sich jedoch für das Letztre, da nur die rein phil. Wissensch. aus constit. Pr. hervorgehe.

A. F. ratione objecti materialis[15]) [BR:] „*puri dicuntur, qui unice ex revelatione div. cognoscuntur; mixti, qui non solum ex revelatione, verum etiam ex lumine naturae constant.* [QUEN:] *Haec tamen omnia, quae lumine naturae quodammodo innotescunt, non creduntur, quatenus e nat. lumine, sed quatenus e div. revel. habentur.*" Alle *Art. fund.* sind *puri* [*Mysteria*], doch nicht umgekehrt, dagg. der Rts. das Wesen des Xthums in den *mixtis* findet, in den *puris* nur seine Erscheinung.

§. 18. Eintheilung des Systems.

Ein System von Erkenntnissen, die zwar im rel. Geiste zu begründen, auch mittelbar aus dms. entsprungen sind, doch zunächst historisch vorliegen, kann nicht aus einem constit. Pr. [das sie sämmtlich in sich enthält] abgeleitet werden, wohl aber, wenn sie überhaupt ein System bilden, d. i. ein Mannichfaches von Erkenntnissen in eigenthüml. abgeschlofsner Einh.: muss ein gemeinsamer Gedanke [regulat. Pr.] sie durchdringen, den die Wissensch. nicht zu erfinden, sdn. in ihnen zu erkennen hat, um ihre natürl. Einh. in geistiger Einh. anzuschaun. Nach altdgm. Grunds: *methodus est arbitraria*. Aber das

---

man nicht lieber mit BRT „es einem jeden selbst überläfst, welche Lehren er für die wichtigsten, unentbehrlichsten u. beseligendsten halten will."

14) ECKERMANN: Gott ist. TIEFT: Liebe Gott u. deinen Nächsten als dich selbst. AM: „*Deus auctor et gubernator mundi, humanae etiam salutis auctor et largitor est per Xtum.*" Was; „*Pr. materiale: Deus rerum omnium auctor ac gubernator sanctissimus et benignissimus omnibus hominibus per Xtum viam et rationem patefecit, qua, summo honestatis ad Deum conversae studio Deo probati, salutem aeternam adipiscerentur; formale: idea Dei creatoris ac moderatoris rerum universitatis sanctissimi, qualis ex ipsa legis moralis conscientia menti nostrae insita, adstipulante Sc. S., cognoscitur. Art. fund. primarii: doctrina de Sc. S. religionis chr. fonte; de Deo rerum unic. creatore et moderatore sanctiss. et benigniss.; de Xto hominum sotere; de animi immortalitate ejusque conditione post mortem moribus hujus vitae congrua.*" SCHOTT: Idee des Himmelreichs. SCHW: „Der durch Xtus geoffnb. göttl. Rathschl., in der H. S. gelehrt u. mit unserer Vft. verstanden." KSN: „*Revelatio salutis a Deo per Xtum hominibus destinatae.*" TZS: „*Sententia de Deo, sancto numine cuncta moderante, eodemque animi pietate colendo.*" NZ: als „Mittelbgr. d. h. der zunächst auf gewisse Voraussetzungen führt, ehe er eine Auseinandersetzung zuläfst: Erlösung der Welt durch Xtum."

15) Nicht, wie die NKS, *rat. fontis*, o. *objecti formalis*, denn HOL erinnert mit Recht, dafs sie *mirti* heifsen, nicht wegen des doppelten Urspr., da durch die Vft. wohl etwas gewufst, doch kein *Articulus fidei* begründet würde, [*nullus A. F., quatenus A. F. est, mixtus est*] sdn. wegen der beiden Erkenntnifsarten gemeinsch. Gegenstandes; doch ist's der Keim zur Unterscheidung einer *Th. naturalis* u. *revelata*.

krchl. System kann nicht im Geiste der K. dargestellt werden, ohne dafs der Grundgedanke, durch den es entstanden ist, die angemefsne Form gäbe. Dieser ist nach einstimmigem Ausspruche der K. u. AKD die Versöhnung durch Xtum, wiefern dieser *art. constit.* als *antecedens* die gänzliche Hülflosigk. durch die Sünde, als *consequens* die alleinige Rechtfertigung durch den Gl. in sich enthält. Das ganze System ist bestimmt, Beweis u. Ausführung dieser Hauptstücke zu geben. Die Versöhnung ist die wiederhergestellte natürl. Rel. als Liebe zwischen Gott u. Menschh. Eine DK auf dem Standp. der unverlornen [natürl.] Rel. würde das rel. Gemüth zum Pr. haben: auf dem Standp. der verlornen Rel. hat sie nothw. die Thatsache ihrer Wiederherstellung zum Pr., dort die Liebe, hier die Versöhnung. *) Hiernach ergeben sich in einfach logischer Theilung des hist. vorliegenden Stoffs 5 Theile des Systems: Die Lehre von den Urkunden [*Bibliologia*], von dem Objecte [*Theologia*], dem Subj. [*Anthropologia*], der Anstalt [*Soterologia*] u. der jenseitigen Vollendung [*Eschatologia*] der Versöhnung durch Xtum.

Loc. III. De Historia Theologiae dogmaticae.

§. 19. Prospectus.

Das Xthum, das nicht als DK, sdn. als rel. Geist in die Geschichte eintrat, musste nach der verschiedenen Bildung seiner Bekenner in verschiednen Formen des Lebens u. der Wissensch. sich äussern. Die einzelnen Dogmen in ihrer hist. Ausbildung können nicht gründlich gewürdigt werden ohne den Überblick ihrer wissensch. Gesammtauffassung o. der DK in ihrer allmäligen Entwicklung; daher zur Einleitung ihre Gesch. gehört. Sie berücksichtigt das, wodurch das Xthum zur Wissensch. wird: hist. krit. Auffassung, syst. Anordnung, rel. Begründung u. org. Ausbildung. Da die prot. DK durch die vorhergehenden Formen im Anschliefsen u. im Ggns. bedingt ist, geht ihre Vorgesch. bis zum Urspr. des Xthums, u. da die DK mit dem chr. Leben u. Gl., dessen wissensch. Reflexion sie ist, im Wechselvrh. steht, gehören zu ihrer Gesch. Übersichten der gesch. Hauptentwicklungspunkte des Xthums.

§. 20. I. Die apostolische Kirche.

Herausgewachsen aus dem Judenth. die geistige Erfüllung seiner Prophetie verkündete Xtus das Evangelium, als unmittelbar gewifs eben so sehr auf sein göttliches Ansehn als auf das Zeugnifs jedes rel. Gemüthes gegründet, des Hauptinhaltes, durch Bufse u. Befsrung einzugehn in ein Reich Gottes, das zu gründen der Messias u. Gottessohn gesandt ist. Johannes, durch Erinnerungen aus Jesu Leben, bildete die ideale, zunächst theol. Seite der Rel. aus als Gemeinsch. mit Gott durch Liebe zu Xto; Paulus, durch Reflexion aus dem chr. Leben auf die frühere Zerfallenh., die reale u. anthropol. Seite als Gemeinsch. mit Gott durch den Gl. an seine Barmherzigk. in Xto. Er entschied, was Xtus durch die Anbetung Gottes im Geiste als die

---

*) Nur die trinitarische Eintheilung nach den 3 Artikeln des Apostolicum als der dreifachen Urhebung des Heils [Mrh u. Mrt] dürfte daneben in Frage kommen, doch eignet sie sich mehr für die griechische u. ref. DK.

alleinseligm. Rel. vorbereitet hatte, die Losreifsung des Xthums als einer geistigen Rel. für die Menschh. vom Judenth., factisch durch das Übergewicht der K. unter den Griechen, theor. durch den Schlufs, dafs, wenn von Xto allein das Heil, die Befolgung des mos. Gesetzes unnütz sei zur Rel. Die Darstellung drs. als Lehre geschah zur Erbauung der Gemeinden durch Überlieferungen aus Jesu Leben u. durch mannichfache auf Xtus gegründete Aussprüche des rel. Geistes. Nach äufserer Veranlassung wurden jene durch die Evv., diese durch die apost. Br. in Schrift verfafst, u. gegen Ende des 1. Jhh. das Wesentl. des chr. Gl. im apost. Symbolum zusammengefafst, das aus der Taufformel sich zu bilden begann. Das chr. Leben, im Einzelnen als Wiedergeburt, in der Gemeinde als H. Gemeingeist, jene durch die Taufe, dieser durch das Liebesmahl dargestellt, war Freih. u. Erhebung jeder geist. Kraft in der Frömmigk. als Einh. mit Gott durch Xtum; getragen durch die K. als eine Auswahl der Kinder Gottes, im Kampfe mit der Welt, obwohl nicht unberührt von ihren Sünden. Die örtlich geschiednen Gemeinden, gleich u. frei im Innern, durch erwählte Älteste o. Bischöfe belehrt u. geleitet, selbständig nach Aufsen, betrachteten sich als Glieder eines göttl. Reichs unter einem Haupte, Xto; welche geistige Einh. sich äufserte th. durch den Einflufs, der den App. u. ausgezeichneten Lehrern als Bürgen der ev. Überlieferung u. erwählten Rüstzeugen des H. Geistes weithin gewährt wurde, th. durch lebendigen Verkehr der Gemeinden u. ihr Anschliefsen an die K. zu Jerusalem nach dem Beispiele der Synagogen.

§. 21. II. Bildung der katholischen Kirche.

Die Einh. des Geistes bestimmte sich in natürl. Entwicklung zur äufsern Einh. 1) Als gegen die auszuscheidenden Nazaräer u. Ebioniten [Judenchristen]: der freie Geist, gegen die eindringenden Gnostiker der hist. u. rel. Gehalt des Xthums zu schützen war, berief sich das chr. Bwsts., da die H. S. weder in allen ihren Theilen anerkannt war, noch zur Widerlegung ausreichend schien, auf die Einstimmigk. der apost. Überlieferung [Tradition] in den von Aposteln gegründeten Gemeinden; dadurch entstand die Anerkennung einer allg. [kath.] Glaubenseinheit [IRENAEUS]. 2) Zum Schutze drs. erschien diese Einh. im Gl. u. in der Liebe, sobald es durch polit. Vrh. möglich war, als Einheit der Gesetzgebung [Ökum. Concilien]. 3) Da die Treue der Tradt. nicht ohne die Treue der K. zu erweisen war, wurde zur Ausscheidung der Häretiker die Sicherh. des chr. Geistes, indem spätere Concilien in den vorhergehenden eine unabänderl. Norm anerkannten, als Unfehlbark. der K. auf ökum. Concilien in GSachen behauptet [5. Jhh.]. 4) Da diese orthod. K. sich als alleinige Bewahrerin des Xthums ansah, wurde der apost. Satz: *extra Xtum nulla salus*, gleichbedeutend mit: *extra Ecc.* [CYPRIAN: *qui Ecc. non habet matrem, Deum non habet patrem.*] 5) Der Clerus, durch fromme Entsagung, Herrschsucht u. Erinnerung an jüd. Priesterthum, erschien im Ggns. der Gemeinde als Mittler zwischen ihr u. Xto. [IGNAT.], verwandelte auf den Concilien die übertragne KGewalt in eine von Xto verliehne, u. schützte sie gegen Eingriffe des Staats seit Constantin. Aus diesen Merkmalen vollzog sich die kath. K. als das von Xto gestiftete, über den Erdkreis verbreitete, einige, im Gl. unfehlbare, alleinseligm., nach Xti Geboten im H. G. durch den Clerus, unabhängig von jeder andern Gewalt, regierte Reich Gottes auf Erden. Die hierarch. Gewalt übten im 3. Jhh. die Bischöfe [CYPRIAN: *pares consortio, jure et honore*], im 4. Jhh. erlangten durch ihre polit. Bedeutung die 4 grofsen Patriarchate eine krchl. Obergewalt, deren langer Streit im Schisma der orthod. griech. u. röm. kath. K. endete, welche mit gleichen Principien u. Ansprüchen, im Gl. u. Ritus nur durch Verschiedenh. der theologischen u. nationalen Bildung allmälig auseinandergingen, da die griech. K. vom Islam bedrängt erstarrte, aber die röm. K. in den germanischen Nationen neue Lebenskraft u. die geistliche Herrschaft über das Abendland für den Papst als die persönliche Darstellung der Einh. gewann.

§. 22. **Kirchenväter.**

Im allg. Streben, den chr. Geist als Lehre auszusprechen u. gegen häret. Fälschung festzustellen, wurde von der orient. K. zunächst die Joh. Theol., von der occ. K. die Paul. Anthrop. ausgebildet, in einzelnen Dogmen nach einzeln hervortretenden Ggns. Die hist. Auffassung ging auf die dgm. Tradt., welche anfänglich nur in den schwankenden Recensionen des apost. Symb. bestand, auf Einzelnes in der H. S., später auf Synodalbeschlüsse u. ältere KV. Die syst. Zusammenfassung war nur durch andeutende Versuche möglich,[1] so lange die einzelnen Dogmen noch unausgebildet waren, u. der einzelnen Ausbildung nach dem Interesse des Streites alle Geister sich hingaben. Die Schule von Alexandrien verband chr. Th. mit griech. Phil., gelangte im blosen Eklekticismus nicht zu einem folgerechten System, noch in der allegorischen Auslegung der H. S. zum wahrhaft historischen Inhalte.[2] Der durch AUGTN abgeschlofsne Spnts. trug die noch unentwickelte Einh. eines Systems in sich, während PLG nur im Rts. consequent werden konnte.[3] Die rel. Begründung erschien zunächst als unmittelb. rel. Bwsts., welches die Dog-

---

[1] ORIGENES: περὶ ἀρχῶν, *de principiis, l. IV.* [meist nach Rufinus nur in den trinitarischen Lehren untreuer Übers.] v. d. Grundlehren des chr. Gl., ohne syst. Ordnung v. Gott, Logos, H. Geist, Gestirnen, Geistern, Weltentstehung, Menschwerdung, Sünde, Freiheit, H. Schrift. GREGOR. NYSSENUS: ὁ λόγος κατηχητικὸς ὁ μέγας, *catechesis magna*, v. Trinit., Incarn. u. Sacram., weniger wissensch. Darstellung, als zur Belehrung der Heiden. AUGTN: *Enchiridion ad Laurentium*, in dürftiger Ausführung Grundlinien eines Systems: subj. Pr: Seligk., obj. Pr: Trinit. als höchstes Gut, in dess. Anschauung Seligk.

[2] CLEMENS: ORIGENES: Xthum u. Vft. ist eins, beides Offnb. des göttl. *Logos* [Vft. u. Xtus] in der ganzen Menschh. Daher mufs im vollkommnen Christen die chr. πίστις durch phil. Nachweisung zur γνῶσις werden. Diese γνῶσις ist v. Xto als geheime Tradt., weil sie für die Menge nicht pafste, auf uns gekommen. Die griech. Ph. hat das hellenische Volk gerechtfertigt wie das mosaische Gesetz die Juden, beide als Weifsagung auf das Xthum.

[3] AUGTN: Durch die Erbs. ist alle rel. Kraft der Menschh. vernichtet, die K. allein vermag durch göttl. Gnadengabe sie wiederherzustellen: folglich ist allein in unbedingter Hingabe an sie das Heil. PLG: Durch die Sünde ist keine rel. Kraft im Menschen vernichtet. Der Schlufs: — folglich kann er in eigner Kraft das rel. Leben ausbilden, u. in der K. nur durch freie rel. Gemeinsch. seine Bildung gefördert finden, — wurde aus Ehrfurcht vor der K. von PLG dahin gebeugt, dafs die unbedingte Hingabe an die Einwirkung der K. zu solcher Förderung gehöre.

nen festsetzte; verschieden nach dem Tiefsinn einzelner KV, trat es allmälig gegen Auctoritätsgl. an krchl. u. gelehrte Tradt. zurück. Da der eigne Geist dieser Zeit in der vorherrschenden organ. Ausbildung sr. Dogmen sich aussprach, wurde durch dieselbe nur die besiegte Minorität beschränkt, u. seit Constantin durch die Staatsgewalt unterdrückt. Innerhalb des noch nicht Festgesetzten bewegte sich die Individualität in voller Freiheit. Die griech. K. beschliefst die Reihe der KLehrer, denen sie als KV ein besondres, doch nie genau bestimmtes Ansehn zugesteht, mit Jo. Damascenus, die röm. K. mit Petrus Lombardus u. Bernardus Claraevallensis. Ohne diese persönlichen Rücksichten wird von AKD diese Periode nach ihrem Charakter einer stetigen Ausbildung der einzelnen Dogmen mit dem 5., richtiger mit dem 7. Jhh. beschlossen, als durch das 6. ökum. Concil [680] der monotheletische Streit befriedigt u. die dgm. Gesetzgebung der Concilien vollendet war. Den dgm. Erwerb der KV trug für die lat. K. Isidorus Hispalensis [4] [†636], weit vollständiger für die griech. K. in syst. Anordnung mit Aristotel. Dialektik Joannes Damascenus [5] [†754] zusammen.

§. 23. Verfall der katholischen Kirche.

Der Kthlcs. als Gewächs sr. Zeit hat die hist. Entwicklung des Xthums u. die Einh. der K. gesichert, selbst sein weltlicher Glanz im Occid. bereitete mitten im Faustrechte die Herrsch. des Geistes vor. Aber die Meinung einer göttl. Macht in der Menschen Hand mufste in ihren Mifsbräuchen sich selbst vernichten. Das einmal von der K. ausgesprochene, einst zeitgemäfse o. nur durch den Ggns. hervorgerufne Dogma, als unabänderlich für alle Zukunft, hob die Forschung u. Fortbildung auf. Das Evangelium erschien als ein neues Gesetz, jede Abweichung vom krchl. Buchstaben wurde als Ketzerei von der K. ausgeschlossen, die Ausschliefsung dadurch von der Seligk. schien den Zwang zum Heile der Seele zu rechtfertigen: Ketzergericht, Inquisition. Da die Tradt., um ihre hist. Ableitung unbekümmert, auf der unfehlb. K. ruhte, wurde alles Alte für apost. Tradt. gehalten, jeder Mifsbrauch legitim u. geheiligt. Was fromme Schwärmerei erfunden hatte, Heiligk. im Zurückziehn von der Welt, mufste der Clerus sich aneignen, um, zumal in Zeiten eigner Demoralisirung, sein göttl. Privilegium vor der Menge zu rechtfertigen: asketische Satzungen, Mönchsheiligk., *opus operatum*. Dadurch Umkehr aller Moral, indem Pflicht u. Gesinnung gering, selbstgewähltes Werk hochgehalten wurde; durch den einreifsenden SPelgms. Vertraun auf eignes Verdienst u. überflüssige Werke,*) im geraden Ggns. der chr. Erlösungsbedürf-

---

4) *Sententiarum s. de summo bono l. IV.*
5) Ἔκδοσις ἀκριβὴς τῆς ὀρθοδόξου πίστεως l. IV.
*) Begünstigt von der menschl. Natur überhaupt, welche die Demüthigung, die das Ev. ihr zumuthet, scheut, u. von drj. Seite des Kthlcs., welche den Menschen als Priester der menschl. Beschränkung fast entnahm, wurde der Pelagms. durch eine heidn. Ph. den SL empfohlen. Man hat ihm neuerlich [Tws, ev. KZeitung] alle sittl. Entartung des Kthlcs. aufgebürdet. Bedingung war er, ohne welche die Werkheiligk. nicht entstehn konnte: aber sie entstand erst in Verbindung mit dem Abergl., welcher die That achtete ohne die Gesinnung, die fromme Willkür ohne das Sittengesetz; aufserhalb dieser Verbindung kann das Vertrauen auf die sittl. Kraft des Menschen zum Ernste einer stoischen u. kantischen Moral führen.

tigk.; in tiefern Gemüthern aber, bei der Meinung, sich selbst durch eigne Werke erlösen zu müssen, Angst u. Verzweiflung an der Seligk. Nach diesem Vorbilde mufste das Volk, von aller Theilnahme an der K Verwaltung ausgeschlossen, u. in einer Zeit, da alle geistige Bildung von der K. ausging, einem Abergl. verfallen, den der Vortheil des Clerus, welcher nur über ein unmündiges Volk herrschen konnte, nährte: Heiligendienst, Cäremonien- u. Opfercultus, entartetes Pönitenzwesen, Ablafshandel. So war die Anbetung Gottes im Geiste ein Heiden- u. Judenthum geworden, wennschon der H. Geist nie aufhörte, seine Kraft an einzelnen Herzen zu bewähren. Die röm. Curie, überhaupt dem Kthlcs. unwesentlich, u. in ihrer polit. Übermacht schon seit dem 15. Jhh. gebrochen, hatte diese Mifsbräuche nicht ersonnen, obschon beförrdert (Fegfeuer, Cölibat, Ohrenbeichte], aber durch ihre Macht, als Mittelpunkt des Clerus, wufste sie wider alle Versuche einer Reformation an Haupt u. Gliedern, welche im Gefühl der tiefen Entartung, in der neuen Bekanntschaft mit der H. S. u. hist. Kritik durch das Aufleben der humanistischen Wissensch. im Innern der K. seit dem 15. Jhh. von allen Nationen gefordert wurde, diese Mifsbräuche zu behaupten, die erst, als die geistige Tyrannei durch den erstarkten Ggns. des Prtstms. gebrochen war, in der kath. K. allmälig beseitigt wurden, so weit sie nicht wesentlich mit dem Kthlcs. zusammenhängen.

§. 24. Scholastiker.

Was in einer Zeit ohne hist. Kritik, ohne Naturkunde u. in den Schranken einer unfehlb. KL möglich war, vollbrachte das kräftige Leben des Mittelalters in der Theol. als Scholastik,[1] welche gegen die blos hist. Sammler aus den KV [*Sententiarii, Doctores sacrae paginae*] den Satz durchführte, dafs der Gl. das Wissen suchen müsse [*fides quaerens intellectum*] u. jede theol. Wahrh. zu rechtfertigen sei vor dem Vrst., der sich an Aristotel. Dialektik entwickelte. Die hist. Auffassung benutzte den ganzen Reichth. der Vorzeit in der vorausgesetzten Identität aller Aussprüche der H. S., der K. u. KV. Dieser Stoff, vermehrt mit eignen Hypothesen, welche für die folgenden Geschlechter zu Auctoritäten wurden, u. mit der ganzen Psychologie u. Speculation des Zeitalters, schwoll immer höher. Das Hauptverdienst war syst. Anordnung, sowohl nach der Idee eines Systems in analytischer Form, der die Eintheilung in Theol., Anthrop. u. Soterol. zu Grunde lag, nebst Prolegomenen seit Thomas, als in Ent-

---

[1] SL urspr. Lehrer der von Karl d. G. u. Alcuin gestifteten Klosterschulen. Ihr Zeitalter wird verschieden bestimmt. Jo. Damasc ihr Vorläufer. In ihrer eigenthüml. academisch-theol.Wirksamk.von Anselmus Cantuar.[1034-1100] bis Gabr.Biel [† 1495]. Hauptschulen: *Sententiarii* von Petrus Lomb. *Magister Sententiarum*, † 1164. [*Sententt. l. IV.*] *Summistae* von Thomas Aquinas, *Dr. angelicus*, Dominikaner, † 1274. [*Summa Th.*] *Quodlibetarii s. Eclectici* von Jo. Duns Scotus, *Dr. subtilis*, Franciskaner, † 1308. [*Quodlibeta et Comment. in l. IV. Sententt.*] Die Streitigkeiten der Schulen haben meist ein logisches, o. nur in entfernter Beziehung zum Inhalte der DK ein speculatives Interesse [Realismus *universalia ante rem*, — *in re*, Nominalismus *univ. post rem*], bis auf den Streit der Franciskaner unter Scotus für offnen Pelagsm., dem aber die thomist. Dominikaner einen strengen Augtsm. nicht entgegensetzten. Nach Bedeutung in ihrer Zeit u. innerm Werth hervorragend *Anselmus, Abaelard, Lombardus, Thomas.*

§. 24. SCHOLASTIK. §. 25. EVANGEL. KIRCHE.

wicklung der einzelnen Dogmen. Einige SL schrieben mit tiefem Gefühl u. begeistert für den Kthlcs., aber die rel. Begründung war einesth. weder für alle krchl. Formeln, noch weniger durch Aristotel. Ph. möglich, andernth. wurde die Versöhnung mit dem Vrst. dafür angesehn, der sich mit grofsem Scharfsinne dieser Nothw. fügte. Die rel. Auffassung, dadurch zugleich die andre Seite des Mittelalters stellte sich vornehmlich in der Mystik [2]) dar, welche, neuplaton. Ursprungs, die unmittelb. Vereinigung des Endl. mit dem Unendl. im rel. Gefühl suchte, mit dem KL aber sich vertrug, weil sie aus den Dogmen nur die rel. Bedeutung für das Gefühl heraussuchte, das eigne Gefühl aber nicht zur dgm. Erkenntnifs erhob. Die organ. Fortbildung der Schlk. bestand in Zergliederung der dgm. Bgr. Nachdem aber der Vrst. sich in Rechtfertigung des gegebenen Stoffes erschöpft hatte, nahm er unmerklich durch Aufstellung aller Gründe für u. wider ein Dogma einen Standp. über der KL, so dafs die Extreme neben einander standen: unbedingter Gl. an die K. u. eine zum Probleme verflüchtigte Theol. Die Wirkung drs. wurde durch die Macht krchl. Unfehlbark. in den Gemüthern der SL selbst niedergehalten, dadurch aber die Schlk. ohne den Ernst, der in der Wirklichk. etwas will u. vermag, zum Spiele des Vrst. Wesentlich kann die kath. DK nur Schlk. sein, zu der sie auch neuerdings zurückgekehrt ist: [3]) syst. Aufstellung u. Rechtfertigung der von der K. gegebenen absoluten Wahrh.

§. 25. III.] **Evangelisch-protestantische Kirche.**

Der Prtstms. ist gleichzeitig mit dem Kthlcs aus der apost. K. entstanden, nur war dieser die herrschende Macht, aber niemals hat es an Zeugen der Wahrh. gefehlt: berühmte KLehrer, selbst Cyprian u. Augustin in einzelnen Lichtgedanken, die edleren Mystiker u. Häretiker, welche im Namen des Ev. wider Menschensatzungen der kath. K. protestirten. Als das Verderben drs. ein Aufserstes erreicht hatte, gewann der Prtstms. äufsere Gestalt, nicht zunächst durch einen Kampf wider röm. Tyrannei, obwohl gefördert durch das von drs. empörte Gefühl der Nationen, noch zunächst durch Aufklärung der Wissensch., obwohl mit ihr verbündet: sdn. durch den Ernst eines rel. Gemüths, das im Ablafskrame die wahre Bufse verloren sah, in der Werkheiligk. vergebens den Frieden suchte, bis es ihn fand im Ev. als dem Gl. an die freie Gnade Gottes durch Xtum, davon die Schlk. nichts wufste. Durch einen Mann des Volks an das Volk gebracht, ergriff diese Angst um das ewige Seelenheil das tiefe Gemüth deutscher Nation, und die Fürsten, selbst ergriffen von diesem Gefühl, stellten sich an die Spitze der grofsen Volksbewegung. Erst als die Mifsbräuche durch die Hierarchie zur Sache des Kthlcs. gemacht wurden, geschah die Losreifsung von der alten K., dadurch die eigenthüml. Entwicklung des Prtstms. [§. 10] als Werk geschichtl. Nothw. Der Charakter dieser urspr. Entwicklung ist sittl. Ernst, dadurch Resignation auf sich selbst im Gefühl einer unendl. Schuld, u. Begeist-

---

[2]) *Bern. Claraevallensis*, *Hugo* u. *Richard a S. Victore*, *Gerson*. Im Streben nach einem System durch Verbindung mit der Schlk. BONAVENTURA, [*Dr. seraphicus*] *Breviloquium*, von welchem *Gerson*: „*Dum studet illuminationi intellectus, totum refert ad pietatem et religiositatem affectus.*"
[3]) Jo. PERRONE, *Praelectiones theol.* [838 ss.] *ed.* 21. Ratisb. 854. 9 T.

rung eines neuen Lebens in Xto, nach aufsen die erhabenste Selbständigk. eines heil. Kampfes wider alle Willkür. Durch äufsern Anlafs stellte sich der prot. Gl. in Bekenntnissen dar, denen die Idee des alleinseligm. Gl. u. des alleinigen Ansehns der H. S. zu Grunde liegt. Zur Nachweisung der Einh. mit dem wahren Kthlcs. wurden auch die Ökum. Symb. ohne Anfrage in der Schrift aufgenommen. Verpflichtung auf diese Bekenntn. schien nöthig, weil zur Zeit, da der Prtstms. weder zum klaren u. allg. Bwsts. gekommen noch historisch begründet war, fremdartige Schwärmereien [Anabaptismus], o. versteckter Kthlcs. nicht anders abzuhalten waren. Die Reformatoren stritten nicht für einen allg. Begr. von Freih., sdn. für ev. Freih. d. i. das freie Leben u. Lehren dessen, was in der nach der Idee des Gl. ausgelegten H. S. enthalten ist; daher jene Symbole ihnen nicht Schranken, sdn. freie Darstellung ihres Gl. waren. Auf dem gemeinsamen Grunde hat die luth. K. sich zunächst der jüdischen Gesetzlichk., die ref. K. der heidnischen Creaturvergötterung des Papstthums entgegengestellt. Der Streit mit der ref. K. war nothw. Folge der pelag. ratst. Tendenz ZWINGLIS. Nachdem durch CALVIN der Augtms. hergestellt war, blieb gegen die Überspannung dsslb. in der Prädest. u. gegen die überspannte Vergeistigung des Sacrm. ein rel. Streit, das andre war dogm. den rel. Volksverstand weit überschreitende Subtilität; obwohl nichts mehr dem Siege der Ref. geschadet hat, dennoch Resultat u. Zeugnifs davon, dafs in diesem Streite ohne alle weltl. Rücksicht die Überzeugung allein galt. MELANCHTHON, durch angeborne Milde, rel. Klarh. u. Gelehrsamk. th. über th. unter dem Streite, wurde ein Opfer des Vermittlungsversuchs. Die F. C., zwar consequente Durchführung des urspr. Grunds., doch weniger Darstellung des rel. Gl., als gelehrte DK, wurde zur Ausscheidung jener vermittelnden Ansicht [Cryptocalvinismus] der luth. K. th. aufgedrungen, th. durch wissensch. Auctorität allmälig eingeführt. Wenn gegen 2 Jhh. sich die DK in den hierdurch sanctionirten Formeln bewegte, so war dieses durch die Freude am schwer errungnen Kampfpreise, durch rel. Tiefe u. syst. Consequenz dieses Systems th. natürlich, th. zur hist. Begründung der K., welche ohne dieselbe dem excentrischen Wechsel der Systeme unsrer Zeit nicht gewachsen war, heilsam, wie durch die polit. Vrh. zum RFrieden nöthig, u. nur durch den unprot. Zwang verdächtigt, mit welchem die Orthod. von den Fürsten, in der Verkennung ihrer Pflichten, behauptet wurde. Obwohl durch solchen Zwang die Theol. zu erstarren schien, blieb das chr. Leben, wie schon aus dem Reichthum frommer KLieder aus dieser Zeit erhellt, andächtig u. innig, doch mit verengtem Blicke über das geistig weltl. Leben; welche Richtung sich im Pietismus nicht ohne Übertreibung concentrirte, u. von dms. aus eine Wiedergeburt der Theologie versuchte.

§. 26. Altprotestantische Dogmatik.

Grundrifs: Von Gott nach seinem Ebenbild erschaffen, hat die Menschh. dasselbe durch den Sündenfall, u. durch die aus dms. entsprungne allg. Sündhaftigk. [pecc. originale] alle Gottseligk. [justitia spiritualis] verloren, so dafs nur die Möglichk. einer äufsern Legalität [justitia civilis] aus Furcht vor Strafe blieb, deren Thaten, ohne

§. 26. ALTPROTEST. DOGMATIK. MELANCHTHON. 31

die Liebe Gottes, nur glänzende Laster sind. In diesem natürl. Zustande, ohne Kraft das rel. Leben zu erneun [*liberum arbitrium*], ging der Mensch dem ewigen Tod entgegen. Aber aus lauter Barmherzigk. [*gratia div.*] hat der dreieinige Gott von Ewigk. eine Rettungsanstalt [*oeconomia salutis*] für alle beschlossen, welche dieser Rettung nicht hartnäckig widerstreben [*praedestinatio,* CLV: welche er retten wollte]. Daher wurde Gott, der Sohn, Mensch [*incarnatio*], um im Vereine der göttl. u. menschl. Natur der ewigen Gerechtigk. genug zu thun [*satisfactio*], indem er, sündenlos, an unsrer statt das Gesetz erfüllte [*F. C: obedientia activa*], unschuldig, die Strafe unsrer Sünden trug [*mors vicaria, F. C: obed. passiva*], u. dadurch Gott u. Menschh. versöhnte [*expiatio*]. Da der Mensch in natürl. Bwsts. nur den Zorn Gottes findet, kann er das Heil nur erlangen durch gläubige Hingabe seines ganzen Gemüths [*fides salvifica*] an die durch den Gottmenschen vollzogne Versöhnung, dadurch dessen Verdienst ihm zugerechnet u. er vor Gott als gerecht angesehn wird [*justificatio*], in welchem Bwsts. der neuen Liebe Gottes er sich wahrhaft zu bessern u. Gott wohlgefällige Werke [*bona opera*] zu vollbringen vermag, welche daher des Gl. nothwendige Folge, aber nicht Grund noch Verdienst der Seligk. sind. Doch der Mensch in gänzl. Unfähigk. zum Guten kann den Gl. nicht fassen, aufser durch Gott selbst, daher vom Vater u. Sohne Gott der H. Geist ausgeht u. nach dem göttl. Rathschlusse ein neues Leben [*regeneratio*] nach bestimmtem Entwicklungsgesetze [*ordo salutis*] in uns schafft; u. zwar, nachdem er die Gemeinsch. der Gläubigen o. die K. gegründet hat, nur mittels drs. durch das göttl. Wort u. die Sacrm., zu deren Verwaltung die innere Gemeinsch. der Liebe eine äufsre werden mufste. Da in dieser äufsern K. auch Ungebesserte sind, u. die Wiedergebornen noch nicht durchaus von der Sünde erlöst: so ist in ihr auch Irrthum, welchen abzuhalten u. auszuscheiden der H. Geist ihr die H. S. vorgesetzt hat, als das unfehlb. Denkmal der Offnb. u. die alleinige Gesetzgebung ihres Hauptes Xti, welcher die auf Erden streitende u. strebende K. jenseits zur Vollendung des göttl. Reiches einführen wird. In der luth. DK waltete hierbei vor das Interesse für das ewige Heil, in der ref. DK für den ewigen Rathschluss Gottes.

I. Reformatorisch: Die beginnende Kritik der hist. Auffassung ging th. von den Humanisten, th. von der Unbefangenh. einer K. aus, die kein unabänderliches Gesetz in der Vergangenh., daher auch kein Bedürfnifs hatte, sie nach der Gegenw. zu deuten, u. ging zumeist auf die II. S. zurück. Das Spiel kühner Fragen u. Distinctionen war aufgegeben, denn es galt dem Ernste der Entscheidung. Mit Ausnahme Calvins, der die schol. Haupteintheilung behielt, trat durch Abneigung vor aller Schlk. die system. Form zurück, nur nach innern Zusammenh. der Ursachen u. Folgen wurden die Dogmen in vereinzelten Fächern [*loci*] abgehandelt. Die rel. Begründung kam zu ihrem Rechte, denn vom rel. Bedürfnisse war die Ref. ausgegangen. Obwohl zunächst als Zurückgehn auf die ältern GFormeln des Augtns., erscheint doch die organische Ausbildung durch die neuern Ggns. frei u. eigenthümlich. Bei MELANCHTHON[1]) herrschte das unmittelb. rel.

---
1) *Loci communes s. Hypotyposes theol.* Vit. 521. rep. AUG. 621. Plitt, 864. Entwicklung des Paul. LBgr. aus dem Römerbr., mit Auslassung der Mysterien [Trinität, Menschwdg.]

Bwsts. vor, bis zur Ahnung, dafs nur, was in dms. als nothw. nachgewiesen werde, [zu frommer Gesinnung u. chr. Leben gehöre,] rel. Wahrh. sei,²) bei CALVIN³) die system. Consequenz durch Reflexion; bei beiden, wie KGründern ziemte, ist das Hist. u. Rel. so vereint, dafs sie nur ihr eignes, vom Geist ihrer K. erfülltes, rel. Gemüth darlegten, die Einstimmigk. aber mit der krchl. Vorzeit u. H. S. blos in Hauptpunkten apologetisch nachwiesen; in Klarh., Tiefe u. Begeistrung noch unerreichte Ideale ev. DK. Zu MEL schrieb CHEMNITZ einen Commentar,⁴) nach dem Richtmafse der F. C., aber in seines Lehrers rel. Geist, in welchem auch GERHARD mit Berücksichtigung der ältern DD u. mit Bestreitung aller Häretiker seine Fundgruben dgm. Gelehrsamk. sammelte.⁵)

II. Scholastisch: Die Lücken des Systems wurden ausgefüllt. Die hist. Auffassung ging fast allein auf die S. B. zurück, doch weniger in wörtl. Berufung auf sie, als in scheinbar freier Darlegung ihrer Sätze, mit denen daher unbemerkt die dgm. Ausbildung in einzelnen Merkmalen u. Deff. verschmolz. Die hist. Kritik war symb. u. polem. Voraussetzungen dienstbar. Die academische Thätigk. an einem fest gegebnen Stoffe u. der polem. Eifer erzeugte eine abermalige Schlk. sowohl in der syst. Anordnung, seit CLX nach analytischer Methode, die frühere wurde synthetisch genannt,⁶) als in Zerspaltung

---

u. Behauptung der Unfreih. des Willens. In den Hauptüberarbtt. v. 1535 u. 1543, minder anziehend durch jugendl. Frische, vollendeter in der Form, sind die Mysterien eingereiht, die L. v. der Freih. ist dem Synergismus, vom Abendm. dem Calvinism. zugeneigt. Zusammenstellung der Ausgg. v. Mel. Hand: *Corpus Reformatorum*, T. XXI. ed. *Bindseil*, Hal. 554. 4.

2) *Praefatio Ed. principis*: „*Mysteria divinitatis rectius adoraverimus, quam vestigaverimus. Imo sine magno periculo tentari non possunt. Proinde non est, cur multum operae ponamus in locis illis supremis, de Deo, de unitate, de Trinitate Dei, de myst. creationis, de modo incarnationis. Quaeso te, quid adsecuti sunt jam tot seculis scholastici theologistae, cum in his locis solis versarentur? Et dissimulari eorum stultitia posset, nisi Ev. interim et beneficia Xti obscurassent nobis illae stultae disputationes. Reliquos vero locos, peccati vim, legem, gratiam qui ignoravit, non video quomodo Xtianum vocem; nam ex his proprie Xtus cognoscitur, siquidem hoc est Xtum cognoscere, beneficia ejus cognoscere: non, quod isti docent, ejus naturas, modos incarnationis contueri. Ni scias, in quem usum carnem induerit et cruci adfixus sit Xtus: quid proderit ejus historiam novisse? Haec demum chr. cognitio est, scire quid lex poscat, unde faciendae legis vim, unde peccati gratiam petas, quomodo labescentem animum adversus daemonem, carnem et mundum erigas, quomodo adflictam conscientiam consoleris. Paulus in epistola, quam Romanis dicavit, cum doctrinae chr. compendium conscriberet, num de mysteriis Trinitatis, de modo incarnationis philosophatur? At quid agit? certe de lege, pecc., gratia, e quibus locis solis Xti cognitio pendet.*"

3) *Institutio rel. chr.* Bas. 536. Letzter Hand: *Gen.* 559. *f.* ed. *Tholuck, Ber.* 834 s. 2 T. Die Reihenfolge der Ausgg: *Opp. Brunsv.* T. II s. I. *de cognitione Dei Creatoris, II. de cognitione Xti Redemtoris, III. de modo percipiendae Xti gratiae, IV. de externis mediis ad salutem.*

4) *Loci theol.* ed. *P. Leyser, Erf.* 591. 3 T. 4. ed. 5. *Vit.* 690. *f.*

5) *Loci theol.* pro adstruenda veritate, pro destr. quorumvis contradicentium falsitate. *Jen.* 610-25. 9 T. 4. ed. obss. adj. *Cotta, Tub.* 762-81. 20 T. 4. indices adj. *H. Müller*, 788 s. 2 T. 4. den. ed. *Preuss, Ber.* 863 ss. Durch GRH erhielten die *Loci de Scr.* S. ihre Ausbildung u. erste Stelle.

6) Die synth. Meth. geht von den Ursachen zu den Wirkgn: *principium omnium rerum et salutis: Deus trinus; media salutis: div. gratia, Xti incarnatio, fides; finis Th. et hominis: vita beata*; sie würde, rein durchgeführt, mit Entwicklung des rel. Gei-

§. 26. GERHARD. HUTTERUS.

der einzelnen Bgr., nach der Definitiv- u. Causal-Methode,[7]) mit dem Scharfsinn, doch ohne den specul. Tiefsinn einiger SL, deren Grundgedanke, Rechtfertigung vor dem Vrst., dem consequenten Spnts. fern lag. Die rel. Begründung war th. unmöglich für manche Formeln, die nur im dgm. Gezänk entsprungen waren, th. wurde sie bei dem geringen Einflusse der Ph. dieses Zeitalters in der Festigk. des krchl. Gegebnen nicht vermifst, u. durch den innigen Gl. an dasselbe, der selbst diese Schlk. mit seiner Fülle durchdringt, einigermafsen ersetzt. HUTTER schrieb sein Comp. einfach, concis, ohne Polemik, meist mit eignen Worten der F. C. u. H. S., für die Sächs. Landesschulen, um Melanchthons Geist zu verdrängen, den sein gröfsres Werk zu

stes, sonach mit Anthropol. beginnen. Noch in Hutters synth. Meth. folgen die Loci ohne Hauptabthlg. nach ihrer Entwicklung aus einander; welche innere Verbindung noch mehr zu berücksichtigen, u. in der Vorr. zu bemerken, „wie immer einer aus dem andern *pro diversitate operationum Dei erga creaturas et Eccl.* flösse u. alle zusammen ein σύστημα machen" nach Einsicht des Entwurfs die Sächs. Regierung gefordert hatte. Die anal. Meth., durch CLX wieder eingeführt, weil in der Th. als in einer prakt. Wissensch. alles auf den Zweck ankomme, forscht vom Ziele aus nach den Mitteln: vom Endzwecke der Th. [*finis Th. objectivus: Deus*; *formalis: aeterna Dei fruitio*] geht sie zurück zum Subj. [*homo, quatenus ad vitam aet. pervenire possit*], endlich zu den Mitteln [*media salutis*], durch welche der Mensch zum Ziele, Seligk. in der Vereinigung mit Gott, gelange. Hierdurch ergaben sich, nächst den Prolegg., 3 Hauptheile: *finis*: specielle Th; *subjectum*: Anthropol; *media*: Soterologie; in verschiedenen Modificationen, als: CLX: *Prolgg. v. Anordnung u. Pr. der Th. u. v. der H. S. I. Pars communis, quae ad omnes pertinet*: 1) *finis*: 2) *subj*: *homo* [zugleich *de Deo*, weil von ihm der Mensch geschaffen ist u. zunächst abhängt]; 3) *principia et media: gratia, incarnatio, fides. II. Pars propria, quae ad eos modo pertinet, qui munere ecc. funguntur*: 1) *finis*: *Ecc*; 2) *subj*: *homines cujuscunque gentis*; 3) *princ. et media, quibus Ecc. constituitur et conservatur.* CAL: *Prolgg. de naturali Th.*, rel. chr., *revelat. div., Sc. S., articulis fidei, cum examine novae Th. Calixtinae.* Lib. I. *de fine Th: de Deo et fruitione Dei*; II. *de subj: homine post lapsum spectato*; III. *de mediis sal. ex parte nostri*; IV. *ex parte Dei*; V. *de mediis, quibus ad sal. aet. intromittimur, s. de novissimis*. QUEN: *P. I. de Th. praecognitis et fine:* Prolgg. u. spec. Th; II. *de Th. subj: homo sc. peccator ad Deum reducendus*; III. *de principiis, a quibus salus dependet*; IV. *de mediis, quibus ad eam homo lapsus perducendus est*, auch Eschatol. KÖN: *I. Prolgg:* 1) *προθεωρία gener. universae Th. faciem sistit*, 2) *specialis de rel. chr., Sc. S., artt. fidei. II. Systema*: 1) *finis obj. et form.* 2) *subj: de lapsus termino a quo* [*imago Dei*], *ad quem* [*pecc.*], *de residuo post laps* [*lib. arbit.*] 3) a) *principia salutis*: a) *benignus. Patris voluntas*; β) *fraterna Xti redemptio*; γ) *gratia Sp. S. sanctificatrix*; b) *media salutis*: a) *proprie ita dicta, tum exhibitiva* [*verbum et sacram.*] *tum ληπτικόν* [*fides*]; β) *ὡς ἐν πλάτει nuncupata* [*res novissimae*].

7) Die def. Meth., in die Ph. eingeführt durch Cartesius, stellt ein an sich gewisses Pr. [*cogito, ergo sum*] voran und beweist durch Ableitung aus dms. die Wahrh. der abgeleiteten Sätze. Bei der dgm. Anwendung ist die vorangestellte Def. nur ein allg. Satz, der nach allen Bestandth. in neue Deff., Thesen, Antithesen, Distinctionen, Quästionen u. Objectionen zergliedert wird, bis der Stoff erschöpft ist. Die hiermit verbundene und meist vorherrschende Causalmeth. verhandelt in jedem Artikel *quatuor causarum genera: causa efficiens, materialis* [*subjectum quod et quo u. obj.*], *formalis* [*forma, modus*] *et finalis* [*finis*], z. B. BR: „*Justificationis* 1) *causa efficiens principalis D. triunus, impulsiva interna Dei bonitas, externa ac meritoria Xtus Mediator ratione obedientiae suae act. et pass., impulsiva minus princip. fides in Xtum;* 2) *forma s. ratio formalis remissio pecc.* 3) *subjectum quod homo peccator, sed conversus* [meist auch *quo anima etc.*]; 4) *finis ex parte hominum salus aeterna, ex parte Dei gloria ejus, effecta pax conscientiae cum Deo, adoptio in filios Dei.*" Ein so langweiliger als unnützer Schematismus.

Hutterus redivivus. 11. Aufl. 3

widerlegen bestimmt war. Wittenberg, die *cathedra Lutheri*, war im 17. Jhh. die Burg dieser festgeschlossenen, kunstreich ausgebildeten, eifernden Orthodoxie: CALOV bezeichnet im Ggns. des Synkretismus die unbedingte Achtung für den Buchstaben der KL, QUENSTEDT in Licht u. Schatten die Vollendung ihrer Schlk., deren gedrängte Übersicht KÖNIG, reicher u. milder BAIER gab.[8]) In der ref. K. hat sich noch früher u. mit klarem Bwsts. doch ohne den nationalen u. academischen Mittelpunkt eine scholast. DK ausgebildet, mit Betonung des Unterschiedes der *articuli mixti* u. *puri*, meist synthetisch, auch auf deutschem Boden nach dem Grundgedanken der unbedingten Prädestination, anhebend mit ALSTEDs exacter dialektischer Lehrform, ihr Höhenpunkt die Disputationen des VOETIUS gegen alles unabhängige Denken u. Wollen.[9]) Eine der reformirten DK übliche Unterscheidung zwischen den verschiedenen Stufen der erlösenden Gnadenrel. zum Pr. erhebend hat die Föderal-Methode der schol. eine manirirte bibl. Th. entgegengestellt;[10]) mit vereinzelten Ergänzungsversuchen durch den Plan einer biblisch-hist.[11]) u. durch eine öconomische Methode.[12]) Eben so vereinzelt war nur als gemüthliche Zuthat die allegorische[13]) u. der Anfang einer wissensch. Polemik die comparative Methode.[14]) Geistige Gegensätze, aus-

---

8) LEON. HUTTERI *Comp. Locorum th. jussu et auctorit. Christiani II. Vit.* 610. u. o. *denuo ed. Twesten, Ber.* 855. *Ejusd. Loci comm. th. ex S. Litt. diligenter eruti, veterum PP. testimoniis passim roborati et conformati ad meth. LL. Melanchth. ed. op. posthum. Ordo Th. Vit.* [619.] 661. *f.* — AB. CALOVII *Syst. LL. e S. potiss. Sc. et antiquitate nec non adversariorum confess. doctrinam, proviu et controversiarum fidei cum vett. tum inpr. recentiorum pertractationem lucul. exhibens. Wit.* 655-77. 12 V. 4. — J. A. QUENSTEDT, *Th. didactico-polemica s. syst. th. Vit.* [655.] ed. 4. 715. 4 V. f. — J. F. KÖNIG, *Th. positiva acroam. synoptice tractt. Rost.* [664.] *ed.* 11. 703. — J. G. BAIER, *Comp. Th. positivae. Jen.* 856. *den. ed. Reusch, Jen.* 757. *Preuss, Ber.* 864.

9) J. H. ALSTEDII *Th. scholastica didact. exhibens locos comm. Hanov.* 618. GISBERTI VOETII *Dispp. th. selectae. Ultraj.* 648-59. 5 T. 4. — B. KECKERMANN, *Syst. Theol. Han.* [607.] 615. als dgm. Physiologie, philosophirend u. heterodox. — F. WENDELIN, *Comp. chr. Th. Hanov.* 634 u. o.

10) COCCEJUS, *Summa doctr. de foedere et testamentis Dei.* [L. B. 648.] ed. 6. *Frcf.* 703. Rel. als ein zwischen Gott u. Mensch abgeschlossner Bund: 1) *Foedus naturae s. operum* vor dem Falle, 2) *F. gratiae s. fidei* nach dms. in dreif. Entwicklung o. *oeconomia: a) Patriarcharum, b) Legis, c) Evangelii.* Hiernach wird die DK in lauter Bundesformeln abgehandelt. In der luth. K. bes. W. JAEGER, *Comp. Th. Stuttg.* 702. ed. 5. cur. *Frisch, ib.* 740.

11) LIBERIUS DE S. AMORE, [J. CLERICUS] *Epp. theol. Irenop.* 679. Die krchl. DK nach ihrer Entwicklung in der bibl. Gesch. So zu popul. Gebrauch: Taylor, Hefs, Ewald. Nach einer andern hist. Meth. betrachteten Hulsius u. Ursinus die Th. als Gesch. Gottes, wie er aus dem Abgrunde der Ewigk. gleichsam heraustritt, den Plan der Offnb. in der Schöpfung u. Erlösung entwirft, u. nach Vollendung seiner Werke den göttl. Sabbath feiert.

12) MELCH. LEYDECKER, *de oeconomia trium personarum [Trinitatis] in negotio salutis l. VI. Traj. ad Rh.* 682. 12. Einthlg. je nach dem Antheile der 3 göttl. Personen an der Heilsordnung.

13) J. G. DANHAUER, *Hodosophia chr. sive Th. posit.* [Arg. 649.] *ed.* 3. Lps. 713. 4. Der Mensch ein Wanderer, das Leben der Weg, die H. S. das Licht, die K. der Leuchter, Gott das Ziel, jenseit die Heimath.

14) G. CH. HOSMANN, *Th. comparativa. Kil.* 732. 4. Aufstellung der mögl. Ggns. wider jedes Dogma mit Bestimmung ihrer Wichtigkeit.

§. 26. HOLLAZ. BUDDEUS.

gestofsen von der K: der supern. Rts. der Socinianer[15] u. der rat. Spnts. der Arminianer;[16] innerhalb der luth. K: die Zugeständnisse des Synkretismus für den äufsern KFrieden[17] u. die Vertiefung des Pietismus in das eigne sündenbeladne, heilsdurstige Herz.[18]

III. Ermäfsigt: HOLLAZ-BAUMGARTEN. Die DK wurde im Streite mit jenen Ggns. unwillkürlich von ihnen ergriffen. Im äufserl. Siege über die Pietisten lenkte ihr Einflufs von schol. Spitzfindigkeit ab. HOLLAZ,[19] in katechetisch defin. Meth. durch Genauigk. seiner Deff. ausgezeichnet, der letzte unverfälschte Wortführer altprot. DK, erkennt das rel. Moment nur an, indem er es hintennach bringt in frommen Stofsseufzern. Der gelehrte BUDDEUS bezeichnet durch Aufnahme dsslb. in die Wissensch. u. durch Anwendung seiner hist. Kenntnifs der Ph. den dgm. Standp. einer Übergangszeit.[20] Da

---

15) LAELIUS SOCINUS † 1562. F a u s t u s S. † 1604. Der Mensch zwar ohne alle natürliche Gotteserkenntnifs u. das N. T. höchster Erkenntnifsquell, aber durch die Voraussetzung, dafs nichts Widervernünftiges, wennschon Übervernünftiges in der H. S. sei, u. durch die willkürl. Bestimmung von jenem, ein in der Exegese versteckt wirkender Rts. vornehml. gegen Trntt. u. Erbs. Ihr Xtus ein vergötterter Mensch; ihre Stellung zur luth. K. nach kurzer, zufälliger Näherung rein polemisch.

16) Anhänger des ARMINICS [† 1609], der in den Niederlanden den Geist Zwinglis gegen Clv. vertrat, überreichten der Regierung 1610 eine Rechtfertigung ihres Ggns. wider die Prädest. [Remonstranz]. Diese R e m o n s t r a n t e n von der Synode zu Dortrecht verdammt, erhielten bald bürgerl. Duldung. Ihre DK, durch EPISCOPIUS u. LIMBORCH ausgebildet, bezeichnet ein allg. Entfernen vom krchl. Spnts., zu dessen Dogmen sie sich weniger polemisch als indifferent verhalten, da ihnen allein wichtig schien, zu bestreiten o. zu behaupten, was prakt. Frömmigk. betraf; daher die rel. Begründung vorherrscht, mit Aufgebung der syst. Consequenz. Ihr Einflufs zunächst durch eine vom krchl. Zwange freie Exegese: GROTIUS, CLERICUS, WETSTEIN.

17) Nach der gewöhnl. Annahme von συγκρητίζειν, als Sitte der in Parteien zerfallenen Kreter sich gegen jeden äufsern Feind zu vereinigen; mit Anspielung auf den classischen Sprachgebrauch bei Polybius [VIII, 21.] u. Suidas: κρητίζειν u. συγκρ. e Cretensium more mentiri, cf. Tit. 1, 12. Als Vorwurf gegen CLX u. seine Anhänger zu Helmstädt u. Königsb. [HOL :] „opinio erronca, suadens coalitionem partium in ipsa fidei et morum doctrina dissidentium, ut fraternam et ecc. ineant concordiam, non obstante earum dissensu;" [KL:] „ Inconsequenz eines aus heterogenen Principien zusammengesetzten Systems." CLX behauptete die Möglichk. einer Einigung der verschiednen Kirchen durch ihre Einstimmigk. über das im Symb. apost. u. im Gl. der ersten 5 Jhh. [consensus quinquesaecularis] enthaltene zur Seligk. Nothwendige, ohne Aufopferung der jeder K. eigenthüml. Dogmen. Der dgm. Zeitgeist hat ihn verworfen, von seinen Schülern sind mehrere zum Kthlcs. übergegangen. — CALIXTI Epit. Th. Gosl. 619 c. declaratione G e r h. T i t i i, Hlm. 661. Die Ausscheidung der Moral hing mit der Neigung zusammen, die guten Werke dem Gl. selbständig gegenüber zu stellen. Die erneute scholast. Form ist nur bei Streitsätzen durch Syllogismen angedeutet.

18) S p e n e r, A. H. F r a n k e, B r e i t h a u p t. Nur insofern Ggns. wider die KL, als die scholast. Behandlung aufgegeben u. das Xthum einzig zur Herzenssache wurde. Daher Dogmen, die zunächst für die Schule Werth hatten, zurücktraten; aber das Grundgefühl des Prtstms: gänzl. Verdorbenh. unsrer Natur u. alleinige Rettung im Gl. an den Erlöser mit der Scheu vor allem Weltlichen, ward um so inniger festgehalten.

19) Examen theol. acroam. Th. thetico-polemicam complectens. Holm. et L. 707. 4. den. ed. animadvv. aux. R o m. T e l l e r, ib. [750.] 763. 4. Der h. Trinität zugeeignet. Gewöhnl. Einthlg. mit Prolegg. [Propaedia] u. „P. IV. sistit homines collective, prout sunt membra Ecc. [Ecc., Ministerium ecc., Magistratus polit., Status oeconomicus]."

20) Institutiones Th. dgm. variis obss. ill. Lps. 724. 4. ed. 3. 741. 4. Gewöhnl Einthlg.

Arist. durch die neuere Ph. verdrängt war, übernahm in der ref. K. zunächst die Cartesianische, in der luth. K. die Leibnitz-Wolfische Schule sein logisches Geschäft am Dienste der DK. Die hierdurch aufgekommne demonstrative [*scientifica, mathem.*] Methode,[21]) durch die jedes Dogma mit math. Evidenz bewiesen werden sollte, schien zwar in ihrer unbedingten Achtung vor der KL drs. neue Festigk. zu geben: allein diese Schlk. ohne den geistigen Zwang einer unfehlb. K. mufste bald in dem Bedürfnifs ihrer Beweise auch das Recht eines Gegenbew. erkennen, u. in der selbständig aufgestellten natürl. Th., obwohl diese nur ein Abstract von chr. Dogmen war, zur Meinung einer Selbständigk. in rel. Dingen gelangen, die sich dem Worte der K. u. II. S. auch entgegensetzen konnte. Die auseinanderstrebenden Richtungen: Pietismus, Wolf. Ph. u. Orthod. suchte S. J. BAUMGARTEN zu versöhnen.[22])

§. 27. Entwicklung u. Abfall des Protestantismus.

Seit der Mitte des 18. Jhh. ein Kampf der Vft., o. was sich dafür ausgab, mit der Väter Sitte u. Gl. Durch Entfremdung vom chr. Leben u. durch ein Zerfallen des Vrst. mit der KL waren die engl. Freidenker entstanden, welche das Xthum th. als Abergl. bekämpften, th. als Hülle rel. Ideen achteten. Dieselben polit. Institutionen liefsen ihnen das Recht der freien Aufserung u. der bischöfl. K. das Vorrecht der Staatsrel., deren gelehrtere Thlgn. jedoch von hist. Kritik aufnahmen, was die 39 Art. ihrer K. in mildester Auslegung gestatteten, Latitudinarier. Jenes Streben mit französ. Leichtfertigkeit aufgefafst, [Voltaire, Encyklopädisten] durch den starren Ggns. der kath. K. ein Abbrechen von aller Gesch., endete mit dem Umsturze der Altäre. In Deutschland fand diese Richtung durch Friedrich den Grofsen Freih., durch die Allg. deutsche Bibliothek ein Organ. Nach einigen feindsel. Versuchen wider das Xthum [Paalzow, Reimarus] siegte in der Ehrfurcht vor seinen sittl. Sgngn. der deutsche Ernst vornehmlich durch LESSING, u. das Pr. des Prstms. gewährte die Möglichk., ein von der KL verschiednes, den dermal. Einsichten angemefsnes Xthum in der H. S. zu finden. Durch ERNESTIS grammatische Exegese wurde ein von der K. unabhängig in sich selbst ruhendes Verständnifs der H. S. angebahnt, deren Glaubensinhalt th. im stillen Gegensatze wider die KL o. zur Bewährung drs., th. rein historisch als biblische Theol. dargestellt wurde.[1]) SEMLERS hist. Kritik suchte jüd. Bestandtheile des bibl.

---

nach 5 Büchern, davon [*Prolgg.*], *fundamenta et principia continens. Lib. V. de Sacrm. N. T., de praedestinatione, de Ecc. et statibus hierarchicis.*"

21) CARPOV 737 ss. CANZ 752. Am meisten mit phil. Geiste REUSCH, *Introd. in Th. rev. Jen.* 744. In der ref. K. DAN. WYTTENBACH 741.

22) Ev. GLehre hrsgg. v. Semler, Hal. 759 f. 3 B. 4. Drs. Untersuchung th. Streitigk. hrsgg. v. Semler, Hal. 762-64. 3 B. 4.

1) Die ältern *Collegia biblica* seit SEB. SCHMIDT, *Arg.* 671. sind Commentare ü. die Beweisstellen der krchl. DK. Erster Versuch mit Berücksichtigung des eigenthüml. Charakters der bibl. Bücher: BÜSCHING, *Epit. Th. Lemg.* 757. — Kritische Exegese der einzelnen Beweisstellen: ZACHARIAE, bibl. Th. Gött. u. Kiel, 774 ff. 4 B. 3. A. mit 5. B. v. VOLLBORTH, 790., Abschwächung der krchl. DK in ihrer Erweisung aus vereinzelten Schriftstellen.— HUFNAGEL, HB d. bibl. Th. Erl. 785 ff. 2 B., nach ratst. Ansicht. - Als „genaue Kenntnifs der reinen Resultate derj. Schriftstellen, aus welchen die Lehrsätze

§. 27. Aufklärung. Biblische Theologie. 37

Xthums u. das Anwachsen der KL durch Menschenzuthat darzuthun, indem er für seine Privatreligion nur festhielt, was der moralischen Ausbesserung diene. Hierdurch schien der Prtstms. selbst die Fortsetzung der Ref. zu fordern. Indem die verschiednen Standpunkte ihrer Vollziehung nach gleichzeitigen Schulen dargestellt werden, ist die wechselseitige Einwirkung drs. vorauszusetzen. Gemeinsames Streben war: Vereinigung des reinen Xthums mit den Resultaten der

der bibl. DK fließen," Ammon, bibl. Th. [792. 2 B.] Erl. 801 f. 3 B. — Gabler [*de justo discrimine Th. bibl. et dgm.* 787.] stellte den Bgr. einer rein hist. aus der Exegese herausgebildeten, um die KL unbekümmerten Wissensch. auf. Nach ihm, doch ratst. u. ins Einzelne zersplittert: G. L. Bauer, Th. d. A. T. Lpz. 796. Bibl. Th. d. N. T. eb. 800-2. 4 B. — Kaiser, bibl. Th. Erl. 813-21. 2 B. Alle Rel. als Offnb. des rel. Geistes [Universalismus], dessen Äußerngn. in den verschiednen Rel. des Alterth. verglichen, vermengt u. nicht aus den Quellen geschöpft sind; im 2. B. [Moral] bekennt der Vrf. seine Ansicht durch innere Erfahrung nicht ohne Einfluß häusl. Leiden dahin geändert, daß er das Xthum als übern. Offnb. erkenne. — De Wette, bibl. DK. Brl. [813. 818.] 831. Darlegung des Geistes der verschiednen Zeitalter, Ergründung der zu Grunde liegenden rel. Ideen, die Bibel im Reflexe einer modernen halbgläubigen Phil. — Lossius, bibl. Th. n. d. Geiste Jesu u. d. App. Lpz. 824. Cramers fehlerhaft nachgeschr. Collegienheft. Dieses ächt hrsgg. v. N ä b e, Lpz. 830. Zu jenem neuer Titel mit Cramers Namen. L. 833. Unbestimmt, unfertig. — Ch. F. Böhme, Rel. Jesu aus ihren Urkunden. Hal. [825] 827. Nach den 3 ersten Evv. mit Auswahl des Übereinstimmenden im Ev. Joh. Individuelle Vftrel. D r s. Rel. d. App. Hal. 830. Als erste Trübung. — Baumgarten-Crusius, Grundzüge der bibl. Th. Jen. 828. Nach dem Grundsatz: *a)* das Judenth. u. Xthum ist keine GLehre, sdn. Anstalt, Reich, Geist, woraus nur gelegentlich mannichfaltige GLehren hervortreten; *b)* dieser Geist ist in jeder von beiden Anstalten etwas wesentlich in sich Einiges u. Selbstständiges. Daher bestimmte Perioden der Umgestaltung des Gl. nicht dargethan werden können, u. die Schwierigk. eben so groß ist, als die Kunst, die allmäligen Übergänge u. die vielverschlungnen Fäden der Dogmenbildung zu entwickeln. — Dan. v. Cölln, bibl. Th. hrsgg. v. D a v. S c h u l z, Lpz. 836. 2 B. Als rein historische Wissenschaft, der rel. Lehrinhalt im Hebraismus u. Judaismus, in der ev. u. apost. Lehre, nach seiner Entwicklung in der Zeit u. seinem innern Zusammenhange, so daß zwar, was der Vrf. für symbolisch-mythische Einkleidungsform achtet, von der eigentl. begriffsmäßigen Überzeugung geschieden, aber auch das Locale, Temporelle u. Individuelle der verschiednen Zeiten u. Personen dargestellt ist. — J. T. Beck, chr. Lehr-Wissensch. nach d. bibl. Urkunden. Stuttg. 840. B. I. u. Bibl. Seelenlehre. 843. Unter theosophischen Voraussetzungen mit unbedingtem Gl. an den Buchstaben der H. S. sinnige Darstellung ihres gemeinsamen rel. Inhalts als das ewig feststehende, im Ggns. wider das Zeit-Xthum der K. — J. L. S. Lutz, bibl. DK. Pforzh. 847. Verschieden von der bibl. Th. als einer DG der H. S., welche den Wechsel der rel. Vorstllgn. in ihren verschiednen Zeiten u. Büchern darzustellen habe, die gläubig wissensch. Darstellung des ihnen zu Grunde liegenden organischen Systems der bibl. Rel. I: Die Grundideen der bibl. Rel. an sich. II: Die göttl. Offenbarungs-Ökonomie in der Gesch. als Verwirklichung u. Entwicklng dieser Ideen. — Vatke, bibl. Th. I. Rel. d. A. T. Brl. 835. Hegelisch. — C. F. Schmid, bibl. Th. des N. T. hrsgg. v. W e i z s ä c k e r, Stuttg. 853. 2 T. Als hist. genetische Darst. des Xthums, wie es im N. T. vorliegt, in sorgfältiger Scheidung des LBgr. der einzelnen Autoren. — G. L. Hahn, die Th. des N. T. Lpz. 854. B. I. Beschreibung des rel. sittl. Bwsts. der apost. K. wie es aus göttl. Offenb. stammend in ihren einzelnen LBegriffen sich darstelle: im Paulinischen [13 Brr.], populären [Mtth. Jac. 1 u. 2 Ptr.], contemplativ-mystischen [Joh. Ev. Brr. Apok.] u. hellenistischen [Marc. Luc. u. Br. an Hebr.]. — F. C. Baur, Vorlsgn. ü. nentest. Th. Lpz. 864. Im Sinne der n e u e n Tübinger Schule gegen die Neanderische Einh. in der Mannichfaltigkeit ihre Lehr-Perioden in schärfster Unterschiedenheit, I: die 4 großen Paulinen u. die Apokalypse, II: Hebräerbrief, kleine Paulinen, Petrus-, Jakobus-Brief u. AGesch., III: Pastoralbriefe u. Joh. Schriften; die grundlegende Lehre Jesu nach den Synoptikern als nur annähernd bestimmbar.

hist. Kritik u. phil. Vft. im Kampfe, bald mehr gegen das Herkommen, bald mehr gegen seine Bestreitung.
I. **Neukirchlicher Supernaturalismus**: Nach dem formalen Pr. des Prtstms. bezieht sich die vorherrschende hist. Auffassung auf die H. S., ausgelegt zwar mit mehr o. mindrer Gunst der KL, doch nach anerkanntem Grunds. einer hist. krit. Exegese. Die krchl. Dogmenbildung wird meist nur dgmgschtl. behandelt. Die syst. Anordnung schwankt. Die schol. Subtilität verschwand durch einen gebildeten Geschmack u. durch den Ernst des Kampfes. Die rel. Begründung beschränkt sich auf eine allg. Rechtfertigung des Systems vor dem Vrst., der sich zu allerlei Concordaten verstehen mufs, u. auf die Nachweisung, dafs u. wie einzelne Dogmen praktisch d. i. der sittl. Volksbildung angemessen sein. Die organ. Ausbildung ist negativ ein Zurückgehn auf einfache Sätze der H. S. Neben den Modificationen eines verschiednen Einflusses der Kritik u. Vft. gemeinsamer Grundrifs: Durch den Sündenfall ist die menschl. Natur sehr geschwächt, aber die Freih. auch in rel. Dingen nicht verloren, erst mit Freih. aufgenommen wird jene geistige Erbkrankh. Sünde u. Schuld. Die geschwächte u. dem Irrthum ausgesetzte Vft. bedarf der in der H. S. enthaltnen Offnb. Die Göttlichk. drs. ist durch die Wunder ihrer Einführung, den Segen ihrer Wirkung u. die Vftmäfsigk. ihres Inhaltes verbürgt. Sie enthält nichts gegen, aber einiges über die Vft., welches daher nach Gottes Willen zu glauben wahrhaft vernünftig ist.[2]) Unterscheidung der Bibellehre von der KL war das Resultat,

---

[2]) J. D. MICHAELIS, *Comp. Th. dgm. Gott.* 760. 2, A : DK. Gött. 784. Die 1. A., wie der Vrf. in der 2. gesteht, überging furchtsam dasj., worüber er heterodox dachte. Die 2. A. vertheidigt einigermafsen die KL wider den ratst. Zeitgeist, aber selbst in dms. befangen, geht über dem Versuche, sie vor dem Vrst. zu rechtfertigen, ihre Eigenthümlichk. verloren. — HEILMANN, *Comp. Th. dgm. Goett.* 761. ed. 3. 780. Ohne Polemik Zurückstellung der krchl. Grundlehren. Einthlg. in Th. u. Anthrop. mit willkürl. Unterabthlg. z. B. Ecc. als Anhang zu *Media sal.*, *Praedest.* in der Eschat. — W. A. TELLER, LB. d. chr. Gl. Hlmst. 764. Die Hauptsätze der KL in bibl. Einfachh. nach dem Grundgedanken einer Parallele des 1. u. 2. Adams. — SEMLER, *Institt. ad doctr. chr. liberaliter docendam*. Hal. 774. Vrs. einer freien th. Lehrart. Hal. 779. Untergrabung des herkömml. Syst. durch DG, mit der Voraussetzung, dafs die KL als Menschenwerk um der Ordnung willen zwar gelten müsse, obwohl mild geübt u. besonnen fortgebildet, die Privatrel. aber frei zu geben sei, wie es schien, als Sache der Willkür. Durch pietist. Erziehung gleichgültig gegen Dogmen hatten seine schrankenlosen Studien den chr. Geist in den verschiedensten GFormeln erblickt. — DOEDERLEIN, *Institt. Theologi chr. Nor. et Alt.*780. ed. 6. cur. Junge, *ib.* 797. 2 T. An hist. Reichthum u. Klarh. der Entwickl. das Hauptwerk dieser Zeit. I: *de Deo ejusq. opp.* II: *de Xti benef.* 1: *de miseria generis hum.* 2: *de restitut. per Xtum.* — MORUS, *Epit. Th. chr. Lps.* 789. ed. 5. cur. Höpfner, Lps. 821. Eleganz des Styls, Milde des Urtheils u. seltne Kunst, der neuen Aufklärung durch bescheidne Skepsis gnug zu thun, ohne gegen die KSatzung anzustossen. I: *de Deo et opp.* II: *de Ang.* III: *de gen. hum.* IV: *de gratia Dei salutari*, V: *de his, quae a nobis observanda sunt, ut gratia potiamur,* VI: *de Ecc.* VII: *de sorte futura.* — STORR, *Doctr. chr. Pars theor. e S. Litt. repetita.* Stuttg. 793. ed. em. 807. übrs. mit Erläutrgn. a. des Vrf. eignen Schr. v. C. Ch. FLATT, Stnttg. 803. 2. A. 1. B. 813. Zunächst bibl. Th., aber durch Zusammensetzung der KL aus Schriftstellen, nach dem formalen Pr. des Prtsms., die scharfsinnigste Vertheidigung drs., so weit sie nach ihren rel. Hauptsätzen in der H. S. enthalten schien. I: *de S. Litt. auctoritate*, II: *de Deo*, III: *de mentib. creatis*, IV: *de Xto Servatore*, V: *de animi vitaeq. immutat. per doctr. div. ejusq. ad sal. adeptionem ratione.* — REINHARD, Vorlsgn. ü. DK m. lit. Zus. hrsgg. von Berger, Sulzb. 801. 4. u. 5. A. m. lit. Zus. v. Schott, eb. [818.] 824. Die vorgesetzten lat. Formeln durch Präcision

§. 27. NEUKIRCHLICHER SUPERNATURALISMUS. 39

u. die Bedeutung dieser Schule : bei den stürmischen Bewegungen der Zeit den hist. Anknüpfungspunkt in bedächtiger Nachgiebigkeit

dem Anfänger nützlich, die wissensch. Bedeutung zur Zeit der Herausgabe ein hist. Ggns. wider die Kant. Schule, doch bedeutende Mifsverständn. der KL und innere Widersprüche. Alte Einthlg. in *Loci* ohne äufsern Zusammenh. — SCHOTT, *Epit. Th. chr. dym. Lps.* [811.] 822. Die KL freundlich beachtet, doch in der Hauptsache preisgegeben, exeget. Forschung vorherrschend. Einthlg. nach dem Pr. des von Xto gestifteten Gottesreichs: *I: Placita rel. chr., quibus doctrina de reg. div. adnectitur et superstruitur,* die allg. L. v. Gott, Pneumatol. u. Anthrop. *II: Doctr. de reg. div.* Hier das eigentl. Xliche, auch die L. v. der Trinität, in der 1. A. auch von der Sünde. Seine vermittelnde Stellung zwischen Spnts. u. Rts. hat der Verf. späterhin durch Aufhebung des Bgr. der Mittelbark. u. Unmittelbark., so wie durch Annahme einer bes. Einwirkung Gottes bei der chr. Offnb. vertheidigt; Vft. u. Offenb. einander bedingend. — BRETSCHNEIDER, HB d. DK d. ev. luth. K. Lpz. [814 ff. 822. 828.] 838. 2 B. Durch reiche Auffassung des dgm. Stoffes u. genaue Scheidung dsslb. nach seinen Quellen brauchbar für dgm. Studien. Einthlg : Prolgg. ū. Rel. u. DK. *I:* Form : Grundsätze der ev. K. ū. Offnb. u. H. S. *II:* Materie : Grundsätze d. ev. K. ū. d. chr. G Lehre, als das gegenseit. Vrh. Gottes zur Welt darstellend, in 5 Kpp. nach ihrer Entwicklung aus einander. Abhandlung jedes Dogma : 1) Darstellung der KL nach den S. B. 2) Modificationen drs. nach den AKD. 3) Biblische, dgm. u. phil. Kritik. 4) DG. Der Vrf. hat immer die Annahme einer übernat. Offnb. mit den Ansprüchen einer erleuchteten Vft. zu vereinen gesucht, ist jedoch später im Kampfe gegen die neubelebte Orthod. auf die Seite des supern. Rts. gedrängt worden, dem das Xthum eine göttl. Offnb. zur rel. Erziehung der Menschheit ist, u. als solche weder dem System allgemein anerkannter Vernunftwahrheiten, noch einer gebildeten Weltanschauung als dem Inbegriffe alles erfahrungsgemäfs sichern Wissens widersprechen darf [Pr. der Wissenschaftlichkeit!], doch auch Lehren enthalten kann, welche aus Vft. u. Erfahrung nicht erweisbar, sich dem sonst anerkannt Wahren anschliefsen. D r s. syst. Entwicklg. aller in d. DK vorkomm. Bgr. L. [804. 810. 825.] 841. Lehrreich durch concise Zusammenstellungen, wie durch Literatur, die doch mehr im allgemeinen beurtheilt, als nach ihren Resultaten dargelegt ist. D r s. die rel. GL nach Vft. u. Offnb. für denkende Leser. Hal. 843. 4. A. 846. 1 : GL nach bloser Vft. 2 : Entfaltung der rel. Ideen im menschl. Geiste o. göttl. Offnb. 3: In die Bibel niedergelegte Offnb. 4: Offnb. durch Xtum. 5: Person Xti. 6: Die rel. Ideen in der chr. Offnb. — F. H. C. SCHWARZ, Grundr. d. krchl. prot. DK. Hdlb. 2. A. [1. A. *Sciagraphia dogmatices chr.* 808.] 816. Weniger Geist der Schell. Schule, der man den Vrf. beizählte, als inniges Gefühl für den rel. Gehalt der luth., wie der ref. KL. Der hist. Stoff ist ohne genaue Scheidung sr. Quellen eingewebt. Logische Einthlg. nach Obj., Subj. u. ihrer Relation: *I:* Gott, *II:* Mensch, *III:* Vrh. d. Menschen zu Gott als chr. Rel. Bei jedem GArtik. die entsprechende ethische Beziehung nachgewiesen. — G. P. KAISER, *Monogrammata Th. chr. dgm. Erl.* 819. Jedes Dogma nach der H. S., Vft., K. u. Gesch. Als das klarste Wort einer universellen Offenb. die L. des N. T., die ebndfsh. mit der allg. u. obj. Vft. übereinstimmen mufs. Zu sr. meist ratst. Exegese mochte sich der Vrf. später nicht mehr durchaus bekennen. *I: de Deo ad mundum relato, II: de homine ad Deum relato, III: de unita Dei et hominis efficacia ad salutem, quae per Xtum conciliata est, consequendam.* Die Spaltung in Thesis. Antith. u. Synth. geht durch die einzelnen Artikel. — ESCHENMAYER, die einfachste DK aus Vft., Gesch. u. Offnb. Tüb. 826. Vrh. der RPh. zum Ev. [RPhil. Tüb. 823 ff. 3 B.] Der Vrf. erkennt das Schell. System, dessen Vorläufer u. Mitgründer er war, im Reiche des Wissens an, aber für das Rel. o. Heilige fordert er ein ū. dem Denken, Fühlen u. Wollen erhabnes Organ des Gl., welches nur Empfänglichk. sei für die göttl. Offnb. in der H. S. Da die Willkür Gottes allein die Wahrh. bestimmt, so ist diese geoffenb. Wahrh. von dem nach menschl. Erkenntnifs Wahren durchaus verschieden, z. B. der Diebstahl der Israeliten [*Exod.* 11, 2. 12, 36.] nach menschl. Moral unsittlich, als von Gott geboten heilig. — KNAPP, Vorlesgn. ū. d. chr. GL hrsgg. v. T h i l o , Hal. [827.] 838. 2 B. Commentar ū. MOR. Compend., gläubiger, nicht consequenter als dieses, seit 1789 wesentl. unverändert. Die Offnb. in der H. S. fordert unbedingten Gl., kann jedoch der Vft. [Logik] u. Sittenl. nicht widersprechen. Statt dgm. Scharfsinnes eine

zu bewahren; ihr wesentlicher Unterschied vom Rts. nur der Glaube an eine übernat. Offnb.
II. Rationalismus vulgaris: Die Vft. d. i. jedes geistige Vermögen für das Übersinnl. ist eine zur Rel. ausreichende Offnb. Gottes im Menschen, daher die Wahrh. jeder gegebnen Rel. in ihrer Vftmäfsigk. besteht. An drs. wird das Xthum als ein Werk der Vorsehung zur Ausbreitung der wahren Rel. erkannt, daher ist der RT ein Xt u. verehrt das Vftgemäfse in der H. S. als das wahre Xthum. Da hierdurch nicht ein System bestimmter Dogmen, sdn. eine Methode ihrer Behandlung ausgesprochen ist, konnten sich in drs. nach der Verschiedenh. ihrer hist. u. ph. Kritik Ansichten von sehr verschiednem

fromme u. gelehrte Exegese, gern in Übereinstimmung mit der K., statt phil. Tiefsinnes erfahrne Winke zur prakt. popul. Anwendung eines Dogma. — Hahn, LB d. chr. Gl. Lpz. 828. Der hist. Stoff ist aus Am, Wgs u. Brt entlehnt, doch die Literatur durch die Erinnerung an viele unbedeutende, verschollne Schriften bereichert. Die Sprache weniger wissensch., als asketisch u. herzlich, statt der rel. Begründung homiletische Nutzanwendung. Die auf des Vrf. früheres Votum für Entlassung der RT aus der K. gegründete Erwartung, dafs seine DK den folgerechten Spnts. vertreten werde, wurde nicht erfüllt. Er hat alle krchl. Hauptlehren in ihrem Wesen verletzt, sah im Athanas. Trinitätsgl. Tritheismus, lehrte ein untergeordnetes, fast arianisches Vrh. des Sohns zum Vater; der KL von der Erbsünde stellt er die L. der H. S. entgegen, welche "nichts davon wisse, dafs die Schuld der Urältern auch Schuld der Nachkommen sei; statt der Insp. u. Unfehlb. d. h. Schriftsteller erkennt er nur ihre Theilnahme an der Offnb., deren Aussprüche sie, in Worten u. Darstellung sich selbst überlassen, niederzeichneten. Daher statt der Nothw. u. Sicherh. einer übern. Offnb. nichts als der Wunsch des Vrf. übrig blieb, dafs sie geschehn sein möge. Princip: in Xto ist die vollkommenste Offnb. a) des göttl., b) des menschl. Wesens, c) der Möglichk. u. der Mittel sr. Erlösung geschehn, u. d) eine neue Gemeinsch. mit Gott entstanden. Hiernach 4 Theile: Theol., Anthropol., Soteriol. u. L. v. d. K. In der 2. Aufl. [857. 2 T.] wird das Aufgeben der frühern Differenz zwischen dem krchl. u. dem eignen Gl. angekündigt, der luth. LBgr. gläubiger, doch möglichst in bibl. Unbestimmth. behauptet, die Union tritt in die Ferne, aber als künftige Einigung nicht blos der ev. ref. mit der luth. K., sdn. auch der röm. u. griechischen mit dieser als der erneuten apost. kath. K. — Steudel, GL d. ev. prot. K. nach ihrer guten Begründung mit Rücks. a. d. Bedürfnifs der Zeit. Tüb. 834. Wie die ältere Tübinger Schule die KL preisgab, um gegen den allg. Abfall eine wörtlich aufgefafste Schriftlehre desto sicherer zu behaupten, wie Storr gegen Kant, Süskind gegen Schelling diesen Standpunkt scharfsinnig geltend machte; so wollte auch der Vrf. den chr. Gl. auf klare Stellen der H. S. u. die Leckerhaftigk. im Xlichen zum gesunden Geschmacke für die grofsartige Einfalt des Xthums zurückführen, im Ggns. alles Unchristl. u. Überchristl., das über die H. S. hinausgeht, u. im Ggns. der Sucht des Geistreichen, die das Xthum mehr in die Lehre nehmen, als von ihm lernen will. Dieser Ggns. der Schriftlehre u. des prakt. Bedürfn. ist bes. gegen Schleiermacher u. Hegel durchgeführt. — Böhmer, d. chr. DK o. Glaubenswiss. Brsl. 840-3. 2 B. Von der KL wie von etwanigen Unterschieden der Schriftlehre absehend, werden "die substanziellen, mit sich selbst harmonirenden Grundideen der Gl Lehren als ein logisch gegliederter Organismus" dargelegt u. als göttl. Offnb. mit unbehülfl. Anwendung einzelner Gedanken o. Ausdrucksweisen der neuesten RPh. im 1. B. gegen Wss, im 2. B. gegen Straufs vertheidigt. *I:* das Allg. d. chr. Glaubenswissensch.: v. Gl., chr. Gl. u. v. d. Wissensch. *II:* die Besonderungen: vom Menschen, v. Gott, v. Xto — Fleck, System d. chr. DK. Lpz. 846. B. 1. Rationaler o. gesch. Spnts., dem die Offnb. in Xto die potenzirte urreine Vft. Der I. allg. Theil Einl. mit Gesch. der Ph. seit Cartesius in ihrem Vrh. zum Xthum. Mittelpunkt der DK das Reich Gottes zur Versöhnung der Menschen mit Gott. Einthlg. in Th., Anthropol. u. Xtologie, jedes Dogma in geschichtl. Entwicklung mit der H. S. anhebend, mit einer Kritik nach dem N. T. u. der christlich erzogenen Vft. schliefsend. Abgebrochen durch des Vrf. Tod.

§. 27. RATIONALISMUS VULGARIS. HENKE. WEGSCHEIDER.

Werthe begegnen. Die hist. Kritik versuchte anfangs die neuen Ansichten in die H. S. hineinzuzwängen, dann, als ihre Verschiedenh. unleugbar, wurde das Abweichende der H. S. durch die Theorien der Accommodation u. Perfectibilität ausgeschieden, welche sich durch die Einsicht in das Bedürfnifs positiver Formen für eine hist. u. volksthüml. Rel. ermäfsigten. Die ph. Kritik erscheint in 2 Hauptrichtungen: 1) Eklekticismus: Auswahl aus verschiednen ph. Schulen nach dem Geschmacke des gesunden Menschenverst., welcher anfangs mit der Sinnlichk. franz. Populärph. vorlieb nahm, durch Kant sittl. Ernst, durch Jacobi[3] Vertrauen auf das rel. Gemüth empfing, u. durch das Fafsl. u. Tröstl. sr. Resultate der Menge gnügte, ohne höhern Forderungen der Wissensch. zu entsprechen.[4] 2) Kantianismus:

---

[3] Einig mit Kant über die unmögl. Demonstration der rel. Ideen, bewies er gegen ihn die unmittelb. Gewifsh. derselben in der Vft. o. im Gefühl, so wie er später gegen die Anmafsungen des Panth. den Gl. an einen persönl. überweltl. Gott vertheidigte, u. zum Xthum, nach langem Schwanken eine vermittelnde Stellung nahm, gegen die Idealisten, welche dasselbe zur blosen Vftrel. verflüchtigen, und gegen die Realisten, die es als blose Gesch. auf äufsere Auctorität glauben.

[4] BASEDOW u. BAHRDT, franz. Encyclopädistenweish. nebst einigen Gemeinplätzen über Aufklärung mit hochmüth. Verkennen der hist. u. rel. Bedeutung des Xthums. — STEINBART, flache Glückseligkeitstheorie, das Xthum ein Besänftigungsmittel für die sinnl. u. sittl. Neigungen. — ECKERMANN, *Comp. Th. chr. theor. bib. hist. Alton.* [791.] 792. HB f. d. syst. Stud. d. chr. GL. Alt. 801-3. 4 B. Gemäfsigte ratst. Exegese mit Ausscheidung des Wesentl. u. Vernünftigen von Zeitgreiffen. — W. A. TELLER, [nach späterer Stellung] Rel. d. Vollkommnern. Brl. 792. Populär ohne Bezug auf einzelne Dogmen. Die Rel. der Vollk. ist rein praktische, gegen GFormeln indifferente Liebe Gottes u. der Menschen, zu welcher das Xthum durch die Mittelstufen des Auctoritätsgl. u. vernünft. Nachdenkens erzieht. — HENKE, *Lineamenta Instt. fidei chr. historico-criticarum. Hlm.* [793.] 795. Erste gedrängte Darstellung des Xthum v. rellem Bwsts. gekommuen Rts. „Jede geoffenb. Rel. mufs allmälig in eine rat. übergehn." Gegen „Xtolatrie, Bibliolatrie u. Onomatolatrie" [Hängen an altdogm. Formeln]. Pr: Streben nach Gottähnlichk. *I:* das Obj. des Strebens, Theol. *II:* das Subj., Anthrop: *a)* Angeborne Bestimmung, Würde, Unstrbl., *b)* Verderben durch die Sünde, *c)* Wiederherstellung durch Xtum. — WEGSCHEIDER, *Institutiones Th. chr. dgm. Hal.* [815. 17. 19. 24. 25. 29. 33.] 844. Durch Treue u. genaue Scheidung des hist. Stoffes, wie durch concise u. offne Darstellung der ratst. Ansichten für Freund und Feind gleich brauchbar. Die 1. A. hatte sich an Ammons *Summa* angeschlossen, die folgg. immer verm. A. sind allmälig in den Noten eine bunte Mosaik aus den meisten neuern dgm. Werken geworden. — CRAMER, Vorlsgn. ü. d. chr. DK mit lit. Zus. hrsg. v. Nabe, Lpz. 829. Lat. Dictate u. deutsche Erklärung. Ein Ringen nach etwas Neuem, in der That nur die fleifsige Darstellung des Gewöhnl. mit manchen ungewöhnl. Namen u. Deff. Das Xthum aufsero. Offnb., aber sie ist nur Erklärung u. Bestätigung der innern u. allg. Offnb., u. von ihr ist ihre nicht unfehlbare Deutung in der H. S. zu unterscheiden. Es gibt daher keine dgm., sdn. nur hist. u. phil. Mysterien [jene die Thatsachen der Einführung des Xthums, diese z. B. Vrh. der Freih. zur Vorsehung]. — [G. A. SCHUMANN] *Melanchthon redivivus, o. der ideale Geist des Xthums. Für Studirende aller Facultäten. Lpz. 837.* In einer Vermittlung des Geistes der 3 sächs. Oberhofprediger [Ammon, Röhr, Bretschneider], bald theol. u. philologisch gelehrt, bald populär bis zu kindlicher Innigkeit. *I:* Gott Allvater, *II:* chr. Weltauschauung: *a)* Vaterhaus, *b)* Kinder Gottes. *III:* der Mensch in s. Vrh. zum himml. Vater: *a)* urspr. Verh., *b)* gestörtes Vrh., *c)* wiederhergestelltes Vrh. durch Xtum. — Apologien: [Röhr] Briefe ü. d. Rts. Aachen, [Zeitz] 813. PAULUS, der Denkgläubige. 2 H. Hdlbg. 825 ff. — Als hist. Darstellung zu I. u. II. gehörig: TZSCHIRNER, Vorlsgn. ü. d. chr. GL, hrsg. v. Hase, Lpz. 829. Klare Nebeneinanderstellung des bibl. Spats. u. chr. Rtsg. ohne Entscheidung u. höhere Einh. — THEILE, *Tabulae rer. dogm. compendia-*

Die theor. Vft. in ihrer Demonstration des Übersinnl. kann sowohl die Thesis als Antithesis beweisen, u. mufs daher an aller Erkenntnifs desselben verzweifeln. Das allein Gewisse ist für die prakt. Vft. das Sittengesetz. Die Betrachtung desselben als eines göttl. Gebotes ist Rel., u. ihr Werth die Beförderung der Sittlichk. durch den Gl. an den Sieg des Guten u. eine künft. Ausgleichung der Tugend mit der Seligk. mittels einer sittl. Weltregierung. Dem Xthum blieb der Werth eines Instituts für sittl. Bildung, die Rel. selbst aber ein von der Wissensch. ungelöstes Räthsel.[5] Die noch unerfüllte rel. Bedeutung dieser Schule ist, durch den Ernst des Sittengesetzes die Sündhaftigk. u. innere Hülflosigk. des Menschen darzuthun, so dafs der kategorische Imperativ zum Pädagogus auf Xtum werde.

III. *Rationalismus speculativus:* In der von Kant begonnenen Kritik des Geistes mufste das Bwsts. des Absoluten, durch welches allein die Ph. den letzten Grund des Wissens u. Seins erkennt, sein Recht finden. FICHTE bezeichnete als das Abs. den abs. Geist [das Ich], der in einer Unendlichk. von Individuen zum Slbstbw. komme u. im Streben hiernach eine äufsere Welt als den blosen Schein sr. selbst erblicke [Idealismus]; SCHELLING die abs. Indifferenz, welche, um ihrer selbst bewufst zu werden, in die beiden Sphären des Geistes [Subj.] u. der Natur [Obj.] sich aufschliefse, so dafs die Weltgesch. die werdende Persönlichk., ihre Vollendung das abs. Slbstbw. [Identität] Gottes sei [Identitätssystem]; HEGEL den abs. Begriff, welcher nothw. umschlage in das Sein, indem das Vernünftige wirklich, das Wirkliche vernünftig ist,[6] denn Gott als Geist, der

---

riae. *P. I Prol. et Th. special. Lps.* 830. 4. Mit der log. Schärfe, Präcision u. Künstlichk., welche erforderlich ist, um so spröden Stoff zur tabellarischen Übersicht zu zwingen.

5) KANT, Rel. innerh. d. Gränzen der blofsen Vft. Kngsb. 792. u. o. In phil. Hinsicht die vorzüglichste Darstellung: TIEFTRUNK, Rel. der Mündigen. Brl. 800. 2 B. In theol. Hinsicht: STAEUDLIN, DK u. DG. Gött. [800. 801. 809.] 822. u. AMMON, *Summa Th. chr.* [804. 808. 816.] *Lps.* 830. Beide in den spätern A. dem bibl. krchl. Systeme zugewandt. Wenn aber bes. die 3. A. der *Summa* als Wendepunkt eines Abfalls von der Ph. zur Orthod. bezeichnet wurde: so ist zwar das Hervortreten einiger kirchl. Dogmen u. ein milderes Urtheil über die KL bemerkbar, aber ein System ohne krchl. Erbsünde u. Insp. konnte nicht des Abfalls zur prot. Orthod. beschuldigt werden. *Praecognoscenda.* I: *de Deo in universum,* II: *de creatione et gubern. mundi,* III: *de ordine salutis per Xtum paratae,* IV: *de rebus post mortem futuris.* Sein letztes Werk [Fortbild. des Xthums zur Weltrel. Lpz. 833 ff. 3 B. 2. A. 836 ff. 4 B.] ist wieder mehr im Sinne seiner Jugend. Der Gl. soll dadurch mit der Wissensch. versöhnt werden, dafs die jüd. u. heidn. Zusätze, u. was bei der Ref. blos dem Ggns. angehörte, vom wesentl. Inhalte des Xthums abgethan werden. Dieser besteht aus dem mos. Deismus, der L. vom Reiche Gottes u. von Jesu als dem Führer in dasselbe.

6) Bes. Thlgn. haben sich über diesen Satz lustig u. lächerlich gemacht, da er doch als universale Betrachtung selbst in der Rel. für den Gl. an eine göttl. Weltregierung eine gewisse Wahrh. enthält. HGL war so entfernt, jede verkümmerte u. vergängl. Erscheinung für vernünftig zu achten, dafs er vielmehr jene theol. Belustigungen selbst für gar nichts Wirkliches halten mochte. Das Wirkl. ist ihm das Wesentl., das ewige Sein in seiner nothw. Entwicklung, u. diese Bezeichnung dslb., obwohl servil gemifsbraucht, gilt praktisch gegen die Vorstellung, als ob die Ideen nur Hirngespinnste sein, zu ohnmächtig o. zu vortrefflich, um sich Wirklichk. zu verschaffen, sie ist theor. einer Ph. angemessen, die in ihrer höchsten Anschauung das Wissen gleichstellt dem Sein, u. konnte nur mit dieser selbst auf dem Gebiete der Speculation widerlegt werden.

§. 27. Rationalismus speculativus. Hegel.

nur ist für den Geist, setze sich selbst als ein Anderes [Schöpfung u. Weltgesch.] u. wisse in diesem Anderen sich selbst. Da diese Ph. in ihrer dreifachen Modification gleich der Rel. das göttl. Wesen zum Gegenstande hat, [Hgl: „Ph. Gottesdienst, Gott allein die Wahrh."] so ist sie ihrem Grunde nach RPh. Wenn Pantheismus nicht für die Meinung gehalten wird, dafs alles in der Welt Gott sei, welcher Einfall schwerlich einem Philosophen angehört,[7]) sdn., wie dies wenigstens allein Bedeutung hat für die DK, die Lehre, dafs das rel. Bwsts. des Menschen gleich sei dem Sein Gottes im Menschen o. dem göttl. Slbstbw: so ist jene Ph. allerdings pantheistisch, das Ziel der Rel. ist ihr daher das Aufgeben des individuellen Bwsts. als des Scheins u. der Sünde, um in das Slbstbw. Gottes zurückkehrend unendl. Freih. u. Seligk. zu gewinnen. In dieser panth. Richtung scheinbar nahe, doch wesentlich entgegengesetzt dem Xthum, das eine Vereinigung des Menschen mit Gott durch die Gesinnung, keine Vermischung des Seins bezweckt, u. insbes. der ev. K., welche durch das vorherrschende Bwst. der Sünde das menschl. u. göttl. Bwsts. entschieden trennt: war sie dennoch bedeutend für die DK, denn gegen die eingerifsne Oberflächlichk. bewährte sie den unbedingten Werth der Rel. u. die Nothw. eines tiefern Eindringens in ihr Wesen; gegen das Absprechen über die KL, welches für Aufklärung gehalten wurde, wies sie auf den specul. Tiefsinn der krchl. Dogmen, denn eine Ph., welche das Slbstbw. der Weltgesch. zu sein vorhat, mufste die Formen beachten, in denen sich das höchste rel. Bwsts. der gebildeten Menschh. ausgesprochen hat.[8]) Nur die Hegelsche L. ist als die zum Bwsts. gekommene KL dargestellt in der DK von Marheineke, in freier Reflexion über dieselbe von Rust.[9]) Aber wie nach Hegels Tode

---

7) Hgl: „Wird das Endl. überh. genommen, alles Einzelne, u. so in ihm, wie es ist, zugleich das Allgemeine überh., der Gott in aller solcher gegenw. Existenz gewufst, so hätten wir das, was Pantheismus genannt wird."; Ist nur dies Panth., so hat Hgl. „die kahle Beschuldigung des Panth." mit Recht zurückgewiesen. Cf. §. 58.

8) Insb. für Schl in der mittlern epochemachenden Periode seiner Ph. [die erste war Fichtischer Idealismus, die dritte eine fromme Phantasie] erschien das Sichselbstoffenbarwerden Gottes in der Gesch. als Offenb., das Hervorgehn des Endl. aus dem Unendl. als Abfall u. Sünde, das Zurückgehn zur Identität des selbstbew. Gottes als Versöhnung, die Menschheit als Gottmensch. In dieser Art die chr. Dogmen als Sinnbilder von Ideen. Welche symbol. Auffassung zwar die den Dogmen zu Grunde liegenden rel. Ideen th. erkannte, th. aber auch specul. Bgr. willkürlich unterlegte, dadurch die hist. Auffassung verwirrte, bes. bei Mhh im Eingehn auf die Subtilitäten der F. C. zunächst dem Witze des Vrf. angehört, u. das Verständnifs der phil. Ansicht erschwert. Dgg. Hgl zwar der Ph. für wesentlich hielt jetzt orthodox zu sein, aber nicht anstand, selbst die Dogmen der Trinität u. Menschwerdung als die höchsten Formen der Rel. für kindliche, naive Vorstellungsweisen, u. bibl. Geschichten wie den Sündenfall als mythische Allegorien zu erklären. Auch war der historisch überlieferte Gl. ihm nur die geringe Vorstellungsweise, u. erst wiedergeboren aus der nothw. Entwicklung zum Bgr. als ein Gewufstes die Wahrheit, vor der jedes Geheimnifs schwindet.

9) Mhh. Die Grundlehren der chr. DK als Wissensch. 2. A. [1. A. 819. mehr nach Schl] Brl. 827. Das vernünftige Wissen ist eins mit dem Sein. [Auf diesem vorausgesetzten Pr. der Hgl. Schule beruht die stolze Ironie wider alle Subjectivität des Wissens u. alle Unmittelb. des Gefühls.] Das Bwsts. Gottes, in welchem alles menschl. Bwsts. sich vollendet, ist also ein Sein Gottes in uns. Die Rel. demnach die Idee Gottes, in welcher Gott sich denkt und gedacht wird, d. i. Gott selbst, denn Gott ist nur

auch die andre Seite seiner Philosophie laut wurde, die einen von
der Welt unterschiednen Gott u. die Unsterblichk. des Individuums
leugnet, so hat STRAUSS der bisherigen DK die Bilanz gezogen, um
das Falliment des KGlaubens vor dem modernen Weltverstande darzuthun.[10]

als Wissen. In diesem Wissen seiner selbst o. Sichselbstoffenbaren denkt er sich als
S o h n. Wird aber diese erste Erscheinung Gottes nur als Erscheinung betrachtet, abgesondert vom Denken Gottes, als das Gedachte, so ist sie die Welt der E r s c h e i -
n u n g , welche im Bwsts. des Menschen zum Dasein übergeht, nothw. als etwas von
Gott Verschiednes sich darstellt, u. in dieser Selbständigk. den Gedanken des Guten
u. Bösen vermittelt, der noch dem Stande der Unschuld gehört, u. erst, als die Los-
gerissenh. von Gott in den Willen aufgenommen wurde, die Sünde der Menschh. ward.
Die Erlösung davon o. die Rel. ist daher die Aufgebung des Fürsichseins als des Nich-
tigen, u. die Wiederaufnahme des menschl. Bwsts. in das göttl. Slbstbw. u. in seine Seligk. Dieses Sein Gottes im Menschen ist geschichtl. zum Bwsts. gekommen in der
Person Jesu, dadurch Gott vollkommen Mensch ward, welche Menschwerdung Gottes
also nichts als die Religion selbst ist.' Durch die Gemeinsch. mit Xto nimt Gott als
Geist allmälig den Menschh. in dieses göttl. Bwsts. auf, so dass Gott alles in allem u.
das Ende der Rel. ebensosehr auch ihr Anfang ist. Das Xthum als die eine u. ewige Rel.
ist das Sichoffenbaren des göttlichen Geistes in der Einh. mit dem menschl. u. in dieser Einh. das Wissen. Daher ist die Wissensch. die vollkommenste Rel. u. die Rel. die
vollkommenste Wissensch. Dieses Wissen von der Rel. o. ihr bestimmter Bgr. in dialektischer Bewegung ist DK. Sie erkennt die Wahrh. der Rel. als Einh. des Gedankens
von Gott mit dem Sein Gottes im Bgr. Weder H. S. noch K. noch Vft. ist das Pr. der
chr. DK, sdn. der göttl. Geist in der Einh. mit dem menschl., aus welchem Bibel, K. u.
Vft. selber ist. Die DK, nothw. Theorie des Bwsts. nach sr. göttl. u. menschl. Beziehung, theilt sich in eine mit der chr. Trinität gleichgestellte Trilogie: 1) [Thesis:] der
reine Gedanke Gottes in der Bestimmungslosigk. seines Ansichseins, der V a t e r [We-
sen, Sein, Eigenschaften Gottes]; 2) [Antithesis:] hervorgehend in den Unterschied
seiner von sich als Offnb., der S o h n [Offnb. in Gott, in der Welt, Gottmensch]; 3) [Syn-
thesis:] Gott aus dem Unterschiede seiner von sich in der unendl. Einh. zurückgegangen, der G e i s t [Trinität, Gnadenwirkungen, Reich Gottes]. Statt einer neuen Ausg. 1842 die Verweisung auf Daub. Die
hinterlassnen Vorlsgn. leichter zum Verständniss u. weniger dem Schein der Orthodoxie nachstrebend: System d. chr. DK hrsg. v. M a t t h i e s u. V a t k e, Brl. 847. —
RUST, Ph. u. Xthum o. Gl. u. Wissen. Mannh. [825.] 833. Die Ph. hat dns. Gegenstand im
reinen Bgr., welchen die DK in seiner concreten Wirklichk. darstellt. Das rel. Leben
der Menschh. ist eine bestimmte, nach ewigen Gesetzen fortschreitende welthist. Entwicklung, in welcher das Heidenth. dem vorwaltenden Gefühl, das Judenth. dem Vrst.,
das Xthum der Vft. entspricht, so dass die Menschh. selbst die Enthüllung des göttl.
Wesens ist. Das Xthum, in welchem Schöpfer u. Geschöpf sich wieder in verklärter
Einh. umfassen, ist die Aufhebung der rel. Ggnsätze im Judenth., der Sünde, des Gesetzes, des Todes, des Göttl. u. Menschl. Die ganze DK ist X t o l o g i e, u. zwar
a) „T h e o l: Begreifung Gottes, wie er sich in Xto offenbart hat, b) A n t h r o p o l:
Bgr. der Menschh., wie sie sich in Xto u. im Ggns. zu ihm darstellt, c) P n e u m a t o l:
der Geist wird als ein heiliger erfasst, d. i. als Pr., welches das von Xto gestiftete Gottesreich u. seine zeitl. Erscheinung, die K. durchdringt."
10) Die chr. Glaubensl. in gesch. Entwickl. u. im Kampfe mit d. modernen Wiss.
Tüb. 840 f. 2 B. Die E i n l. über die vermeinte Aussöhnung der Ph. mit dem chr. Glauben sich erlustigend zeigt die Unvereinbark. der Autonomie mit der Heteronomie des
Geistes. *I*: Die formalen Grundbegriffe der chr. GL o. A p o l o g e t i k [d. h. ihr Gegen-
theil]. *II*: Der materiale Inbegriff der chr. GL o. DK. 1) Das Absolute als Gegenstand
des abstracten Vorstellens, o. im Elemente der Ewigk. als göttl. Wesen. [Dasein Gottes, Trinität, Eigenschaften G.] 2) Das Absolute als Ggnst. des empirischen Vorstellens, o. im Elemente der Zeit, als göttl. Geschehen. *A*: Die zeitl. Erscheinung des Göttl.
nach dem Momente der Vergangenh. als heilige Gesch. [Schöpfung, Engel, Urzustand

§. 27. STRAUSS. DAUB. DE WETTE. 45

IV. Eine Reihe kirchlich-philosophischer Dogmatiker[11]) meist gebildet'durch jene Ph., doch so, dafs der Ggns. ihres christl. Bwsts. wider die Resultate drs. u. der Umschwung des krchl. Lebens mehr o. minder in ihnen hervortrat, suchte in freier Gemeinsch. u. theilw. Ggns. die DK als eigenthüml. Wissensch. festzustellen, in den Geist der Gesch. einzudringen u. das hist. Xthum im rel. Gemüth wissensch. zu begründen. DAUB stellte diese Idee einer DK als einer ph., dennoch selbständigen Wissensch. auf, wenn er schon im Ringen nach ihrer Ausführung Schellingsche Philosopheme einmischte u. später zu Hegel übertrat.[12]) DE WETTE suchte die Ver-

---

der ersten Menschen, Sündenfall, Erlösung durch die Person u. das Geschäft Xti.] *B:* Nach dem Momente der Gegenwart als jeweilige relig. Erfahrung eines Jeden. [Vorsehung u. Übel, Sünde u. Gnade, K. u. Gnadenmittel.] *C:* Nach dem Momente der Zukunft als gläubige Hoffnung. [Kirchl. L. von den letzten Dingen, Sterblichkeitslehre der modernen Reflexion.] Innerhalb eines jeden Dogma: *a)* Bibellehre, *b)* in geschichtl. Entwicklung die krchl. Vorstellung, *c)* als Auflösung derselben die Einwürfe der Socinianer, Arminianer u. Deisten, des gesunden Menschenverstandes, der krit. u. der speculativen Ph. zusammengestellt.

11) Oft idealistische Schule genannt. Aber wer sich je um phil. Sprachgebrauch bekümmerte, weifs, dafs Idealismus die j. Ph. genannt wird, welche die Wahrh. u. Wirklichk. in der Idee allein anerkennt, o. doch das Sein aus dem Wissen ableitet. Daher eine Ph., welche wie SCHL neben den Geist die Natur stellt, o. wie HGL den Bgr. als nothw. umschlagend ins Sein denkt, nicht idealistisch ist; noch weniger eine DK, deren Eigenthümlichk. grade darin besteht, das Xthum in sr. geschichtl. Wirklichk. anzuerkennen. Wollte man sie aber so nennen, weil sie in den Thatsachen des Xthums rel. Ideen nachweist, o. weil sie die Idee für höher achtet als die gemeine Wirklichk.: so waren Plato u. Xtus Idealisten, u. dieser idealist. DK stünde eine ideenlose DK gegenüber, der das Xthum ein gedankenloser Körper wäre. Wollte man den Namen mit Theile von der „Idealisirung des Xthums" herleiten: so müfste man das Xthum in sr. Wirklichk. sehr gering stellen, um zu meinen, dafs jene DD es idealisirt hätten. Nach BRT allegorische, im Ggns. der wissensch. [d. i. ratst.] DK.

12) *Theologumena s. doctrinae de rel. chr. ex natura Dei perspecta repetendae capp. potiora. Hdlb.* 806. d. i. ph. Prolegg. zur chr. RLehre: 1) *de Deo*, 2) *de rel.*, 3) *de religionis doctr.* Einl. in das Stud. d. chr. DK. Hdlb. 810. Vorlsgn. ü. den Plan der Theologumena, vom Interesse, Inhalt, von der Form u. dem Verh. der chr. DK zur Ph. Im Gefühl der Eitelk. aller Erscheinungen [Welt] findet der Trieb nach Seligk. nur Befriedigung im Bwsts. des Absoluten [Gott] o. in der Rel. Diese, als das ewige Offenbarsein Gottes, entsteht nicht, nur der Mensch entsteht für sie, daher sie weder aus Vft. noch Natur, sdn. allein als Offnb. begriffen wird. Die wahre Rel. wird erkannt an dem mit dem Bwsts. von Gott verbundnen Bwsts. der Abhängigk. von ihm. Diese an sich wahre Urrel. als das sich selber vermittelnde Bwsts. Gottes u. der ewigen Abhängigk. von ihm ist wesentlich im Xthum. Dieses daher ist ewig, das Entstandne an ihm sind Dogmen, welche in der H. S. enthalten, auf den ältern Synoden ausgebildet, die Rel. symbolisch darstellen, denn alle rel. Erkenntnifs ist symb., weil unser Wissen nur in Sinnbildern der menschl. Natur [z. B. Vater, Liebe] die göttl. Natur erkennt, zugleich aber dabei das Bwsts. des Symbolischen hat. Dieses Bwsts. zu entwickeln u. die nothw. Bildung dieser bestimmten Symb. darzuthun, als ein bestimmtes Forschen in dem Urbwsts. Gottes u. unsrer Abhängigk. von ihm, ist Sache der DK, welche erst gegen die der Rel. sich entziehende Selbstsucht als Bedürfnifs eintritt, daher die rechte Th. nicht die zur Wissensch. verklärte Rel., der zur Rel. verklärte Wissensch. ist, als ein Wissen von unserm Bwsts. Gottes. Die Rel., deren Urheber Gott, ist ein selbständig abgeschlofsnes System von Dogmen und Geboten in symb. Lehren, die Th. ist die menschl. Erkenntnifs *ds.* Die gewöhnl., gelehrte DK ist nur Vorarbeit, welche den hist. Stoff liefert, den die wahre DK nach seinen symb. Principien erforscht. Durch diesen gegebnen Stoff ist sie von der Ph. gänzlich verschieden, u. hat ihre Selbstän-

söhnung des Vrst. mit dem Gefühl durch eine Zergliederung der geist. Kräfte, dadurch einer jeden ihr eigenthüml. Recht gesichert würde, nach der von Fries fortgebildeten Kantischen Methode, für das Hist. durch eine offne u. selbstbewuſste symbolische Auffassung.[13] SCHLEIERMACHER entwickelte mit dem freien, vom Geiste sr. K. erfüllten Geiste, wie CLV u. MEL, den chr. Gl. aus dem Pr. eines schlechthinigen Abhängigkeitsgefühls, das sich durch Sünde und

digk. gegen jedes ph. System zu wahren, obwohl diejenigen, durch welche sie sich erschafft, ph. Studien als einer Gymnastik des Geistes bedürfen. In sr. letzten Schr. [Die dgm. Th. jetziger Zeit o. die Selbstsucht in der Wissensch. 833.] hat Daub, in sr. phil. Seelenwandrung endlich bei Hegel angelangt, von diesem aus alle andere Auffassungen der Unwissenschaftlichk. o. Selbstsucht angeklagt, nehmlich den gemeinen krchl. Gl. der Selbsttäuschung, daſs, was bei ihm gerade gelte, für alle u. immer gültig sei; den Spats. des Selbstbetrugs, dass er die H. S. als übern. Verkündigung der abs. Wahrh. erweisen zu können meint; den Rts. der Selbstbelügung, indem er seine Vft. für die obj. Vft. an sich nimt. Als Wesen des Xthums, daſs Gott Mensch geworden 1 Tim. 3, 16., Xtus der Geist 2 Cor. 3, 17. u. die persönlich gewordene Wahrh. Jo. 14, 6. ist. Daubs hinterlafsne dgm. Vorlesungen von MRH u. DITTENBERGER edirt als eine Reform der DK: 1) Prolegomena. Brl. 839. Einl. in die DK aus dem Standp. der Bibel, der Rel. u. Speculation. 2) System d. chr. DK. Brl. 841-4. 3 B. Nach dem Grunds., daſs die DK sich nur innerhalb der Trinitätslehre bewege, Gott als der sich in sich kraft sr. selbst Unterscheidende, der Vater, der von sich Unterschiedene, der Sohn, u. der in dem Unterschiede sr. von sich mit sich Einige, der Geist: *I:* v. Gott: 1) Wesen, 2) Dasein, 3) Eigenschaften. *II:* v. Sohne Gottes: 1) Sichselbstoffenbarsein G., 2) Offnb. G. an die Welt, 3) Gottmensch. *III:* v. Gott dem Geist: 1) der dreieinige Gott, 2) des Geistes Gnadenwirkgn., 3) Reich Gottes.

13) LB d. chr. DK, seine beiden Th. *nt.* 1. u. 28. Über Rel. u. Th. Brl. [815] t 21. Durch Geistesformen, deren Gewifsh. gleich ist, weifs der Mensch von der Welt, glaubt an ein ewiges Sein der Dinge jenseit der Erscheinung, u. ahnet dasselbe als ein sittl. Gottesreich in der Welt durch unausaprechl. Gefühl. Dieser Gl. u. dieses Gefühl ist Rel., welche sich selbst als innere Offenb. Gottes achtet, für deren Empfänglichk. jede äufsere Offnb. d. i. alles, was die Gesch. u. rel. Gemeinsch. zur Bildung des rel. Lebens gewährt, nur Anregungsmittel ist. Das Unmittelbare des rel. Lebens bringt der Vrst. durch die Reflexion ins Bwsts. u. sichert dadurch seine Stetigk., indem er den rel. Gl. in Bgr. [Dogmen], das rel. Gefühl als dessen einzig mögl. Darstellung in anschaul. Bildern [Symbolen] darstellt, in denen, als in einer Gefühlsanschauung, Besonderes mit Allg. verknüpft ist. Die rel. Gefühle spiegeln sich in einzelnen Thatsachen der Gesch. ab, die als gemeinsame Symb. eines Stammes o. Volkes durch Überlieferung zur heil. Symbolik werden u. neben der DK o. rel. Wahrheitslehre das rel. Leben abbilden. In der Betrachtung einer hist. Rel. ist das Dogma vom Symbol zu scheiden, u. in dms. das rel. Gefühl nachzuweisen, aus welchem das Symbol sich bildete, mit Bwsts. o. ohne dasselbe, was nur hist. entschieden werden kann. Nach der Natur aller Rel. sind auch in der H. S. Symbole enthalten, u. zwar die eigenthüml. chr. GArtikel, [im Ggns. der allg. R Wahrheiten] welche durch Mifsverständnifs als Dogmen betrachtet werden. Unter denen, welche diese Dogmen buchstäblich, o. denen, welche sie symb. verstehn, findet nur ein Unterschied der Verstandesbildung statt, daher ihr krchl. Gebrauch wegen der geschichtl. Anschliefsung u. der krchl. Gemeinsch. in dieser bestimmten Form gerechtfertigt ist, da das Gefühl der Symbole ohnedem nicht entbehren kann. Die DK lenkt nur auf ihre äsethet. Anschauung hin, u. der wahre Vrst. läfst sich nicht in einen Streit ein mit Gefühl u. Phantasie. Die DK ist die Darstellung des Xthums aus dem Gesichtspunkte der verständigen Überzeugung im Vrh. zu einer Zeitbildung. Das Wesen des chr. Gl. vom Standpunkte des Gl. Bas. 846. ist eine systematische, doch gemeinverständliche GL, welche zu SCHLR hinneigt durch Abweisung des alten verflachenden u. des neuern auflösenden Rts. wie des erneuten orthod. Scholasticismus vom rel. Gefühl u. sittl. Geiste aus den wesentl. Inhalt des geschichtl. Xthums sichern will.

Gnade hindurchbewegt zur Lebensgemeinschaft mit dem Erlöser; das bedeutendste Werk der neuern Th., bei scharfer Dialektik unabhängig von jeder spec. Ph., dunkel durch seine Tiefe wie durch das Ringen zwischen einem mächtigen krchl. Gemeingefühl u. dem phil. Abgrunde des Pantheismus.[14]) Hierdurch bildete sich eine Schule, welche die KL als historisch gegeben u. im Leben der Gläubigen verbürgt voraussetzte, so dafs die Wissensch. nur ihren innern Zusammenhang zu entwickeln u. ihre rel. Bedeutung aufzuweisen habe; welches dadurch möglich wurde, dafs die D. nur als Beschreibungen des frommen Gefühls galten, bei denen also von einem Wahr o. Falsch nicht eigentlich die Rede sei. In diesem Sinne hat TWESTEN, nur für den hist. Stoff an WTT angeschlossen, mit hohem Scharfsinn eine rel. Rechtfertigung der KL begonnen, indem er die frommen Gefühle, welche sich in ihr darstellen, entwickelt; die DK als die lebendige Reproduction des KGl. aus der Seele des Darstellenden.[15]) In verwandtem Sinne, doch weniger von der KL als von der Schriftlehre

---

14) Der chr. Gl. nach den Grunds. der ev. K. im Zusammenh. dargestellt. Brl. 821 f. 2 B. 2. [bes. die Einleitung] umgearb. A. 830 f. 2 B. Durch eine Mittheilung des Gottesbwsts. ist die Menschh. entstanden, indem sie durch absolutes Abhängigkeitsgefühl [Rel.] mit dem Quell des Lebens zusammenhängt. Diese Mittheilung erscheint unter dem Gesichtspunkte der Endlichk. unzureichend, indem das abs. Abhnggktsgefühl durch das sinnl. Gefühl, welches etwas für sich selbst sein will, gestört u. das Bwsts. Gottes als Unlust empfunden wird [Sünde]. Aber in Xto, durch eine für Gott gleich urspr., für uns geschichtl. spätre Mittheilung, ist das Bwsts. Gottes als ein vollkommnes Sein Gottes ohne die Störung gesetzt. Wie die Schöpfung des ersten Menschen das Leben der menschl. Natur constituirte, so die Erscheinung Xti das neue Leben in Gott, indem durch die Gemeinsch. mit dem Mensch gewordnen Gott die Menschh. allmälig in das abs. Abhnggktsgefühl aufgenommen wird. Die natürlichen Ketzereien am Xthum sind daher die Doketische, durch welche der Antheil Jesu an der menschl. Natur als bloser Schein, u. die Nazaräische, durch welche seine Gleichheit mit der menschl. Natur so schlechthin gesetzt wird, dafs er selbst erlösungsbedürftig, nicht Anfangspunkt eines neuen Lebens sein könnte; die Manichäische u. Pelagianische, von denen jene den Menschen der Erlösung nicht fähig, diese nicht bedürftig setzt. Die Erlösung ist die Mittheilung der unsündl. Vollkommenh. Jesu. Die Dogmen sind zunächst Beschreibungen des frommen Gefühls durch Reflexion auf seine verschiednen Zustände, u. können mittelb. als Bgr. von göttl. Eigenschaften u. Aussagen von Beschaffnhtn. der Welt angesehn werden. Die beifällige Gewifsh., welche die frommen Erregungen begleitet, ist der Gl. Das Bwsts. eines jeden, dafs seine Frömmigk. keine andre Gestalt annehmen konnte, als die chr., u. die Befriedigung im geschichtl. u. innern Zusammenh. drs. ist der Beweis des chr. Gl. Die DK hat den innern Zusammenh. der frommen Gefühle nachzuweisen, welche in der öffentl. geltenden KL dargestellt sind, so dafs diese über sich selbst zum klaren Bwsts. u. zu immer vollkommnerer Darstellung ihrer Eigenthümlichk. gelange. Dadurch dafs jeder dogm. Satz in Bezug auf ein frommes Gefühl steht, unterscheidet er sich bestimmt von jedem phil. [specul.] Satze, u. diese Scheidung der DK von der Ph. ist Bedingung ihrer wissensch. Ausbildung. I: Entwicklg. des frommen Abhnggktsgef. ohne Berücksichtigung des Ggns. II: wie der Ggns. sich hineingebildet hat, welcher verschwinden soll: 1) Entwicklg. des Bwsts. der Sünde, 2) — der Gnade [göttl. Aufhebung des Ggns]. Jeder dieser 3 Theile nach den 3 Formen der Reflexion: a) als unmittelb. Beschreibung des frommen Gefühls, b) als Beschaffnhtn. der Welt, c) als Eigenschaften Gottes. — Die Reden über die Rel. an die Gebildeten unter ihren Verächtern [Brl. 799. 806. 22. 30] verkündeten eine grofsartige Weltanschauung u. ein tiefes rel. Gemüth in pantheistischer Resignation.

15) Vorlsgn. ü. die DK der ev. luth. K. nach dem Comp. des H. d e W e t t e. 1. B. Einl. u. erster, krit. Th. Hamb. [826. 29. 34] 838. 2. B. 1. Abth. 837. Theol. u. Angelologie.

ausgehend, hat C. I. NITZSCH die Einh. des chr. Lebens in der Verschiedenheit des Erkennens u. Handelns auf dem Standpunkte der apost. Verkündigung nachgewiesen.[16] Noch bestimmter auf den Schriftgrund u. seine Unterschiede zurückgehend hat LÜCKE die DK als syst. Darstellung des gegenwärtigen krchl. LBgr. in sr. abs. Wahrheit aus den Thatsachen des chr. Bwsts. nach dem aus der Apologetik vorausgesetzten Pr. der Welterlösung durch einen schlechthin vollkommnen Erlöser sinnig dargestellt, doch neben der Orthodoxie als gleich berechtigt die Heterodoxie, welche in der Abschwächung der Tr. des göttl. Wesens zur blosen Offnbs-Tr. u. mannichfach hervortritt.[17] HASE hat nach dem rat. Pr., dem die Unmittelbark. göttl. Offnb. als die abs. Anschauungsform des rel. Gemüths entspricht, aus der nur relativen Freih. die allg. Nothw. u. Art der Rel. als des Lebens in der Liebe Gottes erwiesen, das sich in der DK als Erkenntnifs äufsert, er hat daher in freier Kritik den hist. Stoff beurtheilt, so dafs in den Urkunden des Xthums nur dasj. als rel. Wahrh. anerkannt wird, was Ausdruck des rel. Lebens ist, aber in der geschichtl. Eigenthümlichkeit, in welcher sich die Idee der Rel. durch die K. verwirklicht, u. so die rel. Selbständigk. im krchl. Gemeinsinn begründet.[18] BAUMGARTEN-CRUSIUS, gleichsam der Historiograph des rel. Geistes, hat in der ganzen Fülle seiner wechselnden Erscheinungen nach dem Wesen desselben geforscht, ohne systematische Zusammenfassung.[19] ALEX. SCHWEIZER, der treue Nachfolger SCHLRs

---

16) System der chr. L. Bonn [1829. 31, 37. 39. 44] 853. Die chr. L. soll weder bibl. Th. sein, noch das Xthum in sr. hist. Entwicklung darstellen, sdn. „den Moment der vollj endeten Offnb. u. des fertigen chr. Gl. u. Lebens auffassen, wie er in der apost. Verkündigung u. in der apost. Gemeinsch. urkundlich für alle Zeiten vorbildlich gegeben ist." Weil der Vft. die Entkleidung der Wahrheit von ihrer Thatsache u. Gesch. wesentlich ist, so kann eine gesch. Rel. nur durch Offnb. entstehn. Das Heidenth. hatte nur negative Vorbereitung, blose Sehnsucht, keine Kraft u. Verheifsung. Die chr. Offnb. ist ein Anfang des Lebens, dem an Ursprünglichk. nichts gleich kommt, als die Schöpfung der rel. Anlage selbst; nicht blos Erkenntnifs, sdn. Geistesmittheilung, u. wird nicht als nothw. Vernunftidee, sdn. als gesch. Thatsache erkannt. I: Agathologie, v. Guten: 1) Gott, 2) Creatur. II: Ponerologie, v. Bösen:. 1) Sünde, 2) Tod. III: Soteriologie, v. Heile : 1) Begründung des Heils in der Person des Heilandes, 2) Aneignung des Heils, 3) Gemeinsch. im Heile, 4) Vollendung des Heils.

17) Grundrifs der ev. DK. Gött. 845. I: Die Voraussetzungen der Welterlösung. 1) Theol. u. Anthropol. [urspr. Verh. der Creatur zu Gott]. 2) Ponerologie. II: Die Entwicklungen der Weltrel. 1) Erlösungsstiftung [Person u. Werk des Erlösers]. 2) Erlösungsgemeinschaft o. K. nach Entstehung, Bestehn u. Vollendung.

18) Ev. prot. DK. [Stuttg. 828. Lpz. 838. 42. 50] 860. I: Ontologie: 1) Anthropol. 2) Theol. II: Xtologie: Xtus 1) in der Geschichte 2) im Gemüth 3) in der Kirche.

19) Einl. in das Stud. d. DK. Lpz. 820. Grundr. der ev. krchl. DK. Jen. 830. Comp. d. chr. DGesch. Lpz. 840-46. 2 B. In der Überzeugung, dafs sich das Ev. nicht habe im Widerspruche mit der rel. u. sittl. Anlage des Menschen u. mit seinen höhern Angelegenheiten aufstellen können, u. dafs die Sache Gottes von jeher auch die der Menschh. gewesen sei, hat ihn die genauere Durchforschung der heiligen Sache u. Schrift vollkommen u. innigst befestigt. Das Ev. will nur eine Ankündigung u. Aufforderung sein, welche sich auf ein geistiges Gottesreich unter den Menschen bezieht. Dabei hat er sich gewöhnt, immer mehr an die Göttlichk. der Sache u. ihrer Erfolge, als an die Inspir. der Personen zu denken. Die Fragen über das Unmittelb. u. Mittelb. der göttl. Offnb. scheinen ihm, tiefer aufgefafst, so unauflöslich als unerheblich. Das Aufserordentl. in der chr. Urgesch. dünkt ihm auch in hist. Hinsicht wenigstens nicht dafür geeignet, die Sache des Ev. darauf zu gründen: wenn er gleich ebenso geneigt ist, aufsernatürl.

§. 27. BAUMGARTEN-CRUSIUS. SCHWEIZER. RÜCKERT.

nach seiner befreienden Richtung, hat der Erste die reformirte DK in ihren verschiedenen Schulen von CLV bis SCHLR dargestellt, urkundlich wie verständigend, indem als Pr. der ref. K. die alleinige Abhängigk. schlechthin von Gott behauptet u. in beigefügter Kritik dem krchl. Dualismus von Liebe u. Gerechtigk., von Seligkeits- u. Verdammnifs-Prädestination, mit SCHLR gegen CLV, die allmälige allg. Erlösung entgegengesetzt wird. Er hat dann unternommen als verschieden von der DK, der Kirchensatzungswissenschaft, die wissenschaftliche Darlegung des ev. Glaubens der Union auf sr. gegenwärtigen Entwicklungsstufe, gemäfs der Idee der vollkommnen Rel. u. christl. Erfahrung, in freier pietätvoller Stellung zu Schrift u. Symbol, eine Rel. ohne Wunder als unbedingtes Abhängigkeitsgefühl von der Gesammtbethätigung Gottes als Naturordnung, sittl. Weltordnung u. Ökonomie des Gottesreichs.[20] DK und Ethik zusammenfassend hat RÜCKERT vom freien Denken aus ein System der chr. Theol. aufgestellt, indem aus der Grundthatsache des Slbstbw. eine ideale Erkenntnifs der Gottheit als der Wesenheit, durch welche die Idee des Guten die Weltordnung ist, u. eine erfahrungsmäfsige Erkenntnifs der Sünde als des in sr. Allgemeinh. durch eine vorirdische That zu erklärenden Widerspruchs gegen die göttl. Weltordnung abgeleitet wird, daraus sich das Bedürfnifs der Erlösung ergibt, deren Nothw. in Gott begründet ist: aber nur in der Geschichte kann ihre Wirklichkeit vorgefunden werden, dargestellt obj. in Xtus, der in der freien Hingabe für das höchste Gute in den Tod seine unbedingte Einheit mit dem göttl. Willen bezeugend die Gnade Gottes über die sündige Welt offenbart, subj. im Leben des Gläubigen, der in der Hingabe an Xtus dessen heiliges Leben in sich aufnimt, so dafs die Erlösung ebensosehr religiös als Gotteswirksamkeit wie ethisch

---

Kräfte in jener Zeit wirksam zu denken, als sich ihm Person und Rede Xti entschieden als einzig in der menschl. Gesch. darstellen. Abor selbst wenn jenes Aufserordentl. nur in den Gefühlen u. Ansichten der Zeitgenossen gelegen hätte, würde das bedeutend genug sein, dafs Zeit u. Person Xti einen solchen lichten Kreis um sich zu ziehen u. auf einen solchen Standpunkt zu treten vermocht hätten. Die Dogmen der K. sind ihm, nach mannichfachen phil. u. hist. Studien zum Theil als unvollendete, oft auch entstellte Auffassungen des Urchristenth., zum Theil als Nachklänge fremder Lehren aller Art erschienen, welche er ebensowenig behaupten, als speculativ o. moralisch deuten mag, sdn. die er vollständig zu erklären u. hinter denen er die reine Urgestalt des Ev. aufzufassen stets bemüht gewesen ist. DK: *a)* Gott, *b)* Geisterwelt u. Menschen, *c)* Xtus, *d)* Erlösung. DG: *a)* Gott, *b)* Mensch, *c)* Erlösung.

20) Die GL der ev. reform. K. aus d. Quellen. Zür. 844-7. 2 B. *I:* Vorstufen der erlös. Offnbsrel. *Theol. naturalis, oeconomia ante legem et sub lege:* 1) in der Naturwelt, 2) in der sittl. Welt. *II:* Erlös. Offnbsrel. *Theol. revelata, oeconomia evang.* 1) Ökonomie des Vaters, 2) des Sohnes, 3) des H. Geistes. — Die prot. Centraldogmen in ihrer EntwickL innerh. d. ref. K. Zür. 845-6. 2 B. als Gesch. der prot. L. von der abs. Prädest. u. der von ihr abhängigen Dogmen 16-18. Jhh. — Die chr. GL nach prot. Grundsätzen. B. I: Erster allg. Theil: *I:* grundlegend, *II:* allg. religiös, *III:* specifisch christlich: 1) Ökonomie des Vaters. — Das erste Werk benutzend u. schmähend hat EBRARD [Christl. DK. Königsb. 851 f. 2 B.] die reformirte GL gläubig entwickelt, mit Verwerfung der Prädestination als nicht zum Gl. der ref. K. gehörig, das Abendmahl nach MEL. Einthlg. nach der trinitar. Offnb: Verklärung Gottes als des Ursprungs alles Zeitlichen, als des Mittlers in der Zeit u. als des Vollenders; jeder dieser 3 Theile als Idee, Schriftlehre u. kirchl. Entwicklung.

Hutterus redivivus. 11. Aufl. 4

als freie Menschenthat erscheint.[21] Desgleichen hat RICHARD ROTHE mit einer von HGL u. SCHLR ausgehenden Theosophie aus den Tiefen eines chr. Gemüths auf krchl. Grundlagen ein System der Wege Gottes aufgestellt, deren Ende die Leiblichkeit ist,[22] u. WEISSE nicht minder sinnig die neuere Phil. zum Bekenntnifs eines lebendigen Gottes gezwungen;[23] Beide im Streben die moderne Bildung mit den altkirchlichen Symbolen zu versöhnen.

V. Dieselbe Neigung zwischen entgegengesetzten Mächten dieser Zeit hat im Gl. an eine übernat. Offnb. doch mit schwankender Auctorität der H. S. u. der S. B. die Vermittlungstheologie hervorgebracht, welche an SCHLRs kirchliche Seite angeschlossen schon mit dessen unmittelbarer Schule anhob. Auf diesem Standpunkt u. in mittelalterl. Mystik erfrischt suchte LIEBNER, nach RUSTs Vorgange, das chr. Wesen der DK darin, dafs sie zur Xtologie werde, welche doch als der Begriff des Gottmenschen die L. von Gott u. vom Menschen zur Voraussetzung hat [Bewegung durch die Momente der Theol. u. Anthropol. zur Theanthropologie], um durch ein neues Eingehn der K. in ihre eigne Tiefe ein noch treueres Lichtbild des vollen unverkürzten Xthums aufzustellen, als unsre Väter hatten.[24] JOH. PETER LANGE setzt in einer weitschichtigen Trilogie die absol. Vernünftigk. d. Xthums in sr. bibl. Urgestalt u. in sr. krchl. Gestaltung voraus, auch wo sie dem Einzelnen nicht erkennbar ist, aber die DK soll das Xthum dem menschl. Denken vermitteln; in welchen Vermittlungsversuchen geistreiche Einfälle nicht selten die Stelle der Beweise vertreten.[25] MARTENSEN hat die Hegelsche Phil. nur gebraucht, um gegen den Rts. als die *Theol. irregenitorum,* welche die prot. Xheit überschwemmt hatte, vom Gl. an die absol. Wahrh. des Xthums ausgehend u. mit dem Vorsatze, sich an den Typus der S. B. des Lutherthums, insbes. der C. A. zu halten, die Schrift- u. KL aus dem wiedergebornen u. mit der christl. Wahrheitsidee erfüllten Bwsts. wissenschaftlich zu reproduciren, dennoch vielfach heterodox, dann wieder die Orth. überbietend, obwohl die göttl. Offnb. zum dogm. Forschen sich verhalte wie das vorausgegebene Facit zum Rechen-

---

21) Theologie. Lpz. 651. 2T. *I:* Thatsachen des Bwsts. 1) Grundthatsachen, 2) abgeleitete Thatsachen: *a)* des idealen Bwsts. *b)* des erfahrungsmäfsigen. *II:* Thatsachen der Gesch. 1) die vorbereitenden, 2) die erfüllenden [Xtus, Gesch. Xti, Werk], 3) Aneignung der Thatsachen [Bekehrung, Gl. an Xtus, Bgr. des Xten], 4) das Leben des Xten: *a)* in seinem Mittelpunkte [Wort Gottes, Abendmahl], *b)* im engern Kreise der Person, *c)* im weitorn Kreise der Gesellschaft [chr. Familien-Staats-K.-Leben].

22) Theol. Ethik. Witt. 845-48. 3 B. 867. 2. Aufl. 1. B. Einl. *I:* Güterlehre. *II:* Tugendlehre. *III:* Pflichtenlehre. — Zur DK. Gotha 863. Begriff der ev. DK. Offnb. H. S.

23) Philosophische DK oder Phil. des Xthums. Lpz. 655-62. 3 B. Einl. *I:* Theol. *II:* Anthrop. *III:* Soteriologie. Vrg. Reden ü. d. Zukunft d. ev. K. 2. A. Lpz. 849.

24) Die chr. DK aus dem christolog. Pr. Gött. 849. Abth. I: Theol. u. Theanthropologie. Einl. in die DK in d. Jahrb. f. deutsche Theol. H. 1.

25) Christl. DK. Heidlb. 849-52. 3 T. *I:* Phil. DK, ihr Resultat die Nothw. eines Gottmenschen als das der pos. DK dargebotene Pr. *II:* Posit. DK. 1. Theol. o. ideale Xtologie, wiefern der Gottmensch auf seinen Ausgang aus Gott u. auf seinen Hervorgang aus dem Menschh. zurückweist. 2) Soteriologie o. reale Xtologie, wiefern Xtus sein Wesen zeitlich entfaltet als Erlöser der Welt. 3) Pneumatologie o. die universale Xtologie, die in die Ewigk. hinausreichende Verklärung der Welt durch den von Xtus ausgehenden Geist. *III:* Angewandte DK o. Polemik u. Irenik. 1) Dogm. Statistik. 2) Allg. Therapeutik. 3) Polemik. 4) Irenik.

exempel.²⁶⁾ SCHENKEL hat aus dem Pr. des Gewissens als des neuentdeckten Centralorgans der Religion die krchl. u. bibl. Lehren des gottmenschlichen Xthums im Sinne der Union einer gewissenhaften Kritik unterworfen.²⁷⁾

VI. Aus der Kräftigung des krchl. Gemeingeistes etwa seit 1817 ging neben jener Halborthodoxie wie gegenüber dem Antichristenthum der Gottes- u. Geistes-Verleugnung auch eine Erneuerung des altkrchl. Spnts. hervor. Diese hat sich in verschiednen Gebieten der Theol. kräftig ausgesprochen, doch waren es zunächst hist. Darstellungen, zum Theil noch aus dem frühern nur hist. Interesse, in welchem die orth. DK erneuert wurde.²⁸⁾ Aber HOFMANN hat aus dem eignen luth. Herzen ein Lehrganzes des Xthums, als eines Vrh. per-

---

26) Die chr. DK. Aus d. Dänischen. Kiel 850. Vom Vrf. selbst veranstaltete Ausg. Brl. 856. *I:* Der chr. Gottesbgr. nach Wesen, Eigenschaften u. Trinität, *II:* L. vom Vater, einbegriffen das Mysterium des Sündenfalls u. die dämonischen Mächte, vom Sohne u. vom Geiste.

27) Die chr. DK. Wiesb. 858 f. 2 B. *I:* Lehrgrundlegung: Rel., Offnb., Überlieferung, *II:* Lehrausführung: gottwidrige Selbstbestimmung des Menschen, Erlösung durch Xtum, Wiederherstellung der Gemeinsch. mit Gott.

28) AUGUSTI, System d. chr. DK nach d. LBgr. d. luth. K. Lpz.809. Mit Auslassung des 3. Sacrm. v. d. Bufse u. mit Rücks. auf die ref. K. Lpz. 825. *I:* Stand der Sünde. *II:* Stand der Gnade, [Rel., Offnb., Theopneustie, Vft. u. H. S., Gott, Trinität, Schöpf., Vors., Engel u. Däm., Anthrop., Christol., Eschatol.] *III:* Thatsachen des Xthums u. Institut d. K. [Person Xti, Erlös., K., Gnadenmittel.] — DE WETTE, DK d. prot. K. nach d. symb. B. u. den ältern DD beider Confess. Brl. [816. 821. DK d. ev. luth.K.] 840. [der chr. DK 2. Th.] Meist mit eignen Worten der AKD. In der 1. A. herrscht die ph. Kritik, seit der 2. A. ein tieferes Eingehn in die rel. Ideen der KL vor. Einl: Übersicht der Fortbildung des Xthums, Gesch. d. DK. *I:* krit. Theil v. der Quelle der R.Wahrh. *II:* allg. Th: 1) Gotteslehre: *a)* Idee Gottes nach sr. abs. Selbständigk. *b)* nach s. Vrh. zur Welt, *c)* nach s. Vrh. zur Natur [Geist Gottes], *d)* Trinität, Anhang: Engell. 2) Anthropol. *III:* bes.Th: [das Eigenthüml. d. Xthums] 1) Heilsl: *a)* Gottes Rathschl. zur Erlös., *b)* Christol; *c)* v. d. Ewigk. — KLEIN, Darst. d. dogm. Systems d. ev. prot. K. nebst hist. u. krit. Bemerkk. Jen. 622. Compilation aus AKD, NKS u. RT im Vorherrschen des ratst. Ggns. wider die KL. Die 2. umgearb. A. auch unter dem Titel: Die Glaubenslehren d. ev. prot. K. auf den Grund der reinen Schriftl., mit e. Gesch. d. Dogmen, sowie der Darst. d. kirchlich theol. LBgr. begleitet. Von L. LANGE, Jen. 835. Mit erbaul. Einleitungen u. im Sinne „des chr. Rts.," der sich durch die Hochachtung gegen die H. S. verpflichtet bekannte, sich nicht an dem Heiligthum der Grundlehren der H. S. zu vergreifen, daher die Kindertaufe verwarf u. die sichtb. Wiederkunft Xti zum Weltgericht erwartete, aber im Vertrauen, dafs die natürl. Rel. durch die *ratio de Deo bene informata* dahin kommen müsse, die Wahrh. u. Nothw. der positiven Lehren u. Thatsachen des Xthums *a priori* zu ergründen. Die „Dritte Bearbeitung, 1840," ist neuer Titel mit eingelegten Cartons, in denen die Rationalität der Wiederkunft Xti u. die Abstellung der Kindertaufe weiter vertheidigt, auch die Abschaffung der Trauung als Überbleibsel des priesterl. Cultus beantragt wird. — HEINRICH SCHMID, die DK der ev. luth. K. a. d. Quellen. Erlang. [843. 47.] 853. Rein hist. Darst. der AKD mit ausführl. Auszügen. Prolegomena ü.Th., H. S. u. S. B. *I: de deo, II: de homine, III: de principiis salutis, IV: de mediis salutis et de eccl. V: de novissimis.* — H. HEPPE, DK des deutschen Prtstms. im 16. Jhh. Gotha 857. 3 B. Gelehrte Darstellung der reformat. DK u. ihres Auseinandergehns in das luth. u. reform. System; zu Gunsten des Philippismus. Eintheilung in 28 *Loci.* Drs. DK der ev. reform. K. aus den Quellen belegt. Elberf. 861. Ebenso 28 *Loci.* — C. E. L u t h a r d t, Compendium der DK. Lpz. [865] 866. Klare Zusammenfassung des hist. Stoffes mit durchleuchtender Geneigtheit zur luth. Auffassung. *I:* Begründung der Gottesgemeinschaft im ewigen Liebeswillen Gottes: Gott, Trinität, *praedestinatio. II:* Schöpfung: *Providentia,* Engel, Satan, Urstand.

4*

sönlicher Gemeinschaft Gottes u. der Menschh. aufgestellt, um für dasselbe einen vollgültigen Beweis aus der H. S. im Ganzen u. im Einzelnen zu führen; er ist, auch anderwärts bei mancher freien u. eigenth. Auffassung, von den eignen Glaubensgenossen beschuldigt worden die orth. L. von der Versöhnung entstellt, die von der Rechtfertigung gefährdet zu haben. THOMASIUS hat als die Voraussetzung u. Folgerung sr. Xtologie, in welcher als nothw. Fortbildung des luth. D. der göttl. Logos auf eine Weile sr. selbst zu vergessen beschliefst, die GL aus der persönl. Heilserfahrung einfach dargelegt, jedes D. mit sr. bibl. Begründung u. dem Nachweise seines *consensus* mit dem Lutherthum als der schriftgemäfsen Mitte zwischen dem confessionellen Ggns. der kath. u. ref. K. Am bestimmtesten vertritt PHILIPPI im Rückgange auf die Lebensquelle der Reformation mit seiner durch Offnb. erleuchteten Vft. das orth. Lutherthum. KAHNIS, obwohl er sich rühmen konnte die Schmach der Orth. nie gescheut zu haben u. alles zu glauben, was geschrieben steht im Gesetz u. in den Propheten, so bewährt doch seine DK, erbaut auf starken Fundamenten des hist. Stoffes, um erst als Resultat das System nach den Lehrprincipien der luth. K. aufzustellen, eine solche Entwicklung der luth. Individualität. dafs er mit dem kath. Herzen für das in allen Kirchen Wahre kein Gewährsmann sei für die, welche im KGl. nur das Alte, Feste u. Fertige suchen.[29]

Dieses sind die Formen, durch welche der H. G. das, was er ist, bisher in der Wissensch. zum Bwsts. brachte, u. alle menschl. Trübungen endlich verklärt, weil er der Gott ist in der Weltgeschichte.

III: Störung der urspr. Gottesgemeinschaft. *IV:* Wiederherstellung: Gottmensch, *Munus triplex. V:* Aneignung: *Ordo salutis*, H. Schrift, Sacramente. *VI:* Vollendung der Gottesgemeinsch. *Novissima*.
29) J. CHR. K. v. HOFMANN, der Schriftbeweis, Nördl. 852-5. I. II. III. [1. Hälfte, 2. A. 857.] Schutzschriften. Nördl. 856-8. 4 St. — G. THOMASIUS, Xti Person u. Werk. Darst. d. ev. luth. DK vom Mittelpunkte der Xtologie aus. Erl. [853 f.] 857 ff. b. jetzt 3.B. 1. u. 2. Abth. *I:* Die Voraussetzungen der Xtologie: 1) Die aufserzeitl. Voraussetzungen: chr. Gottesbgr., Idee des Menschen, Rathschlufs der Menschwerdung. 2) Die geschichtl. Voraussetzungen: Urzustand u. Lebensaufgabe, Sünde u. Erlösungsbedürftigk., Vrh. u. Verhalten Gottes in Xto zur sündigen Menschh. *II:* Die Person des Mittlers: Menschwerdung, Person des Gottmenschen, gottmenschl. Stände. *III:* Werk des Mittlers. — F. A. PHILIPPI, kirchl. GL. Stuttg. 854 ff. b. jetzt 4. Th. 2. Abth. *I:* Grundgedanken o. Prolegomena. 1) Rel., Offnb., Gl., GL. 2) H. S., Canon, Inspiration, Auslegung. Die GL als Entwicklung des Bwsts. von der durch Xtum vermittelten Wiederherstellung der Gemeinsch. zwischen Gott u. Mensch gliedert sich in 5 Abschnitte: 1) urspr. Gottesgemeinsch. 2) Störung drs. 3) obj. Wiederherstellung durch Xtum, 4) subj. Zueignung. 5) zukünftige Vollendung der wiederhergestellten u. zugeeigneten Gottesgemeinschaft. 3. Th. zugeeignet D. Krabbe, ,,dem angefochtenen, nicht überwundenen Zeugen für das unzweideut. in Gottes klarem Worte fest gegründete Bekenntnifs unserer K." — K. F. A. KAHNIS, luth. DK hist. genetisch. Lpz. 861-4. B. I. 1) Gesch. d. luth. DK, 2) der allg. rel. Geist [RPh.], 3) die in der H. S. niedergelegte Bundesoffnb. [bibl. Th.] B. II: Der KGl: im dogmenhist. Processe die werdende Wahrh. B. III wird das System enthalten.

Erster Theil.
BIBLIOLOGIA.

§. 28. Prospectus.

Die L. von den Urkunden der Versöhnung, nach der prot. Ansicht ihrer Beschränkung auf die H. S. Bibliologie, enthält 1) die L. von ihrer göttl. Mittheilung [*Revelatio*, 2) von ihrer christl. Überlieferung [*Scriptura Sacra*], 3) von ihrer krchl. Auffassung [*Libri Symbolici*].

Locus IV. De Revelatione.

§. 29. Begriff der Offenbarung.

Die Rel. als Erkenntnifs ist menschl. Erdichtung o. göttl. Offnb., d. i. ein durch Gott selbst im Menschen bewirktes Bwsts. von Gott.[1] Dieser Bgr. ist schriftgemäfs.[2] Seit AUGTN wurde die Offnb. in Xto als eine übernatürl. von dem natürl. Gottesbwsts. [in der allg. Menschennatur unter Anregung der äufsern Natur] bestimmt geschieden u. vorzugsw. Offnb. genannt. Die S. B. deuten auf diesen ihrem Systeme wesentl. Unterschied.[3] Hiernach wurde folg. Theorie von CAL gebildet, von HOL u. BDD ausgebildet, u. meist im *L. de Sc. S.* vorgetragen : *Principium Theologiae est div. revelatio, quae accipitur vel sensu formali pro actu revelationis div., vel objectivo pro eo, quod revelatum est. Rev. formalis est vel generalis seu naturalis, qua Deus se patefecit, tum per lumen naturae insitum, tum per effecta in regno naturae conspicua: vel specialis seu supernaturalis, i. e. actus Dei externus, quo sese humano generi per verbum patefecit ad salutarem ejusdem informationem.*[4] *Haec quidem rev. Prophetis et Apostolis immediata* [*primitiva*], *eorumque ministerio mediata* [*derivata*] *nobis successit.* Πολυμερῶς καὶ πολυτρόπως [Hbr. 1, 1. Num. 12, 6 ss.] *facta est.* Die rel. Bedeutung dieses LBgr., der tiefer, als nöthig, auf Ansichten u. Ausdrucksweisen des vorchr. Alterthums einging,[5] ist der

---

1) TWS: „Unser Gottesbwsts. ist immer, wenn es ein wahres ist, auch ein von Gott bewirktes." Dgg. TZS: *Rev. nat. i. e. ab hominis ingenio et facultate profecta;* " doch nur um den Ggns. der *Rev. supernat.* hervorzuheben. CHM: „*Rev. est via, qua Deus homines ad rel. ducere studet, s. manifestatio necessitudinis Dei cum hominibus.*"

2) *Rom.* 1, 19 s: Τὸ γνωστὸν τοῦ θεοῦ φανερόν ἐστιν ἐν αὐτοῖς· ὁ θεὸς γὰρ αὐτοῖς ἐφανέρωσε. cf. *Ps.* 19. *Act.* 14, 17. Im allgemeinen גָּלָה, ἀποκαλύπτειν, φανεροῦν, *revelare, manifestum facere quod occultum erat*, insbes. die Bekanntmachung einer Nachricht o. L. unmittelbar o. mittelbar durch Gott. Vor AUGTN wurde durch Offnb. vornehmlich das Hervortreten des Göttl. in der Welt bezeichnet, daher Xtus θεὸς φανερός.

3) *A. S.* 317: [3.] „*Peccatum haereditarium tam profunda est corruptio naturae, ut nullius hominis ratione intelligi possit, sed ex Scripturae patefactione agnoscenda et credenda sit.*"

4) CAL : „*Opposita divinae revelationis sunt tum false jactatae revelationes Pseudo-Prophetarum et aliorum in Ecclesia, tum revelationes diabolicae in gentilismo, quae mentiuntur speciem div. revelationis ad seductionem; -diabolus enim est simia Dei.*"

5) HOL: „*Deus se revelavit:* 1) *mediate, interveniente ministerio angelorum et hominum,* 2) *immediate, a) per alloquium vocis articulatae in aëre super ordinem naturae efformatae, Gen.* 18, 2. *Ex.* 3, 2. *b) per somnium, cum species quaedam dormientibus objicerentur, Gen.* 28, 12. *Dan.* 1, 1. *c) per* ἔκστασιν, *cum imagines rerum ob-*

Ggns. zwischen dem natürl. Bwsts. der Sünde u. dem chr. Bwsts. der Versöhnung, in welcher daher alle chr. Offnb. ihren Mittelpunkt hat.[6] Gegen die neuern Versuche, diesen Ggns. zu verwischen, hat man die übern. Offnb. auch eine unmittelb. genannt, wiefern sie nicht durch die Vft. vermittelt wird. Aber bei dem zweideutigen Sinne von Natur u. Mittel konnten diej., welche nur eine natürl. Offnb. annehmen, diese auch übernat. nennen, wiefern die Vft. über der sinnl. Natur steht, unmittelb., wiefern sie das unmittelb. Gottesbwsts. in uns ist. Dergleichen Bezeichnungen, welche den Ggns. auszugleichen scheinen, verwirren nur die Begriffe. Daher ist angemessen, auf die Benennung einer besondern Offnb. [in Xto] im Ggns. der allg. [in der Natur] zurückzugehn, u. nachdem auch der Letztern ihre rel. Bedeutung zugestanden ist, Offnb. nur im bes. Sinne zu nehmen, nicht blos als göttl. Belehrung, sdn. als: eine von aller Naturwirkung verschiedne Mittheilung des rel. Lebens durch den Geist Gottes, welche bei der Einführung des Xthums urspr. u. unmittelb. war, für uns aber aus der H. S. abgeleitet u. durch die K. vermittelt ist.[7] Es kommt wenig darauf an, dafs dieser Bgr. nicht unter dem Namen der Offnb. in der H. S. enthalten ist, die Sache findet sich: der Ggns. eines neuen Lebens der Gnade in Xto wider das natürl. Leben in der Sünde Knechtschaft. Erst auf Veranlassung des Ungl. ist der Offnbsbgr. zergliedert worden, u. zwar meist auf einem der K. fremden Standpunkte.[8] Als Organ der allg. Offnb. hat man gewöhnlich die Vft.

---

jicerentur phantasiae hominum vigilantium, externa sensuum operatione cessante. Dan. 10, 5 ss. *d) Sacerdotibus Deus nonnulla revelabat per Urim et Thummim. e) Per internum afflatum, quo Sp. S. intellectui prophetarum, manente sensuum operatione, lumen aliquod cognitionis immediate infundebat. f) Illustrissima rev. div. contigit in N. T. per Filium Dei, qui αυτοπροσώπως i. e. in persona propria manifestata in carne apparuit. Jo.* 1, 18." BDD: „*Rev. simplex* [intuitiva] *absque interventu signorum*," wenn der göttl. Geist unmittelbar den menschl. Geist erfüllt. *Luc.* 1, 67. „*Rev. symbolica, quae per signa fiebat, cum imagines seu symbola vel sensibus externis, vel phantasiae offerrentur;*" zu diesen rechnet er wirkliche Stimmen Gottes, aber nicht das himml. Anzeichen, בַּת קוֹל *filia vocis*, die auch den Talmudisten nur allegorischer Name für ein besondres Anzeichen der Vorsehung gewesen sei. AM: „*Distinguunt Libri sacri manifestationem Dei universalem, qua primam numinis sui cognitionem praeparavit; specialem, qua legem recti mentibus mortalium inditam Israëlitis servandam credidit; individuam, qua Jesum tanta sapientia et virtute imbuit, ut Patrem non solum unice cognosceret, sed divinam etiam ejus imaginem referret, adeoque doctrina, vita et factis unicam salutis viam nobis sterneret.*"

6) BDD: „*Erant quidem ea, quae Deus Prophetis olim revelavit, non unius generis; hic tamen maxime illa in censum veniunt, quae creditu hominibus ad salutem aeternam consequendam erant necessaria: quorum summa erat doctrina de hominum Servatore, qui ipsos cum Deo reconciliare debeat; quod primis jam parentibus Deus revelaverat.*"

7) Bc: „Eine grofse Anstalt für alle Zeiten, die heiligsten Güter der Menschh., vor allem den Gl. zu erhalten u. zu ertheilen." Tws: „Die Äufserung der göttl. Gnade zum Heile der gefallnen Menschen in ihrer urspr. Wirkung auf die menschl. Erkenntnifs." Nz: „Göttl. Entdeckung des Heilsbeschlusses, welche der Menschh. zu Theil wird." LG: „Einwirkung Gottes auf den Menschen, welche die Bestimmth. des Wortes für seinen Geist annimt; in ihrer Fülle die Gottesthat der Erlösung." PHL: „Offnb. der Versöhnungsliebe Gottes, als That Menschwerdung u. Geistesmitth., als Wort Selbstzeugnifs Xti u. Apostelzeugnifs von Xto." Einseitig die gewöhnl. Bestimmung bei NKS u. RT: göttl. Mittheilung mehr o. minder übervernünftiger Begriffe.

8) Hierdurch das moderne Schema: KL: „*I. Allg. Offnb.*, stets natürlich: a) eine

§. 30. Vernunft u. Offenbarung.

genannt, daher diese Streitigkeiten auch als über die Rechte der Vft. im Xthum geführt werden.

§. 30. Vernunft u. Offenbarung.

Der ph. Sprachgebrauch, welcher unter Vft. das Vermögen für das Übersinnliche, die Ideen, versteht, ist erst durch KANT u. JACOBI allgemein. Früher verstand man unter Vft. das geistige Vermögen überh. u. seine wissensch. Auffassung in der Ph.; theol. insbes. im natürl. Zustande der Sünde, wozu sich der Ggns. einer durch die Offnb. erleuchteten Vft. u. einer chr. Ph. bildete. Die Stellen des N. T. *1 Cor.* 2, 3-8. 14. 10, 5. *2 Cor.* 10, 5. *Eph.* 2, 3. *Col.* 2, 8¦ für eine Gefangennehmung der Vft. unter den Gehorsam Xti verstehn unter Vft. th. Trugschlüsse, th. so weit PAULUS sie kannte, hellenische Ph., über welche dermalen nicht gezweifelt wird, dafs sie der Weish. Xti nachstehe. Die allg. Wahrh. in dieser speciell hist. Beziehung, von den AKD gern gegen die Vft. überh. gebraucht, ist demnach nur diese, dafs jede vorgebl. Weish., die sich wider den Gehorsam Xti setzt, falsch u. verwerflich ist.¹) Das verschiedne Urtheil in der K. über Vft. u. Ph. beruhte einesth. auf dem Vrh. der Theol. eines Zeitalters zu einem bestimmten ph. System, andernth. auf dem hervortretenden Bwsts. der Sünde, in welchem alle natürl. Vft. als verfinstert u. gottlos erscheint. Durch die Neigung für PLATO wurde in der griech. K. die Einh. der Ph. u. des Ev. mannichfach anerkannt, u. ein Rts., der sich doch am Wunderbarsten erfreute, erschien durch die wesentl. Gleichstellung des menschgewordnen Logos mit der Vft. in der Menschh. gerechtfertigt, während Tertullians kühne Metapher im Ggns. heidnischer Ph. *credo quia absurdum* — nur Fortsetzung der hohen Ironie

äufsere, durch die Natur, durch die Schicksale der Menschen, also *a posteriori*; *b)* eine innere, durch das Nachdenken der reinen Vft., also *a priori*; *II.* specielle Offnb: 1) unmittelbare, übernatürl: *a)* äufsere, durch wundervolle äufsere Thatsachen [Sinaitische Gesetzgeb. etc.]; *b)* innere, die eigentl. Inspiration; 2) mittelb., natürl: *a)* äufsere, durch bes. göttl. Leitung der äufsern Umstände; *b)* innere, durch aufserord. Talente." WTT: „Der Gl. an Offnb. ist einesth. nichts als die Anerkennung der unbedingten Wahrh., oder des Zusammentreffens einer Erscheinung mit dem Urbild der Vft., anderuth. die Anerkennung der unbed. Freih. in Hinsicht des Ursp." BOCKSHAMMER: Offnb. als die natürl., fortwähr. Gemeinsch. des menschl. Geistes mit dem göttl. SCHL u. HGL als nothw., das göttl. Slbstbw. bedingende Manifestation Gottes, denn „ein Geist, der nicht offenbart ist, ist nicht Geist." Vermittelnd EKT: „Das ewig gleiche Walten Gottes in der Geisterwelt für den Zweck, lebendiges Bwsts. Gottes als freie sittl. Geistesthat in ihr zu schaffen, wie dasselbe geschichtlich zur Erscheinung kommt, wo die Kraft des Geistes durch die Sünde einer falschen Richtung zugewendet u. hierdurch das Bwsts. Gottes erschwert worden ist." Bc: DG: bezeichnet als verschieden vom Offnsbgr. der K. *a)* den mittelb., durch Schöpfung u. Vorsehung; *b)* den hist., durch Gesch. Jesu u. Einführung des Xthums; *c)* den speculativen, das Wissen von Gott ein Sein Gottes im menschl. Bwsts; *d)* den moralischen, eingeborne Gottesidee; *e)* den mystischen, momentane o. bleibende, unmittelb. Verbindung des Gemüths mit Gott; *f)* [den urgeschichtl.] Ableitung der Rel. aus einer den Urmenschen verliehnen Offnb.

1) Bc: DG: „Die ersten Erfolge der K. bestanden im Siege über Meinungen u. Neigungen jener Zeit. Sofern unter Vft. nach bibl. Sprachgebr. diese Menschlichkeiten verstanden wurden, war stete L. der K., dafs das Xthum gegen die Vft. sei. Auch wollte sie nicht 1) die Formeln der Schulen über das geoffnb. Wort herrschen lassen, 2) nicht, dafs der Mensch sich mit dem genügen lasse, was die Vft. durch sich selbst erreicht."

des App. [1 *Cor*. 1, 20 *ss*.] über die vermeinte Weish. sr. Zeit, — durch das tiefere Bwsts. der Sündhaftigkeit in der lateinischen K. fortklang, obwohl selbst Augtn von jener griech. Neigung nicht unberührt war. Durch beide Gründe, Neigung für Arist u. Plg, wurde die Vft. unter den SL erhoben,[2] durch beide Gegengründe, Ggns. wider Plg u. Schlk., wurde die mit ihr gleichgesetzte Vft. in göttl. Dingen von der ev. K. durchaus verworfen.[3] Wenn bes. Luther neben den stärksten Ausdrücken des Gegenth. als ein, obwohl inconsequenter Vertheidiger der Vft. neuerlich gerühmt wurde, so meint er sie th. nur als die Herrscherin in weltl. Dingen,[4] th. neben dem Schriftbew. die natürliche, auf ihm begründete system. Consequenz, ohne welche eine Disputation über G Artikel gar nicht möglich wäre,[5] th. gebraucht er sie polemisch, wie auch die Tradition, gegen die Katholiken, da ein Abergl., der schon der Vft. als solcher einleuchte, vielmehr nach göttl. Wahrh. verwerflich sei, u. erkennt eben darin das Principat der göttl. Wahrh.;[6] endlich wird auch in den S. B. der Friede des Gemüths als Kennzeichen u. Folge der recht verstandenen Offnb. angesehn, denn das Ev. der Versöhnung mufs diese rel. Wirkung hervorbringen, wodurch aber die Vft., unabhängig von der Offnb., auf keine Weise in Sachen der Rel. stimmfähig wird, sdn. der Friede Gottes, welcher höher ist als alle Vft.[7] Da jedoch auch hierdurch ein Vrh.

---

2) Bc: DG: Offnb. über, nicht gegen Vft. Durch Offnb. der Stoff, den die Vft. erkennen kann u. zu sr. Sicherheit bearbeiten mufs [*crede ut intelligas*]. Offnb. heilt u. erhebt das Gemüth, so dafs es mit der Lehre auch die Fähigk. sie zu erkennen empfängt. Offnb. Vollendung der Vft.

3) *F. C.* 579: [2.] „*Hominis intellectus et ratio in rebus spiritualibus prorsus sunt coeca, nihilque propriis viribus intelligere possunt.* 657: [8 s.] *Licet ea alto supercilio rationis et philosophiae displiceant: tamen notimus hujus mundi sapientiam coram Deo esse stultitiam.* — *Etsi humana ratio seu naturalis intellectus obscuram aliquam notitiae illius scintillulam reliquam habet, quod sit Deus, et particulam aliquam legis tenet: tamen adeo ignorans et perversa est ratio illa, ut etiamsi ingeniosissimi et doctissimi homines in hoc mundo Ev. de Filio Dei et promissiones div. de act. salute audiant, tamen ea propriis viribus percipere et vera esse statuere nequeant. Quin potius, quanto diligentius in ea re laborant, ut spirituales res istas suae rationis acumine comprehendant, tanto minus intelligunt, et ea omnia pro stultitia et meris nugis habent.*" *Cf. A. C.* 64. [27.] 113. [144.] *F. C.* 771. [41.] 787. [96.]

4) *B. XIX. p.* 1778: „Es ist was ganz ausgemachtes, dafs die Vft. unter allen Dingen dieses Lebens das Beste, ja was Göttliches sei. Sie ist eine Sonne u. gleichsam ein Gott, der über die Regierung der Dinge in diesem Leben gesetzt ist. Und diese Herrlichkeit hat Gott nach dem Falle Adams der Vft. nicht genommen, vielmehr bestätigt." Vrg. *F. C.* 661. [19.] G. Frank, *de Luth. rationalismi praecursore.* 857.

5) Lut in Worms: „Es sei denn, dafs ich mit Zeugnissen der H. S. o. mit öffentl. klaren u. hellen Gründen u. Ursachen überwunden werde, so kann u. will ich nicht widerrufen, weil weder sicher noch gerathen ist, etwas wider Gewissen zu thun."

6) *B. XIX.* p. 1910. Von den geistl. u. Klostergelübden: „Was nun der Vft. entgegen ist, ist gewifs, dafs es Gott vielmehr entgegen ist. Denn wie sollte es nicht gegen die göttl. Wahrh. sein, was wider Vft. u. menschl. Wahrh. ist."

7) *F. C.* 822: [91.] „*Si quis doctrinam de Dei praedestinatione eo modo proponat, ut vel perturbatae mentes ex ea consolationem nullam haurire possint, sed potius ad desperationem illis ansa praebeatur, vel impoenitentes in sua securitate et malitia confirmentur: tum nihil certius est, quam quod articulus de electione non ad normam et juxta voluntatem Dei, sed secundum humanae rationis coecum judicium, et ex impulsu Diaboli male et perverse doceatur.*" Gegen die Behauptung [Krause, *Regiom.* 814.], dafs diese Stelle wider die Calv. Prädestination einen versteckten Rts. enthalte, ist

§. 30. Vernunft u. Offenbarung.

der Vft. zur Offnb. anerkannt war, wurden die Gesetze desselben durch GRH aufgestellt u. durch QUEN näher bestimmt, indem die erneute Schlk. zwar eine gewisse Anerkennung der Vft., ihre volle Geltung aber in Socinian. Exegese [8] bestimmte Schranken forderte, daher diese zunächst in exeg. Hinsicht aufgestellt wurden: Die Vft. vor dem Falle hätte der Offnb. nicht widersprochen, u. widerspricht ihr, obj. betrachtet, nie, denn es ist nur eine Wahrh. aus Gott; nach dem Falle, u. concret betrachtet, widerspricht der Offnb. die von der Sünde verfinsterte Vft. [9] Dennoch bleibt sie Organ, durch das allein die Offnb. aufgefafst werden kann, daher: *probamus usum rationis organicum [instrumentalem, formalem], qui, eruditionis subsidiis accinctus, revelationem e Sc. S. explicat; improbamus usum rationis normativum [judicialem, materialem], qui fidei articulos ex suis principiis constituere vel judicare conatur.*[10]) Die von der Offnb. erleuchtete Vft. [ratio regenerata,] widerspricht der Offnb. nicht, aber nur dadurch, dafs sie die Nothw. ihrer Unterwerfung anerkennt; wiefern aber die Vft. des Erleuchteten [*ratio regeniti*] der Offnb. widerspricht, ist dieses das noch Unerleuchtete in der Vft., das mit der Sünde, auch nach der Wiedergeburt, im irdischen Leben zurückbleibt. Daher die neuere Formel: das Xthum ist die höchste Vft., zwar nicht gegen die KL verstöfst, aber das Vrh. der Offnb. zur subj. Vft. ist;das der Herrin zur Magd [*Gal.* 4, 22], welches nicht willkürlich gefordert wird, um die Vft. als

weniger richtig erinnert worden, dass der Widerspruch gegen dieselbe nur auf Schriftstellen gegründet sei [Tws], denn er bezieht sich auf die moral. Einwirkung, o. dafs er nicht die Kritik der Lehre, sdn. nur die Kritik einer verschieden mögl. Exegese enthalte [BRT], denn das eben wäre die schlimmste Art des Rts., wenn über den Schriftsinn nach ratst. Gründen entschieden würde.

8) Von dem ph. Satze, dafs die natürl. u. übern. Offnb. einander nicht widersprechen können, machten sie die, nach ihrem SPelgms. consequente empirische Anwendung, dafs die H. S. der Vft., auch wie sie nun ist, nicht widersprechen könne: *Nihil in Theologia verum est, quod ratione non approbatur, nihil credi potest, quod a ratione capi et intelligi nequit.*

9) QUEN: „*Distingue inter philosophiam abstracte et rationem suae essentiae consideratam, et philosophiam concrete et ratione existentiae in subjecto per peccatum corrupto spectatam; priori modo veritati div. nequaquam opponitur (non enim nisi unica, et ratione objectorum sibi invicem subordinatorum harmonica datur veritas); posteriori vero modo, ob intellectus ignorantiam et voluntatis perversionem, non raro ad depravationem et inanem deceptionem a Philosopho praepostere adhibetur.* Col. 2, b."

10) Hiernach ist die Vft. [QUEN:] *objectum informationis*, nicht *principium probationis.* „*Ut instrumentum, non ut norma et judex, admittitur; principia rationis formalia nemo reficit; materialia, quae sint mysteriorum norma, nemo sanus recipit. Theologia non damnat rationis usum, sed abusum et affectionem directorii. Aliud est, principia et axiomata ph. in Th. adhibere illustrationis et secundariae probationis gratia, ubi res e Sc. definita est; et aliud, adhibere eadem decisionis et demonstrationis causa. Illud etiam nostrates faciunt, non hoc.*" GRH unter dem Titel: *propter absurdum rationis hum. non esse discedendum a regula fidei*, unterscheidet: a) *Usus δογματικός*, „*si grammaticam vocum proprietatem, dialecticam ordinis observationem, rhetoricam figurarum expositionem et physicam rerum naturalium cognitionem ex disciplinis ph. haustam ratio nostra secum afferat ad eruendum div. sapientiae thesaurum in Sc. reconditum. Usum hunc commendamus quam maxime, imo necessarium esse dicimus.*" [QUEN: „*Sine usu rationis nemo in Theologia versari potest, neque enim brutis, rationis expertibus, proponenda est Theologia.*"] b) Ἀιτασκευαστικός, untergeordnete Beweisführung *in art. mixtis.* c) Ἀνασκευαστικός; в. Ἐλεγκτικός, nach geführtem Schriftbew. zur Widerlegung der Gegner.

die herrlichste Gottesgabe der Natur herabzuwürdigen, sdn. damit der Mensch, nachdem er durch eigne Schuld die menschl. Wahrh. verlor, den Frieden finde in der göttl. Wahrh.¹¹) Der Offnb. ist demnach wesentlich, Mysterien vor der Vft. zu haben,¹²) welche auch als geoffenbart über der Vft. stehn, weil sie dieselben nicht aus ihren Principien ableiten u. begreifen kann, welche daher auch gegen die Vft. sind, sobald diese unternimt, sie nach ihren Principien zu beurtheilen.¹³) Wiefern Br nicht ein exeget., sdn. einen dgm. Grunds. aussprach, konnte er auch einen materialen Vftgebrauch zulassen, um Dogmen durch Schlüsse aus Schriftstellen zu entwickeln.¹⁴) Aber in der ref. K. durch Cartesius, in der luth. K. durch die Wolf. Schule

11) QUEN: „*Quando rationis judicium a Theol. arcemus, non traducimus homines ad sophisticam falsitatem, asininam stupiditatem et anserinam credulitatem; sed a veritate multa labe inquinata ad veritatem defaecatam et ab omni labe immunem invitamus. Nec ex hominibus stipites et caudices efficimus, sed eos θεοδιδάκτους volumus.*"

12) Der Name Geheimnisse ist nur von der einen Seite passend, da sie von der Offnb. nicht gelöst, sdn. aufgestellt werden. *Μυστήριον* in der H. S. das irgend einmal Verborgne, auch nachdem es bekannt worden ist, o. das durch tiefen Sinn Geheimnifsvolle, beides in rel. Beziehung, *Mt.* 12, 11. 1 *Cor.* 2, 7. *Eph!* 1, 9. 5, 32. *Col.* 1, 26. Die KV nach class. Sprachgebrauch: heilige Bräuche, zu deren Theilnahme bes. Weihe nöthig ist, *sacramenta*. Im 4. Jhh. bildete sich der krchl. Bgr. von Lehren, welche die Vft. überschreiten, nach der Ansicht über die Vft. verschieden bestimmt. Br: „*Quae lumen naturae simpliciter excedunt.*" Hol: *Quae captum rationis, sibi relictae, transcendunt.*" Rnh: „*Res occultae, quarum nulla esse potest ob imbecillitatem ingenii hum. distincta cognitio.*" Am: „*Doctrinae rationi quidem non contrariae, sed limites ejus excedentes.*" Kant: Lehren über unsre Bestimmung u. unser Vrh. zu Gott, welche die prakt. Vft. anzunehmen Grund hat, ohne dafs die theor. Vft. sie begreift. Der Rts. leugnet sie nach der krchl. Bedeutung. Hgl überläfst sie einer niedern Bildungsstufe, während dem Ph. die geoffenbarte Rel. auch die offenbare sei. Die AKD stellten neben die dgm. auch hist. Myst. d. i. Wunder. Aber die neuere Aufstellung von historischen [gesch. Thatsachen des Xthums], philosophischen [z. B. Vorseh. u. Freih.] u. relativen [für bestimmte Bildungsstufen] Mysterien ist nur eine andre Art sie zu leugnen.

13) QUEN: „*Quando objiciunt adversarii* [*Socin., Armin.*], *religionem multa habere supra, nihil vero contra rationem, respondeo:* 1) *Articuli fidei in se non sunt contra rationem, sed solum supra rationem; per accidens vero fit, ut sint etiam contra rationem, quando ratio judicium sibi de illis sumit ex suis principiis, nec sequitur lucem verbi, sed eosdem negat et impugnat.* 2) *Art. fidei sunt non solum supra, sed etiam contra rationem corruptam et depravatam, quae illos stultitiam esse judicat.*" Nachgiebiger u. unklarer Br: „*Quamvis Mysteria rationi corruptae* (i. e. *suorum principiorum ductum ita sequenti, ut per μετάβασιν εἰς ἄλλο γένος ad res div. transferat, quae non omnino, sed forte tantum in sphaera rerum naturalium universaliter vera sunt;*) *contradictionem involvere videri possint: sufficit tamen contradictionem veram* (*seu quod idem simul affirmetur et negetur de eodem secundum idem et eodem tempore;*) *evidentissime demonstrari non posse.*"

14) Br: „*Sicut ex Sc. S. conclusiones th. recte deducuntur, ita in argumentationibus ejusmodi non solum principia rationis formalia, sed etiam materialia recte usurpantur; modo, cum particularia sunt, principio universali th. subjungantur; universalia vero rationis principia non alia adhibeantur, quam quae absolutae necessitatis sunt, ita, ut oppositum manifestam importet contradictionem. — Pr. materialia sunt propositiones lumine naturae notae, atque evidentiam metaphysicam, physicam aut moralem habentes: quae ad materiam argumentorum spectant, et majorem aut minorem ex praemissis constituunt, e. g: Quicunque habet perfectiones soli Deo proprias, is est verus Deus. Atqui Xtus habet perfectiones soli Deo proprias. Ergo Xtus est verus Deus. Minor ex revelat. probari debet, major lumine naturae nota est.*"

erlangte der untergeordnete Vftbew. jenen Schein von Unentbehrlichk., der die Herrschaft der Vft. über die Offnb. einleitete, in deren Folge selbst die Gegner dieser Herrsch. dem formalen Vftgebrauch eine unbedingte Anwendung auf die GLehren einräumten, ohne sie consequent durchführen zu können.[15])

§. 31. Supernaturalismus u. Rationalismus.

Bei dem Streite über die Herrsch. der Offnb. o. der Vft. bleibt anerkannt, dafs beide, ideal u. obj. betrachtet, als [bes. u. allg.] Offnb. Gottes einander nie widersprechen: nur empirisch u. subj. tritt der Widerspruch ein, indem einesth. die Offnb. nur vorgeblich, o. in ihren Urkunden getrübt sein kann, andernth. die Vft. überhaupt o. in einem bestimmten ph. Systeme verdorben erscheint. Sobald dieser Widerspruch anerkannt u. unlösbar gefunden war, mufsten sich 2 theol. Anschauungen scheiden: der **Supernaturalismus**, welcher die Vft., wie sie dermalen ist, für unzureichend hält zur Rel., daher eine bes. Offnb. für nöthig, u. nachdem als solche eine bestimmte hist. Rel. sich bewährt hat, die Ergebung in alle ihre Satzungen für vernünftig erkennt; der **Rationalismus**,[1]) welcher die Vft., wie sie dermalen

---

15) Im Myst. der Trinität widerspricht der Logik, dafs ein Theil [Person] gleich sei dem Ganzen, u. das Ganze [Substanz] jedem Theile, o. dafs die Zeugung des Sohnes, wie sie auch gedacht werde, eine ursächl. sonach dem Causalitätsgesetz unterworfne Handlung, aufserhalb der Zeit erfolge etc., was die AKD keineswegs verkannten u. defshalb folgerecht auch die *ratio regenerata* jener Beschränkung [*nt.*13] unterwarfen. GRH: „*Quaeritur, sitne corpus Xti vere et substantialiter in Coena praesens? Affirmant Ecc. nostrae, quia Xtus dicit: Hoc est etc. Negant adversarii ex hoc principio, quia verum et naturale corpus non potest simul et semel esse in pluribus locis. Addunt, rationem renatam non posse aliter de corpore statuere, testimonium ergo ejus audiendum esse. At inquam, ratio renata, quatenus talis, de art. fidei statuit ex Dei verbo, et limites ejus non egreditur. Jam vero Dei verbum est: Hoc est etc. Si ratio contra hoc Xti verbum ex suis principiis disputat, non amplius renata est, sed suum sequitur ductum, ac tam non audienda est, quam non audiri debet Philosophus contra resurrectionem mortuorum disputans ex illo principio: Nullum individuum, quod semel interiit, idem numero redire potest; vel Antitrinitarius disputans contra myst. Trinitat. ex hoc principio: Unum non potest esse trinum; vel Arianus contra aeternam Filii generationem disputans ex hoc principio: Genitum posterius est generante.*" QUEN: „*Recta ratio gravia mergi rationaliter judicaret; si tamen propterea negaret, ferrum natare, quod Sc. affirmat 2 Reg. 6, 6, non recta, sed corrupta ratio esset; revelationi enim divinae reluctaretur.*" Daher ist ebensowenig im Sinne der K. als der Phil., wenn Tws meint, der Streit lasse sich durch die Annahme schlichten, dafs der Philosoph die reine Vft., abgesehn von ihrem natürl. Zustande in der Sündhaftigk., vielleicht eben die erleuchtete Vft. meine. Denn das wäre gerade das Gegentheil der Ph. eine Erleuchtung vorauszusetzen, die nicht von der Vft. selbst ausginge, u. Sätze zu behaupten, die nicht auch aufserhalb der K. gültig wären. Allerdings aber ist nicht dasselbe in der Theol. wahr, was in der Phil. falsch ist, sdn. es ist hier wahr u. dort falsch in andrer Beziehung u. auf verschiednem Gebiete. QUEN: „*Veritas est una in conceptu generali, interim quaelibet disciplina sua habet axiomata, quae non sunt trahenda in aliud forum, sed in sua sphaera relinquenda. Quando Th. dicit, virgo peperit, Ph. virginem parere et manere talem, est ἀδύνατον, non contrariantur; Th. enim non asserit, virginem naturaliter parere et manere talem, sed dicit, supernaturali et div. virtute id factum esse. — Philosophia et principia rationis non contraria quidem sunt Theologiae, nec haec illis: diversa tamen magnopere sunt, quae revelata sunt divinitus, et quae naturae lumine constant.*"

1) Der Name kommt seit dem 17. Jhh. in gehässiger Nebenbedeutung [Vftthümler] gleichbedeutend mit Naturalismus vor, wurde aber seit 1801 vornehmlich durch Gab-

ist durch eigne Kraft entwicklungsfähig, für zureichend hält zur Rel., daher jede hist. Rel. in allen ihren Satzungen dem Urtheile der Vft. unterwirft. Beide Systeme erhalten dadurch einen chr. Charakter, dafs der Spnts. im Xthum, u. zwar protestantisch in der H. S. die bes. Offnb. findet, aufser welcher kein Heil; der Rts. im Xthum eine der Vorsehung gemäfse Einführung der Vftrel.,[2)] der sich daher anzuschliefsen vernünftig ist.[3)] Überall, wo die mündig werdende Vft.

1 e r als ehrenvoll recipirt. N a t u r a l i s m u s ist so vieldeutig als *natura*, u. bezeichnet in der Ph. gewöhnlich das Ableugnen einer übersinnl. Ursache der Dinge, sonach die Gleichstellung von Natur u. Gotth. d. i. M a t e r i a l i s m u s. Im Ggns. hiervon ist der ph. S p n t s. nur T h e i s m u s d. i. die Anerkennung einer übersinnl. Ursache der Dinge o. eines überweltl. Gottes, u. der Rts. in dieser ph. Beziehung supernaturalistisch. Von denjenigen, welche bei den AKD M a t e r i a l i s t e n hiefsen, gehörten einige diesem ph. Naturalismus an, u. waren als solche Gegner des Xthums; andre insb. unter den Freidenkern in England waren Vorläufer des Rts. Weil aber durch jene ph. Bedeutung der Name des Natrs. in der K. gehässig ist, so scheint die Fordrung, dafs der Rts. wegen des log. Ggns. zum Spnts. ein t h e o l. N a t u r a l i s m u s genannt werden solle, eben so billig, als die Zumuthung, dafs der Spnts. sich I r r a t i o n a l i s m u s o. P o s i t i v i s m u s nennen möge. Ein Haschen nach dem Namen des Spnts. ist das Verlangen, [Wos. *p.* 45.] dafs der Rts. *Spnts. rationalis*, der Spnts. *Spnts. teratologicus* genannt werde. Der Ggns. ist dadurch hinreichend ausgedrückt, dafs *natura* in Spnts. die vernünftige Natur des Menschen bezeichnet. Unter N a t u r a l i s m u s in der DK verstehn wir einen Theismus, der mit dem Xthum als einer eigenthüml. hist. Rel. nichts gemein hat.

2) Die RT pflegen hier von einem b e s o n d e r n Walten der Vorsehung zu reden, Kl unterscheidet dadurch sogar den Rts. vom Natrs., dafs jener eine geschlofsne [bes.]Offnb. im Xthum, dieser nur die allg., ewige Offnb. der Vft. annehme. Diese Unterscheidung, obwohl sie eine bes. Achtung für das Xthum ausdrücken soll, ist zumal für diej., welche den Unterschied einer unmittelb. u. mittelb. Wirksamk. Gottes leugnen, weil seine Wirksamk. überall nur e i n e sei, ohne alle Realität, u. eine b e s. Bemühung Gottes ist nur ein Anthropomorphismus, welcher die Relation [das mehr o. minder wichtige] des endl. Standpunktes in die absolute Anschauung überträgt, in der alles, was geschieht, ein gleich wahrer Ausdruck des göttl. Weltgesetzes ist. Ähnlich Wos. „*Rationalistae a Naturalistis eo potissimum recedunt, quod illi div. aliquam revelationem vere admittunt eique progressus mentis humanae in religione colenda lubenter acceptos ferunt, vindicata quidem rationis facultate hanc revelationem judicandi et ad usum transferendi.*"

3) RÖHR: „R t s. [eine allg. Denkart, die auf jedes Gebiet des menschl. Denkens u. Wissens anwendbar u. deren Pr: nichts für wahr zu halten, als was nach klaren u. unbezweifelten Vftgründen wirklich dafür gelten kann. Der c h r. R t s. die Maxime, die positive o. geschichtlich gegebene Religionsl. Xti u. sr. App. d a r u m für glaubwürdig u. göttlich zu erklären, weil sie in der vernünftig-sittl. Natur des Menschen begründet ist." Was: „*S p n t s. subjectiva significatione dicitur ea, quam quis in rel. concipienda et judicanda sequitur, regula, qua revelationi certas pro supernaturali et immediata s. miraculosa habitae omnino fidem praestandam neque ullam in ea judicanda rationi humanae auctoritatem concedendam esse statuit; angustiorem notionem ubi hoc vocabulum continet, intelligenda est ea cogitandi regula, qua quis soli ei revelationi, cujus notitia e bibliis ss. repetitur, fidem tribuendam esse persuasum habet. R t s. est ea cogitandi et sentiendi lex* (Maxime), *quae nullo alio modo nisi et naturae rerum et rationi tanquam testi atque interpreti divinae providentiae convenienti a Deo religionem hominibus esse revelatam statuit et revelationis cujusque opinatae supernaturalis argumentum examinandum et judicandum esse docet ex ideis ad religionem moresque spectantibus, quas rationis ope animo informatas habemus, atque ex aliis rebus cognitis, quarum veritas intelligenti cuique ac docto existimatori perspicua est.*" BRT: [3. A.] „S p n t s. die Denkart, nach welcher man eine von Gott unmittelb. u. übernatürl. mitgeth. RErkenntnifs glaubt, die als solche schlechthin ü. die Vft. erhaben ist; R t s. die Denkart, nach welcher man

§. 31. SUPERNATURALISMUS U. RATIONALISMUS. 61

sich einer Volksrel., als vorgebl. Offnb. gegenüber fand, zeigte sich dieser Ggns., der bald als Kampf, bald als gegenseitiges Dulden einer esoterischen u. exoter. Rel. sich entwickelte, u. nur zum untergehenden Hellenismus durch die N e u p l a t o n i k e r, zum Xthum durch die RT, zum Islam durch die S o f i s eine befreundete Stellung annahm. Das Zureichen o. Nichtzureichen der Vft. als Grund, u. ihre Herrschaft o. Unterordnung als Folge ist das Wesentl., nicht das Mittelb. o. Unmittelb. der Offnb., welches nur untergeordnete Folge davon ist, dafs die vollkommne Rel. aus der Vft. sein kann o. nicht. Besonders das vorchr. Alterthum, welches zwar den Unterschied des Mittelb. u. Unmittelb. kannte, aber in der Rel. seltner beobachtete, hatte auch einen populären Spnts., der Wirkungen von den Göttern ableitete, ohne dadurch ihre Vermittelung durch Naturkräfte zu leugnen. Dies aber ist nicht Volks- o. Selbst-Täuschung, sdn. Eigenthümlichk. der rel. Anschauung, in welcher das rel. Gefühl, das sich an die Mittelursachen nicht halten kann, gleich zum Urquell alles Guten hinaufsteigt.[4] Dieser popul. Spnts., der nicht im Ggns. zum Rts. steht, mag sich auch im N. T. finden, das die Bgr. der mittelb. u. unmittelb. Offnb. nicht scheidet: aber es findet sich auch der Folgesatz des d o g m a t. S p n t s., dafs kein Heil sei aufser durch Xtum, der aus dem Vordersatze hervorgeht, dafs die Vft. zum Heile nicht ausreiche. Der Grunds. des Rts. ist in der K. durch PLG angedeutet, aber erst in der deutschen Theol. nach der Mitte des 1S. Jhh. entwickelt [p. 40 ff.] u. als der ächte Prtstms. geltend gemacht worden.[5] Über diesen g e w ö h n l i c h e n

keine unmittelb. Offnb., sdn. allein an die Wahrh. der ph. RLehre glaubt. [System. Entwickl.] Charakter des R t s. ist, dafs er das Xthum als entsprungen aus dem menschl. Geiste, obgleich auf Veranstaltung der Vorsehung, betrachtet." HAHN: [2. A.] „R t s. Denkart', nach welcher die menschl. Vft. die alleinige Quelle u. Richterin aller RErkenntnisse sein soll, daher jede angebl. Offnb. nur der Form nach als übernatürl. erscheine. Der S p n t s. beruht auf dem Gl. an eine immerwährende lebendige Verbindung Gottes mit s. Geschöpfen zu ihrer Beglückung. Der c h r. S p n t s. spricht sich in dem Gl. aus, dafs Alles, was in den ächten heil. Urkunden nach richtiger Erklärung enthalten ist u. aus göttl. Offnb. abgeleitet wird, unbedingt als Inhalt der chr. Rel. geglaubt u. befolgt werden müsse." Nach ihm die R T aus der K. zu entlassen. Dgg. KRN: „Vft. ist die Richtung des Erkenntnifsvermögens auf das Wahre. — Der deutsche Rts. hat nicht ein dem Xthum feindliches Lager aufgerichtet, sondern der K. sich angeschlossen."

4) Was WTT von höherer Einh. behauptet, bezieht sich nur auf diesen pop. Spnts. Bibl. DK p. 27: „Ein nicht irregeleiteter Vrst., der die Natur des menschl. Geistes kennt, wird sonach die Nothw. sowohl des S p n t s. o. der idealen Ansicht des gläub. Gefühls, als des N a t r s. o. der nat. Verstandesansicht in der Betrachtung der Rel., als innerer u. äufserer Erscheinung anerkennen, u. beide im R t s. vereinigen."

5) RÖHR, Grund- u. Glaubens-Sätze der ev. prot. K. Neust. [832. Bereits die 2. A. 834. ist christlich bestimmter.] 843. *J.* C o n s t i t u t i v e G r u n d s ä t z e: *A.* Über die E r k e n n t n i f s q u e l l e: 1) Das Ev. ist die einzige Richtschnur des chr. Gl. u. Lebens. 2) Jede dms. widersprechende Erblehre o. schriftl. KL ist zurückzuweisen. 3) Die H. S. ist grammatisch-historisch auszulegen; bei Beurtheilung dessen, was für ächtchr. u. ev. anzusehn sei, entscheidet die urspr., mit den Aussprüchen u. Bedürfn. unserer Vft. u. unsers Gewissens zusammengehaltene u. aus dem Standpunkte des durch u. durch sittl. Geistes des Ev. in ihrem göttl. Charakter erkannte L. Xti, u. hiernach ist ü. das A. T. u. die apost. Schrr. zu urtheilen. 4) Die Lehrer haben das bes. Recht, die Ergebnisse dieser Forschung frei u. öffentlich vorzutragen, ohne dabei an eine buchstäblich menschl. Lehrnorm gebunden zu sein; nur dürfen sie nichts einmischen, was der rel. Wahrheit überh. o. der chr. rel. insb., o. den Grundsätzen ihrer K. widerspricht, o.

Rts. [*Rts. vulgaris*] des gesunden Menschenverst. [*sensus communis*] erhob sich der speculative Rts. der neuesten Phil., die sich als Wiedergeburt der Kl. träumte [p. 42 ff.]. Bei dem Zwiespalte, der die ganze K. ergriff, konnte das Bedürfnifs nicht fehlen, ihn durch eine höhere Einh. zu überwinden. Aber die Vermittlungsversuche, da sie nur unwesentl. Merkmale vereinten, vermittelnentw. nur scheinbar,[6])

durch Herbeiziehung von Fragen, die nicht das Wesen der chr. rel. Wahrh. betreffen, das Volk im Gl. an dieselbe stören könnte. *B*. Über den Ritus: 1) Die chr. Gottesvereh. ist eine innere u. geistige. 2) Die gemeinsamen krchl. Andachtsübungen sind hierzu zweckmäfsige Mittel. 3) Völlige Übereinstimmung in den Gebräuchen ist zur Einigk. nicht erforderlich. Neben Gebet, Gesang u. Predigt sind nur die Sacrm: Taufe als die Nothw. der Sinnesänderung symbolisch bezeichnender Einweihungs-Ritus, AM. als urspr. symbolisches Gedächtnifsmahl, unentbehrlich. *C*. Über die Gesellschaftsverfassung: 1) Xtus ist alleiniges Oberhaupt u. wer sich anmafst, für den sichtbaren Stellvertreter desselben zu gelten, als Antichrist anzusehn. 2) Alle Glieder der K. geniefsen als solche gleiche Rechte. 3) Die K. in ihrer Gesammth. ordnet unter dem Schutze u. der negat. Aufsicht des Staates ihre gesellsch. Angelegenheiten selbst. *II*. Regulative GSätze, zusammengefafst in dem Bekenntnifs: „Es gibt Einen wahren, uns von Xto, dem eingeb. Sohne desselben, unserem Herrn u. Heilande verkündigten Gott, dem als dem vollkommensten aller Wesen, allmächtigem Schöpfer, Erhalter u. Regierer der Welt u. als dem liebevollen Vater u. Erzieher der Menschen die tiefste Verehrung gebührt. Diese Verehrung leisten wir ihm in einzig würdiger Weise durch ein von seinem Geiste unterstütztes thätiges Streben nach Tugend u. Rechtschaffenheit, durch eifrige Bekämpfung der Triebe u. Leidenschaften unsrer sinnl., zum Bösen geneigten Natur, u. durch redliche, der göttl. L. u. dem erhabenen Beispiele Jesu angemefsne Pflichterfüllung. Bei dem Bwsts. des kindl. Vrh., in welches wir dadurch mit ihm treten, können wir in ird. Noth mit Zuversicht auf seine väterl. Hülfe. in dem Gefühle unserer sittl. Schwachh. u. Unwürdigk. auf seine, uns durch Xtum gewisse, Gnade u. Erbarmung rechnen, u. im Augenblicke des Todes eines bessern, vergeltenden Lebens gewiss sein."
6) Sie kommen auf 4 Methoden hinaus: *a*) Man zeigt, dafs ein Unterschied des Mittelb. u. Unmittelb. in der göttl. Wirksamk. nicht stattfinde, sdn. Gott je nach dem Standpunkte unsrer Betrachtung stets o. nie unmittelb. wirke. Aber der wesentl. Ggns. zwischen einer Rel., die aus der Vft. kommt, u. die nicht aus der Vft. kommen kann u. doch göttlich ist, bleibt unversöhnt. *b*) Man beweist die nothw. Einh. der mittelb. u. unmittelb. Offnb. Mit dieser Entdeckung ist ein allg. Satz ausgesprochen, der den AKD wohl bekannt war [§. 30. *nt*. 9], aber zur Schlichtung des vorhandnen Streits nichts beiträgt. *c*) Man bestimmt den Bgr. des Spnts. u. Rts. so einseitig als möglich, jenen als äufserl. Auctoritätsgl., diesen als eine Art Idealismus, um sich beider zu überheben. So protestirten AM u. BRT auch in der letzten Wendung ihrer DK gegen den Rts., indem ihn jener als alleinige Hingabe an die individuelle Vft. im Ggns. des Herzens beschrieb, u. dieser neben der Vft. als dem Vermögen der Ideen auch die Weltanschauung forderte. *d*) Man nimt beide Systeme als vollkommen gleich mit ihren gewöhnl. Vertretern, den AKD u. RT. So erklärte HGL den Spnts. für eine untergeordnete Bildungsstufe, den Rts. für die leere, unwissensch. Aufklärung, auf gleicher Bildungsstufe mit dem Islam. Nach RUST beeinträchtigt der Rts. die göttl., der Spnts. die menschl. Vft., jener betrachtet Xtum als blosen Reformator des Judenth., dieser das Xthum als schlechthin aufsero. isolirte Erscheinung. Daher als höhere Einh. der Logismus, welchem die menschl. Vft. in u. mit der göttl. u. das Xthum als Auflös. aller Ggns. des Judenth. die höchste Entfaltung der Rel. ist. In jenen 4 Beziehgn. stehn die PD u. VT alle mehr oder minder über dem Ggns., aber wesentl. gehören sie dems. noch an, namentl. DB, WTT, MAH, HS, WS, SCHK dem Rts., SCHLR, TWS, NZ, LBR, LG, MRT dem Spnts., nur dafs dieser Ggns. nicht mehr den Grundton ihrer Systeme bildet. RKT [Der Rts. 859.] wieder mit dem offnen Bekenntnifs zum Rts. fafste ihn allgemein als „das Bestreben, die Kraft des Denkens überall, wo sie hingehört u. so weit sich's gehört, in Anwendung zu bringen," in sr. ersten theol. Form als *Rts. vulg.* entstanden zur

§. 31. Supernaturalismus u. Rationalismus. 63

o. gehören doch in ihrer consequenten Durchführung dem Ggns. entschieden an, nehmlich der **supernat. Rts.**, welcher das Xthum für eine übern., unmittelb. Manifestation u. Einführung der Vftrel. hält, dem Rts.,[7] u. der **rationale Spnts.**, welcher nicht ohne vernünft. Gründe die Mysterien als über, nicht gegen die Vft. annimt, dem Spnts.[8] Weil der Satz, dafs die Vft. zur Rel. ausreiche o. nicht, als contradictorisch, wahr o. falsch, auch der Vft. als Slbstbw. erkennbar sein mufs: so ist Entscheidung zwischen beiden Systemen möglich u. für die DK nöthig.[9] Da jedoch §. 32-35 nur referirt, mit welchen

---

Zeit kühler Verständigk. u. des Ringens nach Wohlsein, seine höhere Entwicklung als **ethischer Rts.**, der mit dem Gl. an den endlichen Sieg des sittlich Guten in Xto die sittliche Vollendung erkennt u. nach derselben alle heilige Überlieferung beurtheilt.

7) Die krchl. Ansicht von der Einführung des Xthums wird hierdurch befriedigt, obwohl der Beweis schwer sein möchte, dafs, wenn das Xthum nur Promulgation der Vftrel. war, diese nicht auch durch blose Vft. geschah, u. was im N. T. anders zu sein scheine, nur Ausdrucksweise des popul. Spnts. sei. Methode aber u. Resultat dieses Systems ist rein rstst., die Vft. allein entscheidet, was zum Xthum gehöre, u. der entschiedenste RT kann jene, nur hist. zu entscheidende, Thatsache zugeben. Kant 1789 an Jacobi: „Ob die Vft., um zu diesem Bgr. des Theismus zu gelangen, nur durch Etwas, was allein in die Gesch. lehrt, o. nur durch eine uns unerforschl. übern. innere Wirkung habe erweckt werden können, ist eine Frage, welche blos eine Nebensache nehmlich das Entstehen u. Aufkommen dieser Idee betrifft. Denn man kann eben so wohl einräumen, dafs, wenn das Ev. die allg. sittl. Gesetze in ihrer ganzen Reinigk. nicht vorher gelehrt hätte, die Vft. bis jetzt sie nicht in solcher Vollkommenh. würde eingesehn haben, obgleich, da sie einmal da sind, man einen jeden von ihrer Richtigk. u. Gültigk. (anjetzt) durch blose Vft. überzeugen kann." Zu dieser durch den ältern Nitzsch [im Judenth. *Rev. imperatoria*, im Xthum *didactica*] repräsentirten u. weit verbreiteten Ansicht gehört auch der von Kl so genannte Religiosism: „Die Denkart, wo man im rel. Gl. den Bgr. der allwirkenden Allgegenwart Gottes hist. festhält, demnach *a*) jeden Unterschied zwischen mittelb. u. unmittelb. Offnb. als Anmafsung des Vrst. verwirft, *b*) die den Graden, nicht der Glaubwürdigk. nach verschiedne, überall vorhandne Offnb. Gottes nie als eine geschlofsne betrachtet, u. daher *c*) den Zweck der göttl. Sendung Jesu in der Mittheilung u. göttl. Sanction der Vftrel., u. in der Stiftung einer posit., auf dem göttl., wunderbar verherrlichten Leben Jesu beruhenden Heilsanstalt o. K. findet." Ähnlich Schott, Br. ü. Rts. u. Offnb. 829: Gott wirkt an sich stets unmittelb., unsrer Betrachtung stets mittelb. „Offnb. ist eine Wirksamk. Gottes, die sich als göttl. Wirken für die rel. u. sittl. Bildung der Menschh. auf bes. Art mit eigenth. Klarh. u. Herrlichk. dem Menschen darstellt u. als solches fortwährend erkannt wird.

8) Am:‚‚*Differt Spnts. pufus vel rationalis ab impuro vel superstitioso, qui literas vel apices codicis sacri, vel symbolici qualiscunque mordicus tenens e commentis suis corpus doctrinae congmentat sine ratione.*" In der 3. A. wurde gebilligt „*Spnts. rationalis, quo revelationem Dei per Xtum sanae rationi quidem nullatenus adversari, propter immensum tamen veritatis div. ordinem et ambitum ea longe superiorem esse contendimus.*" 4. A: „*Spnts. rat. cognitionem Dei salutarem per Xtum nobis suppeditatam cum rel. universali ubique, legibus sanae rationis convenienter, arctissimo vinculo conjungit.*"

9) Stdl begriff das Wesen des Spnts. in der Frage: „Erkennst du aufserhalb des dem Menschen Mitgegebnen, aus ihm selbst Entwickelbaren, noch eine gesch. dargebotne, glaubwürdige Quelle von Belehrung ü. gött. Dinge an: so dafs der Inhalt dieser Belehrung als wahr angenommen wird, nicht weil sie zu den, von der Vft. durch sich selbst auffindbaren Wahrheiten gehört, sdn. weil sie von Gott als Ggnst. des Gl. befriedigend beglaubigt wird?" Dgg. Wtt: hierauf sei nicht zu antworten, bevor der Gegner 2 andre Fragen beantwortet habe: 1) „Wagst du genau zu begränzen, was dem Menschen mitgegeben ist u. aus ihm selbst entwickelt werden kann? 2) Kannst du eine Wahrh. aufzeigen, worüber die unzweifelhafte Gewifsh. vorhanden ist, dafs sie nicht aus der

Gründen der Ggns., seit er zum Bwsts. gekommen ist, von beiden Seiten vertreten wurde [zunächst von den NKS wider die gewöhnlichen RT]: so herrscht in der Darlegung dieser Gründe die Rücksicht auf den Ggns. des Mittelb. u. Unmittelbaren vor.

§. 32. Möglichkeit der Offenbarung.

Die SP beweisen die Möglichk. der Offnb. 1) eine logische, der Bgr. enthält keine widersprechenden Merkmale; 2) eine reale, das Obj. u. Subj. der Offnb. enthält keine Bestimmungen, dadurch sie ausgeschlossen würde: a) obj. von Seiten Gottes, α) physisch, Gott kann auf die menschl. Seele einwirken durch Allmacht, β) moralisch, diese Einwirkung widerspricht seinen mor. Eigensch. nicht; b) subj. von Seiten des Menschen, sein Geist ist für solche Einwirkung empfänglich. Die RT wenden ein: a) Gott hätte die Vft. unvollkommen geschaffen, wenn sie der Nachhülfe einer Offnb. bedürfte. b) Gott wirkt durch Mittelursachen, nicht unmittelb. c) Die Mittheilung übern. Wahrh. würde die natürl. Ordnung des Denkens zerstören; d) durch Unterwerfung der Vft. unter äufsre Auctorität den Menschen zur Maschine erniedrigen; e) als übernat. nicht einmal für den Empfänger erkennbar sein. Dgg. die SP: ad a) Die [relat.] Vollkommenh. des Geschaffnen besteht nicht darin, dafs es als Individuum unabhängig von jeder Einwirkung sich entwickle, denn nichts wäre dann vollkommen; die Vollkommenh. der Vft. ist ihre Empfänglichk. für die Offnb. In Gott aber ist die Erlösung nicht Nachhülfe, sdn. der Rathschlufs beider Offnb. eins. ad b) Es wäre zu beweisen, dafs Gott nie unmittelbar wirke; uns aber ist die Wirkungsart Gottes unbekannt. ad c) So wenig als andre menschl. Entdeckungen im Bereiche einer vorher unbekannten Wissensch. mit eigenthüml. Principien. ad d) Die Unterwerfung wird nur gefordert unter die Auctorität Gottes, die als solche durch vernünft. Gründe erkannt werden soll. ad e) Die seit CAL aufgestellten subj. Kriterien,[1] daran drj., welcher die Offnb. empfängt, sie von jeder Naturwirkung unterscheiden könne, sind

---

Vft. hervorgegangen sei, nehmlich unter der stets vorauszusetzenden göttl. Leitung u. Einwirkung, u. deren Überzeugungskraft auf etwas Anderem, als auf der Übereinstimmung mit der Vft. beruhe?" Rts. wie Spnts. beruhe auf der falschen Ansicht der Vft. als abgeschlossnes System u. einer vernunftlosen [gottlosen] Geschichte.

1) CAL: [obj. Kriterien einmischend] „*Κριτήρια s. γνωρίσματα div. revelationum, quibus illae agnosci vel etiam discerni possunt a praestigiis diabolicis: Quod ad modum revelationis, quum majestate quadam singulari vere divina stipatae fuerint apparitiones vel revelationes div., aut miraculis etiam confirmatae iis, quae omnes creaturae vires exedunt. Materiam quod concernit, div. revelationes nonnisi vera, utilia vel salutaria patefacta fuere. Quod ad finem, div. revelatio semper intendit salutem hominum.*" BDD: „*Intima mentis convictio, ex lucis intus illabentis splendore, Deique aut apparentis, aut loquentis majestate, vel alia ratione orta, accedente singulari Spiritus S. operatione. Qua in re tamen, ut eo minus fallerentur, conjungenda quoque erant reliqua κριτήρια, cumprimis θεοπρέπεια, quae in eo consistit, ut in revelatione ipsa, aut ejus etiam modo nihil omnino sit, quod cum sanctitate etc. Numinis pugnet. Accedebat, quod tum per vocationem div. specialem, tum et interdum per miracula subinde et per vaticiniorum ab ipsis editorum complementum de veritate revelationis certiores redderentur.*" AM: „Lebhaftigk. u. Bestimmth. neuer Ideen u. sichres Bwsts. des göttl. Gesandten, dafs er diese Kenntnifs nicht durch eigne Thätigk. gefunden habe, sdn. sie unerwartet sich ihm aufdrängten."

§. 33. NOTHWENDIGKEIT DER OFFENBARUNG.

zwar unzureichend, aber die chr. Offnb. kommt von Xto, der als Gott u. Mensch die Offnb. zugleich gab u. empfing. Die obj. Kriterien, dadurch die Wirklichk. der Offnb. für andre dargethan wird, s. §. 34. **Resultat**: die Offnb. ist möglich, u. diese Möglichk. schwindet der Ph. nur mit der Persönlichk. eines Gottes, der, statt aus freier Güte sich der Menschh. zeitlich zu offenbaren, einer ewigen Offnb. bedarf, um von sich selbst zu wissen.[2]

§. 33. Nothwendigkeit der Offenbarung.

Die NKS suchen nur eine relative Nothw. o. das Bedürfnifs der Offnb. zur Erziehung der Menschh. zu erweisen: *a)* Die Vft. im Wechsel der ph. Systeme gewährt die rel. Sicherheit nicht, deren der Mensch bedarf.[1] *b)* Wenige erheben sich zur Klarh. der phil. Vft., wenigere vertrauen den Ausspriichen ihrer Vft. in Noth u. Tod: sie bedürfen einer äufsern Auctorität. *c)* Offnb. ist ein dienl. Mittel zur rel. Erziehung des Menschen, das die Weish. u. Güte Gottes nicht versagt haben wird.[2] *d)* Niemals hat die natürl. Rel. eine K. zu gründen

---

2) STRAUSS I. p. 274: „Eine Offnb. im Sinne der KL ist gleich dem Wunder ein einzelner Act Gottes in der Zeit, welcher der Unveränderlichk. seines Wesens widerspricht. 275 f: Geist ist Gott nur, insofern er sich selber weifs; sein Sichwissen ist ein Slbstbw. im Menschen u. das Wissen des Menschen von Gott, das fortgeht zum Wissen des Menschen in Gott. Die Offnb. Gottes an die Menschh. ist nur die erscheinende Seite sr. Slbstoffnb., u. mufs daher, gleich dieser ewig sein. 355: In der Offnb. erkennt der Mensch die eignen Gesetze, wo nicht durchaus sr. Vft., doch seines Gefühls u. sr. Einbildungskraft."

1) Die gewöhnl. Entgegnung [WGS: ed. 5.] „*in rebus gravissimis, quae ad rel. et honestatem tuendam pertinent, omnes Philosophorum scholas [ed. 8: omnes fere omnium temporum viros sapientes] inter se convenire,*" wird durch die Gesch. hinreichend widerlegt, u. nicht blos „die Geburt eines kranken u. verschrobnen Geistes," sdn. ein ph. Scharfsinn, von welchem manche Thlgn. kaum eine Ahnung haben, hat den persönlichen Gott, Freiheit u. Unsterblichkeit geleugnet. Enn: „Die Vft. eines Einzelnen ist immerhin subjectiv d. h. irrthumsfähig, das Xthum dgg. eine hist. Macht von so ungeheurer geschichtl. Dignität, dafs thörigter Hochmuth wäre, wenn da, wo beide einander widersprechen, der Fehler auf Seiten der obj. Macht u. nicht vielmehr auf Seiten des subj. Denkens gesucht werden wollte." Dann wäre nie der denkende Geist berechtigt gegenüber einer mächtigen Überlieferung, Paulus nicht gegen das Judenthum, Luther nicht gegen die röm. K., aber *Xtus non dixit, sum consuetudo, sed dixit, sum veritas*. Treffender KHN: „Die abnormen Resultate der neuern Ph. seit Fichte, der mächtige Zug der Zeit zu Pantheismus, Materialismus, Nihilismus, dem der Rts. in seinem Ausläufer, dem Lichtfreundthum, selbst nicht widerstehn konnte, mufsten ihm doch deutlich sagen, eine wie gebrechliche Grundlage für die unwandelbaren rel. Bedürfnisse der Menschh. die wandelbare Erkenntnifs der Menschh. sei."

2) Auf einen Bew. dieser Art hatte HAHN seinen Spnts. gegründet, mit Gefangennehmung nicht sowohl der Vft., als der Logik, voraussetzend, dafs das Xthum Offnb. sei, u. aus dieser vorausgesetzten Wirklichk. der Offnb. erwies er ihre Nützlichk. u. Nothwendigkeit. §. 5: „In allen, auch den unvollkommensten Äufserungen eines rel. Lebens spricht sich das höchste Bedürfnifs aus, die unsichtb. schöpferische Macht zu finden u. mit ihr sich zu befreunden. So gern wir diese Wahrh. in allen RFormen erkennen, welche ein Erzeugnifs wahrer Herzensbedürfn. sind; so ist doch auch unverkennbar, dafs aufser denen, welche wir geoffenbarte nennen, durch keine Rel., auch der sonst wissensch. gebildetsten Völker, jenes tiefe Bedürfn. der menschl. Natur befriedigt wurde. Aufser dem Wirkungskreise der jüd. u. christl. Rel. bemerken wir überall th. die traurigsten rel. Irrthümer mit allerlei unsittl. Verkehrth., th. bei den Gebildetern eine Unsicherh. der Meingn., welche weder Frieden, noch Kraft zu einem

Hutterus redivivus. 11. Aufl. 5

o. zu erhalten vermocht. Die RT entgegnen: Durch dieses alles ist nur das unleugbare Bedürfnifs einer posit. u. hist. Rel. erwiesen. Diese fordert Gl. wie die Vft., u. schliefst wie diese den Irrthum, Abergl. u. Zweifel nicht aus. Eine K. der natürl. Rel. wäre ein Widerspruch, denn eben durch Gründung einer K. wird die Rel. positiv u. hist., wie das Vftrecht durch Gründung des Staats. Aber dafs die Vft. eine K. nicht gründen könne, wenn sie noch keine gegründet hat, wäre zu erweisen: uns aber ist eben Xtus der grofse RT, der die K. der Vftrel. gegründet hat; durch das göttl. Recht der Vft., durch die Sprachweise des rel. Gefühls, des Alterthums u. der krchl. Überlieferung erschien seine Auctorität als eine äufserlich göttl., der die Völker folgten, bis die durch die K. erzogne Vft. erkannte, dafs sie im Ev. nur ihrer eignen göttl. Auctorität gehorche. Resultat: die Nothw. der Offnb. ist auf diesem Standpunkte nicht erwiesen.

§. 34. Wirklichkeit der Offenbarung im Xthum.

Die NKS pflegen allg. Kriterien, an denen eine Offnb. erkannt werde, aufzustellen, u. dieselben am Xthum nachzuweisen.[1]) Da diese Krit. th. nur von Thatsachen des Xthums abstrahirt sind, th. willkürl. Fordrungen einer sogenannten Vft. enthalten, denen das Xthum, wie es in der H. S. vorliegt, nicht einmal genau entspricht, so ist diese indirecte Beweisführung dem directen Bew. nachzustellen, welcher das Xthum als Offnb. erweist: *a*) aus den Aussprüchen Jesu, von Gott belehrt u. gesandt zu sein, *b*) aus sr. unerklärl. Bildung, *c*) seinem göttl. Plane, *d*) der Vollkommenh. sr. Lehre, *e*) seinen wunderb. Thaten u. Schicksalen, *f*) dem Zeugnisse Johannis des T., *g*) der Bekehrung Pauli, *h*) dem Märtyrerthum, *i*) der Ausbreitung u. Erhaltung des Xthums, *k*) seinen segensreichen Wirkungen. Die RT erinnern *ad a*) Über Selbsttäuschung ist Jesu intellectueller, über frommen Betrug sein moral. Charakter erhaben: aber indem er durch innere Kraft u. äufsere Gelegenheit sich als den erwarteten Messias erkannte, war sein Beruf im volksthüml. Sinne göttlich; indem er den Plan der Vorsehung zu dem seinigen machte, göttlich im höchsten Sinne der Vft. Wenn die Sprachweise der H. S. diesen göttl. Beruf zum Theil äufser-

beharrl. sittl. Wandel geben konnte. Dadurch gewinnen wir die Überzeugung von der Nützlichk., ja Nothwendigk. einer aufserord. u. beglaubigten göttl. Belehrung ü. Rel. u. müssen uns in dem innigsten Wunsche vereinigen, dafs es Gott, an dessen Güte gegen uns u. Fähigk. in sr. Schöpfung zu walten, wir nicht zweifeln dürfen, irgend wann u. wo gefallen haben möge, den Menschen zu offenbaren, was ihnen so schwer o. gar unmöglich ist, mit Zuverlässigk. u. in irgend einem Grade der Vollkommenh. in dem Buche der Natur zu lesen." But führte diesen Bew. dahin aus, dafs alle Vftbldg. auf Erziehung beruhe, daher ihr Anfang von einer göttl. Erziehung o. Erleuchtung ausgehn müsse; welcher Bew., wenn er Stich hält, auf die allg., nicht auf eine bes. Offnb. führt.

1) Nach Kl, der jedoch darin nur die Möglichk. einer Offnb. im Xthum findet: *a*) Die Form der Offnb. Gottes würdig, *b*) die Einführung mit möglichster Benutzung der Naturkräfte, *c*) ihr Inhalt dem Empfänger verständlich, *d*) ohne Widersprüche mit sich selbst, *e*) u. mit den allg. Wahrheiten der Vft., *f*) sie mufs Erkenntnisse mittheilen, die nicht schon durch eignes Nachdenken gefunden werden, sdn. über der Vft. sind, *g*) keine überflüssigen u. unwichtigen Dinge, *h*) für alle Menschen bestimmt u. allg. verständlich, *i*) für alle Zeiten, sonach nicht blos relativ Gutes u. Temporelles. Am: „*Rev. vera argumento Numine digno et ad moralem hominis naturam accommodato differt a vanis hominum commentis.*"

§. 34. Wirklichkeit der Offenbarung.

lich u. physisch nahm, so ist nicht erweislich, dafs diese Auffassung von Jesu ausging. *ad b)* Sie ist unerklärlich wie jede Bildung eines Geistes, der sr. Zeit voranschreitet; die Gränzen der menschl. Natur überschreitet sie nicht. *ad c)* Der Plan Jesu ist der Plan Gottes mit der Menschh., wie er von der Vft. erkannt wird; in rein natürlicher Entwicklung mufste sie irgendeinmal ihn fassen. *ad d)* Ist die Vftmäfsigk. drs., konnte also von bloser Vft. ausgehn. *ad e)* Die uns wunderbar scheinenden Thaten Jesu waren unter seinem Volke Bedingung sr. messianischen Anerkennung, daher berief er sich auf sie, als auf volksthüml. Zeugnisse für den Messias [*Mt.* 11, 4 *ss. Jo.* 14, 11.], ohne die Wahrh. sr. Lehre auf diese ungewissen Erscheingn. gründen zu wollen [*Mt.* 12, 39. *Jo.* 4, 48.]. In seinen wunderb. Schicksalen, bes. in der Auferstehung, verehrte die apost. K. den Segen Gottes über Jesu Werke. Bei der Schwierigk. einen phil. Bgr. u. hist. Bew. des Wunders aufzustellen [§. 69], durch ein äufseres Factum die innere Wahrh. einer L. darzuthun, u. bei der Anerkennung, dafs auch falsche Propheten Wunder thun (*Exod.* 7, 11. *Mt.* 7, 22. *Lc.* 11, 19.), ohne dafs ein Kriterium ihrer Unterscheidung angegeben würde [*Deut.* 13, 1 *ss. Mt.* 24, 24. 2 *Thss.* 2, 9.], bleibt diesen, wenn uns auch unerklärl. Thatsachen nur ihre hist. Bedeutung, die Einführung des Xthums vermittelt u. die Herrsch. des Geistes über die Natur bewährt zu haben, als Spuren der allwaltenden Vorschung; welches auch die Ansicht der orthod. KLehrer ist.[2] *adf)* Joh. hat nur bezeugt u. konnte nur

---

[2] Grh. *XII.* p. 107: „*Miracula, si non habeant doctrinae veritatem conjunctam, nihil probant.*" Die Consequenz des Systems bedurfte des Wunderbew. nicht u. man hatte die fortw. Wunder der kath. K. abzulehnen. Zwar wird der Wunderbew. mit angeführt, aber unter Voraussetzung des Begr. von *miraculum* [im Ggns. von *mirabile*] als Thatsache, die nur von Gott gewirkt sein könne [*veritas rei*] u. zur Bestätigung der Wahrh. diene [*veritas finis*], wo dann freilich der Bew. eben so sicher, als unnöthig ist. Je mehr man die innre Consequenz des alten Systems aufgab, desto mehr mufste man die Kraft dieser äufsern Beweise hervorheben. Der Ggns. wider dieselben entstand aus dem Ableugnen der Wunder überhaupt. Wider die Einwendung, dafs durch ein hist. Factum nicht eine rel. Wahrh. dargethan werden könne, hatte sich schon Br auf die von Gott bezeugte Wahrhaftigk. des Wunderthäters berufen: „*Deus miraculose operando non assistit seductoribus ad fallendos hominum animos: sed his, quos tanquam vera et salutaria proposituros ipse vecera misit.*" Storr: „*Cum haec mira, in facto posita, nec hum. arte effici, nec casu ad voluntatem et praedictum Jesu consentire potuerint: luculento sane testimonio sunt, hominem Jesum, ut ipse dixit, sibi, qui res istas efficere non potuisset, haudquaquam relictum, sed adjutum fuisse ab altiore natura, et nominatim quidem ea, cui et dicta sua et humanis manifesto superiora facta ipse tribuit.*" Wegen der angeführten Schwierigkeiten behaupten die meisten NKS nur eine subj. u. untergeordnete Beweiskraft der W. in ihrer Verbindung mit der innern Wahrh. des Xthums, was im Grunde nur die oben angegebene hist. Bedeutung ist. Mor: „*Accessoria argumenta.*" But: „Die W. empfangen ihre Weihe als göttl. W. zwar erst von dem göttl. Werke, für das sie geschehen, aber sie unterstützen auch wieder den Gl. an die Göttlichk. des Werkes." Schott: „*Quanquam historia docet, non defuisse, qui persuasionem suam de origine religionis chr. sanctissimam aliis argumentis superstruerent, ratione nulla indolis horum factorum miraculosae habita; quovis tamen tempore efficere poterunt, quod semper effecerunt, ut animi ad Xtum ejusque doctrinam magis attenti reddantur; ut veritati eorum, quae Jesus de legatione sua coelesti dixerit, inserviant comprobandae; denique ut effata Xti gravissima symbolice illustrent.*" Stdl: „Nicht das W. machte etwas zur Wahrh., sdn. die ganze Erscheinung Xti, zu welcher wesentlich die W. gehören, beurkundete ihn als den von Gott in Besitz der Wahrh. Gesetzten." Am: [ed. 3.] „*Subsidia cognoscendae veritatis, populo inprimis adcommodata. Pertinue-*

bezeugen, dafs er Jesum für den Messias halte, u. zwar, wie es scheint, in einem so jüd. Sinne, dafs hierdurch die Bedeutung Jesu im Sinne des Rts. lange nicht erreicht wird. *ad g)* Wie sie auch geschehn sei, ist sie das unverdächtige Zeugnifs eines grofsen Zeitgenossen für die Wahrh. der Gesch. Jesu, u. von der Macht der rel. Wahrh. über ein edles Gemüth; für die Offnb. beweist sie nichts. *ad h)* Auch der Abergl. hatte Märtyrer, warum nicht vielmehr die Vft. *ad i)* Sie ist vollkommen durch die Gesch. erklärt, in dieser Gesch. wird jedes rel. Gemüth die Vorsehung erkennen. *ad k)* Es sind die Wirkungen der Vft., u. überall, wo sich die K. von ihr entfernte, wurden sie zum Fluche. Resultat: aus den angegebenen Gründen ist das Xthum als die Einführung der Vftrel. nach dem Plane der Vorsehung erwiesen, nicht als Offnb.

§. 35. Beweise für den Rationalismus.

Nach WGs: *a)* Die Vft. ist das oberste Erkenntnifsvermögen, dessen unbedingte Herrsch. im Gewissen anerkannt wird: wer mit Verachtung dieser Herrsch. sich einer vermeinten Offnb. unbedingt unterwirft, verletzt die Menschenwürde. *b)* Wie alle Thiere ihren Endzweck durch natürl. Kräfte erreichen können, so zweifelsohne auch der Mensch durch die Vft. *c)* Die Gesetze unsrer Erkenntnifs fordern für jede Erscheinung eine Ursache in der Natur; daher wäre vermessen, wenn diese Ursache nicht sogleich nachgewiesen werden kann, sie überh. zu leugnen u. für übern. zu achten. *d)* Da mehrere Rel. das Vorrecht der Offnb. ansprechen, kann nur die Vft. zwischen ihnen entscheiden. *e)* Keine Offnb., die wie alle Gesch. nur auf äufsern Zeugnissen ruht, gewährt die Sicherh. der Vftüberzeugung. *f)* Was über die Vft. ist, so dafs es die Vft. auf keine Weise einsehn kann, das ist auch gegen die Vft. *g)* Der scheinbarste Grund für die Offnb. ist ein Cirkel im Bew. [*petitio principii*], denn er beruht auf Aussprüchen der H. S., diesen aber soll defsh. geglaubt werden, weil die Offnb. in der H. S. enthalten sei, was eben zu beweisen war. *h)* Die Wissensch. unsrer Tage kennt die natürl. Ursachen vieler Ereignisse, die der Vorzeit als Wunder erschienen. So wird allmälig der ganze wunderbare Schein der heil. Gesch. verschwinden. Der Rts. ging daher nothw. aus der höhern Entwicklung der Wissenschaften hervor, seine Sache ist die Sache der Wissensch. selbst. *i)* Gott, unbeschränkt durch Raum u. Zeit wirkt stets unmittelbar, aber der Mensch, innerhalb dieser Schranken, erkennt diese Wirkungen nach dem Causalitätsgesetze nur als mittelbar. *k)* Geschieht in der Natur, was die Natur nicht bewirken konnte, so ist dieses ein an sich nicht nothw. Mangel in der Natur, der auch in ihrem Urheber sein mufs. *l)* Nur die vollkommne Kenntnifs der Natur kann entscheiden, dafs eine wunderb. Thatsache nicht aus ihren Gesetzen stammen könne. Da niemand diese Kenntnifs hat, wäre mit der göttl. Weish. eine übern. Offnb. nicht zu ver-

---

runt non ad Ecc. constitutam, sed ad constituendam, neque ad eos, qui crediderunt, sed ad incredulos [1 *Cor.* 14, 22.], *quare non absoluta fuere veritatis signa*." Dgg. SCHLR: [1. A.] „Es gibt keine andre Art an der chr. Gemeinsch. Antheil zu erhalten, als durch den Gl. [2. A. an Jesum als den Erlöser], u. dafs die Entstehung des Xthums in Verbindung steht mit Weifsg., u. W. ist nur für diejenigen, welche glauben, ein Beweis der Wahrh. desselben."

§. 35. Beweis für den Rationalismus.

einen, denn niemand könnte sich hinreichend von ihrer Wahrh. überzeugen. KL fügte hinzu: *m)* Das in der H. S. Locale u. Temporelle kann nur durch Vft. ausgeschieden u. dadurch die reine Rel. gewonnen werden. *n)* Aus dem Geiste des Xthums als einem Geiste der Wahrh. u. des Lichts folgt der freie Vftgebrauch von selbst [*Jo.* 8, 32. 1 *Cor.* 10, 15. 1 *Thss.* 5, 21.], *o)* seine Unterdrückung hat überall den Abergl. u. Fanatism. erzeugt. Die SP entgegnen: *ad a)* Wer sich vernunftlos einer Offnb. unterwirft, verletzt allerd. diese Würde. Die Vft. aber findet in ihrer Schwäche u. im Schwanken aller ph. Systeme das Bedürfnifs einer höhern Offnb.; wenn sie daher durch vernünftige Gründe sich überzeugt, dafs diese Offnb. in der H. S. enthalten sei, so vertraut sie in dieser dms. offenbaren Worte Gottes, das in ihr selbst nur dunkler enthalten ist. *ad b)* Wäre der Mensch ein Thier u. beschränkt auf die Sinnenwelt, so wäre dieser Grund unfehlbar. *ad c)* Welche Ursache fordert denn unsre Erkenntnifs für die Natur selbst? Wenn aber die Schöpfung von einer übersinnl. Ursache abgeleitet werden mufs, warum nicht auch die Erlösung u. jedes göttl. Walten in der Sinnenwelt! Was die kleinen Wunder betrifft, welche das grofse der Offnb. umgeben, so ist noch weit vermefsner, zu leugnen, dafs Gott in sr. Welt wirken könne, u. wo Dinge geschehn, durch welche abbrechend vom Gange aller bekannten Naturgesetze das Reich Gottes auf Erden gefördert wird, in der That wirke. *ad d)* Sie soll auch entscheiden, nach hist. u. rat. Gründen, aber nach der Entscheidung sich der erkannten Gottesstimme unterwerfen. *ad e)* Die Vft. vielmehr ist das Ungewisse, das der Leidensch. selten widersteht, u. über Nacht sich ändern kann vor der Gewalt einer überlegnen Intelligenz, die defshalb der Wahrh. nicht näher steht. Ein Thlg., welcher der Vft. u. ihrer wissensch. Ausbildung, der Ph. sich ergab, mufste von Kant bis Hegel viermal seine Überzeugung wechseln. Diej. RT aber, welche sich um die wissensch. Bewegung der Ph. nicht bekümmern, behaupten die Alleinherrschaft der Vft., ohne doch ihr Wesen wissensch. zu erkennen. Die wenigen, welche an der Ph. theilnehmen, sind fast alle bei einer ph. Schule stehn geblieben ;bei Kant´, welche von höher gebildeten Zeitgenossen als eine untergeordnete Entwicklungsstufe anerkannt ist. Die Offnb. dagg. wird nur angenommen auf Auctorität, um durch Erfahrung, wenn Xtus in uns eine Gestalt gewinnt, zur innersten Überzeugung zu werden; u. wo ist unter den Aufgeklärten eine Glaubenssicherh., wie sie zu allen Zeiten unter den Gläubigen gewesen ist? *ad f)* Vieles vermag einer einzusehn, nachdem es von aufsenher ihm geboten ist, ohne dafs er es durch eigne Kraft hätte finden können. Vft. ist das Auge, Offnb. das Licht. *ad g)* Bei Untersuchungen über die Offnb. gilt die H. S. nur als hist. Zeugnifs mit menschl. Ansehn. *ad h)* Sind hier etwa die scharfsinnigen Wundererklärungen von Paulus u. a. gemeint? Was aber durch wahrhafte Wissensch. vom Wundergl. der Vorzeit schwindet, das geht nur dem popul. Spnts. verloren. Noch ist niemand durch die blose Wissensch. von Sünde u. Tod erlöst worden. Übrigens steht der gewöhnliche Rts. so wenig auf den Höhen der neuern Wissensch., dafs er vielmehr von ihren geistvolleren Stimmführern für eine trockne, verkümmerte u. abgestandne Richtung des Zeitgeistes erklärt wird. *ad i)* Dieses ist blose Verwirrung der Bgr. Das Unmittelb. besteht nicht darin, dafs es aufserhalb des Raums u. der Zeit geschieht, sdn. darin, dafs es weder vom menschl. Geiste, noch von sonst einer Naturkraft ausgeht; das Causalitätsgesetz wird nicht aufgehoben, sdn. erkennt nur eine übersinnl. Ursache an, wie bei der Schöpfung. *ad k)* Ein neuer Schlufs, des Natrs. würdig, welcher die Mängel der Natur in ihren Urheber versetzt! also auch das Böse. *ad l)* Dennoch haben sich viele hinreichend von der Wahrh. der Offnb. überzeugt, u. dadurch im Frieden Gottes eine Gewifsh. gewonnen, durch welche sich vielleicht die göttl. Weish. vor den RT rechtfertigen läfst. *ad m)* Die rein hist. Ausscheidung nach innern Gründen der H. S. reicht vollkommen aus. Die Ausscheidung des Rts. ist seit Bahrdts Kritik u. Kants moral. Interpretation, deren sich die RT von heute schämen, sattsam bekannt; jede ph. Schule scheidet aus, was ihr mifsfällt, u. deutet hinein, was ihr beliebt. *ad n)* Den Gebrauch, nicht den Mifsbrauch der Vft. begünstigt das Xthum: die Freih., nicht die Frechh. des Forschens in den Geheimnissen Gottes: aber den Frieden Gottes hält es höher als alle Vft. *ad o)* Vielmehr sind fast alle Ketzereien von den Gnostikern an durch den Vorwitz der Vft. entstanden, die Mifsbräuche der K. aber durch das Abweichen von der Offnb. in der H. S.; durch diese, nicht durch die Vft., hat die Reformation den Abergl. besiegt. Resultat: die Nothwendigk. des Rts. ist nicht dargethan.*)

§. 36. Allgemeines Resultat.

Da auf diesem Standpunkte weder der Spnts. noch der Rts. wissensch. erwiesen werden konnte, schien die Wahl zwischen beiden der subj. Neigung u. individ. Bildung überlassen. Die Meisten können sich nie zur wissensch. Anschauung ihrer Vft. erheben, u. müssen daher ihren Gl. an äufsere Auctorität knüpfen: für diese, damit sie nicht von menschl. Auctorität u. dem Wechsel ph. Schulen abhängen, ist eine Offnb. o. doch der Gl. an sie rel. Bedürfnifs. Wer sich aber zu wissensch. Selbstständigk. erhebt, wird zum Rts. gelangen. Denn im Menschen ist ein rel. Geist, der in sr. Entwickl. zur That das fromme Leben, zur Erkenntnifs den rel. Gl. erzeugt. Dieser Geist ist erzogen worden durch das Xthum u. es ist möglich, dafs er ohne dasselbe nie zum vollen Bwsts. gekommen wäre. Nachdem er aber dazu gekommen ist, achtet er sich in freier Gemeinschaft mit dem Xthum, wie ein mündig gewordner Sohn, für zureichend, seinen rel. Gl. zu bestimmen. Gegen diesen thatsächl. Beweis, wie jede rechte RPhil. ihn aufstellt, wäre zu zeigen, dafs das Xthum Wahrheiten enthalte, die dem Geiste nicht erkennbar, dennoch zum rel. Leben unentbehrlich sind. Die NKS sind aber so fern, dies mit den sogenannten Mysterien zu können, dafs vielmehr auch sie in den Dogmen der Vftrel. die Bedeutung des Xthums finden, u. nur mit bes. Kunst die Mysterien irgendwie an jene vernünftige Rel. anknüpfen.[1] Die Wissensch.

---

*) Über diese ganze Entgegnung nach Wiederholung sr. Gründe Wgs: *ed. 7. p. 54:* „*Quibus ex rebus breviter disputatis jam satis intelligitur, quid judicandum sit de veritate ipsaque necessitate rationalismi, et quam futilia sint argumenta, quae in contrarium partem affert Hutt. redic.*"

1) Wie sie eine Offnb. haben, die nichts zu offenbaren hat, so haben sie eine Lehre von der Versöhnung, die nicht weifs, was sie versöhnen soll; Gott ist Mensch geworden, um einige treffliche Lehren der Moral vorzutragen, die bei den alten Philosophen

mochte sich daher auf diesem Standp. dem Rts. ergeben, ohne dafs sie ein Interesse hatte, das Factum einer bes. Offub. in Xto zu bestreiten :²) aber in der Überzeugung, dafs, da jetzt die Offnb. in der Vft. zur Rel., sonach auch zur Seligk. ausreiche, ihr, die zwar irren könne, aber in sich selbst die Kraft zur Berichtigung des Irrthums trage, die entscheidende Stimme neben einer andern Offnb. gebühre, die weder als Thatsache, noch in ihrer Überlieferung über allen Zweifel erhaben sei, u. hinsichtlich ihres Verständn. dem Irrthum gleichfalls Raum gebe. Zu diesem Resultat hat der Pelgms. der NKS nothwendig geführt, u. man mufs gestehn, dafs sie die Bahn gebrochen haben, zu deren Ziele die RT gelangten.

§. 37. Ächter dogmatischer Supernaturalismus.

Der Mensch ist von Gott vollkommen, sonach zum RT erschaffen: dies erkannten auch die AKD. Aber da durch die Sünde alle rel. Kraft gebrochen ist, liegt das einzige Heil in einer übernat. Offnb. u. Wiederherstellung von Gott aus: dies war den AKD die absol. Nothwendigk. der Offnb., u. ist der alleinige Bew. des Spnts. Die NKS haben auf diesen Bew. verzichtet, einige sogar ihn als *petitio principii* verworfen.¹) Die II. S. ist es allerdings, welche durch die Predigt des Gesetzes u. der Gnade unsre Sündhaftigk. u. Erlösungsbedürftigk. zum vollen Bwsts. bringt, u. die K. verkündigt dieses Bwsts. im D. der Erbsünde: allein nicht ein bloses Fürwahrhalten auf Auctorität überzeugt uns von dieser Erlösungsbedürftigk., sdn. das innerste Bwsts. ihrer Hülflosigk. hat die Seinen, als noch keine II. S. u. keine KSatzung bestand, zu ihrem Erlöser geführt u. wird sie zu ihm führen bis ans Ende der Tage. Dieses Bwsts., von dem freilich die Schlk. zu allen Zeiten nichts wufste, zur wissensch. Klarh. zu bringen, ist der Beruf einer chr. Phil. Diesem zwar haben die AKD nicht genügt, aber ergriffen von dem Gemeingefühl ihrer K. haben sie von diesem Punkte aus mit sichrer Hand ihr System gegründet. Dem Sünder, der den Erlöser sucht, wird das Ev. verkündigt. Dafs dieses das wahre Ev. der Versöhnung sei, wird gegen die andern RFormen durch die Gründe dargethan, mit denen oben das Xthum als übernat. Offnb. erwiesen werden sollte. Aber nur die Wahrh. des Xthums in diesem Ggns. wollten die AKD mit ihnen darthun, nicht für die Gläubigen, sdn. für die Ungläubigen, damit sie sich zum Glauben entschlüssen; nicht für die

---

eben auch zu finden waren; mit der Trinität wissen sie gar nicht, was anzufangen sei. Storr, Knapp u. Steudel haben noch das Äufserste gethan, um die Mysterien an die Frömmigk. zu bringen, aber man lese, wie mühsam sie irgend eine *ferne Beziehung* ersannen!

2) Brt: „Es ist unnöthig, die Nothw. einer Offnb. zu beweisen. Denn wenn die Vft. die Möglichk. zugesteht, so hat die Theol. blos den hist. Bew. zu führen, dafs sich Gott geoffenbart habe. Ist dieses bewiesen, so folgt von selbst, dafs Gott eine Offnb. nöthig gefunden haben müsse." Gesetzt dieser hist. Bew. sei vollständig, so kann die Offnb. einst nöthig gewesen sein, aber für damals; wo die durch das Xthum erzogene Vft. sich selbst zu helfen weifs, ist ohne ein bleibendes Bedürfnifs drs. für den Spnts. so gut wie nichts erwiesen; u. zu diesem Resultate ist Brt zuletzt auch gekommen. *Cf.* §. 31. nt. 7.

1) Brt: „Die Nothw. einer göttl. Offnb. folgt zwar aus der krchl. L. vom Sündenfalle u. dessen moral. Folgen; da aber dieser Bew. aus der chr. Offnb. selbst genommen ist, so kann er dem Vorwurfe, *petitio principii* zu sein, nicht entgehen."

rel. Überzeugung, sdn. nur mit der Gewifsh. andrer hist. u. menschl. Dinge, daher *fides humana* genannt.²) Wenn aber hierdurch das Ev. in unser Gemüth aufgenommen u. in uns erlebt wird: entsteht im Ggns. der frühern Zerfallenh. mit Gott durch die Gemeinsch. mit Xto der Friede Gottes in der festen Überzeugung des Selbsterlebten. Weil er nicht ausgehen konnte von der Vft., denn diese hatte nichts als den Zorn Gottes zu verkündigen, so bezeugt sich dieser Friede in uns als ein von Gott bewirkter, das ist: *fides divina, testimonium Spiritus S. internum*, i. e. *effectus in animis credentium supernaturalis, quo Deus peccatores per Xtum servatos gratiae suae certos facit*;³) das grofse Wunder des Xthums, gegen das Luther die andern

2) Die AKD beweisen die Wahrh. der Offnb. mittelb. in den Bew. für den göttl. Ursprung der H. S. Übersicht dieser Bew. für den menschl. Gl., bei denen allerdings manches Menschliche mit unterläuft, nach Bn: ,,*Argumenta, quae divinam Scripturae originem humana fide agnoscendam, seu credibilem declarant*: 1. *Interna*: 1) *Styli simplicitas, conjuncta cum gravitate, solo Deo digna, quodque non raro expresse sub ipsius Dei nomine proponuntur credenda atque agenda*. 2) *Veritas assertionum, sine admixtis erroribus. Veritas Scripturae probatur* a) *per inductionem omnium dogmatum, quae salutis causa in ea traduntur, et vel ex ipso lumine naturae cognosci possunt, vel lumen naturae excedunt*; b) *ex consensu librorum V. et N.T. omniumque partium inter sc*; c) *collatis vaticiniis*. 3) *Sanctitas perfecta, exclusis omnibus, quae inhonesta aut indecora sunt*. 4) *Sufficientia ad salutem*. II. *Externa*: 1) *Antiquitas, seu quod Sc., ratione doctrinae fidei ac morum, partim cum ipsa mundi origine coepit, partim paulo post ipsis primis hominibus innotuit; ratione vocum scripturarum vero omnium gentilium libros aetate antecedit*. 2) *Ipsorum hominum, qui Sc. consignarunt, notitia rerum tradendarum et studium veritatis sincerum, absque ullo partium aut affectuum studio*. 3) *Miracula, quibus Scriptores S. et suam missionem et doctrinae a se propositae originem div. ostendunt*. 4) *Ecclesiae per orbem terrarum diffusae jam inde ab App. temporibus concors et plane consentiens testimonium de origine Sc. divina*. 5) *Martyrum constantia et robur plus quam humanum*. 6) *Doctrinas chr. tam felix et subita propagatio et inter tot persecutiones consertatio*. 7) *Testimonium reliquorum populorum, quod, quamvis a sacris illis alieni, tamen rebus gestis populi Dei, atque ipsi doctrinae, vel imprudentes perhibuerunt*. 8) *Exempla vindictae div. manifesta adversus persecutores et violatores hujus doctrinae*. [Ihr Vrh. zum testimonium Sp. S.:] *Illud quidem argumentum unicum est, quo fides div. de divina doctrinae origine singulis hominibus ingeneratur: licet argumentorum fidem hum. gignentium usus fortasse non intercesserit. Sed tamen fatendum est, in ordine ad concertendos alios praemittenda esse argumenta ista; imo etiam, in casu tentationis, fidelibus ipsis, ad removendas difficultates quasdam, ea non inutiliter adhiberi, imo etiam, pro ratione status illorum, esse quodammodo necessaria. Conducunt quidem cum ad morendum et suadendum, tum ad conciuendum adversarios, ita non ad persuadendum ita, ut vel accendunt, vel foveant fidei illam plerophoriam, qua velut coelesti radio omnes nebulae animi secum disceptantis dissipantur; quae est beneficium Spiritus S., qui, ut loquitur Augustinus, cathedram in coelo habet, et docet corda intus*." Durch diese blos untergeordnete Beweisführung fällt auch der scheinbare Grund gegen den Spnts., dafs er einesth. die Vft. verwerfe, andernth. die Anerkennung der Offnb. von dieser verfinsterten Vft. abhängig mache.

3) QUEN: ,,*Ipsa intrinseca vis et efficacia verbi div. et Spiritus S. in Sc. et per Sc. loquentis testificatio et obsignatio in cordibus fidelium*." HOL: ,,*Actus supernaturalis Spiritus S., per verbum Dei attente lectum, vel auditu perceptum, virtute sua div. cor hominis pulsantis, aperientis, illuminantis, et ad obsequium fidei flectentis, ut homo illuminatus ex internis motibus spiritualibus vere sentiat, verbum sibi propositum a Deo ipso esse profectum, atque adeo immotum ipsi assensum praebeat*." Die Beziehung wie nt. 2 zunächst auf die H. S., obschon sich natürlich der H. G. bezeugte u. die K. gründete, bevor eine H. S. vorhanden war.

§. 37. TESTIMONIUM SPIRITUS SANCTI.

kleinen Mirakel als die geistlose Weise der Beglaubigung herabsetzte; von den Neuern nur als die moral. u. rel. Wirksamk. des göttl. Wortes betrachtet.[4)] Und so ist es nicht ein äufserlich Glauben auf allerlei

---

[4)] RNH: „*Animi certa persuasio ex usu legitimo librorum S. orta, eorum doctrinam ad instituendum, corrigendum et tranquillandum animum esse maxime idoneam.*" SCHOTT: „*Testimonium experientiae i. e. persuasio certa, ex cognitione atque usu religionis doctrinae chr. recto oriunda, de efficacia praestantissima, quam haec religio ad animos edocendos, emendandos, tranquillitate div. imbuendos exserat.*" AM: „*Summum veritatis argumentum est convenientia doctrinae cum natura hominis rationali, ad quam Auctores S. saepius provocare non dubitant, et quae tropice a Theologis testimonium S. Spiritus adpellatur.*" STDL: „Rechtfertigung der chr. Wahrh., insofern ihr angefühlt wird, sie sei geeignet, dasj. zu reichen, was das Gemüth mit Gott, Welt u. sich selbst in Einstimmung bringt. WTT: „Anerkennung des Göttl., das der Vrst. nicht beweisen kann, im gläubigen Gefühle." TZE: „*Vera pietas, quae ex usu doctrinae chr. nascitur, et ad certam cognitionem ducit.*" TWS: „Das Zeugnifs des H. G. beruht auf dem Bwsts. der Identität des in uns geweckten, aber noch werdenden. u. des Wachsthums bedürftigen, u. des auf eine urspr. Weise in der H. S. dargestellten, durch sie auch uns sich mittheilenden rel. Lebens." NZ: „Der Bew. dafür, dafs die Grundwahrh., von welcher alle L. ihre chr. Eigenthümlichk. erhalten, göttl. Wahrh. sei, ist in zwiefacher Hinsicht entw. gar nicht vorhanden o. nur Einer. 1) Insofern als sich jede apolog. Beweisführ. auf jenen lebendigen u. unmittelb. Syllogismus des Herzens stützen mufs, welcher Jo. 7, 17. Röm. 1, 16. 1 Cor. 2, 4. 5, 10. 2 Cor. 4. 6. 13. angedeutet ist. In dieser Hinsicht ist von den gläubigsten Xten die Unerweisbk. ihrer Rel. nicht klagend eingestanden, sdn. freudig behauptet worden. 2) Insofern als die empir. Nachweisungen, welche dem Bew. des Geistes u. der Kraft unsers Mangels wegen an eben diesem Bew. th. voran. th. zur Seite gehn, einzeln genommen u. jede für sich allein nichts, sdn. nur in ihrem gehörigen Zusammenwirken etwas beweisen." Nehmlich: Selbstzeugnifs Jesu, Zeugnifs des Vaters durch seine Werke u. durch Weifssagungen des A. T., endlich Zeugnifs des Paraklet, „welcher, indem er alles von dem nimt, was Xti ist, aus Idioten Lehrer der Welt, aus Sündern Heilige, aus Feinden Freunde u. aus der Welt ein Haus Gottes macht." HGL. II. p. 161: „Hauptstandpunkt der Vft. in Ansehung der Wunder ist, dafs das Geistige nicht äufserlich beglaubigt werden kann, es kann nur durch sich u. in sich beglaubigt werden. Das ist, was Zeugnifs des G. genannt werden kann." Aber „das Zeugnifs des G. in sr. höchsten Weise ist die Weise der Phil., dafs der Bgr. rein als solcher aus sich die Wahrh. entwickelt, u. man in u. durch diese Entwickl. die Nothw. drs. einsieht." Nur STORR beschreibt das Wesentliche §. 115: *Plures loci extant, qui div. efficientiam a doctrina ipsa ejusque vi* [*naturali*] *discernunt* [1 Cor. 3, 6. 7. etc.], *eorumque partim ejusmodi sunt, ut ad opem extrinsecus ferendam rerumque hominis externarum moderamen, praeparando animo doctrinae div. et hujus studio alendo accommodatum, nequeant commode trahi, sed inexplicabilem* [*Jo.* 3, 7 s. *Eph.* 1, 19 s.] *sola divini testimonii auctoritate* [*Jo.* 3, 11-13,) *agnoscendam, efficientiam Dei intrinsecus in animo hum.* [*Eph.* 3, 20.] *confirment* [1 *Thss.* 2, 13.]." Seit ERNESTI u. MICH. hatten die NKS dieses göttl. Zeugnifs verworfen u. dafür mit jenen menschl. Zeugnissen vorlieb genommen. Ihre Gründe: 1) der Bew. ist ein Cirkel, da die eine übernat. Wirksamk. erst durch die andere bewiesen werden soll u. die natürl. Verdorbenh. der Menschen vorausgesetzt wird. 2) Die H. S. weifs nichts davon, Röm. 1, 16. 8, 2. Phil. 4, 13. 3) Die natürl. Wirksamk. kann nicht von der übern. unterschieden werden. 4) Der Nutzen ist nicht von Bedeutung, da er nur den ohnedem Gläubigen zu Gute kommt. 5) Wir haben nichts davon empfunden. 6) Die ganze Sache führt leicht zur Schwärmerei. Die AKD dürften antworten: Die natürl. Vft. ist in Feindsch. mit Gott. Durch die H. S. wird der Friede Gottes in uns geschafft. Folglich ist dies eine übern. Schöpfung Gottes in uns. Die H. S. bezeugt sich diese göttl. Kraft: da sie nun auch bezeugt, dafs die natürl. Vft. nichts wisse von Gott, stellt sie die Vordersätze, aus denen wir den nothw. Schlufs ziehen. Habt ihr nichts von dieser göttl. Kraft in euch gespürt, desto schlimmer für euch! Es ist aber, um euch dadurch nicht von den Segngn. des Xthums auszuschliefsen, nur euer Pigma., der euch die übern. Wirkung des Ev. als eine natürl. vorstellt. Wie aber könnt ihr

Gründe, sdn. in der Tiefe unsers Gemüthes wird Xtus verkündigt u. aufgenommen, wir glauben nur dem in uns sich offenbarenden Gotte. Zweck u. Centrum der Offnb. ist die Versöhnung des Sünders mit Gott, um welche sich als ihre Vorder- u. Nachsätze die andern Mysterien reihen. Die Versöhnung ist gegen die Vft., denn diese kennt nichts als die Rechtfertigung durch eigne Tugend, u. wo sie in tieferer Selbsterkenntnifs die Sünde unsers ganzen Lebens erblickt, den Abfall von Gott u. den Zorn der göttl. Gerechtigk. Weil aber in dieser Verzweiflung an ihr selbst die Vft. zur Weifsg. auf den Erlöser wird, gibt sie im Gl. an dns. ihre Principien auf, u. wegen dieses doppelseitigen Vrh. zur Vft. wird nicht unpassend vom alleinseligm. Gl. gesagt, dafs er nur ü b e r die erleuchtete Vft. sei, während er g e g e n die verfinsterte u. der Erlösung noch unbedürftige Vft. ist. So weit aber die erleuchtete Vft. aus sich selbst heraus das Heil, d. i. die Rel. zu begründen vermag, bleibt ihr solches unbenommen, u. zumal wird sie allein das Ev. zur Wissensch. entwickeln; denn jene Beschränkung der Vft. ist nicht Willkür, — wie bei den NKS, welche gleichsam zum Benefiz der Offnb. eine gewisse Mäfsigung u. Beschränkung der Vft. fordern,⁵) als ob sie so viel davon überflüssig hätten, — sdn. es ist die Nothw. der Sache selbst. Der Rts. beruht daher auf einem sittl. Leichtsinne, der die Forderung des Gewissens u. die Tiefe der Sünde nicht erkennt.⁶) Weil aber auch er sein Heil im Xthum findet, sonach die Versöhnung in Xto, obwohl er dieses nur für eine geschichtl., auch anderswo zu erwerbende Bildung hält: so kann ihm das Xthum nicht abgesprochen werden, so lang er nicht sich selbst excommunicirt; auch theilt er seinen Grundirrthum, den Pelgms., mit den NKS u. bildete von diesem gemeinsch. Standpunkte aus mit gröfserm Rechte sein System. Nicht aber wider die Vft. ist zu streiten, da dieses der noch selbstzufriednen Vft. doch nur abergläubisch dünkt, sdn. die Gröfse unsrer Sünde ist darzuthun; am wenigsten ziemt die Vftverketzerung auf der Kanzel, denn dieses wird leicht dahin mifsverstanden, wo das Volk ohnedem nur allzu unvernünftig ist.⁷)

Loc. V. De Scriptura Sacra.

§. 38. **Historischer u. dogmatischer Begriff.**

Die Offnb. ist enthalten in der H. S.¹) BR: „*Principium cogno-*

überh. noch von einem übern. Ursprunge des Xthums reden, wenn ihr keine übern. Wirksamk. desslb. kennt? Für die Ungläubigen wollen wir so wenig etwas beweisen, als die Wahrh. der Vft. den Unvernünftigen. Zur Schwärmerei kann unser Gl. führen wie jede Idee durch Mifsbrauch, u. wie dem Sinnenmenschen schon die Idee an sich Schwärmerei ist u. der H. Geist ein Schwarmgeist.

5) Aug: [§. 28] „Nothw. Präliminar-Bedingungen der Theol. sind, dafs der Mensch, in seinem Vrh. zu Gott, auf den G e b r a u c h s r. V f t. u. F r e i h. f r e i w i l l i g V e r z i c h t l e i s t e, u. sich, als Gläubiger, der göttl. Belehrung u. Leitung überlasse."

6) Die RT haben sich über die Ungerechtigkeit dieser Behauptung vielfach beschwert, u. mit Recht auf ihrem Standpunkte. Es ist aber eine nothw. Behauptung des dogm. Spnts., o. wenn man dies lieber hört, des Augustinismus, mit deren Zurücknahme er sich selbst aufgeben müfste.

7) Dgg. ist aber in dieser Beziehung auch für den RT unvorsichtig, das Wort Gottes nur auf die Vft. zu stellen, denn diese sieht der gemeine Mann nur zu leicht für etwas blos Individuelles an, das er gern mit sr. Leidenschaft verwechselt.

1) **H e i l i g** im hist. Sinne durch ihre Beziehung auf Rel., im dgm. durch ihren

§. 39. Altes u. Neues Testament.

scendi *Theologiae revelatae est div. revelatio, et quidem pro hodierno Ecclesiae statu revelatio mediata, quae Scripturis S. tanquam signis sensibilibus continetur.*" Da ihre d g m. Bedeutung, Urkunde der Offnb. zu sein, durch ihren h i s t. Ursprung bedingt ist, so hat diese L. eine h i s t. u. eine d g m. Seite, jene von den neuern, diese von den ältern DD ausgebildet.²) H i s t. Bgr: [Brt] *Complexus librorum, quos Judaei et Christiani sacros habent.*³) D g m. Bgr: [Hol] *Verbum Dei a Prophetis et App. ex inspiratione div. consignatum, ut per illud peccator informetur ad aeternam salutem.*⁴)

§. 39. Altes u. Neues Testament. ¹)

Hist. Bgr: [Rnh] *Vetus Testamentum est corpus librorum, quos populus Israeliticus jam ante Xtum sacros habuit;*²) *Novum T. est collectio librorum, qui ab Apostolis et Evangelistis scripti supersunt.*³)

Urspr. aus Gott. Cal: „*Sacra vocatur a Deo auctore, a materia, fine, effectu et inspiratione.*" Namen: vom A. T. übertragen auf das Ganze: בְּתֵבֵי הַקֹּדֶשׁ *ἱερὰ γράμματα, γραφαὶ ἁγίαι*, Rom. 1, 2. 2 Tim. 3, 15; כָּתַב u. הַמִּכְתָּב *ἡ γραφή*, Exod. 22, 16. Jo. 19, 26. Act. 8, 32; *αἱ γραφαί, τὰ γράμματα*, Mt. 22, 29; *τὰ λόγια τοῦ θεοῦ*, Rom. 3, 2; seit Chrysostomus *τὰ βιβλία, libri κατ' ἐξοχήν.*

2) Brt: „Man kann die Bibel in doppelter Beziehung betrachten 1) in h i s t., wo man fragt, was sie nach dem Zeugn. der Gesch. wirklich ist, nehmlich Samml. glaubwürdiger Urkunden der jüd. u. chr. Rel., 2) in d g m., wo man fragt, für was sie von der rel. Gesellsch. der Xten gehalten wird, nehml. für den Codex der göttl. Offnb." Als wenn blos bei der ersten Frage von der Wahrh., bei der andern blos von der Meinung die Rede wäre! Der wahre Unterschied ist, dafs die erste Bedeutung auf nur menschl., die andre auf göttl. Ansehn ruht.

3) Wos: „*Complexio librorum religionis jud. et chr. historiam doctrinamque continentium, qui Veteris et Novi Testamenti nomine appellati sunt.*

4) Rnh: „*Collectio librorum, qui ob auctoritatem, qua pollent, divinam fidei ac vitae certissima sunt norma.*"

1) Vrh. Gottes zu Israel als Vertrag, Bund בְּרִית, Gen. 9, 17. 17, 2 ss. Lev. 26, 42; daher das Xthum *ἡ καινὴ διαθήκη*, Mt. 26, 28. im Ggns. von *τῆς παλαιᾶς διαθήκης*, 2 Cor. 3, 14. Die H. S. als Urkunde des Bundes סֵפֶר הַבְּרִית, Exod. 24, 7. *βιβλίον διαθήκης*; 1 Mcc. 1, 57. *διαθήκη*, Sir. 28, 7. Die *Vulgata* übersetzt *διαθήκη* durch *testamentum*, in späterer Latinität gleich *testatio, lex.* Die Bezeichnung A. u. N. Testament seit dem 3. Jhh. gewöhnlich; bei Tertull. u. Augtn *instrumentum.* Hol: [auf die class. Bedeutung anspielend] „*Testamentum est dispositio liberrimae voluntatis Dei de cultu div., mediis salutis ac forma regiminis in Ecc., confirmata morte et sanguine, vel pecuino typico, vel ipsius testatoris.*"

2) Namen bei den Rabbinen: עֲשָׂרִים וְאַרְבָּעָה *libri* 21; הַמִּקְרָא nach Neh. 8, 8. *liber legendus;* בֵּית מִקְדָּשׁ *domus sanctuarii;* מִקְדָּשְׁיָה *sanctuarium domini.* Einthlg. zur Zeit Jesu: 1) הַתּוֹרָה *ὁ νόμος*, der Pentateuch. 2) הַנְּבִיאִים *προφῆται*, i. e. [Mor:] *singulares interpretes Dei ad gentem jud., quorum potestas non nitebatur jure loci, quem in civitate tenebant, nec eruditione, sed ea re, quod nominatim moniti sunt a Deo haec docere et agere;* [Rnh:] *religionis magistri, extraordinaria vi div. instructi.* a) רִאשׁוֹנִים *priores*, Josua-Chronik; b) אַחֲרוֹנִים *posteriores*, die eigentl. Propheten mit Ausnahme des Daniel; u. [Prolog zu Sirach] *τὰ ἄλλα* scl. *γράμματα* nach Lc. 24, 44. *ψαλμοί*, später הַכְּתוּבִים *ἁγιόγραφα.* Quen: „*Dividuntur Libri V. T. ab aliquibus in historicos, poeticos et propheticos, ab aliis in mosaicos seu legales, historicos, ethicos seu paraeneticos et propheticos.* Salvator, Lc. 24, 34. *distinguit in Mosen, Prophetas et Psalmos, vel etiam*, Lc. 16, 29. *in Mosen et Prophetas.*"

3) Urspr. Benennung u. Einthlg: *τὸ εὐαγγέλιον καὶ ὁ ἀπόστολος;* ein o. das andre Ev.

Dogm. Bgr: [QUEN] *V. T. est collectio librorum, qui a Prophetis, adventum Messiae praenuntiantibus, per inspirationem div. sunt conscripti, ab Ecc. Jud. recepti, a Xto et Apostolis in N. T. approbati, et a primitiva Ecc. agniti, atque ad nos integri transmissi, ut essent perpetua norma fidei ac vitae; N. T. est collectio librorum, qui ab Evangelistis et Apostolis immediato Spiritus S. afflatu sunt conscripti, de Messiae adventu, beneficiis et regno testantur, Ecclesiae chr. uberius in fide et vita dirigendae ceu norma commendati.* Das hist. Vrh. des A. zum N. T. ist wechselseitige Erläuterung, das dgm. Vrh. die Einh. der Offnb. als Weifsg. u. Erfüllung. Das buchstäbl. Gesetz des A. T. ist eben dadurch abgethan, dafs es im Geiste des Xthums vollendet wurde, *Mt.* 5, 17-48. *Gal.* 3, 4.[4]) Daher ist in den S. B. die göttl. Auctorität des A. T. anerkannt, während seine einzelnen Gesetze für unverbindlich geachtet werden.[5]) Unter den AKD wurde diese geistige Anerkennung dadurch in das Gebiet des Buchstabens gezogen, dafs das Moralgesetz, als ewig u. von Xto bestätigt, nach wörtl. Aussprüchen des A. T. dargestellt,[6]) manches bürg. Vrh. nach dem mos. Gesetze beurtheilt u. jedes D. auch aus dem A. T. erwiesen wurde. Die neuern DD, ohne dem A. T. irgend eine buchstäbl. u. selbständige Geltung zu geben, unterscheiden sich nur dadurch, dafs die RT blos das hist., die SP zugleich das dgm. Vrh. zum N. T. anerkennen.[7])

---

u, die Paulinischen Briefe; beim allmäligen Hinzukommen der andern Bücher: τὸ εὐαγγελικὸν καὶ τὸ ἀποστολικὸν scl. σύνταγμα; s. dem 4. Jhh. N. T. u. Bibel. QUEN: „*N. T. absolvitur Libris historicis, vitam et res gestas Xti et App. describentibus, dogmaticis s. doctrinalibus, qui continent epistolas, et prophetico, qui de statu Novi T. post tempora Apostolorum vaticinatur.*" — Biblisch: *Evangelium*, laetum regni div. praeconium, *Mt.* 4, 23. *Rom.* 1, 16. *Evangelista*, vagus rei christianae nuntius, *Act.* 21, 8. *Eph.* 4, 11. Kirchlich: *commentarius de vita ac rebus Jesu Messiae; scriptor vitae ac rerum Jesu Messiae. Apostolus* im weitern Sinne: *quicunque religionis chr. nuntius et doctor*, *Act.* 14, 4. *Rom.* 16, 7. Im engern: *ab ipso Xto designatus religionis chr. doctor primarius, Mt.* 10, 1-4. *Act.* 1. 26. *Gal.* 1, 12.

4) Hiernach erklären sich gegenseitig: *Mt.* 5, 17: Οὐκ ἦλθον καταλῦσαι τὸν νόμον ἢ τοὺς προφήτας, ἀλλὰ πληρῶσαι. *Gal.* 3, 24 s: Ὁ νόμος παιδαγωγὸς ἡμῶν γέγονεν εἰς Χριστόν, ἵνα ἐκ πίστεως δικαιωθῶμεν· ἐλθούσης δὲ τῆς πίστεως, οὐκέτι ὑπὸ παιδαγωγόν ἐσμεν.

5) F. C. 570: [1] „*Credimus, unicam regulam et normam, secundum quam omnia dogmata omnesque doctores aestimari et judicari oporteat, nullam omnino aliam esse, quam Prophetica et Apostolica scripta cum Veteris, tum Novi Testamenti.*" C. A. 41: [39] „*Quasi oporteat apud Xtianos cultum esse similem Levitico. — Videntur Pontifices aliqua ex parte exemplo legis Mosaicae decepti esse.*" A. C. 215: [55] „*Insaniebat Carolostadius, qui nobis imponebat leges judiciales Moisi.*" C. Mj. 423: [82] „*Hoc praeceptum (sabbati), quantum ad externum et crassum illum sensum attinet, ad nos Xtianos non pertinet. Est enim externa quaedam res, sicut omnes aliae V. T. constitutiones, certis quibusdam ritibus, personis, temporibus et locis destinatae, quae omnes jam per Xtum liberae factae sunt.*" Cf. LUT: „Wenn ich Mosen annehme in Einem Gebot, so mufs ich den ganzen Mosen annehmen. Moses ist todt, sein Regiment ist aus gewesen, da Xtus kam, er dient weiter hierher nicht. Mosen wollen wir halten für einen Lehrer, aber für unsern Gesetzgeber wollen wir ihn nicht halten, es sei denn, dafs er gleichstimme mit dem N. T. o. dem natürl. Gesetze."

6) BR: „*Abrogatae sunt leges ceremoniales, exhibito Messia; et forenses, sublata politia judaica; moralis non item. Lex moralis Mosaica seu Decalogi eadem est cum lege Xti; illam enim a Pharisaicis corruptelis purgavit et rectius declaravit, non praecepta moralia plane nova dedit fidelibus.*"

7) DDR: *Usus hermeneuticus* [histor.], *dogmaticus* [für Dogmen, welche im N. aus

§. 40. Theologia prophetica et typica.

Der Grundcharakter des Judenth., durch den es sich rechtfertigt als Offnb., ist Vorbereitung u. Weifsg. zu sein. Daher die mess. Weifsg. der Höhenpunkt des A. u. seine Einh. mit dem N. T. ist. Da dem Judenth. wesentlich ist, dafs der H. G. sich zum beschränkten Volksbwsts. herabneigte: so ist diese Weifsg. in vielerlei Bildern nach mancherlei Bedürfnifs ausgesprochen. Daher nur eine untergeordnete Bedeutung drs. ist, dafs an ihrer Erfüllung im Einzelnen der Messias erkannt werde. Doch im Allg. ist diese Erfüllung in der K. allezeit anerkannt u. seit COCCEJUs in einer proph. Th. nachgewiesen worden.[1]) Ihr hat sich der Ungl., u. einigen Menschlichkeiten in ihr die neuere Wissensch. entgegengesetzt.[2]) Eine gläubigere Wissensch. hat begonnen, die bestimmte Voraussagung u. genaue Erfüllung wieder zu vertheidigen.[3] Bei der Dunkelh. proph. Bilder für uns scheint

dem A. T. vorausgesetzt werden], *moralis* [erbaulich]. RNH: „Ob wir gleich die Aussprüche des A. T. zum Bew. u. Erläuterung solcher Lehren brauchen können, welche die christl. Rel. mit der israel. gemein hat: so können wir doch nichts für ein wahres Lehrstück der chr. Rel. halten, was nicht aus dem N.T. allein erwiesen werden kann." Wcs: *Usus V. T. dogm. in eo maxime ponendus est, ut quae paucis tantum in N. T. libris commemorata sunt fidei capita, argumentis e V. T. repetendis apte illustrentur*." Darin rationalistisch: SCHLR: „Die alttest. Schriften verdanken ihre Stelle in unserer Bibel th. den Berufgn. der neutestamentischen auf sie, th. dem gesch. Zusammenhang des chr. Gottesdienstes mit der jüd. Synagoge, ohne dafs sie defshalb die normale Dignität o. die Eingebung der neutest. theilen." — Nz: „Zwar ist das A. T. in der Einh. des Heilsbeschlusses u. der Thatsache der Offnb. mit dem N. eines, aber nicht einerlei, sdn. dieses verhält sich zu jenem wie die Vollendung zur Vorbereitung, wie die Entschränkung zur Beschränkung, wie das Unmittelb. zum Mittelbaren."

1) Man unterscheidet 4 Perioden, in denen die Weifsg. immer klarer u. individueller hervortritt: 1) vor Moses, 2) bis David, 3) bis zum Exil, 4) bis zu Xto. Als messianisch galten: *Gen.* 3, 15. 12, 2 s. 18, 18. 26, 4. 49, 10. *Deut.* 18, 5 ss. 2 *Sam.* 7, 16 ss. 1 *Reg.* 11, 39. *Ps.* 2. 8. 16. 22. 40. 45. 72. 110. *Jes.* 2, 3 s. 4, 1. 7, 14 ss. 9, 2 ss. 11, 1-14. 40, 1-11. 53. *Dan.* 7, 13 ss. *Hos.* 3, 4 s. *Mich.* 4, 1 ss. 5, 1 ss. *Hag.* 2, 6 ss. *Sach.* 9, 9 s. 11, 12 s. 12, 10. 13, 7. *Mal.* 3, 1. 4, 5 s. *Th. prophetica:* Auslegung, Nachweisung in Xto. u. Beweisführung daraus. CARP unterscheidet *vaticinia scripta* im A. T. u. *oralia* in der Tradition wie *Mt.* 2, 25., *literalia* dem Wortsinne nach u. *mystica* nach einem verborgnen Sinne auf Xtum gedeutet, wie *Hos.* 11, 1. *cf. Mt.* 2, 15. *Exod.* 12, 46. *Jos.* 10, 33 ss.

2) Jener: Diese Weifsg. ist Einbildung eines eitlen Volkes, das sich im Elende mit solchen Chimären tröstete, sie enthält die Erwartung eines polit. Messias u. ist von Jesu nicht erfüllt worden. Diese: Die Weifsg. ist aus edlem Patriotismus u. rel. Begeistrung providentiel geschichtlich entstanden, die Propheten hatten keine klare Erkenntnifs Jesu, er hat die Propheten in dms. höhern Sinne wie das Gesetz erfüllt. [SCHLR:] Die Vorhersagung Product eines verständigen Zusammenschauens der menschl. Vrh. u. richtigen tiefen Gemeingefühls verbunden mit aufgeregtem unerkl. Ahnungsvermögen.

3) HENGSTENBERG in der Xtologie des A. T. [829.] mit dem Zugeständnisse an die Aufklärung, dafs die Propheten in Verzückung u. ohne Rücksicht auf die Zeit der Erfüllung ihre Gesichte schauten, gleichsam Bilder ohne Perspective, u. weiter [s. 1833] mit Unterscheidung der in einer Weifsg. enthaltenen Grundidee von ihrer ersten zeitlichen Realisirung. HOFMANN: [Weifsg. u. Erfüllung. 841-4.] Weifsg. nicht Äufserung des menschl. nicht des göttl. Geistes, sdn. beider zugleich. Der poetische Überglaube dem Unglauben in die Hand arbeitend. LG: „Es ist ein Mifsverständnifs, wenn man von bes. Weifsgn. auf den Gottmenschen, von mess. Psalmen unter den übrigen Psalmen redet. Das ganze A. T. bildet eine einzige grofse Weifsg. auf Xtum, der eine Psalm ist so gut messianisch wie der andere, sie sind alle mess. Psalmen;" nur mit dem Unterschiede des Bewufsten u. Unbewufsten. THOL: [Die Propheten u. ihre Weifsgn. 661.] Von heidn. Naturmantik durch den belebenden Gesteshauch u. den ethischen Zweck

ausreichend, diej. Weifsgn. als über allen Zweifel gestellt festzuhalten, welche von Jesu u. den h. Autoren als solche angerufen worden sind. Aber die wesentl. Bedeutung der moss. Weifsg. ist: a) dafs sie eine göttl. Veranstaltung war, dem Messias den Weg zu bereiten, b) dafs die Einh. der göttl. Offnb. sich in ihr bewährt, c) dafs in ihr die Frommen des A. T. den Versöhner aus der Ferne schauten u. im Gl. an ihn gerechtfertigt wurden. Unbewufste, thatsächl. Weifsgn. sind die Typen, d. i. Sinnbilder, welche aufser ihrer hist. Wirklichk. noch eine Vorbedeutung in sich tragen auf ein Verwandtes, Höheres, in dem sich ihre eigne höchste Bedeutung erst erfüllt. Das N. T. hat diese Anschauung vom Inhalte der Vorzeit als einem Schattenrisse, der im Xthum erst Gestalt gewinnt *Col.* 2, 16 *s.*, Personen [*Mt.* 12, 39 *s. Rom.* 5, 14. *Hbr.* 7.] wie Thatsachen [*Jo.* 3, 14. 19, 36.] als Vorbilder auf Xtum. In den S. B. ist die Bedeutung der Typen anerkannt.[4]) Ihre Theorie erhielt durch CARP u. BMG ein vorübergehendes Dasein als bes. Wissensch.[5]) Die RT sahn in den Typen zufällige Ähnlichkeiten, die NKS stellten diese L. als einen Theil des Bew. aus Weifsgn. zurück, o. verwarfen sie aus Scheu vor einem Doppelsinne der H. S., unter PD u. VT begann mit der Anerkennung, dafs durch die Natur u. Geschichte solch eine typische Entwickl. gehe, wieder ein Verständnifs drs.[6]) Es ist die Art des göttl. Geistes, der über der Geschichte waltet,

---

verschieden, doch die Prädiction des Zufälligen, als insgemein dem Propheten in schwankenden Bildern vorschwebend u. nur theilweis erfüllt, minder wesentlich als die Divination des religiös Nothwendigen.

4) *A. C.* 260: [36 s] „*Typus* [sc. *sacrificium Leviticum*] *pingit non caerimoniam solam, sed etiam praedicationem Evangelii. Lex habet picturas s. umbras rerum futurarum. Ut igitur in V. T. umbra cernitur, ita in N. res significata quaerenda est.*" 264: [54 s.] „*Epistola* [*ad Hebr.*] *magna ex parte consumitur in hoc loco, quod vetus pontificatus et vetera sacrificia non fuerint ad hoc instituta, ut mererentur remissionem peccatorum coram Deo s. reconciliationem; sed tantum ad significandum futurum sacrificium unius Xti. Oportuit enim Sanctos in V. T. justificari fide ex promissione remissionis peccatorum, donandas propter Xtum, sicut et Sancti in N. T. justificantur. Omnes Sanctos ab initio mundi sentire oportuit, hostiam et satisfactionem fore pro peccato Xtum, qui promissus erat.*"

5) *Th.* **typica**, *quae futurorum praedictionem, ex intentione Dei sub rebus, personis factisque latentem in V. T., scrutatur et explicat.* Typus, σκιά, ὑπόδειγμα, est adumbratio, praefiguratio, praesignatio. Dem Typus im A.T. entspricht seine Erfüllung im N. τὸ ἀντίτυπον, σῶμα. Man unterschied: 1) nach dem Inhalte: a) T. personales wie Adam, Melchisedek, Jonas. b) T. reales wie Erhöhung der Schlange, Beschneidung, Paschalamm, Opferung Isaaks; 2) nach der Auffindung: a) T. innati, welche im N.T. als Vorbilder angeführt sind, u. im engern Sinne, auch von den Vrff. des A. T. als solche erkannt würden; a) *expliciti* durch bestimmte Hinweisung wie *Jo.* 3, 14., β) *impliciti* durch Anspielung wie *Rom.* 3, 25. *cf. Lev.* 16, 15.; b) *T. illati* Beziehungen, welche in der H. S. nicht als solche bezeichnet, uns an sich selbst als solche erscheinen. Ähnlich der Schotte FAIRBAIRN, *Typologie* 847.

6) LG: „Alles Organische ist prophetisch im ganzen Verlaufe sr. Entwicklung; in diesem Sinne das Blatt eine Prophetie der Blume, das Kind eine Prophetie des Mannes, die ersten auftauchenden phil. Systeme Prophetien der letzten, die Mythologien der Völker Prophetien ihrer Cultur." — Nz: „Das Vorbild ist drj. Bestandth. des alttestl. Schriftwortes o. der Gesch. des A. T., welcher aufser seinem Zwecke für die nächste, niedre Stufe der Offnb. u. Erlösung, auf welcher er zuerst erscheint, vermöge des Gesetzes der Ähnlichk. u. der Entwicklung noch für etwas, das der höhern eigenthümlich ist, Vorbedeutung hat. — Dafs es Vorbilder gebe, folgt schon aus dem allg. Vrh. des Werdens zum Sein u. der Gesch. zum Geiste. Der Zweck der Weifsg. u. des

seine Gedanken erst ahnungsvoll anzudeuten, u. grofse kommende Ereignisse werfen ihre Schatten weit vor sich her. Die rel. Bedeutung der Typen ist, dafs sich die dunkle Sehnsucht nach der Versöhnung thatsächlich in ihnen offenbarte, dafs sie die Ahnung eines Versöhners weckten, u. dafs die Scrm. des A. T. sammt den Sühnopfern nur als Typen versöhnende Kraft hatten.

§. 41. Kanon u. Apokryphen.

Die Sammlung der hebr. heiligen Nationalliteratur o. der Kanon[1] des A. T., begonnen vor dem Exil, vervollständigt durch Nehemias (2 *Mcc.* 2, 13.), vollendet nach der talmudischen Sage durch Esra u. die grofse Synagoge, doch über einzelne Bücher noch streitig bis in die christl. Zeit, war vom Anfange der K. an im krchl. Gebrauche meist nach der Septuaginta. Die Sammlung erbaul. Schriften der apost. K. o. der Kanon des N. T., nach der Mitte des 2. Jhh. dem A. T. zur Seite gestellt, im 3. Jhh. durch KGebrauch fast gleichmäfsig bestimmt, aber noch zur Zeit des Euseb. im Schwanken der öffentl. Meinung über die apost. Achtheit u. krchl. Brauchbark. einzelner Bücher,[2] wurde auf den Concilien zu Hipporegius 393 für die afrik. K. festgestellt, zu Karthago 397 bestätigt, u. in diesem seinem dermaligen Umfange von der ganzen K. festgehalten, doch ohne ein bestimmtes allg. KGesetz. In dieser h i s t. Bedeutung AM: *Canon adpellatur catalogus librorum, auctoritate publica in Ecc. cum jud., tum chr., sensim pro sacris et divinis proptereaque ad praelectiones publicas idoneis habitorum.* Dieses unter der Leitung des H. G. entstandene krchl. Ansehn hat zum Grunde den göttl. Urspr., zur Folge die höchste Auctorität des Kanons über den Gl.[3] In dieser dgm. Bedeutung [RNH:] *Canon est catalogus librorum, qui divinitus inspirati et fidei vitaeque norma sunt putandi.* Spätre, erbaul. Schriften, meist alexandr. Urspr. durch die Septuaginta dem Kanon des A. T. beigefügt, von gelehrten KV als *Libri apocryphi* ausgeschieden,[4] aber im KGebrauche hergebracht,

---

Typus ist, den Offnbsgl. mit dem Weltregierungsgl. zu vereinigen, o. auf einer bestimmten Stufe der Offnb. den Gl. an die Gegenwart des göttl. Geistes u. Wortes durch die Aufweisung der vorbereitenden Zeugnisse zu bestärken u. zugleich die Empfänglichk. für höhere Stufen anzuregen."

1) Im phys. u. moral. Sinne Regel u. Richtmafs, *Gal.* 6, 16. *Phil.* 3, 16. Jedes KGesetz κανών, im Ggns. vom Staatsgesetze νόμος. Daher sowohl nach SEMLER *catalogus librorum in coetibus sacris praelegendorum*, als nach H. PLANCK *regula fidei chr.* u. *index librorum divinitus inspiratorum*. In der ersten h i s t. Bedeutung gehören einige Apokryphen als *Libri ecclesiastici* zum Kanon der ältern K., in der andern dgm., welche seit dem 4. Jhh. allein galt, nur Bücher göttl. Ursprunges.

2) EUS. *H. E.* III, 3. VI, 23: a) Ὁμολογούμενα einstimmig anerkannte, b) ἀντιλεγόμενα von einigen bezweifelte, *Ep. Jac. Jud.* 2. *Ptr.* 2. 3. *Jo. Hbr. et Apocal.*, c) νόθα, *spuria*.

3) HUT: „*Libri canonici certam atque classicam habent auctoritatem. Dicuntur a canone, quoniam sunt instar exactissimae regulae, secundum quam de reliquis omnium scriptis libere judicatur, ipsam vero aliunde judicare minime fas est. Ut Scriptura canonica sit id, quod in se ipsa est, nempe coelestis veritas, non habet nisi principaliter ex Deo ipso, ejus auctore.*" PHIL: „Die Zuverlässigk. des Zeugnisses der Urkirche hinsichtlich des neutest. Kanons läfst sich als ein aprioristisches Postulat des christl. Vorsehungsgl. bezeichnen." KLIN: „In keinem Falle läfst sich für den Abschlufs des alttest. Kanons eine göttl. Auktorität anführen."

4) HOL: *Libri apocr. sunt, qui in codice quidem, sed non in canone biblico extant,*

in dms. auf den genannten Concilien anerkannt, erhielten kanonisches Ansehn durch die *Vulgata*, u. wurden mit drs. zu Trient bestätigt,[5] doch von kath. Thlgn. meist als *deuterocanonici* unterschieden. Auch die griech. K. hat sie nach langem Schwanken auf der Synode zu Jerusalem [1672] zur H. S. gerechnet. In den S. B. werden die kan. Bücher u. der Bgr. des Kanon nach dem Herkommen vorausgesetzt, die Apokr. wenig beachtet ;[6] in einigen Bekenntn. der ref. K. jene namentl. aufgeführt, diese ausgeschieden. AKD: [Hut, *„Apocryphos quamvis Ecc. legit ad aedificationem plebis, tamen ad confirmandum dogmatum ecclesiasticorum auctoritatem non adhibentur."* Daher als alttestam. Anhang der Volksbibel herkömmlich; gegen welche Zusammenfassung menschlicher Schriftwerke mit dem Worte Gottes sich die engl. Bibelgesellschaft s. 1825, auch eine Fraction der orth. Th. in Deutschlands. 1851 erklärt hat, die Schlacke am edlen Metall der Apokr. bis zu einer Ansammlung seelenmörderischen Giftes steigernd.

§. 42. Fides humana.

Wiefern das göttl. Ansehn der H. S. durch ihren proph. o. apost. Urspr. bedingt ist, mufs dieser als etwas Historisches durch hist. Gründe dargethan u. der hist. Kritik diese Beweisführung freigelassen werden,[1] durch welche der H. S. *fides humana* zukommt, deren Bestandtheile sind: *a)* αὐθεντία, *genuina origo s.* [WGS] *ea libri indoles, qua est vel ejus auctoris vel certe aetatis, cui tribuitur;* [2] ἀξιο-

---

neque immediato Dei afflatu scripti sunt." Wgs: „Βιβλία ἀπόκρυφα [bei den Rabbinen גנוזים], *canonicis quidem opposita, nominata sunt vel ea, quorum origo latebat, vel inde a Hieronymi aetate, quorum div. origo dubia erat, vel etiam quae pro spuriis et haereticis, ideoque quae in ecclesiis legerentur indignis habebantur."* Die Bedeutung ergab sich durch den Ggns. zum Kanon in ␣␣␣ verschiednen Bedeutung: nicht kirchlich, nicht inspirirt, o. nicht authentisch. Die durch offnb. Fälschung untergeschobenen Apokryphen des N. u. einige des A. T. [*Henoch, Test. 12 Patriarch.*] als *pseudepigrapha* waren nur in einzelnen Kirchen vorübergehend im Gebrauche.

5) *Sess. IV. decr. 1:* „*Si quis libros ipsos integros cum omnibus suis partibus, prout in Ecclesia catholica legi consueverunt, et in veteri vulgata latina editione habentur, pro sacris et canonicis non susceperit, anathema sit.*"

6) Nur *A. C.* 224: [9] „*Testimonium nullum de mortuis* [*Sanctis*] *orantibus exstat, praeter illud somnium sumptum ex L. Machab."* [2 *Mcc.* 15, 11.] u. *A. C.* 117. [136 *ss.*], wo *Tob.* 4, 11. zwar wie eine andre Schriftstelle behandelt wird, aber Stellen der KV ebenso.

1) Luth: „Das ist der rechte Prüfstein alle Bücher zu tadeln, wenn man siehet, ob sie Xtum treiben, o. nicht, sintemal alle Schrift Xtum zeigt, *Rom.* 3, 21. Was Xtum nicht lehrt, das ist nicht apostolisch, wenn es gleich St. Peter u. Paulus lehrte. Wiederum was Xtum prediget, das ist apostolisch, wenn es gleich Judas, Hannas, Pilatus u. Herodes thät. Dann St. Jacobi Epistel eine recht stroherne Epistel gegen die andern, indem doch keine recht ev. Art an ihr ist." Dieser Grunds. der Beurtheilung blos nach dem Inhalte ist zwar einseitig: aber die Beurtheilung selbst ist in der prot. K. nothw. Sache der Wissenschaft. Daher die Streitigkeiten über Ächtheit des Daniel, Matth., Joh., der Pastoralbr. u. kleinen Paulinen an sich nicht unkirchlich sind, wenn auch zu der Art der Streitführung eine unkirchliche Gesinnung, der Widerwille gegen den Inhalt mitwirkt.

2) Dgg. bei den AKD als gleich mit *div. auctoritas*. Hol: „*Auctoritas Sc. tam ad assensum movens quam ad obsequium obligans, graece αὐθεντία dicitur; prout apud JCtos authentica instrumenta dicuntur, quae certam et justam habent auctoritatem."* — Rxn: [verwechselnd mit der Folger⬛] „*Authentia est ea indoles alicujus libri, qua fidem publ. meretur.*" — Vom A. T. ist meist nur die Auth. eines bestimmten Zeit-

πιστία, ea libri [vel auctoris] indoles, qua fidem publicam meretur;[3] c) integritas, ea libri indoles, qua sincerum et incorruptum opus auctoris ad nos pervenit; est cum totalis s. materialis, qua nullum e canonicis librum periisse constat, tum partialis s. formalis, qua nullus locus ita corruptus est, ut arte critica restitui non posset. Die AKD behandeln diese Beweisführung meist als *testimonium Ecclesiae* u. gründen darauf nur eine hohe Wahrscheinlichk. nach der allg. Art menschl. Wissens in hist. Dingen.[4] CHMN ist geneigt die ἀντιλεγόμενα der alten K. [nt. 2] als Apokryphen des N. T. anzusehn; spätere AKD sind auf eine Unterscheidung nach Art der kath. *deuterocanonici* eingegangen, da auch bei der Ungewifsheit des menschl. Vrf. durch ihre Stelle im Kanon ihr göttl. Autor gesichert erschien.[5]

§. 43. Fides divina.

Der rel. Gl. an das göttl. Ansehn der H. S. o. *fides div.* ruht auf ihrem göttl. Ursprunge.[1] Der populäre Spnts des Alterth. leitete grofse u. rel. Gedanken aus göttl. Eingebung her, ohne menschl. Mitwirkung u. Irrthum auszuschliefsen.[2] Aber mit Ausschlufs drs. galt alters erweislich. Die Auth. des N. T. ruht auf den äufsern Zeugn. der KV, Häretiker u. Gegner des Xthums, und auf dem innern Zeugn. der Angemessenh. zur Zeit, Lage, Individualität des Vrf. Die NKS [HAHN p. 134] brauchen diej. Bücher, welche in der Wissensch. ἀντιλεγόμενα geblieben sind: 2. Petr. 2. 3. Jo. Jud. Jac. Hbr. Apoc. nur zur Erläuterung, nicht zur dogm. Beweisführung.

3) Vom A. T. nicht überall gleich beweisbar. — Die Vrf. des N. T. konnten u. wollten die Wahrheit berichten: *a)* Augenzeugen o. Freunde drs. *b)* Verständige, wahrheitliebende Männer, offen über eigne Mängel u. ihren Tadel. *c)* Meist Märtyrer ihres Gl. *d)* Scheinbare Widersprüche beweisen gegen den Vorwurf einer Verabredung die Selbständigk. der individuellen Darstellung. *e)* Die K. ist nicht durch die H. S. gegründet, so dass sich der Nutzen einer Täuschung denken liefse. Aber es ist ganz im Sinne der K., dafs dieser menschl. Beweis, der auf mannichfacher Vermittlung ruht u. in jeder kritischen Zeit dem Zweifel Raum gibt, rel. Beruhigung nicht gewährt.

4) GRH: „Quando Ecc. de canonica auctoritate Sc. testatur, sui testimonii rationes profert. Ecc. primitiva, quae ipsos audivit App., prima acceptione librorum, voce App. et numero miraculorum ad canonis auctoritatem probandam excelluit; proxima durantibus adhuc App. autographis primitivam antecelluit ampliori prophetiarum N. T. complemento et versionum in varias linguas frequentia, et exarato variis libris fidelium de Sc. S. testimonio; postrema, autographis App. sublatis, majori saltem prophetiarum complemento primitivam Ecc. ut mediam antecedit." HOL: „Testimonium Ecc. est quidem insigne motivum credibilitatis, quo inducimur ad cognoscendam humanaque fide credendam divinitatem Sc., sed non est motivum unicum, neque absolute necessarium."

5) QUEN: „Distingu. inter Libros N. T. protocanonicos et deuterocanonicos, sive primi et secundi ordinis. Illos vocamus, de quorum auctoritate et auctoribus secundariis nunquam in Ecc. fuit dubitatum; hos vero, de quorum non quidem auctoritate, sed auctoribus secundariis aliquamdiu in Ecc. a quibusdam fuit dubitatum. Nec tam de divina eorundem auctoritate, seu auctore primario, Sp. S., quam de auctoribus secundariis dubitatum fuit."

1) BDD: „Fides div. est cognitio certa et omnem oppositi formidinem excludens, quae per internum Spiritus S. testimonium, quod in legitima verbi div. tractatione sese exserit, producitur."

2) CIC: „Nemo vir magnus sine afflatu divino." Gewöhnl. Bezeichnungen: רוּחַ יְהֹוָה, nach der Septuaginta Hos. 9, 5. πνευματοφόρος; 2 Ptr. 1, 21: φερόμενος ὑπὸ πνεύματος ἁγίου. Auch heidnisch: θεοδίδακτοι, θεοφόροι, θεόδοχοι, θεόπνευστοι, θεομάντεις, ἔνθεοι, ἐπίπνοοι, ἐνθουσιαστικοί, μαινόμενοι, div. numine afflati, inspirati.

das A. T. zur Zeit Jesu als von Gott eingegeben o. dictirt, wie aus Josephus, Philo u. aus der Sage über den Ursprung der Septuaginta erhellt. Dieser Gl. an das A. wird im N. T. vorausgesetzt.[3]) Unter den KV bis AUGTN wurde die Insp. meist im Sinne des popul. Spnts. genommen, daher auch auf andre fromme Bücher, selbst außerhalb der K. [Plato. bezogen.[4]) Da der Kthlcs. dasselbe Ansehn der K. zuschreibt wie der H. S., hob er die Insp. der letztern nicht hervor: der Prtstms. mußste auf die H. S. alle rel. Gewifsheit stellen, sie war Luthers von Gott gegründete feste Burg.[5]) Doch von den S. B.[6]) u. ältesten DD nur vorausgesetzt, ward erst seit GRH u. CAL im Ggns. der Socinianer u. Arminianer die Inspirationstheorie ausgebildet.

§. 44. Inspiratio.

AKD: [BR] „*Insp. est actio ejusmodi, qua Deus non solum conceptus rerum scribendarum omnium, objectis conformes, sed et conceptus verborum ipsorum atque omnium, quibus illi exprimendi essent, supernaturaliter communicavit intellectui scribentium, ac voluntatem eorum ad actum scribendi excitavit.*" Also *a*) *impulsus ad scribendum* [mandatum externum et internus Sp. S. impulsus], *b*) *suggestio rerum* [realis] *et verborum* [verbalis`.[1]) Nach einigen *c*) *directio, qua Sp. S. animos in scribendo ab errore immunes servavit*, was in *b*) enthalten ist. Der wahre Autor der H. S. ist also Gott.[2]) Zwar ist auch das schein-

---

rati. Ihr Zustand θειασμός, μανία, ἐνθουσιασμός, ἐπίπνοια, θεοπνευστία. Vom Letztern in der H.S. nur das Adj. θεόπνευστος 2 *Tim.* 3, 16, welches von der *Vulg.* durch *inspirata* übersetzt den krchl. Ausdruck *Inspiratio* veranlaßste, als *actio inspirandi* u. als *affectio inspirati*; das Erstere nach RNH: „*ea Sp. divini efficacia, qua oratores divini in administrando munere suo reddebantur omnis erroris expertes*," das Andre: „*ea Sc. S. praestantia, qua est ob auctoribus profecta per afflatum divinum in docenda rel. omnis erroris expertibus.*"

3) 2 *Tim.* 3, 16: Πᾶσα γραφὴ θεόπνευστος [tota Sc. Deo inspirante consignata] *καὶ ὠφέλιμος πρὸς διδασκαλίαν* etc. 2 *Ptr.*1, 21: Οὐ θελήματι ἀνθρώπου ἠνέχθη ποτὲ προφητεία, ἀλλ' ὑπὸ πνεύματος ἁγίου φερόμενοι ἐλάλησαν οἱ ἅγιοι θεοῦ ἄνθρωποι. Citationsformel: *λέγει τὸ πνεῦμα τὸ ἅγιον, Hbr.* 3, 7.

4) Bc DG: In der ältesten K. 2 Ansichten ohne genaue Scheidung: die mehr heidnisch platonische von einer Überwältigung des menschl. Geistes durch die Gotth., u. die mehr jüdisch freie, welche nur die göttl. Kraft begeisternd, fördernd, beistehend in Schrift u. Leben der heil. Männer dachte. Der Gl. an Insp. weniger Dogma als Sache des frommen Gefühls, daher auch Menschlichkeiten aller Art in der H. S. eingeräumt wurden.

5) LUTH [IX, 618]: „Das Wort kann keine Creatur umstoßen, der Höllen Grund vermag nichts dawider, u. wenn ich schon dem Teufel in dem Rachen stecke, kann ich das ergreifen, so muß ich wieder heraus u. bleiben wo das Wort bleibt. Darum ist es wohl eine göttl. Kraft, ja Gott ist es selber."

6) *A. C.* 61: [108] „*Num frustra existimant toties idem* [in *Sc. S.*] *repeti? Num arbitrantur excidisse Spiritui S. non animadvertenti has voces?*" *Cf. C. A.* 42. [49.] *A. C.* 48. [9.] *A. S.* 333. [13.]

1) HoL: „*Omnia et singula verba a Sp. S. inspirata et in calamum dictata sunt. Verborum enim inspiratio fuit necessaria ad mentem Sp. S. rite exprimendam.*" Daher auch die Insp. der hebr. Vocalpunkte bes. von GRH u. den BUXTORFEN behauptet, doch nur in der letzten u. am frühesten wieder aufgegebenen Symb. Schrift der ref. K. [*Formula Consensus Helvetica* 1675] als Glaubenssatz ausgesprochen wurde.

2) QUEN: „*Solus Deus, si accurate loqui velimus, S. Sc. autor dicendus est, Prophetae vero et App. auctores dici non possunt, nisi per catachresin, utpote qui potius Dei auctoris calami fuerunt.*" Sie verhielten sich nur passiv: GRH. *III.* p. 26: „*Aposto-*

§. 44. INSPIRATIO. 83

bar Unbedeutende inspirirt,³) doch hat sich der H. G. zur natürl. Redeweise der H. Autoren accommodirt. ⁴) Über das Vrh. der *Insp.* zur *Revel.* schwanken die AKD.⁵) Ihrem Systeme nach ist *Rev. actio Dei universalis*, *Insp. actio Dei specialis ad revelationem litteris consignandam.* Von dieser strengen Theorie, durch welche die H. S. als Gotteswerk allem menschl. Irrthum entzogen wurde,⁶) allmälig mildernde Abweichung u. Ggns: CLX statuirte blos die kath. *assistentia et directio Sp. S.* als Bewahrung vor Irrthum in Sachen des Heils, ohne doch Versehn in Nebensachen auszuschliefsen, u. wurde allg. bekämpft; MUSAEUS wies den Vorwurf, an der Verbalinsp. gezweifelt zu haben, . als Verleumdung zurück; PFAFF nahm eine Mischung des Göttlichen u. Menschlichen an; ⁷) CARPOV bezog die Insp. nicht auf physische Ge-

los merito Dei amanuenses, Xti manus et Sp. S. tabelliones s. notarios vocamus, cum non scripserint humana s. propria voluntate, sed acti a Sp. S. ut Dei servi et peculiaria Sp. S. organa." Dennoch besonnen und frei: QUEN. *I.* p. 57: „*Non ac si citra et contra voluntatem suam inscii ac inviti scripserint divini amanuenses: sponte enim, volentes scientesque scripserunt: sed non pro naturali sua voluntate, qua ad communia sua opera movetur homo, nec etiam voluntate regenita, qualis est illa, qua fideles moventur ad pietatis opera; sed ea, qua Sp. S. extraordinario modo exagitat. Dicuntur acti a Sp. S. nequaquam ac si mente fuerint alienati, aut ea, quae scriberent, non intellexerint: sed quia nihil ex suo sensu scripserunt, sed omnia Sp. S. dictamine.*"

3) HOL: „*Inveniuntur in Sc. res levioris momenti viz dignae, quae revelationi divinae acceptae referantur, v. g. baculus Jacobi*, GEN. 32, 10. *penula Pauli*, 2 TIM. 4, 13. *Resp. Quas res, vel minimas Deus creatione dignas censuit, eas non indignas supernaturali revelatione judicavit. Nemo interim Deum reverenter colens in Sc. pro levi aut vili habebit, quod sapientissimo Dei consilio est insertum.*"

4) BR p. 62: „*Res ipsa loquitur, genus dicendi in Sc. alicubi lenius et submissius, alibi gravius et vehementius, aliquando purius, quoad unius linguae usum, alias aliarum linguarum idiotismis permixtum apparere; cumque auctor Sc. primarius unus sit, fatendum est, Sp. S. ipsum in suggerendis verborum conceptibus accommodasse se ad indolem et conditionem amanuensium.*" Andere erklärten die Verschiedenheit des Styls nur aus der Verschiedenheit der Sachen.

5) CAL. *I.* p. 260: „*Forma div. revelationis est* θεοπνευστία, *per quam revelatio divina est, quod est. Insp. divina consideratur vel ut principium et causa efficiens revelationis, qua est actus Dei inspirantis, vel ut forma revelationis, ut verbi revelati.*" QUEN. *I.* p. 68: *Rev. vi vocis est manifestatio rerum ignotarum et occultarum, et potest fieri multis et diversis modis. Insp. est interna conceptuum suggestio, sive res conceptas jam ante scriptori fuerint cognitae, sive occultae. Illa potuit tempore antecedere scriptionem, haec cum scriptione semper fuit conjuncta et in ipsam scriptionem influebat. Quandoque etiam Rev. cum Insp. concurrit atque coincidit, quando sc. div. mysteria inspirando revelantur, et revelando inspirantur, in ipsa scriptione.*" HOL: „*Rev. vi originis stricte dicta est manifestatio ignoti, Insp. est actio Sp. S., qua actualis rerum cognitio intellectui creato infunditur, praescindendo a praevia notitia et ignorantia. Non statuimus verba omnia prophetis inspirata esse ad sciendum, sed ad scribendum.*" In dieser von den meisten AKD angenommenen Unterscheidung ist aber *Rev.* im etymol., nicht im krchl. Sinne gebraucht, in welchem zur Offnb. wegen der Form sr. Mittheilung auch das vorher schon Bekannte o. doch natürlich Erkennbare gerechnet wird.

6) QUEN: „*Sc. est infallibilis veritatis, omnisque erroris expers; omnia et singula sunt verissima, quaecunque in illa traduntur, sive dogmatica illa sint, s. moralia, s. historica, chronologica, topographica, onomastica.*" HOL: „*Quae (res genealogicae, astrologicae, politicae) licet cognitu ad salutem non sint simpliciter necessariae, sunt tamen divinitus revelatae, quia illarum notitia ad interpretandam S. Sc. et illustrandam fidei morumque praecepta haud parum facit.*" CAL: „*Non esset divinitus inspirata, si ve verbum in Scripturis occurreret, quod non sit suggestum divinitus..*

7) *Ds. de praejudicatis opinionibus in rel. dijudicanda fugiendis. Hag.* 716. 4:

6*

genst., als über welche die H. S. nur *secundum apparentiam s. veritatem opticam, non physicam,* spreche; DDR nur auf GArtikel, AUG nur auf fundamentale GA. 8) BMG verwarf die Theorie der passiven Eingebung, behauptete die Einwirkung Gottes als Bewahrung vor Irrthum nur so weit der Zweck der Offnb. es fordere, der durch Versehn in hist. Kleinigkeiten nicht gestört werde. So die meisten NKS, denen die Insp. der H. S. nicht bes. Act, sdn. Folge der Offnb. u. des über die App. ausgegofsnen H. G. ist. 9) Nur STORR u. RNH erkannten die Nothw. des bes. Actes u. sr. Beziehung auf die Ausdrucksweise. 10) RT konnten die Insp. als Sinnbild der reL Überzeugung u. Begeistrung gelten lassen, 11) einige PD u. die VT nahmen eine bestimmte

---

„a) *Revelatio in ignotis;* b) *directio s. gubernatio in cognitis;* c) *permissio in suis ipsorum notionibus admiscendis.*"

8) DDR. *I. p.* 70: „*Non est dubium, quin omnia capita religionis ad Sp. S. referri debeant, atque, quum ejus institutio, qualiscunque tandem fuerit, nam modum ejus definire difficillimum videtur, divina esset, divina jure habeantur.*" AUG *p.* 89: „Schränkt man die Theopneustie zunächst auf die fundam. GA. ein, so entgeht man den Schwierigkeiten, welche sich sonst bei der einen o. andern Erklärungsart darbieten."

9) MOR: „*Libri N.T. θεόπνευστοι nominantur, quia fuit varia peculiaris efficientia et procuratio Dei. ut scribi possent et scriberentur.*" SCHOTT: *Theopn. Librorum S. defendimus, quatenus ab ejusm. viris consignati sunt, quos omnino religionis causa singulari auxilio Numinis gavisos, et revelatione div. (doctos esse Spiritumque Dei promissum accepisse novimus.*" HAHN: „Offnb. u. Eingebung sind nicht verschieden, sdn. wie die H. Männer, erleuchtet vom H. G. redeten, so schrieben sie auch, frei in Worten u. in der Darstellung." STDL: „Den göttl. Beistand, dessen zu geniefsen die App. sich bei ihrer ganzen Thätigk. zu Beförderung der Zwecke Xti bewufst sein durften, mufsten sie sich als ihnen nahe denken auch bei Abfassung ihrer Schriften." Diese Ansicht ruht auf der Behauptung einer bes. Wirksamk. des H. G. in den App. Daher nur die Insp. der apost. Schriftsteller *primaria,* die von Marc. u. Luc. *secundaria s. derivata,* wiefern ihre Evv. durch das Ansehn eines Ap. bestätigt sind. THOL: [Brief an die Hebr. 836. S. 90] „Wir nehmen bei den App. einen rel. Takt an, welcher sie leitete, von den Bildungselementen ihrer Zeit u. ihres Volks nur dasjenige beizubehalten, was den Vortrag der chr. Wahrh. materiell in keiner Weise trübte, anderes aber zurücktreten o. ganz fallen zu lassen. Man wird an dem Ausdrucke rel. Takt keinen Anstofs nehmen, wir bedienen uns ja des Ausdrucks Takt auch auf dem Gebiete der Kunst für die empfundene, aber nicht in das Bwsts. getretene Regel."

10) STORR: „Dafs die App. nicht Gefahr liefen, die göttl. Eingebungen zu verfälschen, verhinderte der Geist Gottes, indem er sie z. B. vom Gebrauche solcher Ausdrücke, die von ihrem eignen unzuverlässigen Zusatz herrührten, abhielt: indem er Zweifel gegen eigne Gedanken von der Art bei ihnen erregte, o. sie auf diese Art aufforderte, einen andern Ausdruck zu suchen, welcher zwar ihrer eignen Art zu denken u. zu sprechen angemessen war, aber zugleich mit der Wahrh. u. mit der Absicht des H. G. genauer übereinstimmte. Gleichgültig ist, ob man annimt, dafs der Geist die App. nach dem jedesmal. Bedürfn. geleitet u. unterstützt, o. ihnen, was sie sagen sollten, wörtlich eingegeben habe. Die letztere Annahme läfst sich mit der Schreibart u. ganzen Einrichtung der apost. Schr. nicht gut vereinigen." RNH: „*Insp.* a) *late dicta, s. efficacia Sp. div. in animis oratorum div., qua etiam res notas proponentes erroris expertes erant;* b) *stricte dicta s. revelatio est ea efficacia Sp. div., qua oratores div. rerum ignotarum notitias accipiebant sine errandi periculo.*" Weil bei bekannten Dingen durch den Ausdruck leicht irrige Vorstellungen veranlafst werden können, neue Einsichten aber sich ohne Worte nicht mittheilen lassen: so mufs sich die Eingebung auch auf die Worte erstreckt haben, dort *negative* [falschen Ausdruck abwehrend], hier *positive.*

11) SML: „Andächtige Gemüthsverfassung." AM *p.* 27: „*Patet omnino, scriptores*

§. 44. Inspiratio.

Einwirkung des H. G. auf die H. Autoren an, welche sie wegen der Untrennbark. von Wort u. Gedanken auch auf die Ausdrucksweise bezogen, ohne hierdurch durchgängige Unfehlbark. behaupten zu wollen.[12] Auch AKS, die alte Inspirationstheorie mehr o. minder

---

biblicos meditationes suas divinas non sine summa religione ad Numinis, de cujus adsensu fide certi erant, voluntatem et auctoritatem retulisse. p. 59: Non tam divinae originis, quae ubique demonstrari nequit, quam divini argumenti ratio habeatur." Fortbildung des Xthums. I: „Diese Masse von semitischen, kananitischen, idumäischen, persischen, chaldäischen, aramäischen u. griechischen, von exoterischen u. esoterischen, volksthüml. u. schulgerechten, politischen, sittl. u. unsittl., göttl. u. menschl. Gedanken [der H. S.] zusammenzuwerfen, o. sie durch eine dgm. Wunderhypothese zu einer himml. Mosaik zu vereinigen, ist ein kühnes, aber nicht mehr zeitgemäfses, ist ein undankb. u. der Ehre des Xthums nachtheiliges, ja verderbliches Beginnen." WGS: „*Insp. in eo ponere licet, quod S. Scriptores Deo juvante, ad cujus voluntatem et efficientiam cum quaevis animi sensa bona, tum suas quoque de rel. sententias pie referebant, has scriptis consignaverint; quae, etiamsi lectoribus illius aetatis destinata fuerint, tamen ita comparata sunt, ut etiam nunc religionis chr. notitia ac doctrina aetatis cultioris quoque luminibus accommodanda inde hauriri possit.*" Röhr: „Allen, was unsere K. von der H. S. behauptet, stützt sich auf die stillschweigend vorausgesetzte Ansicht, dafs die H. S. nicht eine wunderhaft gegebne, sondern eine auf providentialem Wege mitgetheilte Offnb. enthalte, indem die Annahme der erstern die Pflicht eines blinden Gl. an die buchst. Auctorität drs. in sich schliefst u. nur bei Annahme der letztern die Freih. einer vernunftgemäfsen Auffassung drs. gedenkbar ist."

12) Wtt: „Religiöse Ahnung der göttl. Naturwirkung o. des göttl. Geistes in den H. Schriftstellern, u. zwar lediglich in Ansehung ihres Gl., ihrer Begeistrung, nicht ihrer Begriffsbildung, u. in Ansehung hist. Wahrh. nur insofern, als deren Erkenntnifs von heil. Wahrheitsliebe abhängig war." Mrh: „Was mehr o. weniger ist in aller Rel., dafs sie die Vereinigung des menschl. Geistes ist mit dem göttl., die Begeistrung des menschl. Geistes durch den göttl., das wird als absolut gesetzt in der Insp. Sie ist an dem Worte Gottes die nothw. Form seines göttl. Inhaltes, deren Identität der göttl. Geist ist. Wäre die Bibel an sich einerlei mit dem Worte Gottes, welches in ihr ist, so wäre sie Gott: denn das Wort Gottes ist nicht verschieden von Gott. Sie ist aber als Bibel nur die entstandne Urkunde von der Stiftung der wahren Rel. In dieser ihrer Zufälligk. verläugnet sie nicht die Zufälligk. alles dessen, was den Grund seines Daseins in äufsern Veranlassgn. hat." Schlr: „Die einzelnen Bücher des N. T. sind von dem H. G. eingegeben u. die Samml. drs. unter Leitung des H. G. entstanden. Die eigenth. apost. Eingebung ist nicht etwas den neutest. Büchern ausschliefsend zukommendes; sdn. diese participiren daran, u. die Eingebung in diesem engern Sinn, wie sie durch die Reinh. u. Vollständigk. der apost. Auffassung des Xthums bedingt ist, erstreckt sich so weit als die von dieser ausgehende amtliche apost. Wirksamk." Tws: „Insp. als Ableitung der H. S. aus göttl. Causalität hängt einesth. zusammen mit der allg. chr. Slbsttbw., das nur ursprünglicher u. vollkommner war bei den ersten Vermittlern der Offnb., anderntb. mit dem Wesen der chr. Offnb., die nicht blos einzelne Wahrheiten mittheilt, sdn. das ganze Leben erhebt; sie bezieht sich auf alles, was von Xto kommt u. ihn zu zeigen dient, geht daher auch auf das Geschichtliche, aber nur wiefern es für das chr. Bwsts. eine Bedeutung hat, auch auf die Worte, aber nur wiefern eine chr. Sprache mit dem innern rel. Leben in Verbindung steht; doch ist Übertreibung der AKD, dafs sie die Selbstthätigk. ausschlossen, Insp. gleichmäfsig auf alles in der H. S. bezogen, daher auch alles für gleich unfehlbar hielten." Nz: „Lebendige Überzeugung, dafs die H. S. durch dieselbe That u. Kraft Gottes, der wir die Offnb. u. das Wort Gottes in der apost. Predigt verdanken, zu einem in sich einigen, deutlichen u. überhaupt vollkommnen Überlieferungsmittel des Wortes Gottes geschaffen sei." Schk: „Ein Amanuensis, dem ein Dichter die erhabensten Gedanken in die Feder dictirt, verdient nicht inspirirt zu heifsen." Die H. S. weder abstractes Wunder der göttl. Schöpferkraft, noch natürl. Product menschl. Schriftstellerthums, sdn. Aus-

offen preisgebend, wollten nur eine Wort- nicht eine Wörter-Insp. lehren, wobei die Verschiedenheiten paralleler Berichte aus der menschlich eigenth. Auffassungsweise des Inspirirten erklärt werden.[13] Wiefern im Geschlechte Adams nichts ist, als Irrthum u. Sünde, fordert drs. Grund, aus welchem die Nothw. der Offnb. folgt, ihre unfehlbare Bewahrung, die nur möglich ist durch Insp., sonst bleibt nichts dem Menschen gewifs, darauf er sich verlassen könnte. Wie demnach aus dem materialen Pr. des Prtstms. das Bedürfn. der Insp. hervorgeht, so ruht das formale Pr. [alleinige Auctorität der H. S.] auf der Erfüllung dieses Bedürfn. Der urspr. Prtstms. steht u. fällt daher mit der Insp. der H. S. Von der Offnb. ist sie verschieden, weil jene urspr. nur in Xto ist, abgeleitet in allen Xten; eben so von der allg. Gabe des H. G., die allen Xten verheifsen ist. Daher die NKS, welche blos von Theilnahme an Offnb. u. H. G. die Insp. der H. S. ableiten, ihr keine höhere Würde u. Sicherh. aneignen können, als jeder andern chr. Schrift. Die AKD beschreiben defshalb die Insp. mit Recht als eigenth. Act des H. G. Aber in der Fortbildung ihrer L. ist, statt der materiellen Ansicht einer Eingiefsung u. Passivität, anzuerkennen, dafs eben in der Ver-

---

druck des gottmenschl. Offenbarungslebens. R. STIER [851]: Das Menschl. in der H. S. ganz vom Göttlichen durchdrungen wie in des Gottmenschen Person. [Auslegung des A. T. im N:] Undenkbar, dafs der Sohn Gottes irgendetwas von dem Worte, dessen Kern er selbst ist, nicht recht verstanden habe. Dennoch Gedächtnifsfehler u. Ungenauigkeiten; aber [von Gott] beabsichtigt u. bedeutsam.

13) PHIL: „Wie die Bekehrung ganz Werk der Gnade ist, ohne dafs dadurch die menschl. Thätigk. als Wirkung der Gnade ausgeschlossen, so ist die H. S. ganz Werk des H. G. ohne dafs sie damit aufhört ebenso menschlich als göttlich zu sein. Den Menschen sind die Sachen nur in Gedanken u. die Gedanken nur in Worten vorhanden; das Zerreifsen des innern u. nothw. Zusammenhangs von Sache, Wort u. Gedanke ist eben so willkürlich als undurchführbar. Indem wir aber die Wortinsp. der H. S. vertheidigen, wollen wir damit keiner Wörterinsp. das Wort reden. Nicht die einzelnen Buchstaben, Sylben u. Wörter, auch losgetrennt vom Inhalte, sind als unmittelbar eingegeben zu betrachten, denn die H. S. enthält nicht Wörter Gottes, sondern das Wort Gottes. Weil durch die Insp. mittelst Vermählung des Gottesgeistes m.t dem Menschengeiste die menschl. Eigenthümlichk. des Inspirirten nicht zerstört ist, sdn. erhalten bleibt, ist keine buchstäbl. Übereinstimmung der ev. Berichte zu erwarten, vielmehr wird ein jeder das Leben des Herrn in sr. ihm eigenthüml. Auffassungsweise angeschaut u. dargestellt haben. Dabei hat man sich nicht gegen die Möglichkeit zu sträuben, dafs manche untergeordnete Differenzen wirklich vorhanden sein u. darum ungelöst zurückbleiben." KUN: „Durch das einzige Factum, dafs die späteren weniger originellen Propheten die früheren mehr o. weniger benutzt haben, tritt die Unmöglichkeit der alten Inspirationslehre, nach welcher der Geist so Dinge als Worte eingab, in eine Klarheit, der sich Niemand entziehen kann. Die Voraussetzung, dafs die Evv. frei von allen Unrichtigkeiten u. Widersprüchen sind, ist mit den ewigen Gesetzen der Wahrheit, welche der Schöpfer in den erkennenden Geist gelegt hat, unvereinbar. [Gegen Ebrards Harmonisirung:] Diese Vertheidigungen sind ein Gemisch von einer allen Wahrheitssinnes baaren, an jesuitische Wissenschaftlichk. erinnernden Geistesbeweglichk. im Dienste einer mifsverstandenen Kirchlichk. u. einer auf Wissenshochmuth ruhenden Aufklärerei, die den niedern Standpunkt der negat. Kritik von dem höhern einer positiven belächeln zu können glaubt. Man kann die Insp. der bibl. Geschichtsschreiber nicht anders bestimmen, denn dafs sie die Gesch. des Reiches alten Bundes im Geiste desselben dargestellt haben." Dgg. GAUSSEN [*Théopneustie*. 840. 842): Gott hat die Bibel den H. Autoren dictirt, sein Wort auf ihre Zunge legend. Aber als STIER gegen THOLUCK die Unfehlbrk. der H. S. vertheidigte, ergab sich doch: nicht die unbedingte Unfehlbrk.

§. 44. INSPIRATIO. §. 45. BEWEIS DER INSPIRATION. 87

einigung des göttl. Geistes mit dem menschl. dessen höchste Freih. u. Eigenthümlichk. bestehe, daher auch die Individualität der H. Autoren nicht aufgehoben, vielmehr zum heil. Dienste gebraucht worden u. die H. S. als eine Urkunde des Gottmenschen eine gottmenschliche ist. Weil das Wort nur die Erscheinung des Geistes in der Sprache, mufste aus diesem Erfülltsein vom H. G. auch die Sprache als eine heilige hervorgehn. Weil aber die Offnb. nur das Religiöse betrifft, so ist in dieser Hinsicht die L. der NKS aufzunehmen, dafs sich die Insp. nur auf dieses im weitesten Umfange beziehe, denn Xtus ist nicht erschienen allerlei Kunst u. Wissensch. zu lehren, sdn. unsre Seelen zu retten. Scheint durch dieses Zugeständnifs die unbedingte Majestät der H. S. verletzt, so ist es doch nur nach ihrer menschlichen Seite das Ergebnifs einer aufrichtigen Schriftforschung, u. gibt ächt protestantisch, nachdem das ewige Seelenheil auf den Felsengrund der Unfehlbarkeit des göttl. Worts gestellt ist, alles andere Wissen der freisten Entwicklung des Menschengeistes anheim. Hiernach: *Insp. est ea Spiritus S. cum S. Scriptorum spiritu conjunctio singularis, qua non nisi divinam veritatem in conscribenda revelatione tradiderunt.*

§. 45. Beweis der Inspiration.

Da die Insp. der H. S. für uns die nothw. Vermittelung der Offnb. ist, führten die AKD für beide dns. Beweis [§. 37]. Die *Indicia externa et interna* gehören mehr für die Ungläubigen u. für das noch Ungläubige in uns, als für die Gläubigen, bewirken nur menschl. Gl., hist. Wahrscheinlichk.:[1] selbst einzelne Beweisstellen der H. S. sind bei ihrer mögl. Deutung auf die allg. Verheifsung des H.G. nicht entscheidend.[2] Die über allem Zweifel erhabne Gewifsh. ist allein das Zeugnifs des H.G. in uns.[3] Wenn der Christ, während er in sich nur Irrthum

---

1) In unmittelb. Beziehung auf die H. S. HOL.: „*Κριτήρια externa, S. Literarum immediatam a Deo dependentiam notantia:* a) *Scripturae antiquitas,* b) *Amanuensium S. singulare lumen, notitiae veritatisque studium,* c) *miraculorum, quibus doctrina coelestis Sc. firmatur, claritas,* d) *Ecclesiae, per universum terrarum orbem diffusae, consentiens testimonium,* e) *martyrum constantia,* f) *testimonia reliquorum populorum perhibita doctrinae in S. Codice contentae,* g) *doctrinae chr. felix et subita per totum terrarum orbem propagatio, ejusque admiranda inter tot persecutiones conservatio,* h) *inflictae contemtoribus et persecutoribus verbi div. poenae gravissimae. Indicia interna:* a) *Dei de se ipso in S. Codice testantis majestas,* b) *stili biblici simplicitas et gravitas,* c) *mysteriorum div., quae Sc. pandit, sublimitas,* d) *omnium assertionum biblicarum veritas,* e) *praeceptorum S. Literis comprehensorum sanctitas,* f) *S. Sc. ad salutem sufficientia. Necesse est, ut primo per adducta externa κριτήρια, s. signa et motiva credibilitatis, infideles moveantur, ut non improbabile esse censeant, S. Sc. a Deo ducere originem, atque adeo eam aestimare, legere et meditari incipiant.*" *Cf.* §. 37. nt. 2.

2) Für das A. T: göttl. Befehl zum Schreiben: *Ex.* 34,27. *Deut.* 31,19. *Jes.* 8,1. *Jer.* 36,2. Zeugnifs Jesu u. der App: *Mt.* 5,17 s. *Lc.* 24, 27. *Jo.* 5, 39. 2 *Tim.* 3, 15 s. 2 *Ptr.* 1, 19 s. Für das N.T: Verheifsung u. Ausgiefsung des H.G: *Jo.* 14, 16. 15, 26. 16, 7 s. *Act.* 1, 5. 2, 1 ss. 4, 31. Bes. apost. Offnb: *Act.* 15, 25. 1 *Cor.* 2, 9 s. 7, 40 ss. *Eph.* 3, 5. *Gal.* 1, 12. Aufserordentl. Geistesgaben: *Mc.* 16, 17. 1 *Cor.* 12, 1 ss. 1 *Jo.* 2, 27. Eingebung der Worte: *Ex.* 4, 12. *Jer.* 1, 9. *Mt.* 10, 20. *Lc.* 12, 11 s. 21, 15 s. 1 *Cor.* 2, 12 s. 1 *Tim.* 4, 1. 2 *Tim.* 3, 16.

3) §. 37. nt. 3. 4. GRH. *I. p.* 9: „*Initium fieri potest ab Ecclesiae testimonio, sed postea Sc. ipsa [indicia interna] et Sp. S. per Sc. luculentissime de se testatur.*" QUEN. *I. p.* 97: „*Quanquam multa sint κριτήρια et motiva credibilitatis, quae potenter suadent S. Sc. originem coelestem: illa tamen, quantacunque sint, fidem tantum humanam et per-*

u. Sünde findet, in der H. S. göttl. Wahrh. u. den Frieden Gottes gefunden hat, welcher nur von Gott in ihm gewirkt sein kann: so ist ihm dieses ein Bew. für den göttl. Urspr. der H. S., welcher anderer Bew. weder bedarf,[4]) noch durch sie erschüttert werden kann;[5]) u. selbst

suasionem efficient; ultima ratio, sub qua et propter quam fide div. et infallibili credimus, verbum Dei esse verbum Dei, est ipsa intrinseca vis et efficacia verbi div. et Sp. S. in Sc. loquentis testificatio et obsignatio. Quia fidem largiri, non tantum qua credimus articulis, sed etiam, qua credimus Sc. articulos exhibenti, est opus a Sp. S. ceu causa suprema promanans." HOL p. 116: „Testimonium internum Sp. S., cor humanum certificans et obsignans, est praecipua et ultima ratio cognoscendi divinaque fide credendi divinam S. Sc. originem." Cf. Conf. Gallicana: *„Non tantum ex communi Ecclesiae consensu, sed multo magis ex testimonio et intrinseca Sp. S. persuasione."* Daher SCHLR §. 128: „das Ansehn der H. S. kann nicht den Gl. an Xtum begründen, vielmehr muſs dieser schon vorausgesetzt werden, um der H. S. bes. Ansehn einzuräumen," nur darin heterodox, daſs von einem Vorher die Rede ist, während der H. G., durch die H. S. selbst den Gl. wirkt. Dgg. schon MICH das Losungswort der NKS ausgesprochen hat: „Ich muſs aufrichtig bekennen, daſs, so fest ich von der Wahrh. der Offnb. überzeugt bin, ich in meinem Leben niemals ein solches Zeugniſs des H. G. vernommen habe." STRAUSS *I. p.* 354: „Daſs dieses Zeugn. in uns wirklich vom H. G., u. nicht von unserm eignen, o. gar einem bösen o. täuschenden auſser uns herrühre, was soll uns hiervon überzeugen? Hier reiſst der Faden des orth. Systems ab; an die Stelle des göttl. Zeugn. treten menschl. Beweise: Schlüsse aus der Ächtheit u. Glaubwürdigk. der bibl. Schriften, aus dem gotteswürdigen Inhalte." Wie schon die Vft. sich ihr selbst bezeugt, so wird wohl auch der H. Geist vermögen, sich unserm Geiste zu bezeugen. Wer aber dem göttl. Geiste nicht glaubt, ist freilich menschl. Beweisen u. Zweifeln verfallen. PHIL: „Wenn Strauss die L. vom innern Zeugn. des H. G. die Achillesferse des prot. Systems nennt, so ist das ebenso, als wenn der Blinde den Sehenden einen Cirkelschluſs Schuld gibt, weil er behauptet, die Sonne leuchte, da er ja nur in ihrem Lichte sehe." Doch stellt auch er die göttl. Sicherh. nur auf den hist. zunächst der Urkirche anvertrauten Beweis des proph. u. apost. Ursprungs der einzelnen Bücher, daher die Antilegomena des N. T. hieran nur mit Wahrscheinlichk. theilnähmen. Noch mehr ist die neueste Halb-Orth. in Gefahr menschl. Wissensch. an die Stelle des H. G. zu setzen: EBR. „Es gibt keinen andern Beweis für die Insp. der H. S. als die Darlegung ihres Inhalts in sr. Nothw. also eben die ganze DK selbst."

4) Über solche äuſserl. Bew. gehn die NKS nicht hinaus, RNH: „Die Insp. des A. T. ruht auf apost. Aussprüchen, diese sind nicht Accommodation, denn *a*) die App. empfehlen auch den Heidenchristen das A. T. als göttlich, *b*) Jesus gebraucht im vertrautesten Umgange dasselbe als göttl. *Lc.* 24, 25. 44. wie *c*) Paulus gegen einen vertrauten Jünger nahe am Ziele sr. Bahn, 2 *Tim.* 3, 15 *s*. Für das N. T. sind die eignen Zeugnisse der App. über ihre Insp. hinreichend, weil *a*) fremdes Zeugniſs in dieser Sache nicht möglich war; *b*) diese Insp. weder unmöglich, noch unschicklich, vielmehr zu unsrer Beruhigung wünschenswerth ist; *c*) die App. von tadellosem Character sind; *d*) ihre Begeistrung nichts Schwärmerisches hat, vielmehr durch Wunder u. Weifsgn. göttlich gerechtfertigt ist; *e*) sie durch diese Begeistrung der Welt eine durchaus wahre u. wohlthätige Rel. gegeben haben; *f*) sie diese Rel. nicht durch eignes Nachdenken erfinden konnten, ohne daſs sie, ungelehrte, in Vorurtheilen erzogene Männer, mehr geleistet hätten, als alle Weisen des Heidenthums."

5) Gewöhnl. Gegengründe: *a*) Jede ausgezeichnete, zumal rel. Schrift galt dem Alterth. für inspirirt. *b*) Die apost. K. wuſste von keiner Insp. der apost. Schriften, erst allmälig ist die Theorie drs. von der Theol. u. vom Abergl. ausgebildet worden. *c*) Vft. u. hist. Kenntniſs reichten aus zur Abfassung der H. S. *d*) Die Lehren des A. u. N. T. widerstreiten einander mannichfach. *e*) Erst allmälig durch Belehrung o. Nachdenken kamen die App. auf richtige Einsichten, *Luc.* 24, 25. *Jo.* 16, 12. *Act.* 10, 10 ss. 15, 1 ss. 21, 15 ss. *f*) Auch im N. T. finden sich noch jüd. Vorurtheile, 1 *Cor.* 5, 5. 6, 3. 11, 30. 15, 22 ss. *Jac.* 5, 8. 1 *Thss.* 4, 15. 5, 1 ss. *g*) Der Sinn der H. S. ist oft dunkel; zumal über die eigentl. Mysterien, von deren Gl. nach dem KSystem das Seelenheil abhängt, würde

den hist. Bew. hinsichtlich eines bestimmten apost. Vrf. entbehren mag.⁶) Der Prtstms. aber, sobald er die Grundfeste des Glaubens nicht dem Schwanken hist. Zeugnisse, dem Wechsel menschl. Phil. o. der erdichteten Unfehlbark. einer K. vertrauen wollte, mufste sich in dieser göttl. Phil., als einem Bwsts. des H. G. in uns, vollenden.

§. 46. Affectiones Scripturae Sacrae.

Aus dem göttl. Ursprunge gehen die Eigenthümlichkeiten der H. S. hervor, *affectiones Sc. S. i. e. attributa, inspirationi divinae innixa, quibus Scriptura S., ab omni librorum genere diversa, divinam revelationem suppeditat.* Diese L. ist, wesentlich mit dms. Zwecke, das alleinige Ansehn der H. S. gegen Kthlcs., Myst. u. Natrs. festzustellen, von den AKD in mancherlei Formen behandelt worden,*) daher wir,

---

sich der H. G. deutlicher erklärt haben. *h)* Die App. weichen in ihren rel. Vorstellungen von einander ab, *Act.* 15, 1 ss. *cf. Gal.* 2, 14. in der Erklärung des A. T. *Mt.* 8, 7. *cf.* 1 *Ptr.* 2, 24. in gesch. Umständen *Lc.* 8, 27. *cf. Mt.* 8, 28. u. irren in der Chronologie *Mt.* 23, 35. *Lc.* 2, 2. 3, 1. *i)* Sie selbst unterscheiden Jesu L. von dem aus eigner menschl. Einsicht Hinzugethanen, 1 *Cor.* 7, 10. 25. *cf. Prov.* 4, 3 ss. berufen sich nicht auf Insp., sdn. auf genaue Prüfung ihrer Quellen, *Lc.* 1, 1 ss. u. setzen die Möglichk. eines Gedächtnifsfehlers voraus, 1 *Cor.* 1, 16. *k)* Sie erklären sich nirgends genauer über den *afflatus div.*, fordern aber auf zur freien Prüfung, *Jo.* 8, 32. 1 *Jo.* 4, 1. *Rom.* 12, 2. 1 *Cor.* 10, 15. 14, 29. *Gal.* 2, 6. *l)* Dem A. T. schreiben sie nach dem Volksgl., nicht ihren eignen Schr., Insp. zu. *m)* Mehrere Briefe sind blos von den Schreibern der App. geschrieben, *Rom.* 16, 22. 2 *Thss.* 3, 17. *Col.* 4, 18. *n)* Im A. T. werden der Gotth. harte ungerechte Thaten zugeschrieben, *Ex.* 3, 21 s. 17, 10 ss. *Deut.* 2, 30. 2 *Sam.* 16, 11. 24, 1 ss. *o)* Wenn Petrus durch den H. G. nicht einmal in seinem Leben vor einem sittl. Irrthum gesichert war, *Gal.* 2, 11 ss., so noch weniger in seinen Briefen vor intellectuellen Irrthümern. *p)* War eine Insp. zum Niederschreiben der Offnb. unentbehrlich, so ist sie's auch zum Auslegen.

6) Quen. *I. p.* 94: „*Distinctae sunt quaestiones: an Ec. Matthaei sit canonicum, et an sit a Matthaeo scriptum. Prius pertinet ad fidem salvificam, posterius ad cognitionem historicam. Sive enim Philippus, sive Bartholomaeus illud scripserit Ev., quod sub Matthaei nomine legitur, nihil facit ad fidem salvificam. Ecc. primitiva vere de autore alicujus libri canonici testari potest, quia vidit S. Scriptorum autographa. Quod vero Ev. Matthaei et Lucae sint scripta canonica, non vero Ev., quod sub Thomae vel Bartholomaei nomine circumfertur, illud sola Ecc. testificatio persuadere nequit, sed necesse est, ut accedat internum Sp. testimonium.*" Kns: „Die nun auch von krchl. Forschern anerkannte Thatsache, dafs die 4 ersten Bücher nicht von Einer Hand sind, u. der Charakter einer spätern Zeit, welchen das 5. Buch nach Form u. Inhalt trägt, bilden unumstössliche Instanzen gegen die Annahme, dafs der Pentateuch von Moses ist. Das nach dem Exil verfafste Buch Koheleth weifs unter den Widersprüchen des Lebens keine andre Auskunft als eine mechanische Verbindung von Gottesfurcht u. heitrem Lebensgenufs. Das Buch Jesaias enthält Bestandtheile, die nicht von Jesaia sein können, namentlich nicht c. 40-66. Daniel unter Antiochus Epiphanes. Der 3. Evangelist hat den 1. benutzt, Marcus sein Ev. aus Matth. u. Lucas zusammengestellt. In Betreff des letzten Mahles liegt ein offenbarer Widerspruch vor [zwischen den Synopt. u. Joh.], an dessen Ausgleichung zu denken man endlich aufgeben sollte."

*) Geh hat die Lehre, nicht den Namen; statt *affectio* σχῆμα. Bei Cal u. Quen Haupteinthlg: „1) *Primariae, quae Scripturae S. formaliter spectatae conveniunt:* a) *div. auctoritas* b) *div. veritas* c) *perfectio* d) *perspicuitas* e) *semetipsam interpretandi facultas* f) *usus normalis et judicialis potestas*; 2) *secundariae, quae ei competunt, quatenus materialiter consideratur:* a) *necessitas* b) *integritas et perennitas* c) *puritas et sinceritas* d) *dignitas authentica.*" Kün: „*Primariae:* a) div. *auctoritas* b) *infallibilis veritas* c) *perpetua conformitas* d) *revelationis perfectio* e) *perspicuitas* f) *infal-*

um die Bedeutung, welche die H. S. als Codex der Offnb. in der K. hat, nach allen Beziehungen darzustellen, als *affectiones Sc. S.* unterscheiden: a) *necessitas et sufficientia* b) *perspicuitas et semetipsam interpretandi facultas* c) *auctoritas et efficacia.*

§. 47. Necessitas et sufficientia.

Necessitas est ea Sc. S. praestantia, qua revelatio absque Sc. S. usque ad nostra tempora integre propagari non potuit.[1]) Die S. B. sprechen nur indirect diese Eigensch. aus durch Beschränkung der Wirksamk. des H. G. auf die Vermittlung der H. S. [§. 117 *nt.* 4.] Der Ggns. wider die kath. K. ist nur relativ, wiefern auch diese eine hypoth. Nothw. obwohl in geringerm Grade anerkennt.[2])

Die positive Seite dieser Eigensch. ist *sufficientia s. perfectio finalis* [*ad finem i. e. beatitudinem*], *ea Sc. S. praestantia, qua continet omnia, quae ad consequendam salutem scitu sunt necessaria.*[3]) Im Ggns. des *lumen internum* der Fanatiker u. der kath. KL von einer beigeordneten Nothw. der Tradition. *Traditio* [παράδοσις. *verbum Dei ἄγραφον*] *est complexus placitorum, quae ex ipsius Xti ore ab Apostolis accepta, aut ab ipsis Apostolis, Spiritu S. dictante, quasi per manus tradita continua successione in Ecclesia ad nos usque pervenerunt. Est historica, dogmatica, hermeneutica et ritualis.*[4]) In der ev. Kirche wird

---

libilis semetipsam ex semetipsa interpretandi facultas g) *facultas normativa* h) *potestas judiciaria* i) *efficacia div.*; *secundariae:* a) *necessitas* b) *integritas* c) *fontium puritas* d) *catholica communicabilitas* [*ad omnes homines ratione compotes, etiam luicos*]."
Hol: *Auctoritas, perspicuitas, perfectio et sufficientia, efficacia* [seitdem vorherrschend].
Bdd bezieht sie nur auf die Lehre als *veritas, sanctitas, sufficientia,* u. nach ihm Hs: „sie würden richtiger als *affectiones verbi div.* bezeichnet werden." Haun: a) *infallibilitas* b) *universalitas et necessitas.*

1) Quen: „*Distingue inter N. absolutam et hypotheticam. Absoluta Sc. N. haud fuit, potuit enim Deus procul dubio sine ea Ecclesiam conservare, uti* [*Ecc. hebraica*] *conservata fuit per multa saecula, antequam scribendi initium Deus ipse faceret. Fuit ergo modus propagandi coelestem veritatem non absolute necessarius, sed ex hypothesi, posita scil. divina voluntate et ordinatione, nostraque post lapsum indigentia.*" Cal: „*Non neganda est Sc. N. hypothetica, ob humanae vitae brevitatem, hominum numerositatem, Ecclesiae per totum orbem diffusionem, humanae memoriae imbecillitatem, custodiae a traditione exspectandae infidelitatem, coelestis doctrinae certitudinem ac stabilitatem, haereticorum et adulterantium pravitatem.*" Aufhören der Insp. u. Unsicherh. der Trad. ist der von Bdd, Ddr, Brt mit Recht hervorgehobene Grund.

2) Die von Quen. *I. p.* 62 angeführten Stellen [*Ecclesiam sine Sc. S. consistere posse, sine traditione non posse, bis zum unchristlichen: melius consultum fuisse Ecclesiae, si nulla unquam exstitisset Sc.*] drücken nur den Ggns. wider das prot. Hervorheben der H. S. überspannt aus, die wahre kath. Formel ist: Die H. S. gehört nicht zum Sein, aber zum Wohlsein der Kirche.

3) Quen: „*S. Sc. perfecte, plene et sufficienter continet omnia, quae ad fidem et vitam chr., atque adeo ad aeternam salutis consecutionem scitu sunt necessaria. Dicitur Sc. perfecta, non perfectione absoluta, omne scibile divinum et supernaturale comprehendente, haec enim Ecclesiae in his terris militanti non competit; sed perfectione restricta, sive in ordine ad ea, quae Xtiano ad recte credendum et sancte vivendum cognitu sunt necessaria.*"

4) Rc DG: In der alten K. galt die Tr. neben der Schrift, aber stets in Verbindung, nie im Widerspruche. Daher neben dieser Geltung viele Aussprüche für das unbedingte Ansehn der H. S. bes. bei der Antiochenischen Schule u. Augustin. In der griech. K. wurde die Tr. mehr auf den Ritus, in der lat. K. mehr auf die L. bezogen, unter neuern Kthlkn. auch als lebendiges Princip o. [ratst.] als öffentl. Meinung der K. angesehn.

§. 47. Sufficientia. §. 48. Perspicuitas.

sie wegen der Unsicherh. ihrer Bewahrung in GSachen verworfen, u. nur in KGebräuchen als menschl. Herkommen zugelassen, in der kath. K. durch die Unfehlbark. der sie bewahrenden K. gleichgesetzt der H. S.[5]) Ein dreifacher Versuch die Tradition zunächst als apost. Symbol über o. neben die H. S. zu stellen, jeder in seinem Jhh., durch CLX zur Versöhnung der Kirchen, durch LESSING als Ersatz für das Zerfallen mit der H. S., durch DELBRÜCK [6]) im Sinne der lebendigen Überlieferung u. gröfsern Bestimmth., scheiterte am prot. Gemeingefühl des Gegründetseins auf die H. S. Doch hat die luth. K. der Tr. als Überlieferung krchl. Geistes u. Lebens immer ein gröfseres Recht eingeräumt als die Reformirten, u. AKS haben dies noch gesteigert.[7])

§. 48. Perspicuitas et semetipsam interpretandi facultas.

Perspicuitas finalis est ea Sc. S. virtus, qua, quae sunt ad salutem necessaria, quam clarissime fieri potuit, exposita leguntur.[1]) Sie

---

Mön: Trad. im subj. Sinne ist das krchl. Bwsts. d. i. der eigenth. in der K. vorhandne u. durch die krchl. Erziehung sich fortpflanzende chr. Sinn; das in den Herzen der Gläubigen lebendige Wort. Diesem Sinne als Gesammtsinne ist die Auslegung der H. S. anvertraut.

5) C. A. 28 s: [8] „Traditiones obscurarerunt praecepta Dei, quia traditiones longe praeferebantur praeceptis Dei." 31: [40] „Servantur apud nos pleraeque traditiones, quae conducunt ad hoc, ut res ordine geratur in Ecclesia, ut ordo lectionum in missa, et praecipuae feriae. Sed admonentur homines, quod non sit ponendum peccatum in talibus rebus, si omittantur sine scandalo." Cf. C. A. 208 s. In den S. B. ist überall nicht dgm., sdn. rituelle Tr. gemeint, u. dagegen gestritten, wiefern durch solche Traditionen als Fasten, Wallfahrten u. dgl. die göttl. Gnade verdient werden solle. Dgg. Conc. Trid. S. IV. Decr. 1. 2.

6) Melanchthon der Glaubenslehrer. Bonn 826. Dgg. SACK, NITZSCH u. LÜCKE 827. — PELT [838]: die Tr. als Pr. der DK d.h. die von Xtus ausgehende Überlieferung, die H. S. einbegriffen. DANIEL [843[: die H. S. nicht alleinige Erkenntnifsquelle; zu Gunsten der Tr.

7) PHIL: „Die krchl. Überlief. ist der die der Zeit nach erste, [der Bedeutung nach zweite Quelle, die H. S. ist ausschliefsl. Norm, aber nicht ausschliefsl. wiewohl oberstes Pr. der chr. Wahrheits- u. Heilserkenntnifs." Neben der hier anerkannten [übernat.] Erleuchtung der K. ein gefährl. Zugeständnifs, dessen Consequenzen am Puseyismus zu ersehn. Für den Prtsms. hat die Tr. nur rein hist. Bedeutung. Aber wenn BAUMGARTEN als das wahrhaft orth. Schriftpr. lehrt — die H. S. ist nicht die einzige Norm des Gl. u. Gemeindelebens, vor u. über ihr steht das göttl. Wort, das sich mit weit gröfserer Energie als die Schrift in der Gemeinde der Gläubigen unter Einflufs des H. G. allezeit mächtig erweist, — so ist das der Abweg zu subj. Willkür, die ebenso leicht in Theosophie als in Rts. ausschlagen kann. Ein Wort Gottes aufser der H. S. wäre das von der Reformation verworfene *lumen internum* des Fanatismus, sobald es etwas anderes sein will als das Zeugnifs des H. G., dessen Amt nur ist, uns die göttl. Gewifsh. u. das einfache Verständnifs der H. S. zu sichern.

1) BR: „*Quod ea, quae creditu et factu homini ad salutem tendenti sunt necessaria, verbis et phrasibus ita claris et usu loquendi receptis proponuntur, ut quilibet homo linguae gnarus, et vel mediocri ingenio pollens, verbisque attendens, rerum verborum sensum quoad ea, quae sibi sunt scitu necessaria, assequi, et capita ipsa doctrinae simplici mentis apprehensione amplecti possit.*" RNH: „*Ea praestantia, qua, quae sunt ad salutem necessaria, adcommodate ad omnium ingenia exponit.*" Weder ist der wahre Sinn für den Thlgn. so leicht zu fassen, noch weniger für jedermann leicht fafslich. Der Ggns. wider die kath. L. von einer Dunkelh. der H. S., die der krch. Auslegung bedürfe, vindicirt mehr die Freih. der Auslegung für den Gelehrten, der alle Hülfsmittel drs. besitzt, als, wie man diesen Satz neuerlich genommen hat, für das Volk. Viel-

ist: *a) ordinata*, an die nöthigen Vorkenntnisse gebunden, doch sind auch diese meist in der H. S. selbst zu suchen;[2] *b) non tam rerum, quam verborum*, wiefern der Sinn einer Stelle, die ein bestimmtes Dogma enthält, vollkommen klar, aber dieses selbst noch unendlich tief ist;[3] *c) gradualis*, wiefern einige Stellen mit bes. Klarh. ein Dogma enthalten [*sedes doctrinarum, loci classici, dicta probantia*], entw. wörtlich, κατὰ τὸ ῥητόν, o. durch log. Schluſs abzuleiten, κατὰ τὴν διάνοιαν.[4] Die Klarh. ist hinsichtlich der graduellen Verschiedenh. *sem et ipsam interpretandi facultas, qua Sc. S. est sui ipsius infalli bilis interpres.*[5] Die Erklärung dunkler Stellen durch die entsprechen-

---

mehr eignet GRH die Auslegung dem *ministerio eccl.* zu, BR zunächst den KLehrern u. ihrem Concilio; andern Xten, wiefern sie gelehrt sind. *Cf.* §. 49. Mit Hervorhebung des rein Religiösen [*finalis*] HUT: „*Sc. S. perspicua est maxime in locis illis omnibus, quae de fide et justificatione nostra coram Deo aeternaque salute agunt.* Ps. 119, 105. 2 Petr. 1, 19."

2) HOL: *Persp. non est absoluta, sed ordinata, siquidem ad Sc. S. intelli gendam ordo divinitus institutus accurate observandus est. Requiritur enim* a) *invocatio Dei, patris luminum,* b) *notitia idiomatis, quo Sc. S. legitur, sive in fonte, sive in ver sione,* c) *attenta consideratio phrasium, scopi, antecedentium et consequentium,* d) *de pulsio praeconceptarum opinionum et pravorum affectuum.*" LUT: „Wiewohl das Ev. allein durch den H. G. gekommen ist u. täglich kommt, so ist es doch durch das Mittel der Sprachen gekommen, hat dadurch zugenommen, muſs daher erhalten werden; so lieb uns das Ev. ist, so hart lasset uns über den Sprachen halten." NZ: „Wenn jeder Ggnst. der Auslegung am völligsten nur aus ihm selbst u. durch ihn selbst verständ lich wird, u. wenn die Offnb. sich nothw. zugleich ihre eigne Sprache u. Gesch. ge bildet haben mufs: so folgt, daſs die heil. Philologie als eine bes. sich nur in einem geistl. Elemente vollenden könne."

3) HOL: „*Res praecipuae sunt incidentes, sunt enim mysteria, quae nec immediate apprehensis terminis, nec ex aliis naturaliter evidentibus principiis cognosci possunt. Proinde clara dicitur Sc. non ratione rerum, sed verborum, quia res incidentes etiam claris verbis proponi possunt.*" So bes. Johannes. BN: „*Perspicuitas verborum consistit in ipsorum verborum delectu et congruentia cum rebus significatis, eorumque inter se connexione et ordine, juxta communem usum loquendi.*" Zur *Perspic. verborum* gehört auch die Reinheit des Styls. AKD hielten die Annahme des Gegentheils für „eine nicht geringe Gotteslästerung." HOL: „*Stilus S. Sc. est gratis et dignus ma jestate div., nullo vitio grammatico, nullo barbarismo, aut soloecismo foedatus.*" Wel che Behauptung zwar als Folge der Insp. nur in der ältern materiellen Ansicht drs. begründet, aber als grammatisch genaue Durchführung zwar nicht der attischen Spra che, doch eines bestimmten Sprachidioms durch die neuere Philologie immer mehr bestätigt wird.

4) HOL: „*Gradualis, quippe quae major in N. quam in V. T. est, et in N. T. quaedam dicta sunt clariora, quaedam minus clara, ex clarioribus explicanda.*" BR: „[*Perspicua est Sc. S.*] *saltem in iis locis, ubi ex professo de certo dogmate fidei aut morum agitur, s. ubi sedes alicubi continetur, ita ut nullus sit fidei articulus, nullum vitae praeceptum, quod non alicubi verbis propriis et perspicuis proponatur.*" QUEN: „*Licet quaedam dogmata non expresse,* κατὰ ῥητὸν *in Sc. contineantur, sufficit, quod ibi habeantur* κατὰ διάνοιαν, *ut per legitimam et evidentem consequentiam inde deduci possint.*"

5) GRH: „*Sp. S. est autor Sc. principalis summus, ergo etiam est ejusdem interpres authenticus, ac proinde omnis legitima ac solida Sc. interpretatio vel ex immediata Sp. S. inspiratione, (quae hodie in Ecc. non amplius locum habet) vel ex ipsa Sc. est petenda.*" QUEN: „*Non aliunde, quam ex ipsa S. Sc. certa et infallibilis interpretatio haberi potest. Sc. enim, vel potius Sp. S. in Sc. loquens, est sui ipsius legitimus interpres. Obscuriores sententiae, quae explicatione indigent, per alias Sc. sententias clariores explicari possunt ac debent, atque ita locorum obscuriorum interpretationem Sc. ipsa largitur, facta*

§. 48. Perspicuitas.

den klaren beruht auf der Einh. des Sinnes der H. S., *analogia*[6] *Scripturae S., ea singulorum Sc. S. effatorum inter se relatio, qua, nulla repugnantia data, sese invicem explicant.* Sie versteht sich von selbst bei dem Werke eines einzigen u. göttl. Autors. Hieraus geht hervor *analogia fidei* als Vrh. der GArtikel unter einander: *articulorum fidei nexus et consensus;*[7] o. bestimmter als Inbegriff der in der H. S. klar vorgetragnen Hauptartikel [GRH]: *summa quaedam coelestis doctrinae ex apertissimis Sc. locis collecta ;*[8] als Gesetz der Auslegung [κατ' ἀναλογίαν] auch *regula fidei* genannt. Ein solches Gesetz fanden die KV meist in der Tradit. bes. im *Symb. apost.*, die spätern kath. Thlgn. in der KL. Die prot. K., da die H. S. ihr das Höchste ist, mufste innerhalb drs. die Norm der Auslegung aufsuchen. Wenn ebendfsh. die *regula fidei* als die Summa der klarsten Stellen beschrieben wird, so ist doch als ihr Mittelpunkt offen in den S. B., factisch bei den AKD der Fundamentalartikel des alleinseligm. Gl. [§. 16] anerkannt, welcher nicht weniger das Resultat eines chr. Lebens als klarer Schriftstellen ist.[9]

Hiernach ist die Interpretation in der prot. K. grammatisch-historisch, welche im Ggns. der kath. krchl. Auslegung jede Stelle nach dem Sprachgebrauch u. den Beziehungen ihrer Zeit auslegt; gegen die Willkür eines vielfachen Sinnes ein urspr. u. bestimmter Wortsinn.[10] Aber diese Auslegung ist einesth. bedingt

eorundem cum clarioribus collatione, ut ita Sc. per Sc. explicetur. [Dan hauer:] Sc. *est instar coeli, in quo semper aliquis sol apparet, a quo stellae obscuriores lumen hauriunt.*"

6) Rom. 12, 6: Ἔχοντες χαρίσματα κατὰ τὴν ἀναλογίαν τῆς πίστεως, *pro ratione, pro modulo fidei*, blos subj. Kraft u. Innigkeit des Gl. In der krchl. Bedeutung Verhältnifs u. Mafsstab.

7) Als *Anal. Sc. S.* HOL: „*Harmonia dictorum biblicorum.*" CARP: „*Nexus veritatum ad salutem necessariarum ; nexus est ea veritatum ad se invicem relatio, ut una contineat in se alterius rationem.*" BMG: „*Nexus, quo articuli fidei tam inter se, quam cum fine suo cohaerent, atque inde enata relatio eorundem ad se invicem.*" BDD: „*Capitum fidei praesertim fundamentalium consensus et harmonia.*"

8) HOL: „*Typus doctrinae claris et perspicuis testimoniis Scripturae superstructus.*" MOB: „*Summa illarum propositionum, evidenter et perspicue exstantium in Sc. S., quatenus est norma judicandi de caeteris, et veluti typus doctrinae.*" RXN: „*Summa religionis tam evidenter tradita, ut omnibus manifesta sit.*" Tzs: „*Summa doctrinae chr. perspicue cognita, quatenus tanquam regula de sententiis minus perspicuis judicandi spectatur.*"

9) HOL *p. 162:* „*Qui sunt interpretes Scripturae, operam dent, ut interpretatio sit analoga fidei, h. e. congruat cum fundamentalibus fidei articulis, sive cum principalibus chr. fidei capitibus ex luculentissimis Sc. testimoniis collectis.*"

10) Die kath. Exegese erkennt 4 Normen mit unbestimmten Gränzen: *regula fidei*, *praxis Ecclesiae, Patrum consentiens interpretatio, Conciliorum praescripta.* — ORIGENES: 1) *sensus literalis,* wo er nicht auf Gottes unwürdige Vorstellungen führe [so AUGTN: *regula pietatis*, alles auf eine Gottes würdige Art auszulegen], 2) *mysticus,* überall, a) *moralis,* b) *spiritualis.* Auf seine Veranlassung, doch mit dem Unterschiede, dafs der Wortsinn mehr als der eigentl. hervorgehoben, der mystische Sinn mehr als erbaul. Anwendung, *accommodatio, spiritualisatio,* angesehn wurde, die kath. K.: 1) *sensus literalis s. grammaticus,* 2) *mysticus,* a) *tropologicus* [moral. Anwendung], b) *allegoricus* [Anwendung auf Xtum u. dessen myst. Körper, die K.] c) *anagogicus* [auf die jenseitige Welt u. triumph. K.]. An diese 4 *loci topici* erinnert der Vers:

Litera gesta docet; quid credas allegoria;
Moralis quid agas; quid speres anagogia.

durch die nothw. Voraussetzung der Harmonie aller dgm. Schriftstellen unter einander u. mit dem Fundamente des Gl., andernth. ist sie Anfang, nicht Ende der Auslegung. Denn wie jedes bedeutende Buch nur verstanden wird durch Hineinleben in den Geist, in dem es geschrieben ist, so kann die H. S. nur durch den H. G., der sie geschrieben hat, wahrhaft ausgelegt werden; was jedoch nicht so gemeint ist, als ob der H. G. sich der Grammatik, die er als Autor geachtet hat, als Ausleger überhöbe u. einen neuen Sinn brächte, sdn. er erleuchtet nur unsre menschl. Auslegung, begründet uns immer tiefer in dem durch sie ermittelten Sinne, u. ordnet das Einzelne in das Ganze des chr. Gl. u. Lebens.[11])

§. 49. **Auctoritas et efficacia.**

Auctoritas Sc. S. divina est a) *normativa, ea perfectio, qua sola definire potest, quae sint ad salutem necessaria,* b) *judicialis, qua sola debet dirimere pugnantium de religione lites.*[1]) Deus est αυτο-

---

Die Reformatoren hielten am Wortsinne [*literalis, proprius, grammaticus*], wo nicht aus dem Zusammenh. *sensus figuratus s. tropicus* als beabsichtigt erhelle. Seit Grn wurde *sensus spiritualis* wieder beigefügt, aber nicht als urspr. Sinn [*a Sp. S. unicus solum intenditur ubivis sensus, literalis*] sdn. blos als prakt. Anwendung [*non varius sensus, sed spiritualis applicatio s. accommodatio dicti alicujus*], so wie Kant die moral. Interpretation vorschlug, nicht als gelehrte Exegese, sdn. um die Bibel als einmal eingeführtes Volksbuch möglichst gemeinnützig zu machen. Seit Bu wurde der mystische Sinn [*occultus, secundus, remotior*] wieder angesehn als zuweilen beabsichtigt vom H. G: a) *allegoricus*, Darstellung himmlischer u. geistl. Dinge durch irdische u. sichtb. [*allegoriae innatae et illatae*], b) *typicus*, Vorbild auf etwas Höheres, Künftiges, c) *parabolicus*, Darstellung eines wahren geist. Vrh. durch ein hist. Gleichnifs, Parabel. Seit Sml u. Ernesti die gramm. hist. o. hist. krit. Exegese als schrankenlos u. allgemein.

11) Grn. *I. p.* 52: „*Dicimus igitur, requiri lucem (precibus seriis impetrandam) Spiritus S. ad salutarem dir. oraculorum intellectum; sed addimus, per diligentem verbi tractationem Spiritum S. velle in nobis istam lucem accendere.*" Bu *p.* 127: „*Scripturam duo hoc praestare oportet: unum, ut, quae cognoscenda sunt, intellectui verbis perspicuis repraesentet, ut simplici mentis apprehensione percipi possint; alterum, ut, quando res significata sublimior est, et intellectus debilior, aut plane corruptus, ita ut non possit suis viribus recte judicare de eo, quod verbis illis significatur, neque assensum, quem debet, ipse praebere: Scriptura ipsa [Sp. S. per eam] virtute sua, tanquam illuminatrice, intellectum eo perducat et facultatem cognoscendi atque assentiendi largiatur.*" Die blos gelehrte Auslegung ohne den H. G. ist [Lut, Grn] *notitia literae*, non *spiritus*, nicht *finalis s. salutaris*, sdn. blos Vorbereitung dazu. Ähnliches, wenn auch mehr auf natürl. Standpunkte, haben Muu, Tws, Nz u. a. als theol. Exegese gemeint, nehmlich vom gramm. hist. erforschten Sinne aus ein Eingehn in den Geist der H. S. u. ein Beziehn auf das eigne chr. Leben u. Gl., so dafs die einzelne Stelle in dieser Einh. u. Gemeinsch. verstanden wird. Wenn aber die Hegelsche Schule der H. S. zwar die Wahrh. zugestand, aber auf dem untergeordneten Standpunkte der Vorstellung, welche erst durch die Phil. zum klaren Bwsts. der Idee erhoben werde: so erinnert die prot. K., dafs sie keine höhere Auslegertugend kenne, als demüthige Treue gegen Gottes Wort, die den H. G. nicht lehren, sdn. von ihm lernen will. Lut: „Wir werden wohl Schüler in der H. S. bleiben, denn man kann nicht ein einziges Wort darin genugsam ausgründen; wir haben nur die Erstlinge."

1) *A. S.* 308: [15] „*Ex Patrum verbis non sunt exstruendi articuli fidei. Regulam aliam habemus, ut videlicet verbum Dei condat articulos fidei, praeterea nemo, ne angelus quidem.*" *F. C.* 572: [7] „*Sola Sc. S. judex, norma et regula agnoscitur, ad quam, ceu ad Lydium lapidem, omnia dogmata exigenda sunt et judicanda.*" Cf. 570. [1.] 632. [3.] *A. C.* 273. [92.] Beide Functionen sind wesentlich eins, nur als gesetzgeb. u. richterl. Ge-

§. 49. AUCTORITAS. EFFICACIA.

κρατορικῶς [αὐθεντικῶς], Sc. S. κανονικῶς [ὀργανικῶς], Ecc. sive ministerium eccl. διακονικῶς norma fidei vitaeque et judex controversiarum. Dieses formale Princip des urspr. Prtstms. wurde in der ref. K. gleich anfangs dahin gesteigert, dafs nichts in der K. bestehn sollte, was nicht wörtlich aus der H. S. zu erweisen sei, während die luth. K. ihr materiales Pr. zu gleichem Rechte setzend [S. 10] u. eine geschichtl. Entwicklung in der K. anerkennend, soweit sie nicht der H. S. widerspricht, in dieser nur die regulirende Norm alles chr. Lebens u. Gl. erkannte. Aber beide Kirchen des Prtstms. vertheidigten ihr Schriftpr. kraft der Insp. gegen den Kthlcs., der seiner K., gegen den Myst., der einer unmittelb. Einwirkung des H. G., wie gegen den Rts., der diesen Supremat der Vft. zuschreibt, u. endlich in dem Dilemma, ob Schrift oder Geist?[2] als sei die H. S. nur ein geistloser Buchstabe, seine Tendenz aussprach, nur dem eignen Geiste u. etwa noch dem Zeitgeiste zu vertraun. Das höchste Ansehn der H. S. gebührt nur dem Grundtexte,[3] u. nur dem rel. Inhalte der H. S., sonach mit Ausschlufs des Localen, Temporellen u. Individuellen,[4]

---

walt geschieden, daher auch oft vereinigt: CAL: *Usus normalis et judicialis potestas, quod Sc. S. norma sit et judex in controversiis ad fidem et vitam spectantibus dijudicandis.*" QUEN: „*S. Sc. est judex, s. potius vox summi ac infallibilis judicis, Spiritus S., et norma, ad quam judex inferior in dijudicandis fidei controversiis unice respicere et juxta quam de illis sententiam ferre debet.*" HoL: „*Auctoritas Sc. S. est eminens illius dignitas, a Deo ipsi communicata, tanti aestimata ab hominibus, ut horum intellectum ad assensum, voluntatem ad obsequium permoveat, verum a falso, bonum a malo discernat et exortas fidei controversias dijudicet. Quoad rem, una est, secundum nostrum concipiendi modum distinguitur in causaticam fidei et canonicam. Illa est, qua Sc. assensum credendorum in intellectu generat et confirmat: haec est, qua tum Sc. authentica ab aliis scripturis et versionibus, tum verum a falso dignoscitur.*" AM: „*Normativa auctoritas vindicata est Scripturae S. ea ratione, ut rite explicita et ad principia solida revocata humanam auctoritatem qualemcunque longe superet, ideoque unicam et certissimam doctrinae regulam* [2 Tim. 3, 15.] *religionis chr. ministris exhibeat.*" PHIL: „Das: Rede Herr, dein Knecht höret! bezeichnet die rechte Grundstellung des Heilsgl. zum Offenbarungsworte." SCHLR: „Die H. Schriften des neuen Bundes sind auf der einen Seite das erste Glied in der seitdem fortlaufenden Reihe aller Darstellungen des chr. Gl., auf der andern Seite sind sie die Norm für alle folgenden Darstellungen."
2) G. A. WISLICENUS: ob Schrift? ob Geist? Lpz. 845.
3) CAL. I. p. 485. als eigne *affectio:* „*Authentica dignitas*, quod solus textus ebraeus in V. T. graecus in N. pro authentico haberi debeat, nec ulla versio ad hoc sublime auctoritatis fastigium admittenda sit." Dgg. C. Trid. S. IV. c. 2: „*Insuper S. Synodus considerans non parum utilitatis accedere posse Ecclesiae Dei, si ex omnibus Lat. editionibus, quae circumferuntur, S. Librorum, quaenam pro authentica habenda sit, innotescat: statuit et declarat, ut haec ipsa vetus et vulgata editio, quae longo tot saeculorum usu in ipsa Ecc. probata est, in publicis lectionibus, disputationibus, praedicationibus aut expositionibus pro authentica habeatur, quam nemo quovis praetextu rejicere audeat, vel praesumat.*" Gelehrtere kath. Thlgn. erklärten schon zu Calovs [I. p. 488] Zeiten dies nur als ein Supremat hinsichtlich andrer Versionen, nicht als Gleichstellung mit dem Grundtexte. Das Decret ist absichtlich zweideutig.
4) C. A. 43: [65 s.] „*Apostoli jusserunt abstinere a sanguine. Quis nunc observat? neque tamen peccant, qui non observant, quia ne ipsi quidem App. voluerunt onerare conscientias tali servitute, sed ad tempus prohibuerunt propter scandalum. Est enim perpetua voluntas Evangelii consideranda in decreto.*" Verschiedne Versuche der neuern DD zur Ausscheidung: Der rel. Inhalt, das Wesentl., Ewige a) seien die eignen Aussprüche Jesu; [wurde von den App. die Lehre Jesu verfälscht, so sind auch diese

worunter auch dasj. begriffen ist, was durch *analogia fidei* als Accommodation erwiesen werden kann, d. h. Form o. Gehalt eines rel. Ausspruchs, der nur weise Herablassung zu Volksbegriffen war.[5]) Aufserdem aber läfst die H. S. als die an sich vollkommne Darstellung der Rel. nur eine Perfectibilität in ihrer subj. Auffassung zu.[6]) Was im kirchlich wissensch. Gebrauche *auctoritas*, das ist im erbaul. Gebrauche *efficacia Sc. S.* [*efficacitas*], [RNH] *ea Sc. praestantia, qua ad instituendos, corrigendos et tranquillandos hominum*

Aussprüche nicht sicher;] b) werde erkannt an nachdrücklicher u. oft wiederholter Belehrung; [konnte auch nur durch temporellen Ggns. veranlafst sein; c) nach der Vft. o. dem Bedürfn. unsrer Zeit u. Bildung; [beide können nichts über ein rein hist. Vrh. entscheiden.] Oder das Auszuscheidende d) seien die nationalen, bes. nach dem Exile aufgekommenen Dogmen; [aber Jesus konnte sie als wahr anerkennen;] e) sei an eignen Erklärungen Jesu u. der App. zu erkennen; [finden sich oft nicht bei offenbar individuellen Gebeten.] Das einzige Kriterium haben schon die AKD angegeben: QUEN: *Sc. S. est norma in causis fidei et religionis*, [nur die eignen rel. Vorstellungen der H. Autoren sind Norm für unsern rel. Gl.] u. die Absurdität des Gegentheils erkannt: KÖN: „*Forma articulorum fidei non consistit in conformitate cum revelatione Dei scripta; sic enim historia de caudis vulpecularum Samsonis, vel de asina Bileami, atque alia, sive historica sive moralia, articuli fidei forent.*" QUEN: „*Licet fides generaliter spectata versetur circa omnia, quae in verbo Dei continentur, specialiter tamen versatur circa dogmata fidei. Quod observandum, ne quis in Tanneri, Jesuitae, absurditatem incidat, qui omne, quod in Bibliis S. occurrit, vim dogmatis obtinere in Colloq. Ratisb. Sess. XI. ita asseruit, ut etiam ex incestu Judae et cane Tobiae caudam movente novos articulos fidei ridicule produceret. Sic etiam historia de caudis vulpecularum Samsonis, de asina Bileami, de annis Methusalem, de aedificatione turris Babel articulis fidei annumeranda esset.*"

5) Accommodatio [συγκατάβασις, *condescensio*] *est vel praeceptoris ratio, qua ipse descendit ad imbecillitatem discipuli, ut eum sensim secum extollat, vel doctrinae religiosae ratio ex tali obsequio nata.* Sie ist 1) formal, in der Lehrart, *argumenta κατ' ἄνθρωπον, disputare ex concessis*, Mt.13,11. Gal.4,21ss. cf. 1 Cor.3,1 ss.9,19. unter den KV *disputatio κατ' οἰκονομίαν*, 2) material, *a*) negativ, *dissimulatio*, einstweiliges Stehnlassen von Vorurtheilen, Jo.16,12. Act.16,1-3.21,17-26. Rom.14, 1 ss. b) positiv, *simulatio*, in indifferenten Dingen zulässig, [Mt.11,14, Act.16,3. Cf. A. C. 154: „*Quaedam ex patriis moribus, ut fit, retinebat populus, quae Apostoli, non nihil immutata, ad historiam Evangelii accommodaverunt, ut Pascha, Pentecosten.*"] in rel. Irrthümern als ihre willkürl. o. schwächliche Bestätigung unsittl. u. das einemal, wo geübt im N. T., auch verworfen, Gal.2, 11 ss. Über negat. Acc. allein ist dadurch ein noch unbefriedigter Streit, weil die RT durch beliebige Annahme drs. vom Xthum trennten, was ihnen mifsfiel. Nur hist. kann bestimmt werden durch *analogia fidei*, was Acc. sei.

6) Dagg. wurde eine obj. Perfectib. des Xthums behauptet als Vervollständigung [*consummatio*] o. Läuterung [*purgatio*[: *a*) Von Mystikern durch eine höhere übernatürl. Offnb. des Paraklet [Montanisten]. b) Von den RT durch die Vft. Nach Lessing Krug: „Perfect. diej. Beschaffenh. der geoffenb. Rel., vermöge welcher sie in sich selbst das Pr. d. i. die bestimmte Möglichk. einer steten, dem Zwecke ihres Urhebers u. ihrer Bekenner gemäfsen Fortbildung u. Entwicklung hat." Das erste wird dadurch widerlegt, dafs die Insp. aufgehört hat, das andre dadurch, dafs sie vorhanden war, u. Gotteswerk nicht durch Menschenwerk reformirt werden kann. STRAUSS I. p. 177: „Die N.T.lichen Bücher sind nicht das Pr. des Xthums, sdn. die frühesten Darstellungen dieses Princips, Urkunden der ersten u. insofern unvollkommenen Versuche, es dem Vorstellen u. Leben einzubilden; weit entfernt daher, dafs in ihnen die Idee des Xthums in einer später nie mehr zu erreichenden Reinheit von weltl. Einflüssen erscheinen sollte, hat es vielmehr hier noch auffallend den Geschmack von dem Boden sr. Entstehung, dem Judenthum." Folgerecht für die Betrachtung der H. S. als Menschenwerk

§. 49. H. S. als Volksbuch.

*animos maxime idonea est.*⁷) Daher wie der Geistliche in der H. S. einen unerschöpfl. Schatz u. eine unwiderstehl. Macht findet [*theologus in Sc. S. nascitur*], wird ihr erbauliches Lesen einem jeden in der Gemeinde empfohlen ⁸) u. jedes Hülfsmittel dieses Gebrauchs begünstigt; ⁹) dgg. die röm. Curie, bes. seit *Innocentius III.* das Lesen der Bibel in der Volkssprache vom Ermessen der geistl. Obern abhängig macht.¹⁰)

Loc. VI. De Libris Symbolicis.

§. 50. Historischer Begriff.

Der aus der H. S. geschöpfte Gl. der ev. luth. K. ist dargestellt in ihren S. B.¹) *Libri symbolici sunt confessiones publicae, Ec-*

---

u. für einen Standpunkt, der über das Xthum hinaus zu sein meint. Die subj. Perfect. ist die Fähigk., den chr. Gl. immer vollkommner darzustellen im Leben u. in der Wissensch.; dem Begriffe nach den AKD bekannt.

7) Cal.: „*Effic. Sc., quod Sc. viva sit ac efficax, mediumque illuminationis, conversionis ac salutis, potentia div. instructum ac animatum.*" Br: „*Effic., quod habet vim aut potentiam activam supernaturalem ac vere divinam ad producendos supernaturales effectus, sc. mentes hominum convertendas, regenerandas et renovandas.*"

8) Quen: „*Omnes Xtiani, legere valentes, cujuscunque sint ordinis, conditionis sive aetatis, post exercitia catechetica ad privatam S. Scripturae in lingua vernacula lectionem non solum admittendi, sed et instigandi sunt. Non dicimus laicos Sc. lectione instructos de gravissimis quibusque quaestionibus judicium ferre, sed praecipua ac fundamentalia fidei capita et vitae regulas ex Sc. petere debere. Cum asserimus, posse ac debere fideles quosvis pro donorum suorum modulo ad privatam sui suorumque informationem S. Literas modeste et devote legere: nec hoc ipso imperitae plebi animos addimus, ut publicam sibi Sc. interpretationem arroget.*" Cf. Cat. mj. 429. [100 ss.] F. C. 659. [10.]

9) Quen. I. p. 226: „*Cum linguae hebraeae et graecae pauci fidelium gnari sint, ideo, ut ad S. Sc. lectionem cunctis pateat aditus, non solum licet, sed et expedit, et summopere utile et necessarium est, ut sacrum Dei verbum in linguas vernaculas, sive vulgo cognitas, transferatur.*"

10) Das Hauptinterdict *Regula IV Indicis Expurgatorii* von *Pius IV* erlassen, von *Sixt. V* u. *Clem. VIII* als Anhang des Conc. Trid. bestätigt: „*Cum experimento manifestum sit, si S. Biblia vulgari lingua passim sine discrimine permittantur, plus inde, ob hominum temeritatem, detrimenti, quam utilitatis oriri, hac in parte judicio Episcopi aut Inquisitoris stetur, ut cum consilio Parochi vel Confessionarii Bibliorum, a catholicis auctoribus versorum, lectionem in vulgari lingua eis concedere possint, quos intellexerint ex hujusmodi lectione non damnum, sed fidei atque pietatis augmentum capere posse; quam facultatem in scriptis habeant. Qui autem absque tali facultate ea legere seu habere praesumpserit, nisi prius Bibliis Ordinario redditis, peccatorum absolutionem percipere non possit.*"

1) Hol p. 54: „*Symbola sunt confessiones, quibus Xtiani tum militiam suam spiritualem, quod sub vexillo Regis Xti adversus diabolum et ejus socios militent, tum pactum cum Deo in baptismo initum, testatum eunt.*" Genauer: σύμβολον von συμβάλλειν, Getrenntes zusammenfügen, übereinkommen, daher worüber man sich vereint hat, u. des Vertrags Pfand o. Kennzeichen, *pactum, tessera, signum;* daher kirchlich: Kennzeichen u. Bekenntnifs, in dem das Gemeinsame, also auch das Unterscheidende der K. enthalten ist; ästhetisch: Sinnbild einer Idee. Symbolik in Tittmanns o. in Creuzers Sinne. — Je junger sich die AKD durch ihren eignen Gl. mit dem Geiste der S. B. verbunden wufsten, desto weniger findet sich eine Berücksichtigung ihres Buchstabens, weder in einzelnen Citaten, die nur in Hutters Comp. hervortreten, noch in einem bes. Locus über dieselben, der auch den meisten NKS fehlt. Nur einige handeln gelegentlich von dens., Hutt im *L. de Sc. S.,* wo zunächst ihr von der H. S. verschiedner Werth dargestellt wird, Cal, Quen, Hol im *L.*

clesiae auctoritate ad declarandam Ecclesiae fidem normamque docendi constituendam editae.[2] 1) *Symb. Apostolicum,* Inbegriff der apost. Lehre [HOL: *materialiter, ratione dogmatum*], allmälig erwachsen aus der Taufformel als Bekenntnifs der Katechumenen, festgestellt im 4. Jhh. 2) *Symb. Nicaenum*, nach den Beschlüssen von Nicäa 325 u. von Constantinopel 381. 3) *Symb. Athanasianum*, als Darstellung der durch Athanasius ruhmvoll vertheidigten KL seit dem 7. Jhh. in der abendländ. K. geltend.[3] Diese *Symb. oecumenica* nach dem röm. Texte behielt die ev. K. bei, um ihre Einstimmigk. mit dem ächten Kthlcs. darzuthun.[4] 4) *Conf. Augustana* [*invariata*], deutsch u. lat. verfafst von Melanchthon, unterzeichnet u. übergeben von den ev. Ständen auf dem Reichstage zu Augsb. am 25. Juni 1530. 5) *Apologia Confessionis*, lat. verfafst von Melanchthon gegen die kath. *Confutatio* auf dms. Reichstage. 6) *Articuli Smalcaldici*, deutsch verfafst von Luther, unterzeichnet zu Schmalkalden 1537 nur von den Thlgn., um auf dem Concilium übergeben zu werden. 7) *Catechismus major et minor Lutheri* 1529, deutsch, aus Veranlassung der sächs. KVisitation. 8) *Formula Concordiae*, um innere Controversen zu entscheiden u. zur Ausscheidung des Calvinismus, deutsch verfafst, unter Auctorität des sächs. Kurfürsten August, von Andreä, Chemnitz, Selneccer, Chyträus, Musculus u. Cornerus, zu Klosterbergen 1579, unterzeichnet von mehr als 8000 K.- u. Schul-Dienern. Diese Symbole sind enthalten in der *Concordia* [*Liber Concordiae*], welche mit Vorrede u. Unterzeichnung der ev. Stände der Kurfürst 1580 zu Dresden herausgab. Nur *Conf. Aug.* ist in der ganzen K. anerkannt, *Form. Conc.* von mehrern Landeskirchen verworfen. Die alten Symbola haben gröfsere Auctorität als die neuern.[5] Die Erklärung, dafs auch von den Worten der S. B. nicht abzugehen sei,[6] ist nie durchgeführt, sdn. nur dahin verstanden worden, dafs genau nach den Worten der Sinn zu ermitteln ist: aber für KL ist nach drs. Bestimmung über das N. T. [§. 49. *nt.* 3], nach theol. Praxis[7]

---

de Rel., wo sie als *Symbola verae religionis* betrachtet werden, mit Zurückstellung ihrer eigenth. Bedeutung als Unterscheidungszeichen der Kirche.

2) HOL p. 54: „*L. S. sunt confessiones publicae nomine Ecclesiae ab orthodoxis viris de certis fidei articulis gravissimo consilio conscriptae, ut membra Ecc. orthodoxae ab infidelium ignorantia et haeretica pravitate separentur, et in consentiente fidei professione contineantur.*" Wes: „*Symbolum brevior fidei formula ac professio, liber symbolicus uberior fidei expositio.*"

3) HOL p. 55: „*Ita nuncupatur, quamvis incertissimum sit, an tot verbis, quot hodie legitur, ab Athanasio conscriptum sit. Hoc interim certum est, esse perantiquum, et fidem, quam Athanasius praesentissimis cinctus periculis tot annorum decursu adversus Arianos strenue defendit, sancte complecti ac tueri, ut vel ex hoc capite Athanasianum omni jure nominari possit.*"

4) Diese 3, welche in den S. B. enthalten sind, gibt HUT an, CAL, QUEN, HOL fügen hinzu *Symbol. Constantinopolitanum, Ephesinum et Chalcedonense.*

5) HUT: „*Longe majorem auctoritatem obtinent ea, quae unanimi totius cath. Ecclesiae consensu sunt approbata, qualia sunt illa Symbola oecumenica, quam quae paucarum tantum quarundam particularium Ecclesiarum judicio et applausu sunt recepta.*"

6) *Praefat. p.* CXLI [ed. Hase]: „*Ne latum quidem unguem vel a rebus ipsis vel a phrasibus, quae in illa* [*Conf. Aug.*] *habentur, discedere decrevimus.*"

7) RNH: [Moral 3. B. §. 355.] „Dafs der Lehrer durch den REid keineswegs verpflichtet sei, auch jeden aufserwesentlichen Punkt, jede zufällige Erläuterung, jede Schrifterklärung, jeden Beweis, jede Vorstellungsart, welche in den S. Schriften vor-

u. Natur der Sache nur zu halten, was von den Verfassern als Ausspruch ihres rel. Gl. niedergeschrieben ist.[8] Nur die in den S. B. öffentlich u. gesetzlich ausgesprochene Lehre ist KL;[9] wodurch jedoch die Zulässigk. ihrer weitern dgm. Ausbildung nicht geleugnet wird {§. 14].

§. 51. Dogmatische Bedeutung.

Die S. B. geben nicht ein Gesetz über den Gl., sdn. Zeugnifs, wie die Offnb. zu einer bestimmten Zeit in der K. verstanden worden ist.[1] Ihre Auctorität ist nur abgeleitet u. bedingt, weil u. wiefern [*quia et quatenus*] sie den rechten Sinn der H. S. enthalten,[2] u. insofern sind sie ihrem Inhalte [nicht ihrer Abfassung] nach für göttlich u. mittelbar inspirirt zu achten.[3] Als hypothetisch nothw.,

---

kommt, anzunehmen u. zu billigen, versteht sich nicht nur von selbst, sdn. die gewissenhaftesten Lehrer unsrer K. haben sich auch hierüber oft genug erklärt."

8) BRT: die KL nur in den eigentl. Lehrsätzen, die mit *docemus*, *probamus*, *confitemur*, o. *improbamus* u. drgl. anheben.

9) *F. C.* 631 *s*: [2] „*Cum compendiaria illa doctrinae forma non privatis, sed publicis scriptis niti debeat, quae confecta, approbata et recepta sint Ecclesiarum nomine*" *etc*.

1) *F. C.* 572 [8]: „*Symbola non obtinent auctoritatem judicis; haec enim dignitas solis sacris literis debetur: sed duntaxat pro religione nostra testimonium dicunt eamque explicant, ac ostendunt, quomodo singulis temporibus sacrae literae in articulis controversis in Ecclesia Dei a Doctoribus, qui tum vixerunt, intellectae et explicatae fuerint, et quibus rationibus dogmata cum Sc. S. pugnantia rejecta et condemnata sint.*" *Cf.* 570. [2.]

2) *F. C.* 635 [10]: „*Ut unanimi consensu approbatam certamque formam doctrinae habeamus, quam ev. Ecclesiae omnes agnoscant, secundum quam, cum e verbo Dei sit desumpta, omnia alia scripta judicare et accommodare oportet.*" HOL *p.* 56: „*Sc. S. et L. S. differunt. Quia* 1) *Sc. S. est immediate inspirata a Deo sacris hominibus, a Sp. S. impulsis: L. S. sunt scripta sacra, consignata a viris orthodoxis, mediatae illuminationis privilegio donatis.* 2) *Sc. S. est* αὐτόπιστος καὶ ἀναπόδεικτος, *per se fide digna, neque indiga principii prioris, e quo demonstretur: L. S. sunt* ἐπόμενως ἀξιόπιστοι, *h. e. consequenter merentur fidem, quia verbo Dei revelato sunt conformes.* 3) *Sc. S. pollet divina auctoritate canonica, ut sit norma infallibilis, qua vera fidei dogmata a falsis discernuntur: L. S. habent auctoritatem ecclesiasticam, et respective dicuntur norma, nempe respectu externae fidei professionis, qua unanimem Ecclesiae in doctrina fidei consensum testamur.* 4) *Sc. S. adaequate continet omnia credenda et agenda: nullus L. S. omnia credenda et agenda, nullus L. S. omnia et singula dogmata fidei praeceptaque morum complectitur.*" Dgg. ultra- u. unevangelisch die Exegese der H. S. von den S. B. abhängig gemacht wird, z. B. SCHÖPFF, Übers. d. S. B: [Dresd. 826.] „Es kann kaum in irgend einer Zeit eine gröfsere Verschiedenh. im Erklären u. Anwenden der H. S. gegeben haben, als in unsern Tagen. Wo soll nun der Lehrer, welcher eine hist. Regel der Schrifterklärung sucht, u. überdies beim Antritte seines öffentl. Amtes auf die Bekenntnifsschriften unsrer K. verpflichtet wird, jene Regel finden, als in diesen?" Gegen solches, seitdem vielfach bald naiv ausgesprochene bald thatsächl. geübte Verfahren LUTH [XXII. 930]: „Ihr Argument u. Fürgeben, als sollte die K. über Gottes Wort sein, ist die höchste Gotteslästerung, damit sie Gott ins Angesicht unverschämt spein."

3) HUT: [*Explan. Libri Conc. p.* 1] „*Auctorem Libri Conc. primarium constituimus non hominem aliquem, s. theologum, s. politicum: sed ipsum Deum Sp. S., fontem et largitorem omnis boni, usque adeo, ut divinitus inspiratum ipsum appellare minime dubitemus, eo tamen servato discrimine, quod Sc. S. et L. S. s. ecclesiasticos intercedit.*" HOL: „*Nimirum, sensu latiori L. S. ab auctoribus nonnullis vocantur* θεόπνευστοι a) *ratione objecti, quoniam continent et exponunt verbum Dei Prophetis et*

um ihren Unterschied von andern chr. Parteien u. ihre äufsere Einh. zu behaupten, hat die K. sie festgestellt,[4]) nicht als Schranken, sdn. als freie Darstellungen ihres Gemeingeistes, nicht als *norma credendorum (fidei)*, sdn. *docendorum [doctrinae publicae]*. Bei dieser Einsicht von ihrer Bedeutung für die K. ist der Eid auf dieselben pflichtmäfsig ; er bindet nicht die Wissensch., so lange dieselbe von krchl. Gesinnung durchdrungen im freien Dienste der K. steht;[5]) er fordert nicht, alles dasj. zu lehren, was in den S. B. enthalten, sdn. was darin den rel. Bedürfnissen einer Gemeinde angemessen ist: er verbietet nur eine Polemik, welche Ärgernifs u. Spaltung in der Gemeinde veranlassen würde.[6]) Da die S. B. als Menschenwerk nicht unverbesserlich sind,[7])

App. *olim immediate inspiratum, et quidquid ex verbo Dei per manifestam consequentiam elicitur;* b) *ratione mediatae illuminationis, neque enim dubitamus, quin Deus speciali concursu influxerit in mentes fidelium Doctorum qui Symb. conscripserunt, mentes eorum illustraverit, et voluntates ipsorum flexerit, ut verissima saluberrimaque dogmata mente conceperint et calamo expresserint. L. S., si respicias externam formam et compositionem, non immediate a Deo, sed ab hominibus sunt: si materiam aut doctrinam attendas, quam continent, illa certe coelestis et divina est; cujus intuitu periculosum est, sine adjecta declaratione, L. Symbolicos humana scripta appellare, cum nec vocationem ad ministerium, si peculiaria divini nutus signa appareant, humanam, sed divinam vocemus.* Obwohl sich diese subtilen Bestimmungen noch auf der Gränze der Wahrh. halten, so dienten sie doch zur Rechtfertigung von mancherlei Zwang u. Übertreibung [*Symbololatria*].
4) Hol: „*L. S. necessarii sunt, non absolute, sed hypothetice, pro statu Ecclesiae, necessitate expedientiae,* a) *ad solidam, diuturnam et firmam concordiam in Ecc. constituendam, ut certa compendiaria forma et quasi typus unanimi consensu approbatus exstet, in quo communis doctrina e verbo Dei collecta contineatur;* b) *ad reddendam rationem religionis chr., si a magistratu exigatur;* c) *ad dignoscendum vera Ecclesiae membra ab ejus hostibus, haereticis et schismaticis.*" Dgg. Schlr nur die e i n e Bedeutung anerkannte: Ggns. wider die kath. K.
5) Phil: Als die 3 Quellen der DK die erleuchtete Vft., die L. der K. u. die H. S. „Soll der Inhalt dieser Quellen nach einander u. gesondert, n. nicht in einander zur Darstellung gebracht werden, so hat die erleuchtete Vft. den ersten, die KL den zweiten u. die H. S. den dritten, aber nicht den untersten, sdn. den höchsten Platz einzunehmen."
6) Bc. DG. p. 899: „Wenigstens würden Luther u. s. Freunde durch ihre Symbole um Alles sich nicht die Freih. u. Kraft des lebend. Wortes haben beschränken lassen, welchem sie Alles zu verdanken überzeugt waren." Tws *p.* 61: „Worauf es ankömmt, ist doch nur die Einh. der Principien, die Stetigk. der gesch. Entwicklung u. die Abwehr dsj., wodurch jene verletzt, diese gestört werden müfste; dafs in jeder Hinsicht Alles beim Alten bleibe, darf weder Zweck sein, noch wäre es selbst durch kräftigere Mittel, als unserer K. zu Gebote stehn, durchzusetzen." Stdl *p.* 28: „Dem ersten Grunds. der S. B. widerstritte, wer sich durch ihr Ansehn im Ggns. zum Ansehn des treulich erforschten Wortes Gottes binden liefse. Die T r e u e gegen die K. fordert, da, wo der Mangel bibl. Begründung für eine in ihr Bekenntnifs aufgenommene L. sich nachweisen läfst, ihre Aufmerksamk. hierauf zu lenken." Lc: „Während die L. Xti über den Ggns. der Wahrh. u. des Irrthums erhaben ist, mufs der krchl. LBgr. in diesen Ggns. der werdenden K. eingehn, um ihn vermöge jenes immanenten Grundes je länger je mehr zu überwinden." Ebr: „In einem einzelnen Falle von einer Bekenntnifsschr. abweichen, heifst noch nicht dem Bekenntnifs untreu werden. Die Bekenntnifstreue ist etwas anders als die Orth." Lg: „Der erleuchtete Thlg. bekennt sich nicht zu den atomischen Einzelheiten [der S. B.], sdn. zu ihrem Kern u. Stern. Der akad. Lehrer mufs sie weiter bilden in Kraft seines Amtes ; der pastorale mufs sie möglichst in Geist u. Leben verwandeln."
7) Neuere Vorwürfe: Ax: [Wissensch. prakt. Theol. p. 287] „Die S. B. enthalten 1) zu viel positive Theol. u. zu wenig Rel., die rel. Moral, selbst in den wichtigsten u.

genehmigt die K. jedes Unternehmen, das solche Verbesserung ohne Spaltung u. gerechtes Ärgernifs zu befördern sucht, obschon eine wirkliche Veränderung nicht wohl absichtlich herbeigeführt, noch weniger irgendwie geboten werden kann, sdn. wenn irgendeinmal durch grofses, äufsres o. innres Schicksal ein Gemeingeist wie in den Tagen der Reformation die ganze K. bewegt, wird dieser auch in eigenthüml. Denkmalen des Gl. sich aussprechen. Den AKD waren die angeführten Beschränkungen unbekannt, weil sie den Prtstm. nur in sr. urspr. Gestalt kannten u. den Inhalt der S. B. als vollkommen gleich mit der H. S. voraussetzten. Aber als seit der Mitte des 18. Jhh. sich fast die ganze K. von der altprot. DK abwandte, mufsten sich diese Modificationen herausstellen, welche darin ihre Rechtfertigung finden, dafs der Prtstm. als Pr. nicht beschlossen ist in den S. B. Doch ist es nicht ein gesunder Zustand der K., wenn dasj., was grofsenth. in ihr geglaubt wird, in einen Zwiespalt tritt mit dem, was gelehrt werden soll. Auch liegt für den Einzelnen in solchen Modificationen etwas Zweideutiges, u. glücklicher waren die Alten, welche sich zur KL als dem Vor- u. Abbilde ihres eignen Gl. unbedingt u. freudig bekennen konnten.[8]) Eine neue Geistes-Ausgiefsung hat begonnen die Herzen der Kinder wieder dem Gl. der Väter zuzuwenden. Aber das Verfahren einiger politischen KBehörden, welches den in den meisten Landeskirchen durch Gesetz o. Herkommen modificirten Eid wieder juridisch unbedingt nimt u. im Namen der S. B. sonst pflichtgetreue Pfarrer entsetzt, bringt die ev. K. in einen Widerspruch mit sich selbst u. reizt zur Heuchelei o. zur Sectenbildung.

Zweiter Theil.

THEOLOGIA.

§. 52. Prospectus.

Die Lehre vom Objecte der Versöhnung*) handelt 1) von Gott insgemein [*notio Dei*], 2) von seiner allg. Offnb. in der Welt [*Creatio*

---

streitigsten Artikeln (z. B. über die Ehe) geht beinahe ganz leer aus; 2) sie haben keine wissensch. Form, u. lassen daher mehrere Hauptpunkte unentschieden (z. B. Insp.. Kanon); 3) sie enthalten mehrere unrichtige u. der Rel. nachtheilige Behauptungen (z. B. über den freien Willen); 4) sie haben zu viel polemische Beziehungen auf damals herrschende, nun längst verworfene Irrthümer." Bc: „Die altprot. Symbole waren ursp. nur th. apol. th. politisch-krchl. Bekenntnifsschr. u. können dies allein noch sein; überdies besitzen wir von den meisten nicht einmal die Originale, die Recensionen weichen oft in Hauptstellen von einander ab, und es gibt gar keine festbestimmte, übereinstimmende GL dieser Schriften." Die letztre Behauptung ist übertrieben.

b) Hol: „*Ad doctrinam fidei, quae Symbolis continetur, nemo, qui non est membrum Ecclesiae illius, quae L. S. approbat, juramento obstringi potest. Sed qui civum Ecclesiae membrum est, et in ea publico docendi munere perfungi cogitat, ad subscriptionem L. S. etiam juratam a magistratu superiori obligari potest. Violaretur libertas conscientiarum, si homo non approbans doctrinam Symbolis comprehensam, atque adeo invitus, ad juratam L. S. subscriptionem cogeretur: at nos jurando tantum externe profitemur, quod interne scientes ac volentes credimus.*"

*) Die AKD fassen mehr die Beziehung zur Rel. überhaupt auf. Quen. *I. p.* 250:

et Providentia], 3) seiner besondern Offnb. in der Xheit [*Trinitas*], 4) im Anhange von den supernaturalen Dienern beider Offenbarungen [*Angeli boni et mali*].

Loc. VII. De Deo.

§. 53. Erkenntnifs Gottes.

Alle wahrhafte Erkenntnifs Gottes ist Offnb. [§. 29] th. natürliche th. übernatürliche [*e libro naturae et Scripturae*].[1] Die natürl. Gotteserkenntnifs ist ein angebornes, durch Betrachtung der Natur u. Gesch. ausgebildetes Bwsts. von Gott,[2] das zwar den Bgr. des vollkommensten Wesens enthält, aber im sündigen Menschen nicht hinreicht zum Heile,[3] sdn. nur den Abfall von Gott darthut, u. dadurch die Sehnsucht weckt nach der übernatürl. Offnb.[4] Diese allein als Offnbarwerden der Trinität ist heilbringend.[5]

„*Supremus hominis totiusque Theologiae finis Deus est, ejusque agnitio, celebratio et fruitio.*"

1) GRH: „*Duo sunt, quae in cognitionem Dei ducunt: creatura et Scriptura.*" KÖN: „*Cognoscitur Deus tum ex lumine naturae, tum ex lumine gratiae; illa cognitio naturalis, haec supernaturalis et revelata dicitur.*"

2) QUEN: „*Notitia Dei naturalis est, qua homo ex lumine naturae potest cognoscere esse aliquod supremum numen, idemque sapientia et potentia sua moderari totum hoc universum et res omnes a se conditas.*" KÖN: „*Est tum insita* [innata] *i. e. habitus primorum principiorum de Deo, intellectui per naturam sine mentis opera impressus, eundemque perficiens ac aptum reddens ad actualiter cognoscendum Deum; tum acquisita i. e. habitus Dei cognitionis accurata rerum creatarum contemplatione, vi discursus naturalis, comparatus.*" Rom. 1, 19 ss: Διότι τὸ γνωστὸν τοῦ θεοῦ φανερόν ἐστιν ἐν αὐτοῖς· ὁ θεὸς γὰρ αὐτοῖς ἐφανέρωσεν· τὰ γὰρ ἀόρατα αὐτοῦ ἀπὸ κτίσεως κόσμου τοῖς ποιήμασι νοούμενα καθορᾶται, ἥ τε ἀΐδιος αὐτοῦ δύναμις καὶ θειότης· εἰς τὸ εἶναι αὐτοὺς ἀναπολογήτους. Διότι γνόντες τὸν θεὸν οὐχ ὡς θεὸν ἐδόξασαν ἢ ηὐχαρίστησαν. Cf. Rom. 11, 14 s. Act. 14, 17. TERTUL. c. Marcion. 1, 10: „*Animae a primordio conscientia Dei dos est, eadem in Aegyptiis et in Syris et in Ponto.*"

3) LUTHER: „Es ist beschlossen, dafs aufserhalb Xtus Gott unerkannt u. unfafslich sein will." QUEN. I. p. 261: „*Notitia Dei naturalis ad salutem procurandam, aut saltem damnationem arcendam, sufficiens non est, nec ullus mortalium per eam solam vel ad salutem perductus fuit, vel perduci potuit.*" Der Grund wird in die Unvollkommenh. dieser Erkenntnifs gesetzt. Allein die Gotteserkenntnifs heidnischer Philosophen u. das Zugeständnifs selbst, dafs die Vft. sich zur Idee absoluter Vollkommenh. erhebe, widerlegt dies. Der wahre Grund ist, weil im natürl. Bwsts. nur der unversöhnte Gott sich offenbart.

4) KÖN: „*Finis, per se intentus a Creatore, est, ut notitia haec incentivum sit ad ulterius inquirendum de Deo, et quaedam quasi χειραγωγία, inducens hominem ad cogitandum de coetu, in quo verus Deus Israelis habitat, Act. 17, 27. Accidentarius finis, s. eventus ex abusu notitiarum naturalium profluens, est inexcusabilitas, Rom. 1, 20.*" HOL: „*Theol. naturalis triplicem pollicetur utilitatem* a) *paedagogicam, quatenus inducit hominem ad quaerendum coetum illum, in quo verus Deus Israelis se manifestavit*; b) *didacticam, quia ad notitiam Dei revelatam illustrandam haud parum facit, si sobrie adhibeatur;* c) *paedeuticam, ad dirigendos mores et externam disciplinam in Ecc. et extra eandem.*" Auch hier ist die Rücksicht auf die Versöhnung nicht klar hervorgehoben, welche in diesem ganzen *Locus*, weil die AKD ihn zumeist von den SL entlehnten, zurücktritt.

5) QUEN. I.p. 268: „*Notitia Dei supernaturalis est cognitio Dei unitrini, rerumque divinarum, salvifica, e verbo Dei scripto hausta, ad salutem hominum ordinata.*"

§. 54. Definition u. Namen Gottes.

Die Definitionen des Bgr. von Gott.[1] entwickeln den Bgr. des absolut vollkommnen Wesens nach seinen Merkmalen [*notae distinctivae*, *signa characteristica*]: *a*) hinsichtlich des Seins, dafs es den Grund sr. Existenz in sich selbst hat [*substantia absoluta, quae non in alio objecto ut accidens, sed in semetipsa subsistit et existit*], aus ihm aber alles andre [*creator ὑπερκόσμιος*], *b*) hinsichtlich des sittl. Willens, dafs es die Idee des Guten, *c*) hinsichtlich der Intelligenz, dafs es die Wahrh. selbst ist. *Deus est substantia perfectissima i. e. suprema existentiae, sanctitatis et veritatis causa.*[2]) Als solcher, Schöpfer Himmels u. der Erden, erscheint Gott vom Anfange in der H. S., zwar für sein erwähltes Volk mit bes. Liebe, die aber durch die Entwicklung des Xthums aus dms. erklärt u. gerechtfertigt ist. Er wird beschrieben nach einzelnen Merkmalen, je nachdem sie der frommen Betrachtung hervortreten; das scheinbar Beschränkte daran ist nur bildl. Ausdruck, welchen unsre Sprachweise nie ganz entbehren, unser Geist aber, je stärker dieser Ausdruck ist, um so weniger mifsverstehn kann. Im A. T. tritt sein Vrh. zum Gesetze u. zur Natur hervor als allmächtiger Weltherrscher, im N. T. sein Vrh. zum Gottesreiche als liebender Vater. Seine Namen sind von einzelnen Merkmalen seines Bgr. hergenommen, nicht um ihn von seines Gleichen zu unterscheiden, sdn. ihn überhaupt zu bezeichnen u. auf eine den verschiednen Stimmungen der Frömmigk. angemefsne Weise.[3])

---

1) Bedenken vieler SL, denen Fichte beistimmte, ob sich Gott definiren lasse, weil alle Definition Beschränkung sei; gegründet auf die noch tiefere Untersuchung von der Unbegreiflichk. Gottes, welche in gewissem Sinne stets von der K. anerkannt wurde. Es soll aber nicht das Wesen Gottes [*necessitas essentiae div.*], sdn. nur der uns allg. u. nothw. Begriff von ihm definirt, d. i. durch eigenthüml. Merkmale von jedem andern Bgr. unterschieden werden, also *notio Dei subjectiva*, nicht *objectiva, adaequata;* was Gott für uns [*Deus relativus*], nicht was er an sich [*absolutus*] ist. Ger: „*Definitio ὀνοματώδης dari potest, οὐσιώδης minime.*"

2) Mel: „*Deus est essentia spiritualis, intelligens, aeterna, verax, bona, pura, justa, misericors, liberrima, immensae potentiae et sapientiae.*" Mit Anführung der Platonischen Def. als der höchsten nach menschl. Weish: „*Deus est mens aeterna, causa boni in natura.*" Cal: „*Essentia spiritualis infinita.*" Br: „*Ens omnium excellentissimum, quo nihil melius esse vel cogitari potest.*" Hol: „*Ens primum, quod a se caeterorum causa est, atque omnia conservat et gubernat.*" Bdd: „*Ens infinite perfectum, caeterorum omnium extra se auctor et dominus.*" Mor: „*Spiritus perfectissimus, conditor, conservator et gubernator mundi.*" Rnh: „*Rerum omnium auctor et gubernator optimus maximus, a mundo diversus, s. natura necessaria, a mundo diversa, summas complexa perfectiones et ipsius mundi causa.*" Am: „*Spiritus purissimus et perfectissimus, mundi creator et rector, adeoque ὑπερκόσμιος.*" Mit Anführung des Apulejus: „*Deus Deûm, magnorum potior, majorum summus, summorum maximus, maximûm regnator.*" Wgs: „*Spiritus absolute perfectus omnium rerum auctor et moderator sanctissimus et sapientissimus.*" Hs: „Absolute Persönlichkeit, welche aus freier Liebe Grund des Weltalls ist zur Vollendung des geschaffnen Lebens im Reiche Gottes." Ebr: „Ewiger Ursprung alles Zeitlichen." Phl: „Das Absolute als Substanz, Subject u. Liebe."

3) Bmg: „*Nomina Dei sunt termini cum notione Dei ad ejusdem repraesentationem excitandam conjuncti.*" Cal unterscheidet: *essentialia, quae soli Deo propria sunt et incommunicabilia* wie יהוה u. *personalia, quae personas div. significant* wie אלהים. Quen: „*Essentialia, quae essentiam Dei significant ut Jehovah, Elohim; alia sumuntur ab attributis div. ut Omnipotens; alia ab effectis, ut*

§. 55. **Wahrheit des Begriffs von Gott.**

Da aller Gotteserkenntnifs wesentlich ist, sich als etwas von Gott bewirktes o. geoffenbartes anzusehn, so liegt nothw. in ihr die Überzeugung 1) davon, dafs Gott objectiv u. wirklich sei, weil er die Offnb. bewirkt hat, 2) dafs unserm vollständig entwickelten u. durch die H. S. aufgeklärten Bwsts. von Gott das Wesen Gottes entspreche, so weit unser Geist zur Erkenntnifs desselben fähig ist, weil Gott uns über sich selbst nicht täuschen kann. Der vollkommne Bew., dafs ein Gott ist, liegt also in der Offnb., der äufsern u. innern, allg. u. bes.[1]) Die H. S. stellt daher keine andern Bew. vom Dasein Gottes auf, KV u. SL entnahmen solche Bew. aus der heidnischen Ph., einige AKD verweisen auf dieselben um Gottesleugnung aufserhalb der Xheit u. Gottesbezweiflung innerhalb drs. zu widerlegen.[2]) Diese Bew. wurden durch die Wolfische Schule so herausgestrichen, als ob Sein o. Nichtsein Gottes von ihnen abhänge; sie sind durch Kant, mit Ausnahme des moral. Glaubensgrundes, widerlegt worden u. durch Jacobi in der wissensch. Öffentl. Meinung herabgekommen, bis Hegel, mit Aufgebung ihrer Form, ihren Inhalt wieder geltend machte als die verschiednen gewufsten Momente der Erhebung des Menschengeistes zu Gott. Der DK sind sie erst durch NKS u. RT wichtig geworden, u. mögen daher mit der freisten Kritik beurtheilt

---

Creator." Einige NKS unterscheiden *Nom. propria, appellativa et attributiva*, aber die Bgr. gehn in einander über. יְהֹוָה nicht von einem unsichern alten Götternamen *Jao*, sdn. von הָיָה, הָוָה *esse*, nach *Exod.* 3, 13-16: אֶהְיֶה אֲשֶׁר אֶהְיֶה *ero qui ero*, nach *Apoc.* 1, 4: ὁ ὢν καὶ ὁ ἦν καὶ ὁ ἐρχόμενος, die durch sich selbst seiende Unveränderlichk. des Wesens u. der Verheifsung andeutend; die alte Aussprache, wahrscheinlich יַהֲוֶה [KOEHLER: יְהֲוֶה] samaritanisch *Iapé*, ist verloren, da die Rabbinen die Vokale von אֲדֹנָי, das sie anstatt jenes wegen sr. Heiligk. unaussprechbaren Wortes aussprachen, darunter setzten; abgekürzt יָהּ. אֵל ἰσχυρός *fortis, θεός* [nach verschiednem Etymon aus der Sanskrit-Wurzel *div* Glanz u. Heiterkeit o. *dhū* heftige Bewegung anzeigend, jenes würde hinweisen auf θεᾶσθαι *videre*, dies auf θέειν *currere, permeare*, Ζεὺς äolisch δεύς, Gott nicht von gut, sdn. vom Sanskrit *gudh tegere*, der deckende Himmel], oft verbunden mit עֶלְיוֹן ὕψιστος *summus*, שַׁדַּי παντοκράτωρ *omnipotens*, חַי ὁ θεὸς ζῶν. אֱלֹהִים, in ältern Büchern nur *Plur.* *majestaticus*, אֱלֹהִים von אָלַהּ *timere*, *numen tremendum*. אֲדֹנָי κύριος. מֶלֶךְ βασιλεύς. אֱלֹהֵי צְבָאוֹת *dux copiarum coelestium*. אָב ὁ πατὴρ ὁ οὐράνιος, ὁ μόνος ἀληθινὸς θεός. Im Ggns. aller auch in Bezug auf die Unbegreiflichk. Gottes das altkirchl. [wohl urspr. gnostische] Epitheton: ἀιώνυμος.

1) Dafs Storr in den Wundern Jesu u. der App. einen beigeordneten Bew. für das Dasein Gottes fand, ist nur eine unvollständige Fassung des obigen Satzes, die wegen ihrer Unvollständigk. für *petitio principii* angesehen wird. SCHLR: „Die Anerkennung, dafs das schlechthinige Abhängigkeitsgefühl, indem darin unser Slbstbw. die Endlichk. des Seins im Allgemeinen vertritt, nicht etwas zufälliges ist noch auch etwas persönlich verschiednes, sdn. ein allg. Lebenselement, ersetzt für die GL vollständig alle sogenannte Bew. für das Dasein Gottes." Mit Anführung Zwinglis: „*Fucus ergo est et falsa rel., quicquid a Theologis ex philosophia, quid sit Deus, allatum est.*"

2) BR p. 169: „*Esse Deum inter Xtianos supponi magis, quam probari debere, videri potest: quia tamen non solum cum Atheis, verum etiam alias ob corruptionem naturae cum dubitationibus mentium nostrarum decertandum est: ideo non sunt negligendi, qui Dei existentiam probant.*" Die meisten AKD berühren diese Bew. gar nicht.

§. 56. BEWEISE GOTTES.

werden, um ihren untergeordneten Gebrauch für die Gläubigen u. ihre Gültigk. wider die Gottesleugner zu ermessen.

§. 56. Nebenbeweise für das Dasein Gottes.

Diese Bew. wollen nicht das Dasein Gottes an sich begründen, sdn. nur unsern Gl. an das Dasein (die Objectivität) Gottes als vernünftig u. nothw. nachweisen. 1) *Argumentum ontologicum e notione entis perfectissimi deductum.* In der Vft. ist die Idee eines vollkommensten Wesens gegeben. Da auch die Realität eine Vollkommenh. ist, so hat dieses Wesen Realität. Dgg: Die Idee der Vollkommenh. ist ihrer Natur nach eine blos ideale, für welche ein Sein aufser dem Gedanken [Realität] ein fremdes Merkmal wäre.[1]) 2) *Arg. morale e voluntatis humanae legibus sumtum.* a) Als *arg. conscientiae* bei AKD: Das Sittenges. in uns weist auf einen sittl. Gesetzgeber, denn wo es von uns selbst ausginge, würden wir von seinem Gebote willkürlich nachlassen. b) KANT: Unser eingebornes Streben nach Glückseligk. mufs um der Tugend willen oft verletzt werden. Daher ist uns der Gl. nothw., dafs ein sittl. Weltregent in einem andern Leben Tugend u. Glück mit einander ausgleiche.[2]) c) FICHTE: In der Tugend liegt der Gl. an ihren Sieg, daher eine sittl. Macht herrschen mufs

---

[1]) Der Name von der Ontologie, L. vom Wesen der Dinge, τῶν ὄντων, einem Theile der ältern Metaphysik. Der Bew. nach PLATO u. AUGTN ausgeführt von ANSELMUS CANTUAR. u. CARTESIUS; daher *Arg. Anselmianum* u. *Cartesianum alterum*. Seine Modificationen nach den Urhebern genannt: a) *A. Cartesianum primum:* Unsere Gedanken sind *adventitiae, factitiae* u. *innatae*. Die *idea entis infiniti et perfectissimi* ist nicht *adventitia*, denn Gott ist nicht Gegenstand der Erfahrung; nicht *factitia*, denn der Geist ist sich bewufst, nicht willkürlich dieselbe gebildet zu haben. Sonach als *innata* kann sie nur von diesem Wesen selbst in uns gelegt sein. [Also im Grunde Offenbarungsbew.] b) *A. Mendelssonianum, e notione independentiae derivatum:* Das *ens perf.* ist *independens*. Ein solches ist, o. ist nicht. Ist es nicht, so mufs ein Grund seines Nichtseins da sein. Dieser Grund liegt im *Deus independens* selbst, o. aufser ihm. Aufser ihm kann er nicht liegen, sonst wäre er nicht *independens*. In ihm nicht, denn im Bgr. eines *ens independens* liegt keine logische Unmöglichk. Sonach ist kein Grund des Nichtseins vorhanden, also ist es. c) *A. Kantianum:* Möglichk. kann nicht sein ohne Wirklichk. d. h. existirt nichts Wirkliches, so gibt es auch nichts Mögliches, denn dieses setzt jenes voraus. Es mufs also etwas existiren, das Realgrund des Möglichen ist. Dieser Realgrund wird nothw. von unserer Vft. zum *ens realissimum* gesteigert, welches alle Realgründe aller Möglichkeiten in sich enthält. [Wegen der Verwechslung des Idealen u. Realen, Mögl. u. Wirkl., von KANT selbst zurückgenommen.] d) *A. Ammonianum: „Quum idea infiniti, qua Deum concipimus, intellectui canonem praebeat in judicandis veris et falsis, falsum autem ex mero phantasmate judicari et corrigi nequeat: colligitur merito, notioni absoluti, quae mentem humanam occupat, et per vim conscientiae et officii etiam impiam arguit, respondere veritatem aeternam in intellectu numinis archetypo.*" [Verwechslung des Phantasma mit dem Ideale.] e) *A. Hegelianum:* Der Bgr. von Gott schlägt nothw. um ins Sein, denn der Bgr. ist ewig diese Thätigkeit, das Sein identisch mit sich zu setzen. [Folgerecht in diesem Systeme: Gott ist indem er gedacht wird. Dem Pantheismus fällt freilich nicht schwer zu beweisen, dafs Gott sei.]

[2]) AK: „*Arg. ethonomicum ita instruxit Kantius, ut necessitatem legis moralis absolutam, qua officio, posthabita felicitatis cupiditate, satisfieri debere jubet, fidem gignere in Deum, justum virtutis remuneratorem, doceret.*" Dieser Gedanke eines Anspruchs auf Glück o. auf Ausgleichung der Sittlichk. widerspricht sowohl der Bibellehre von der Verdienstlosigk. aller Tugend, als der KL von der natürl. Verdorbenh., die nichts als den Tod verdient.

über die Welt. Dgg: Nur die unbedingte Herrschaft des Sittengesetzes als Weltgesetz folgt hieraus, kein persönl. Gott.³) 3) *Arg. cosmologicum* [*dynamico-cosm.*] *e contingentia et mutabilitate mundi petitum.* Da jede Erscheinung in der Welt auf einen Grund, aus dem sie geworden ist, zurückweist, so weist die Welt selbst nach dem Gesetze des zureichenden Grundes [*rationis sufficientis*] auf einen absoluten Urgrund o. Schöpfer zurück. Dgg: Das Absolute kann eben sowohl in der Welt liegen, als aufser ihr.⁴) 4) *Arg. teleologicum*, tum *physico-theologicum*, tum *historico-theologicum*, *e nexu nirum finali, i. e. ex innumeris sapientiae et consilii summi monumentis re rerum natura, aptissime inter se connexa, rerumque gestarum in historia, justa virtutis magistra, conspicuis depromtum*. Dgg: So gewifs das rel. Gemüth in der Natur u. Gesch. überall die Spuren des waltenden Gottes anerkennt, wie solches in der H. S. geschieht, so sind doch aufserhalb dieses rel. Standpunktes jene Erscheinungen aus einer plastischen Weltseele u. einem sittl. Weltgesetze erklärbar. 5) *Arg. historicum e consensu gentium ac philosophorum potiori suppeditatum.* Der fast allg. Gl. an Gott deutet auf eine urspr. Anlage, obwohl er, wegen ähnlicher Verbreitung von Irrthümern, eine Gewifsheit nicht darthut. — Diese Bew. sind daher weder einzeln noch zusammen entscheidend, obwohl sie zur Stärkung des Gl. mit Nutzen gebraucht werden; der Gl. aber ist allein auf Rel. u. Offnb. zu gründen.⁵) Dieses meinten auch die PD, wenn sie jene Bew. der DK fremd achteten, u. neuere Philosophen, wenn sie den Gl. an Gott für eben so wenig eines Bew. fähig, als bedürftig hielten, ohne dafs sie defshalb durch wissensch. Entwicklung der rel. Offnb. über den Grund des Gl. an Gott ins Klare zu kommen verschmähten.

3] Mehr als sittliche Weltordnung wollte auch Fichte nicht; die Anwendung des Bew. auf einen persönl. Gott: Am: „*Arg. forense fluit e sancto* Ἰσονομίας *amore, humano pectori indito, quo, fati injuriam hominumque impotentiam et tyrannidem experti ad judicem divinum provocamus, ut justa sententia culpae vestigia premat, interceptumque et vero turbatum ordinem rerum moralem restituat.*"

4) Bes. JOAN. DAMASC. hat diesen Bew. aus der griech. Phil. aufgenommen. Die Wolfische Schule legte das Gewicht auf den Wechsel zufälliger Erscheinungen, denen etwas Nothw. zu Grunde liegen müsse. Es kann aber dasj., was uns zufällig erscheint, da wir den Zusammenhang, in welchem es wurde, nicht übersehn, eben sowohl die ewige Nothwendigkeit selbst sein.

5) Bc: „Den Schein der Beweiskraft haben sie dadurch erhalten, dafs bei ihrem Gebrauche das angestammte Gotteswissen immer mitgesprochen u. ihr Ergebnifs eigentlich bestimmt hat." — Irreligiös ist das *arg. a tuto et ab utili*, dafs man bei dem Gl. an Gott, auch wenn er grundlos wäre, doch nichts verliere, sdn. an Beruhigung u. Ermunterung zur Tugend nur gewinnen könne. Doch LG: „Von sr. Lichtseite betrachtet, dürfte er sich als das verkannte Aschenbrödel unter den Beweisen bewähren. Als Gegenvormund aller andern Beweise spricht er die prakt. Anforderung aus, dafs das Menschenherz sein Gottvertraun nicht auf die Degenspitze der Dialektik setzen soll." — Aber einzelne Beziehgn. der Rel. können als Bew. ausgebildet werden, z. B. AM: „*Arg. religiosum, ab Augustino propositum, derivatur a progressu animi et voluntatis ad bonum summum et incommutabile, qui locum habere non potest sine Deo, summi boni sede et origine* [*Deut.* 6, 5. *Ps.* 73, 26. *Mt.* 22. 37. *Mrc.* 10, 17 s. *Jac.* 1, 17.], *h. e. ab amore et desiderio summi boni homini innato.*" FRICKE: [*Argumenta pro Dei exist. Lps.* 846.] Die liebevolle Wechselwirkung, zu der die Menschen bestimmt sind, erklärt sich nur aus einem Zuvorgeliebthaben Gottes. [Aber ohne Rel. betrachtet, auch schon aus dem Bedürfnisse der Ergänzung jedes Einzelnen.]

§. 57. Einheit Gottes.

Die Einh. Gottes ist keine göttl. Eigensch., denn die Idee von der Gotth. würde dieselbe sein, wenn auch mehrere Götter ihr entsprächen: aber sie ist nothw. Folge der Absolutheit Gottes, weil mehrere absolute Wesen sich beschränken, sonach aufheben würden.[1] Der Monotheismus ist als Grundgedanke der hebr. Rel. in der H. S. überall anerkannt.[2] Die KV setzten dem griech. Polytheismus mehr äufserlich, dem persischen Dualismus mehr ethisch, dem häretischen Tritheismus mehr innerlich die Einh. Gottes entgegen. Die AKD unterscheiden: a) *Unitas numerica s. numeri, determinatio, qua negatur, plures esse substantias divinas*, b) *specifica s. speciei [qualitatis], qua negatur, plures esse substantiae divinae notiones s. species*, d. i. Einh. des Subj. u. der Gattung.

§. 58. Theismus, Atheismus u. Pantheismus.

Der in der Rel. gegründete Gl. an ein Vrh. zu einem persönl. Gott ist *Theismus, ea persuasio, qua hominis ad Deum ratio quaedam religiosa statuitur, ut personae ad personam, neque unquam altera alteri immiscetur*.[1] Dieses Vrh. wird vernichtet: 1) Durch Ablengnen

---

1) Die Bew. der AKD enthalten die einzelnen Gesichtspunkte dieses Bew. QUEN. *I.* p. 305: „*Rationes peti possunt* 1) *a Dei simplicitate, quod est simplicissimum et impartibile, non potest esse nisi unum;* 2) *a Dei infinitate, non possunt esse plura actu infinita citra contradictionem;* 3) *a Dei perfectione, quod perfectissimum est omnesque perfectiones in se plenissime continet, non potest esse nisi unum;* 4) *a summa Dei bonitate, summe bonum non potest esse nisi unum,*" Die Neuern haben viel Ungehöriges eingemischt, z. B. KL: „Bew. für die Einh. Gottes: 1) Die Bibel lehrt sie. 2) Das höchste Wesen kann sr. Natur nach nur Eins sein; es würde durch jede Vervielfältigung aufhören, das Höchste zu sein; dies liegt schon im Begr. des unbedingten Superlativ. 3) Die Einh. u. Harmonie der Zwecke, die sich in der Welt überall findet, setzt nur Einen Gott voraus. 4) Die Gotth. als das vollkommenste Wesen kann nur das Beste wollen. Dieses ist nur Eins. Existirten also mehrere Götter, so müfsten sie alle dieses Eine wollen. Aber dann würde ja schon Einer hinlänglich sein. 5) Die Gesch. sagt uns, dafs die Völker sich immer vom Polytheismus zum Monotheismus erhoben."

2) *Deut.* 6, 4: אֶחָד יְהוָה אֱלֹהֵינוּ יְהוָה יִשְׂרָאֵל שְׁמַע. *Cf. Jes.* 45, 5 s. 21 s. *Jo.* 17, 3: Αὕτη δέ ἐστιν ἡ αἰώνιος ζωή, ἵνα γινώσκωσί σε τὸν μόνον ἀληθινὸν θεόν, καὶ ὃν ἀπέστειλας Ἰησοῦν Χριστόν. *Cf. Act.* 17, 23. 1 *Cor.* 8, 4-6. 1 *Tim.* 2, 5, *Jac.* 2, 19. Die Anschuldigung des Polytheismus der Patriarchen, die doch Jehovah als Weltschöpfer u. allein wahrh. Gott verehrten, geht aus von der Bezeichnung Gottes als *Elohim*, ein die Fülle der Majestät anzeigender *Plur. majestaticus*, u. von der Anerkennung der Götzen als lebendiger Wesen, die sich auch bei den KV findet. Nur den Particularismus, d. i. das nähere Vrh. Gottes zu seinem auserwählten Volke, bildete Jesus zum Universalismus aus, nicht als wenn sich Gott o. die L. von ihm verändert hätte, sdn. weil die bes. Offnb. für ein Volk jetzt nach dem göttl. Rathschlusse an die ganze Menschh. gebracht wurde.

1) Theismus ist im engern Sinne Monoth., im weitern erhält er als Gattung unter sich: *a)* Monoth. *b)* Dualismus, Anerkennung zweier einander feindseligen, nur durch einander beschränkten Wesen, meist monotheistisch am Anfange o. Ende der Weltgeschichte; *c)* Polytheismus, Verehrung übermenschlicher, doch menschlich gedachter Götter; *d)* Naturalismus, Anbetung der Natur; *e)* Fetischismus, [portug. *fetisso*, bezaubertes Ding] Verehrung einzelner Naturkörper, nach den Gegenständen: Zabäismus Sterndienst, Pyrolatrie Feuerdienst, Zoolatrie Thierdienst etc. — Willkürliche Unterscheidung der Kantischen Schule: Theismus Anerkennung Gottes als freie, moral. Intelligenz, Deismus nur als

seines Obj: *Atheismus*, *ea persuasio, qua numinis existentia negatur*. Man unterscheidet: a) *Ath. theoreticus* [*speculativus*] das Ableugnen Gottes in der Wissensch., nur als Zweifel *scepticus*, als Behauptung *dogmaticus*; b) *practicus*, meist nur figürlich u. relativ, wer lebt, als sei kein Gott. Der wirkliche Ath. würde theoretisch u. praktisch zugleich sein [obwohl mit einem sittl. Wandel vereinbar], da er folgerecht nur aus dem Verleugnen der rel. Anlage als einer Täuschung hervorgehn könnte; oft aber sind Atheisten diej. genannt worden, welche dem Volksgl. u. sr. Phil. ungewöhnl. Vorstellungen von Gott hatten. 2) Durch Vermischung des Obj. mit dem Subj: *Pantheismus*, *ea persuasio, qua numinis et hominis religiosi conscientia commiscetur*. [*p.* 43.]²) Sein Gott ist nicht persönlich, aber die Personen bildende Macht, in denen er zum Bwsts. seiner selbst gelangt.³) Eine gewisse Freih. u. Unsterblichk. ist ihm vereinbar, aber nicht sittl. Freih. noch individuelle Unsterblichk. Er kann ausgehn von einem wahrh. rel. Gefühl, ist daher keineswegs dem Atheismus gleichzustellen, dessen excentrische Verneinung er ist: aber er vernichtet in sr. consequenten Durchführung sowohl die Religiosität überh., welche ihm nur ein titanenhaftes Wechselverhältnifs,⁴) im tiefsten Grunde nur eine Selbstliebe Gottes ist, keine menschliche Liebe u. Anbetung

---

Urgrund des Weltalls, jenes nach dem physikotheolog. u. moral., dieses nach dem ontol. o. kosmol. Beweise.

2) Nz: „Die Formel des Panth. ist nicht: Jegliches ist Gott, sdn. das All ist Gott. Und doch pafst genau genommen nur die Lehre Brunos u. Spinozas in diese Formel; allenfalls auch die hylozoist. Systeme. Andre Systeme, die pantheistisch heifsen, machen einen so grofsen Unterschied zwischen Gott u. der Welt u. lehren eine so grofse Bedingth. der letztern durch Gott, dafs sie doch blos den Mangel des reinen Schöpfungsbgr., der aufserhalb der Offnb. nicht da ist, u. statt dessen Entwicklungs- u. Patefactions-Lehren untergeschoben werden, übrig lassen, um Theismus zu werden." Die gewöhnl. Bestimmung nach KL: u. AM: *Panth. est opinio, qua statuitur, mundum a numine non esse diversum, sed ad ipsam Dei naturam pertinere*, [ἐν καὶ πᾶν] *sive Deus cum mundo confunditur*. a) *Panth. materialis, vel Ionicus, quo ὕλην essentiam Dei infinitam esse sumitur*. [*Hylozoismus, Materialismus, Naturalismus.*] b) *P. Stoicus, qui mundum animal esse docet, cujus pars plastica sit Deus*. c) *P. realisticus s. Spinosisticus, quo unicam Dei essentiam duobus attributis infinitis, extensione et vi cogitandi infinita, sese exserere contenditur*. d) *P. idealisticus s. Fichtianus, quo omnia, quae sunt, ab idea absoluta proficisci statuitur*. e) *P. identitalisticus s. Schellingianus, quo Deus ex principio suo absoluto se ipsum evolvens naturam atque spiritum discernere dicitur*. f) *P. panlogisticus s. Hegelianus, quo summam notionem atque existentiam eandem esse asseritur*. Von Seiten des Panth. gemifsbrauchte Bibelstellen: *Act.* 17, 28. *Rom.* 11, 36. 1 *Cor.* 15, 28. 1 *Joh.* 4, 16. *Sir.* 43, 27.

3) STRAUSS *I. p.* 523: „Der Speculation unsrer Tage ist Gott zwar nicht die blos allg. Substanz, zu deren Substanz- oder Gottsein das Insichsetzen der Persönlichk. nicht mitgehörte; aber ebensowenig ist er eine Person neben o. über andern Personen: sdn. er ist die ewige Bewegung des sich stets zum Subject machenden Allgemeinen, das erst im Subjecte zur Objectivität u. wahrh. Wirklichk. kommt u. somit das Subject in seinem abstracten Fürsichsein aufhebt. Weil Gott an sich die ewige Persönlichkeit selbst ist, so hat er ewig das Andere seiner, die Natur, aus sich hervorgehen lassen, um ewig als selbstbew. Geist in sich zurückzukehren. Oder, die Persönlichk. Gottes mufs nicht als Einzelpersönlichk., sdn. als Allpersönlichk. gedacht werden; statt unsrerseits das Absolute zu personificiren, müssen wir es als das in's Unendl. sich selbst personificirende begreifen lernen."

4) ANGELUS SILESIUS: Gott ist an mir so viel, als mir an ihm gelegen.

des Höchsten, als auch das Bedürfnifs der Versöhnung, welche ihm nur Naturereignifs o. dialectischer Schein ist.⁵) Die Wahrh. des pantheist. Zugs in moderner Wissensch. ist die Anerkennung der Immanenz Gottes, [dafs er nicht draufsen vor der Welt sitzt,] was doch in der Doctrin als Attribut der Allgegenw., im chr. Leben als Gefühl der Nähe Gottes längst anerkannt war, aber als eins mit der **Persönlichk.**, die durch sich selbst seiend u. sich selbst gnug kein Du u. keinen Ggns. kennt, als den sie selbst gesetzt hat.

§. 59. Begriff der göttlichen Eigenschaften.

Der Bgr. von Gott wird entwickelt durch Unterscheidung sr. einzelnen Merkmale als göttl. Eigenschaften, *attributa divina*¹) [*νοήματα, ἀξιώματα,*] *i. e. conceptus essentiales, quibus notio Dei absolvitur*.²) Ihre Einh. [*complexus omnium attributorum*] ist der Bgr. Gottes, obj. als *substantia s. natura divina*. Weil im Bgr. der absoluten Vollkommenh. diese Merkmale nothw. enthalten sind, werden sie, im Ggns. von *praedicabilia et accidentia*, bezeichnet als *necessaria et essentialia, quae salva Dei notione negari non possunt*. Den Streit der realistischen u. nominalistischen SL, ob ein Unterschied der Attr. im göttl. Wesen wirklich o. nur dem Namen nach sei, haben die AKD dahin [nominalistisch] entschieden, dafs der Unterschied

---

5) AM: „*Patet pantheismum quemvis intolerabilem arrogantiam fovere, materialismo patrocinari, libertatem moralem tollere, numinis sanctitatem omnium facinorum infamia polluere, omnes amoris Dei igniculos in mente humana extinguere, et ipsos officii et virtutis nervos resolvere.*" Dgg. SCHLR. *I.* p. 54 f.: „Der Panth. war niemals das Bekenntnifs einer frommen Gemeinsch., dasj., was so genannt wird, geht nicht aus der Frömmigk. hervor, ist aber, wo es sonstwie entstand durch Speculation o. Raisonnement, mit drs. vereinbar." Die „Kritik des Gottesbegr." [von Theod. Rohmer. 856. 3. A. 857.] bestreitet, mit geheimnifsvollem Hinterhalte, beides, Panth. u. Theism. [„der Panth. hat niemals das menschl. Herz, der Theism. niemals die menschl. Vft. zu befriedigen vermocht,"] indem sie unter letzterm versteht die Annahme eines vor- u. aufserweltlichen Gottes, der nur, um sich in sr. ewigen Monotonie zu zerstreuen, Welten schafft u. zerstört.

1) Unterschieden von *proprietates, ἰδιώματα, quibus interna ratio trium in Trinitate personarum indicatur;* auch von *praedicata, quibus certae divinae actiones distinguuntur, e. g. creatio, providentia*. CRM unterscheidet noch „*substrata attributorum div. s. substantia div. in universum*, nehmlich: *unitas, trinitas, spiritualitas, infinitas*."

2) QUEN: „*Conceptus essentiae divinae inadaequati, ex parte rei ipsam essentiam involventes, eandemque intrinsece denominantes.*" HOL: „*Perfectiones Dei, quae essentiam divinam nostro concipiendi modo per se consequuntur, et de Deo paronymice praedicantur.*" BMG: „*Momenta intrinsece determinantia Deum.*" RNM: „*Partes summae perfectionis sigillatim cogitatae.*" WGS: „*Determinationes necessariae ad naturam numinis pertinentes.*" AM: „*Perfectiones naturae div. ab intellectu humano sigillatim conceptae.*" SCHLR betrachtete die Attr. nur als einzelne Beziehungen der göttl. Vollkommenh., wie sie durch den Wechsel unsrer frommen Zustände in uns hervortreten, u. von der Reflexion zu einem gewissen Ganzen geordnet werden, das doch keineswegs eine vollständige Zerlegung der Idee Gottes in ihre Merkmale ist. Hs will sie mehr der Poesie u. dem Volksunterrichte, als der Wissensch. aneignen. HOL. *II.* p. 188: „Dafs Gott durch Prädikate bestimmt wird, ist die Weise der Vorstellung [im Ggns. des Begriffs]. Das Mangelhafte besteht darin, wodurch eben diese unendl. Menge von Prädikaten kommt, dafs sie nur bes. Bestimmungen sind. Indem man diese Besonderheiten nach ihrer Bestimmth. betrachtet, kommen sie in Entgegensetzung, u. dies Widersprüche sind dann nicht aufgelöst."

weder *realiter*, noch blos *nominaliter* statt finde, sdn. *formaliter* d. i. keine wirkl. Verschiedenh. in Gott, aber eine nothw. Verschiedenh. in unserm Bgr. von Gott.³⁾ Diese Einh. in Gott stellt für das Vrh. sr. Attr. das Gesetz ihrer gegenseitigen Harmonie auf.⁴⁾ Nach *Pseudo-Dionysius Areopagita* beschreiben die SL u. AKD das Auffinden der göttl. Attr. auf 3 einander ergänzenden Wegen: [RNH:] a) *via negationis* [κατ' ἀφαίρεσιν], *qua omnem imperfectionem rerum creatarum a Deo removemus;* b) *via eminentiae* [κατὰ σχέσιν], *qua quidquid perfecti rebus creatis inest, id infinite in Deo esse colligimus,* c) *via causalitatis* [κατὰ φύσιν], *qua colligimus, attributa ea in Deo esse debere, quae postulat rerum omnium productio et conservatio.* Wenn diese Schlufsfolgen bis zum Bgr. des schlechthin Vollkommnen geführt werden, entsteht die reine Gotteserkenntnifs, welche, zwar überall nur analogisch u. symbolisch ist, weil sie von Ähnlichkeiten u. Sinnbildern der menschl. Natur ausgeht, aber eben dadurch als göttl. Offnb. wahrhaft; u. nur wo sie innerhalb des Beschränkten stehn bleibt, *Anthropomorphismus dogmaticus, i. e. ea cogitandi ratio perversa, qua humani et imperfecti aliquid ad Deum transfertur.*⁵⁾

§. 60. **Eintheilung der göttlichen Eigenschaften.**

I. Nach der blosen Ausdrucksweise: *propria et metaphorica, figurata*; *negativa* [ἀποφατικά] *et affirmativa* [καταφατικά]. *II.* Nach ihrem innern Werthe: *primitiva et derivata.*¹⁾ *III.* Nach ihrem Vrh. zur menschl. Natur: *communicabilia, itaque imitabilia, et incommunicabilia, itaque inimitabilia* [eigenthüml. Merkmale des Absoluten]. *IV.* Nach der Betrachtung Gottes an sich selbst u. im Vrh. zur Welt. AKD: *immanentia* [interna, quiescentia, ἀνενέργητα, absoluta] *et trans-*

---

3) CAL: „*Attributa Dei, quae de Deo praedicantur paronymice, ita ut quoad modum concipiendi nostrum essentiam divinam consequantur, etsi ab essentia div. realiter non distinguantur.*" HOL: „*Attributa div. ab essentia div. et a se invicem distinguuntur non nominaliter, neque realiter, sed formaliter, secundum nostrum concipiendi modum, non sine certo distinctionis fundamento.*" BDD: „*Res ipsa docet, attributa haecce non re ipsa, sed nostro saltem concipiendi modo, tum ab se invicem, tum ab ipsa essentia div. differre; secus enim qui sentit, Deum quendam compositum, multisque adeo imperfectionibus obnoxium, sibi finget.*" BRUCH: [L. v. d. göttl. Eigensch. 642] „Sie fallen nicht in das Wesen Gottes, sdn. in seine Offnb."

4) BDD p. 214: „*Harmonia attributorum in eo consistit, quod omnia rite inter se comparanda sint, ne uni tantum tribuatur, ut alterum tollatur, vel evertatur. Sic de misericordia divina ita censendum, ne quidquam detrahatur justitiae, et vice versa, de justitia, ne quidquam detrahatur misericordiae.*"

5) Symbolischer Anthrop. wird dagg. genannt das Übertragen menschl. beschränkter Verhältnisse auf die Gotth. mit dem Bwsts. einer blos bildl. Bezeichnung, so Gott als Vater, im Zorne etc. Dieses zulässig Symbolische u. fehlerhaft Dogmatische unterscheidet RNH durch: *Anthropopathismus, modus de Deo per imagines loquendi ab imbecillitate humana ductas*; *anthropomorphismus, vitium, quod ure tribuit Deo propietates animi corporisque humani.* Gewöhnlich werden beide Ausdrücke gar nicht, o. nach dem Etymon als Übertragen menschl. Leidenschaft u. Gestalt unterschieden.

1) Nach ALBERTUS MAGNUS u. He ist *causa primitiva et necessaria* der Begriff von Gott selbst, nach CAL *spiritualitas et infinitas*, nach GRUNER der Bgr. des unendl. Geistes, nach MOSH *independentia*, nach HENKE unendl. Güte, nach HAHN absolute Vollkommenheit.

§. 60. EINTHEILUNG DER GÖTTL. EIGENSCHAFTEN.

euntia [externa, operativa, ἐνεργητικά, relativa]. Die Letztern neuerlich als die Alleinigen nach dem verschiednen Vrh. zur Natur u. zur Geisterwelt.[2]) *V.* Nach dem verschiednen Vrh. des Bwsts. von Gott zum frommen Gefühl: SCHLR: *a*) dem Abhängigkeitsgefühl, so fern sich noch kein Ggns. in dms. entwickelt hat, entspricht: Ewigk., Allgegenw., Allmacht, Allwissenh. *b*) dem durch die Sünde hineingebildeten Ggns: Heiligk. u. Gerechtigk. *c*) dem durch die Gnade auszuscheidenden Ggns: Liebe u. Weish.[3]) *VI.* Nach der Analogie des menschl. Geistes: RNH: *Attr. metaphysica [naturalia] et moralia.* Hs: 1) Allg. Attr. des göttl. Seins. 2) Specielle Attr. nach psychol. Eintheilung *a*) der Erkenntnifs, *b*) des Willens, *c*) des Gefühls.[4]) Bo: Attr. des Lebens, Wissens u. Wollens. — Da sich der Bgr. von Gott nach der Analogie des menschl. Geistes bildet, ist *Nr. VI.* vorzuziehn, u. zwar als die Hauptmerkmale des Bgr. von Gott [§. 54] die Attr. des Seins, Wissens u. Willens. Weil aber die Harmonie der Attr. das höchste Gesetz ihrer Darstellung ist, so mufs jede dieser 3 Reihen die andern als beigeordnete Bestandtheile in sich enthalten u. als solche bestimmt nachweisen.

§. 61. I. Attribute des göttlichen Seins.

Gott ist das absolute Sein, d. i. das durch sich selbst Seiende u. alles Dasein Bedingende, in sich *aseitas*, attr., quo Deus liber-

---

2) TIEFT: Transscendentale aus der Idee Gottes, physische aus der Naturbetrachtung, moral. aus dem Bgr. des höchsten Gutes. 1) *Generalia s. ontologica, quae Deo ut naturae absolutae per se spectatae conveniunt,* 2) *specialia quum ducantur ex idea numinis, aut ad mundum in universum cogitatum, aut ad ordinem in eo agnoscendum moralem, aut ad utrumque relati, discernimus attr. physica, moralia et mixta.*" CRM: 1) *Absoluta,* 2) *relativa, a) physica, b) moralia.* BÖHME: [L. v. d. göttl. Eigensch. 831] Gott ist 1) nach s. allg. Verh. zur Welt: unendlich, reingeistig etc. 2) nach seinem bes. Vrh. *a)* zur moral. Welt: heilig, allgütig, allgerecht; *b)* zur phys. Welt: *α)* nach math. Vrh: allgegenwärtig, ewig, *β)* nach dynam. Vrh: allmächtig, allwissend; *c)* zur vereinten moral. phys. Welt: allweise, selig. Nz: Theils entschränkende u. remotive, theils beziehende Attr., u. diese nach dem verschiednen Vrh. Gottes zur Creatur überh. u. zur persönl. Creatur insbes. STDL: 1) Eigensch. Gottes, die das (innere) Sein G. betreffen: *a)* den Grund des Seins, unabhängig, unveränderlich, unvergleichlich, *b)* die Weise des Seins, geistig, allgegenw., ewig; 2) Eigensch. an Gott, die sich auf die Darlegung des Seins (nach aufsen) beziehn, zu finden nach Analogie des Geistes, also nach dessen 3 Hauptvermögen: *a)* dem Umfange nach, allwissend, selig, allmächtig, *b)* in der Bestimmth. ihrer Kundthuung u. Richtung, allweise, Gott ist die Liebe, heilig. BRUCH: Gott als der absolute Geist in ewiger Slbstoffnb. begriffen offenbart sich *A)* im absol. Setzen der Welt [WSchöpfung] *I)* nach ihrem Sein als allmächtig, allwissend, allgegenwärtig, ewig, *II)* nach der in ihr herrschenden Ordnung als allweise, allgütig, *B)* im absol. Setzen der Welt-Evolution [WRegierung], ihr Princip ist die Liebe Gottes, ihr Zweck das Gottesreich, insofern dieses das Reich der Wahrh. offenbart er sich als der Wahrhaftige, wiefern das Reich der Sittlichk. als der Heilige u. Gerechte, wiefern das Reich der Seligk. als der Gnädige.
3) FSCH p. 48 ff: In der allg. Offnb. bezeugt sich nur die Unendlichk. u. Allmacht, welche gar keine göttl. Eigensch. ist, sdn. Grundlage des göttl. Wesens selbst; in der bes. Offnb. die Weish., Barmherzigk. u. Heiligkeit.
4) AM: 1) *Universalia, quae ad omnem Dei essentiam,* 2) *singularia, quae ad intellectum, conscientiam et voluntatem numinis spectant.* BRT: 1) Allg. Attr. des göttl. Wesens, die sich auf Erkennen, Wollen u. Sein gleichmäfsig beziehn; 2) specielle: *a)* des Verstandes, *b)* Willens, *c)* Seins. Ws: Metaphysische, ästhetische u. ethische.

rima ipsius causa [ex se natus] est; im Vrh. zur Welt *independentia*, attr., quo nemini quidquam debet, et ipse solus est rerum omnium auctor, Jes. 40, 6. Ps. 114. Act. 17, 24 s. Rom. 11, 34. Die Modificationen dieses vollkommnen Seins entstehn durch die verschiednen Negationen der Beschränkung in Zeit u. Raum, als allgemeinste Negation *infinitas*, attr., quo Deus limitibus nullis circumscribitur.

1). a) Durch die allgem. Negation der Zeit: *aeternitas*, attr., quo Deus ab omni temporis successione immunis, ipsius temporis rationem in se continet.¹) Jes. 41, 4. Ps. 90, 2 ss. 102, 26 ss. Rom. 1, 23. 1 Tim. 6, 16. b) Durch die bes. Negation des Wechsels in der Zeit: *immutabilitas*, attr., quo omnis determinationum et qualitatum in Deo excluditur successio.²) Ps. 102, 26 ss. Mal. 3, 6. Jac. 1, 17.

2) a) Durch die allg. Negation des Raums, negativ: *simplicitas*, attr., quo Deus omnis materiae ac divisionis expers est; als Unterabthlg. werden *indivisibilitas* u. *invisibilitas* genannt; positiv: *immensitas*, attr., quo Deus, nullis spatii carceribus circumclusus, ipsius spatii auctor est.³) b) Durch die bes. Negation einer Beschränkung der göttl. Thätigk. im Raume: *omnipraesentia operativa* [relativa, ἐνέργεια, adessentia actualis], attr., quo Deus nullis spatii limitibus coercitus vi et efficacia sua omnia fert et movet.⁴) Die H. S. faſst a) u.

---

1) SCHLR: „Unter der Ewigk. Gottes verstehn wir die mit allem zeitlichen auch die Zeit selbst bedingende schlechthin zeitlose Ursächlichk. Gottes." Populär: Attr., quo Deus esse nec coepit nec unquam desinet; richtiger: quo Deus auctor temporis ac dominus est.

2) QUEN: „Perpetua essentiae div. et omnium perfectionum identitas, negans omnem omnino motum tum physicum, tum ethicum." BR: „Quod Deus nulli mutationi, neque secundum esse (incorruptibilitas), neque sec. accidentia, nec sec. locum, nec sec. voluntatem est obnoxius." Wechsel ist nur möglich durch die Zeit u. unmöglich in dem Vollkommnen, das dadurch mehr o. minder vollkommen würde; wohl aber bedingt Gott die Zeit selbst und allen Wechsel in ihr.

3) QUEN: „Ubietas interminabilis, qua Deus non potest non essentia sua ubique esse." Als immanente Eigensch. scheiden die AKD sie von drs. transeunten Eigensch., der „omnipraesentia substantialis [impletiva], attr., quo Deus nullo loco mensurari ac circumscribi, sed omnia et singula loca citra essentiae suae multiplicationem, extensionem et divisionem penetrare et replere dicitur." Hierdurch scheint aber ein raumerfüllendes, daher selbst räumliches Vrh. Gottes ausgesprochen, das in sr. abs. Auffassung zu pantheistischen Vorstellungen führt, daher vorzuziehn ist, mit den neuern DD nur von *omnipraesentia operativa* zu sprechen, u. das Vrh. Gottes zum Raume positiv nur als Ursächlichk. zu bezeichnen, worauf auch die ältern Bestimmungen zurückzuführen sind: ἀδιαστασία, indistentia, συνουσία, adessentia substantialis s. immediata et proxima coexistentia substantiae div. cum quovis substantiali in mundo." Auch die neuere Scheidung: reale Allggnw., Gott selbst ist in allen Dingen gegenwärtig u. ideale Allggnw., dem göttl. Verstande ist alles gegenwärtig, setzt einen Unterschied des Realen u. Idealen in Gott, der mehr Unvollkommenheit als Vollkommenheit wäre.

4) Die AKD fassen den Begr. der substantiellen u. operativen Allggnw. meist zusammen: CAL: „Attr., vi cujus Deus non tantum substantiae propinquitate, sed etiam efficaci operatione omnibus creaturis adest." RSM: „Attr., quo Deus ubique et semper immediate efficax esse potest." AM: „Ea substantiae efficacia, qua omnes totius mundi vicissitudines complectitur naturae rerum earumque legibus convenienter." SCHLR: „Unter der Allggnw. verstehn wir die mit allem räumlichen auch den Raum selbst bedingende schlechthin raumlose Ursächlichk. Gottes." MRH: „Eigensch. Gottes, kraft deren ihm alle Dinge in Zeit u. Raum gegenwärtig, Vergangenh. u. Zukunft, sammt der nur auf beide bezüglichen Gegenw. aufgehoben sind."

§. 62. Attribute des göttlichen Wissens.

b) als Allmacht u. Allgegenw. o. Allwirksamk. zusammen, *Ps.* 139, 7 ss. *Jes.* 66, 1. *Jer.* 23, 23 s. 1 *Reg.* 8, 27. *Act.* 17, 24 ss. Das vollkommne Sein in Bezug auf die beigeordneten Attr. des vollk. Wissens u. Wollens erscheint a) als *spiritualitas*, a*ttr.*, *quo Deus est persona liberrima eademque necessaria;*[5]) dadurch b) als *vita perfectissima*, [Rnh:] *status efficaciae summae cum perfectissima conscientia conjunctus, Jes.* 40, 28. *Jer.* 10, 10 ss. *Jo.* 5, 17. 26. *Act.* 14, 15. 15, 18.; als Gefühl desselben c) *beatitas*, *ea naturae div. conditio, qua omnis rerum creaturum felicitatis auctor perfectionis suae conscientia semper fruitur, Ps.* 16, 11. 50, 10 ss. 1 *Tim.* 1, 11. *Jac.* 1, 17.; im allgemeinsten Bgr. d) als *perfectios. bonitas*, [Hol:] *conformitas essentiae div. cum voluntate divina;*[6]) für unser Erkennen als e) *incomprehensibilitas*, [Hol:] *attr., quo essentia Dei a nulla creatura adaequate cognosci potest, Ps.* 145, 3. *Rom.* 11, 33 ss. 1 *Tim.* 6, 15.

§. 62. II. Attribute des göttlichen Wissens.

Das göttl. Sein als ein Bewufstes ist das göttl. Slbstbw. *div. intellectus*, [Cal:] *quo Deus tum se ipsum, tum alia quaecunque, uno, aeterno ac simplicissimo actu perfectissime cognoscit.*[1])

1. In Bezug auf die 1. Reihe ist sein Attr: *omniscientia*, [Wgs:] *intelligentia numinis perfectissima s. infinita.*[2]) a) Hinsichtlich ihres Obj: α) *Scientia necessaria* [*naturalis*], *qua Deus semetipsum atque in se ipso omnium rerum necessitatem perspicit*,[3]) 1 Cor. 2, 11.

---

5) Die AKD bis Hol betrachten die *Spiritualitas* nur als Körperlosigk., Folge der Einfachh. Bdd u. Mosh rechnen intellect. u. moral. Kraft hinzu, Neuere nennen diese letzern Merkmale allein. Ddk: Rnh: „*Attr. Dei, quo cogitandi et appetendi vim habet.*" Schlr: „Innige Lebendigk. o. das ungetrennte Ineinandersein aller göttl. Thätigkeiten." Nz: „G. ist nicht ein Geist, sdn. G. ist Geist, d. i. das vollk. Leben, wodurch er th. von den Göttern, welche vermeintliche sind, als der wahrhaftige, th. von dem andern wirkl. Leben u. Sein als der Schöpfer u. Vernichter der Dinge unterschieden wird." In der H. S. wird Gott Geist genannt als lebendige, persönl. Kraft, nur im Ggns. wider das Sichtbare u. Beschränkte. *Ps.* 139, 7. *Jo.* 4, 24.

6) Hol *p.* 254: „*Bonitas i. e. qua essentia div. voluntati Dei adeo complacet, ut ipsam, tanquam perfectissime et maxime amabile bonum, modo ineffabili amet, eademque suavissime delectetur et acquiescat.*" Als Güte o. Vollkommenh. der Substanz essentialis, verschieden von *moralis* d. i. Heiligk. Wird *perfectio* ohne diese bes. Beziehung auf das Wechselvrh. der Attr. gefafst, sdn. allg. als der allen Attr. zukommende Bgr. des Vollkommnen, u. als Ursache aller Vollkommenh., so ist sie nicht mehr bes. Attr. Qurn. *I. p.* 255: „*Inter attr. Dei absoluta primum locum damus perfectioni. Describitur perfectio Dei, quod omnes complectatur perfectiones et quod omnem excludat imperfectionem.*"

1) Die Beziehung zum göttl. Sein, dadurch die Verbindung mit der 1. Ordnung am klarsten bei Hol: „*Intellectus est ipsa essentia Dei, quatenus a nobis concipitur per modum potentiae intellectivae.*" Cal: „*ut cognoscens,*" so wie die Beziehung zur 3. Ordnung bei Schlr: „Die göttl. Allwissenheit ist die schlechthinige Geistgk. der göttl. Allmacht." Als blose Kenntnifs des nichtgöttl. Seins Rnh: „*Vis infinita Dei, quatenus efficit rerum omnium perfectissimam scientiam.*"

2) Kön: „*Qua ipse uno simplici et aeterno intelligendi actu omnia scit, quaecunque fuerunt, sunt, erunt, aut esse ulla ratione possunt. Ps.* 139, 1 s. *Hbr.* 4, 13." Am: „*Perfectissima cognitio veritatis in universum, propterseaque etiam mutationem et eventorum mundi omnium.*"

3) Statt des Letztern die gewöhnl. Bezeichnung: *et res absolute possibiles omnes.* Dasj. Wissen soll bezeichnet werden, welches dem phil. Wissen entspricht, in welchem wir unsrer selbst u. alles wahrhaften Seins als eines Nothw. [*sub specie aeternitatis*] bewufst sind, im Ggns. der empir. Kenntnifs des Wirklichen.

Die Nothw. dieses Bwsts. im Ggns. der Willkür, nicht der Freih. β) *Scientia libera* [repraesentatio visionis s. intuitionis], qua Deus omnes res praeter ipsum vere existentes vere novit, *Ps.* 139. *Jes.* 29, 15 s. *Mt.* 6, 32. *Act.* 15, 8. Kenntnifs der von dem Willen Gottes [*libertas*] abhängigen, uns als zufällig erscheinenden Wirklichk. Die Subdivision in *reminiscentia, visio et praescientia* ist anthropomorphistisch, da die Formen der Zeit als einer Schranke nicht ins göttl. Wissen fallen. Man fügt hinzu, um neben der göttl. Vorhersehung die menschl. Freiheit zu sichern: γ) *Scientia media* [sc. *de futuro conditionato s. futuribili*], qua Deus perspicit omnia, quae, positis quibusdam conditionibus, evenire potuissent. Da die Annahme des Möglichen nur eine beschränkte Anschauung ist, der verborgen bleibt, durch welche ausschliefsende Nothw. das Mögliche nicht zur Wirklichk. gelangt: so ist eine so beschränkte Erkenntnifs in Gott nicht zu denken, u. aus den Stellen *Jer.* 38, 17 *ss. Ezech.* 3, 6. 1 *Sam.* 23, 10 *ss. Mt.* 11, 21., welche blos die menschl. Anschauungsweise populär aussprechen, nicht zu erschliefsen. Gott erkennt das Freie zuvor, aber als ein Freies. b) Die Art der Erkenntnifs wird bezeichnet durch die Negation der verschiednen denkbaren Schranken: α) *intuitiva* [*pura, immediata*], i. e. *sine sensu, imaginibus, abstractione, discursu et ratiocinio*, ohne Vermittlung des discursiven Denkens, unmittelbares Bwsts. des in Gott gegründeten Wesens der Dinge; daher β) *simultanea*, gleichmäfsige u. gleichzeitige Erkenntnifs des Alls der Dinge, u. γ) *distinctissima* des Individuellen, somit δ) *verissima*, vollkommnes Bwsts. alles Seins.

2. In Bezug auf die 3. Reihe: *Sapientia*, ea Dei virtus, qua consiliis de summo bono ubique efficiendo perfectissimis adminicula adhibet perfectissima i. e. fini aptissima.[4]) *Job.* 12, 13 *ss. Ps.* 104, 24 *ss. Prov.* 3, 19 *s.* 8, 1 *ss. Rom.* 8, 22 *ss.* 11, 13 *ss.* Bewiesen aus der Idee des vollkommensten Wesens u. sich erweisend in Natur u. Gesch. bes. in der Stiftung des Xthums, 1 *Cor.* 1, 20 *ss. Eph.* 3, 10 *s.* 1 *Cor.* 2, 7 *s.*[5]) — Die Einh. beider Attr. liegt darin, dafs alles Sein nach göttl. Zwecke geordnet ist, somit Allwissenh. u. Allweish. nur verschiedne Beziehungen des göttl. Bwsts. zum Sein bezeichnen, nehmlich wiefern es ist o. werden soll.

§. 63. III. Attribute des göttlichen Willens.

Das göttl. Bwsts. als ein durch sich selbst Bewirktes ist der göttl. Wille, *div. voluntas*, qua Deus ipsius rerumque universitatis suprema existit causa.[1]) Die gewöhnl. Definitionen bezeichnen nur ein anthropomorph. Begehrungsvermögen u. die Wirksamk. Gottes auf

---

4) Am nach Kant: „*Distinguimus sapientiam theoreticam, quae cognitione veri, perfectionis, beatitatis summa absolvitur; et practicam, quae summi boni cum creaturis communicandi rationem optimam perspectam habet, iterumque dispesci potest in technicam et ethicam.*" Wgs: „*Complexio universae actionis divinae absolute perfectae, qua fines mundi propositi efficiantur.*"
5) Schlr: „Die göttl. Weisheit ist das die Welt für die in der Erlösung sich bethätigende göttl. Selbstmittheilung ordnende u. bestimmende Pr."
1) Grh: „*Vol. est ipsa Dei essentia, seu Deus volens.*" Die Beziehung auf die 2. Ordnung hervorgehoben bei Rnu: „*Vis Dei infinita, quatenus perfectissimam scientiam in agendo sequitur.*"

§. 63. ATTRIBUTE DES GÖTTLICHEN WILLENS.

die Welt,[2]) nach ihren einzelnen Bestandtheilen als *decreta divina i. e. actus voluntatis divinae* angesehn, nach ihrem Eintreten in die Zeit für uns th. *immanentia, quae nondum evenerunt, Act.* 17, 31. th. *transeuntia, quae jam evenerunt, Jo.* 3, 16. in Gott ewig, *Eph.* 1, 4. unwiderstehlich, *Act.* 5, 38 s. uns unbegreiflich, *Jes.* 55, 8. *Rom.* 11, 34.

Die Haupteinthlg. des göttl. Willens nach seinem Obj. ist wie die entsprechende Einthlg. des göttl. Wissens zu beurtheilen: a) *Vol. necessaria*, [CAL:] *qua Deus se ipsum ceu summum bonum vult*; b) *libera, qua sic vult omnia alia extra se, quae vult, ut possit eadem non velle*: c) *media* [*simplicis volitionis*], *qua Deus, quae non vult, velle posset*.[3]) Die gewöhnl. Subdivisionen gehören zu *vol. libera* u. suchen meist das Vrh. des göttl. zum menschl. Willen zu bestimmen: a) Hinsichtlich der Beseligung im Ggns. der Calvinisten: *Vol. absoluta*, [BR:] *qua Deus aliquid vult sine conditione; conditionata, qua vult aliquid sub conditione;* [WGS:] *illa antecedens dicitur, quatenus, omnium hominum salutem spectans, quasi antecedit hominis studium* [1 *Tim.* 2, 4], *haec consequens* [*decretoria*], *quatenus quasi consequitur vel respicit hominis studium* [*Mc.* 16, 16]; *inde efficax, quum praestita conditione Dei consilium vere effectum sortitur, vel non efficax.* b) Hinsichtlich des Bösen: *permittens, qua Deus arbitrium humanum a malo perpetrando violenter non arcet; efficiens, qua Deus arbitrio hum. et potestatem et legem virtutis indidit.* c) Hinsichtlich der Ausführung: *ordinaria, qua Deus naturae legem inscripsit; miraculosa, qua miraculorum ministerio utitur.* d) Hinsichtlich der Mittheilung: *arcana* [*occulta*], *quam Deus sibi reservavit, Rom.* 11, 33., *revelata, quam Sc. S. vel ratione hum. promulgavit; vol. signi ad ea spectat, quae Deus velle videtur, Gen.* 22, 1-18. *Jes.* 38. *Luc.* 24, 28., *beneplaciti ad ea, quae vere vult.*[4]) — Das allgemeinste

---

2) CAL: „*Vol. Dei est, qua Deus tendit in bonum ab intellectu cognitum.*" BR: „*Quatenus essentia div. habet per se modum potentiae appetitivae, tendentis in bonum ab intellectu cognitum, ut volendum; et ad malum cognitum, ut aversandum.*" AM: „*Summa vis et facultas ad agendum et ad exsequendam cognitionem summi boni.*" Populär: „*Facultas appetendi atque aversandi perfectissima.*"

3) QUEN. *I.* p. 290: „*Praecipuum voluntatis attr. libertas est, sed haec voluntati div. convenit ad extra; omnia enim alia extra se Deus vult libere, ita ut possit etiam non velle. Pertinet igitur libertas ad voluntatem Dei non simpliciter, sed qua fertur ad alia extra se. Voluntas vero Dei de seipso, ad intra, naturalis est Deo et simpliciter necessaria, qua Deus se et proprietates suas prorsus necessario vult, non libere, ita ut non possit non velle aut aliter atque aliter velle; quod non derogat vel omnipotentiae vel beatitudini div., sed perfectionem et immutabilitatem Dei arguit.*"

4) Die Calvinisten benutzten die Unterscheidung, um ihre Prädestinationslehre gegen die Aussprüche, in denen Gott alle Menschen beseligen zu wollen erklärt, [*Rom.* 10, 12, 1 *Tim.* 2, 4. 2 *Ptr.* 3, 9.] durch das Vorgeben zu vertheidigen, dafs dieses blos sei *voluntas signi, i. e. non seria, sive simulatio.* Einig in Verwerfung eines solchen Unterschiedes schwanken die luth. DD über seine anderweitige Auffassung. BR: „*Vol. signi dicitur, quando effectui voluntatis div. tribuitur nomen voluntatis, sc. tanquam signo alicujus voluntatis in Deo; Vol. beneplaciti denotat actum ipsum div. voluntatis, quo aliquid vult. Unde patet distinctionem esse analogicam.*" CARP: „*Vol. signi referunt ad ea, quae nobis facienda Deus injunxit: beneplaciti ad ejusmodi opera, quae Deus ipse facere decrevit.*" Letzteres auch L. der SL, hiernach wird der Wille Gottes als *beneplacitum* stets, als *signum* im einzelnen nicht erfüllt,

Attr. des göttl. Willens o. vielmehr der Wille selbst [*liberum arbitrium*] in seinem Wesen ist *libertas*, *qua Deus sui juris est.* Sie besteht nicht, wie menschl. Freih., in der Willkür, sdn. in dem Durchsichselbstsein, erscheint daher dem Vrst. hinsichtlich des göttl. Seins als gleich mit der Nothw., u. nur hinsichtlich der Welt als Willkür, als welche sie vornehmlich von AKD aufgefafst wird, u. zwar a) *lib. contradictionis, qua decernit, utrum agendum sit, nec ne,* b) *lib. contrarietatis, qua decernit, utrum sic, vel aliter sit agendum.* Um so mehr aber, da die Calvin. Praedest. dadurch begünstigt wird, ist dieser Schein der Willkür als etwas Unvollkommnes aufzugeben, u. nur die unbedingte Herrschaft Gottes über die Welt zu behaupten: *attr.*, *quo Deus, alienae legi non obnoxius, e sua sententia mundum regit:* darin unterschieden wird das Negative *lib. externa* [*cosmica*] Unabhängigk. von der Welt, u. das Positive *interna* [*moralis*] Bestimmung durch den göttl. Willen.

1) Das Attr. des Willens hinsichtlich des Seins ist: *omnipotentia, qua Deus, quae vult, potest.* Gen. 18, 14. Jes. 44, 24. Jer. 32, 17. Luc. 1, 37. Eph. 3, 20 s. Die Beschränkung der Macht auf das Vollkommne liegt in der Beschaffenh. des Willens; doch pflegt das rel. Bwsts. auf diese von Gott selbst gesetzte, sonach freie Schranke der göttl. Macht nicht zu reflectiren.[5] Die göttl. Allmacht wird durch die menschl. Freih. nicht beschränkt, sdn. das ist ihre höchste Bewährung, dafs ein Reich menschlicher Freiheit mit ihr u. durch sie besteht. Die Einthlgn: *absoluta* [*miraculosa*] *et ordinata*, *absolute operans et hypothetice operans* [*conditionata*] entsprechen dns. Eintheilungen des Willens überhaupt.

2) Hinsichtlich des Wissens: *veracitas*, [WGS:] *qua quaecunque Deus fallere nesciens de sua voluntate hominibus patefecit, voluntati ipsius immutabili omnimodo consentiunt.* Als *veritas moralis* verschieden von *veritas essentialis* [*metaphysica*] dem wirkl. Sein Gottes als des vollkommensten Wesens.[6] Jene wird nach Grund u. Wirkung auch

---

weil nur durch freientlafsne Wesen erfüllbar; Andre: *vol. signi* gleich mit *revelato*, *beneplaciti* mit *arcana*.

5) In den Deff. wird die Schranke gewöhnlich hervorgehoben. QUEN: „*Pot. est, qua Deus per essentiae suae aeternam actuositatem facere potest omnia in universum, quae contradictionem non involvunt.*" BR: „*Pot., per quam essentia div. efficax est ad operandum ac producendum aliquid extra se, et quidem omne, quicquid ullatenus possibile est, et ex parte operantis non importat imperfectionem.*" KL: „*Attr., quo Deus omnia possibilia efficere potest.*" Bei solcher Beschränkung der Macht auf das Mögliche mufs wenigstens festgehalten werden, dafs diese Beschränkung nicht im Wesen der Dinge, sdn. im Wesen Gottes liegt, sonach nur dadurch Beschränkung scheint, dafs die Macht einzeln o. abstract betrachtet wird. — SCHLR: „Im Bgr. der göttl. Allm. ist sowohl dieses enthalten, dafs der gesammte Naturzusammenhang in der göttl. Ursächlichk. gegründet ist, als dieses, dafs die göttl. Ursächlichk. in der Gesammth. des endl. Seins vollkommen dargestellt wird, mithin auch alles wirklich ist u. geschieht, wozu es eine Ursächlichk. in Gott gibt."

6) RNH: „*Attr., quo quicquid rebus creatis Deus patefecit, id accurate cum ipsius consiliis earumque salute convenit.*" TELLER ad HOL p. 243: „*Veritas generatim dicta est convenientia rerum, quae, quales et quatenus sunt, aut esse possunt. Speciatim omnino quintuplex est:* 1) *in essendo, dicitur metaphysica,* 2) *in intelligendo, quae est logica,* 3) *in volendo s. decernendo,* 4) *in agendo,* 5) *in dicendo; hae tres species comprehenduntur nomine veritatis ethicae.* 1) *Veritas Dei in essentia est convenientia omnium eorum, quae ad naturam perfectissimi pertinent; qua ratione*

§. 63. ATTRIBUTE DES GÖTTLICHEN WILLENS.

bezeichnet als *fidelitas*, *sinceritas*, *infallibilitas*, *constantia*, *unitas* [sc. *voluntatis*] i. e. [HOL:] *summa Dei in dicendo vero, servandis promissis et implendis minis constantia.* Ps. 31, 6. 33, 11. Rom. 3, 3 ss. 11, 29. 2 Cor. 1, 18 ss. 2 Tim. 2, 13. Auf ihr ruht der Gl. an alle obj. Wahrh. u. an die der Offnb. insbesondre.

3) Die eigenthüml. Attr. des göttl. Willens, o. dessen Qualitäten, sind: a) *Sanctitas*, *attr.*, *quo Deus summum bonum est.*[7]) Lev. 19, 2. Ps. 5, 5 ss. Mt. 5. 48. 19, 17. Eph. 4, 24. 1 Jo. 1, 5 ss. 1 Ptr. 1, 15 s. Der Bgr. des Heiligen ist im ganzen Alterthum die Absonderung vom Gemeinen o. Profanen [Ex. 19, 6. 1 Ptr. 2, 9.], erhebt sich aber im A. T. zum Bgr. des Sittl., dessen Vollendung das höchste Gut ist, daher nicht unpassend die Bezeichnung der göttl. Heiligk. als Ursächlichk. des Sittengesetzes; [8]) verwerflich aber ist jede Bestimmung, durch welche eine Abhängigk. Gottes vom Sittenges., wie von etwas Fremdem, ausgesprochen scheint.[9]) b) *Amor* [*benignitas, bonitas relativa cf.* p. 113], *attr.*, *quo Deus summum bonum cum rerum universitate communicare ab aeterno voluit.* Die urspr. Werke der göttl. Liebe sind daher Schöpfung u. Erlösung, jedes Individuum hat an dieser göttl. Mittheilung Antheil nach dem Mafse seines Zusammenhanges mit jenen beiden.[10]) Ps. 8. 104, 10 ss. Jo. 3, 16. Rom. 5, 8.

Deus verus opponitur fictis et commentitiis, Jer. 10, 8 ss, 1 Jo. 9, 20 s. 2) Ver. Dei in intellectu est convenientia cogitationum cum objecto, Job. 11, 7. Act. 15, 18. 3) Ver. Dei in voluntate est convenientia decreti ac propositi efficacis cujusque cum rationibus in intellectu probe cognitis et judicatis, Rom. 11, 33. 4) Ver. Dei in factis est convenientia actionum cum proposito, Ps. 25, 10. 5) Ver. in dictis, quae singulatim vocari solet veracitas, est convenientia verborum omnium cum recta cogitatione animique sententia, et efficaci voluntatis proposito, Num. 23, 19. 1 Sam. 15, 29. Tit. 1, 2. Hbr. 6, 18. Haec cernitur a) in doctrinis, Jo. 17, 17. b) in praedictionibus, promissionibus et comminationibus, Num. 23, 19."

7) BR: „Rectitudo div. voluntatis, qua omnia, quae recta et bona sunt, aeternae suae legi conformiter vult." BDD: „Quando Deus se ipsum amore purissimo amare concipitur, ut simul ab omni imperfectione remotus censeatur, amor ille vocatur sanctitas. AM: „Consensus voluntatis liberrimae perfectissimus cum legibus intellectus sapientissimi. SCHOTT: „Usus perpetuus, certamini nulli obnoxius, libertatis moralis perfectissimae."

8) QUEN: „Summa omnisque labis expers in Deo puritas, puritatem debitam exigens å creaturis." KL: „Attr., quo Deus fons legis moralis est." SCHLR: „Diej. göttl. Ursächlichk., kraft deren in jedem menschl. Gesammtleben mit dem Zustande der Erlösungsbedürftigk. zugleich das Gewissen gesetzt ist."

9) KANT: Übereinstimmung des göttl. Willens mit dem Sittengesetze. HENKE: „Deus ab omni labe purissimus, omnis pravi osor irreconciliabilis, boni rectique amantissimus." — RNH: „Attr., quo Deus non nisi honesta appetit et probat."

10) AM: „Deus, qui, seorsim spectatus, sanctus dicitur, bonus adpellatur propter aeternum boni summi cum creaturis communicandi decretum." SCHLR: „Die göttl. Liebe als die Eigensch., vermöge deren das göttl. Wesen sich mittheilt, wird in dem Werke der Erlösung erkannt." HGL. II. p. 47: „Die [göttl.] Güte ist, dafs die Welt ist." — Die gewöhnl. Deff. drücken nur einzelne Beziehungen aus, u. mischen meist anthropomorph. Vorstellungen eines passiven Gefühls ein. CAL: „Tria insinuantur per φιλανθρωπίαν div: *affectus Dei*, *quo erga nos inclinatur*, *desiderium*, *quo in nos rapitur*, *gaudium*, *quo in nobis sibi unitis acquiescit.*" QUEN: „Amor Dei est, quo ipse cum objecto amabili se suaviter unit." HOL: „Gratia attr. est, quo Deus cum creaturas omnes, tum inprimis intelligentes, amat et ad benefaciendum iisdem propendet. Quatenus creaturis vult bonum aliquod communicatum, dicitur amor, nam amare significat velle alicui bonum." RNH: „Attr., quo, quanta quisque frui potest

1 *Jo.* 4, 16. Blos in Bezug auf diese verschiedne Mittheilung, nicht als Verschiedenh. einer göttl. Neigung, ist die Einthlg. nach den Objj. zulässig: aa) *objectum amoris primarium s.* adaequatum Gott selbst, seine Liebe zu sich selbst als dem höchsten Gute *amor naturalis s. necessarius;* bb) *obj. secundarium* die Creatur, *α) amor universalis s. generalis* Wohlgefallen an der Vollkommenh. alles Geschaffnen, *Gen.* 1, 31, *β) particularis s. specialis* an den vernünftigen Geschöpfen, *γ) specialissimus* an den Frommen.[11]) Daher werden die Beschaffenheiten (*affectiones*) der göttl. Liebe mit Recht gleichmäfsig auf alles Geschaffne bezogen, nehmlich *gratuitas, sanctitas*,[12]) *immensitas.* Nach der Analogie menschlicher Vrh. u. nach bibl. Ausdrücken werden verschiedne Modificationen der göttl. Liebe unterschieden, welche zunächst der erbaul. Rede angehören, u. wissenschaftlich nur zu verwahren sind, damit weder ein passives Gefühl in Gott gesetzt, noch die Gerechtigk. durch die Liebe verletzt werde.[13]) c) *Justitia est attr., quo Deus summum bonum per legem moralem promulgavit et tuetur.*[14]; *Ps.* 7, 9 *ss.* 9, 5. 18, 21 *ss. Mt.* 11, 22 *ss. Rom.* 2, 6 *ss.* 1 *Cor.* 4, 5. 2 *Cor.* 5, 10. Die göttl. Gerechtigk. ist daher eine bestimmte Offnb. der göttl. Heiligk. durch die göttl. Liebe.[15]) Das Sittengesetz

felicitate, tantam ipsi largiri vult Deus." Zunächst in *benignitas* unterscheiden die AKD *benevolentia* als Neigung, *beneficentia* als That. AM: „*Benignitas, quae fons est beneficiorum externorum sensibus percipiendorum; misericordia, quae bonitas est erga creaturas calamitatibus oppressas; amor, qui in promovenda spirituum creatorum salute versatur.*"

11) *Cf.* QUEN: „*Amorem Dei distinguunt Scholastici in amorem complacentiae, benevolentiae et amicitiae. Amore complacentiae amat Deus omnes res creatas, vel potius summum bonum, quod cum illis communicavit; amore benevolentiae peculiariter amat homines, propter quos Filium suum in carnem misit; amore autem amicitiae prosequitur fideles in gratiam receptos.*"

12) Als Mittheilung des höchsten Gutes, nicht als Gerechtigk. wegen der Rücksicht auf moral. Würdigk., wie KL meint, wodurch *gratuitas* aufgehoben würde.

13) QUEN: „*a)* Χάρις, *gratia est benignissima Dei voluntas, qua sine merito omni favet et benefacere gaudet. Ps.* 51, 3. *Rom.* 3, 24. *b)* Φιλανθρωπία, *humanitas,* [RNH: *benignitas Dei genus humanum amplexa.*] *Tit.* 3, 4. *c)* Οίκτιρμός, τὰ σπλάγχνα τοῦ θεοῦ, *misericordia, benignitas Dei erga miseros. Ps.* 25, 6. *Jes.* 47, 6. *Luc.* 1, 72. 1 *Cor.* 1, 3. *d)* Μακροθυμία, *longanimitas, clementia, benignitas Dei in differendis peccatorum poenis. Ex.* 34, 6. *Jer.* 15, 15. *Rom.* 9, 22. *e)* Ἀνοχή, *patientia, indulgentia, benignitas Dei in tolerandis aliquamdiu hominum peccatis. Rom.* 2, 4. 3, 25. *Act.* 17, 30. 1 *Ptr.* 3, 20. *f)* Χρηστότης, *lenitas, benignitas in mitigandis peccatorum poenis. Rom.* 11, 22." Es sind aber diese Beziehungen der göttl. Liebe auf die Sünde nur im Bereiche der Erlösung vereinbar mit der Gerechtigkeit.

14) CAL: „*Just. Dei est, qua Deus est justus retributor boni et vindex mali.*" QUEN: „*Summa et immutabilis voluntatis div. rectitudo, a creatura rationali, quod rectum et justum est, exigens.*" HOL: „*Attr., vi cujus Deus omnia, quae aeternae suae legi sunt conformia, vult et agit, creaturis convenientes leges praescribit, bonos remuneratur et impios punit.*" RNH: „*Attr., quo Deus leges fert et tuetur.*" AM: „*Attr., quo fata spirituum, quos creavit, constituit ad normam meriti, vel culpae.*" SCHLR: „Diej. göttl. Ursächlichk., kraft deren in dem Zustand der gemeins. Sündhaftigk. ein Zusammenhang des Übels mit der wirkl. Sünde geordnet ist." HGL. *II. p.* 47: „Die Manifestation der Nichtigk. des Endl. als Macht ist die Gerechtigkeit: darin wird den endlichen Dingen ihr Recht angethan."

15) Nach der einen Beziehung bezeichnet BR die Heiligk. als *justitia in se,* u. DDB die Gerechtigk. als *demonstratio sanctitatis, vel institutis et legibus, vel factis conspicua,* überh. die AKD die Heiligk. als *just. interna,* die Gerechtigk. als *sanct. externa;*

§. 63. Attribute des göttlichen Willens.

ist nicht nur den vernünftigen Wesen gegeben, durch welche das höchste Gut zur selbstbew. u. daher höchsten Vollkommenh. in der Schöpfung gelangen soll, sdn. ist auch das höchste Weltgesetz, durch welches der Tugend u. dem Reiche Gottes überh. der Sieg verheifsen ist. In dem Sittengesetze liegt nicht eine bestimmte Verbindung des Sinnlichangenehmen mit dem Sittlichguten, welche nur als Erziehungsmittel für die Menschh. zu betrachten ist [*Jes.* 28, 23-29. 1 *Cor.* 11, 32. *Hbr.* 12, 5-11.], sdn. die nothw. Ordnung, dafs alle selbstbewufste Theilnahme am höchsten Gute in dem Mafse der Erfüllung des Sittengesetzes bedingt ist.[16] Das höchste Gut aber ist in dem Geschöpfe als einem endl. Wesen auch nur endlich, obwohl einer unendl. Vervollkommnung fähig, u. zwar th. als ein real gewordnes das sittl. Leben selbst, th. als ein ideales die Einigung mit Gott durch die rel. Liebe. Hiernach ist die gewöhnliche Einthlg. zu beurtheilen: *Justitia est:* aa) *legislatoria* [*dispositiva, antecedens, ordinans*], die Promulgation des Sittengesetzes, welche sich ankündigt im menschl. Gewissen; bb) *distributiva* [*judicialis, consequens, exsecutiva*], die gerechte Handhabung desselben; α) *remuneratoria,* β) *punitiva* [*vindicativa, ultoria*]; so nehmlich, dafs alle Belohnung nicht ein verdienter Lohn, sdn. eine Annäherung zum höchsten Gute, die Strafe eine Entfernung von dms. ist, u. aufserhalb der Erlösung von dieser allein die Rede sein kann.[17] Da nun die göttl. Liebe das höchste Gut

nach der andern Beziehung Leibnitz in der Theodicee die Gerechtigk. als *benignitas sapientis administrata*, eine von der Wolf. Schule angenommene, von Rsh u. Am begünstigte Bezeichnung, welche jedoch erst im Reiche der Erlösung vollkommen gilt, aufserhalb dsslb. aber leicht als eine ungerechte Milde gemifsdeutet wird. C. L. Nitzsch: „Gerechtigk. heiliger Wille des wehethuenden o. strafenden, Güte heil. Wille des wohlth. Gottes."

16) Hiernach ist die gewöhnl. Theorie vom Vrh. der Sittlichk. zur Glückseligk. u. von positiver Vergeltung zu beurtheilen; nach KL: *„Praemium div. est quodcunque bonum cum legis observatione aequabiliter conjunctum. Poena, quodcunque malum cum legis violatione aequabiliter conjunctum. Poenae sunt privatirae, quibus bonum aliquod subtrahitur, positivae, quibus malum aliquod infligitur. Die Aequilibritas* [*isonomia*] besteht darin, dafs der Tugendhafte genau so viel Gutes empfängt, als er wirklich verdient etc. Die Vergeltung ist hinsichtlich ihrer Beschaffenheit: u) *retributio, externa* [*poena vel praemium*] durch äufsere Übel o. Güter, b) *interna* durch geistige Übel o. Güter. Hinsichtlich ihres Ursprunges: b) *naturalis*, (*universalis, ordinaria, necessaria*] die allg., im Naturzusammenhange begründete Verknüpfung der angenehmen o. unangenehmen Folge mit einer Handlung, b) *positiva* [*singularis, extraordinaria, arbitraria*], da, wo die natürliche Folge nicht ausreicht,• aufserhalb des Naturzusammenhanges durch bes. göttl. Beschlufs eine mit der Handlung verknüpfte Strafe o. Belohnung. Die *justitia div.* ist [im irdischen Leben] immer *paedeutica* d. h. Belohnungen u. Strafen sind Erziehungsmittel; u. die positiven treten dann ein, wenn durch die natürl. der Zweck nicht vollkommen erreicht wird." Nur diefs Letztre ist wahr, aber nicht jene *aequilibritas. Cf. nt.* 17. Die positiven Strafen des A. T. sind überall Erziehungsmittel, aber das dem irdischen Standpunkte des ganzen Alterthums angehörige Vorurtheil von jener Gleichmäfsigk. hat Xtus verworfen *Jo.* 9,3.

17) Die Strenge der Kantischen Moral, welche jedes Motiv durch u. jedes Recht auf Belohnung verwirft, stimmt hier mit der KL zusammen. Quen. *l. p.* 292: „*Distinguitur justitia in commutaticam, quae proportionem arithmeticam servat, et distributicam, quae in geometrica proportione versatur. Ast justitia commutativa inter Deum et hominem lapsum, sive extra, sive intra statum gratiae positum, intercedere nullo modo potest, quia homo nullum habet meritum, quod cum praemio div. et veaxatione pornae permutet in justitia. In ipsis etiam piorum praemiis Deus sua dona*

mittheilen will, die göttl. Gerechtigk. dem in der Sünde verlornen Menschen dasselbe verweigert [*Loc. XII.*]: so erscheinen beide Attr. in einem Zwiespalte, der auch durch die höhere Einheit der heil. Liebe nicht ausgeglichen, nur durch Xtum [*Loc. XV*] gelöst worden ist. In der göttl. Gesetzgebung werden daher unterschieden *ratione fontis*: *leges divinae* α) *naturales* die einzelnen Gebote des Sittenges., welche als wesentlich unsrer sittl. Natur wir als *necessariae* erkennen; β) *revelatae*, welche uns theilweis als *positivae* u. *arbitrariae* erscheinen, weil wir ihre Nothw. einzusehn nicht vermögen; sie beziehn sich im Xthum nur auf die Bedingungen der Versöhnung mit Gott, im Judenth. auch auf diejenigen äufsern Satzungen, welche die göttl. Weish. zur Erziehung u. Bewahrung ihres erwählten Volkes angemessen achtete.

4) In Bezug auf beide andre Ordnungen kommt dem göttl. Willen zu: *gloria s. majestas interna*, [RNH:] *complexus omnium perfectionum, quae sunt in infinita Dei natura.* Ps. 106, 20. Rom. 1, 23. Hieraus folgt: *gloria externa, summa Dei perfectio, quatenus a naturis intelligentibus agnosci colique debet.* Ex. 15, 2. Ps. 29, 1. 104, 1. Jes. 42, 8. 63, 7. Rom. 11, 36. 1 Ptr. 2, 9. Solche Majestät wird vorzugsweise dem Willen beigelegt, weil ein sittl. Wesen nicht zuerst die Macht, noch Intelligenz, sdn. das Sittl. verehrt, u. Gott zunächst als das höchste Gut über alles preist. Sie wird mit Recht in ihrer Ursprünglichk. als unabhängig von ihrer Feier in der Schöpfung betrachtet, denn allein Gott selbst kann seine Herrlichk. vollkommen erkennen u. würdig feiern.[18] Hierdurch wird zugleich behauptet, dafs allein der Gotth. rel. Verehrung gebühre,[19] im Ggns. des kath. Dogma von rel. Anrufungen der Engel u. Heiligen. *Cf.* §. 73.

Loc. VIII. De Creatione et Providentia.
§. 64. I. Allgemeiner Begriff der Schöpfung.

Gott ist erst dadurch für uns, dafs er sich offenbart hat, u. die freie Nothw. sr. Offnb. liegt in sr. unendl. Liebesfülle. Die urspr. u. allg. Offnb. ist die Schöpfung. *Creatio est revelatio Dei primitiva*

---

potius coronat quam ipsorum merita, Rom. 11, 35. 1 Cor. 4, 7. *Sed distributiva, quatenus Deus unicuique creaturae retribuit juxta opus suum; estque haec vel remuneratrix, quae bonos praemiis, vel vindicatrix, quae malos suppliciis afficit.*" Über die letztere, welche als Belohnung nur unter den Erlösten statt findet, da nur sie *bona* opp. verrichten können, *cf.* Am. §. 67: *Nolim cum Kantio contendere, jure erga Numen omni privatos esse homines. Distinguatur modo jus absolutum*, *quod locum* * *hic non habet* (Rom. 4, 4. 11, 35.), *a libere in creaturas a Deo collato* (Ps. 8, 6 s.); *jus externum ab interno. Vera enim Xtianorum dignitas* (Luc. 20, 35. 2 Thss. 1, 5) *sine justa praemii dispensatione* (Rom. 2, 10. 2 Tim. 4, 8) *cogitari nullo modo posset.*"

18) Andre unterscheiden beide Bgr. durch *gloria* u. *majestas*, QUEN, BR u. a. berühren sie nicht, BDD u. AM nur den letztern: „*Majestatem vel gloriam tribuimus Deo propter summum perfectionum omnium complexum a creaturis venerandum.*" Über den Grund der äufsern Verehrung GRH. *I.* p. 155: „*Deus nostris laudibus non redditur major, ab aeterno est et manet in se ipso perfectissimus; sui autem glorificationem requirit a nobis non propter se, sed propter nos, siquidem in agnitione et celebratione Dei nostra consistit beatitudo. Deus non amat se tanquam se ipsum, sed tanquam summum bonum; ideo etiam vult se a nobis glorificari et agnosci, quia est summum bonum, ad quod nisi adspiremus, ejusque participes reddamur, nunquam erimus boni.*"

19) HOL: „*Majestas Dei est attributum, ex quo Deus non tantum dicitur gloriosus, sed etiam ipsi soli cultus gloriosus debetur.*"

§. 64. Allgemeiner Begriff der Schöpfung.

et universalis, qua rerum universitatem ad summum bonum communicandum ex aeterno amore suo esse voluit.[1]) Die Schöpfung nicht als Act, sdn. als Wirkung, ist die Welt, *rerum universitas i. e. complexus omnium, quae Deus esse voluit.* Die Gesch. der Weltschöpfung hat uns Gott in 2 wesentlich gleichartigen, doch in der Auffassung zu besserm Verständnifs nach der verschiednen Fassungskraft verschiednen Urkunden offenbart: *Gen.* 1, -2, 3. u. 2, 4-22. *Cf. Ex.* 22, 11. 31, 17. Die Wahrh. dieser Gesch. ruht auf der H. S., daher zwar die RT folgerecht sie für einen Mythus achten, aber sehr unvorsichtig geschah, dafs auch NKS nach dem Vorgange der Alexandriner sie allegorisch u. symbolisch auslegen,[2]) da doch in der Urkunde selbst ein geschichtl. Hergang einfach beschrieben ist, ohne alle Andeutung eines allegor. Sinnes; wird daher ein solcher der neuen Aufklärung zu Gefallen angenommen: so ist nicht einzusehn, wo dieser Willkür eine Schranke entstehn soll, u. die Unfehlbark. der H. S. sammt ihrer gesch. Wahrh. wird folgerecht aufgegeben. Verwandte Schöpfungssagen andrer Völker, fern davon die gesch. Wahrh. dieser Urkunde zu schmälern, bestätigen vielmehr als ihre verworrenen Nachklänge, dafs sie urspr. von Gott der ersten Menschenfamilie mitgetheilt worden ist. Gott zwar konnte nach seiner Macht im Augenblicke die geordnete Welt aus dem Nichts hervorrufen, allein wie die Naturentwicklungen auch jetzt allmälig ge-

---

1) Chemn: „*Actus solius Dei ac indivisim trium personarum divinitatis opus, quo Pater una cum Filio et Spiritu S. condidit omnia visibilia et invisibilia extra suam divinitatis essentiam ex nihilo, i. e. cum non essent.*" Cal: „*Actio Dei triuni externa, qua Deus Pater (Jes.* 44, 24.) *omnia, quae sunt, per Verbum s. Filium (Jo.* 1, 3. 10. *Hbr.* 1, 10. *Col.* 1, 16 s.) *in Spiritu (Gen.* 1, 2. *Job.* 33, 4. *Ps.* 33, 6.) *virtute infinita in tempore ex nihilo (Rom.* 4, 17. *Hbr.* 11, 3. 2 *Mcc.* 7, 28.) *produxit ad laudem gloriae suae.*" Quen: „*Actio Dei unitrini externa, qua is res omnes visibiles ex nihilo, sex dierum spatio, solo liberrimae voluntatis suae imperio produxit, in nominis sui laudem et hominum utilitatem.*" Hol: „*Actio div. ad extra, qua Deus Pater per Filium suum in Spiritu S. tum substantias immateriales et corpora simplicia ex nihilo, tum corpora mixta ex materia inhabili intra sextiduum solo voluntatis imperio omnipotenter condidit, ad sapientiae, potentiae et bonitatis suae gloriam atque hominum utilitatem.*" Rnh: „*Decretum voluntatis div., quo esse coepit, quidquid conplectitur haec rerum universitas.*" Es ist aber ein bestimmtes Hervorheben der Trinität u. ein Unterscheiden ihrer Personen bei diesem Lehrstücke unnöthig. Zwar schreibt die H. S. zuweilen u. wechselsweise der einen o. der andern göttl. Person die Schöpfung zu, aber nur um anzudeuten, dafs sie der H. Tr. gleichmäfsig zukomme, nicht zur Bezeichnung eines bestimmten Unterschieds. Daher ist, wie bei den Attr., von der Gotth. im allg. zu handeln, woraus am klarsten erhellt, dafs Schöpfung u. Attr. den Personen der Tr. gleichmäfsig zukommen. Keineswegs aber ist zu billigen, dafs im Widerstreite mit der *Genesis* einige NKS [Ddr, Knh, Hahn] die Schöpfung durch den Sohn allein als Dogma aufstellen, o. gar wie Aug dem H. G. die Schöpfung der Geister zueignen, als wenn die H. Tr. sich getheilt hätte in das Schöpfungswerk.

2) Bc. DG: „*Fortwährendes Interesse der K. am* Hexaemeron *im Ggns. fremdartiger Speculationen. Nur die* entschieden mythische *u. die* wissensch. physikalische *Auslegung der neuern Zeit eigenthümlich.*" Ddr, Schott u. a. SP behaupten mythol. Ausschmückung, Mor hält die Tagewerke für allmälige Erdentwicklungen, Rnh macht die Anordnung der Lichter am Himmel zum blosen Zerstreuen der Dünste, durch welche ihr Schein früher gehindert wurde, Hahn versteht die Tage von 6 Zeitabschnitten, welche die H. S. symbolisch Tage nenne, Stdl erklärt *Gen.* 1, 1. für die Schöpfung im allg. ohne Zeitvrh., *Gen.* 1, 2 ss. für allmälige Umschaffung des Erdkörpers aus unbewohnbarem Zustande in bewohnbaren.

schehn, so ist vollkommen angemessen, daſs er, nachdem er die Elemente der Welt erschaffen hatte, *Gen.* 1, 1., die Entwicklungen drs. in bestimmten Tagewerken hervorrief; denn da mit der Welt zugleich die Zeit entstehn muſste, so konnte auch die Eintheilung drs. in Tage statt finden, obwohl sie anfangs durch die Sonne noch nicht abgetheilt waren. Unter AKS ist beliebt worden als tieferes Schriftverständniſs[3]) zwischen den 1. u. 2. Vers der Genesis eine ganze Weltepoche vielleicht von vielen Jahrtausenden u. ihre Zertrümmerung einzuschieben: der Schöpfer habe die Erde einem Engelgeschlecht übergeben, das sich empörte, also daſs Gott diese Welt in Trümmern schlug u. auf ihrem Tohu Vabohu die neue Erde des Sechstagewerks für die Menschen gründete. Hiermit wurde beabsichtigt: 1) eine Motivirung für den paradiesischen Sündenfall durch Verführung des Teufels u. für die fortwährende Macht des gefallenen Engelgeschlechts innerhalb ihrer alten Wohnstätte; 2) eine Ausgleichung mit der von der neuern Naturforschung beurkundeten Thatsache des Untergangs einer ganzen Thier- u. Pflanzen-Generation, bevor noch der Tod durch den Sündenfall des Menschen in die Welt gekommen war.[4]) Die Darstellung der Schöpfungsgesch. muſste der Fassungskraft des menschl. Geistes u. der Vorwelt insbes. angemes-

3) Ob der Schöpfungsbericht nur Ausdruck überlieferter u. in der Überlieferung verdunkelter Anschauung des Erstgeschaffnen [HFM] o. nachmals durch proph. Anschauung offenbart worden sei [KURTZ, Bibel u. Astr. 5. A. 864. früher: Abend u. Morgen nur die ab- u. zunehmende Klarheit der Vision] ist controvers.
4) Als Einfall schon im 10. Jhh., dann durch Theosophie wie J. Böhme, St. Martin, J. M. Hahn, F. v. Meyer ausgebildet, von Naturforschern ergriffen, welche den grofsen Leichenacker in den Flözgebirgen mit ihrer DK ausgleichen wollten, endlich orth. Modemeinung [ROUGEMONT, KURTZ, KEERL]. Gegen 1): Wir bedürfen dieser Phantasie nicht um uns vor dem Teufel zu bewahren, sie widerspricht der bibl. u. krchl. Vorstellung, [*Apoc.* 12, 9.] nach welcher der Teufel mit sr. Schaar erst nach seinem Abfall aus dem Himmel geworfen wurde, u. sagt dem Allmächtigen nach, daſs er gleich zweimal hinter einander den Mittelpunkt sr. Schöpfung durch einen Rebellen zu Grunde richten liefs. Gegen 2): Der Tod des Menschen ist durch seinen Fall in die Welt gekommen, aber Thiere u. Pflanzen waren sicher auch ohne denselben nicht auf die Unsterblichk. eingerichtet, mögen die Erdrevolutionen, durch welche Thiergeschlechter untergegangen u. Urwälder zu Steinkohlenflözen versunken sind, geschehn sein, während die Menschenfamilie noch im Paradiese, o. nach der Austreibung auf sicherm Granitgrunde, wohnte; die Chronologie der Genesis liegt uns nicht so klar vor, daſs nicht an ihrem Menschengeschlechte viele Jahrtausende könnten vorübergegangen sein. Um das Wahre aus der Meinung sr. Glaubensgenossen zu läutern, behauptet DELITZSCH [*Genesis* 552]: allerd. hätten jene Gewalten die in Wehen versetzte Erde gemiſsleitet u. in ungöttl. Erregung gebracht, so daſs unnatürl. Vermischungen, monströse Geburten, gegens. Morden, Krankh. u. Tod unter die gottgeschaffnen Thiergeschlechter kamen, aber das Hexaemeron grofser Schöpfungsperioden selbst habe zum verhüllten Hintergrunde diesen Kampf Gottes gegen den Satan, in dessen Folge der Schöpfer Pflanzen u. Thiere wieder vernichten muſste, deren neue Schöpfung näher der des Menschen *Gen.* 2, § s. 19. erzählt sei. Hiernach werden 2 parallele Berichte zu einem zusammengeschweifst, das Urtheil u. der Segen Gottes, seid fruchtbar u. mehret euch! u. Gott sah, daſs alles gut war, [„dies als Siegeslust Gottes über den Teufel!" für seine zu Grunde gerichtete Welt] wird zur göttl. Selbsttäuschung. Jedenfalls da der 1. Vers mit den folgg. in einem Gesammtbilde zusammengefaſst ist, nur die Überschrift u. Summe der nachfolg. Explication, wie Himmel u. Erde geschaffen wurde, daher auch zum Abschlusse *Gen.* 2, 1. sich wiederholend, ist jenes Lesen zwischen den Zeilen so willkürlich, wie irgendeine Schriftausdeutung des Rts.

sen sein, daher vorzugsweise auf die Bildung der Erde u. des Menschen Rücksicht genommen ist: ,aber ihre gesch. Wahrh., so weit wir dieselbe einzusehn vermögen, steht fest auf der Wahrhaftigk. Gottes. Seine Werke können seinem Worte nicht widersprechen. Die rel. Bedeutung dieser Urkunde war die Offnb. des einigen Gottes, wie durch die That in der Schöpfung, so durch das Wort im Bwsts. der vernünftigen Geschöpfe; dadurch die Sicherung des Monoth. gegen Polyth. u. Dualismus überh., u. die Heiligung des Feiertags als einer Satzung der freundlichsten Humanität insbes.[5]) Diese Bedeutung ist jetzt allerdings zurückgetreten, daher, so gewifs diese Gesch. in allen ihren Einzelnheiten der Anfang der Weltgesch. ist: so scheint doch hinreichend, wie im N. T. u. in den Symbolen geschieht,[6]) den Gl. an eine göttl. Weltschöpfung im allg. als Dogma aufzustellen. Behauptet die neuere Natur-Forschung u. -Philosophie in ihren wechselnden Systemen eine andre Weltentstehung u. Erdbildung, am liebsten ohne Gott: so bleibt ihr doch das Wunder des Anfangs u. wie unförmlich drs. auch gedacht werde, des in ihm liegenden verstandvollen Triebes individueller Entwickl. allzuverborgen, als dafs sie berechtigt wäre, der göttl. Offnb. dieses Geheimnisses in der H. S. zu widersprechen.

§. 65. II. Dogmatische Ausführung.

1) *Creatio ex nihilo.* Im Bgr. der Schöpfung liegt das Hervorrufen des Seins aus dem Nichtsein. In der H. S. ist dasselbe angedeutet,[1]) in der K. ward es entschiedner hervorgehoben, um die Er-

---

5) Hol p. 537: „*Causae protractae per sextiduum creationis ab auctoribus redduntur sequentes:* 1) *Placuit ita sapientiae div., tum ut evidentius mundum non esse ab aeterno constaret, tum ut distinctius et attentius singula opera Dei meditemur, quin et subinde pensitemus nobiscum statum triplicem mundi conditi, nempe statum creationis ex nihilo, distinctionis et exornationis.* 2) *Voluit Creator hoc exemplo nos admonere, qualia sint plerumque initia operum dir., quod primum tenue aliquod rudimentum ponat, deinde incrementa sensim largiatur, donec ad perfectionem rem perducat.* 3) *Censente Ambrosio, Deus voluit nos sui esse imitatores, ut primo faciamus aliqua, postea venustemus, ne, dum simul utrumque adorimur, neutrum possimus implere.* 4) *Docere voluit Deus, sex dies ad labores esse assignatos, septimum vero impendendum esse dir. laudibus et memoriae beneficiorum dir., inprimis vero creationis.* 5) *Sunt denique nonnulli, qui existimant, ideo mundum sex dierum spatio a Deo conditum esse, quod sex annorum millibus duraturus sit; quae tamen res incerta est.*" STORR §. 32: „*Ut angelis, qui telluris formationi interfuisse leguntur* (Job. 38, 4-7), *consiliorum Dei Creatoris sapientiam ipso creationis cujusdam adspectu percipere liceret, et ut nobis eadem hoc distributius et evidentius, ad limitatae mentis captum accommodata non minus quam vera narratione, ob oculos poni posset, Deus spectasse videtur, quum terram nostram non momento, ut poterat sine dubio, rerum successione quadam perfecit.*"
6) Act. 17, 24: *ὁ θεὸς ὁ ποιήσας τὸν κόσμον καὶ πάντα τὰ ἐν αὐτῷ, οὗτος οὐρανοῦ καὶ γῆς κύριος ὑπάρχων οὐκ ἐν χειροποιήτοις ναοῖς κατοικεῖ. Cf. Rom.* 11, 36. Col. 1, 16. 1 Cor. 8, 6. Hbr. 3, 4. Hindeutung auf die Schöpfungsgesch. nur Hbr. 4, 4: *Κατέπαυσεν ὁ θεὸς ἐν τῇ ἡμέρᾳ τῇ ἑβδόμῃ ἀπὸ πάντων τῶν ἔργων αὐτοῦ. Cf. Act.* 17, 26. S y m b. A p o s t: „*Credo in unum Deum, Patrem omnipotentem, Creatorem coeli et terrae.*" S. Nic: „*Factorem coeli et terrae, visibilium omnium et invisibilium.*" Ebenso C. A. 9.[2.] A. S. 303: [1.] „*Pater, Filius et Sp. S. sunt unus Deus, qui creavit coelum et terram.*"
1) 2 Macc. 7, 28: *Ἐξ οὐκ ὄντων ἐποίησεν αὐτὰ ὁ θεός.* V u l g a t a: *creavit ex nihilo*; richtiger: *fecit, quae nondum erant, ut essent.* Hbr. 11, 3: *Πίστει νοοῦμεν κατηρτίσθαι τοὺς αἰῶνας ῥήματι θεοῦ, εἰς τὸ μὴ ἐκ φαινομένων τὰ βλεπόμενα γεγονέναι,* d. h. eine

zeugung des Sohnes aus dem göttl. Wesen von der Schöpfung der Welt zu unterscheiden.[2]) Da jedoch die Platonische Schule im Ggns. [τὸ ὄν] die ewige Materie [ὕλη ἄμορφος] als τὸ μὴ ὄν bezeichnete, so unterschieden die SL u. AKD das Chaos als *nihil privativum* [*materia inhabilis et rudis*] von dem Nichtsein überhaupt als *nihil negativum* [*negatio omnis entitatis*] u. behaupteten die Schöpfung aus Nichts in beider Hinsicht. Der Vft. ist zwar dieser Gedanke nicht unerreichbar, sie hat aber eben so viel Grund, ein ewiges, obwohl von Gott abhängiges Dasein der Welt anzunehmen, da sie sich Gott nicht denken kann aufser als Schöpfer.[3]) Wenn auch der Rel. genügt, nur die unbedingte Abhängigk. der Welt von Gott zu behaupten,[4]) so ist doch die dgm. Behauptung einer Schöpfung aus Nichts gegen den Pantheismus festzuhalten, sei ihm nun die Schöpfung ein Strom des Lebens, der aus der Gotth. hervorquillt [*evolutio*] o. [SCHL:] ein Auseinandergehn u. Bewufstwerden Gottes, o. eine innere Bewegung des absoluten Geistes, der sich als ein andres setzt u. in diesem andern sich selbst weifs, welches [HGL:] „populär heifst, Gott erschafft die Welt."[5])

intelligible Ursache der Sinnenwelt. HFM: „Anfang der Selbstverwirklichung des ewigen göttl. Willens."

2) Daher die zwar nicht grammatisch begründete, aber logisch u. theologisch richtige Unterscheidung: ברא *creare i. e. producere ex nihilo*; יצר *facere i. e. producere e materia praejacente*, bilden; ילד *generare i. e. de substantia sua aliquid producere*. Gegen den Satz des Aristoteles: *ex nihilo nihil fit*, wurde eingewandt: HOL: „*Ex nihilo nihil per vires naturae generatur: at per vim Dei infinitam omnia creata sunt ex nihilo*."

3) Die SL u. AKD schwanken, doch neigen sie sich für die Behauptung, dafs nach Jes. 40, 26. Job. 12, 7 ss. Rom. 1, 20. Act. 14, 17. die Schöpfung *articulus mixtus* sei. HOL: „*Creatio ex nihilo, generatim et abstractive sumta, non solum ex lumine revelationis, sed et ex lumine naturae innotescit. (Ratio colligit: Mundus creatus est vel ex nihilo, vel ex praejacente materia. Si ex nihilo; habeo intentum. Si ex praejacente materia; illa praeexistens materia vel est creata vel increata. Si est creata, eadem redit quaestio: si increata, eadem erit aeterna, adeoque vel Deus ipse, vel Deo coaeterna. Atqui duo aeterna, infinita et independentia principia simul existere nequeunt.) At speciatim sec. ordinem et modum considerata, non nisi ex lumine revelationis cognoscitur.*"

4) AM: „*Nihilum non nisi ab intellectu nudo (discursivum vocant) cogitari potest, ideoque e summa numinis mente exulat plenumque solummodo rei antea non existentis initium indicat; quapropter tutius est, mundi, qui per se ipsum non existit, rationem plenam et aeternam e sola voluntatis div. vi et potestate repetere.*" SCHLR: „Dem frommen Slbstbw. widerspricht jede Vorstellung von dem Entstehen der Welt, durch welche irgend etwas von dem Entstandensein durch Gott ausgeschlossen, oder Gott selbst unter die erst in der Welt und durch die Welt entstandenen Bestimmungen u. Gegensätze gestellt wird."

5) Aufrichtiger STRAUSS I. p. 659: „Hiermit ist der Schöpfungsbgr., den Fichte den Grundirrthum aller falschen Metaphysik nannte, eigentlich aufgegeben. Dieser Bgr. setzt einen vor u. abgesehn von der Schöpfung fertigen Gott voraus, welcher wie ein fertiger Mensch zur Ausarbeitung eines Buchs, so sich zur Hervorbringung der Welt entschlofs. Nach der specul. Theol. hingegen fällt das Setzen der Welt in den Procefs der Vollendung des abs. Wesens auf ähnliche Weise hinein, wie in den Procefs der Vollendung eines menschl. Individuums die Bildung u. das Wachsthum seines Organismus." Daher das Sichsetzen Gottes in der Welt als etwas ewiges. Nicht minder widerspricht der Absolutheit Gottes die Mischung des Pantheismus u. Dualismus, nach welcher aus einem ewigen Naturgrunde in ihm Gott sich selbst u. die Welt im-

§. 65. Schöpfung. Dogmatische Ausführung. 125

2) *Tempus creationis.* Die Zeit als die Form alles Endl. ist mit der Welt zugleich erschaffen, daher war nicht eine Zeit vor der Schöpfung, aber auch nicht eine Schöpfung von Ewigk. Sonach ist zu lehren, *mundum conditum esse cum tempore;*[6] u. nur hinsichtlich ihrer Anordnung *in tempore i. e. spatio sex dierum;* über welche Ausdrücke die SL u. AKD schwanken.

3) *Modus creationis.* AKD: *Creatio est* a) *primas. immediata, qua factum est, ut substantiae simplices esse inciperent,* Schöpfung der Materie, Gen. 1, 1. b) *secundas. mediata, qua Deus res simplices sapienter copulavit et disposuit,* Schöpfung der Form im Mosaischen Hexaemeron.[7]

4) *Finis creationis est communicatio summi boni,* von den AKD als *finis summus Dei gloria* u. als *finis intermedius hominum utilitas,* von den Neuern nach den verschiednen Deff. des höchsten Gutes verschieden bezeichnet.[8] Gen. 1, 31. Ps. 8, 5 ss. Act. 17, 26 ss. 1 Cor. 15, 46. 2 Cor. 3, 18. 4, 16. Hierin liegt der Glaube, dafs die Welt diesem Zwecke vollkommen angemessen sei, bes. durch LEIBNITZ Optimismus genannt,[9] u. die Ausgleichung des vorhandnen Übels mit diesem Glauben als Rechtfertigung Gottes wegen des Übels, Theodicee. Durch die Erfahrung kann diese Überzeugung zwar

merdar hervorbringt: Schl: Abh. v. d. Freih. 809. [Rohmer] Gott u. seine Schöpf. 857. Dgg. Ws: Schöpfung des Chaos.
6) Augtn: „*Nec praeterire poterant tempora, antequam faceres tempora.*" Teller ad Hol: „*Non in tempore, sed cum tempore mundus existit, sive potius, si accurate velimus loqui, tempus cum mundo. Nam quid est tempus? Nihil profecto aliud, quam rerum finitarum determinatio, ratione durationis, per continuam momentorum successionem. Ergo tempus est proprietas quaedam rerum finitarum, adeoque mundi universi. Omne autem accidens non potest esse sine subjecto, nec eo prius esse. Ergo manifesta est repugnantia, si quis dicat, tempus ante fuisse, quam mundus exstiterit.*"
7) Quen: „*Condita primo die fuit rudis et indigesta moles, s. confusum illud Chaos immediate ex nihilo, ex quo postmodum diebus sequentibus mundus, et quae sunt in eo, div. virtute fuit productus.*" Hierzu kommt ein von den KV überkommenes Herkommen, die unmittelb. Schöpfung einiger Objecte anzunehmen. Hol: „*Mundus et omnia, quae in illo sunt, partim ex nihilo, partim ex materia inhabili condita sunt. Ex nihilo creati sunt angeli, anima Adami, caelum et elementa. Reliqua corpora producta sunt ex materia inhabili, ex qua opus producendum citra actionem virtutis omnipotentis non emersisset.*"
8) Quen: „*Finis ultimus est Dei gloria. Manifestavit enim Deus in et per creationem* a) *gloriam bonitatis, dum bonitatem suam cum creaturis communicavit,* b) *gloriam potentiae, dum omnia creavit ex nihilo, solo nutu atque verbo,* c) *gloriam sapientiae, quae elucet ex rerum creatarum multitudine, varietate, ordine, harmonia.* Ps. 19, 2. *Finis intermedius est hominum salus. Omnia enim Deus fecit propter hominem, hominem autem propter se ipsum,* Ps. 115, 16. Jes. 45, 18." Hs: „Worin der richtige Gedanke, dafs nicht das Wohlsein der Creatur, sdn. das in der Schöpfung realisirte Abbild Gottes das Höchste sei." An: „*Distingue inter finem mundi creati, qui est perfectio et felicitas creaturarum, a consectario;* hoc enim *numinis gloriam esse, nemo sanus negabit.*" Nz: „Die Welt hat nicht in allen Geschöpfen, sdn. in der persönl. Creatur ihre Zweckvollkommenheit."
9) Der Ausdruck beste Welt wird gebraucht, nicht als ob Gott unter vielerlei mögl. Weltplanen den besten herausgewählt hätte, sdn. in einfacher Behauptung [Leibn:] *mundus finis, quem per creationem Deus intendit, maxime convenit et accommodatus est.* Schlr: „Der Ausdruck die beste Welt ist Erzeugnifs der Speculation. Für die GL müssen wir dabei stehn bleiben, dafs die Welt gut ist, was mehr ist als jenes."

mannichfach bestätigt, aber auch erschüttert werden: sie ruht auf dem rel. Gl., der die Welt von Gott, also gut erschaffen weifs, sonach der Zukunft die Erlösung von allem Übel vertraut, selbst in der seufzenden Natur ihre künftige Wiederherstellung ahnet, *Rom.* 8, 18-25. *Apoc.* 21. u. dieses Künftige besitzt wie ein Gegenwärtiges, *Hbr.* 11, 1.

§. 66. I. Allgemeiner Begriff der Vorsehung.

Dieselbe göttl. Offnb., welche als Schöpfung anhebt, dauert fort als Vorsehung.[1] *Providentia est Dei actus, quo summum bonum omni tempore cum orbe condito communicat.*[2] Sie ist daher eine solche fortwährende Einwirkung Gottes auf die Welt, durch welche das höchste Gut in seinem Dasein gesichert u. in sr. durch die vernünftigen Geschöpfe werdenden Vollendung gefördert wird. In der H. S. ist der Gl. an die Vors. dargestellt als Überzeugung, dafs Alles, was geschieht, unter Gottes väterl. Leitung stehe u. daher zur Beförderung des Gottesreichs dienen müsse, *Jo.* 5, 17. *Lc.* 12, 32. *Rom.* 8, 28.[3] Die göttl. Leitung geschieht th. mittelbar durch Engel u. Naturkräfte, th. unmittelbar. Die bes. Rücksicht auf das jüd. Volk ist keine wirkl. Verschiedenh., sdn. blos das bes. klare Hervortreten der Vors. durch die bes. Bestimmung dieses Volkes in der Weltgesch. Die Betrachtung der äufsern Güter u. Übel als Lohn u. Strafe von Gott [*Deut.* 18, 1 ss. *Ps.* 37, 25. *Deut.* 28, 25 ss. *Job.* 11, 15 ss.] ist im Sinne der Theokratie, Gott als Staatsoberhaupt mufste auch irdisch vergelten; aufgehoben im N. T. [S. 119.] In den S. B. ist der Gl. an die Vors.,

---

1) Daher von SL u. AKD *Creatio continua, perennis* genannt, im Vrh. zur *primitiva*, von neuern DD *Creatio mediata* im Vrh. zur *immediata*. CALIXT: „*Continuatio voluntatis div. de rerum existentia.*" AM: „*Mundus eadem numinis voluntate atque actione, qua ortus est, etiam perpetuatur.*" NZ: „Die geschaffne Welt besteht durch dns. Willen, wodurch sie entsteht." MEL handelt von der Vors. im *L. de Creatione*: „*Infirmitas humana, etiamsi cogitat Deum esse conditorem, tamen postea imaginatur, ut faber discedit a navi exstructa et relinquit eam nautis, ita Deum discedere a suo opere, et relinqui creaturas tantum propriae gubernationi. Adversus has dubitationes* [*Epicureorum, Stoicorum*] *confirmandae sunt mentes cogitatione vera articuli de creatione, ac statuendum est, non solum condita esse res a Deo, sed etiam perpetuo servari et sustentari a Deo rerum substantias. Adest Deus suae creaturae, sed non adest ut Stoicus Deus, sed ut agens liberrimum, sustentans creaturam, et sua immensa misericordia moderans, dans bona, adjuvans, aut impediens causas secundas* [Naturkräfte]."

2) CHEMN: „*Actio Dei generalis, qua adest suae creaturae, sustentans et conservans eam, donec vult eam conservari, et ordinem sui operis a se institutum servat et adjuvat.*" KÖN: „*Opus Dei unitrini externum, quo res a se conditas universas ac singulas potentissime conservat, inque earum actiones et effectus suavissime coinfluit, ac sapientissime omnia gubernat ad nominis sui gloriam et universi hujus atque piorum inprimis utilitatem.*" RNH: „*Actio Dei, qua mundum universum perpetuo conservat, et omni tempore sapienter administrat.*" SCHLB: „Alles, was unser Slbstbw. bewegt u. bestimmt, besteht als solches durch Gott." Cf. CIC. *de N. Deor. II,* 22: „*Talis igitur mens mundi cum sit, ob eamque causam vel prudentia vel providentia appellari recte possit, (graece enim πρόνοια dicitur) haec potissimum providet, et in his maxime est occupata, primum ut mundus quam aptissimus sit ad permanendum, deinde ut nulla re egeat, maxime autem ut in eo eximia pulchritudo sit atque omnis ornatus.*" MOR zieht *procuratio* vor.

3) Im Kanon kommt πρόνοια blos vom Menschen vor, *Act.* 24, 3. *Rom.* 13, 14., in den Apokryphen von Gott, *Sap.* 14, 3. 17, 2. als Bezeichnung desselben Bgr. ἐπόπτης πάντων 3 *Mcc.* 2, 21. ὁ πάντα ἐφορῶν 2 *Mcc.* 15, 2. διακυβερνῶν πᾶσαν κτίσιν 3 *Mcc.* 6, 2.

der als Gottvertrauen so mächtig war in Luthers Geiste, nur gelegentlich angedeutet.⁴)

§. 67. II. Dogmatische Ausführung.

1) Besondre *affectiones* werden der Vors. unnöthig zugeschrieben,¹) da sie als güttl. Offnb. an allen Attributen Gottes Theil hat. Die Bestimmungen des Schöpfungszweckes u. der Weltbeschaffenheit [S. 125] gelten auch der Vorsehung.

2) *Actus providentiae:* [BR:] a) *Actus Dei immanentes:* α) πρόγνωσις, *praescientia, actus intellectus, quo Deus praecognoscit, quid creaturis sit conducibile,* β) πρόθεσις, *decretum, actus voluntatis, quo, quae conducibilia praevidit, ordinare ac disponere vult;* b) *Actus transiens,* διοίκησις, *exsecutio, ipsa creaturarum conservatio et gubernatio.* Nicht als realer Unterschied in Gott, nur als log. Zergliederung des Bgr.

3) Die Vors. ist: a) hinsichtlich ihrer Objecte: α) *universalis s. generalis, cura, qua Deus omnibus rebus prospicit,* Ps. 104, 1 ss. 148, 1 ss. β) *specialis s. particularis, qua Deus generi humano prospicit,* Job. 10, 9 ss. 33, 4 ss. Ps. 139, 15 ss. γ) *specialissima s. singularis, qua homines probos complectitur,* Mt. 6, 25 ss. *Act.* 17, 24 ss. Auch hierdurch ist keine verschiedne Wirkungsart in Gott, sdn. nur dieses ausgesagt, daſs höchster Zweck der Vors. sei, die Menschen zur Frömmigk. als dem höchsten Gute zu führen.²) b) Hinsichtlich ihrer Mittel: α) *ordinaria s. mediata, cura div., quae certas et constantes regulas sequitur,* β) *extraordinaria s. immediata et miraculosa, quae legibus consuetis non adstricta est.*

4) *Forma providentiae tribus momentis absolvitur: conservatione, concursu ac gubernatione.* Das mittlere Glied ist schon vor Alters von vielen, u. neuerlich fast allgemein ausgelassen worden.³)

§. 68. III. Conservatio, concursus, gubernatio.

1. *Conservatio est providentiae modus, quo rerum universitas*

---

4) *C.A. p. 9:* [2] „*Deus conservator omnium rerum.*" *Cat. min. p. 370. maj. p. 490.* unter dem Artikel von der Schöpfung die Versorgung leiblicher u. geist. Bedürfnisse; u. vorzüglich in den Bitten. *F. C. XI. de Praedest.* über das Vrh. Gottes zum Bösen, z. B. *p.* 617: [2-4] „*Accurate observari oportet, discrimen esse inter praescientiam et praedestinationem. Praesc. Dei nihil aliud est, quam quod Deus omnia noverit, antequam fiant. Haec simul ad bonos et malos pertinet, sed interim non est causa mali, neque est causa, quae hominem ad scelus impellat: sed disponit malum et metas illi constituit, quousque progredi et quamdiu durare debeat, idque eo dirigit, ut, licet per se malum sit, nihilominus electis Dei ad salutem cedat.*"

1) Sie ist: a) allgemein, umfaſst das Gröſste wie das Kleinste, Ps. 36, 7. Mt. 10, 29. Hbr. 2, 4 ss. b) gütig, will das Wohlsein alles Erschaffnen; c) heilig u. gerecht [moralisch], erzieht die moral. Wesen zur Sittlichk. Ps. 18, 31. 145, 17. Apoc. 15, 3. d) weise, bedient sich der zweckmäſsigsten Mittel, Ps. 104, 24. e) unbegreiflich, nicht hinsichtlich ihres Zweckes, sdn. oft hinsichtlich ihrer Mittel u. Wege, Job. 36, 22 ss. 37. 38. Ps. 73, 16. Rom. 11, 33 ss.

2) QUEN. *I. p. 530:* „*Specialissime providentiae objectum sunt homines pii, utpote qui sunt velut nucleus humani generis, quos propter mundus adhuc a Deo sustentatur.*" Sonach auch die Bösen, wiefern sie bekehrt werden sollen.

3) BMG, AM, WTT, nach dem Vorgange einiger SL rechnen *conservatio* zur *creatio* u. nehmen *providentia* allein für *gubernatio.*

sustentatur.[1]) Die AKD betrachten dieselbe als einen fortwährenden *influxus* Gottes auf die Welt mittels der *omnipraesentia substantialis*, die NKS meist als idealen Bgr. des göttl. Willens, der in die geschaffne Welt die Kraft ihrer Fortdauer legte.[2] Die ältere Ansicht, wenn auch hinsichtlich der *omnipraesentia* zu materiell, bezeichnet doch die gänzliche Abhängigk. der Welt, daſs sie allezeit nur ist in u. durch Gott, angemeſsner dem rel. Bwsts. u. der H. S.[3] Wie die Welt nach Materie [*res simplices*] u. Form [*nexus cosmicus*] unterschieden wird, so auch ihre Erhaltung: [RNH:] a) *Cons. rerum simplicium, ea Dei efficacia, qua fit, ut res simplices earumque vires esse pergant,* entggstzt. der *annihilatio*; b) *Cons. nexus cosmici, ea Dei efficacia, qua fit, ut res simplices eam conjunctionem continuent, quam a conditore acceperunt,* entggstzt. der *destructio*. Der Bew. für die Erhaltung beruht für die Gegenw. auf dem Augenscheine, wird hinsichtlich der Zukunft durch die Formel beschränkt: [QUEN:] *quousque Deus vult*, fällt aber hinsichtlich des Menschen mit dem Gl. an Unsterblichk. zusammen. Wegen drs. ist die Ausbildung der L. von der Erhaltung des einzelnen Menschenlebens [*terminus vitae*] überflüssig.[4]

1) RNH: *Ea Dei actio, qua fit, ut mundus esse pergat.*"
2) GRH: *„Existentiae continuatio, - continuus quasi div. potentiae omnia conservantis in res existentes omnes influxus, quo vel ad momentum abstracto nec agere, imo nec esse possunt.*" CAL: *„Actio Dei externa, qua omnia, quae sunt, sustentat pro voluntatis suae arbitrio, uti Deus ubique est per essentiam, ac per omnia commeat, singulisque essentiis illabitur intime, ita illapsu et influxu hoc sustentantur et conservantur in esse a Deo singula.*" — Diese Ansicht gehört überh. der neuern Zeit u. Phil., die Welt als eine von Gott losgesprochne in eigner Kraft fortrollende Maschine anzusehn, während freilich die neuste Phil. sie nur allzuinnig u. frech ins göttl. Wesen versenkt.
3) Hbr. 1, 3: Φέρων τὰ πάντα τῷ ῥήματι τῆς δυνάμεως αὐτοῦ. *Cf. Ps.* 33, 9. 104, 8-30. *Mt.* 6, 26 s. 10, 29 s. *Jo.* 5, 17. *Act.* 14, 17. 17, 24-28. *Col*, 1, 17. *Hbr.* 11, 3. *Sap.* 1, 7. 11, 25. *Sir.* 43, 26.
4) Die allg. auch zur *gubernatio* gehörige Formel HOL. p. 427: *„Providentia moderatur vitae humanae ingressum, progressum et egressum. Ingressus complectitur tum formationem et conservationem in utero matris, tum extractionem ex utero, Job.* 10, 8 ss. *Ps.* 139, 14 ss. 71, 7. *Progressum moderatur Deus alimenta vitae largiendo, Ps.* 145, 16. *gressus nostros dirigendo etc. Ps.* 37, 23. *Jer*, 1, 5. *Terminum vel egressum vitae Deus infallibiliter praescit. Praefixus autem est vitae terminus decreto non absoluto, omnes causas secundas antecedente, aut excludente, sed decreto hypothetico et ordinato, in causis secundis* [im natürl. u. geschichtl. Zusammenhange] *fundato et pro illarum conditione formato.*" Das Letztere geben diejenigen [Prädestinatianer, Mohamedaner], welche nicht nur das allg. Lebensziel der menschl. Natur [*terminus absolutus et universalis*], sdn. auch das relative u. specielle einem jeden, abgesehn von seinem eignen Thun u. Lassen, für unabänderlich [*absolutus et immobilis*] bestimmt halten. Dgg. unterscheiden die AKD: a) *term. vitae naturalis s. antecedens, qui vi vitali hominis cujusque definitur, procurante Dei concursu generali,* b) *praeternaturalis s. consequens, qui peculiari Dei* [RNH: *causarum externarum*] *concursu describitur.* [GRH:] *Hic terminus est hypotheticus, includens conditionem pietatis, vel impietatis, vel contemtus mediorum.* [BR:] *Mutat autem Providentia terminum vitae humanae naturalem, cum circa pios homines, tum circa impios.* 1) *Piis Deus vitam* a) *prolongat* [*terminus prolongatus gratiae*], *vel in praemium obedientiae ipsorum* (*Exod.* 20, 12. *Prov.* 3, 1 s. 4, 10.), *vel propter utilitatem publicam* (2 *Cor*, 1, 8 ss. *Phil.* 2, 27 ss); b) *abbreviat* [*terminus abbreviatus gratiae*], *partim ne per aliorum prava exempla corrumpantur* (*Sap.* 4, 10 s.), *partim ne rideant calamitates eventuras, atque angantur* (2 *Chron.* 34, 28. *Jes.*

§. 68. Concursus.

2. *Concursus* [*cooperatio*, συγχώρησις] *est providentiae actus, quo libertas agendi hominibus conservatur.* Von den AKD wird diese göttl. Mitwirkung auf jede lebendige Kraft bezogen, u. fällt hierdurch mit der *conservatio* einer wahrhaft von Gott getragnen Welt zusammen.[5] In der angegebnen Beschränkung ist sie eine eigenthüml. Art der Erhaltung hinsichtlich der menschl. Freih. u. wird auch von den AKD nur in dieser Beziehung benutzt, um das Bestehn der Freih. durch die Vors. u. das negative Vrh. drs. zum Bösen auszusprechen.[6] Quen: ,,*Conc. est* a) *generalis s. communis, quo Deus in omnes causarum secundarum actiones influit* (*Job.* 10, 8 ss. 38, 28. *Jes.* 26, 12.); b) *specialis s. gratiosus, quo adest omnibus fidelibus, sacra meditantibus, occasionem suppeditando, juvando, approbando* (*Act.* 17, 28. *Phil.* 2, 13.); c) *specialissimus, supernaturalis mentis illuminatio* [ἔλλαμψις] *quae solis scriptoribus sacris propria fuit.*'' Aufserhalb der Erlösung findet nur äufserl. Freih. statt zu äufserlich guten Werken.[7]

26, 20. 57, 1.) 2) *Impiis Deus justo judicio citius abrumpit vitam* [*terminus diminutus irae*], *quando vel ipse morbum lethalem aut mortem infligit* (*Gen.* 38, 5 ss. *Deut.* 28, 21 s. 1 *Sam.* 25, 38. *Jer.* 28, 16.), *vel infligere jubet* (*Gen.* 9, 6. *Exod.* 21, 12 ss. 22, 18 ss.), *vel patitur, ut ipsi per intemperantiam* (2 *Reg.* 8, 15.) *seu crimina alia* (2 *Sam.* 19, 14. 17, 23.) *morbos aut mortem violentam sibi contrahant.* Diese Beispiele der Verlängerung o. Verkürzung gehören einem Zeitalter, in welchem Gott als unmittelb. Volksregent auch irdisch zu vergelten pflegte. Uns ist in dieser Lehre nur ausgesprochen, dafs Tod u. Leben in Gottes Hand stehn, nach sr. Weisheit bestimmt, je nachdem uns besser ist hienieden zu streben oder jenseits verpflanzt zu werden, aber nicht im langen Leben noch frühen Tode an sich Lohn o. Strafe.

5) Quen. *I. p.* 531: ,,*Conc. est actus providentiae, quo Deus influxu generali in actiones et effectus causarum secundarum, qua tales, immediate et simul cum eis et juxta indigentiam et exigentiam uniuscujusque suaviter influit.*'' Gott ist *causa prima*, jede Naturkraft, als von ihm abgeleitet, *causa secunda*, ihre Wirksamkeit aber ist nicht getheilt, sdn. eins, *concursus simultaneus*. Quen: ,,*Deus non solum vim agendi dat causis secundis et eam conservat, sed immediate influit in actionem et effectum creaturae, ita ut idem effectus non a solo Deo, nec a sola creatura, nec partim a Deo, partim a creatura, sed una eademque efficientia totali simul a Deo et creatura producatur, a Deo sidel., ut causa universali et prima, a creatura, ut particulari et secunda.*'' Bdd p. 437: ,,*Conc. in rebus creatis adseritur, quae et ipsae facultate se movendi gaudent. Quem qui ita explicant, quod Deus in prima creatione rebus ejusmodi operandi vim concesserit, revera eum negant. Nec tamen eousque hicce concursus est extendendus, ut res creatas nihil plane, Deus autem omnia immediate agere censeatur, quippe quod sine impietate fieri nequit. Rectius itaque sentiunt, qui Numinis ad omnes rerum creatarum motus atque actiones concursum statuunt, ut tamen res creatas ipsas, s. causas secundos, vi, qua pollent, agendi non privent.*'' Das erste Extrem von einer anerschaffnen Kraft der Natur, sich selbst zu erhalten, so dafs nur eine [durch die Schöpfung] mittelb. göttl. Erhaltung statt finde, ist durch Leibnitz aufgekommen; das andre ist von einigen SL angedeutet, durch Cartesius, Malebranche u. Bayle ausgebildet worden als Occasionalismus, *systema causarum occasionalium, quo asseritur, unam esse veramque causam Deum, res autem creatas occasionem tantummodo hoc vel illud agendi praebere, inde causarum occasionalium nomine insignitas.*

6) Dgg. Bmo u. Carp ganz mifsverständlich unter *conservatio* die Erhaltung der Substanz u. Existenz, unter *concursus* die Erhaltung ihrer Kräfte verstehn; als wenn die Substanz u. Existenz etwas für sich wäre, ohne die Kräfte, durch welche sie eine bestimmte Substanz ist.

7) Das Ableugnen der geistigen Freih. geschieht in Folge der Erbsünde, nicht der Vorsehung. Quen. *I. p.* 532: ,,*Concurrit Deus cum naturalibus ad modum causae naturalis, cum causis liberis ad modum causae liberae. Est enim concursus div. accom-*

Auch hinsichtlich des Bösen ist die Freih. eine von Gott gewirkte Kraft, aber ihre Anwendung auf eine bestimmte böse Handlung geht eben dadurch, daſs sie frei ist, vom Geschöpfe aus.[8]

3. *Gubernatio est talis providentiae actus, quo rerum universitas ad percipiendum summum bonum quam maxime ducitur*.[9] Die Art [*modus*] der Weltreg. wird von den AKD zunächst durch den *concursus* gedacht u. als *permissio, impeditio, directio, determinatio* beschrieben,[10] von neuern DD mehr als anerschaffnes Weltgesetz, dadurch das Böse sich selbst zerstört, das Gute sich selbst befördert; uns zwar ein Geheimniſs, muſs sie doch schon als eine bestimmte Art der Erhaltung für eine unmittelb. Einwirkung des göttl. Willens geachtet werden, u. ist daher nicht, wie gemeinlich bestimmt wird, *ordinaria* o. *miraculosa*, sdn. beides zugleich. Ihre Beschränkung ist dadurch gegeben, daſs das höchste Gut im mor. Geschöpfe nur durch Freih.

---

modatus ad naturam et agendi modum uniuscujusque." Br p. 273: „*Neutrubi, seu in bonis actionibus, seu malis, providentia libertatem voluntatis humanae tollit* (*Mt.* 23, 37. *Act.* 7, 51.)."

8) Quen: „*Extendit se concursus ad omnes actiones, tam bonas, quam malas. Distinguendum tamen inter effectum et defectum, inter actionem et actionis ἀταξίαν. Effectio et actio est a Deo, non vero defectus s. inordinatio et exorbitatio actionis.*" Dasselbe seit Bмо meist ausgedrückt durch die Formel: *Deus in malis actionibus concurrit ad materiale, non ad formale* [zur allg. Kraft des Handelns, nicht zur sittl. Bestimmth. dſslb.], *in bonis ad utrumque*. Daher werden besondre *actus providentiae circa peccata* unterschieden. Quen: „1) *antecedentes:* a) *peccati praevisio,* b) *aversatio,* c) *prohibitio,* d) *impeditio;* 2) *concomitantes:* a) *naturae s. substantiae male agentis sustentatio,* b) *actionis ipsius quoad materiam spectatae coefficientia,* c) *ἀταξίας actioni adhaerentis permissio;* 3) *consequentes:* a) *directio* [ad bonum finem], b) *determinatio* [metas impietatis praefiniendo], c) *peccati remissio,* d) *poenae irrogatio.*" Br p. 272: „*Ad malas actiones ita terminatur providentia, ut illis quidem, cum fiunt, concursus generalis impertiatur* (*Act.* 17, 24 ss.): *caeterum actiones multae, quae alias futurae erant, impediantur* (*Gen.* 20, 6. 31, 24 ss. *Ps.* 33, 10.); *illae vero, quae fieri permittuntur, ita tamen diriguntur, ut ad bonum finem* (*Luc.* 17, 32. 22, 32. *Jac.* 5, 10 s.) *tendant.*"

9) Quen. I. p. 533: „*Actus providentiae div., quo Deus creaturas in viribus, actionibus et passionibus suis decenter ordinat, ad Creatoris gloriam, et universi hujus bonum, ac piorum imprimis salutem.*" Bмо: „Vollziehung des göttl. Rathschlusses über die Bestimmung der einzelnen Geschöpfe." Ddr: *Voluntas de statu rerum creatarum eo, ut singulae talem et tantum, qualem et quantam quaeque capit, felicitatem obtineant.*" Aм: „*Sapientissima universi administratio summo creationis consilio consentanea.*"

10) Quen: „a) *Permissio est actus providentiae gubernatricis, quo Deus creaturas rationales ad peccandum sua sponte sese inclinantes, per impedimenta, quibus agens finitum resistere nequit, a malo non retrahit, sed justis de causis in peccata ruere sinit. Ps.* 81, 13. *Rom.* 1, 24. 28. b) *Impeditio est actus, quo Deus actionem creaturarum pro arbitrio suo constringit, ne effectum dent, quod vel naturali vel libera agendi vi alias efficerent. Num.* 22, 12 ss. 1 *Reg.* 13, 4. c) *Directio est actus, quo Deus creaturarum actiones bonas ita moderatur, ut tendant et ferantur in objectum a Deo intentum; actiones vero malas ad certum finem a se praestitum, sed a peccantibus non spectatum, et saepe ipsorum intentioni contrarium, dirigit. Gen.* 50, 20. 1 *Sam.* 9, 17. 10, 21. 16, 7 ss. *Act.* 4, 27 s. *Rom.* 8, 29. d) *Determinatio est actus quo Deus creaturarum viribus, actionibus et passionibus certos terminos, intra quos se contineant, tum ratione temporis, tum ratione magnitudinis et gradus constituit. Job.* 14, 5. *Eccl.* 3, 2 s. *Jo.* 2, 4. 2 *Cor.* 4, 17 s. *Hbr.* 12, 10." Von andern als *gub. permittens, impediens, dirigens s. adjuvans et limitans* bestimmt; die letzte *intensive, extensive, protensive*, als Beschränkung der Kraft, Wirkung o. Dauer.

möglich ist, daher sie sich nur der Mittel einer freien Erziehung bedient. Der Gl. an eine göttl. Regierung, durch welche die menschl. Freih. nicht gestört, sdn. gesichert wird, obwohl die bestimmte Art ihres Vrh. nicht eingesehn werden kann, ruht auf dem rel. Gl. an die Gotth. überhaupt,[11] u. ist der unchristl. Vorstellung einer verstandlosen Nothw. entgegengesetzt.[12] Die Weltreg. ist gegründet auf das *dominium Dei* u. in ihr offenbart sich sein *imperium*.

§. 69. Miracula.

Da Gott weder gedacht werden kann unbekümmert um die Welt, noch die Weltgesch. als die Entwicklung des Reiches Gottes durch ewige Weltgesetze hinreichend gesichert gegen den Mifsbrauch menschl. Freih: so mufs die göttl. Weltreg. eine fortwährende Einwirkung des göttl. Willens sein, deren einzeln betrachtete Erscheinungen W u n d e r genannt werden. *Miracula sunt divinae gubernationis actus, quibus praeter naturae vim, etsi non contra naturae legem, adjuvandum summum bonum in rerum natura aliquid efficitur.* Die e i n z e l n e Thatsache wird demnach vornehmlich durch ihr Abweichen vom gewöhnl. Naturlauf u. durch ihre Bedeutung für das Gottesreich als Wunder angesehn, obwohl ein wissensch. Urtheil hierüber, da unsre Naturkenntnifs meist zu beschränkt ist, um über ein äufsres Factum zu entscheiden, ob es aus dem Naturzusammenhange hervorgehn konnte o. nicht, schwer, wo nicht unmöglich ist. Aber der Gl. an Wunder überh. ist eins mit dem Gl. an eine göttl. Weltreg: welche rel. Bedeutung gegen die theol. eines Bew. für die Offnb. [S. 67] meist zurückgestellt worden ist.

Solche einzelne Thatsachen sind die in der H. S. erzählten

---

11) Bew. nach den NKS: *a*) der b i b l i s c h e: *Ps. 46, 10. 66. 145, 13. Jes. 10, 5 ss. 43, 11 ss. 1 Cor. 12, 6. Act. 4, 28. 17, 26.*; *b*) der t h e o l o g i s c h e [m e t a p h y s i s c h e]: aus der Unveränderlichk. Gottes folgt, dafs er den Zweck sr. Schöpfung auch ausführen mufs; *c*) der m o r a l i s c h e: Gott als Gesetzgeber des Sittenges. mufs auch den Sieg desselben sichern; *d*) der t e l e o l o g i s c h e [p h y s i s c h e]: die Spuren der göttl. Reg. erscheinen in der Natur; *e*) der h i s t o r i s c h e: in der Weltgeschichte u. im Leben einzelner Menschen.

12) Schicksal [*fatum*, μοῖρα, εἱμαρμένη] ist obj. die einander bedingende Reihe der Veränderungen in der Welt, subj. das bestimmte Vrh. eines Menschen zu dns., oft nach dem Scheine als gutes o. böses Schicksal, Gottes Segen u. Unsegen bezeichnet. Hol: „*Fatum nomen habet a fando, sicut scitum a sciendo, igitur, quod quis fatus est i. e. destinavit.*" Cic: „*Fatum est ordo seriesque causarum, cum causa ex causam gignat.*" Seneca: „*Series implexa causarum.*" F a t a l i s m u s die Meinung, dafs alles nach einer verstandlosen, Götter u. Menschen beherrschenden Nothw. erfolge; wiefern sie von den Naturkräften abhängt, M a t e r i a l i s m u s, M e c h a n i s m u s genannt. Augtn: „*Si cor tuum non esset fatuum, non crederes fatum.*" Hol p. 437 ss: „*Non asserendum est f a t u m   S t o i c u m, quo omnia absoluta et inevitabili necessitate eveniant; neque f a t u m   a s t r o l o g i c u m rigidius, a quo etiam actus liberi voluntatis humanae ab influxu astrorum dependeant: sed agnoscendum est f a t u m   c h r i s t i a n u m, quod est connexio causarum et effectuum necessaria, necessitate extrinseca, quatenus a Deo infallibiliter praescita, decreto absoluto vel conditionato constituta, et regimine divino suaviter disponente gubernata est. F o r t u n a [Zufall], quae est eventus per accidens, effectum per se intentum causae libere agentis concomitans, non datur ratione Dei omniscii et sapientissimi, sed respectu hominis ignorantis.*" Nicht also die äufsre Nothw., die auch im Xthum anerkannt wird, ist das Charakteristische des Fatalismus, sdn. das Lieblose u. Verstandlose derselben.

Wunder: [Am:] *facta inexplicabilia, quae admirationem excitaverunt spectatoribus, ideoque a causa, humanas vires superante, repetita sunt.*[1]) Durch die ratst. Zurückführung dieser Thatsachen, insbes. der Wunder Jesu, auf gewöhnl. Naturkräfte ist der Charakter Jesu u. die Treue der Evv. vielfach verletzt worden. Ihre Verflüchtigung zu Mythen ist nur möglich, indem alle geschichtl. Sicherh. der Evv. dran gegeben wird.[2]) Es kann aber schon auf dem blos hist. Standpunkte nicht bezweifelt werden, dafs Jesus Kräfte besafs, welche die gewöhnl. Menschenkraft weit übertrafen, weil wir durch dieselben seine Wirksamkeit überall bedingt sehn, so dafs sie ohne dieselben in sr. Zeit unmöglich war; wennschon über die einzelnen Thaten nicht wohl zu entscheiden ist, ob ihre Causalität gänzlich aufserhalb der geistigen u. sinnlichen Natur lag.

Noch Augtn erkannte, dafs das Wunder als übernatürl. Kraft in der Natur durch natürl. Mittel wirke,[3]) erst Thomas de Aquino

---

1) Biblische Namen: אֶלֶּב θαυμάσιον, *miraculum*; אוֹת, σημεῖον, *signum, ostentum, portentum*; מוֹפֵת, τέρας, *prodigium*; גְּבוּרָה, δύναμις; מַפְעֲלוֹת יְהֹוָה, *Ἔργα τοῦ θεοῦ o. ἔργα [κατ᾽ ἐξοχήν]*. Bei den KV auch: *sacramenta, mysteria visibilia*. Zugeschrieben einer übermenschl. Kraft, werden sie je nach ihrem Zwecke von göttl. Unterstützung [*Ex.* 3, 20 s. *Jos.* 3, 15 ss. 1 *Reg.* 17, 10. *Jo.* 5, 20. 10, 25. *Act.* 2, 22. 43.] o. von dämonischer Kunst [*Ex.* 7, 11 s. *Deut.* 13, 2 s. *Mt.* 7, 22. 12, 24 ss. 24, 24.] abgeleitet.

2) 1) Materielle Erklärung, Ableitung der anerkannten Thatsachen aus natürl. Ursachen: *a)* Physisch, wiefern Jesus aus ungewöhnl. Kenntnifs der Naturkräfte seine Wunder vollbracht habe, z. B. Heilung durch medicinische Mittel, Wandeln auf dem Wasser durch Wassertreten. *b)* Psychisch, wiefern Jesus durch geistige Kraft wirkte, z. B. Wahnsinnige heilte durch Eingehn auf die Meinung, dafs die Dämonen dem Messias weichen müfsten; beide Erklärungsarten mit einander verbunden, entw. je nachdem die eine o. andre bequemer scheint nach der Art einer Krankh., o. vereinigt wie bei Heilungen durch Magnetismus [Paulus, Eck]. Hierher gehört auch Täuschung, Vollziehung der Wunder durch geheime Freunde [Venturini, Erweckung des Lazarus nach Renan]. 2) Formelle o. genetische Erklärung, Ableitung der wunderb. Erzählung aus natürl. Thatsachen o. bloser Erdichtung: *a)* Allegorisch o. symbolisch [Woolston, zuweilen Weifse], wiefern die Evangelisten nichts Historisches, sdn. blos Sinnbilder rel. Ideen darstellen wollten; Auferweckung des Lazarus die Erweckung des sittl. erstorbenen Menschen durch das Xthum zum neuen, sittl. Leben, Auferstehung Jesu siegreiche Wiedererhebung des Xthums, Versuchung in der Wüste innere Verlockung. *b)* Mythisch [Straufs], wiefern erst allmälig in der christl. Sage das einfache Factum ein wunderbares Ansehn erhielt, z. B. Geburt u. Himmelfahrt Jesu. Wgs: „*Mythus generatim dicitur narratio quaedam, ad antiquissimam populi aut religionis instituti cujusdam historiam maxime pertinens, quae origines eorum et sententias ad rel. aut phil. spectantes, ut captus fert ingeniorum rudiorum, ita exponit, ut vel historico fundamento omnino destituta sit vel eodem additamentis fictis ac plerumque miraculosis exornato nitatur.*" Der ächte Mythus ist nicht durch Trug, sdn. durch unwillkürl. Volkspoesie entstanden, ist seiner Form nach immer historisch, wird aber, je nachdem er mehr von einer hist. Thatsache o. von einem Philosophem, als dessen allegorische Darstellung, ausgegangen scheint, hist. o. phil. Mythus genannt. *c)* Grammatisch o. exegetisch, z. B. [Paulus] das Wandeln auf dem See ein Wandeln am See, der Stater im Maule des Fisches sprüchwörtl. für den Verkauf desselben, die Speisung der 5000 ein Gastmal durch gegenseitige Mittheilung, deren Beispiel von Jesu ausging.

3) *De Civ. Dei* 21, 8: „*Quomodo est contra naturam, quod est voluntate Dei, quum voluntas tanti utique creatoris est rei cujusque natura. — Deus in miraculis nihil contra naturam facit: insolita nobis contra naturam esse videntur, non Deo, qui naturam fecit.*" Bc. DG: „In der K. gehörten stets 2 Momente zum Wunder: über die Natur hinausgehend u. von Gott selbst gewirkt."

§. 69. MIRACULA. MIRABILIA.

verwechselte den übernatürl. Urspr. mit einer übernatürl., daher widernatürl. Wirksamk. in der Natur. In dieser Beziehung ist *miraculum* [*suspensionis*] *talis Dei operatio, qua naturae leges, ad ordinem et conservationem totius universi spectantes, revera suspenduntur,*[4] u. damit die Natur nicht zerstört werde, muſs ein solches Wunder ausgeglichen werden durch ein *miraculum restitutionis, quo naturae leges restituuntur.* Diesen Bgr. haben die AKD, welche diese L. nur gelegentlich berühren, angenommen: indeſs bei den meist unbestimmt gehaltnen Deff.[5] kann das Übernatürl. leicht auf den Urspr. bezogen u. in den verschiednen Einthlgn. ein richtiger Sinn nachgewiesen werden 1) a) *Mirabilia* [*miracula relativa*] *insoliti artis et naturae effectus, qui admirationem s. stuporem spectantibus movent;* b) *miracula* [*absoluta*], *eventus, quorum ratio e viribus naturalibus omnino repeti nequit.* Jene können auch von geschaffnen Wesen, Engeln u. Dämonen, diese allein von Gott vollbracht werden. THOMAS wollte hierdurch die eigentl. übernat. Gottesthaten hervorheben. Doch über die einzelne Thatsache an sich ist nicht zu entscheiden, ob sie *mirabile* o. *miraculum* sei.[6] Das Wahre an dieser Unterscheidung ist, daſs auch Wunderbares geschieht, was offenbar nicht im Dienste des Gottesreichs steht, daher die wunderbare Thatsache erst durch die Person des Thäters u. durch ihren Zweck eine rel. Bedeutung erhält; jenes mag durch *mirabile*, dies durch *miraculum* bezeichnet werden. 2) a) *Miracula naturae, quae per Deum fiunt in rerum natura sensibus subjecta* [*in regno naturae*] *ad propagandum regnum divinum;* b) *miracula gratiae, quae per Deum fiunt in hominis animo* [*in regno gratiae*] *ad ipsum salvandum.* Die Letztern, die geistl. Wunder, sind bei weitem die gröſsten u. sichersten,[7] da der von Natur

---

4) THOMAS unterscheidet 3 Arten: „a) *Si quid divinitus fit, quod natura nunquam facere potest, ut quod sol et retrocedit et stat* [!]; b) *si Deus aliquid facit, quod natura facere potest, sed non per illum ordinem;* c) *quum Deus facit, quod consuetum est fieri operatione naturae, tamen absque principiis naturae operantibus, ut quum pluit sine operatione principiorum naturae.*"

5) QUEN: „*Mirac. vere et proprie dicta sunt, quae contra vim rebus naturalibus a Deo inditam cursumque naturalem, sive per extraordinariam Dei potentiam efficiuntur.*" Das Letztre, die übernatürl. Causalität, sonach der vollkommen richtige Bgr. des Wunders, wird gleichgestellt mit dem Erstern, der unnatürl. Wirkung. BR: „*Opera aut effectus praeter ordinem totius naturae creatae producti, quique non nisi divina virtute produci possunt.*"

6) THOMAS: „*Non sufficit ad rationem miraculi, si aliquid fiat praeter ordinem alicujus naturae particularis, sic enim aliquis miraculum faceret lapidem sursum projiciendo; ex hoc autem aliquid dicitur miraculum, quod fit praeter ordinem totius naturae creatae, quo sensu solus Deus facit miracula. Nobis enim non omnis virtus naturae creatae nota, cum ergo fit aliquid praeter ordinem naturae creatae nobis notae per virtutem creatam nobis ignotam, est quidem miraculum quoad nos, sed non simpliciter.*"

7) Wenn LUTHER nach Augustins Vorgange sagt, die leibl. Mirakel seien geschehn für die unverständigen, ungläubigen Heiden, nicht für uns; die geistl. Mirakel seien die rechten, hohen Mirakel für uns Xten: so ist dieses nicht als Herabsetzung der äuſsern Wunder anzusehn gegen die moral. Wirkungen des Xthums, sdn. es sind wahrhafte Wunder, die einzigen, in denen sich der Xt mit voller Gewiſsh. einer übernatürl. Einwirkung bewuſst wird. Da der Mensch durch die Sünde von Natur todt ist zur Rel., so ist, wenn durch den H. G. ein neues Leben in ihm geboren wird, dieses eine Erweckung, so wunderbar als die des Lazarus, eine wahrhaft neue Schöpfung. Dennoch

hülflose Mensch nicht ohne sie errettet werden kann; daher die bes. Ausnahmen von den Gesetzen des Gnadenreiches [8] innerhalb desselben nicht, wie gemeinlich geschieht, *mir. gratiae*, sdn. als Subdivision, *mir. gratiae specialis* zu nennen sind. 3) a) *Miracula potentiae sunt verae in regno naturae vel gratiae mutationes, per div. omnipotentiam;* b) *miracula praescientiae* [*vaticinia*] *sunt perspicuae rerum futurarum earumque contingentium praedictiones, quibus eventus respondit, per div. omniscientiam.* Die Gabe der Weifsg. erscheint in der H. S. als göttl. Gnadengabe einer bestimmten Voraussicht der Zukunft bes. in rel. Dingen. [9]) Der Mittelpunkt aller Weifsg.: ist die m e s s i a n i s c h e th. als Weifsg. auf den Messias, th. als Jesu eigne Weifsg. über seine u. der K. Zukunft. Die Bedeutung der Erstern ist wie alles Alttestamentl. durch die Erscheinung des Messias erfüllt. Die Andre ist th. vollkommen erfüllt, th. hinsichtlich der K. trösten wir uns ihrer künftigen Erfüllung. Die Gabe der Weifsg. kann um so weniger geleugnet werden, da sie schon im Reiche der Natur durch die Ahnung angedeutet, [10]) da die Zeit nur Form des endl. Lebens, die Kenntnifs der Zukunft aber in Gott ist, u. zur Beförderung des göttl. Reichs mitgetheilt werden kann, wodurch die menschl. Freih. so wenig als durch die göttl. Allwissenheit beschränkt wird. [11])

wirkt auch diese neue Kraft, obwohl sie ausgeht von übernatürl. Causalität, auf natürl. Weise als wiedergegebne Freih. u. erhöhte Geisteskraft; sonst würde sie den Geist zerstören.

b) Rnh: „*Mutationes animorum ab ordine adminiculorum supernaturalium abhorrentes*, z. B. Insp. der Propheten, Bekehrung Pauli." Sie kommen nicht mehr vor, weil jetzt alle Gnadenwirkung an die Heilsmittel gebunden ist.

9) נְבִיאָה *προφητεία*, sowohl Voraussicht des Künftigen, als Zustand der rel. Begeistrung [*afflatus div.*] u. die ihr angemefsne Sprache. 1 *Cor.* 12, 10.

10) Man unterscheidet: a) *praesagium, praesagitio*, Vorahnung, ein Naturgefühl bes. von nahem eignen o. der Freunde Unglück, mit verschiedner Klarh. u. Lebhaftigk. in verschiednen Personen, als Thatsache vielfach bestätigt, nach sr. Entstehung unerklärt; b) *divinatio, μαντεία*, priesterl. u. politische Kunst der Alten; als blose Täuschung *hariolatio, praestigiae*, Wahrsagerei; b) *conjectura, praesumptio*, Vermuthung, als ungewisser Schlufs nach wahrscheinl. Gründen.

11) Neuere Polemik nach Kl: 1) Weifsgn. sind unmöglich von Seiten Gottes, denn a) sie setzen Fatalismus voraus, der alle Tugend zerstört, b) würden nur durch Wunder geschehn können, Gott aber kann nicht Wunder thun; 2) unmöglich von Seiten des Menschen, a) so fern er sich auf keine Weise davon überzeugen kann, eine unmittelb. Offnb. empfangen zu haben [§. 35], wenigstens nicht vor der Erfüllung, u. auch diese könnte durch Zufall geschehn sein; b) der Gl. an Weifsg. hat Schwärmerei, ja Wahnsinn erzeugt, da man seine Einbildungen o. Vorgefühle für göttl. Eingebungen hielt. 3) Weifsgn. werden bei allen alten Völkern gefunden, und noch jetzt von rohen Völkern u. ungebildeten Menschen geglaubt. 4) Unwürdige Menschen werden in der H. S. als Organe der Weifsg. angeführt: *Jon.* 1, 3. 4, 1. 1 *Sam.* 15, 32 ss. *Jo.* 11, 51. 5) Die Weifsgn. des A. u. N. T. sind meist vieldeutig u. unbestimmt. [Strauss: Bestimmtere Hinweisungen sind weiter nichts als polit. Gutachten, deren Eintreffen dem staatsklugen Blick ihrer Urheber Ehre macht; während nicht wenige dieser Weifsgn., bes. derer, die sich auf Bestimmungen des Einzelnen einlassen, niemals in Erfüllung gegangen sind. *Jes.* 22. 29. 34. 63. 66. *Ezech.* 38 ss. *Hos.* 9, 3. 11, 5. *Dan.* 2, 7.] 6) Viele sind nicht erfüllt worden, namentlich messianische: *Jes.* 34. 63. 66. *Lc.* 1, 32. *Act.* 2, 30. *Mt.* 16, 25. 26, 32. *Act.* 1, 4. *Jo.* 21, 22. 1 *Thss.* 4, 15 ss. 5, 1 ss. 1 *Cor.* 15, 51. 7) Wirkl. Weifsgn. sind *post eventum* gebildet: *Gen.* 25, 23. 27, 28 s. *Num.* 24, 17 ss. *Deut.* 33. 1 *Reg.* 13, 2. 14, 15. *Dan.* 7. *Mt.* 23, 34. 8) Weder Jesus hat von den Propheten eine hohe Meinung gehabt, *Mt.* 11, 11. noch Paulus vom Weifsagen, 1 *Cor.* 13, 9. *cf.* 13. — Gegen die eignen

§. 69. WUNDER. POLEMIK.

Die dem Alterthum fremde Polemik gegen die Wunder überh. betrifft th. nur den Bgr. des Widernatürl., den auch die NKS meist aufgegeben haben,[12] th. beruht sie auf der Ansicht einer blos mechanischen u. nach der Schöpfung von Gott unabhängigen Welt, th. auf wirkl. Unglauben an eine lebendige Vorsehung u. an einen von der Natur verschiednen Gott.[13] Daher noch aus der neusten Phil.

Weifsgn. Jesu insb: [*Mt.* 12, 40. 16, 21. 20, 17 ss. 24, 1 ss. 26, 34. *Mc.* 9, 31. 14, 55. *Lc.* 9, 22. 18, 31 ss. 24, 7. *Jo.* 2, 19 ss.] den Untergang des jüd. Staats konnte damals jeder erfahrne Beobachter voraussagen, die hiermit genau verbundene Weifsg. der Wiederkunft Xti ist noch jetzt nicht erfüllt, obwohl die ganze apost. K. berechtigt durch Jesu eigne Aussprüche sie nahe erwartete. Gegen die Vorhersagung sr. Auferstehung: *a*) Jesus nahm bei der Einsetzung des Abendmahls einen Abschied für das irdische Dasein; *b*) er empfand auf Gethsemane eine Todesangst, welche bei der Gewifsh. der Auferst. unerklärl. o. unwürdig wäre; *c*) die Jünger hatten nicht eine ferne Hoffnung u. gedachten nicht einmal dann der Weifsg., als sie schon erfüllt war; *d*) der Auferstandne berief sich nicht auf eigne Weifsgn., dafs alles so geschehn mufste, sdn. auf die des A. T., von denen wir selbst beurtheilen können, dafs sie nirgends die Auferstehung des Messias klar verkünden.

12) HAHN: „Mehrere unsrer ältern Thlgn. hatten die falsche, weder in der H. S. gegebne, noch an sich denkbare Meinung, dafs durch die göttl. Wirkung bei einem wirkl. Wunder der Naturlauf gestört o. die natürl. Gesetze aufgehoben worden seien." So richtig dieses ist, so inconsequent wird bei solcher Theorie noch ein Gewicht auf den Wunderbeweis gelegt, da doch ohne eine Störung des Naturlaufs niemals erkennbar ist, ob ein einzelnes Factum wahrhaft Wunder, d. i. von einer übernatürl. Causalität gewirkt sei. Die meisten NKS mildern den Bgr. des Wunders noch mehr: *a*) Nach Spinozas Vorgange nahmen MOR, RNK u. a. nur relative Wunder [*mirabilia*] an: *mutationes a manifestis naturae legibus abhorrentes, quarum a nobis nulla potest e viribus naturalibus ratio reddi. b*) SEILER: Das Wunderbare besteht nur in dem Vorauswissen einer seltsamen Begebenh., z. B. Jesus wufste, dafs der Jüngling zu Nain nur scheintodt war. *c*) BONNET: Die Wunder geschehn durch Präformation, indem bei der Schöpfung in die Naturkräfte der Keim einer aufsero. Begebenh. gelegt wurde, der sich zu bestimmter Zeit, als das Wunder nöthig war im Plane der Vorsehung, entwickelte, z. B. es war von Anfang her vorbereitet, dafs Lazarus durch die Kräfte der Natur erwachte, als Jesus in die Grabhöhle trat.

13) Bes. Spinoza, Hume, Rousseau, Ammon [bibl. Theol.], Böhme [*Enchiridion*] u. Straufs haben gegen die Wunder eingewendet: 1) Gegen ihre moral. Möglichk. von Seiten Gottes: *a*) Gott als Schöpfer der Naturgesetze erklärt ihre Unvollkommenh. u. widerspricht sich selbst, falls er sie aufhebt. *b*) Wunder sind nicht vereinbar mit der Unwandelbark. Gottes, denn diese fordert eine Wirkungsweise nach unwandelbaren Gesetzen; noch mit der Allwissenh., denn indem Gott voraussah, dafs eine wunderbare Wirkung zur Beförderung moralischer Zwecke nöthig war, mufste er sie auch von Anfang an vorausbestimmen u. dadurch in die Reihe natürl. Entwickelungen einfügen. *c*) Gott würde durch Wunder die Heiligk. des Sittenges. zerstören u. durch Nahrung eines bequemen Wundergl. an leibl. Versorgung, übernatürl. Belehrung u. Erleuchtung die Tugend hindern. 2) Gegen die moral. u. intellectuelle Möglichk. von Seiten des Menschen: *a*) Dio sinnl. Wahrnehmung einer übersinnl. Ursache ist ein Widerspruch, da wir nur Sinnliches wahrnehmen. *b*) Alles Werden müssen wir nach dem Gesetze der Causalität denken. Zum begründeten Schlusse auf eine übernatürl. Causalität gehört die Kenntnifs der ganzen natürl. Causalität o. Naturkraft, die wir nicht besitzen. Daher das Wunder nur ein von der Unwissenh. in ein vermeintes Wissen verkehrtes Nichtwissen ist. 3) Gegen die bibl. Wunder insbes: *a*) Überall im Alterthum u. bei ungebildeten Völkern findet man Wunderthäter [die ägypt. Zauberer, Apollonius von Tyana etc.] *b*) Bei der Wundersucht des Zeitalters konnte durch Auslassung von Nebenumständen u. durch eingemischtes Urtheil der Erzähler das wunderhafte Ansehn leicht entstehn. Kein bibl. Wunder ist in solcher Umgebung geschehn u. von einer Anzahl so hinreichend gebildeter u. besonnener Men-

heraus Versuche einer gläubigeren Theol. das Wunder anzuerkennen, indem sie es erklärte: [ROSENKRANZ:] aus der allg. Macht des Geistes über die Natur, aus dem normalen Vrh. des reinen mit Gott einigen Willens über die zumal erkrankte Natur,[14] endlich aus dem Vrh. jeder höhern Naturordnung zur niedern, etwa mit Hinzunahme des beschleunigten Naturprocesses u. des Hervortretens unbekannter Weltgesetze, [LG[1] so dafs der Gottmensch sr. Natur gemäfs die höchste Wunderwirksamk. üben mufste.[15]) Eine noch gläubigere Theol. fürchtete, dafs die Erklärung des Wunders seine Auflösung, seine Zurücknahme in die Natur die Aufhebung seines übernat. Wesens sei.

Loc. IX. De Sancta Trinitate.

§. 70. Allgemeiner Begriff nach der H. S., Geschichte u. Kirche.

Im Xthum hat sich Gott geoffenbart als dreieiniger Gott, d. i. als der die abgefallne Menschheit durch sich selbst mit sich selbst versöhnende Gott. Daher ist der Gl. an den dreieinigen Gott als innerlich eins mit dem Gl. an die Versöhnung alleinseligmachend, u. ist defshalb im A. T. u. im Alterthum überh. nur so weit angedeutet, als der Gl. an die Versöhnung durch Gott selbst auch in den Opfern vorbildlich angedeutet war.[1] Erst im N. T. ist er geoffenbart, nicht

---

schen bezeugt worden, dafs Selbsttäuschung unmöglich wäre. *c)* Vieles wird als Wunder erzählt, was als natürlich geschehn nachzuweisen ist, z. B. der Gang durchs rothe Meer, das Manna etc. Ist aber einmal ein Wunder erklärt, so verschwinden alle, da nur die Kenntnifs der nähern Umstände uns fehlt, um auf gleiche Weise zu erklären, was in der Erzählungsweise zum Wunder geworden ist. *d)* Jesus hat die Wundersucht getadelt, u. weder er, noch Paulus, den Wundern grofse Wichtigk. beigelegt, *Mt.* 12, 39. 16, 1 ss. *Jo.* 4, 48. 14, 12. 2 *Thss.* 2, 9. *e)* Auch unbedeutenden o. bösen Menschen, selbst falschen Propheten werden Wunder zugeschrieben, ohne dafs ihre Thaten äufserlich auf eine bestimmte Weise von göttl. Wundern unterschieden würden, *Mt.* 12, 27. 24, 24. *Mc.* 13, 22. *Lc.* 11, 19. 2 *Thss.* 2, 9 ss. *cf. Deut.* 13, 1 ss. *f)* Was die Heilungen Jesu betrifft, so waren die Priester, Propheten u. insbes. die Essener [die Heilenden] zugleich Ärzte, Jesus aber brauchte gleich ihnen zu körperl. Heilungen äufsre Mittel [*Mc.* 7, 32 s. 8, 22 ss. *Jo.* 9, 6. *cf. Mc.* 6, 13. Sabbathentheiligung, Ermüdung], für psychische Heilungen fordert er jene geistige Hinneigung [πίστις], welche die natürl. Bedingung drs. ist, u. konnte in Ermangelung drs. nichts vollbringen, *Mt.* 13, 58. *Mc.* 6, 5. *g)* Die Wunder Jesu bewirkten unter den Juden nur einen flüchtigen Beifall, der mit allg. Verwerfung endete; unter den Griechen ist die K. erst wahrhaft gegründet worden, fast ohne Wunder. *h)* Die fortwährenden Wunder, welche die kath. K. unter d ie Zeugnisse ihrer Alleingültigk. rechnet, sind zum Theil nicht minder aufsero. u. verbürgt, als die ev. Wunder. — Die ältere Polemik in u. aufserhalb der K. gab die wunderbaren Thatsachen zu, leitete sie aber von magischer Kunst u. dämonischer Einwirkung her.

14) Dgg. STRAUSS: „Allerdings ist der Geist die Macht über die Natur; aber nicht der Geist, welcher Einfälle hat, fliegen o. auf dem Wasser gehen zu wollen, sdn. drj., welcher als Verstand u. Wille durch geduldige Arbeit sich zum Herrn der Natur macht."

15) Lo [Lebon Jesu]: „Während der einseitige Spnts. aus den Wundern Jesu eine fremdländische Orangerie machte, verwandelte die ratst. Lehre von Xto dieselben in ein Dorngebüsch." Dgg. J. MÜLLER: [*de miracc. J. Xti nat. et necess.* 839 ss.] als *singulare Dei donum*.

1) Dgg. die AKD: [QUEN:] „*Sicut mysterium S. Trinitatis in V. T. libris satis clare est propositum, ita quoque ex iisdem solis divinitas Xti et Sp. S. atque adeo totum Trinitatis mysterium adversus quoscunque adversarios libros V. T. pro divinis habentes demonstrari potest.*" Sie berufen sich auf Stellen, wo, abgesehn vom Plur. *majesta-*

§. 70. GESCHICHTE DER HEILIGEN TRINITÄT.

doctrinal als L. von der H. Trinität, aber thatsächlich dadurch, dafs die drei göttl. Personen im Erlösungswerke nach ihrer verschiedenen Thätigk. sich offenbaren. Gott offenbart sich als Vater, der die Erlösung beschlossen hat,[2] als Sohn, der sie vollbringt,[3] als H. Geist,

---

ticus אֱלֹהִים Gott in der Mehrzahl von sich spricht [*Gen.* 1, 26. 3, 22. 11, 7. *Jes.* 6, 8.], wo er in sich selbst Subj. u. Obj. unterscheidet [*Gen.* 16, 7-13. 18, 1 ss. 19, 24. *Ex.* 3, 2-15.], wo er dreifach angerufen wird [*Num.* 6, 24 ss. *Jes.* 6, 3. *cf. Ps.* 33, 6. *Jes.* 48, 12.], wo der Engel Jehovahs bald mit ihm verwechselt bald von ihm unterschieden wird [*Gen.* 16, 7. 21, 17. 22, 11. 31, 11 ss.]. Wichtiger als diese Stellen, die als rhetorische Formen o. als poetische Parallelismen erklärt werden, sind diejenigen, die dem Messias göttl. Kraft o. Benennung [*Jes.* 9, 5 s. *Jer.* 23, 5 s. *Mich.* 5, 1. *Ps.* 110, 1.] u. dem H. G. göttl. Wirksamkeit zuschreiben [*Gen.* 6, 3. *Ex.* 31, 3. *Num.* 11, 29. 24, 2. *Jes.* 11, 2. 42, 1. 48, 16. 61, 1. 63, 10. *Ez.* 36, 26 s. *Ps.* 51, 12 ss.]. In den Apokryphen erscheinen die Bgr. von σοφία, πνεῦμα u. λόγος mitten inne schwebend zwischen wirkl. Person u. personificirter Eigensch. Gottes. *Sap.* 7-10. 15, 14 ss. *Sir.* 1, 4. 24, 1 ss. *cf. Proverb.* 8. u. 9. Der *Logos* in den Schriften Philos, der Erstgeborne Gottes, Welt-Schöpfer u.-Regent, ist der prophet. Gedanke des alexandrinischen mit der Blüthe griech. Weisheit vermählten Judenthums. Aber was CLX zum allg. Ärgernifs behauptete, dafs im A. T. die H. Tr. nicht klar offenbart sei, ist jetzt allg. anerkannt. Irrig ist der von HAHN angegebne Grund: „Im A. T. konnte bei der grofsen Geneigth. des Volks zum Götzendienste diese L. nicht offenbart werden, da nur die im Gl. an Einen Gott Befestigten ohne Gefahr sie hören können." Hiernach wäre diese L. grofsen heidn. Volksmassen, die zum Xthum übergehn, gleichfalls vorzuenthalten. Dgg. die griech. KV rühmten, dafs eben durch die Tr. die Neigung zum Polytheismus beschwichtigt u. doch der Monotheismus behauptet werde. — Ahnungen jenseit der Bibelreligion: Die Trimurti der Inder Symbol der schaffenden, erhaltenden u. zerstörenden, o. wieder in sich zurücknehmenden Natur. Ägyptische Dreiheit: Gott in sich, der schaffende u. wirkende Gott. Platonische o. vielmehr neuplatonische Trias: Gott an sich, als denkender u. als schaffender Gott, τὸ ἀγαθόν, νοῦς u. ψυχή. In der Kabbala wird Gott als Urgrund, als denkender u. bauender Verstand, u. in den 7 Sephiroth des kabbalistischen Baumes [nach dem misverstandnen *Jes.* 11, 2.] o. Darstellungen Gottes wird das materielle u. geistige Zurückstreben des durch die Weltschöpfung aus Gott emanirten Daseins vorgestellt. Im altnordischen Triglaf war Odin, Thor u. Freya die höchste Gottheit, die schaffende u. die erhaltende Kraft.

2) *Jo.* 3, 16: Οὕτως ἠγάπησεν ὁ θεὸς τὸν κόσμον, ὥστε τὸν υἱὸν αὐτοῦ τὸν μονογενῆ ἔδωκεν, ἵνα πᾶς ὁ πιστεύων εἰς αὐτὸν μὴ ἀπόληται, ἀλλ' ἔχῃ ζωὴν αἰώνιον. 17, 3: Αὕτη ἐστὶν ἡ αἰώνιος ζωή, ἵνα γινώσκωσί σε τὸν μόνον ἀληθινὸν θεόν, καὶ ὃν ἀπέστειλας Ἰησοῦν Χριστόν.

3) *Jo.* 1, 1: Ἐν ἀρχῇ ἦν ὁ λόγος, καὶ ὁ λόγος ἦν πρὸς τὸν θεόν, καὶ θεὸς ἦν ὁ λόγος. 2: Πάντα δι' αὐτοῦ ἐγένετο. 14: Καὶ ὁ λόγος σὰρξ ἐγένετο, καὶ ἐσκήνωσεν ἐν ἡμῖν. 14, 11: Πιστεύετέ μοι, ὅτι ἐγὼ ἐν τῷ πατρί, καὶ ὁ πατὴρ ἐν ἐμοί. Ihm wird zugeschrieben: vorweltl. Dasein *Jo.* 8, 58 ss. 17, 5. *Phil.* 2, 6 ss. *Hebr.* 1, 10 ss. Allwissenheit *Mt.* 11, 27. *Jo.* 6, 46. 16, 15. 30. Allmacht *Mt.* 11, 27. 28, 18. *Lc.* 10, 22. Weltschöpfung u. Regierung *Col.* 1, 16 s. 1 *Cor.* 8, 6. *Hbr.* 1, 2 s. 10. Erweckung der Todten u. Weltgericht *Jo.* 5, 21 ss. *Mt.* 7, 22 s. 25, 31 ss. *Phil.* 3, 20 s. göttl. Verehrung *Act.* 1, 24. 7, 59 s. *Rom.* 9, 5. 10, 12 s. 1 *Cor.* 1, 2. 2 *Cor.* 12, 5. *Hbr.* 4, 16. *Apoc.* 5, 8-14. 7, 12. Dgg. die Stellen, in denen Xtus θεός genannt wird, th. exegetisch, wie *Lc.* 1, 16. *Rom.* 9, 5. *Tit.* 2, 13. *Hbr.* 1, 8. 1 *Jo.* 5, 20. *Apoc.* 22, 6 s., [am wenigsten *Jo.* 20, 28.] th. kritisch, wie *Act.* 20, 28. 1 *Tim.* 3, 16. einigem Zweifel unterliegen, auch nach dem Sprachgebrauche jener Zeit nicht entscheidend sein würden, *cf. Ps.* 82, 6. *Jo.* 10, 34-36. — Am unterscheidet in der H. S. 4 Bedeutungen eines Sohnes Gottes: a) **physisch** der Mensch, wiefern er von Gott geschaffen ist, *Gen.* 5, 1. *Lc.* 3, 38. b) **politisch**, Könige u. Obrigk. als Gottes Stellvertreter, *Ps.* 2, 7. *Mt.* 21, 9. c) **ethisch**, der Fromme als Gott ähnlich, *Gen.* 6, 2. *Mt.* 5, 45. d) **ideal**, übermenschl. Geister, *Job.* 1, 6. *Sap.* 9, 1 ss. *Jo.* 1, 18.

der ihre Folge, das neue göttl. Leben zu allen Zeiten der K. mittheilt.[4]
Darum ist als Summa des Xthums der Gl. an Gott Vater, Sohn u. H.
Geist in der Taufformel ausgesprochen.[5]
Das Xthum trat als rel. Geist thatsächlich in die Welt, der K.
blieb seine Auffassung als Lehre überlassen. Sie bildete sich an der
Taufformel, die sich zum *Symb. Apostolicum* entfaltete, im Ggns. der
E b i o n i t e n , welche die göttl. Natur in Xto entw. ganz verleugneten,
o. nur für die eines Engels o. Erzengels hielten, der M o d a l i s t e n ,
welche die göttl. Personen nur für verschiedne Wirkungsarten [*modi*]
der Gotth. achteten, u. selbst unter manchen Schwankungen der KV,
welche th. durch die alterthüml. Bedeutung von *Λόγος* u. *Πνεῦμα* zur
Verwechslung beider Personen, th. durch die Stellen der H. S. von
der freiwilligen Unterordnung Xti hinsichtlich des Erlösungswerkes
u. sr. menschl. Natur,[6] zu einer Subordination sr. göttl. Natur unter
dem Vater veranlaſst wurden. Aber immer galt in der K. auch die
Wahrh., daſs Sohn u. Geist aus dem W e s e n des Vaters hervorgegangen sei, schon T e r t u l l i a n bezeichnete ihr Vrh. als Trinitas, u.
als A r i u s den Sohn zwar für den Weltschöpfer, doch ihn selbst nur
für das erste Geschöpf erklärte, wurde gegen ihn zu N i c ä a 325 die
Wesensgleichh. des Sohnes [*ὁμοουσία*] mit dem Vater ausgesprochen,
gegen die semiarianische Lehre einer blosen Wesensähnlichk.
[*ὁμοιουσία*] vertheidigt, gegen die P n e u m a t o m a c h i zu K o n s t a n -
t i n o p e l 381 das gleiche Vrh. des Geistes anerkannt u. beides im
Symb. Nic. festgestellt. Vornehmlich A u g u s t i n u s hat das innere

---

4) *Jo*. 16, 7: Ἐὰν μὴ ἀπέλθω, ὁ παράκλητος οὐκ ἐλεύσεται πρὸς ὑμᾶς· ἐὰν δὲ πορευ-
θῶ, πέμψω αὐτὸν πρὸς ὑμᾶς. 13: Ὅταν δὲ ἔλθῃ ἐκεῖνος, τὸ πνεῦμα τῆς ἀληθείας, ὁδη-
γήσει ὑμᾶς εἰς πᾶσαν τὴν ἀλήθειαν. 1 *Cor*. 6, 19: Τὸ σῶμα ὑμῶν ναὸς τοῦ ἐν ὑμῖν ἁγίου
πνεύματός ἐστιν, οὗ ἔχετε ἀπὸ θεοῦ, καὶ οὐκ ἐστὲ ἑαυτῶν. *Act*. 15, 28: Ἔδοξε τῷ ἁγίῳ
πνεύματι καὶ ἡμῖν. *Cf*. 1 *Ptr*. 1, 10 ss. *Jo*. 3, 5. *Rom*. 8, 14. 1 *Cor*. 2, 12. 3, 16. *Eph*. 1, 13.
Gal. 3, 14. *Act*. 20, 28. Er wird Gott genannt *Act*. 5, 3 s. 1 *Cor*. 6, 19. [*cf*. 3, 16.] 2 *Cor*. 6, 16.
Ihm werden beigelegt: göttl. Eigenschaften 1 *Cor*. 2, 10 ss. 12, 8 ss., göttl. Wirkungen
Mt. 12, 28. *Jo*. 16, 8 ss. *Rom*. 5, 9 ss. *Gal*. 4, 6. 1 *Petr*. 1, 10 ss. göttl. Ehre *Mt*. 12, 31 s.
1 *Cor*. 3, 16., überh. göttl. Persönlichk. durch Zusammenstellung mit den andern göttl.
Personen u. Unterscheidung von dns. 1 *Cor*. 12, 4-6. 11. 1 *Ptr*. 1, 2. *cf*, *nt*. 5. Schon auf dem
Wege zum Ungl. steht das gewöhnl. Zugeständniſs der NKS, daſs der H. G. nicht blos
m e t a p h y s i s c h als göttl. Person erwähnt werde, sdn. auch d y n a m i s c h als Wirksamk. Gottes, o. s u b j. u. e t h i s c h als christl. Leben; denn wo dieses zugestanden
würde, dürften auch die andern Stellen als blose Personifikationen erscheinen. Vielmehr wird eine Wirksamk. Gottes nur darum als H. G. bezeichnet, weil sie wirklich
der H. G. als wirkend ist, u. chr. Leben nur darum, weil es wirklich der dem Menschen
einwohnende H. G. ist; obwohl nicht in allen Stellen seine göttl. Persönlichk. a u s -
g e s p r o c h e n sein kann, zumal nicht im A. T., wo sie als solche noch gar nicht bekannt war, aber überall ist sie als solche. Insofern *Jo*. 7, 39: οὔπω γὰρ ἦν πνεῦμα
[ἅγιον], ὅτι ὁ Ἰησοῦς οὐδέπω ἐδοξάσθη.

5) *Mt*. 28, 19: Πορευθέντες μαθητεύσατε πάντα τὰ ἔθνη, βαπτίζοντες αὐτοὺς εἰς τὸ
ὄνομα τοῦ πατρὸς, καὶ τοῦ υἱοῦ, καὶ τοῦ ἁγίου πνεύματος. In Bezug hierauf 2 *Cor*. 13, 13:
Ἡ χάρις τοῦ κυρίου Ἰησοῦ Χριστοῦ, καὶ ἡ ἀγάπη τοῦ θεοῦ, καὶ ἡ κοινωνία τοῦ ἁγίου
πνεύματος μετὰ πάντων ὑμῶν. Dgg. eine durch mystische Interpretation entstandne,
u. seit dem 6. Jhh. allmälig in den Text aufgenommne Glosse die eingeschlofsnen
Worte in 1 *Jo*. 5, 7 s : Ὅτι τρεῖς εἰσιν οἱ μαρτυροῦντες [ἐν τῷ οὐρανῷ· ὁ πατήρ, ὁ λόγος
καὶ τὸ ἅγιον πνεῦμα· καὶ οὗτοι οἱ τρεῖς ἕν εἰσι. Καὶ τρεῖς εἰσιν οἱ μαρτυροῦντες ἐν τῇ γῇ,]
τὸ πνεῦμα καὶ τὸ ὕδωρ καὶ τὸ αἷμα· καὶ οἱ τρεῖς εἰς τὸ ἕν εἰσιν.

6) *Mt*. 19, 17. *Jo*. 8, 28. 14, 28. 17, 3. 1 *Cor*. 11, 3. 15, 28. *Eph*. 1, 17. *Hbr*. 5, 8.

§. 70. Gegner. Gönner.

Vrh. der 3 göttl. Personen im LBgr. der H. Tr. festgestellt, als dem nothw. Schlusse daraus, dafs nur ein Gott ist u. doch 3 göttl. Personen in des Xtenheit sich offenbaren. In der röm. K. wurde das Ausgehn der H. G. auch vom Sohne [*filioque*] gelehrt u. seit dem 8. Jhh. unter dem Widerspruche der griech. K. ins *Symb. Nic.* eingeschaltet. Der entwickelte LBgr. wurde im *Symb. Athanas.* niedergelegt,[7] unverändert in die S. B. der ev. K. aufgenommen,[8] u. als das heiligste Mysterium der rechtgläubigen Xtenheit wider alle Gegensätze behauptet.[9]

---

[7] *Symb. Athan. v.* 3-26. „*Fides catholica haec est, ut unum Deum in Trinitate et Trinitatem in unitate veneremur, neque confundentes personas, neque substantiam separantes. Alia est enim persona Patris, alia Filii, alia Sp. Sancti. Sed Patris et Filii et Sp. Sancti una est Divinitas, aequalis gloria, coaeterna majestas. Qualis Pater, talis Filius, talis Sp. Sanctus. - Deus Pater, Deus Filius, Deus Sp. Sanctus; et tamen non tres Dii, sed unus est Deus. Dominus Pater, Dominus Filius et Dominus Sp. Sanctus; et tamen non tres Domini, sed unus est Dominus; quia, sicut singulatim unamquamque personam Deum ac Dominum confiteri christiana veritate compellimur: ita tres Deos, aut tres Dominos dicere, catholica religione prohibemur. Pater a nullo est factus, nec creatus, nec genitus. Filius a Patre solo est, non factus, nec creatus, sed genitus. Sp. Sanctus a Patre et Filio, non factus, nec creatus, nec genitus, sed procedens. - Et in hac Trinitate nihil prius aut posterius, nihil majus aut minus: sed totae tres personae coaeternae sibi sunt et coaequales, ita ut per omnia et Trinitas in unitate et unitas in Trinitate veneranda sit. Qui vult ergo salvus esse, ita de Trinitate sentiat.*"

[8] C. A. 9: „*Ecclesiae magno consensu apud nos docent, Decretum Nicaenae Synodi de unitate essentiae div. et de tribus personis verum et sine ulla dubitatione credendum esse. Videlicet, quod sit una essentia div., quae et appellatur et est Deus, aeternus creator et conservator omnium rerum-: et tamen tres sint personae, ejusdem essentiae et potentiae, et coaeternae, Pater et Filius et Sp. Sanctus. Et nomine personae utuntur ea significatione, qua usi sunt in hac causa scriptores ecc., ut significet non partem aut qualitatem in alio, sed quod proprie subsistit.*" A. C. 50: „*Una essentia divina, individua et tamen tres distinctae personae ejusdem essentiae.*" A. S. 303: „*Pater, Filius et Sp. Sanctus, in una divina essentia et natura, tres distinctae personae, sunt unus Deus, qui creavit coelum et terram. Pater a nullo, Filius a Patre genitus est, Sp. Sanctus a Patre et Filio procedit. Non Pater, non Sp. Sanctus, sed Filius homo factus est.*"

[9] Gegner: 1) Antitrinitarier o. Unitarier, welche die Tr. offen verwarfen. *a*) Ebioniten, Judenchristen: Jesus Messias als Mensch o. Engel. *b*) Socinianer: Jesus bloser Mensch, aber vom H. Geist erzeugt, von Gott belehrt, nach der Himmelfahrt zum Lohne sr. Tugend mit der Weltherrschaft betraut. *c*) Rationalisten: Jesus bloser Mensch u. Urbild der Menschh., menschl. Schicksale unterworfen. 2) Tritheiten, welche in der Überspannung der Ggns. 3 Götter zu lehren schienen. Die Monophysiten Jo. Ascusnages um 560 u. Jo. Philoponus, Aristoteliker zu Alexandrien, gst. um 610. Roscellin u. Abälard mehr Modalisten. 3) Modalisten o. Sabellianer: Die Personen sind nur Modalitäten u. Wirkungsarten der Gotth., die Tr. also nur ideal, ohne realen Unterschied der Personen. In mannichfachen Modificationen: *a*) Praxeas gg. Ende des 2. Jhh., seine Anhänger *Patripassiani, Θεοπασχῖται, Monarchiani, b*) Noëtus von Smyrna, Sabellius von Ptolemais, Paulus von Samosata, Bischof v. Antiochien [seine 269 beschlofsne, 273 vollzogne Absetzung betraf mehr s. Wandel als Gl.] im 3. Jhh. *c*) Photinus, Bisch. v. Sirmium, entsetzt 351. *d*) Zur Zeit der Reformation Anabaptisten u. Philosophen wie Servet. *e*) Die meisten neuern pantheist. Philosophen, auch halborth. DD wie Lc als Offenbarungs-Tr. im Ggns. der Wesens-Tr. 4) Subordinatianer: Die göttl. Personen sind gleichen Wesens, aber Sohn u. Geist dem Vater als ihrem Urgrunde untergeordnet. Viele vornicänische Väter, die Arminianer u. die meisten NKS u. VT, welche zwar eine Gotth. des Sohnes u. H. G. zu behaupten meinen: aber eine un-

§. 71. Dogmatische Ausbildung.

Trinum est, quod in essentia unum, tres habet subsistendi modos.[1] *Essentia div.* [*substantia, natura,* οὐσία, θειότης] *est vis infinita, qua Deus est.*[2] *Persona div.* [πρόσωπον, ὑπόστασις, ὑφιστάμενον] *est divina ipsius conscientia, per se libere agens, omnium perfectionum particeps, in essentia div. subsistens.*[3] *Trinitas div. est ea Dei relatio,*[4] *qua in una essentia div. tres subsistunt*[5] *personae divinae: Pater, Filius et Sp. Sanctus, unus Deus.*[6] *Relatio absolvitur aequalitate, distinctione et immanentia.*

---

tergeordnete u. abgeleitete Gotth. hat innerhalb des Monotheismus keinen Sinn. 5) **Arianer**: Der Logos ist Welt-Schöpfer u. Regent, selbst aber am Anfange geschaffen vom Vater. Die Nachfolger des **Arius** theilten sich in **Semiarianer** [Ἡμιάρειοι, Ὁμοιουσιάσται, nach ihrem Haupte **Eusebius**, Bisch. v. Nikodemien, **Eusebianer**], welche den Logos zwar nicht für ὁμοούσιος, aber für ὁμοιούσιος τῷ πατρί hielten; u. in strenge **Arianer** [Ἀνόμοιοι, nach ihren Führern: **Aëtianer, Eunomianer, Acacianer**], welche den *Logos* für ἀνόμοιος ο. ἑτερούσιος achteten. Aus den Erstern gingen durch **Macedonius**, Bisch. von Konstantinopel, die Πνευματομάχοι o. **Macedonianer** hervor, welche, semiarianisch hinsichtlich des Sohnes, den H. G. für das untergeordnete Geschöpf des Vaters u. Sohnes (διάκονος, ὑπηρέτης, κτίσμα] ausgaben.

1) HOL p. 283: „*Triplex est, quod e tribus est compositum. Trinum Deum dicimus, sed triplicem dicere chr. religione prohibemur. Rectius germanice vocatur* Dreieinigkeit, *quam* Dreifaltigkeit."

2) QUEN: „*Ipsa Dei quidditas, per quam Deus est id, quod est.*" HOL: „*Natura Dei spiritualis et independens, tribus personis divinis communis.*" BMG: „*Complexus perfectionum div., quibus ab omnibus aliis rebus distinguitur.*" RNH. unterscheidet: „*substantia, ca natura, in qua inest vis agendi infinita, essentia, complexus omnium perfectionum infinitarum.*" SL u. AKD sind bedenklich gegen den Ausdruck **Substanz**, th. weil er als seinen Ggns. den in Gott unzulässigen Bgr. des Accidens einschliefst, th. weil durch *substantia* sowohl οὐσία als ὑπόστασις bezeichnet wird; indefs ist dieser Ausdruck durch die Beziehung auf ὁμοουσία, consubstantialitas, gegeben u. bedingt. THOM: drei Personen in der **einen** absoluten Persönlichkeit.

3) *C. A.* 9: [4] „*Non pars aut qualitas in alio, sed quod proprie subsistit.*" MEL: „*Substantia individua, intelligens, incommunicabilis, sustentata in alia natura.*" GRH: „*Subsistens individuum, intelligens, incommunicabile, non sustentatum ab alio, s. ipsa essentia divina certo charactere hypostatico insignita ac proprio subsistendi modo a reliquis distincta.*" BMG: „*Suppositum intelligens in Deo.*" RNH: „*Individuum subsistentiae incompletae, per se libere agens, et div. perfectionum particeps. Subsistentia vero incompleta est is existendi modus, quo individuum aliquod sine quodam alio, per quod subsistit, non potest esse.*"

4) Als **inneres** Vrh. in Gott [*relatio*] wird die Tr. von allen AKD angesehn, nicht als *attributum*, weil sie nicht als wesentl. Merkmal zur Idee des vollkommensten Wesens gehört. Dgg. RNH: „*Trinitas est illud attributum naturae divinae, quo communis est tribus individuis, coëxistentibus quidem illis, sed vere diversis.*"

5) Es wird unterschieden: **Existenz**, wiefern jede göttl. Person Gott ist durch sich selbst, weil sie Theil hat an der göttl. Essenz, **Subsistenz**, wiefern jede göttl. Person eine bestimmte Person ist erst durch die andre; jenes das Abstracte, dies das Concrete, z. B. *Filius existit in se ipso, qua Deus, subsistit in essentia div. per Patrem, qua Filius est.* Diese Unterscheidung ist nothw., weil jede Person als Gott absolut, u. dennoch als Person in bestimmter Relation gedacht werden mufs.

6) „**Gott**" bezeichnet a) *essentialiter* [*substantialiter*, οὐσιωδῶς] das allen 3 Personen Gemeinsame, die Gotth., *essentia div. Jo.* 4, 24. b) *personaliter* [ὑποστατικῶς] eine einzelne Person, *Jo.* 1, 1., wiefern in ihr die göttl. Essenz vollkommen enthalten ist; daher ist der Vater Gott, der Sohn Gott etc., aber es sind nicht 3 Göt-

§. 71. Dogmatische Ausbildung.

I. *Aequalitas personarum et consubstantialitas*, ὁμοουσία, *qua cuique personae divinae una, eadem et indivisa essentia divina competit.*[7]

II. *Distinctio* [*non diversitas*] *est character hypostaticus s. personalis i. e. complexus notarum, quibus singulae personae divinae realiter a se invicem discernuntur.*[8] *Notae* [γνωρίσματα] *sunt vel internae, quae subsistendi in essentia div. modum* [τρόπον ὑπάρξεως], *vel externae, quae revelandi in rerum universitate modum* [τρόπον ἀποκαλύψεως] *designant.* 1) *Notae internae s. opera ad intra* [*immanentia*] *sunt rationes trium personarum aeternae, quibus definitur earum subsistentia. Cogitantur vel tanquam actus, vel tanquam notiones.* a) *Actus personales vocantur in Deo operationes, quibus definitur subsistentiae trium personarum ratio. Sunt duo: generatio et spiratio.* α) *Pater generat Filium, spirat Sp. Sanctum i. e. ex aeterno fuit ratio, qua Filius et Sp. Sanctus subsistunt utpote tales in essentia div.*[9] *Ps. 2, 7. Act. 13, 33.* β) *Filius generatur a Patre, spirat cum Patre Sp. Sanctum.* γ) *Sp. Sanctus procedit* [ἐκπορεύεται, *spiratur*] *a Patre Filioque. Jo.* 15, 26. b) *Notiones personales sunt cum significativae, quae singulis personis competunt: innascibilitas et paternitas Patri, spiratio* [*activa*] *Patri ac Filio, filiatio Filio, processio* [*spiratio passiva*] *Sp. Sancto, tum constitutivae, s. proprietates personales, quae ipsum cujusque personae characterem hypostaticum constituunt: paternitas, filiatio et processio.*[10] 2) *Notae externae s. opera ad extra* [*transeuntia*] *sunt actus, quibus Deus in rerum universitate*

---

ter, sdn. ein Gott, denn in jeder Person ist dieselbe göttl. Essenz. *Numero unus est Deus, per hypostases determinatus.*

7) *Personae sunt* ὁμοούσιοι. Unnöthig wird hingefügt: *coaeternae et coaequales*, denn so könnten alle göttl. Attribute beigefügt werden; es liegt aber in der Wesensgleichheit, dafs sie alle auf gleiche Weise jeder göttlichen Person zukommen.

8) Sie sind verschieden: *a*) nicht *essentialiter* als *tria subjecta physica* [Tritheism], denn ihre Essenz ist dieselbe; *b*) nicht *nominaliter* als *tria subjecta logica* [Sabellianism]; *c*) sdn. *realiter*, durch wirkl. persönl. Verschiedenh. Bei den hierüber gewöhnl. Formeln: *tria subjecta moralia, quae per actus certos a se invicem differunt; in Deo concretive spectato tres insunt actus interni a se invicem realiter distincti;* - ist zu bemerken, dafs diese *actus* nicht als blose Thätigkeiten nach Aufsen, Offenbarungen, anzusehn sind, sdn. als solche, durch welche die Subsistenz der Personen selbst gegenseitig bedingt ist.

9) Die gewöhnl. auch von den meisten AKD angenommene Formel der KV: *generatio est actio Patris, qua divinam essentiam cum Filio communicat*, ist minder richtig, weil die göttl. Essenz jeder Person zukommt durch sich selbst, also nicht erst durch eine Mittheilung des Vaters. — Die Handlung ist nicht als eine vergangene aufzufassen, auch nicht als von Ewigk. her geschehn, sdn. als eine durchaus zeitlose, für welche die stete Gegenwart wenigstens das richtigste Bild. Quen: „*Generatio non fit derivatione aut transfusione, nec actione, quae incipiat aut desinat, sed fit indesinente emanatione, cui simile nihil habetur in rerum natura. Pater Filium ab aeterno genuit, et semper gignit, nec unquam desinet gignere.*" Über den Unterschied von *generatio* u. *spiratio* Br: *„Differre generationem Filii et spirationem* Sp. Sancti *certum est; modum autem, quo differant, plenius definire non possumus.*"

10) Dgg. seit Bmg diese Eintheilung gewöhnlich als dreifach u. blos als logische Formel angegeben wurde, nehmlich dasselbe Merkmal als Verbum *actus personalis*, als Adjectiv *proprietas personalis*, als Substantiv *notio personalis*, z. B. *Pater generat Filium, Pater est generans, Patri convenit paternitas.*

personarum Trinitatem manifestavit. a) *Opera oeconomica i. e. ea, quae Deus facit ad reparandam generis humani salutem aeternam.*[11]) *Eph.* 1.10. α) *Pater ablegavit Filium ad homines redimendos, Jo.* 3, 16. *et mittit Sp. Sanctum ad homines regenerandos, Jo.* 16, 7 ss. β) *Filius redemit genus humanum et mittit Sp. Sanctum.* γ) *Sp. Sanctus mittitur in animos hominum, eosque participes reddit salutis per Xtum purtae.*[12]) b) *Opera attributiva* [*appropriativa*] *i. e. ea, quae, quamquam sint tribus personis communia, tamen in Sc. S. plerumque adscribuntur singulis.*[13]) α) *Pater creavit, conservat et gubernat omnia per Filium. Gen.* 1, 1 ss. *Ps.* 33, 6. *Jo.* 1, 3. *Eph.* 1, 4. *Rom.* 8, 29. β) *Filius creavit mundum, mortuos resuscitabit atque judicium extremum exercebit. Col.* 1, 16. *Jo.* 5, 27 ss. *Mt.* 25, 31. γ) *Sp. Sanctus inspiravit prophetas.* 2 *Sam.* 23, 2 s. 2 *Ptr.* 1, 21.

III. *Ex aequalitate et distinctione redundat immanentia s. περιχώρησις, qua una persona propter essentiae unitatem est in altera.*[14])

Hauptdefinition: QUEN: „1) *Pater est prima persona Deitatis, quae ab aeterno Filium genuit, et cum Filio Sp. Sanctum spiravit, intra complexum essentiae div. simplicissimum, atque in tempore cum Filio et Sp. Sancto omnia creat, gubernat, mittens Filium Redemptorem et Sp. Sanctum Sanctificatorem humani generis.* 2) *Filius est secunda persona Deitatis, a Patre ex aeterno, unius ejusdemque numero essentiae communicatione* [?, *vere, proprieque, modo tamen hyperphysico et ineffabili genita, missa vero in tempore a Patre in mundum, ut in assumpta humanitate opus redemptionis perficeret, et mittens Sp. Sanctum.* 3) *Sp. Sanctus est tertia persona Deitatis a Patre et Filio, unius ejusdemque numero essentiae div. communicatione* [?] *uno actu*

---

11) Die gewöhnl. Def: *quae Deus fecit per Xtum*, ist zu eng, denn auch die Propheten, welche den Messias verkündeten, wie der H. G., der die K. regiert, gehören zum Erlösungswerke, das nicht etwas Vergangnes, sdn. etwas Fortdauerndes ist; die *notae externae* fallen zwar in die Zeit, umfassen aber alle Zeit, während die *internae* ganz aufser der Zeit sind.

12) Einige fügen bei: *Sp. S. formavit* [*Mt.* 1, 18 ss.] *st unzit* [*i. e. donis extraordinariis instruxit, Mt.* 4, 1. *Jo.* 3, 24. *Act.* 10, 38. *cf. Ps.* 45, 8.] *humanam Jesu naturam.* Allein, obwohl sich die Sache so verhält, scheint doch nicht angemessen, hier, wo die 3 grofsen Thatsachen der Erlösung ausgesprochen werden, jene einzelnen Thätigkeiten hervorzuheben, da mit dms. Rechte auch andre, wie die Insp. der H. S. etc. genannt werden müssten.

13) Hiervon läfst sich kein Grund denken, als einesth. weil der H. G. sich zu unsrer Vorstellungsweise herabgelassen hat, nach welcher uns eine bestimmte göttl. Thätigk. der einen o. andern göttl. Person am angemessensten scheint; andernth. weil er uns dadurch hat belehren wollen, dafs, obwohl die Tr. sich nur durch das Erlösungswerk in wahrhafter Verschiedenh. offenbart, dennoch auch in der allg. Offnb. o. in den einzelnen Thatsachen der Erlösung Gott als ein dreieiniger wirke.

14) Als *περιχώρησις essentialis* verschieden von *περιχώρησις personalis*, dem Vrh. der göttl. u. menschl. Natur in Xto. Der ausführlichere LBgr. nach QUEN. *I.* p. 328: „'Ομρονσία, *consequentia sunt:* 1) *Περιχώρησις s. ενύπαρξις, circumincessio, immanentia et inexistentia mutua et singularissima, qua una persona propter essentiae unitatem est in alia. Jo.* 14, 11. 17, 21. 2) *Personarum aequalitas, ut nulla persona major, nulla minor sit.* 3) *Perfectissima omnium perfectionum essentialium communio.* 4) *Ταυτότης s. identitas tum ipsorum operum div. ad extra, tum modi agendi, ut ταυτα και ὁμοίως agant, Jo.* 5, 19. *quamquam non eodem ordine.*

indivisibili et aeterno, modo ineffabili producta, missa in tempore a Patre et Filio ad regenerandum et sanctificandum corda salvandorum."15)

§. 72. Beurtheilung u. Ausdeutung.

Diese dgm. Bildung der SL u. AKD wurde von den NKS getadelt, weil sie nicht in der H. S. enthalten sei u. vergeblich das unergründliche Mysterium des göttl. Wesens zu begreifen suche. Allein da in der H. S., wie sie zugestehn, ebensowohl die L. von einem Gotte, als von der Gotth. Xti u. der Persönlichkeit des H. G. enthalten ist: so ist die L. von der Tr. die nothw. Folgerung, u. ihre dgm. Ausbildung setzt nur die Bgr. klar auseinander, welche wesentlich in der H. S., wörtlich in der KL gegeben sind; weit entfernt, das Mysterium mit dem Verstande begreifen zu wollen, stellt sie es nur in seinen Momenten auf zum Schutze wider offne u. heimliche Gegner. Weil aber der Gl. an den versöhnten Gott möglich ist ohne seine bestimmte Auffassung in der L. von der Tr: so muſs freilich die Nothw. dieser L. zur Seligk. auf den lebendigen Gl. an Vater, Sohn u. Geist beschränkt werden. Allein die Ausbildung dsslb. zum Dogma war nöthig nach allg. Gesetze u. wider eindringende Ggns. Man kann daher zwar den Gl. besitzen ohne die dgm. Formeln: wer aber diese mit voller Einsicht verwürfe, würde folgerecht auch den Gl. an die Tr., dessen wissenschaftl. Darstellung sie sind, verworfen haben, u. in der That ist die Opposition der NKS nur eine Folge ihres versteckten Subordinatianismus o. Sabellianismus. Daher die hypothetische Nothw. der dgm. Ausbildung zu behaupten.[1]

Auf eine Bestreitung aus Vernunftprincipien hat sich die KL nicht einzulassen, da sie diesen vielmehr alles zugesteht, was sie verlangen, daſs die Tr. über die Vft., u. sobald diese über sie urtheilen will, auch wider die Vft. sei.[2] Denn die Vft., weil sie nichts

---

15) Bn: „*Pater est prima persona Divinitatis, non genita, nec procedens, sed ab aeterno de sua substantia gignens Filium, et cum Filio ab aeterno spirans Sp. Sanctum. Filius est secunda persona Divinitatis, ab aeterno a Patre genita. Sp. Sanctus est tertia persona Divinitatis, non genita, sed procedens ab aeterno a Patre et Filio. Deus ratione essentiae et personarum simul spectatus [i. e. Trinitas] describi potest, quod sit ens spirituale, a se, in Patre, Filio et Sp. Sancto subsistens.*"

1) CAL. *III.* p. 4 s: „*Fides catholica non in hac loquendi formula praecise sita est, quod tres sint personae in una div. essentia, sed in eo, ut sincere credamus, Patrem, Filium et Sp. Sanctum unum esse Deum, -ut per omnia et unitatem in Trinitate et Trinitatem in unitate veneremur. - Gemina illic loquutionis illius necessitas statuitur a S. Augustino: altera ab humani eloquii inopia, altera ab haereticorum versutia. Primo dictum ita fuit, quum non liceret aliter, ut aliquo saltem modo explicaretur ineffabilis illa unitatis et Trinitatis ratio, non ut illud diceretur, sed ne taceretur. Deinde ita dici debuit, ut hoc velut Symbolo Ecclesiae sententia a verisimilibus aliorum loquutionibus discerneretur, et ex insidiis latitantes protraherentur haeretici. Patet igitur, quo pacto necessariae sint illae formulae; non quidem absolute, sed ex hypothesi tum declarandae ὀρϑοδοξίας, tum dignoscendae ἑτεροδοξίας, tametsi hujus videatur potior esse, quam illius ratio. Nam absque haereticorum versutia liceret utique Ecclesiae Doctoribus verbis Scripturae unice acquiescere in tradendis fidei articulis.*"

2) QUEN: „*Mysterium Trinitatis, quod est ὑπὲρ νοῦν, ὑπὲρ λόγον καὶ ὑπὲρ πᾶσαν κατάληψιν, ex ratione naturali oppugnari non debet, expugnari non potest. Nec ex ratione naturali s. a priori s. a posteriori demonstrari, aut probari potest. Illaeque congruentiae naturales et analogia rerum creatarum cum hoc fidei mysterio non divinam*

von der Versöhnung weifs, kann auch nichts von der Tr. wissen. Gegen die beigemischten hist. Gründe ist die KL leicht zu vertheidigen.³) Speculationen über die Tr. sind allezeit in der K. geduldet worden, wiefern sie den krchl. LBgr. unverrückt liefsen, u. nur durch annähernde Begriffe o. Bilder ihn dem menschl. Geiste zu verständigen o. zu versinnlichen suchten.⁴) Indefs ist dieser Gewinn selten

fidem, sed opinionem tantum humanam generant. -*Ne quidem possibilitas hujus mysterii e naturae lumine haberi potest, cum rationi, propria principia consulenti, absurdum et impossibile videatur.*" Hs: „Es widerspricht 1) dem Denkgesetze, dafs ein Theil gleich dem Ganzen, das Ganze gleich jedem Theil sei; 2] dem Gesetze der Causalität, dafs *generatio,* wie auch gedacht, eine ursächl. Handlung, aufser der Zeit erfolge; 3) der Idee des Absoluten, indem der *character hypost.* entw. etwas Zufälliges, sonach Unvollkommnes ist, das in Gott nicht gedacht werden kann, o. etwas Wesentliches u. Vollkommnes, dann würde diese Vollkommenh. den andern Personen abgehn."
3) Nach KL: „*a)* Die Bibelstellen als Prämissen des Schlusses, durch welchen die Tr. aus der H. S. abgeleitet wird, fordern eine andre Erklärung, da überall im A. u. N. T. der strengste Monotheism. herrscht. *b)* Man kann hist. leicht nachweisen, wie diese L. nach u. nach erfunden u. mannichfach modificirt worden ist. *c)* Die krchl. Formeln sind nichts als leere Worte, lauter Negationen, bei denen man nichts Bestimmtes denken kann. *d)* Man sieht nicht ein, welchen Einflufs der Gl. an dieses Mysterium auf unsre Glückseligk. u. Tugend haben könne." Dgg. *ad a)* Auch in der K. hat zu allen Zeiten ein nicht minder strenger Monotheism gegolten, u. die Tr. ist fern davon, ihn aufzuheben. Alle Künste der neuern Exegese haben aber nicht ausgereicht, im N. T. die Spuren der Gotth. Xti auszulöschen, die aus einzelnen Stellen wohl weggedeutet werden kann, aber in ihrer Gesammtheit unvertilgbar stebt; während doch die Vergötterung eines blosen Menschen etwas so Frevelhaftes wäre, dafs undenkbar ist, wie in einer Rel., deren rel. Ernst auch die Gegner achten, sogleich in ihren ersten Denkmalen jener Irrthum vorkommen o. nur von ihm die Rede sein könnte. In der K. aber ist, wie Röhr es ausgedrückte, zu allen Zeiten die Ketzerei gewesen, dafs Gebete an Xtum gerichtet wurden. *ad b)* Ist nichts als eine unwissenschaftl. Verwechslung der nachgewiesenen Übergänge des Gl. zur L. mit Erdichtung u. willkürl. Änderung. *ad c)* Wir denken bei den krchl. Formeln, vorerst dafs ein Gott, um uns vom ewigen Tode zu erretten, Mensch geworden ist, ein Gott unsre Herzen zur christl. Gemeinschaft erzog u. in drs. regiert; dann unterscheiden wir uns durch dieselben von dnj., welche die offenbaren Thaten Gottes zu Menschen-Werk u. Trug machen. *ad d)* Für eine Glückseligk., die nur auf Erden wohnt, u. für eine Tugend, die nach Kantischer Rel. einen Gott nur braucht, um ihre ärml. Thaten zu belohnen, hat das Dogma freilich keine Bedeutung. Für eine Glückseligk. aber, die nur im Frieden mit Gott als Gottseligk. bestehn kann, u. für eine Tugend, die in ihren erhabensten Werken sich so arm fühlt, dafs sie nur im Gl. an eine Erlösung u. Heiligung sich beruhigt, hat der Gl. an einen erlösenden u. heiligenden Gott eine solche Bedeutung, dafs ohne ihn wahre Tugend u. Seligk. gar nicht möglich ist.
4) Die durch die Grundbedeutung von *λόγος* u. durch Platonische Philosopheme veranlafste, bei den meisten KV u. SL übl. Vorstellung ist, dafs der *Logos* die realgewordne Selbstanschauung Gottes sei; o. der offenbare, im Ggs. des verborgnen Gottes; der H. G. eine bestimmte Relation zwischen dem Vater als Urbild u. dem Sohne als Abbild, welche meist als gegenseitige Liebe bezeichnet wird; nach AUGTN der Vater als *Memoria* [*principalis*] Urgedächtnifs, die noch in sich verschlofsne Macht der Ideen, o. als das Sein, der Sohn das Slbsthw. der H. G. die Liebe = *esse, nosse, velle,* auch *amans, amatus et mutuus amor.* ABAELARD: *potentia, sapientia, benignitas.* Unter den AKD hat nur MEL sich hierauf eingelassen. Zum Sinnl. herabgezogen wird das Dogma durch die gleichfalls alte, von HAHN weitläufig erneuerte Vergleichung mit der Einh. von Feuer, Glanz u. Wärme im Lichte. Sinnvoller ist die Nachweisung, wie durch die ganze Schöpfung eine geheimnifsvolle Harmonie des Dreiklangs in Tönen u. Gestalten geht.

§. 72. Philosopheme.

ohne Gefahr, fremdartige Vorstellungen in die KL hineinzutragen. Neuere Speculationen, die dieses offenbar thaten, haben doch gegen das oberflächl. Absprechen auf die philos. Tiefe dieses Dogma aufmerksam gemacht, u. immer ist bedeutsam, daſs auch die Weltweish. in dmj., was ihr sonst eine Thorh. war, den Höhenpunkt aller Erkenntniſs findet. Nur hat die K., durch keine scheinbare Befreundung getäuscht, gegen jede pantheistische Auffassung [5]) den Theismus, u. gegen eine blos sinnbildl. Ausdeutung [6]) den wirklichen Sinn ihres Dogma zu behaupten. Auch die neueste Wiederaufnahme u. Wendung althergebrachter Erklärungen [nt. 4] einer durch die Sichselbstobjectivirung [Subobjectivirungsproceſs des Slbstbw.] o. durch die abs. Liebesfülle [immanenter Proceſs der Liebe] nothwendigen Entfaltung der Gottheit zu 3 Persönlichkeiten, so daſs die Dreieinigkeit, statt über alle Vernunft zu gehn, vielmehr die nothw. Voraussetzung eines persönlichen Gottes sei, [7]) verkennt das Wesen des

---

5) Der Grundgedanke ist die metaphysische Auffassung des logischen Vrh. von Thesis, Antithesis u. Synthesis: Gott als verborgner Urgrund aller Dinge, der Vater; in seiner Offnb. o. Evolution durch die Welt der sich selbst anschauende Gott, der *Logos* o. Sohn; in sr. Rückkehr aus diesem Ggns. in sich selbst, der H. Geist. SCHL [in Jena]: „Die erste Idee des Xthums ist der Menschgewordne Gott Xtus, als Gipfel u. Ende der alten Götterwelt. Auch er verendlicht in sich das Göttl., aber er zieht nicht die Menschh. in ihrer Hoheit, sdn. in ihrer Niedrigkeit an, u. steht als eine von Ewigk. zwar beschloſsne, aber in der Zeit vergängl. Erscheinung da, als Gränze der beiden Welten; er selbst geht zurück ins Unsichtb. u. verheiſst statt sr. nicht das ins Endl. kommende, im Endl. bleibende Pr., sdn. den Geist, das ideale Pr., welches das Endl. zum Unendl. zurückführt, u. als solches das Licht der neuern Zeit ist. Versöhnung des von Gott abgefallnen Endl. durch seine eigne Geburt in die Endlichk. ist der erste Gedanke des Xthums u. die Vollendung sr. ganzen Ansicht des Universums u. der Gesch. desselben in der Idee der Dreieinigk., welche ebendsw. in ihm schlechthin nothw. ist. Die Beziehung dieser Idee auf die Gesch. der Welt liegt darin, daſs das ewige, aus dem Wesen des Vaters aller Dinge geborne Sohn Gottes das Endl. selbst ist, wie es in der ewigen Anschauung Gottes ist, u. welches als ein leidender Gott erscheint, der in dem Gipfel sr. Erscheinung, in Xto, die Welt der Endlichk. schlieſst u. die der Unendlichk. o. der Herrschaft des Geistes eröffnet." SCHL [in Berlin]: Die 3 Potenzen des göttl. Urgrundes, welche durch den Proceſs der geschichtl. Offnb. zu Personen werden. HGL: „Gott als lebendiger Geist ist dies: sich von sich zu unterscheiden, ein Andres zu setzen u. in diesem Andern mit sich identisch zu bleiben. Diese ewige Idee ist in der chr. Rel. ausgesprochen als Dreieinigk. Das Reich des Vaters ist Gott in sr. ewigen Idee von sich u. für sich, so zu sagen, vor u. auſser Erschaffung der Welt. Das Reich des Sohnes ist die ewige Idee Gottes im Elemente des Bwsts. o. die Differenz [Sichsetzen Gottes als Andres]. Dieses Andere, als ein Selbständiges entlassen, ist die Welt. Das Reich des Geistes ist die Idee im Element der Gemeinde. Gott ist als Geist, u. dieser Geist als existirend ist die Gemeinde." STRAUSS *I. p.* 490: „Wesentlich ist es, sich bewuſst zu werden, daſs in der specul. Dreieinigkeitslehre der Sohn nicht ein überweltl., jenseitiges Wesen, sdn. eben nur die Welt o. das endl. Bwsts. selbst sein kann."

6) AM: „*Unitas Numinis, e Sc. S. hausta, ad Deum, Trinitas personarum, a Patribus sancita, ad homines referenda est.*" WTT: „Die urchristl. dreifache Ansicht Gottes, als des höchsten Wesens (Vater), als des geoffenbarten in der Welt (Sohn) u. als des wirkenden in der Natur (Geist), enthält alle nothw. Formen eines lebendigen Gottesgl., bei dem wahren Monoth. das Richtige u. Gesunde des Polyth. u. Panth."

7) Das Ich der abs. Liebe fordert ein Du, dem es sich vollständig mittheile, u. beide fordern ein Drittes, in welchem ihre gegenseitige Liebe sich hypostasire. So, nach Richard v. S. Victor, Sartorius u. Schöberlein. LNZ: Die Dialektik der Liebe fordert, daſs auch der Vater ein Moment habe, in dem er unselbständig wird gegen den

Absoluten, macht die selbstbewufste u. sich selbst genügende Lebensfülle zu einer zweiten Person u. hat zu einer dritten nach ihrer eignen Voraussetzung kein Recht. Eine Herabsetzung der drei Personen zu drei verschiednen Offenbarungsformen [LÜCKE: Offenbarung-Tr.] oder zu drei verschiednen Daseinsweisen des Einen persönl. Gottes [DORNER] ist folgerecht die modalistische Auflösung der Tr. Sonach ist das Dogma in sr. scharfen Bestimmtheit wider alle Ggns. u. Ausdeutungen festzuhalten, nur als ein Geheimnifs von unergründl. Tiefe uns geoffenbart. Weil es aber nicht durch eine Speculation über das Wesen Gottes entstanden ist, sdn. die heilige Tr. sich in Thaten zur Rettung unsrer Seele bezeugt hat: so sind die *Opera oeconomica* die Hauptsache, u. die *Notae internae* uns nur kundgethan, damit u. soweit sie dienen, unsern Gl. an jene zu stärken, daher es eigentlich der Gl. an eine göttl. Erlösung u. Heiligung ist, der sich im Dogma der Tr. vollendet,[8]) sonach wie jener der Mittelpunkt des christl. Lebens ist, so dieses in sr. hchren Majestät der Mittelpunkt christl. Wissenschaft.[9])

Sohn, d. h. ganz im Sohne ist. Beide empfangen ihre Selbständigk. wieder im H. G., ohne welchen sie nur einseitig in einander verloren, nicht auch in sich wären. — Ws: wiederanknüpfend an AUGTN als der im kirchl. Dogma gemeinte Begriff eines lebendigen Gottes, der den Grund der Möglichkeit fs. Seins durch die eigne That zur Wirklichk. macht, Gott-Vater als reine Vft., Gott-Sohn als das schöpferische Gemüth, der H. G. die Selbstbestimmung des göttl. Willens. I, 508: „Der göttl. V f t. gegenüber ist das göttl. Gemüth die im Slbstbw. zusammengefafste Fülle einer in dem nie versiegenden Lebensstrome der göttl. Gedanken schwimmenden, die Möglichk. der Mittheilung an eine Welt von Geschöpfen des göttl. Liebewillens in sich bergenden Gefühls- u. Gestaltenzeugung. Die grofse Grundlehre des christl. Gl. dafs Gott sich als Vater von Ewigk. her einen wesensgleichen Sohn erzeugt, gilt uns gleich dem Satze: dafs Gott nicht nur ein unendliches, gegen alle Gränze der Zeit gleichgültiges Gedankenleben in reiner Vft., sdn. auch ein zeugendes Natur- u. Gefühlsleben im Gemüthe führt."
8) Nz. 2. A: „Indem wir durch den Gl. an den Eingebornen im H. G. zur Gemeinsch. des Vaters gelangen, beziehn wir uns mit all unserm chr. Gewordensein u. Werden dergestalt auf das einige göttl. Wesen, welches die Liebe ist, dafs wir im Sohne die sprechende u. vermittelnde Liebe, im Geiste die mittheilende u. belebende, im Vater die grundursachliche u. zugleich die vermittelte Liebe bes. verehren." [5. A: „dergestalt, dafs wir uns in unserm geistl. Sein u. Werden nicht von einer schlechthin einfachen, sdn. von einer zweifachen, u. in ihrer vollständigen Entwicklung dreifachen göttlichen Urhebung, dem Vater, Sohn u. H. Geiste, abhängig fühlen, welche dennoch eine einige nach dem Wesen ist."] PHIL: „Indem der Mittler u. Versöhnergott dem Schöpfer- u. Richtergotte gegenübersteht, erkennen wir, dafs es sich in Schöpfung u. Versöhnung nicht etwa nur um verschiedene Offnbrsweisen desselbigen göttl. Subjectes handelt, sdn. dafs in Gott ein zwiefaches Subject zu unterscheiden ist." Wiefern ferner die subj. Zueignung der Versöhnung nicht unsre eigne That ist, sdn. des uns innewohnenden Gottes: „so unterscheiden wir von dem Gotte mit dem u. von dem Gotte durch den, den Gott in dem wir versöhnt sind. Nur in der Nothwendigk. der zu vollbringenden u. in der Gewifsh. der vollbrachten, obj. Sühne ist auch die Nothwendigk. u. Gewifsh. einer Subjectsunterscheidung in der Gotth. für unser christl. Bwsts. begründet."
9) Insofern ist dieses Dogma esoterisch u. als solches in der K. allezeit angesehn worden. In den Volksunterricht gehört nur der Gl. an Gott Vater, Sohn u. Geist, zunächst verbunden mit den Segnungen, die wir von jeder göttl. Person empfangen; so im Katechismus. Die unmittelbare Beziehung auf das praktisch Erbaul. ist fern u. gezwungen, z. B. HOL: „*Usus practici e mysterio Trinitatis derivandi concernunt partim fiduciam cordis nostri, partim caritatem nostram erga Deum et proximum decla-*

§. 73. ENGEL UND TEUFEL. 147

Loc. X. De angelis bonis et malis.

§. 73. Allgemeine Lehre der H. Schrift u. Kirche.

Die Engel[1]) sind Diener der Vorsehung: die guten positiv u. unmittelbar, indem sie vornehmlich beim Acte der göttl. Offnbgn., aber auch fortwährend den Gläubigen Dienste leisten: die bösen negativ u. mittelbar, indem vornehmlich durch ihre Verführung das Bedürfnifs der Erlösung herbeigeführt wurde, aber auch fortwährend im Kampfe gegen sie das Bedürfnifs eines göttl. Beistandes gefühlt u. die Tugend der Gläubigen bewährt wird. Vor dem Exil kommen meist gute Engel vor, das himml. Heer Gottes 1 *Reg.* 22, 19. *Ps.* 68, 18. u. nur aus *Jo.* 8, 44. 1 *Jo.* 3, 8. *Apoc.* 12, 9. erhellt, dafs unter der Schlange im Paradiese der Teufel verborgen war.[2]) Über die vorzeitl. Art fs. Falles ist nichts Bestimmtes geoffenbart.[3]) Dafs aber nach dem Exil sowohl die Thätigk. der Dämonen als der Gl. an sie hervortrat, u. nicht ohne Einwirkung des persischen Dualismus, dies geschah, weil unter den Heiden der Teufel mächtig war, daher auch gekannt wurde; u. jetzt erst wurde ihm Macht gelassen, nachdem der Monotheismus u. die Treue am Gesetz unter dem Volke Gottes fest begründet war, auch dieses zu versuchen, damit es sich bewähre

---

randam." HAHN: „1) Dieses Geheimnifs bewahrt die Idee des göttl. Lebens, ohne die unstatthafte Annahme einer ewigen Schöpfung; 2) erleichtert den Gedanken der Offnb. Gottes, ohne aufzuheben den Gedanken sr. Unerforschlichkeit; 3) stellt Gott in sr. Offnb., insbes. im Sohne, als uns verwandt, nahe, ohne aufzuheben die nothw. Idee der Unermefslichk. seines Wesens, u. entspricht so, ohne die Wahrh. des Monoth. zu verleugnen, einem geistigen Bedürfn., das dem Polyth. zum Grunde liegt." Vielmehr ist das Dogma praktisch allein, aber auch vollkommen, nur in der Wissensch., indem durch dasselbe erkannt wird, wie Erlösung u. Heiligung möglich war, geschah u. geschieht; was auch die AKD erkannten. QUEN: „*Mysterium S. Tr. creditu est necessarium, cum ex necessitate praecepti div., tum ex necessitate medii, s. tamquam objectum theoreticum omnis fidei justificantis. Ignorato vel negato Tr. mysterio, tota salutis oixoroµia ignoratur vel negatur.*"

1) QUEN: „*Nomen Angeli* [ἄγγελος, הַמַלְאָךְ] *non naturae est, sed officii, et significat missum, legatum, nuntium. Hinc Augustinus: Quaeris naturae nomen, spiritus est; quaeris officium, angelus est.*" In der H. S. werden daher Engel genannt: Boten, Diener überhaupt *Jes.* 6, 17. *Lc.* 9, 52.; als Gottesboten insbesondre: Lehrer, Propheten *Mal.* 2, 7. *Mc.* 1, 2., Naturerscheinungen im Dienste der Vorsehung *Ps.* 78, 49. 104, 4. 2 *Sam.* 24, 15 ss., übermenschl. Wesen als gute Engel κατ' ἐξοχήν, als solche בְּנֵי הָאֱלֹהִים *Gen.* 6, 2. *Ps.* 89, 7. קְדוֹשִׁים *Ps.* 89, 8. *Job.* 5, 1. Doch ist der bibl. Sprachgebrauch von guten u. bösen Engeln [*Mt.* 25, 41. 2 *Ptr.* 2, 4. *Jud.* 6.] nicht zu verwerfen, weil er ihre gemeinsame urspr. Bestimmung u. im Ggns. wider allen Dualismus auch den eigentl. christl. Gl., dafs selbst die Teufel dem Gottesreiche dienen müssen, ausdrückt.

2) שָׂטָן, σατανᾶς, ὁ ἐχθρός, ὁ ἀντίδικος διάβολος, Widersacher. בְּלִיַּעַל [*nequam*], βελίαλ, βελίαρ, ὁ πονηρός, der Nichtswürdige. זְבוּב בַּעַל nach 2 *Reg.* 1, 2. Götze der Ekroniten, βεελζεβούβ, o. auch βεελζεβούλ von זְבוּל chaldäisch *sepulchrum*, o. זֶבֶל *stercus*. Beinamen: ὁ πειράζων, ἄρχων τῶν δαιμονίων, ὁ τοῦ κόσμου ἄρχων, ὁ θεὸς τοῦ αἰῶνος τούτου. In der *Apoc.* ὁ κατήγορος, κατήγωρ, ὁ δράκων, ὁ ὄφις ἀρχαῖος, ὁ ἄγγελος τοῦ ἀβύσσου. Seine Engel: πνεύματα πονηρά, ἀκάθαρτα, κακοδαίμονες, δαίμονες.

3) Denn 2 *Ptr.* 2, 4. *Jud.* 6 liegt ebenso diesseit des menschl. Sündenfalles wie *Gen.* 6, 1 ss. Nach HFM spräche Xtus *Lc.* 10, 18. eine Erinnerung an das Ereignifs aus, das er in seinem vorzeitl. Dasein mit angesehn.

10 *

gleich Hiob. Zugleich aber, damit der Mensch nicht hülflos den unterirdischen Gewalten Preis gegeben würde, trat der Engel Schutz ihm näher, daher seit dem Exil eine genauere Kenntnifs ihrer Namen u. Ordnungen;[4] welche ursächl. Verbindung besonders im Buche Tobi offenbar liegt. Als aber die Verführung u. Macht des Teufels ein äufserstes erreicht hatte, trat die Erlösung ein, weil jetzt ihr Bedürfnifs am grüfsten u. offenbarsten war. Daher um Jesu Zeit die dämonische Gewalt als ein geordnetes Reich unter einem Haupte [βασιλεία τοῦ Σατανᾶ] wirksam erscheint, wie niemals sonst *Mt.* 12, 26. *Jo.* 14, 30. Xtus aber, dem zu dienen die bei der Einführung des Xthums vielfach thätigen Engel allezeit gewärtig waren *Mt.* 4, 11. 26, 53., erschien, die Werke des Teufels zu zerstören 1 *Jo.* 3, 8. u. gab den Gläubigen Gewalt, durch Wachen u. Beten allen Anschlägen des Bösen zu widerstehn *Jac.* 4, 7. 1 *Jo.* 4, 4., obwohl im steten Kampfe *Eph.* 6, 10 *ss.* Da nun durch Ablassen von solchem Kampfe der Teufel im Papstthum abermals grofse Macht gewonnen hatte,[5] wurde die Reformation nöthig, daher damals, wie zu Xti Zeiten, ein schwerer Kampf mit dem Argen. Die Spuren dieses Kampfes zeigen sich mannichfach in den S. B. als Gl. an geistige u. leibl. Gewalt des Teufels;[6])

---

4) Ihre bibl. Beschreibung KL: „*Spiritus Dei ministeriales* (*Ps.* 104, 4. *Apoc.* 7, 1 *ss.*), *sancti* (*Mt.* 25, 31. *Act.* 10, 22.), *sapientes* (1 *Ptr.* 1, 12.), *potentia magna instructi* (*Ps.* 103, 20. *Mt.* 28, 2. 1 *Thss.* 4, 16. 2 *Thss.* 1, 7.), *immortales* (*Lc.* 20, 36.), *beatissimi* (*Mt.* 18, 10. *Hbr.* 12, 22 *ss.*), *laudum Dei praecones* (*Ps.* 103, 20. *Lc.* 1, 19.), *Deo et Xto subjecti* (*Eph.* 1, 20 *s. Col.* 1, 16. *Phil.* 2, 9 *s. Hbr.* 1, 5 *ss.*), *hominum preces et desideria Deo proponentes* (*Zach.* 1, 12. *Tob.* 12, 12 *ss. Apoc.* 8, 3 *ss.*) *illisque custodiendis* (*Gen.* 19. *Job.* 33, 23 *ss. Ps.* 34, 8. *Act.* 12, 7 *s.*) *et puniendis* (*Ex.* 12, 12. *Ps.* 35, 5. 78, 49.) *destinati.*"

5) *A. S.* 315: [4] „*Patet-Papae dogma repraesentare ipsum diabolum, dum mendacia papalia de missis, purgatorio, monastica vita, operibus propriis et cultibus fictitiis supra et contra Deum urget, et omnes Xtianos, qui has Papae abominationes supra omnia praedicare nolunt, damnat, trucidat, excruciat: quare sicut diabolum ipsum non possumus adorare et pro domino et Deo colere, ita nec ejus Apostolum, Papam, seu Antichristum, in regno ejus ut caput et dominum ferre possumus.*" 309 *s*: [16] „*Evenit, ut cacodaemones malitiam suam exercerent, et ceu animae defunctorum apparerent, missas, vigilias, peregrinationes et eleemosynas exigerent, horrendis mendaciis et ludibriis.* [19] *Sic scilicet Satanas Papam dementavit, ut ista laudaret et stabiliret.*"

6) *F. C.* 648: [42] „*Satanas, qui per peccatum opus Dei in Adamo miserabiliter corrupit.*" 667: [43] „*Extra Xtum diabolus est dominus et princeps noster.*" *C. mj.* 525: [80 *s.*} „*Diabolus non contentus est, rerum spiritualium procurationem foede conturbare, ut animas suis nugis deductas suo imperio subjiciat, verum manibus pedibusque obstat etiam, enixe studendo, ne qua in terris externarum rerum administratio, aut civilis status, honeste et pacate institutus, diu consistat, unde tot passim lites, jurgia, caedes, motus, seditiones, tumultus ac bella concitat. Insuper tempestates et grandines emittit e nubibus, aut contagione pecus inficit, aut corrupto coeli tractu aërem reddit pestilentem et tabificum. In summa, maxime discruciatur animo, unum aliquem vel bolum panis nos a Deo habere reliquum, eoque pacate vesci. Et si in illius potestate esset constitutum, nec post Deum oratio nostra obstaret, sane ne culmum quidem in agris servaremus incolumem, neque salvum obolum in marsupio, imo nec unius horulae usuram ad vivendum nobis concederet, cumprimis vero iis, qui verbum Dei habent et vere Xtiani esse ex animo cupiunt.*" 405: [12] „*Huc pertinent etiam illi, qui cum diabolo foedus ineunt, ut eos ampliter ditet, aut amicarum compotes faciat, aut pecus a contagione servet incolume, aut rem perditam restituat.*" 533: [115] „*Diabolus non tantum mendax, sed etiam homicida est. Inde fit, ut complures fracta cervice perimat, multos immissa insania rationis usu privet, nonnullos in undis summersos suffocet, ac multos ad mortem voluntariam sibimet consciscendam adigat, aut alios quospiam casus*

§. 74. Engel und Teufel.

über gute Engel wurde mehr negativ bestimmt, dafs sie nicht Gegenstände frommer Verehrung wären,[7]) nach *Col.* 2, 18. *Apoc.* 19, 10. 22, 8 s., dgg. die kath. K. nach langem Schwanken ihnen auf der 2. Synode zu Nicäa 787 zugleich mit den Heiligen rel. Anrufung (προσκύνησις, δουλεία, *adoratio, invocatio*) zugestanden, der H. Trinität jedoch die rel. Anbetung (λατρεία) vorbehalten hat, ein im Volksleben schwer verständlicher u. selten beachteter Unterschied.

§. 74. Engel insgemein.

HOL: „*Angeli sunt spiritus finiti, completi, conditi a Deo, intelligentes, voluntate liberi, et ordinati ad obeundum grata Deo ministeria.*"[1]) *I. Natura Angelorum absolvitur attributis. Attributa sunt:* 1) *Negativa:* a) *Indivisibilitas* [*simplicitas*], *quod non sunt compositi ex partibus essentialibus.*[2]) b) *Invisibilitas substantiae angelicae.* c) *Immutabilitas, non omnimodo, sed comparate talis* [im Vergleiche mit andern Geschöpfen]. d) *Incorruptibilitas, quod non habent in se ipsis principium corruptionis.* e) *Illocalitas, quod loco circumscribi non possunt.*[3]) 2) *Affirmativa:* a) *Vis intellectiva.*[4]) b) *Voluntatis libertas s. potentia appetendi bona et aversandi mala.* c) *Facultas loquendi s. manifestandi aliis con-*

---

terribiles subire compellat." — *A. C.* 85: [18] „*Xtus vicit diabolum, et dedit nobis promissionem et Sp. S., ut auxilio div. vincamus et ipsi.*"

7) *A. S.* 310 s: [26. 28] „*Etsi Angeli in coelo pro nobis orent et Sancti in terris, et fortassis etiam in coelis: tamen inde non sequitur, Angelos et Sanctos a nobis esse invocandos, adorandos et aliis modis honorandos. - Idololatricus cultus de Angelis et defunctis etc.*" *C. min.* 383: [5] „*Tuus sanctus Angelus sit mecum, nc diabolus quidquam in me possit.*"

1) BR: „*Substantiae spirituales, intelligentes, completae et finitae.*" KL: *Naturae spirituales, homine superiores et Deo inferiores.*" *Finitae i. e. creatae, limitatae*, im Ggns. des Absoluten; *completae*, wiefern ihre geistige Substanz ihr zwar abhängiges, doch vollkommnes Sein enthält, während die menschl. Seele *incompleta*, d. i. erst mit dem Körper ein vollständiges Dasein zu führen bestimmt ist. Ihre Schöpfung, als Repräsentanten der Platonischen Idealwelt unter den KV, als *entia simplicia* unter den SL, wird nach *Job.* 38, 7. meist auf den 1. Schöpfungstag gesetzt. Andere rechnen sie zur Schöpfung des Himmels, des Lichts, der Vögel.

2) Nach dem Vorgange einiger KV wurde den Engeln zu Nicäa 787 ein feiner Körper von Äther u. Licht zugeschrieben, in Bezug auf *Mt.* 28, 3. *Lc.* 1, 22. 2, 9. 24, 23. *Act.* 1, 10. 2 *Cor.* 11, 14., so dafs sie den Menschen nur durch angenommene Scheinkörper [*corpora parastatica, ad tempus assumta*] erscheinen; auf der Lateran-Synode 1215 wurde ihnen alle Körperlichk. abgesprochen. Hiernach die AKD: *Sunt Angeli substantiae spirituales, omnis corporeae molis expertes.*

3) Als endl. Naturen sind sie stets an bestimmten Orte, *ubi* [*που*] *definitum*. Der Gotth. kommt zu das *ubi repletivum, omnipraesentia;* den körperl. Geschöpfen das *ubi circumscriptivum s. occupativum, localitas;* den Engeln *alicubitas,* QUEN: „*Non sunt in loco per circumscriptionem, sed coexistunt potius loco corporeo.*" Sie verändern daher auch den Ort, aber *non per operationem, sed per definitionem*, d. h. nicht durch Bewegung, sdn. blos durch den Willen hinsichtlich der einer endlichen Natur wesentlichen Beschränkung im Raume.

4) BR: *Cognitio angelorum triplex constituitur: naturalis bonis et malis communis est propter identitatem naturae; revelata omnibus fuit communis ante lapsum quorundam; beatifica in bono confirmatis unice competit.*" Die natürl. u. geoffnb. Erkenntnifs ist dem Wesen nach gleich, nur dem Grade nach über der menschl. Erkenntnifs, die selige *per beatificam Dei visionem,* so dafs sie auch das Wesen aller Dinge in Gott erkennen.

*ceptus suae mentis.*⁵) d) *Potentia s.* vis quaedam operandi extra se, quae magna quidem est, sed limitata, ita, ut mirabilia, non miracula [*p.* 133] *edant. Ps.* 103, 20. *Mt.* 12, 29. 2 *Thss.* 1, 7. e) *Duratio aeviterna,* non aeternitas, sed aevum, i. e. duratio habens initium, sed expers finis. f) *Ubietas definitiva.* g) *Agilitas* summa. Die 3 Letzten sind nur affirmat. Bezeichnungen von *incorruptibilitas* u. *illocalitas.* II. *Status est originalis vel originalem secutus.* 1) *Quoad st. originalem* Angeli omnes initio sunt aequaliter sancti a Deo conditi, liberum tamen arbitrium habuerunt ad standum et labendum.⁶) 2) *Ratione status originalem secuti* quidam Angeli in concreata bonitate perstiterunt atque in ea a Deo confirmati sunt, aliqui vero peccando a Creatore defecerunt. Hinc distinctio orta est inter a) *st. gloriae s. confirmationis*, et b) *st. indurationis s. damnationis.*⁷) Diese Scheidung geschah noch vor dem Sündenfalle des Menschen, *Gen.* 3, 1 ss. [*cf. Jo.* 8, 44.] 3, 24.

§. 75. Gute Engel.

Hol: *Angeli boni sunt, qui in concreata sapientia et sanctitate perstiterunt, et a Deo lumine gloriae illustrati, atque adeo in bono confirmati sunt, ut a periculo peccandi immunes Deum clare intueantur, ejusque bonitate perpetuo fruantur.*"¹) Ihr Beharren war, bei dem Abfall anderer, Gehorsam gegen Gott, ohne dafs sich die Thatsachen desselben näher bestimmen lassen.²) Ihre Unmöglichkeit zu sündigen [*impeccabilitas*] ist kein Zwang, sdn. die höchste Freih., welche nachdem sie einmal das Gute erwählt hat, in seliger Vereinigung mit Gott jede Möglichk. des Bösen ausschliefst.³) Sie haben eine bestimmte,

---

5) Br: „*Quamvis enim Deo loqui possint per solas cogitationes, tamen quomodo inter se loquantur, explicatu difficile est. Probabilior prae caeteris ea est sententia, quod species intelligibiles alter alterius intellectui libere imprimat. Hominibus similiter et praeterea etiam per phantasmata phantasiae hominum objecta loqui posse videntur. Plerumque tamen in Sc. S. locuti leguntur voce sensibili et distincta, ad vocis humanae imitationem efformata in aëre; quae tamen Angelis naturalis dici non potest, cum non fiat organis ad formandam vocem naturalem requisitis.*"

6) Die angeborne Heiligk. wird demnach richtiger als Unschuld u. angebornes Sittengesetz bestimmt, wie dieses in der coordinirten Def. [Quen. *I. p.* 447.] nur allzustark ausgedrückt ist: „*Conditi sunt ad bonum et malum morale indifferentes.*"

7) In Bezug auf diese Unterscheidungen vollständige Definition nach Quen: „*Angeli sunt spiritus finiti, completi, intelligentes, insigni potentia instructi et in justitia et sanctitate a Deo initio conditi, ad Dei gloriam et hominum ministerium, quorum aliqui liberrima voluntate a Creatore suo et concreata perfectione defecerunt, et propterea non tantum gratia et felicitate, quam habuerunt, sed etiam beatifica Dei visione, quam habere potuissent, privati et in ignem infernalem ad perpetuos cruciatus sine omni spe veniae conjecti sunt. Reliqui vero in statu suo originali perstiterunt, et in bono a Deo confirmati sunt ita, ut nunquam eo excidere, aut labi neque velint, neque possint, Deoque aeternum fruantur.*"

1) Hk: „*Naturae sanctae inter divinitatem humanitatemque mediae.*" Rkh: „*Spiritus, homine perfectiores ac beati, providentiae div. ministri.*"

2) Br: „*Sunt, qui Angelis his peculiarem operationem assignant, positam in pugna contra malos Angelos, et resistentia insultibus eorum opposita; de quo tamen Scriptura S. silet.*"

3) Br: *Postquam obedientiam, labentibus aliis, Deo constantes exhibuerunt, placuit Deo, eos lumine gloriae implere, ut ipsum Deum clare et intuitive possent cognoscere. Mt.* 18, 10. *Secutus est hanc visionem amor intensissimus, quo voluntas Angelorum Deo ita inhaerere coepit, ut ab eo averti non posset. Et sic facta est con-*

§. 75. GUTE ENGEL. §. 76. BÖSE ENGEL.

uns unbekannte Rangordnung. [4)] AKD: *Actionum angelicarum* [*officiorum*] *aliae ad ipsam eorum beatitudinem pertinent: aliae sunt ministeriales, quibus Deo et Xto serviunt ac promovent hominum salutem.* 1) *Actiones, quae ad ipsam* b e a t i t u d i n e m *pertinent:* a) e s s e n t i a l i t e r *actus intuitive cognoscendi et intentissime amandi Deum clare cognitum;* b) a c c i d e n t a l i t e r *actus intelligendi objecta alia, a Deo peculiariter revelata, aut per experientiam in Ecc. percepta, v. c. incarnationis mysterium (Lc.* 1, 26. 31. 2, 13.), *conversionem peccatoris (Lc.* 15, 7. 10.), *quibus similiter ex parte voluntatis accedunt actus amoris et gaudii.* 2) *Actiones, quae . ad* m i n i s t e r i u m *spectant:* a) P i i s s i n g u l i s *ministrant, quando eos in ipso vitae* i n i t i o *atque* i n f a n t i a *tuentur* (*Mt.* 18, 10.), *serviunt a* d u l t i o r i b u s *in omni honesta functione (Ps.* 34, 8. 91, 11 *s. Dan.* 6, 23. *Mt.* 1, 19 *s. Jo.* 5, 4. *Act.* 10, 3 *ss.*), *adsunt denique* m o r i e n t i b u s *(Lc.* 16, 22.). [5)] b) *Ratione* s t a t u s e c c l e s i a s t i c i *promovent ministerium verbi, ac speciatim promulgationi Legis Mos. tanquam ministri adfuerunt (Deut.* 33, 2. *Gal.* 3, 19.), *Xti adventum in carne annuntiarunt (Lc.* 1, 26. 2, 9.), *impediunt idololatriae in Ecc. introductionem et intersunt coetibus sacris* (1 *Cor.* 11, 10. 1 *Tim.* 5, 21.). c) S t a t u i p o l i t i c o *ita inserviunt, ut impediant, quominus rumpantur vincula reipublicae (Dan.* 10, 13), *adjuvent magistratum ejusque ministros (Dan.* 6, 22.), *arceant pericula et hostes iniquos affligant* (2 *Reg.* 19, 35. *Jes.* 37, 36.). d) O e c o n o m i a e *ministrant, promovendo conjugia piorum* (*Gen.* 24, 7.), *custodiendo rem familiarem, tuendo pignora familiae, liberos (Ps.* 34, 8. *Mt.* 18, 10.). e) *Munera in* e x t r e m o j u d i c i o *obeunda: honorifica Xti deductio (Mt.* 25, 31.), *judicandorum congregatio (Mt.* 24, 31. *Mc.* 13, 27. 1 *Thss.* 4, 15 *s.*), *piorum ab impiis separatio (Mt.* 13. 41. 49.), *impiorum ad infernum detrusio (Mt.* 13, 42. 50.) *et piorum ad dextram Xti collocatio (Mt.* 25, 33.). — *Propterea decet utique, ut Angelos magnifaciamus, amemus, et caveamus, ne malis actionibus ipsos offendamus; preces autem ad eos dirigere non decet.*

§. 76. Böse Engel.

HOL: „A n g e l i m a l i *sunt, qui in concreata sapientia et justitia*

---

firmatio eorum in b o n o, *s. determinatio voluntatis ad bonum, ut, quicquid agunt, id agant in ordine ad Deum. Sunt per ipsam beatitudinem in bono confirmati.*" QUEN: „*Confirmatio non ademit* l i b e r t a t e m, *sed potius majorem libertatem exinde sunt consecuti. Competit enim illis:* a) L i b e r t a s a c o a c t i o n e, *non enim coacte nunc agunt bona, sed sponte sua. Libere Deum celebrant, non coacte; licet non possint non celebrare.* b) L i b e r t a s e x e r c i t i i *s. contradictionis, quae est, quando quis uno objecto proposito potest velle et non velle, agere et non agere.* c) L i b e r t a s q u a e d a m s p e c i f i c a t i o n i s, *quae est inter hoc et illud bonum libere eligendum. Libertas maxima est, non posse peccare, non posse non bene agere, quem summum gradum libertatis Deus obtinet omnium liberrimus.*"

4) GREG. NAZ: „*Ordo Angelorum notus est ei, qui ipsos ordinavit.*" BU: „*Differre Angelos inter se certis ordinibus dubium non est (Jes.* 6, 2. *Col.* 1, 16. *Eph.* 1, 21. 1 *Thss.* 4, 16.); *an autem etiam specie et essentia differant, non liquet.*" Eine Rangliste wurde durch *P s e u d o - D i o n y s i u s A r e o p a g i t a* nach einem Emanationssystem aufgestellt u. ohne dasselbe durch Gregor d. Gr. in der kath. K. verbreitet: a) ϑρόνοι, χερουβίμ, σεραφίμ, b) ἐξουσίαι, κυριότητες, δυνάμεις, c) ἄγγελοι, ἀρχάγγελοι, ἀρχαί.

5) Das Dasein individueller S c h u t z e n g e l, *genii tutelares*, angedeutet *Mt.* 18, 10. *Act.* 12, 15. *Tob.* 12, 12. u. hergebracht unter Griechen u. Römern, wurde meist von den KV u. von LUTHER für wahr, von den meisten AKD für wahrscheinlich geachtet.

non perseverarunt, sed sponte sua a Deo et regula recti aversi, perpetui facti sunt Dei hominumque hostes, aeternis cruciatibus torquendi."
Über ihren Fall wird nur bestimmt, daſs er mit Freih.¹) u. durch gegenseitige Verführung geschehn sei.²) AKD: *Poenae lapsus sunt:* 1) *privativae s. damni:* a) *amissio sapientiae et sanctitatis concreatae,*³) b) *exclusio a visione Dei beatifica,* c) *defectus omnis spei;* 2) *positivae s. sensus:* a) *voluntatis induratio,*⁴) b) *cruciatus, quos persentiscunt daemones inde a lapsu permagnos, majores subibunt in die extremi judicii,* Mt. 25, 41. *Potentia est quidem humana superior, attamen virtute div. ligata, ut absque permissione Dei nihil efficere valeant. Operationes sunt omnes directae ad labefactationem gloriae div., et ad perniciem temporalem et aeternam, tum hominum singulorum, tum statuum hierarchicorum.* I) *Quod ad singulos homines, et quidem* 1) *ad pios quoquo pertinet, corporibus immittunt morbos Job.* 2, 7. 2 Cor. 12, 7. Lc. 13, 11., *opibus struunt insidias et vim inferunt Job.* 1, 12., *animas a Deo avertere conantur* Lc. 22, 31. *et spectris sensibus illudunt atque formidinem offundunt Sap.* 17, 3 s.⁵) 2) *Impiorum cor-*

---

1) Quen: „*Lapsus hujus nulla alia est causa efficiens, praeterquam ipsorum voluntas sponte a Deo deficiens,* Jo. 8, 44. Jud. 6. 2 Ptr. 2, 4. *Quodnam in specie fuerit peccatum, non liquet. Eorum tamen sententiam, qui affectatam Deiformitatem s. affectationem superioris ὑπεροχῆς fuisse existimant, probabilem reddit tum tentatio, qua Satan nostros parentes aggressus est Gen.* 3, 5. *tum ingenium et perpetuus conatus, quo Dei gloriam in se transferre studet Mt.* 4, 9." Nächst diesem Falle durch Hochmuth war unter Rabbinen u. KV die Meinung hergebracht, nach Gen. 6, 2. 1 Cor. 11, 10., daſs die Engel durch Verlassung ihrer anvertrauten Ämter aus Liebe zu den Töchtern der Menschen gefallen seien; seit dem 5. Jhh. aufgegeben, als zu spät für die Verführung im Paradies.

2) Quen: „*Quo ordine Angeli peccarint, an omnes simul, an unus post alterum, s. an primo unus ceciderit, et alios suo exemplo et persuasione ad apostasiam induxerit, de eo Scholastici disputant, sed ἄτερ γραφῆς.*" Br: „*Lapsus est coetus malorum Angelorum sub certo quodam principe, qui vel exemplo, vel suasione sua caeteros ad societatem peccati induxit. Mt.* 25, 41. Lc. 11, 15. Jo. 8, 44. Apoc. 12, 7 ss."

3) Br: „*Intellectus lumine gratiae et gloriae destitutus, atque in contemplatione irae div. ac suae miseriae defixus, velut obtunditur et caret recto de bonis agendis judicio, h. e. quod Jo.* 8, 44. *dicitur, veritatem non esse in diabolo. Corruptio intellectus diabolici etiam hinc ostendi solet, quod Satanas mortem Xti tanto studio promovit, non sentiens, inde sibi maximam contrahi adversitatem. Quae autem superest cognitio naturalis, ea nihil felicitatis a Deo rejectis addit.*"

4) Br: „*Voluntas obduratur in malo, non ex peculiari influxu aut determinatione Dei, neque ex absoluto decreto: sed propter illam perfectionum intellectus et voluntatis subtractionem, antegresso delicto promeritam. Itaque libertas non importat differentiam ad bonum aut malum, sed* [Willkür ohne Freih.] *versatur circa mala particularia, quatenus ex pluribus hoc eligere et non eligere possunt.*" Man fügt gemeinlich hinzu: *ingens intellectus obscuratio*; allein der Teufel ist ein sehr listiges Wesen. Ohne Gottesweish. [*sapientia concreata*] ist er voll Weltklugh. Quen. I. p. 454: *Est illis aliqua rerum supernaturalium cognitio, sed cum dubitatione, errore et oblivione conjuncta,* Mt. 4, 6. Jo. 13, 2. 1 Cor. 2, 8. *Rerum naturalium scientia, cum naturalis, tum experimentalis, insignis illis est.*" Luther: „*Diabolus est Doctor, non promotus, sed expertus.*" Doch auch: „Wenn der Teufel so klug wäre und schwiege still u. lieſs das Ev. predigen, so würde er weniger Schaden haben. Denn wird das Ev. nicht angefochten, so verrostet's u. hat keine Ursache seine Kraft an den Tag zu legen."

5) Hol: שְׂעִירִים *satyri vulgo dicti, hircorum specie apparentes,* Jes. 13, 21. 34, 14. *fuerunt spectra. Profligantur spectra* a) *fide invicta* b) *precibus ardentibus* c) *seria vitae emendatione* d) *patientia constanti,* 1 Ptr. 5, 9. Eph. 6, 16. Mt. 17, 21. Lc. 11, 24 ss."

§. 76. Böse Engel. §. 77. Polemik u. Apologetik.

*pora animosque obsident.*⁶) II) *Quod ad status hierarchicos pertinet*, 1) *Statui ecclesiastico adversantur:* a) *haereses spargendo, Mt.* 13, 24 ss. b) *conatus piorum Ecclesiae ministrorum impediendo*, 1 *Thss.* 2, 18. c) *auditorum mentes a meditatione et praxi verbi div. avocando, Lc.* 8, 12. d) *persecutiones adversus regnum Xti excitando, Apoc.* 12, 7. 2) *Statum politicum turbant:* a) *harmoniam reipublicae aut intestinis dissidiis, aut externis bellis convellendo*, 1 *Reg.* 22, 21. b) *exitiosa consilia imperantibus suggerendo*, 1 *Chron.* 22, 1. 3) *Statum oeconomicum affligunt:* a) *mentes conjugum distrahendo*, 1 *Cor.* 7, 5. b) *conjugum liberis bonisque insidiando, Job. Tob.* [BR p. 247:] *,,Interim Deus ipse etiam utitur ministerio malorum Angelorum ad castigandos in hoc mundo pios* [*Job.*] *et puniendos impios, tum in vita* (*Ps.* 78, 49.], *tum post mortem* [*Mt.* 18, 34.].'' [CAL. *IV. p.* 346:] *,,Erigimur adversus diaboli potentiam Dei tutela, Xti adversus diabolum victoria et angelica custodia*, 1 *Cor.* 15, 25. *Col.* 2, 15. *Hbr.* 2, 14. 1 *Jo.* 4, 4.''

§. 77. Polemik u. Apologetik.

Zu allen Zeiten,¹) bes. in der modernen Aufklärung, hat der Verstand am Übersinnlichen gezweifelt, daher auch die Geisterwelt verleugnet. Folgerecht achtet der Rts. das Engelreich für eine heil. Sage, da aus der Vft. nur die Möglichk. der Engel erhellt, die Bewohner anderer Weltkörper aber, nach der aufgeklärten Engel-Vorstellung, können nicht auf Erden erscheinen.²) Den Gläubigen ruht

---

6) HOL p. 400 ss: *,,Obsessio diabolica est spiritualis et corporalis. Illa est, qua diabolus animos hominum impiorum excoecat, pessimis consiliis instruit, ad nefanda peccata instigat, eosque, velut laqueis captos, ad voluntatem suam ducit*, 1 *Chron.* 21, 1. *Jo.* 13, 2. *Eph.* 2, 2. 2 *Tim.* 2, 26. *Haec est, qua spiritus impurus, permittente et peccata antegressa vindicante Deo, corpora hominum ingreditur, intra eadem secundum substantiam suam habitat, et in illis operatur, Mt.* 8, 28 ss. 9, 32. 12, 22. *Lc.* 4, 33. *Act.* 8, 7. 19, 12. *Causa efficiens obsessionis est diabolus; causa promerens est peccatum; causa peccatum vindicans aut castigans est Deus; finis intermedius est poena vel castigatio; ultimus est justitiae, sapientiae et potentiae div. manifestatio, Mt.* 15, 28. 1 *Cor.* 5, 5, *Signa obsessionis corporalis recensentur varia, quorum quaedam obsessis sunt propria; quaedam melancholicis, ecstaticis et phreneticis communia: ideoque non disjunctim, sed conjunctim sumenda sunt, ne gravibus morbis afflictos pro obsessis habeamus. - Antidota praesentissima sunt preces et jejunium, Mt.* 17, 21.'' Ob auch fromme Besefsne? ist ein Streitsatz der AKD. QUEN: *,,Quoad corporalem obsessionem subjectum quod est homo, quandoque impius, quandoque pius, quod posterius patet ex ἀναλογίᾳ similium afflictionum, Job.* 2, 6. 2 *Cor.* 12, 7.'' HOL: *,,Observandum est afflictos esse Jobum et Paulum non per internam Satanae inhabitationem, sed externam assistentiam.''*
1) CAL. *IV. p.* 347: *,,Philosophos nonnullos gentiles daemonas negasse constat, quos a Romanis excogitatos esse metus causa Polybius ait. E Judaeis Sadducaei, quum negent spirituales creaturas, daemones esse inficiantur. Quibus accedunt Libertini ac Anabaptistas nonnulli, qui spiritus malos non vere esse personas, sed vitiosas carnis cogitationes, malosque affectus, vel etiam justa Dei judicia censent; Epicurei vero et Luciani illusores atque Athei uti Deum esse et infernum non credunt, sic diabolum esse penitus inficiantur.''*
2) STRAUSS: ,,Diese [menschenähnl. Bewohner anderer Weltkörper] von ihren Wohnplätzen wegfliegen zu lassen, um sie als Engel verwenden zu können, hiefse zum Behuf der Vermittlung zwischen der christl. u. der modernen Vorstellung beide zerstören; denn so unverträglich mit der ersteren ein menschenartiges Zusammenleben u. Treiben der Engel auf dem materiellen Boden eines Weltkörpers ist, so we-

das Dasein wirklicher Engel auf der H. S. ³) Wenn aber Engel sind, d. i. intellectuell u. physisch durch Gott höher begabte, moralisch durch eigne Kraft höher gebildete Wesen, als die Menschen: so mufs auch zugestanden werden, dafs Teufel sein können, denn jene hochbegabten Geister, als freie, konnten fallen, u. durch den Fall sittlich tiefer sinken, als der Mensch bei geringern Gaben. Die Gewifsh. ihres Daseins ruht gleichfalls auf der H. S., da sie th. persönlich erscheinend u. thätig vorgestollt werden, th. Jesus im vertrauten Kreise die Wirksamk. drs. so entschieden voraussetzt, dafs an Accommodation nicht gedacht werden kann. Der Gl. an ihre Einwirkung wurde allerdings überspannt, indem seit 1484 *Innocentius VIII.* gegen Zauberer u. Hexen ein criminelles Verfahren einleitete. Denn obwohl die Möglichk. eines Bündnisses mit dem Teufel nicht geleugnet werden kann, so hat die Wirklichk. doch nur die ungewisse Analogie *Mt.* 4, 9. für sich, u. kann vor menschl. Gerichte niemals sicher erwiesen werden. Daher THOMASIUS mit Recht die Hexenprocesse angriff, die der Teufel selbst erfunden haben mag. Indem aber SEMLER auch die dämonische Besitzung für blosen Wahnsinn erklärte, hat er unsre Zeit, in der die Macht des Teufels durch Xtum gebrochen ist, mit der Zeit Jesu verwechselt, u. die geschichtl. Treue des N. T. ja die Unfehlbark. Jesu selbst verletzt, der Dämonen austrieb als solche. Nachdem auch NKS die bibl. Dämonenbesitzung preisgegeben hatten, wurde sie noch schüchtern [Olshausen] als geistige Einwirkung auf verstimmte Nerven behauptet. Es kann aber jetzt für dämon. Besitzung, wenn sie überhaupt noch vorkommen sollte, nur die j. Krankh. gehalten werden, welche weder auf natürl. Weise erklärt, noch geheilt werden kann; u. auch dann ist möglich, dafs ihr unbekannter Grund in der Natur liege: daher durch blos natürl. Kenntnifs im einzelnen Falle dämon. Besitzung nie zu behaupten ist. Aber das aufgeklärte Verleugnen des Teufels selbst, da seine Existenz u. Wirksamk. doch kraft der H. S. gewifs ist, mufs für den stärksten Beweis sr. List u. Gewalt gehalten werden, um uns in fleischl. Sicherh. zu wiegen, da ein Feind nirgends gefährlicher ist, als wenn seine Existenz u. Macht verkannt wird.⁴) Man hat oft mit der Leugnung des Teufels angefangen u. mit der Verleugnung Xti aufgehört.⁵) Das Zugeständnifs eines Teufels für

---

nig verträgt sich mit der modernen Weltanschauung die Vorstellung Gottes als eines Königs, der durch unmittelb. Befehle seine Diener in Bewegung setzt."

3) HOL *p.* 374 : „*Existentia Angelorum certo innotescit e Scriptura S.*, *et creditur fide divina; ex principiis rationis topice et probabiliter, non apodictice et irrefragabiliter colligitur.*"

4) SARTORIUS [ev. KZ. 858]: „Es gibt keinen gröfsern Gegner der wahren L. vom Satan als ihn selbst. Daher sind auch die welche ihn leugnen wie alle RTen u. Semirationalisten eben die, welche ihm glauben, nehmlich sr. Lüge." Auf dms. luth. Standp. doch Voss: [Satanologie. 851.] „Freilich ist der Satan eine Ironie aller Logik, eine absolute *contradictio in adjecto*."

5) STRAUSS *II. p.* 15: „Ist Xtus gekommen, um die Werke des Teufels zu zerstören, so brauchte er nicht zu kommen, wenn es keinen Teufel gab; gibt es einen Teufel, aber nur als Personification des bösen Princips, gut, so genügt auch Xtus als unpersönliche Idee." Aber p. 17: „die L. vom Teufel theilt mit der von den Engeln das Schicksal, in unsrer heutigen Weltanschauung völlig entwurzelt dazuliegen, mithin absterben zu müssen. Die Seite der Übereinstimmung mit dem Absoluten in der creatürl. Welt, für sich in der Einbildungskraft festgehalten, gibt die Vorstellung der

§. 77. Polemik u. Apologetik.

den krchl. Sprachgebrauch [PD] als Sinnbild u. Gipfel alles Bösen gibt th. zu viel. wiefern ein Pr. des Bösen gemeint ist, das neben Gott keinen Raum hat, th. zu wenig, weil die H. S. kein Mährchenbuch ist.[6] Ein kosmisches Pr. titanenhafter Feindschaft gegen Gott, das an sich unpersönlich Persönlichkeit gewonnen habe in einem Reiche gefallner Engel [MRT], ist die unberechtigte Vermittlung dualistischer Phil. mit der H. S. obwohl als Zugeständnifs für die neuerwachte Gläubigkeit, die auch den Teufel wiedereingesetzt hat in sein Reich, ja in Erneuerung alter theosophischer Träume über die Bibel hinauswissend als den präadamitischen Herrn der Erde,[7] o. in persönlicher Bekanntschaft mit ihm,[8] während doch jede Erweisung des Satan aus sinnlicher Erfahrung als dem Verdachte der Phantasie-Täuschung ausgesetzt, o. bei aller Verwahrung dagg. doch nur figürliche Phrase, vielmehr dazu angethan ist, auch den biblischen Glauben an seine Existenz u. Macht zu verdächtigen. Man mufs aber trotz der Gläubigen wie der Ungläubigen einräumen, dafs zur Rel. der Gl. an beide Geisterreiche nur mittelbar gehöre, denn sie sind nur Mittelglieder der Offnb. Der Fromme im Vertraun auf die Vorsehung braucht der Engel nicht bes. zu gedenken, u. im Kampfe wider die Sünde kämpft er auch wider den Teufel; obwohl jenes Vertraun eben durch den Gl. an helfende Engel gestärkt, so wie die stete Wachsamk. im Kampfe durch Kenntnifs der Macht des Versuchers geschärft wird.[9] Jeder Mifsbrauch

---

Engelwelt; wie die Seite des Andersseins u. der Abkehr von Gott die Vorstellung des dämonischen Reichs." Beide als Abstractionen. Dgg. Phil: „Wo das Böse weder als später eingetretene Störung der urspr. gut geschaffnen Natur, noch das innerste Wesen der Sünde als Selbstsucht begriffen wird, da mufs auch die biblisch-kirchl. Satansidee [in sich verfestete Selbstsucht] bestritten werden. *Nullus diabolus, nullus redemtor,* weil unsere subj. u. thatsächl. Erlösung sich nicht vollbringt, so lange wir nicht erkennen, dafs unsre Sündenknechtschaft Satansknechtschaft ist."

6) Vermittelnd Ws: In Gott heiliger Unwille gegen die Möglichk. des Abfalls, im Phantasieleben der Natur Kraft des Widerstandes gegen Gott, beides als Satan.

7) Kurtz: Tohu Vabohu das Trümmergebiet des satan. Reichs. Delitzsch: die Schöpfung ein Kampf Gottes mit dem Satan wie die Erlösung. *cf. p.* 122. Dgg. R. Rothe: Erst nach Abschlufs einer jeden Weltsphäre die sittlich entwickelten Menschen Engel, der Auswurf Dämonen.

8) Vilmar: [Theol. der Thatsachen. 856.]: „Es kommt darauf an, wenn man recht lehren u. die Seelen recht behüten will, des Teufels Zähnefletschen aus der Tiefe gesehen (mit leibl. Augen gesehen; ich meine das ganz unfigürlich), u. sein Hohnlachen aus dem Abgrund gehört zu haben." Dgg. Hfm: „Jesus, der Zeuge dessen, was uranfäuglich mit Satan geschehn u. der einzige Mensch, welchem drs. persönlich entgegengetreten ist."

9) Hol p. 405: „*Confert doctrina de Angelis nobis insignem usum paraeneticum ad fugienda peccata, agendam poenitentiam et colendam virtutem, Lc.* 15, 10. 1 *Cor.* 11, 10; *usum paracleticum, ut de custodia Angelorum in omnibus periculis certi animum erigamus, Ps.* 91, 11 *s.*" Storr §. 52: „*Cum per proprium cujusque vitium Satanae aditus ad humanos animos in graviora mala illiciendos detur* (1 *Cor.* 7, 5.), *ne illa quidem crimina, quae re vera a pravis angelis adjuvantur et accumulantur, purgare licet accusando diabolo, qui, ut alia quaeque externa occasio peccandi, nihil valet, nisi quis sua culpa, quorsum igitur omnia tandem redeunt, internis peccati caussis negligat resistere iis modis, quibus pariter opus est, sive intercesserit hoc nominatim loco ac tempore pravorum angelorum machinatio sive nulla accesserit. Prius autem illud in singulis facinoribus nec possumus quidem internoscere aut pro certo sumere, ut sumunt pro certo, qui utuntur excusatione per se vana. Sed universe tamen fieri posse ac solere, quod in singulis caussis nominatim definire non licet, ideo te-*

aber wird verhütet durch den evang. Gl., dafs die Vorsehung auch durch ihre Engel uns nur schützt, wenn wir das Unsre thun; der Teufel aber wider Xti Wort allezeit zu Schanden werden mufs.

Dritter Theil.

ANTHROPOLOGIA.

§. 78. Prospectus.

Die L. vom Subjecte der Versöhnung hat die rel. Beziehung der Menschh. nachzuweisen, wiefern sie der Versöhnung sowohl fähig als bedürftig ist.[1] Das erste wird vorzugsweise dargestellt in der L. vom Stande der urspr. Vollkommenh. durch göttl. Schöpfung [*status integritatis*], das andre in der L. vom Stande des Elendes durch die Sünde [*status corruptionis*],[2]; so dafs jedoch beides nur in gegen-

---

nendum est, ut memores aridorum in mala nostra [1 Ptr. 5, 8. Eph. 6, 16.) *hostium, quorum vi ac arte malo morali indulgentes homines interdum longius, quam initio ipsi voluerint, provehi possint, tanto circumspectiores simus in fugiendis vitiis* (1 Ptr. 5, 8.), *quae aditum patefaciunt diabolo, et tanto diligentius utamur praesidiis pietatis (Eph. 6, 11 s.), quae eadem valent etiam contra diaboli machinationem.*" Dgg. Schlr: „Da diese im A. T. einheimische Vorstellung auch in das N. T. hinübergekommen ist, u. auf der einen Seite weder etwas unmögliches in sich schliefst noch mit der Grundlage alles gottgläub. Bwsts. im Widerspruch steht, auf der andern Seite aber nirgends in den Kreis der eigentl. chr. L. hineingezogen ist: so kann sie auch ferner in der chr. Sprache vorkommen, ohne jedoch dafs wir verpflichtet wären, etwas über ihre Realität festzustellen. Das einzige, was als L. aufgestellt werden kann, ist dieses, dafs, ob Engel sind, auf unsre Handlungsweise keinen Einflufs haben darf, u. dafs Offnbgn. ihres Daseins jetzt nicht mehr zu erwarten sind. Was auch über den Teufel ausgesagt werde, so darf doch der Gl. an ihn auf keine Weise als eine Bedingung des Gl. an Gott o. an Xtum aufgestellt werden, u. von einem Einflusse desselben innerhalb des Reiches Gottes nicht die Rede sein." Nz: „Begründend o. bestimmend wirken die Engel weder auf unsern Gl. noch auf unsre Liebe ein. Daher im strengen Sinne von einem Gl. an die Engel, (welcher sogar fehlerhaft wäre) o. von einer Pflicht gegen sie, die wir in dieser Zeitlichk. zu erfüllen hätten, nicht die Rede sein kann."

1) Quen. *II. p. 1: „Subjectum Theologiae est homo, de primo felici suo statu deturbatus in miseriam, ad Deum et aeternam salutem perducendus.*" Hol p. 461: „*Citra lapsum hominis considerandus est, tum terminus, a quo, tum terminus, ad quem. Terminus a quo est status innocentiae. Miseria hominis lapsi accurate expendi nequit, nisi exacte ponderetur cum antegressa felicitate, qua homo a Deo aversus se ipsum privavit. Privatio namque cognoscitur ex opposito habitu et gravitas mali aestimatur ex amisso bono.*"

2) Quen: „*Quinque numerantur hominis status: Primus est* in t e g r i t a t i s, *in quo primus homo est conditus; secundus est* p e c c a t i *s. praevaricationis, in quem per lapsum semetipsum praecipitavit; tertius est* g r a t i a e *s. instaurationis per Xtum, in quo sunt omnes renati in hac vita; quartus est* g l o r i a e *respectu beatorum, et quintus st.* i g n o m i n i a e *s. damnationis respectu damnatorum. Scholastici et Pontificii superaddunt st. sextum hominis sine gratia Dei et sine ullo peccato constituti in* p u r i s n a t u r a l i b u s [cf. p. 158], *sed in tali statu homo nunquam fuit, nec esse potuit.*" Nach dieser Eintheilung wäre in der L. vom Menschen fast die ganze DK enthalten, deren Subj. er ist. Aber herkömmlich wird in der Anthrop. nur vom Zustande des Menschen gehandelt, wie es aufserhalb des Xthums sein würde, *status naturae*, so dafs hierdurch die alleinseligmachende Nothw. des Xthums als *status gratiae* scharf hervortritt. Jener wird betrachtet als *status naturae tum* i n t e g r a e *tum* c o r r u-

§. 79. Schöpfung des Menschen.

seitiger Beziehung erkannt wird: denn der erste Stand an sich würde die Fähigk., nicht das Bedürfnifs der Versöhnung, der andre an sich das Bedürfnifs, nicht die Fähigk. darthun: der erste in solcher einseitigen Betrachtung durch den Pelagianismus, der andre durch den Manichäismus das Xthum aufhebend.

Loc. XI. De Statu Integritatis.

§. 79. Der Mensch als göttliches Geschöpf.

Hol: „*Homo est animal, constans anima rationali et corpore organico, a Deo conditum, ipsiusque imagine in prima creatione condecoratum, ad Creatorem sincere colendum, vitam pie traducendam, et aeternam beatitatem consequendam.*"[1] Alle Würde u. rel. Bestimmung des Menschen beruht auf sr. Abkunft von Gott. Die Schöpfung der ersten Menschen ist im allg. ausgesprochen *Gen.* 1, 26 s., ausführlicher dargestellt *Gen.* 2, 7 ss. u. findet darüber dieselbe Verschiedenh. der Ansichten statt, wie über die Schöpfung insgemein [§. 64]. Die Abstammung aller Menschen von einem Paare ist nach dem Naturgesetze der Sparsamk. wahrscheinlich, durch die Fruchtbark. der Paarung zwischen Menschen der verschiedensten Farbe u. Bildung bekräftigt, durch die Racenverschiedenh. bei den gemeinsamen Hauptorganen u. den vielfachen Mittelstufen nicht widersprochen, mit der Verstreuung in alle Welttheile durch Wanderzüge u. Erdrevolutionen vereinbar, für die Anerkennung der Gleichh. u. Verbrüderung aller Menschen bedeutsam, für den Bgr. der Erbsünde dogmatisch wichtig.[2] Die Gegengründe einer ungläubigen Naturforschung sind so wandelbar, dafs dieselbe vor wenig Jahren die Entstehung des Negers aus dem Kaukasier als unmöglich erwies, während sie derzeit die Entstehung des Menschen aus dem Affen und nach Darwins Transmuta-

---

ptae, dieser als *status gratiae inchoatae et completae,* d. i. Soterologie u. Eschatologie.

1) Gewöhnl. Def: *Animal rationale.* Rnh: „*Homo est natura ratione et artificioso corpore, in sensus incurrente, praedita. Anima est natura simplex, ratione et libertate praedita, et cum artificioso corpore conjuncta. Corpus est artificiosa machina imperio mentis subjecta.*" In der H. S: אָדָם, בֶּן אָדָם, ἄνθρωπος υἱὸς τοῦ ἀνθρώπου. Vorherrschend ist die Dichotomie in ein geistiges u. sinnliches Princip; das erstere: רוּחַ, נֶפֶשׁ, נְשָׁמָה als Odem des Lebens von Gott seinem Gebilde eingehaucht [*Gen.* 2, 7.], πνεῦμα, ψυχή, πνοὴ ζωῆς, ὁ ἔσω ἄνθρωπος; das andre: בָּשָׂר, עֶצֶם, σῶμα, σάρξ, ἐκ τῆς γῆς χοϊκός, ὁ ἔξω ἄνθρωπος, *Mt.* 10, 28. 2 *Cor.* 4, 16. 1 *Cor.* 15, 45. Doch ist auch eine Trichotomie angedeutet [1 *Thss.* 5, 23. *Hbr.* 4, 12.], in welcher ψυχὴ unterschieden wird von σῶμα als die sinnl. den Körper belebende Kraft, beide aber dem πνεῦμα entgegengesetzt, so dafs also ψυχικὸς gleich ist mit σαρκικός, entgegengesetzt dem πνευματικός, 1 *Cor.* 2, 14 s. 15, 44 ss. Viele KV nahmen diese Platonische Unterscheidung von *spiritus, anima* u. *corpus* an, die AKD gingen auf den urspr. Ggns. von Fleisch u. Geist zurück. *Rom.* 7, 15 s.

2) Im Ggns. der Hypothese *a)* von Coadamiten, mehrern urspr. Menschenarten; *b)* von Präadamiten, Menschen vor Adam; bes. ausgebildet durch Isaacus Peyrerius [*Prae-Adamitae, Amst.* 655. 4.], nach welchem *Gen.* 1. die Schöpfung der ersten Menschen, aber *Gen.* 2. nur die spätere Schöpfung Adams, des Stammvaters der Juden, erzählt werde; *c)* von Autochthonen, nach der modernen Weltweisheit [Strauss II. p. 681 ff.] als aus dem Erdplaneten in seinem Urzustande durch *generatio aequivoca* zu Tausenden geboren wie heutzutage Bandwürmer.

tionstheorie die sich durchkämpfende Entwicklung des Menschen u. aller organischen Wesen in all' ihren Individualitäten aus einem einfachsten Organismus als nothw. erklärt. Wie die ersten Menschen unmittelbar, so sind ihre Nachkommen mittelbar Geschöpfe Gottes, *Ps.* 139, 13 *s. Act.* 17, 26. *Hbr.* 12, 9. Ihre Ableitung von Gott wird daher beschrieben als *creatio mediata per omnipotentiam ordinatam*, im Ggns. der Schöpfung Adams, *creatio immediata per omnipotentiam absolutam*. Über die Art der Abstammung lehrt *a)* der **Präexistentianismus**, dafs die Seelen, am Anfange der Welt von Gott erschaffen, sich mit dem Fötus vereinigen; *b)* der **Creatianismus**, dafs Gott zu jeder Erzeugung eine Seele unmittelbar erschaffe u. [am 40. Tage] mit dem Embryo verbinde; *c)* der **Traducianismus**, dafs mit dem Leibe auch die Seelen durch die Zeugung, *per traducem*, fortgepflanzt werden. Zur ersten Ansicht bekennen sich Platon u. die Rabbinen; zur zweiten Aristoteles, Hieronymus, Pelagius, Bellarmin, Calixt; zur dritten als der Grundlage für das strenggefafste Dogma der Erbs., nach Andeutungen von Tertullian u. Augustin, die ÄKD; u. die neuere Physiologie, der nicht die Seele blos als die Blüthe des Leibes erscheint, hat nicht vermocht tiefer in das Geheimnifs der individuellen Geistesentstehung einzudringen.

§. 80. Die ursprüngliche Vollkommenheit.

Von einer urspr. Vollkommenh. des Menschen ist nur die Rede in Bezug auf ihren Verlust u. ihre Wiederherstellung. Gott sah, dafs, wie seine ganze Schöpfung, auch die Menschen gut waren u. segnete sie. Sie lebten im Garten der Wonne [גַּן־עֵדֶן, persisch פַרְדֵּס παράδεισος], die Thiere ihnen unterthan, ohne den Keim des Todes, in Unschuld u. im Umgange mit Gott [*Gen.* 1. 2.]. Denn der Mensch ist geschaffen nach Gottes Bilde *Gen.* 1, 26 *s.*[1]) u. dieses wird th. als bleibend, *Gen.* 5, 1 *ss.* 9, 6. *Sap.* 2, 23. 1 *Cor.* 11, 7. *Jac.* 3, 9., th. als ein verlornes u. wiederzugewinnendes Ideal vorgestellt.[2]) Der krchl. Sprachgebrauch umfafste alles urspr. Hohe u. Religiöse im Menschen unter dem göttl. Ebenbilde. Das Vrh. des Bleibenden, welches die griech. KV, zum Verlornen, welches die lat. KV hervorhoben, wurde von SL zum Dogma ausgebildet: der Mensch ist geschaffen *in puris naturalibus* d. h. mit den natürlichen Anlagen zur Rel.,[3]) wozu gleich bei der Schöpfung als *donum supernaturale* kam *justitia originalis* d. h. Heiligk. [rel. Vollendung] u. Unsterblichk., die natürl. Anlage wurde durch die Sünde nur geschwächt, die übernat. Gabe ging verloren.[4])

---

1) בְּצַלְמֵנוּ כִּדְמוּתֵנוּ, κατ' εἰκόνα καὶ καθ' ὁμοίωσιν θεοῦ. Die beiden Bezeichnungen nur als Verstärkung des Begriffs *imago simillima*.

2) *Eph.* 4, 23 *s. Ἀνανεοῦσθαι τῷ πνεύματι τοῦ νοὸς ὑμῶν, καὶ ἐνδύσασθαι τὸν καινὸν ἄνθρωπον, τὸν κατὰ θεὸν κτισθέντα ἐν δικαιοσύνῃ καὶ ὁσιότητι τῆς ἀληθείας. Col.* 3, 9 *s.*

3) Nach einer schon den KV bekannten Unterscheidung nur dieses als Ebenbild εἰκών, die freie Ausbildung als Gottähnlichk. ὁμοίωσις. BELLARMIN. *de gratia c.* 2 : „*Imago, quae est ipsa natura mentis et voluntatis, a solo Deo fieri potuit, similitudo autem, quae in virtute et probitate consistit, a nobis quoque, Deo adjuvante, perficitur.*" Hierzu Möu: „Gott kann uns keine Actionen geben." Dann aber auch nicht die *justitia originalis*.

4) So folgerecht auf kath. Standpunkte auch die neuern Thlgn. *Conc. Trid.* unbestimmt: *Sess.* 5. c. 1 : „*Primum hominem statim sanctitatem et justitiam, in qua*

§. 80. IMAGO DIVINA.

Dagegen in der ev. K. wurde das Ebenbild beschrieben als durchaus anerschaffen, *naturalis*, doch nicht als Wesen, sdn. nur als Eigenschaft der menschl. Natur, *accidentalis* u. *propagabilis*, ein ganz verlorner Zustand der Unschuld u. Heiligk.[5)]
Hiernach die AKD: [HOL.:] *Status integritatis fuit prima, eaque felicissima hominis, ad imaginem Dei creati, conditio. Imago Dei est perfectio naturalis, in excellenti conformitate cum Deo prototypo, sapientia, justitia, puritate, immortalitate et majestate consistens, primis hominibus concreata, ut Creatorem vere agnoscerent pieque colerent, vitam sanctam transigerent et beatitatem gloriosam consequerentur. Imago Dei alia est substantialis, alia accidentalis. Illa est aeternus Dei Filius (2 Cor. 4, 4. Col. 1, 15. Hbr. 1, 3.), quia totam essentiam Patris in se exprimit. Haec est, cujus accidentales perfectiones infinitis Dei perfectionibus, secundum modum capacitatis humanae, conformes sunt. Imago Dei accidentalis sumitur generaliter et abusive pro generali quadam analogia aut convenientia cum Deo, specialiter et proprie pro excellenti et simillima conformitate cum Deo archetypo.*"[6)] Genauer ausgedrückt, gehört zum Ebenb. im weitern Sinne alles, wodurch der Mensch ein vernünftiges Wesen ist in weltl. Dingen, dieses kann nicht verloren u. nur vom Wahnsinne verdüstert werden; im engern Sinne ist alles Religiöse darunter begriffen, nur dieses als verloren ist Gegenstand der DK, u. wird nach seinen mehr o. minder wesentl. Eigenschaften beschrieben, von denen nur die erstern, die rein geistigen, im genauern Sinne zur

---

constitutus fuerat, amisisse." Bestimmter *Cat. Rom.* 1, 2, 19: „*Deus hominem sic effinxit, ut non quidem naturae ipsius vi, sed divino beneficio immortalis esset. Quod ad animam pertinet, eam ad imaginem et similitudinem suam formavit liberumque ei arbitrium tribuit; omnes praeterea motus animi atque appetitiones ita temperavit, ut rationis imperio nunquam non parerent. Tum originalis justitiae admirabile donum addidit, ac deinde caeteris animantibus praeesse voluit.*"

5) A. C. 53 s: [17] „*Justitia originalis habitura erat non solum aequale temperamentum qualitatum corporis, sed etiam haec dona, notitiam Dei certiorem, timorem Dei, fiduciam Dei, aut certe rectitudinem et vim ista efficiendi. Idque testatur Scriptura, cum inquit, (Gen.* 1, 29.) *hominem ad imaginem et similitudinem Dei conditum esse. Quod quid est aliud, nisi in homine hanc sapientiam et justitiam effigiatam esse, quae Deum apprehenderet, et in qua reluceret Deus, h. e. homini dona esse data, notitiam Dei, timorem Dei, fiduciam erga Deum et similia. Sic enim interpretantur similitudinem Dei Irenaeus et Ambrosius, qui cum alia multa in hanc sententiam dicit, tum ita inquit: Non est ergo anima ad imaginem Dei, in qua Deus non semper est. Et Paulus ad Ephes.* (5, 9.) *et Col.* (3, 10.) *ostendit imaginem Dei notitiam esse, justitiam et veritatem.*" 52: [9] „*Propriis viribus posse diligere Deum super omnia, facere praecepta Dei, quid aliud est, quam habere justitiam originis? Quod si has tantas vires habet humana natura, ut per sese possit diligere Deum super omnia, ut confidenter affirmant Scholastici, quid erit peccatum originis?*"

6) QUEN. *II.* p. 3: „*Imago Dei accipitur vel improprie, atque sic quidem vel pro ipsa essentia animae, intelligendi et volendi facultate praeditae: - quo pertinet illud Bernardi: Imago Dei in Gehenna ipsa videri poterit non ezuri; ardere, sed non deleri; et quocunque perceniet anima, simul et ipsa erit, - vel pro generali quadam congruentia et analogia, qua anima hominis quaedam θεῖα exprimit, s. exemplar quoddam divinitatis; vel pro dominio in animantia, quod accidentaliter saltem imaginem Dei respicit. Vel sumitur proprie pro ipsis donis et bonis homini in prima creatione concessis et per lapsum amissis.*" BNH p. 265 s: „*Imago div. est ea primorum hominum praestantia, qua ob aliquam cum ipso Deo similitudinem animantia reliqua superabant.*

justitia originalis gehören.[7]) QUEN: „1) *Principalis conformitas sita fuit in anima*. a) *Conformitas intellectus humani cum Dei scientia et sapientia* (*Gen.* 2, 19. 23 s. *Col.* 3, 10).[8]) b) *Voluntatis conformitas cum Dei sanctitate et libertate* (*Eph.* 4, 25.).[9]) c) *Appetitus sensitivi conformitas cum Dei puritate* (*Gen.* 2, 25.).[10]) 2) *Secundaria conformitas consistebat partim in homine* [*corpore*], *partim extra hominem*. a) *Repraesentavit corpus immutabilitatem Dei per impassibilitatem s. immunitatem a calamitatibus vitae*,[11]) *et aeternitatem Dei per immortalitatem s. possibilitatem non moriendi*[12]) (*Gen.* 2, 17. 25. 3, 19. *Sir.* 38, 15. *Sap.* 2, 23. s. *Rom.* 5, 12. 6, 23.). b) *Perfectio extra hominem fuit conformitas externa*

Late dicta est ea primorum hominum praestantia, quae ratione et arbitrio continebatur. Stricte dicta est praestantia animi ejusque facultatum, hominibus primis in statu innocentiae propria."

7) QUEN: „*Differunt imago Dei et justitia originalis ut totum et pars. Imago tam principalem, quam secundariam cum Deo conformitatem complectitur, justitia originalis tantum de principali conformitate accipi solet.*"

8) HOL:⁕„*Lux et perfectio habitualis intellectus, homini integro concreata, ad cognoscendum Deum, seipsum et creaturas tanta fuit, quantam post lapsum nemo in his terris sibi comparare potest. Fuit tamen finita, quia Adamus non cognovit arcana Dei decreta, non cogitationes angelorum et hominum, non omnia cujuslibet speciei individua. Ex quo etiam ulterius perficienda fuit, tum per supernaturalem revelationem, tum per experientiam; proinde non excludit ignorantiam merae negationis, quamvis immunis fuit ab ignorantia pravae dispositionis.*" Diese *sapientia concreata* war demnach zunächst Gotteserkenntnifs; Naturkenntnifs nur, wiefern diese aus der Kenntnifs des Schöpfers von selbst hervorgeht; nicht Kenntnifs besonders in der Cultur begründeter Vrh. Die NKS behandeln diese, wie die andern Eigenschaften, als blose Fähigk. RNH: „*Vis mentis, ad videndum rerum aptissima, omniumque errorum expers.*"

9) QUEN: „*Sanctitas haec non absolutam impeccabilitatem, sed saltem secundum quid immunitatem a peccato in voluntate ejus introduxit. Excludebat* a) *non omnem, etiam remotam, sed saltem naturalem et proximam ad peccandum potentiam,* b) *ipsum peccandi actum; et propterea non impeccabilis proprie, sed potius non-peccabilis dici meretur, quia peccatum evitare potuisset.*" RNH: „*Attributum hominis primi, quo ejus voluntas sensum virtutis* [Gewissen] *ejusque exercendae studium habuit.*"

10) CAL: „*Integritas appetitus sensitivi erat pulcherrima omnium affectuum et cupiditatum harmonia cum recta ratione.*" HOL: „*Puritas appetitus sensitivi erat concreata primo homini perfectio, qua ipsius appetitus prompte et sine lucta recto intellectus judicio et sancto voluntatis imperio se subjiciebat, neque affectibus inordinatis locum dabat.*" Also Reinheit des sinnl. Gefühls, *aequale temperamentum qualitatum corporis.*

11) BR: „*Ipsa membra corporis organici analogiam quandam habent ad attributa divina; vultus ad coelum erectus divinae majestatis speciem praebet.*" HOL: „*Corporis, nulla peccati labe infecti, immunitas a passionibus corruptivis.*"

12) QUEN: „*Disting. inter immunitatem a morte absolutam, qualis erit in altera vita, et hypotheticam s. ordinatam, quae fuit in statu primo, sc. quousque non peccaret homo. Aliud est non posse mori, et aliud posse non mori, aliudque non posse non mori. Hoc peccatoribus omnibus, illud Adamo integro, istud beatis competit.*" HOL: „*Prob.* a) *Deus homini sub hac conditione, si peccaret, mortem interminatus est, Gen.* 2, 17. *Exinde per peccatum mors venit in mundum, Rom.* 5, 18. *Estque mors stipendium peccati, Rom.* 6, 23. *Ergo, absente peccato nullum a morte fuit periculum.* b) *Primus homo conditus erat incorruptibilitate, Sap.* 1, 13 s. c) *Efficacissimum perennis vitae medium conservativum erat arbor vitae, Gen.* 2, 9. 3, 22." AUGTN: *immortalitas minor.*

dominii cum Creatoris potestate et majestate (Gen. 1, 26 ss. 2, 19.).[13] *Adjuncta imaginis Dei sunt:* a) *naturalis ejusdem ac mutabilis inhaesio, Gen.* 1, 27. *Sap.* 2, 23. b) *naturalis propagatio, Gen.* 5, 3. *Rom.* 5, 12. c) *amoenissima habitatio, Gen.* 2, 8. d) *donorum supernaturalium accessio, cujusmodi sunt supernaturalis Dei favor, gratiosa S. Trinitatis inhabitatio*[14] *et resultans inde delectatio."*

§. 81. Polemik u. Apologetik.

1) Anthropomorphiten setzten das Ebenb. blos in körperl. Ähnlichkeit,[1] die Socinianer u. viele Arminianer [nächst der Unsterblichk.] in Herrschaft über die Thiere, wefshalb sie dasselbe dem Weibe grofsentheils absprachen, wie einst die Enkratiten wegen Verachtung des weibl. Geschlechts. 2) Pelagianer u. RTen achten das Ebenb. als rel. Anlage für wenig o. nicht verletzt. 3) Die Katholiken legen die Hauptverletzung in etwas, das ohne eigentlich zum Menschen zu gehören, wie durch Zauber gegeben u. genommen, flüchtig vorüberging, u. daher leicht zu entbehren scheint. 4) NKS, VT u. PD halten das Ebenb. für blose Fähigk. u. Anlage zum Guten, weil anerschaffne Heiligk. undenkbar.

N. 1 beruht th. auf gänzl. Mifsverständnifs th. auf pelag. Tendenz. *N.* 2 ist folgerecht durch das ratst. Princip bedingt, dem der rechte Glaube fehlt, wie an die Zukunft, so an die Vergangenheit unsers Geschlechts. *N.* 3 drückt die Gröfse des Verlustes u. dadurch die Erlösungsbedürftigkeit, aus pelag. Neigung, nicht entschieden genug aus. Nach *N.* 4 müfste zur Heiligk. der Durchgang durch die Sünde gehören u. alle Gnadengaben wären undenkbar. Es ist aber nicht einzusehn, warum die Versöhnung nothw. sei, wenn nicht ein urspr. u. wirkl. Liebesbund zwischen Gott u. Menschh. vorhanden war u. zerstört ist; solchen Bund behauptet die L. vom göttl. Ebenb., wie auf dns. die Sagen der Völker von einem goldnen Zeitalter deuten. In der H. S. steht nichts von einer hinzugekommnen übernatürl. Gabe, sdn. nur, dafs Gott den Menschen erschuf, u. nach sr. Voll-

---

13) BR: „*Dominium in creaturas inferiores, praesertim animantia bruta, - quod positum fuit non solum in jure ac potestate hominis in bestias et creaturas alias, verum etiam in vi ac potentia flectendi ea ad obsequium, sine difficultate et metu inferendi ab illis damni."* ENH: „*Dominium in bestias est concessa primis hominibus a Deo potestas, ope ingenii bestias subigendi iisque sapienter utendi."* Nach den AKD geschah aber die Unterwerfung der Thiere keineswegs durch des Menschen List u. Gewalt als Thierbändiger, sondern durch seine angeborne Majestät, der die Thiere aus natürl. Triebe huldigten.

14) Dies *donum supernaturale* wurde als Annäherung an das kath. Dogma controvers. HOL: „*Sunt quidem Theologi magni nominis, qui censent gratiam Dei et inhabitationem S. Trinitatis fuisse supernaturalem. Attamen si consideramus* 1) *naturam hominis primi nec unquam fuisse, nec esse potuisse integram sine Spiritu dir. inhabitante,* 2) *peccatum originale non tantum corporalem, sed et spiritualem mortem, quae est privatio mysticae unionis animae cum Deo, homini lapso intulisse, iis accedimus auctoribus, qui gratiam div. et inhabitationem S. Tr. primo homini naturalem fuisse statuunt."* Doch erkennt auch er als übernat. Gaben im Paradiese: „*revelatio inprimis extraordinaria et quae ei erunt connexa."* PHIL: „Der Mensch war urspr. von Natur, was er gegenwärtig geworden ist u. werden soll durch die Gnade."

1) Auch BUT u. á. Diese natürlich nur als unvollkommne Vorstellungsweise des Alterthums.

kommenh. konnte er nur das in sr. Art Vollkommne schaffen. Zwar steht auch nichts von anerschaffner Weish. u. Heiligk. darin, u. diese kann freilich nicht gedacht werden als aufgenommen in die Reflexion o. durch Thaten bewährt: aber wer sein Regiment über die Natur mit Namengebung der Thiere begann u. wer vertraulich mit Gott umging, dem konnte ein hohes Natur- u. Gottesbwsts. nicht fehlen, wie es sich zuweilen in der K. an Gläubigen wiederholt hat, die äufserlich vor der Welt wie Kinder waren.[2] Nur ist die KL nicht so zu fassen, als wenn durch den Verlust des göttl. Ebenbildes auch die rel. Anlage u. hiermit die Erlösungsfähigk. zerstört wäre, sdn. nur die Anlage sich aus eigner Kraft zu entwickeln.[3] Die Reformatoren haben hierauf weniger reflectirt, weil ihnen nur darauf alles ankam, das tiefste Gefühl der Sündhaftigk. u. Hülflosigk. auszusprechen. Daher die dgm. Unterscheidung eines weitern u. engern Ebenb. dahin auszubilden ist, dafs beides im rel. Sinne genommen wird. Das engere Ebenb., die wahrhafte Gottesliebe ist verloren: ein Ebenb. im weitern Sinne ist geblieben, nehmlich ein rel. Organ, aber nur kräftig genug, um an Verlornes zu erinnern u. die Hölle der Gottverlassenh. zu fühlen. Das Dogma hat th. die allg. rel. Bedeutung, den Menschen in sr. Verwandtsch. mit Gott als allg. göttl. Offnb. darzustellen, th. die bes. christl. Bedeutung, an sich selbst die Fähigk. u. in Verbindung mit der Erbsünde die Nothw. der bes. Offnb. darzuthun. Nehmlich daraus, dafs der Mensch urspr. mit der Liebe Gottes erschaffen ist, erhellt, dafs diese natürl. Rel. wiederhergestellt werden k a n n; daraus, dafs sie nicht mehr in den natürl. Kräften gefunden wird, folgt, dafs eine übernatürl. Wiederherstellung zu erwarten ist. Daher das göttl. Ebenb. zu predigen ist als einst wirklich u. zur menschl. Natur gehörig, jetzt ihr verloren, aber wiederherstellbar, nicht durch den Menschen, sdn. durch Gott, wiederhergestellt in Xto u. in der Xtenheit durch ihn.

Loc. XII. De Statu Corruptionis.

§. 82. Begriff der Sünde.

Das Bedürfnifs der Versöhnung ruht auf dem Bwsts. des Abfalls von Gott durch die Sünde.[1] *Peccatum est violatio amoris divini*

---

2) SARTORIUS: „Die Gottesliebe ist etwas von Gott Anerschaffnes, nicht vom Menschen Angeschafftes." PHIL: „Der Urzustand ist im Ggns. zur dermaligen Sünde u. in der Analogie unsrer Wiederherstellung zu denken; jene ist nicht allein durch den Willen des Einzelnen, diese nur als neue göttl. Schöpfung. Wäre Adam nur mit der formalen Freih. geschaffen, so wäre der Mensch in der höchsten Beziehung der Schöpfer sr. selbst. Hiernach ist die O r i g i n a l j u s t i z die anerschaffne gottwohlgefällige Richtung des Willens in der Zuständlichk. der heiligen Liebe, doch nicht als unwandelb. Bestimmth., als vollendete Heiligk. u. vollk. Gottschauen, sdn. als auch Andersseinkönnen u. Entwicklungsfähigkeit."

3) *F. C.* 658: [12] *Scriptura hominis naturalis intellectui et voluntati omnem capacitatem in rebus spiritualibus aliquid boni ex semetipso cogitandi, operandi et cooperandi adimit. cf.* §. 84, nt. 5, §. 86, nt. 7.

1) In der H. S. als Verirrung vom rechten Wege: חֲטָאָה, שְׁגָגָה, חֵטְא, ἁμαρτία, ἁμάρτημα. Übertretung, Ungerechtigkeit: פֶּשַׁע, ἀνομία, ἀδικία, παράβασις. Abfall, Gottlosigkeit: פֶּשַׁע, סָרַר, ἀποστασία, ἀσέβεια. Fall: מַעַל, παράπτωμα. Nichtigkeit:

§. 82. Begriff der Sünde.

sive religionis.²) Daher wird in der H. S. die Sünde als Feindsch. wider Gott angeschn, *Rom.* 8, 7. u. aus ihrem allg. Bwsts. das allg. Bedürfnifs der Erlösung abgeleitet, *Gal.* 3, 22. Es liegt im Wesen der Rel., dafs die Sünde, welche ihr Gegentheil ist, nicht vom Schöpfer, sdn. vom Geschöpfe abgeleitet werde, wie zu allen Zeiten in der K. geschehn ist.³) Als Quell der Sünde gilt vornehmlich die sinnliche Natur des Menschen σάρξ, das Fleisch, *Jo.* 3, 6. *Gal.* 5, 19 ss. mit seinen Begierden gegenüber dem Gesetz, *Rom.* 7, 7. *Eph.* 2, 3. Obwohl daher die Sünde vom Eigenwillen der Creatur ausgeht: so gehört doch keineswegs die freie Einstimmung des Einzelnen zum Bgr. sr. Sünde, sdn. blos eine Verletzung der Liebe Gottes, welche nur im allg. ohne Freih. unmöglich, wiefern die rel. Liebe nur durch Freih. möglich ist.⁴) Die aus der Verletzung hervorgehende S c h u l d ist das Bwsts.

אָשָׁם Schuld: ὀφείλημα. P e c c a t u m leitet Gellius ab von *pellicatus*, *„quod adulterium primo peccatum* ι*eteribus dictum sit*,*"* Salmasius [nach ihm die AKD] von *pecus*, *„more pecudum sine ratione agere,"* im Ggns. von *humanitas*. Tiefsinnig S ü n d e, was der Sühne [*satisfactio*] bedarf; zwar gothisch *sunja*, *sunjo* Hemmung, Irrung, doch auch *sauns λύτρον*. Es ist unter Sünde sowohl ein bleibender Zustand u. Hang [*vitiositas*, Sündhaftigk.] als die einzelne Gesinnung u. That zu verstehn.
2) 1 *Jo.* 3, 4: Ἡ ἁ μ α ρ τ ί α ἐστὶν ἡ ἀνομία. Mel: *„Defectus vel inclinatio vel actio pugnans cum lege Dei*.*"* Cal: *„Illegalitas s. difformitas a lege*.*"* Hol: *„Aberratio a lege divina, creaturas rationales obligante, culpabilis, poenam corporalem atque aeternam inferens*.*"* Rxn: *„Quaevis aberratio a modo tenendae verae felicitatis*.*"* Stdl: *„Was bei dem Menschen mit der ihm von Gott zugewiesnen Bestimmung sich in Widerspruch setzt, sei es einzelne That, Handelsweise o. Gesinnung*.*"* Schlr: *„Wir haben das Bwsts. der Sünde, so oft das in einem Gemüthszustand mitgesetzte o. irgendwie hinzutretende Gottesbwsts. unser Slbstbw. als Unlust bestimmt; u. begreifen defshalb die Sünde als einen posit. Widerstreit des Fleisches gegen den Geist*.*"* Nz: *„Verkehrung der göttl. Ordnung, die sich das persönl. Wesen zu Schulden kommen läfst, durch die es zugleich von Gott abfällt, mit sich u. dem Nächsten zerfällt. u. ein Unrecht begeht, welches gesühnt werden mufs*.*"* J. Müller: [chr. L. v. d. Sünde, S. 39. 5. A. 867. 2 B.] Abwendung von der Liebe Gottes zur Selbstsucht. In der neuern Moral gemeinlich „eine dem Sittenges. zuwiderlaufende Selbstbestimmung des Willens zur gesetzwidrigen That o. Unterlassung*.*"* Cf. nt. 4.
3) *Jac.* 1, 13 s. Μηδεὶς πειραζόμενος λεγέτω, ὅτι ἀπὸ θεοῦ πειράζομαι· ὁ γὰρ θεὸς ἀπείραστός ἐστι κακῶν, πειράζει δὲ αὐτὸς οὐδένα. Ἕκαστος δὲ πειράζεται, ὑπὸ τῆς ἰδίας ἐπιθυμίας· ἐξελκόμενος. C. A. 15: [XIX.] *„Tametsi Deus creat et conservat naturam, tamen causa peccati est voluntas malorum, videlicet diaboli et impiorum, quae non adjuvante Deo avertit se a Deo*.*"* Quen. *II.* p. 40: *„Causa efficiens peccati, qua talis, nullo prorsus modo Deus est, neque ex parte, neque ex toto, neque directe, neque indirecte, neque in specie lapsus Adamitici, sive in genere peccati cujuscunque*. (*Ps.* 5, 5. 45, 8. *Jes.* 43, 22. *Zach.* 8, 17. 1 *Jo.* 1, 5. *Jac.* 1, 13. 17.) *Sed quicquid* ἀνομίας *uspiam est, id omne liberae ipsius creaturae voluntati, in agendo sponte sua deficienti, adscribendum est*. *Ps.* 5, 5. *Hos.* 13, 9. *Mt.* 23, 37.*"* Hinsichtlich der Stellen von einer V e r h ä r t u n g durch Gott *Ex.* 7, 3. *Jes.* 6, 10. *Rom.* 9, 18. cf. Hol p. 492: *„Deus non i n d u r a t homines c a u s a l i t e r aut e f f e c t i v e, cordibus hominum duritiem immittendo, sed j u d i c i a l i t e r, permissive et desertive. Est enim i n d u r a t i o actus judicialis, quo ob antegressam voluntariam et evitabilem malitiam Deus hominem habitualiter malum juste permittit ruere in scelera graviora, eidemque gratiam suam subtrahit et denique Satanae potestati eum tradit, a quo in majora subinde peccata propellitur*.*"*
4) *A. C.* 58: [43] *„Adversarii contendunt, nihil esse peccatum, nisi voluntarium. Hae sententiae apud Philosophos de civili judicio dictae sunt, non de judicio Dei*.*"* Hol p. 501: *„Peccati generatim considerati definitionem non ingreditur τὸ ἑκούσιον s. voluntarium. V o l u n t a r i u m dicitur pecc. vel s u b j e c t i v e, quatenus voluntati*

11 *

des Abfalles von Gott; als Empfindung des verminderten Lebens, das wahrhaft nur im Zusammenhange mit Gott ist als dem Quell des Lebens, Strafe genannt.⁵) Hiernach ist die Sünde weder darzustellen als der nothw. Schein u. das blos Negative in der Weltentwicklung, wie die Pantheisten müssen, noch als nothw. Durchgangspunkt der geistigen Entwicklung, wie die NKS pflegen, denn durch beides wird die Sünde angesehn als nothw. geordnet in der göttl. Weltordnung, also nicht als Sünde: sdn. als ein von Gott, damit freie Wesen sein, zugelafsner, vom Eigenwillen der Creatur ausgehender, der Menschh. gemeinsamer, dennoch nicht nothwendiger Abfall von Gott, dadurch das allg. Bedürfnifs der Versöhnung eintrat.

§. 83. Der Sündenfall.

Der urspr. Abfall des Menschen von Gott geschah nach *Gen.* 3. durch äufsre Verführung u. inneres Gelüst, dadurch Zweifel an der göttl. Güte u. Übertretung des göttl. Gebotes. Die Folgen waren Furcht vor Gott u. durch göttl. Strafurtheil Vertreibung aus dem Paradiese unter die Mühe u. Angst des irdischen Lebens, die nur der Tod enden sollte. Dieser Sündenfall wird *Rom.* 5, 12 ss. 7, 12 ss. 2 *Cor.* 11, 3. 1 *Tim.* 2, 14. u. in den S. B. bei Gelegenh. der Erbs. als Thatsache vorausgesetzt u. von den AKD als solche behauptet. Von den RT u. PD wird er als phil. Mythus o. allegorische Darstellung vom Untergange des goldnen Zeitalters, vom Übergange des Instinctes zur sittl. Freih.¹), von den schädl. Folgen der Sehnsucht nach einem höhern Zustande, vom Ursprunge des Übels u. der Sünde, o. nach Philo's Vorgange als Allegorie des erwachenden Geschlechtstriebes angesehn; von den NKS u. VT zwar als Gesch., aber in bildl. Darstellung; welche Annahme, da der Ausdeutung der vermeinten Bilder-

---

inhaeret, vel efficienter, prout a voluntate deliberata proficiscitur. Posteriore modo non omne peccatum est voluntarium. Antithesis est Pontificiorum et Socinianorum [RT, NKS], *qui pecc. definiunt per voluntariam legis transgressionem,"* welche Ansicht, hergenommen von der nothw. Ordnung bürgerl. Gerichte, mit der orth. L. von der Erbsünde unvereinbar ist. Das Gewissen selbst aber in der rechten Bufse erkennt keineswegs einen gröfsern o. geringern Grad der Schuld an nach dem verschiednen Mafse der Freih., mit der ein Vergehn geschah, sdn. allezeit vor Gott eine unendl. Schuld. Das Thier hat keine Sünde, nicht zunächst, weil es keine Freih., sdn. weil es keine Rel. hat.

5) Hol: „*Culpa est deformitas moralis ex actu legi difformi et creaturae rationali indecoro resultans, atque per modum turpis maculae peccatori adhaerens. Reatus culpae est obligatio, qua homo, propter actum, legi morali difformem, sub macula quasi constrictus tenetur, ut ab illo actu peccator detestabilis censeatur. Poena div. est malum molestum, quo Deus judex offensus culpam antegressam et nondum remissam vindicat, ut justitiam suam demonstret et suam majestatem legisque auctoritatem a contemtu asserat. Reatus poenae est obligatio, qua peccator a Deo, judice irato, obstrictus tenetur ad sustinendam vindictam culpae non remissae.* Rnh: „*Imputatio est judicium, quo affirmamus aliquem esse rei cujusdam, in quam deliberatio cadit, auctorem, s. judicium, quo quis culpae reus habetur."*

1) Hol: „Ohne Sündenfall das Paradies ein Park für Thiere." Ähnlich Ophiten u. Manichäer. Auch Bnt Grundl. des Pietism. p. 29: „So mag denn wohl ein Weiser unter den Juden den Gedanken: — der Mensch muss zufrieden sein, dafs er an Weish. Gott ähnlich ist; auch todfrei, wie die Himmlischen, sein wollen, würde heifsen: Gott gleich sein wollen, — durch diese Lehrerzählung haben wollen anschaulich machen." Von einem Sündenfall ist dann gar nicht die Rede. *Cf.* §. 85, *nt.* 7.

§. 83. Sündenfall.

rede nur willkürlich ein Ziel gesetzt werden kann, folgerecht gleichfalls zur mythischen Ansicht führt, [Nz] „als wahre, nicht als wirkl. Gesch." Der wörtl. hist. Sinn ruht auf der H. S., aus deren innerm Zusammenhange eine allegor. o. myth. Ausschmückung dieser Gesch. nicht erhellt. Nichts darin ist Gottes unwürdig, o. der psychol. Entwicklung unangemessen. Gott gab das Gebot u. liefs die Versuchung zu, damit die anerschaffne Heiligk. im freien Wollen sich bewähre. Die Schlange sprach, entw., wie nach *Jo.* 8, 44. scheint, der Teufel durch sie, o., wie nach *Gen.* 3, 14. scheint, weil Eva *propter sapientiam concreatam* ihre Sprache verstand. Die Verpflichtung des göttl. Gebotes lag in der Liebe zu Gott, die Übertretung war ein Abfall von drs. Die Möglichk. des Abfalls bei der *sanctitas concreata* war durch die Versuchung motivirt, durch die Freih. gegeben, kann aber eben defshalb nicht als nothw. deducirt werden, weil hierdurch die Nothw. der Sünde behauptet würde; vielmehr ist zu behaupten, dafs die Stammältern auch siegen konnten über die Versuchung u. sollten. Die Folge war der Verlust des göttl. Ebenb. im engern Sinne, die äufsre Folge als Strafe zugleich Besserungsmittel. Die Erstreckung der Folgen auf die ganze Menschh. erweist sich in der Erfahrung. Daher ist die L. der AKD hinreichend begründet: Hol: *Peccatum hominum primum s. lapsus est transgressio legis paradisiacae, qua homines protoplasti interdictum div. de non comedendo fructu arboris scientiae boni et mali, a diabolo persuasi, et libertate voluntatis abusi, violarunt, inque se et posteros suos, ordine naturae ex se propagandos, amissa imagine div. grandem culpam et reatum poenae temporalis atque aeternae derivarunt. Causa peccati primi non est Deus, sed diabolus suasor, et homo transgressor legis div., persuasione diaboli victus et libertate arbitrii abusus.*[2] *Parentes primi lapsu suo immediate violarunt legem positivam, mediate et virtualiter inobedientia sua totius legis moralis* [*religionis*] *repagula perfregerunt.*[3] *Lapsus Adami non fuit necessarius propter manifestationem justitiae et misericordiae div."* Die hierher gezogne Frage über die Rechtmäfsigk. der allg. Zurechnung des Sündenfalles gehört zur Erbsünde, mit welcher sie gleich ist.

---

[2] *F. C.* 643: [27] „*Seductione Satanae, per lapsum, justo Dei judicio (in poenam hominum) justitia concreata amissa est.*" Quen. *II. p.* 51: „*Causa externa et principalis erat Satan, agens hic non per impulsionem internam, neque per violentiam extrinsecam, sed per meram suasionem moralem externam; causa instrumentalis serpens erat, isque verus et naturalis, sed a diabolo obsessus. Causa interna et directe efficiens est hominis primi intellectus et voluntas, non ex defectu aliquo interno, qui tum nullus, sed per accidens, ob seductionem externam aberrans, seque a Deo avertens.*" Br p. 376. „*Lapsus protoplastorum perficiebatur actu externo: quem tamen praecesserunt plures actus interni peccaminosi; in intellectu quidem dubitatio de veritate divinae comminationis, mox plenior incredulitas; in voluntate inclinatio inordinata ad similitudinem majorem cum Deo; in appetitu sensitivo motus inordinatus, tendens in objectum sensibus gratum, etsi prohibitum.*"

[3] Quen. *II. p.* 54: „*Complectitur haec deflexio ambitu suo aliquot distinctos actus peccaminosos, quos inter, juxta praeeunte Dei verbum, hic ordo datur: Primus est incredulitas, s. non habita fides verbo Dei. Alter affectatio deiformitatis. Tertius natum inde legem transgrediendi propositum. Quartus propositi hujus deductio in actum.*"

§. 84. Die Erbsünde. Orthodoxe Darstellung.

E protoplastorum lapsu peccatum originale,[1] *tum per imputationem tum per societatem, in omnes eorum posteros redundavit.*[2] *Peccatum originale est ea humanae naturae vitiositas a protoplastorum lapsu exorta, accidentalis, conceptu propagata, omnibus hominibus propria et realis, qua Deum non possunt recte aut agnoscere aut colere, sed ad peccata necessario ruunt, poenis aeternis obnoxii.*[3] *Absolvitur parte negativa et affirmativa.* a) *Pars negativa* [*formale*] *est ea imaginis div. privatio,*[4] *qua homo ad spiritualia ineptus redditur.*[5] b) *Pars*

---

1) QUEN: „*Pecc. originale dicitur, non quod a prima, s. mundi s. hominis, origine extiterit, sed quia partim cum origine cujusvis hominis suam in homine originem nanciscitur, partim quia fons atque origo omnium peccatorum actualium est.*" Der Name seit Tertullian. Man unterscheidet: *pecc. originale originans* der Sündenfall, u. *pecc. orig. originatum* [*derivatum*] die daraus entsprungene Erbsünde, vorzugsweise. *pecc. originale* genannt.

2) *F. C.* 639 s: [9] „*Haereditarium malum est culpa s. reatus, quo fit, ut omnes, propter inobedientiam Adae et Hevae, in odio apud Deum, et natura filii irae simus.*" *A. C.* 51 s: [5 s.] „*Quidam disputant, pecc. orig. non esse aliquid in natura hominis vitium s. corruptionem, sed tantum servitutem s. conditionem mortalitatis, quam propagati ex Adam sustineant, sine aliquo proprio vitio, propter alienam culpam. Nos ut hanc impiam opinionem significaremus nobis displicere, concupiscentiae mentionem fecimus et exposuimus, quod natura corrupta nascatur.*" Sonach nicht durch blose Imputation, sdn. durch wirkl. Theilnahme am Sündenfall u. an seiner Strafe als [AKD] *imputatio immediata et mediata.*

3) MEL: „*Pecc. orig. est carentia justitiae orig., i. e. in natis ex virili semine amissio lucis in mente et aversio voluntatis a Deo et contumacia cordis, ne possint vere obedire legi Dei, secuta lapsum Adae, propter quam corruptionem nati sunt rei et filii irae, i. e. damnati a Deo, nisi fuerit facta remissio. Si quis vult addere, natos etiam propter lapsum Adae reos esse, non impedio.*" KÖN: „*Pecc. orig. est infima atque habitualis totius naturae humanae, justitia originali per lapsum primorum parentum privatae, corruptio, in omnes homines naturaliter ex Adamo descendentes per carnalem generationem propagata, eosdemque reos faciens irae Dei et aeternae damnationis.*" HOL: „*Pecc. orig. est privatio justitiae originalis, cum prava inclinatione conjuncta, totam humanam naturam intime corrumpens, ex lapsu primorum parentum derivata, et per carnalem generationem in omnes homines propagata, ipsos ineptos ad bona spiritualia, ad mala vero propensos reddens, reosque faciens irae div. et aeternae condemnationis.*" In den S. B. ist keine Def. aufgestellt, aber jedes einzelne Moment genau entwickelt u. polemisch gerechtfertigt. *C. A. II. A. C. I. A. S. III. c.* 1. *F. C. I. c.* 1. *II. c.* 1.

4) In der dgm. Entwicklung werden die einzelnen Momente der *just. orig.* beschrieben. Ba p. 367 ss. „*Ex parte intellectus importat pecc. orig. totalem privationem lucis spiritualis, ita ut nec Deum recte cognoscere, neque adeo, qua ratione colendus sit Deus, perfecte praescribere, aut quae divinitus revelata sunt, firmo assensu amplecti possit, imo etiam in his, quae lumini naturae subjacent, impotentiam quandam in cognitione Dei et instituenda vita, Eph.* 5, 8. 1 *Cor.* 2, 14. *Ex parte voluntatis consistit in carentia sanctitatis originalis s. virium diligendi Deum super omnia. Ex parte appetitus sensitivi locum habet privatio obsequii superioribus facultatibus debiti.*"

5) *A. C.* 51: [3] „*Hic locus testatur, nos non solum actus, sed potentiam seu dona efficiendi timorem et fiduciam erga Deum adimere propagatis secundum carnalem naturam.*" *F. C.* 643: [25] „*Verbo Domini docemur, quod corrupta natura ex se et suis viribus in rebus spiritualibus et divinis nihil boni, et ne minimum quidem, utpote ullas bonas cogitationes habeat, et coram Deo nihil aliud, nisi peccare possit.*" 660: [18 s.] „*Manifestum est, liberum arbitrium non modo nihil ad conversionem, justitiam et salutem operari, aut cooperari, sed potius, pro insita sua rebelli et contumaci natura, Deo hostiliter repugnare. Eam ob causam S. Literae hominis non renati cor duro la-*

§. 84. Peccatum originale.

affirmativa [*materiale*] *est concupiscentia, ea sc. naturae humanae depravatio, qua homo ad pessima quaeque rapitur.*⁶) *Tanti verique peccati effectus s. justa poena est ira divina et damnatio aeterna.*⁷) *Affectiones peccati orig. sunt:* a) *Naturalis inhaerentia i. e. non substantia, sed accidens est.*⁸) b) *Propagabilitas universalis i. e. omnibus hominibus secundum naturam propagatis inhaeret.*⁹) c) *Tenacitas s. pertinax inhaesio i. e. reatus*

---

pidi, item rudi trunco, interdum etiam ferae indomitae comparant." *Spiritualia:* alles zur Rel. Gehörige. Die Lehre, *liberum arbitrium in spiritualibus amissum esse*, sagt aus, dafs der Mensch unfähig sei, aus eignen Kräften sein rol. Leben zu erneun; aber zu äufsrer Ehrbark. [*justitia civilis s. externa*] ist ihm die Macht, u. über äufsre Handlungen die Willkür gelassen. *C. A.* 14s: [XVII] „*De libero arbitrio docent, quod humana voluntas habeat aliquam libertatem ad efficiendam civilem justitiam et diligendas res rationi subjectas. Sed non habet vim efficiendae justitiae spiritualis.*"

6) *A. C.* 53: [14] „*Pecc. orig. hos morbos continet, ignorationem Dei, contemptum Dei, vacare metu Dei et fiducia erga Deum, non posse diligere Deum.*" !55: [25s.] „*Concupiscentia non tantum corruptio qualitatum corporis est, sed etiam prava conversio ad carnalia in superioribus viribus. Nos igitur recte expressimus utrumque in descriptione peccati orig., videlicet defectus illos, non posse Deo credere,ʺnon posse Deum timere ac diligere. Item habere concupiscentiam, quae carnalia quaerit contra verbum Dei, h. e. non solum voluptates corporis, sed etiam sapientiam et justitiam carnalem, et confidit his bonis, contemnens Deum.*" Die AKD führen dies abermals nach den 3 Geisteskräften aus; Mittelpunkt ist der Ggns. wider alle Rel.

7) *C. A.* 10: [2] „*Vitium originis vere est peccatum, damnans et afferens nunc quoque aeternam mortem his, qui non renascuntur per Baptismum et Sp. S.*" *F. C.* 641: [13] „*Poenae peccati orig., quas Deus filiis Adae, ratione hujus peccati, imposuit, hae sunt: Mors, aeterna damnatio; et praeter has aliae corporales, spirituales, temporales atque aeternae aerumnae; tyrannis et dominium Satanae.*" Ungenau werden von den AKD Bestandtheile der Erbs. selbst zu ihren Wirkungen gerechnet. Hol p. 531: „*Effectus s. consequentia peccati orig. sunt peccata actualia interna, defectus liberi arbitrii in spiritualibus et infirmitas ejus in naturalibus, privatio gratiae et huic opposita ira Dei, mors temporalis, et hanc antecedentes morbi variaeque hujus vitae aerumnae, aeternaeque tandem condemnatio.*"

8) *F. C.* 652: [57] „*Categorice fatendum est, pecc. non esse substantiam, sed accidens.*" Flacius hatte behauptet, dafs die Erbs. anstatt des göttl. Ebenb. Substanz des Menschen geworden sei, wie auch Luth vormals im Eifer, die Furchtbark. der Erbs. recht auszusprechen, gesagt hatte: *peccatum esse de essentia hominis*. Ähnliches in alten KLiedern. Drgl. Ausdrücke haben ihre Wahrh. für das erregte Gefühl, allein zum D. ausgebildet, würden irrel. manichäische Sätze daraus folgen. *F. C.* 647: [41] „*Si prorsus nulla differentia esset inter naturam s. substantiam corporis atque animae nostrae, quae per pecc. orig. corrupta sunt, et inter ipsum pecc. orig., quod naturam corrupit: sequeretur alterutrum, videlicet aut Deum (quippe hujus naturae nostrae Creatorem) etiam ipsum pecc. orig. creare et formare, aut certe conficeretur, (cum pecc. sit opus Diaboli) ipsum Satanam hujus nostrae naturae creatorem esse.*"

9) *C. A.* 9: [1] „*Post lapsum Adae omnes homines, secundum naturam propagati, nascuntur cum peccato.*" [Hierdurch wird Xtus ausgenommen, als nicht natürlich erzeugt; von kath. DD auch Maria, deren *immaculata conceptio*, sie selbst als ohne Erbs. erzeugt, seit d. 12. Jahrh. gefeiert, durch die Franciskaner gegen die Dominikaner behauptet, nach langem Zwiespalte durch Pius IX 1854 als kath. KL verkündet worden ist.] *F. C.* 460s: [6] „*Hoc malum Lutherus pecc. naturae, item pecc. personae appellare solet, ut significet, etiamsi homo prorsus nihil mali cogitaret, loqueretur, aut ageret (quod sane post primorum nostrorum parentum lapsum humanae naturae est impossibile): tamen nihilominus hominis naturam et personam esse peccatricem, h. e. peccato orig. (quasi lepra quadam spirituali) prorsus et totaliter in intimis etiam visceribus totam esse, coram Deo, infectam et penitus corruptam.*"

quidem peccati per Baptismum et Sp. S. tollitur, materiale vero, sc. concupiscentia etiam in renatis quodammodo remanet.[10]

§. 85. Die Erbsünde. H. S. u. Dogmengeschichte.

Die allg. Verdorbenh. der menschl. Natur als unwiderstehl. Neigung zur Sünde war im A. T.,[1]) unter den Weisen von Indien, Hellas u. Rom anerkannt, u. bewährte sich unter den Völkern, im Gefühl, auf sittl. Wege allein sich mit den himmlischen Mächten nicht versöhnen zu können, durch die Sühnopfer, Vorbilder auf den Versöhner. Das Xthum ward auf dieses Gefühl der Sündhaftigk. als Erlösung von drs. gegründet. Die K. war durchdrungen von dem Bwsts., u. sie siegte durch dasselbe, dafs allein in Xto das Heil.[2]) Dieses Bwsts. ruhte auf dem Gefühl der eignen Hülflosigk. durch die Sünde, deren allg. Herrschaft schon von der jüd. Theol. als die Folge des ersten Sündenfalles erkannt wurde. PAULUS stellte die beiden Stammväter der Menschh. einander gegenüber, von Adam der Tod, von Xto das Leben.[3]) In den ersten 3 Jhh. war kein Interesse vorhanden, dieses als Dogma festzustellen, vielmehr die Überspannung dieses Gefühls unter den Gnostikern bis zum Manichäismus, der eine vom bösen Urwesen erschaffne böse Substanz im Menschen annahm, veranlafste vornehmlich die Alexandriner, die Herrlichk. der menschl. Natur hervorzuheben, ohne dafs sie doch, weil sie keineswegs dieselbe losgerissen von den Gnadenwirkungen des göttl. Logos betrachteten, hierdurch die orth. L. verwarfen, welche unmittelbarer im Abendlande bes. durch TERTULLIAN [tradux animae et tradux peccati] behauptet wurde. Aber erst als PELAGIUS den Ggns. wider das christl. Gefühl geltend gemacht hatte, dafs der Mensch, in sr. Freiheit unverletzt von der Sünde, durch sich selbst den Frieden mit

---

10) A. C. 56: [35] „Semper Lutherus ita scripsit, quod Baptismus tollat realum peccati orig., etiamsi materiale, ut isti vocant, peccati maneat, videlicet concupiscentia. Addidit etiam de materiali, quod Sp. S., datus per Baptismum, incipit mortificare concupiscentiam et novos motus creat in homine." Cf. F. C. 505 s. [4] 719 [7]. QUEN. II. p. 72: „Quatuor in peccato orig. notabilia occurrunt, quorum singulis certus durationis terminus praefixus est. 1) Fomes habitualiter inhaerens s. radix, 2) fomitis sensus, 3) ejusdem dominium, et denique 4) reatus. Hic tollitur in regeneratione et justificatione, dominium in renovatione, sensus in morte; fomes ipse, non in cinefactione, (quum non corpus, sed anima primum et immediatum peccati subjectum sit) sed ipsa animae a corpore solutione."

1) Gen. 8, 21: יֵצֶר לֵב הָאָדָם רַע מִנְּעֻרָיו. Ps. 51, 7: חוֹלַלְתִּי בְעָווֹן־הֵן׃ בְחֵטְא יֶחֱמַתְנִי אִמִּי. Cf. Job. 4,18. Ps. 14, 1 ss. 58, 4.

2) Jo. 14, 6: Ἐγώ εἰμι ἡ ὁδὸς καὶ ἡ ἀλήθεια καὶ ἡ ζωή· οὐδεὶς ἔρχεται πρὸς τὸν πατέρα, εἰ μὴ δι' ἐμοῦ. Act. 4, 12: Οὐκ ἔστιν ἐν ἄλλῳ οὐδενὶ ἡ σωτηρία· οὔτε γὰρ ὄνομά ἐστιν ἕτερον ὑπὸ τὸν οὐρανόν, τὸ δεδομένον ἐν ἀνθρώποις, ἐν ᾧ δεῖ σωθῆναι ἡμᾶς. Den Grund hiervon Eph. 2, 3: Πάντες ἀνεστράφημέν ποτε ἐν ταῖς ἐπιθυμίαις τῆς σαρκὸς ἡμῶν, ποιοῦντες τὰ θελήματα τῆς σαρκὸς καὶ τῶν διανοιῶν, καὶ ἦμεν τέκνα φύσει ὀργῆς, ὡς καὶ οἱ λοιποί.

3) Rom. 5, 12 ss: Ὥσπερ δι' ἑνὸς ἀνθρώπου ἡ ἁμαρτία εἰς τὸν κόσμον εἰσῆλθε, καὶ διὰ τῆς ἁμαρτίας ὁ θάνατος· καὶ οὕτως εἰς πάντας ἀνθρώπους ὁ θάνατος διῆλθεν, ἐφ' ᾧ [nicht wie Augtn. nach der Vulgata: in quo sc. uno, sdn. quatenus, wie 2 Cor. 5, 4. Phil. 3, 12. o. ex quo tempore] πάντες ἥμαρτον —. Εἰ γὰρ τῷ τοῦ ἑνὸς παραπτώματι οἱ πολλοὶ ἀπέθανον, πολλῷ μᾶλλον ἡ χάρις τοῦ θεοῦ καὶ ἡ δωρεὰ ἐν χάριτι τῇ τοῦ ἑνὸς ἀνθρώπου Ἰησοῦ Χριστοῦ εἰς τοὺς πολλοὺς ἐπερίσσευσε.

Gott finden könne u. solle, sonach, obwohl dies folgerecht auszusprechen er anstand, auch aufser Xto das Heil sei: mufste das christl. Bwsts., um diesen Ggns. zu verwerfen, zum Dogma werden, u. ward es durch Augtn, der die Unfähigk. der Menschh. zum rel. Leben durch sich selbst o. die allg. Hülflosigk. aussprach, u. weil dieses Sündenelend nicht von Gott abgeleitet werden konnte, es nach Paulus als Erbsünde vom Adamitischen Vergehn ableitete als dessen ideale u. reale Imputation, d. i. Zurechnung der Schuld u. wirkl. Verderbnifs. Dieses Dogma wurde durch die Concilien zu Carthago 412, 416, 418, durch die Verdammung des Pelagius auch auf der ökumenischen Synode zu Ephesus 431 in der ganzen Kirche anerkannt. Weil aber dies eben in der Erbs. liegt, dafs der menschl. Hochmuth sich allezeit dagegen auflehnt, nichts durch sich selbst zu sein u. sich unbedingt der göttl. Gnade hinzugeben, so suchte er sich mit dem christl. Bwsts. auszugleichen durch den alsbald von Gallien ausgehenden Semipelagianismus [*Cassianus*]: ,,Durch den Sündenfall entstand nur allg. Neigung zur Sünde, der Mensch ist krank, aber er kann u. soll neben der göttl. Gnade wirken, obwohl er nur durch diese zur vollen Heiligung u. Seligk. gelangt." Diese für Augtms. ausgegebne Meinung in der durch die SL vollzognen Fortbildung wurde zu Trient KL,[4] u. auch die morgenländ. K. hat nie mit vollem Ernste in den Abgrund der Sünde geblickt. Der wahre Augtms. erneute sich in der ev. K., th. aus rel. Grunde, weil sie entstand durch das tiefe Gefühl der Sündhaftigk., das sich unbefriedigt fühlte in den krchl. Satisfactionen; th. aus polem. Grunde, weil durch das orth. Dogma der Erbs., das die kath. DD gegen das Ansehn Augustins u. gegen die ältern Concilienschlüsse offen zu verwerfen nicht wagten, alle Mifsbräuche der Werkheiligk. siegreich widerlegt wurden. Daher dies Dogma, durch die F. C. gegen die manichäische Übertreibung des Flacius u. gegen die pelag. Neigung im Synergismus Melanchthons [§. 107] verwahrt, *articulus fundamentalis antecedens* [*p.* 20] der altprot. DK geworden ist, als die Grundlage der Rechtfertigung durch den Gl. allein. Aber der allezeit sich erneuende Pelgms liefs im LBgr. der Anabaptisten, Socinianer u. Arminianer nur den Schein u. Namen der Erbs., wurde endlich von den RT als ihr Grundgedanke offen ausgesprochen,[5] u. ergriff auch die NKS,

---

4) Die Imputation des Adamit. Vergehns o. die Erbs. besteht im Verluste des *donum supernaturale* [*carentia donorum supernaturalium*], wird daher durch die Taufe gehoben, die *pura naturalia* sind nur geschwächt [*cf. p.* 158], die *concupiscentia* als natürl. Anlage ist nur insofern Sünde, als sich der freie Wille durch sie zur Sünde bewegen läfst [*non per se et formaliter, sed causaliter, quatenus ex peccato est et ad peccatum inclinat*]. *Conc. Trid. S. V. can.* 5. *S. VI. can.* 1. Der nie ausgeglichne Streit der theol. Schulen hierüber, der bald nachher aufs heftigste ausbrach, hinderte zu Trient eine genauere Bestimmung. Möh: ,,Beraubung der übernat. u. Verwundung der natürl. Gaben des Menschen." Die Erlösung geschieht daher durch göttl. Gnade, wird aber angeeignet durch menschl. Freiheit.

5) Ihre Gründe nach KL: 1) Die Mosaische Erzählung ist Mythus. 2) Gott sah den Fall u. dessen Folge voraus, u. liefs ihn dennoch geschehn; er hätte also blos defshalb so vollkommne Menschen geschaffen, damit sie durch die Sünde ihr ganzes Geschlecht elend machten. 3) Es widerspräche der Weish. Gottes, sein Ebenbild so unvollkommen zu schaffen, dafs es durch eine so geringe, unvermeidl. Veranlassung auf immer zerstört wurde. 4) Mit seiner Güte u. Gerechtigk. ist unvereinbar, dafs durch

so dafs sie zwar eine Erbs. im krchl. o. doch im bibl. Sinne zu lehren meinten u. mit allerlei rationalen Gründen vertheidigten,[6] unter dieser Erbs. aber blos ein seit dem Sündenfalle fortgepflanztes Übergewicht sinnl. Neigungen [*innata vitiositas in nimia vi appetituum posita*] verstanden, nicht unüberwindlich, noch an sich selbst Sünde u. Schuld, sdn. erst durch freie Aufnahme in den Willen. KANT ahnete die tiefere Bedeutung der krchl. Erbs. durch Anerkennung eines radicalen Bösen im Menschen, ohne dessen Grund zu ergründen. Der panth. Phil. lag es nahe, eine Gesammtschuld alles Endl. anzuerkennen als Losreifsung vom Göttlichen, die freilich auf der andern Seite nur eine Entwicklung desselben ist. SCHL fand einst im Urgrunde Gottes ein urspr. Böses, das allmälig in der Schöpfung zum Guten verklärt werde.[7] SCHLR nahm die Erbs. als urspr. unvollständige Mitthei-

die Schuld eines Einzigen das ganze Geschlecht ins Elend gestürzt ward, u. alle für e i n e n gestraft werden. 5) *Gen.* 3. steht nichts von einer durch den Fall entstandnen Erbs., vielmehr von erworbner Erkenntnifs des Guten u. Bösen. Auch nach dem Falle wird dem Menschen das göttl. Ebenb. beigelegt. *Gen.* 9, 6. Die Stellen von allg. Sündhaftigk. [*Gen.* 8, 21. *Ps.* 58, 4. *Prov.* 20, 9. *Kohel.* 7, 21. *Jes.* 48, 8. *Job.* 14, 4. 1 *Reg.* 8, 46.] sprechen blos den Erfahrungssatz aus, dafs alle Menschen sündigen u. einen Hang zur Sünde haben. 6) Im N.T. wird dem Menschen das göttl. Ebenbild zugeschrieben 1 *Cor.* 11, 7. *Jac.* 3, 9., die Kraft zur Tugend *Mt.* 5, 48. 18, 3. 25, 31 ss. *Lc.* 15, 17. 19, 12 ss. *Jo.* 8, 32. *Rom.* 6, 12. 1 *Cor.* 15, 58. *Gal.* 5, 16. 6, 9. *Jac.* 4, 17. 1 *Ptr.* 1, 16., selbst den Heiden *Rom.* 2, 14 s., die sich das göttl. Wohlgefallen erwerben können *Act.* 10, 34 s. Ein jeder ist der freie Urheber seiner Sünde *Mt.* 12, 34 ss. 15, 19. *Jac.* 1, 13 ss. Der sinnl. Mensch hat einen Hang zur Sünde *Rom.* 7, 14 ss., aber auch ein Gesetz im Geiste zur Überwindung der sinnl. Lust *Rom.* 2, 14. Paulus sagt *Rom.* 5, 12 ss. nur, dafs alle s t e r b e n müssen wegen ihres physischen Zusammenhanges mit Adam u. w i e f e r n sie sündigen wie er. 7) Die Erfahrung zeigt, dafs der Mensch weder gut noch bös geboren wird, sdn. einesth. mit Sinnlichk., andernth. mit dem Gewissen zur Beherrschung derselben. Dafs erst durch Fallen der Mensch in der Freih. bestehen lernt, daher die Sünde allg. ist, geschieht, weil die Sinnlichk. früher erwacht, als die Vft. ausgebildet ist; dazu schlechte Erziehung, böses Beispiel etc. Sinnliche Triebe sind an sich keine Sünde. 8) Nur bei der freien That findet vor dem Gewissen eine Zurechnung o. Schuld statt, daher der Bgr. einer Erbs. sich selbst widerspricht. Selbst nach dem A. T. soll der Sohn nicht tragen die Missethat des Vaters, *Deut.* 24, 16. *Ezech.* 18, 20. *Cf.* Bc: „Die Erbs. ist ein völlig dunkler Bgr., in welchem Möglichk. des Bösen, Trieb, Neigung, Hang, wirkliche Sündenherrsch. etc. zusammenfliefsen."

6) *a*) Aus dem Vrh. Adams als Haupt, Repräsentant u. Inbegriff der Menschh. [*non homo privatus, sed caput generis humani naturale, omnes in ejus lumbis*] schon von vielen AKD [*existentia totius speciei humanae in persona protoplasti*], bes. als Bundeshaupt [*caput generis humani foederale*] von der Föderaltheologie, u. zwar durch *consensus praesumtus* o. *consequens*, wiefern alle durch ihre eignen Sünden Adams Fall als den ihrigen erkennen; *b*) aus der *scientia Dei media*, nach welcher Gott voraussah, dafs an Adams Stelle alle auf gleiche Weise gefallen wären [*imputatio metaphysica*]; *c*) aus einem unerforschlichen Rathschlusse Gottes, der mit unbeschränkter Machtvollkommenh. über sein Geschöpf entscheiden konnte *Rom.* 9, 20 ss.; *d*) aus der gleichen Imputation des Verdienstes Xti. Erklärt wurde die Erbs. von MICH, DDR, RNH, im gänzl. Mifsverständnifs ihrer rel. Bedeutung, als physische Folge des Genusses von einem Giftbaume, dem Lo vom Vater Noah auf die richtige Spur geleitet eine berauschende Wirkung zuschreibt. RNH u. SCHOTT leugneten sogar, dafs die *imputatio in reatum* in den S. B. gelehrt werde.

7) Abh. v. d. Freih. 1809: Gott als Geist mufs einen Grund sr. Existenz haben, nur dafs dieser nicht aufser ihm, sdn. in ihm, aber doch nicht Gott ist. Durch Erregung dieses finstern Grundes entstand das Böse, aber es ist immer nur der Grund, aus dem sich das Gute herausbildet, ohne selbst zu existiren. Der Eigenwille des Geschö-

§. 85. ERBSÜNDE. NEUERE ANSICHTEN.

lung des Gottesbwsts.⁸) Das orth. Dogma, welches unter Herrnhutern u. Methodisten praktisch fortgelebt hatte, wurde in der Erneuerung des altkrchl. Spnts. [S. 51 f.] wieder als Fundament einer christl. Theol. wenigstens anerkannt.⁹)

§. 86. Die Erbsünde. Religiöse Begründung.

Es liegt im Wesen dieses Dogma, alle Bew. u. Gegenbew. aus der verfinsterten Vft. zu verschmähn ;¹) der Gl. an dasselbe ruht allein

---

pfes ist das aus diesem Grunde stammende Finstre. Durch intelligible That vor der Geburt ins zeitl. Leben ist in jedem sein Gutes u. Böses entschieden. Die letzte Scheidung des Guten u. Bösen ist die vollkommne Verwirklichung Gottes. HGL. *I.* *p.* 163: „Der Geist ist von Natur nicht, wie er sein soll, erst durch die Freih. wird er dies: dies wird hier so vorgestellt, dafs der Wille von Natur böse ist." Adam nicht der erste Mensch, sdn. der Mensch überhaupt. STRAUSS *II. p.* 64: „Es ist mit dem menschl. Geschlechte keine Veränderung vorgegangen, als dafs die naiveren Laster der Barbarei, die wir in die Urzeit setzen müssen, sich allmälig in die raffinirteren der Cultur verwandelt haben. 73: Die Vorstellung hat einen Adam u. einen Xtus, von jenem läfst sie alles Unheil, von diesem alles Heil in die Menschheit ausströmen: der Phil. sind sie so, wie sie in der kirchl. GL leben, personificirte Abstractionen, deren Abschliefsung gegen einander u. gegen die übrigen Menschen erst aufgegeben werden mufs, wenn sie in ihre Wahrh., welche die concrete Idee der Menschh. ist, erhoben werden sollen."

8) „Die vor jeder That eines Einzelnen in ihm vorhandne u. jenseit seines eignen Daseins begründete Sündhaftigk. ist in jedem eine nur durch den Einflufs der Erlösung wieder aufzuhebende Unfähigk. zum Guten. Die Erbsünde ist aber zugleich so sehr die eigne Schuld eines Jeden, der daran Theil hat, dafs sie am besten als die Gesammtthat u. Gesammtschuld des menschl. Geschlechts vorgestellt wird, so dafs ihre Anerkennung zugleich die der allg. Erlösungsbedürftigk. ist." *Cf.* BAUR: „Die Erbs. bezeichnet denj. Zustand des Menschen, in welchem, sofern er für sich betrachtet wird, das höhere geistige Bwsts. u. Leben, das dem Menschen nur durch das göttl. Princip des Xtums mitgetheilt wird, noch nicht in ihm erwacht ist."

9) MNT: „Das, wozu Adam durch freien Willensakt sich machte, sind alle seine Nachkommen von Natur. Jedes Individuum beginnt bei sr. Geburt eine abnorme Lebensentwickl., deren allg. Kennzeichen der Zwiespalt zwischen Fleisch u. Geist. Der Mensch kann sich nicht selbst vom Bösen erlösen, weil dieses seinen Grund hat in der Herrschaft eines universellen Princips ü. ihn, welche vor seinem freien Slbstbw. liegt." Das gute Pr. zwar in der menschl. Natur noch wesentlich enthalten, doch nur als Möglichk. der Erlösung. PHIL: Jeder geboren mit einem selbstisch-sinnl. Princip, das nothw. zur Erscheinung übergeht, in ein Verh. der Schuld vor Gott begründet als Betheiligung durch die Gattungszugehörigk. an der That Adams. Daher nur Wahl zwischen KL o. Pantheismus. Aber JULIUS MÜLLER in einer Vergeistigung der platon. u. alexandr. Präexistenz fand erst in einem vorirdischen Sündenfall, der doch nicht ein vorzeitlicher sein sollte, die Erklärung des Menschenlebens u. seiner allg. Sündhaftigkeit. Nach ähnlicher Voraussetzung RKT: „Et gibt im Leben keinen Anfangspunkt der Sünde für den Menschen." Doch nicht als unendl., die ihr. Freiheit aufhebende Schuld.

1) Hiermit ist keineswegs zugestanden, dafs die herkömml. Gegenbeweise auch nur vernünftig seien auf ihrem eignen Gebiete. Wird z. B. gesagt [Allg. KZeitg. 1828. *N.* 132.], wenn der Mensch durch die Erbs. um seine moral. Freih. gekommen sei, warum Jesus noch eine Sittenlehre gepredigt habe, da mit dms. Nutzen auch eine Sittenlehre für „Wölfe, Sperlinge o. gar für hydraulische Maschinen" gegeben werden konnte: so haben die AKD längst geantwortet, dafs die Sittenl. [*lex*] bestimmt sei, die Ungebesserten th. zur äufsern Zucht, th. durch das aufgestellte Ideal zur Anerkennung ihres innern Verderbens u. zur wahren Bufse durch den Gl. an das alleinige Heil durch Xtum zu führen.

auf der H. S. u. dem durch dieselbe erleuchteten rel. Bwsts.²) In der H. S. ist allg. Sündhaftigk. von Mutterleib an u. das alleinige Heil durch Xtum ausgesprochen. Könnte der Mensch aus dieser Sündhaftigk. heraus sich selbst mit Gott versöhnen, so könnte seine sittl. rel. Erneuerung zwar durch die reine Lehre u. durch die rel. Anstalt Xti gefördert werden: allein er könnte auch selig werden durch sich selbst allein, könnte Gott wahrhaft anbeten als Jude wie als Heide, u. Xtus wäre vergeblich gestorben; mit solchem Zugeständnifs, das der apost. Lehre offenbar widerspricht, hätte das Xthum nimmermehr über die Welt gesiegt. Die angeborne Sündhaftigk. ist daher in der H. S. allerdings als rel. Hülflosigk. angesehn, die nur in Xto das Heil findet, der nicht wie andre Weltweise kam, blos um die Wahrh. zu lehren, sdn. zu retten, was verloren war.³) Im rel. Bwsts., wenn sich der Mensch mit den Forderungen des Sittengesetzes vergleicht, liegt die unbedingte Verwerfung sr. selbst, so dafs er sich nicht nach dem Mafse einzelner Sünden einer gröfsern o. mindern Schuld zeihet, sdn. einer unendl. aufser aller Erfahrung liegenden Schuld vor Gott; eine Anerkennung, vor der die hochmüthige Vft. sich sträubt, ohne sich doch in einzelnen Momenten der innern Selbstverwerfung u. Sehnsucht nach dem Heile, in der Angst des Lebens u. des Todes, ihr entziehn zu können, während gerade die erleuchtetsten Männer sie offen bekennen.⁴) Da nun der Mensch, wie er jetzt geboren wird, zugleich

---

2) *A. C.* 53: [12 s.] „*Postquam Scholastici admiscuerunt doctrinae chr. philosophiam de perfectione naturae, non potuerunt videre interiorem immunditiam naturae hominum. Neque enim potest judicari, nisi ex verbo Dei.*" *F. C.* 574 s : [9] „*Hoc quantum sit malum, verbis revera est inexplicabile, neque humanae rationis acumine indagari, sed duntaxat per verbum Dei revelatum agnosci potest.*" *A. C.* 103 : [108] „*Humana sapientia legem intuetur, et quaerit in ea justitiam. Ideo et scholastici Doctores, magni et ingeniosi homines, summum opus legis praedicant,, huic operi tribuunt justificationem. Sed decepti humana sapientia non viderunt faciem Moisi retectam, sed velatam, sicut Pharisaei, Philosophi, Mahometistae. Nec ignoramus, quantum nostra doctrina abhorreat a judicio rationis ac legis, nec ignoramus multo speciosiorem esse doctrinam legis de dilectione; est enim sapientia. Sed non pudet nos stultitiae Evangelii.*" Bn 364: „*Dari pecc. orig., etsi ratio ex suis principiis certo ac distincte agnoscere non possit, in Sc. tamen manifestissime indicatur. Ratio enim vel judicium suum suspendet, vel siquid definire ausit, negabit, et homines sua natura indifferentes nasci putabit, licet appetitus sensitivi inclinationem quandam a judicio rationis alienam deprehenderit.*"

3) *Cf. A. C.* 61 : [12] „*Si meremur remissionem peccatorum his nostris actibus elicitis, quid praestat Xtus! Si justificari possumus per rationem et opera rationis, quorsum opus est Xto aut regeneratione? Et ex his opinionibus jam eo prolapsa res est, ut multi irrideant nos, qui docemus aliam justitiam practer philosophicam quaerendam esse. Audivimus quosdam pro concione, ablegato Evangelio, Aristotelis Ethica* [u. Kants Kritik] *enarrare. Nec errabant isti, si vera sunt, quae defendunt adversarii. Nam Aristoteles de moribus civilibus adeo scripsit erudite, nihil ut de his requirendum sit amplius. Videmus exstare libellos, in quibus conferuntur quaedam dicta Xti cum Socratis, Zenonis et aliorum dictis: quasi ad hoc venerit Xtus, ut traderet leges quasdam, per quas mereremur remissionem peccatorum, non acciperemus gratis propter ipsius merita.*"

4) *A. C.* 60: [36] „*Imprudentissime scribitur ab adversariis, quod homines, rei aeternae irae, mereantur remissionem peccatorum per actum elicitum dilectionis, cum impossibile sit diligere Deum, nisi ostendatur placatus; donec terret et videtur nos abjicere in aeternam mortem, non potest se erigere humana natura, ut diligat iratum, judicantem et punientem. Facile est otiosis fingere ista somnia, quod reus peccati mortalis possit Deum diligere super omnia, qui non sentiunt, quid sit ira aut judicium*

§. 86. Erbsünde. Religiöse Begründung.

mit der Sünde, nicht vom Schöpfer ausgegangen sein kann: so muſs die Reflexion, welche den Ursprung dieses allg. Verderbnisses aufsucht, hinaufgehn bis zu dem Moment, wo das Böse zuerst mit Freih. in den menschl. Willen aufgenommen wurde d. h. zum Sündenfalle des ersten Menschen. Wenn dadurch Adam die Kraft verlor, wie sie uns verloren ist, Gott über alles zu lieben u. sich selbst mit Gott zu versöhnen: so konnte er sie auch nicht auf seine Nachkommen bringen; wenn Engel Kinder hätten, würden es Engel sein, wenn Teufel, Teufel. Wie sehr sich auch unser Selbstgefühl dagegen sträubt, so bewährt sichs doch schon in gemeiner Erfahrung, daſs jeder durch seine Geburt bestimmt ist, kraftlose Menschen Kraftloses erzeugen, u. bestimmte sündhafte Gelüste, ja Verbrechen forterben von Geschlecht zu Geschlecht. Aber durch den Sündenfall kam nur in sofern die Erbs. auf die ganze Menschh., als sie mit jedem entstehenden Menschen entsteht, u. jeder That des Einzelnen geht sie voraus, weil die Wurzel früher ist als die Zweige u. die fehlerhafte Beschaffenh. früher als die Thaten, die aus ihr kommen. Was gegen die Strenge dieser Folgerung als von Seiten Gottes vorgebracht wird, löst sich auf in der Betrachtung, daſs der Rathschluſs, den die Heiligk. forderte, ein sündiges Geschlecht sr. Gottverlassenheit anheimzugeben, in Gott eins war mit dem Rathschlusse der Erlösung *Gal.* 3, 22. Weil aber die Betrachtung unsers Sündenelends als Erbs. u. ihre Ableitung von Adam nicht unmittelbar im christl. Bwsts. gegeben, sdn. nur die von der K. nach dem Vorgange des h. Paulus vollzogne verständige Auffassung der christl. Idee ist: so kann dieses Dogma nicht für so nothw. zur Seligk. angesehn werden, als die ihm zu Grunde liegende christl. Idee, die rel. Hülflosigk. des Menschen ohne Xtum, u. diese allein, nicht die bestimmte Ableitung drs. von Adam wird in den S. B. als Fundament des Xthums behauptet. Die rel. Bedeutung dieser Idee ist, einesth. daſs der Mensch, seine unendl. Schuld erkennend, in der wahren Buſse das Heil da suche, wo es zu finden ist; andernth. daſs er das Verdienst Xti nicht verkleinere, sdn. in ihm allein das Heil finde.[5] Über die verständige Auffassung können daher die Ansichten schwanken innerhalb der beiden durch die Idee

---

Dei; at in agone conscientiae et in acie experitur conscientia vanitatem illarum speculationum philosophicarum."

5) *A. C.* 52: [10] „Quorsum opus erit gratia Xti, si nos possumus fieri justi propria justitia? Quorsum opus erit Spiritu S., si vires humanas per sese possunt Deum super omnia diligere et praecepta Dei facere!*" 56: [33] „Est necessaria cognitio peccati orig. Neque enim potest intelligi magnitudo gratiae Xti, nisi morbis nostris cognitis. Tota hominis justitia mera est hypocrisis coram Deo, nisi agnoverimus cor naturaliter vacare amore, timore, fiducia Dei."* F. C.* 640: [3] „Disceptatio de peccato orig. non est certamen quoddam non necessarium, sed maximi momenti. Cum enim haec doctrina recte proponitur, et ab omnibus, cum Pelagianis, tum Manichaeis erroribus separatur, tunc beneficia Xti et satisfactio, s. ipsius meritum atque operationes Sp. S. gratuitae rectius agnoscuntur et magis celebrantur."* Hol: „Suppeditat [*D. de pecc. orig.*] usum paedeuticum, ad profundissimam hominum post lapsum corruptionem extremamque miseriam deplorandam, et medicum animarum, Xtum, flagrantissimo desiderio quaerendum; paracleticum, ad cognoscendam ineffabilem misericordiam Dei, qui lethali huic malo salutare remedium paravit; epanorthoticum ad supprimendum desideria carnis post Baptismum residua."*

selbst ausgeschlofsnen Gegensätze.[6] Nehmlich einesth. wird die Idee verletzt durch den Pelagianismus in allen seinen Graden, der in der leichtsinnigen Auffassung der Sünde eine von Xto unabhängige Einwirkung des Menschen zu seinem rel. Heile annimt. Andernth. durch den Manichäismus, der in der schwermüthigen Auffassung der Sünde eine solche Zerstörung aller Geisteskräfte sieht, dafs durch dieselbe die Versöhnung unmöglich erscheint.[7] In der freien Bewegung innerhalb beider Gegensätze, die jedoch nur in ihrer selten vorkommenden, consequenten Durchführung als Ketzereien [d. i. das Xthum aufhebende Lehren] anzusehn sind, liegt zwar die Furchtbark. der Sünde u. die Scheu eines ernsten Gewissens, aber auch im Zusammenhange mit der Versöhnung, ohne welchen dieses Dogma nimmer recht erkannt wird [Adam nicht ohne Xtum 1 Cor. 15, 21 s.], alle Freudigk. eines neuen Lebens, das nichts durch sich selbst ist u. sein will, aber alles durch Xtum Gal. 2, 20.

§. 87. Eintheilungen der Sünde.

Aus der Erbsünde [pecc. habituale] geht allg. u. nothw., obwohl durch äufsre Vrh. vermehrt o. vermindert, die Thatsünde [pecc. actuale] hervor;[1] in beide Hauptarten zerfällt daher die Sünde; jene die allg. u. urspr. gleiche Sünde der menschl. Natur,

---

6) Hierdurch wird auf das ganze Dogma bezogen, was die AKD schon in Bezug auf die bestimmte Art der Imputation anerkannt haben. Chmn: „Quomodo illud malum contrahat anima, salva fide potest ignorari." Bn: „Ut subtilius disputetur, quomodo Deus lapsum protoplastorum posteris ipsorum, nondum existentibus, imputare potuerit, non opus est, nec fortasse consultum. Sufficit enim τὸ ὅτι esse revelatum, etsi τὸ πῶς ignoretur."

7) Selbst die Reformatoren wurden zuweilen durch den Ggns. wider ihre semipelag. Gegner zu manich. Behauptungen fortgerissen, dafs der Mensch im natürl. Zustande Gott hassen u. verachten müsse; da doch nur zu sagen war, dafs der Mensch im Gefühle des göttl. Mifsfallens Gott nicht wahrhaft lieben könne. Oder dafs der Mensch zur Salzsäule, zum truncus, zur indomita bellua geworden sei. Denn wo sich dieses so verhielte, wäre nicht einzusehn, wie ohne neue geistige Schöpfung auch nur die Sehnsucht nach der Versöhnung an den Menschen gebracht werden könne. Diese bleibende Möglichk., dafs durch das göttl. Wort solche Sehnsucht im Sünder erweckt u. ihr die Liebe Gottes verkündet werde, ist das im natürl. Zustande übrig gebliebne rel. Leben, was S. B. u. AKD als geringe Überbleibsel des göttl. Ebenb. u. vires residuae auf unbestimmte Weise anerkannten. F. C. 657: [9] „Etsi humana ratio obscuram aliquam notitiae illius scintillulam reliquam habet, quod sit Deus, et particulam aliquam legis tenet: tamen adeo ignorans et perversa est ratio illa, ut, etiamsi ingeniosissimi et doctissimi homines Evangelium de Filio Dei et promissiones divinas de aeterna salute audiant, tamen ea propriis viribus credere nequeant." Conf. Belg. XIV: Praeclara illa dona, quae a Deo acceperat, amisit. Adeo ut ipsi tantum exigua quaedam illorum vestigia manserint. Da hier von einem geringen Überbleibsel die Rede ist, kann nicht derj. Gl. gemeint sein, den auch die Teufel haben u. zittern, sdn. ein Überrest der wahrh. rel. Anlage, nur nicht ausreichend, um sich selbst mit Gott zu versöhnen. Wenn daher Möhler als prot. KL anführt, dafs ein wesentl. Stück aus der menschl. Natur herausgefallen, alles höhere Leben in sr. Wurzel erstorben u. nur eine höhere Gattung von Thieren übriggeblieben sei: so hat er einige fromme, hochgespannte Ausdrucksweisen bes. Luthers gemifsbraucht, um Folgerungen daraus zu ziehen, welche unsre K. stets verworfen hat. Cf. §. 81. nt. 3.

1) Qusn. II. p. 63: „Causa impellens interna est concupiscentia irritans, Jac. 1, 14. Causa impellens externa sunt diabolus, mundus, prava exempla, objecta sensibus externis obvia, otium et abundantia."

§. 87. ARTEN DER SÜNDE.

diese die bes. u. verschiedne Sünde jeder menschl. Person. [Hut:] *Pecc. actuale est omnis actio, s. interior, s. exterior, pugnans cum Lege Dei; ut in mente dubitationes de Deo, in voluntate et corde incendia malorum affectuum, in membris denique externis omnes gestus, vel actiones pugnantes cum Lege Dei.* [RNll:] *Leges div. sunt singula divinae voluntatis praecepta de iis, quae vel fugere, vel sequi homines debent.* Bei den Thatsünden unterschieden die AKD: I. *Ratione objecti* [immediati, denn mittelbar sind alle Sünden wider Gott], *contra quod peccatur: Pecc. in Deum* (spiritualia *s. primae tabulae*), *quibus deseritur officium soli Deo debitum; pecc. in proximum, quibus homines violantur; pecc. in nosmetipsos, quibus ipsi violamur peccantes* [beide letztere *carnalia s. secundae tabulae*]. II. *Ratione legis, quae migratur: Pecc. commissionis* (positiva), *quae fiunt adversus legem vetantem; pecc. omissionis* [negativa] *adv. legem jubentem*, Jac. 4, 17. III. *Ratione ambitus actionis:* 1) *Pecc. interna, i. e. animae agitationes a Lege div. abhorrentes* [ἐπιθυμίαι πονηραί]; *externa, quae animus per membra corporis adv. Legem div. peragit.* Nach andern: *pecc. cordis, oris* [*sermonis*] *et operis*, Mt. 5, 21 ss. 15, 19. 2) *Pecc. propria, quae aliquis suarum ipsius virium abusu committit; aliena, quae adjuvando auctorem facinoris, vel etiam consensu ac delectatione in crimine alieno committuntur*, Rom. 1, 32. 1 Tim. 5, 22. IV. *Ratione culpae:* 1) *Pecc. voluntaria* [προαιρετικά], *quae deliberato consilio peraguntur; involuntaria, quae non deliberato consilio peraguntur.* Die letztern: a) *pecc. ignorantiae, quae adv. Legem ignotam peraguntur*; u. zwar: α) *ignorantiae vincibilis*, Act. 3, 17. 17, 30. 1 Tim. 1, 13. β) *invincibilis*, Jo. 15, 22. ss. b) *pecc. praecipitantiae* [Übereilungssünden], *quae ita committuntur, ut ob celeritatem in agendo Lex negligatur*, Gal. 6, 1. c) *pecc. infirmitatis* [Temperamentssünden], *quae propterea peraguntur, quod appetitui sensitivo non satis potest resisti*, Mt. 26, 41. 2) *Pecc. per se s. absoluta, actiones sua natura vitiosae; per accidens s. relativa, actiones sub conditione quadam vitiosae*. 3) *Pecc. venialia, quae ob meritum Xti. peccantibus imputatum, veniam sibi habent conjunctam; mortalia* [πρὸς θάνατον, *quia ex morte spirituali oriuntur, vel ad mortem aeternam imputantur*, 1 Jo. 5, 16 s.], *quae fidem excludunt, inde vita spirituali privant.*[2]) 4) *Pecc. remissibilia, quae, sicut*

---

[2]) Hut: „*Pecc. mortale dicitur omne peccatum in non renatis, tam originale, quam actualia. In renatis vero est vel error in fundamento* [*fidei*], *vel actio interior, pugnans cum Lege Dei, et quidem contra conscientiam designata, excutiens gratiam Dei, fidem et Sp. S. Natura sua nullum prorsus pecc. est veniale: sed tamen fit per Xtum. Est ergo pecc. ven. lapsus s. actio renatorum, pugnans cum Lege Dei, sed propter quam non amittitur gratia; siquidem renati repugnant spiritu, ne ruant contra conscientiam, et dolent propter has sortes, et credunt sibi omnia peccata gratis condonari per Xtum.*" Quen: „*Distinctio peccati in mortale et veniale tantum in renatis locum habet, in non renatis nulla dantur pecc. venialia, sed omnia sunt mortifera. Hinc Lutherus: peccatum, inquit, distinguitur in mortale et veniale, non ob substantiam facti, sed per personam, non juxta differentiam peccatorum admissorum, sed peccatorum ea committentium.*" Die kath. Theologen nennen bestimmte Sünden als Todsünden. Die prot. KL, da sie die Seligk. weder von des Menschen That noch Unthat ableitet, kann solche bestimmte Verbrechen nicht namhaft machen, daher die orthod. DD den Satz des Clr. verwarfen: „Die Enthaltsamk. von Ehebruch, Mord u. von den übrigen Werken des Fleisches ist nothw., um das Himmelreich zu haben u.

poenitentiam sua natura non excludunt, ita quoque remitti possunt ac solent; *irremissibilia, quae per se talia sunt, ut Deus ea nunquam remittere possit.* Nach *Mt.* 12, 31 s. *Mc.* 3, 28 ss. *Lc.* 12, 10. ist unerläfslich nur *peccatum in Spiritum S.* [ἡ τοῦ πνεύματος βλασφημία], i. e. [HOL:] *veritatis divinae evidenter agnitae et in conscientia approbatae malitiosa abnegatio, hostilis impugnatio, horrenda blasphematio, et omnium mediorum salutis obstinata et finaliter perseverans rejectio.*³) Dgg. NKS, ohne zu bedenken, dafs die Gröfse der Schuld nicht nach äufsern Verhältnissen, sdn. nach der innern Triebfeder zu messen sei, mit Verwerfung des allg. Bgr., bei dem individuellen Factum stehn blieben: [RNH:] *Delictum Judaeorum, qui summa pertinacia ducti miracula Jesu, quorum evidentiam negare non poterant, a diabolo proficisci criminabantur;* daher ein ernsteres Denken sich der ältern Bestimmung wieder zuneigte: Hafs des erkannten Göttlichen.⁴) 5) *Pecc. clamantia* [*manifesta et atrocia*], *quae, etiam tacen-*

---

zu bewahren." Möu findet hierin einen Beweis für die unsittl. Tendenz des Prtstms. mit Berufung auf Luthers Aussprüche: „*Nulla peccata Xtianum possunt damnare nisi sola incredulitas.* Wenn im Gl. ein Ehebruch begangen würde, es wäre keine Sünde." Es scheint allerdings, als wenn gewisse Sünden den christl. Charakter nothw. vernichteten, daher auch Luther sogleich hinzufügt: „Der Ehebruch vertilgt den Gl." Aber tiefer betrachtet, sind es nicht bestimmte äufsre Thaten, die uns von Xto losreifsen, sdn. die Gesinnung, aus der sie hervorgehn; daher es doch nur die gewöhnl. Äufserlichk. des Kthlcs. ist, bestimmte Sünden dieser Art aufzuzählen, während der Prtstm. eben so folgerecht, als streng sittlich, es immer nur im Innern selbst thatsächlich entscheiden läfst, ob die Gesinnung, aus der eine Sünde hervorgeht, unvereinbar sei mit dem wahrhaften Gl. u. uns also von Xto losreifst. Sonach begeht der Wiedergeborne als solcher nur erläfsliche Sünden, die Todsünde geschieht aufserhalb des Gnadenstandes. Verschieden ist sie von der Sünde wider den H. G., weil sie keineswegs die künftige Erlangung o. Wiedererlangung des Gnadenstandes ausschliefst, sdn. durch wahre Bufse zur erläfsl. Sünde werden kann. HOL *p.* 365: *Peccata s. venialia, s. mortalia, aeternam quidem merentur poenam mortis; averti tamen potest poena mortis* [*damnationis*] *per poenitentiam.*"

3) AUGTN: *Obstinata ad mortem usque pertinacia cum veniae diffidentia.* QUEN. *II. p.* 65: „*Pecc. in Sp. S. est in homine adulto, regenito, satis illuminato, satis convicto ac libero, veritatis divinae evidenter cognitae et in conscientia approbatae, plena voluntate, proaeretica, malitiosa, pertinax, incorrigibilis, finaliter perseverans, proptereaque irremissibilis abnegatio, abnegatae impugnatio et impugnatae blasphematio.*" Die Bestimmung, dafs nur ein Wiedergeborner diese Sünde vollbringen könne, [also nach THOL nicht die Pharisäer, nach der andern Ansicht nur die Pharisäer] wird durch die Hypothese, dafs die Pharisäer sich vorher im Gnadenstande befanden, mit der Bibellehre vereinigt. BMG: „*Pertinax contemtus et morosa oppugnatio operationum gratiae s. Sp. S.*" Die *irremissibilitas* folgt aus der Natur der Sache, [HUT:] „*quia sic peccans media salutis, sine quibus remissio peccatorum nemini obtingere potest, contumaciter negligit, contemnit et pedibus quasi conculcat.*" Furchtbar ernst die Folgerung nach 1 Jo. 5, 16: [HOL:] „*Si quis certo et evidenter cognoverit, hominem peccare in Sp. S., pro illius salute nullas in coelum mittat preces. At cum difficile sit de homine adhuc vivo pronuntiare, quod in Sp. S. peccaverit, tutissimum est pro apostatis et blasphemis orare conditionate, addita hypothesi: si converti possint.*" Daneben handeln die AKD von der Sünde wider des Menschen Sohn als einer läfslichen. QUEN: „*Pecc. in Filium Hominis est veritatis evangelicae de Filio Dei, qui homo factus est, vel jam agnitae negatio, ex carnis infirmitate et metu periculi, sed non conjuncta cum hostili impugnatione et blasphemia, vel nondum agnitae oppugnatio et blasphematio ex ignorantia.*"

4) Kantianer: Lästerung des Sittenges. u. insbes. Bekämpfung der moral. Reform Jesu aus Hafs des Guten wider bessere Überzeugung. WTT: Widersetzlichk.

§. 88. SÜNDHAFTE ZUSTÄNDE.

tibus hominibus, clamant ad Deum et vindictam expetunt, s. quae, cum ab hominibus non puniantur, Deum ad vindictam permovent, Gen. 4, 10. 18, 20. 19, 13. Ex. 3, 7. Deut. 15, 9. Jac. 5, 4; muta, quae Deus longanimitate sua poenam differendo tolerat et quasi dissimulat, Sap. 14, 26.[5])

§. 88. Verschiedenheit des sündhaften Zustandes.

Status corruptionis s. naturae est hominis post lapsum conditio naturalis, in qua per peccatum orig. in peccata actualia ruens Deum diligere non potest [AKD: *libero arbitrio omnique vita spirituali caret*]. *Varii distinguuntur status s. gradus.*[1]) [RNH:] 1) *St. servitutis* [*Jo.* 8, 34. *Rom.* 6, 16 ss. 2 *Ptr.* 2, 19.], *conditio eorum, qui scientes meliora et probantes, ita vi appetituum trahuntur, ut sequantur deteriora.* 2) *St. securitatis* [2 *Tim.* 2, 26.], *ea hominis conditio, in qua peccato ita deditus est, ut nec ejus turpitudinem, nec emendationis necessitatem sentiat.* 3) *St. hypocriseos* [2 *Tim.* 3, 5. *Tit.* 1, 16], *conditio hominis, qui nonnisi externam virtutis speciem quaerit.* Einige unterscheiden als höchste Potenz *St. pharisaeismi, i. e. quo homo Legem Dei exacte se implere putat, cum tamen non possit. Hypocrita sensu latiori est is, qui ob speciem virtutis, quam habet, vere probum se putat; sensu stricto est is, qui speciem virtutis studiose simulat.* 4) *St. indurationis* [*Mt.* 13, 14 s. *Rom.* 1, 24. 9, 17 s. 11, 7 ss. 2 *Cor.* 3, 14.], *conditio hominis, qui diutius peccando tandem desiit propositis ad virtutem incitamentis moveri.*[2]) Diese Zustände gehn in einander über, u. bezeichnen nur das durch die Thatsünde bewirkte, als sündhafter Hang verschiedne Vrh. zu den Einwirkungen des H. G.[3]) Den ver-

gegen das erkannte Gute überhaupt. AM: [Sittenlehre] „Vorsetzl. Empörung des stolzen Eigenwillens gegen das rel. Bwsts., welche jede Kraft der Wahrh. u. Pflicht in dem Gemüthe bricht, folglich den Sünder von Gott entfernt, u. da er aus sr. Gemüthswelt weder heraustreten will, noch kann, einem unabsehl. Verderben entgegenführt." GESENIUS zu *Jes.* 22, 14: Ableugnung u. Verhöhnung der Wirksamk. Gottes u. seines Geistes auf Erden. GUHLITT: Verachtende Gleichgültigk. alles Guten u. Heiligen, SCHAFF: [Sünde w. d. H. G. 841.] Die aus bereits verhärtetem Gemüthszust. hervorgehende, die völlige u. beharrliche Unbufsfertigk. als nothw. Strafe mit sich führende Mifsdeutung u. Verhöhnung des bereits erfahrnen u. auch im Momente der That noch klar erkannten unmittelbar göttl. Princips.

5) Man zählte *generative i. e. non exclusis peccatis aliis gravioribus* namentlich 4:
„*Clamitat ad coelum vox sanguinis et Sodomorum,*
Vox oppressorum mercesque retenta laborum."
Oder 5, wegen *Ex.* 22, 23. mit Veränderung des 2. Verses:
Vox oppressorum, viduae, pretium famulorum."
Der willkürl. aus einer bildl. Redensart gezogne Bgr. wurde verschieden bestimmt u. von den Neuern aufgegeben. CAL: BMG: *clamantia sunt graviora externa, publica et notoria, poenis acerbis dignissima; muta, occulta nec ita publice nota.* MOSH: *clamantia sunt tam atrocia, ut a Deo jam in hac vita puniantur; muta, quae in vita futura puniuntur.*

1) Erst von BMG aufgestellt als Entwicklung des Sünders zum Ziele der Erlösung hin, von neuern SP als allmälige Vertiefung in der Sünde.

2) J. MÜLLER: 1. Relative Bewufstlosigk. über den Ggns. des Gesammtzustandes zum göttl. Willen. 2. Stufe des erwachten Zwiespaltes also der Knechtschaft. 3. Stufe der Verhärtung, die aus beharrlicher Nichtachtung des erwachten Gewissens entspringende Unempfindlichkeit.

3) MÖH behauptet, solche Grade der Verschuldung sein durch ein befsres Gefühl im Widerspruche mit der KL anerkannt, „denn wer einmal geistig todt ist durch die

Hutterus redivivus. 11. Aufl. 12

schiednen Zuständen des Standes der Natur u. Sünde steht entgegen ein Stand der Gnade u. Freiheit.

Vierter Theil.
SOTEROLOGIA.

§. 89. Prospectus.

Die Lehre von der Versöhnungsanstalt 1) vom göttl. Rathschlusse der Versöhnung [*paterna erga homines lapsos voluntas*`, 2) von seiner Vollziehung durch Xtum [*fraterna Jesu Xti reconciliatio*], 3) von der Aufnahme des Sünders in die Versöhnung [*gratia Spiritus S. applicatrix*], 4) von den Mitteln dieser Aufnahme [*media gratiae*].*)

Cap. I.
De paterna erga homines lapsos voluntate.
Loc. XIII. De Praedestinatione.

§. 90. Benevolentia Dei universalis.

Aus unendl. Liebe hat Gott von Ewigk. her beschlossen, die durch ihre Sünde verlorne Menschh. vom Verderben zu erlösen u. mit sich selbst in Xto zu versöhnen, wiefern die Versöhnung des Sünders mit der göttl. Heiligk. vereinbar ist. Dieser Beschluſs ist *benevolentia Dei universalis*,[1]) i. e. [KÖN:] *primum salutis humanae principium, quo erga omnes homines, in damnationis reatum prolapsos, intensissime Deus afficitur, ita ut non tantum omnium salutem serio expetat, sed omnibus ad finem hunc obtinendum sufficientia media constituat, in bonitatis suae inexhaustae laudem et hominum aeternam salutem.*[2]) Ihre *Affectiones:* a) *gratuita et liberalis*,

---

Erbs., kann der noch todter geschlagen werden?" Es liegt vielmehr auch darin ein Zeugniſs, dafs die prot. KL einen unvertilgbaren Überrest sittl. rel. Kraft anerkennt [p. 174], nur nicht um sich selbst zu erlösen, doch grofs genug, um sich noch tiefer ins Elend zu stürzen.

*) Die AKD fassen die 3 ersten Capp. zusammen als *principia salutis*. KÖN p. 110: *Principia salutis nostrae sunt actus gratiae div. circa salutis nostrae procurationem occupatae. Suntque tria potissimum: benignissima Patris erga homines lapsos voluntas, fraterna Jesu Xti redemtio et gratia Sp. S. applicatrix.*"

1) In der H. S. χάρις, πλοῦτος τῆς χάριτος Eph. 1, 7. 2, 7. ἔλεος Tit. 3, 5. Eph. 2, 4. σπλάγχνα ἐλέους ϑεοῦ Lc. 1, 78. ἀγάπη Jo. 3, 16. φιλανϑρωπία Tit. 3, 4. χρηστότης Tit. 3, 4. Der Ausdruck *gratia*, zur Ausschliefsung unsers eignen Verdienstes wird entw. gleichbedeutend mit *benevolentia univ.*, o. als Quell, o. auch als Folge drs. gebraucht. BR p. 408: *Intelligitur nomine gratiae div. hoc loco benignus Dei favor erga peccatores, quo Deus, nostro concipiendi modo, movetur, ut velit ad salutem eorum procurandam conferre, quod suum est.*" Es scheint daher angemessen, da für diesen LBgr. andre Bezeichngn. zur Hand sind, u. durch vieldeutige Worte die Bgr. verwechselt werden, den dgm. Bgr. von *gratia*, wie die AKD meist auch thaten, der *gratia applicatrix* anzueignen, Cap. 3.

2) HOL p. 586: „*Benev. Dei univ. est actus gratiae div., qua Deus, spectata communi hominum lapsorum miseria, permotus est, ut non tantum eorum omnium serio velit salutem, sed etiam ad hanc procurandam Xtum dederit mediatorem, justa atque efficacia media destinaverit, ea intentione, ut omnes homines iisdem utantur, veram ex*

§. 90. BENEVOLENTIA DEI UNIVERSALIS.

mit Ausschlufs jedes menschl. Verdienstes, *Gal.* 3, 22. *Rom.* 11, 32. b) *seria, non simulata*, nicht blos zum Schein ausgesprochen, sdn. wahr u. thatsächlich, *efficax, Ez.* 33, 11. c) *universalis et aequalis*, auf alle Sünder gleichmäfsig bezogen, *Jo.* 3, 16. 1 *Tim.* 2, 4. *Tit.* 2, 11. *Rom.* 3, 22. d) *non absoluta, sed ordinata i. e. justitia temperatur, fundatur in Xto.* Diese göttl. Barmherzigk. über alle Sünder, von der die Vft. nichts weifs, ist geoffenbart sowohl durch einzelne Aussprüche der H. S.,[3] als thatsächlich durch die Sendung Xti, uns zum höchsten Troste, dafs, obwohl unser Gewissen uns verdammt, Gott uns retten wolle.[4] Daher sind alle Menschen nach dem göttl. Rathschlusse zur Seligk. erschaffen o. vorherbestimmt, u. dies ist im grofsartigen u. allg. Sinne die Bedeutung von *praedestinatio* [Gnadenwahl] *late dicta i. e. Dei decretum, quo omnes homines ad salutem aeternam designavit.*[5] Da jedoch dieser sr. Tendenz nach allg. göttl. Rathschlufs in sr. Vollziehung an jedem Einzelnen durch die göttl. Heiligk. bedingt sein mufs: so entsteht die Unterscheidung des allg. Rathschlusses u. sr. besondern, d. i. bedingten Vollziehung, *benevolentia universalis* u. *specialis, voluntas antecedens* u. *consequens*, qua Deus simul respicit conditionem salutis consequendae ab homine vel praestitam, vel non praestitam; u. diese Vollziehung wird nach ihren beiden Äufserungen, je nachdem die Bedingung erfüllt ist o. nicht, als *praedestinatio stricte dicta* u. als *reprobatio* angesehn.[6]

---

illis concipiant fidem in Xtum, et per hunc parta salute aeterna potiantur in laudem bonitatis divinae.''

3) TELLER zu HOL *p*. 593 führt 10 Arten dieser Stellen an, von denen jedoch nur die 3 ersten κατὰ ῥητὸν das Dogma aussprechen: „a) *Loca, in quibus benevolentia Dei erga universum mundum, sine ulla exceptione, praedicatur, Jo.* 3, 16. 1 *Jo.* 2, 2. b) *Effata, quae aperte testantur Deum velle omnes homines salvos efficere,* 1 *Tim.* 2, 4. *Tit.* 2, 11. *cf. Mt.* 18, 11. 1 *Tim.* 1, 15. c) *Loca, in quibus plane scriptum exstat, hanc benignam Dei voluntatem ad singulos pertinere, Ezech.* 18, 32. 33, 11. 2 *Ptr.* 3, 9. *Col.* 1, 28.''

4) 1 *Jo.* 3, 19s: Ἐν τούτῳ γινώσκομεν, ὅτι ἐκ τῆς ἀληθείας ἐσμέν, καὶ ἔμπροσθεν αὐτοῦ πείσομεν τὰς καρδίας ἡμῶν, ὅτι, ἐὰν καταγινώσκῃ ἡμῶν ἡ καρδία, ὅτι [ἔτι] μείζων ἐστὶν ὁ θεὸς τῆς καρδίας ἡμῶν. Dies die rel. Bedeutung dieses Artikels. Die polemische Bedeutung sagt aus, dafs nicht der Zorn, sdn. die Liebe Gottes, die uns zuvor geliebt hat, Xtum in die Welt sandte, *Jo.* 3, 16. gegen die Einwendung wider die mifsverstandne KL, dafs ein Zorn, der des Blutes seines Sohnes zur Sühne bedürfe, Gottes unwürdig sei.

5) Dagegen die Bedeutung von *praedestinatio absoluta*, wiefern sie als Bestimmung aller, auch die Bestimmung einiger zur Hölle in sich enthält, wegen ihrer Calvinischen Auffassung als unbiblisch verworfen wird. QCEN. *III. p.* 15: „*Accipitur praedestinatio vel improprie, quomodo destinationem et ad vitam et ad mortem complectitur, quae acceptio Patribus quibusdam usitata, ast quia Scripturae S. non est conformis, merito a nobis repudiatur; vel proprie, quomodo phrasi Scripturae tantum ordinationem ad vitam notat.*''

6) Die AKD nehmen gemeinlich schon die Bedingung „*per fidem in Xtum*'' in die Def. der *praedest. late dicta* auf, wodurch dann blos der Unterschied bleibt zwischen *praed. late et stricte dicta*, dafs jene das allg. Gesetz ausspricht, diese die Subsumtion des Einzelnen unter das Gesetz, o. das Urtheil. Es ist aber die gleiche Benennung beider Decrete th. richtig, weil das zweite nur die concrete Anwendung des ersteren als des abstracten ist, th. wichtig, um dadurch den Ggns. gegen die Calvinische Def. [§. 91, nt. 3.] aufs stärkste auszudrücken. Die F. C. im 11. art. fafst nicht ohne einige Unklarh. beide Arten der Prädest. zusammen, daher sie sowohl lehrt:

§. 91. Praedestinatio et Reprobatio.

Die obj. u. hist. Bedingung des Heils ist das Versöhnungswerk Xti, die subj. u. rel. Bedingung, dadurch der Einzelne dieses Heiles theilhaft wird, ist der Gl. an diese Versöhnung. Hierdurch werden beide Äufserungen des bedingten göttl. Rathschlusses [*specialis*, *consequens*] entschieden u. bestimmt. [KÖN:] *Praedestinatio s. electio est actio Dei liberrima, qua is ante mundi jacta fundamenta ex gratia mere gratuita, in Xto, juxta propositum et praescientiam suam, homines virtute Spiritus S. in Xtum finaliter credituros ad vitam aeternam ordinavit, in laudem gloriosae gratiae suae. Reprobatio est actio Dei liberrima, qua is ante jacta mundi fundamenta, ex justo judicio vindicativo, ob praevisum Xti meriti repudium finale, quosdam sua culpa ad interitum aptatos in aeternum damnare constituit, in laudem gloriosae justitiae suae.*[1]) Da alle Menschen durch die Erbs. gleich verdorben u. unfähig sind zu göttl. Dingen, sonach durch Gott allein ihre Wiedergeburt bewirkt werden kann: so scheint es, im Ggns. der dargestellten L., wenn wir einige das Heil ergreifen, andre dasselbe verwerfen sehn, dafs der Grund hiervon einzig im göttl. Willen liegen müsse, welcher sich auf verschiedne Weise an ihnen thätig bezeige. Hierdurch entsteht die L. von einer Prädestination, nicht durch die *benevolentia universalis*, sdn. durch ein *decretum absolutum, quo Deus pro aeterno suo arbitrio alios saluti, alios damnationi aeternae destinavit*. Diese Prädestination [κατ' ἐξοχήν], welche die Gnaden- u. Zorn-Wahl in sich enthält, wurde von AUGTN zugleich mit der Erbs. als die nächstliegende Consequenz drs. gelehrt, in der kath. K. durch den SPelgms. verworfen, so dafs

praedestinatio ad omnes pertinet, als auch: *ad filios modo Dei pertinet*. MOSH u. nach ihm RYH stellen nur den allg. Bgr. auf: *Praed. est Dei decretum, quo definitur sempiterna omnium hominum salus. In quo distinguitur* a) *voluntas antecedens. i. e. propensio Dei omnibus hominibus summam felicitatem tribuendi;* b) *vol. consequens, i. e. decretum cuique tantum tribuendi, quantum patitur rerum natura:* welcher letzte Entscheidungsgrund wenigstens in seinem naturalistischen Klange dem christl. Bwsts. nicht durchaus entspricht.

1) HOL: „*Praed. est actus voluntatis divinae consequens, quo Deus ex genere humano lapso solos et singulos homines, quos in Xtum finaliter credituros esse praevidit, segregavit et ordinavit ad salutem aeternam consequendam. Repr. est aeternum Dei decretum de condemnandis omnibus et singulis peccatoribus, quorum finalis meriti Xti rejectio ab aeterno praevisa est.*" In diesem Begr. der *praedestinatio* unterscheiden die spätern AKD: [HOL:] a) πρόθεσις, *decretum indeterminatum de salvandis hominibus finaliter credituris;* b) πρόγνωσις, *praecognitio eorum, qui in Xtum credituri sint;* c) πυρορισμός, *praedest. sensu strictissimo, s. inscriptio in librum vitae* (Phil. 4, 3. Apoc. 3, 5.], *i. e. aeternum Dei decretum ad certa individua humana applicatum*. Da hierdurch ein Obersatz, Untersatz u. Schlufs ausgesprochen ist, wurde hierauf der *Syllogismus praedestinatorius* gegründet. HOL: „*Major: Omnis perseveranter usque ad finem vitae crediturus in Xtum certo salvabitur, atque adeo electus est et inscriptus in librum vitae. Minor: Atqui hic, ille, iste, Abrahamus, Petrus etc. perseveranter usque ad finem vitae in Xtum credituri sunt. Conclusio: Ergo hic, ille, iste, Abrahamus, Petrus etc. certo salvabuntur, atque adeo electi sunt et inscripti in librum vitae.*" Als *actus o. gradus electionis* werden, nach den verschiednen Einthlgn. des *ordo salutis* verschieden, gemeinlich 7 aufgezählt: *decretum redemtionis, Filii missionis, justificationis, vocatio, regeneratio, sanctificatio et glorificatio*.

§. 91. Praedestinatio absoluta.

der Name eines Prädestinatianers für häretisch galt;[2] aber in der ev. K. wurde sie erneut, durch CLV in der ref. K. geltend gemacht, so weit sein Einfluſs reichte, durch MEL in den ersten Ausgg.. der *Loci* behauptet, u. durch LUTH [*de servo arbitrio*] bes. gegen ERASMUS vertheidigt. Ihre Stärke liegt in der system. Consequenz. Ihre Vertheidiger haben auch eine Begründung aus der Allmacht Gottes u. der unbedingten Abhängigk. des Menschen eingemischt. Hiernach wäre Gott Urheber des Bösen u. hätte Lust an der Verdammniſs. Nur vom Dogma der Erbs. aus ist der Gl. an eine unbedingte Prädest. begreiflich. Hier rechtfertigt sie sich für den Vrst., wiefern Gott, nachdem durch die Erbs. alle verdammungswerth geworden sind, denj., welche er verdammt, nicht deſshalb unrecht thut, weil es sr. überschwängl. Gnade gefällt, andre zu retten; für das rel. Gefühl, weil die unendl. Machtvollkommenh. Gottes u. die unbedingte Ergebung in dieselbe aufs stärkste in ihr ausgesprochen ist.[3] Dennoch widerstrebt es dem rel. Bwsts., nicht an die allg. Liebe, sdn. an eine besondre Gunst der Gotth. zu glauben, sowie dem theol. Denken, die Gerechtigk. u. die Gnade Gottes in ihrer Wirksamk. für gänzlich getrennt zu achten; die Stellen der H. S. von Gottes Willen, daſs allen Menschen geholfen werde, müssen mit kecker Willkür durch die Annahme eines verborgnen, anders lautenden Willens eludirt werden [*p. 115*]; u. wennschon edlere Menschen in der Prädest. selbst

2) Der Mönch GOTSCHALK † 668 im Gefängnisse. Jansenismus, d. i. der durch JANSEN's, Bischofs von Ypern, hinterlaſsnes Werk [*Augustinus*, 640.] erneute Augtms im Kampfe gegen die semipel. Jesuiten. Die Erneuerung geschah im ernsten, reformatorischen Sinne, u. wurde ebendeſshalb nach schwerem Kampfe von der Hierarchie unterdrückt.

3) Nur nach sr. Gottesidee hat ZWINGLI die unbedingte Prädest. begünstigt, die durch CLV zum Charakter der ref. DK wurde, obwohl in den krchl. Bekenntnissen unter erbaul. Hoffnungen verschleiert u. dem Gl. der deutsch-ref. K. fremd. Jener Particularismus, der im Ggns. des Universalismus [*gratia universalis*] nur *gratiam particularem* annimt, für einen Theil der Menschheit, hat sich in 2 theol. Parteien dargestellt: a) Supralapsarii [*Antelapsarii*], *qui decretum absolutum lapsui Adamitico praeponentes hunc ipsum praedestinatum esse judicant*, s. *juxta quos decrevit Deus, maximam hominum partem pro solo beneplacito suo creare ad interitum et praecipitare in exitium*; b) Infralapsarii [*Sublapsarii*], *qui decretum absolutum postponunt decreto de lapsu permittendo*, s. *juxta quos decrevit Deus maximam hominum lapsorum partem in lapsu praeterire et relinquere;* d. i. die Erstern lassen den Sündenfall selbst durch Gott geordnet sein, um durch Gnaden- u. Zorn-Wahl seine Gnade wie seine Gerechtigk. in unbedingter Machtvollkommenh. zu beweisen [CLV: *dico Deum non modo primi hominis casum et in eo posterorum ruinam praevidisse, sed arbitrio suo dispensasse*]; die Andern lassen erst in Bezug auf den vorausgesehenen Sündenfall u. seine Folgen die Abwendung dieser Folgen für einige, ihre Zulassung für andre in Gott beschlossen sein. Auf der Synode zu Dortrecht [*Synodus Dortracena* 1618] siegte nur das infralapsarische Bekenntniſs über die Universalisten [Arminianer], doch blieb der Supralapsarismus die esoterische Orthodoxie, bis nach inconsequenten Milderungen die neuere ref. DK [EBR] sich dem Universalismus zuwandte. Die Wiederaufnahme der unbedingten Prädest. durch SCHLR ist vielmehr eine Überspannung der luth. KL, nehmlich eine allg. Prädest. zur Seligk. auch als *voluntas consequens*, so daſs der Unterschied von Guten u. Bösen nur ein relativer u. verschwindender ist, da endlich alle von der göttl. Gnade unwiderstehlich ergriffen u. beseligt werden. Ebenso SCHWZ: die unbedingte Prädest. als die nothw. Beziehung des Gefühls schlechthiniger Abhängigkeit auf das Erlösungsleben, aber die Aufhebung des finalen Dualismus von Seligen u. Verdammten als die nothw. Fortbildung der reform. KL.

Trost u. Mahnung finden können, so wird doch dieser Gl. im gemeinen Leben Sorglosigk. o. Verzweiflung veranlassen, je nachdem sich einer zur Seligk. o. Verdammnifs prädestinirt meint. Hierdurch entschied sich die öffentl. Meinung in der luth. K. gegen die unbedingte Prädest., u. in der *F. C. art. XI.* wurde gegen Calvin die angeführte L. einer allg., obwohl bedingten Prädestination zur Seligk. ausgesprochen, welche nur durch das eigne Widerstreben des Menschen zur Reprobation werde; so dafs ideal durch Gott jeder zur Seligk. bestimmt sei, u. nur real sich durch eigne Schuld in die Verdammnifs stürzen könne. Da jedoch alle wegen der Erbs. gar nicht anders können, als widerstreben: so reicht die blose Unterscheidung der *F. C.* zwischen *praedestinatio* u. *praescientia* allerdings nicht aus, um diese milde L. mit dem krchl. System zu verbinden,[4]) sdn. entw. mufs angenommen werden, Gott stelle durch seine allg. Gnadenwirkung die Freih. eines jeden so weit wieder her, dafs er sich für u. gegen die Annahme der Gnade frei entscheiden könne; o. durch die Erbs. sei wohl die Kraft, aber nicht die Sehnsucht einer Versöhnung mit Gott verloren gegangen, so dafs zwar der Mensch nichts thun könne, um sich mit Gott zu versöhnen, wohl aber dadurch, dafs er diese Sehnsucht gewähren lasse, o. sich gegen dieselbe verhärte, der dargebotnen Gnade sich hingeben o. sich verschliefsen möge.[5]) Betrachten wir den einzelnen Menschen im natürl. Zustande u. die Menschh. vor Xto, wie sie durch ihre weltl. Tugenden, durch ihre Gebete u. Opfer sich immerdar mit Gott zu versöhnen strebte: so stimmt die letztere Ansicht auch mit der Erfahrung am genausten überein u. wird bekräftigt durch die H. S., welche eben so sehr die Errettung des Sünders einzig von der göttl. u. allg. Gnade durch Xtum ableitet, als sie die Sünder ermahnt, ihre Herzen der Gnade zu öffnen.[6]) Die hierauf gegründete luth. KL

---

4) *F. C.* 617 s: [2 s.] „*Praesc. Dei simul ad bonos et malos pertinet, sed non est causa mali, neque causa est, quod homines pereant; hoc sibi ipsis imputare debent. Praed. vero s. aeterna Dei electio ad bonos et delectos filios Dei pertinet, et haec est causa ipsorum salutis. Etenim ipsorum salutem procurat, et ea, quae ad ipsam pertinent, disponit.*"

5) *Cf.* p. 162. 173 s. In einer Andeutung drs. Ansicht wird das Vertrauen, erwählt zu sein, auf die Sehnsucht darnach begründet. *F. C.* 816: [70] „*Qui aeternae salutis vero desiderio tenentur, non excrucient sese cogitationibus et imaginationibus de arcano Dei consilio, an ad vitam aeternam sint praedestinati et ordinati; quibus curis Satanas pias mentes quandoque affligere solet. Xtum potius audiant, et in eum, ut in librum vitae, intueantur, in quo perscripta est omnium filiorum Dei electio ad vitam aeternam. Hic vero omnibus hominibus, absque ullo discrimine, testis locupletissimus est, hanc esse Dei voluntatem, ut omnes ad Xtum veniant, qui peccatis gravati sunt, ut ab ipso recreentur et salvi fiant.*"

6) Als *sedes propria* galt den AKD *Eph.* 1, 4-6. Nächstdem: *Rom.* 8, 28 ss. 4, 17-24. *Mt.* 11, 21 ss. 23, 37. *Act.* 7, 51. 10, 43, 16, 30. *Mc.* 16, 15 s. *Jo.* 3, 16. Die Beziehung des göttl. Willens auf unsro Beseligung wird im N. T. ausgedrückt durch προορίζειν [*praedestinare* nach der *Vulgata*], προγινώσκειν, ἐκλέγειν, davon ἐκλεκτοί, ἐκλογή u. πρόθεσις. Was in der K. als Erwählung zur Seligk. angesehn wird, ist im N. T. zunächst als Erwählung zum Xthum ausgesprochen; dieses aber als einziger Weg zu jener: sonach kein wesentl. Unterschied. Aus dreifacher Rücksicht wird die Aufnahme des Einzelnen ins Xthum als eine in Gott geordnete, sonach auch von Ewigk. her bestimmte angesehn: a) Jesus vereinigt dadurch den scheinbaren Widerspruch sr. Sendung an die ganze Menschh. mit der geringen Anerkennung drs., *Jo.* 6, 44. *cf.* 12, 38 ss. *Lc.* 13, 34.
b) Paulus stärkt dadurch das Vertrauen auf den Sieg der Auserwählten Gottes über die

§. 91. Luther'sche Praedestination.

von einer dem Beschlusse nach allg. u. sr. Ausführung nach bedingten, in beider Hinsicht ewigen Prädest. zur Seligk.,[7]) ohne alle Prädest. zur Verdammnifs, ist eben so wahr, tief, als tröstlich. Denn keinen schliefst sie aus von der Gnade Gottes, jeden warnt sie, dafs er sich selbst nicht ausschliefse; aber sie fordert auch nicht, dafs wir diese Gnade uns irgendwie verdienen, noch fordert sie das Werk unsrer Wiedergeburt von unsrer eignen Kraft, daran jeder verzweifeln müfste, der sich wahrhaft erkannt u. gemessen hat am göttl. Gesetze: sdn. sie vertraut unsre Rettung, wenn wir gerettet sein wollen, als gewifs u. unfehlbar der allmächtigen Gnade Gottes in Xto.[8]) Die Ursache der Prädest. ist also einzig *gratia Dei mere gratuita* als *causa efficiens*, *meritum Xti* als *causa movens s. meritoria*, aber als *decretum conditionatum* bedingt durch den Gl. des Sünders an die Versöhnung.
— In der pelag. Richtung der neuern Zeit wurde die *praedestinatio* zur blosen *praevisio* d. i. das allein durch uns selbst bestimmte Schicksal unsrer Seele, ideal betrachtet in der göttl. Anschauung; ein Ggns. wider die orth. Lehre, welchen die NKS durch den gemeinschaftl. Ggns. wider die Calvinische Auffassung zu verbergen pflegen.

§. 92. Anhang von der Seligkeit der Nichtchristen.

Da die Heiden durch die Erbs. gänzlich verdorben sind, daher Augtn ihre Tugenden glänzende Laster nennt, in Xto aber allein die Rettung ist: so scheint hierdurch ihre ewige Verdammnifs unleugbar. Dgg. spricht die *benevolentia Dei universalis*, nach welcher sie nicht

---

Welt, *Rom.* 8, 28 ss. u. c) beugt dadurch den Hochmuth der jüd. Xten unter die unbedingte Machtvollkommenh. Gottes, *Rom.* 9. Nächst diesen Stellen berufen sich die Calvinisten auf die Aussprüche von einer Verstockung der Bösen durch Gott: *Ex.* 4, 21. 7, 3. 9, 16. 10, 1. 20. 27. *Jos.* 11, 20. *Jes.* 6, 9 ss. *Rom.* 1, 24 ss. 9, 17. 11, 8 ss. 1 *Ptr.* 2, 8. Allein man mag sie historisch-kritisch betrachten als antike Ausdrucksweise, welche alles unmittelbar von Gott ableitet, ohne defshalb in andrer Rücksicht die freie Zustimmung u. That des Menschen zu leugnen [*cf. Ex.* 7, 13. 8, 15. 9, 34. *Jes.* 29, 10. *Mt.* 23, 37. *Rom.* 2, 5, *Eph.* 4, 19.], o. mehr orthodox als ein völliges Abziehn der göttl. Gnade von denj., welche dieselbe durch ihre Verbrechen verschmäht hatten [*cf. p.* 163]: so ist dieses sehr verschieden von einer urspr. u. aller eignen That vorhergehenden Bestimmung zur Verdammnifs.

7) Die Bestimmung: *praed. est aeterna, immutabilis et infallibilis*, weil Gott von Ewigk. weifs, ob der Mensch irgend einmal den Gl. annehmen u. in dms. bis ans Ende verharren werde [*praevisio fidei finalis*], ist gegen die Socianer gerichtet, welche in kleinlicher Verstandesansicht leugnen, dafs Gott die freien Handlungen vorauswisse, sonach auch die endl. Entscheidung eines jeden für o. gegen den Gl. kenne.

8) *F. C.* 810: [45 ss.] „*Haec doctrina praeclaram nobis consolationem monstrat. Quantum enim est hoc beneficium Dei, quod is de uniuscujusque Christiani conversione, justitia et salute adeo sollicitus fuit, atque tam fideliter procuravit, ut ante jacta fundamenta mundi deliberaverit, atque in illo arcano suo proposito jam tum ordinaverit, quomodo me ad salutem vocare, adducere et in illa conservare velit! Quid? quod meam salutem adeo firmis praesidiis munire voluit, ut eam in aeternum suum propositum (quod falli aut everti nunquam potest) tanquam in arcem munitissimam collocaret, atque adeo in omnipotenti manu Jesu Xti (unde nemo rapere nos potest) conservandam poneret. Si enim nobis tutela et defensio nostrae salutis committeretur, Deus bone, quam levi momento eam propter infirmitatem, pravitatem et corruptionem carnis nostrae amitteremus! Ideo Paulus (Rom. 8, 29 ss.) certitudinem beatitudinis nostrae super fundamentum propositi divini exstruit, cum ex eo, quod secundum Dei propositum vocati sumus, colligit, neminem nos posse separare a dilectione Dei, quae est in Xto.*"

verworfen sein können, ohne daſs ihnen die Gelegenh. des Heils wahrhaft geboten worden wäre; daher unsre K. *rejectio*, nicht *ignorantia fidei* als Grund der *reprobatio* anführt. Es muſs also für eine augustinische Überspannung gehalten werden, wenn die L. vom alleinigen Heil durch Xtum auf eine Weise ausgesprochen wurde, daſs die Heiden dadurch unbedingt vom Heil ausgeschlossen erscheinen;[1] so wie es eine pelag. Erschlaffung ist, daſs, nach Zwinglis Vorgange, unter den NKS seit MICH die Seligk. der Heiden auf eine Weise behauptet wird, welche das alleinige Heil in Xto beeinträchtigt. Die rechte u. orth. Mitte ist, daſs der Grundsatz feststehe: alleiniges Heil durch Xtum! daneben das Vertraun zur allg. Vaterliebe Gottes, daſs er an diejenigen, die ohne ihre Schuld dieses Heil auf Erden nicht erlangen, dasselbe bringen werde auf eine uns verborgne Weise. Sei es nun, daſs ihre in Gebeten, Opfern u. Mysterien ausgedrückte Hoffnung auf die Versöhnung, wie den Frommen des A. T., so auch ihnen als Gl. zugerechnet, o. noch in jener Welt das Ev. ihnen verkündigt werde; Andeutungen, welche in der K. mannichfach ausgesprochen sind.[2] Hierüber ist uns aber Näheres nicht offenbart,[3] weil zureicht zu wissen, daſs für uns kein Heil ist auſser durch Xtum; hinsichtlich der Heiden aber, daſs wir nichts versäumen, ihnen dies Heil auf die rechte Weise zu bringen, denn, wofern dieses nicht geschähe, möchte leicht ihr Elend auf unser eignes Haupt fallen.

1) Daher sind diej. Stellen der S. B., welche das ausschliefsl. Heil durch Xtum aussprechen [*Symb. Athan. v.* 1 s. *et* 40. *C. maj.* 500. *F. C.* 667], zwar noch nicht entscheidend für die Verdammniſs der Heiden, doch wird sie vorausgesetzt, u. ist wenigstens ausgesprochen *C. maj.* 503: [66] „*Quicunque extra Christianitatem sunt, s. Gentiles, s. Turcae, s. Judaei, aut falsi etiam Xtiani et hypocritae, quanquam unum tantum et verum Deum esse credant et innocent: neque tamen certum habent, quo erga nos animatus sit animo, neque quidquam favoris aut gratiae de Deo sibi polliceri audent aut possunt; quamobrem in perpetua manent ira et damnatione.*"
2) Predigt des Ev. im Hades 1 Ptr. 3, 19 s. als bekannt vorausgesetzt unter den Alexandrinern. Die Zurechnung der vorbildl. Gl. an die Versöhnung behauptet MEL bei der Frage, wiefern Daniel [4, 24.[dem pers. Königs Sündenvergebung verheiſsen konnte. *A. C.* 112: [141] „*Norat Daniel, promissam esse remissionem peccatorum in Xto, non solum Israelitis, sed etiam omnibus gentibus. Alioqui non potuisset regi polliceri remissionem peccatorum.*" Auch die AKD waren über die Verdammniſs wenigstens der Heidenkinder nicht einig u. wagten nicht leicht dieselbe für mehr als *poena damni* i. e. *carentia beatificae visionis*, zu halten; daher einige meinten, daſs Gott diejenigen Heiden, von denen er voraussah, daſs sie dem Ev. geglaubt haben würden, wenn es ihnen verkündigt worden wäre, als Kinder sterben lasse. Andre hielten dafür, Gott wirke in edlen Heiden eine Ahnung von Xto [*fidem implicitam*] wenigstens in der Todesstunde. Überall ein Zwiespalt der syst. Consequenz mit dem chr. Gefühl. Schon GRH u. BENGEL überlassen die Heiden der Barmherzigk. Gottes anheim. Nach der Verzichtung auf den krchl. Spnts u. in dem modernen Heidenthum der Zeitgenossen versteht sich die Seligk. der Heiden von selbst.
3) Die AKD führten gegen die Heiden an: *Mt.* 13, 41 s. *Mc.* 16, 15 s. *Jo.* 3, 16 ss. 12, 46 s. 14, 6. 17, 3. *Act.* 4, 12. *Eph.* 2, 1 ss. *Hbr.* 11, 6., Stellen, welche nur das alleinige Heil durch Xtum aussprechen. Die NKS u. RT für dieselben: *Mt.* 25, 35 ss. *Jo.* 15, 22. *Act.* 10, 35. 14, 17. 17, 24 ss. *Rom.* 2, 14. *Gal.* 6, 7 s. 1 *Jo.* 2, 2., welche Stellen nur th. die Allgemeinh. der Versöhnung aussprechen, ohne den Gl. als Bedingung ihrer Aneignung auszuschlieſsen, th. im Ggns. des jüd. Particularismus die allg. Vaterliebe Gottes, die sich durch allg. Berufung zu Xto bewährt [§. 112], ohne deſshalb auſserhalb desselben das Heil zu gewähren.

Cap. II.
De fraterna Jesu Christi reconciliatione.
§. 93. Prospectus.

Der göttl. Rathschlufs zur Rettung der Menschh. wurde dadurch vollbracht, dafs Gott der Sohn, nachdem die Zeit erfüllt war,[1]) Mensch wurde, u. als jüd. Messias, Jesus Xtus genannt,[2]) die Versöhnung obj. u. hist. vollbrachte. Es ist daher zu betrachten 1) die Person [*persona Xti*], 2) das Werk [*opus Xti salutare*] des Versöhners, 3) das Geschick [*status Xti duplex*] dem er sich unterzog.[3])

Loc. XIV. De Christi persona.
§. 94. Historische Einleitung.

Die göttl. wie die menschl. Natur Xti war im N. T. thatsächlich ausgesprochen u. gläubig anerkannt, die bestimmte Art ihrer Vereinigung jedoch nicht näher dargelegt. Eine solche Vereinigung ist so erhaben über unsre gewöhnl. Vorstellungen, dafs erst der Übergang des Gl. zur Reflexion überhaupt u. mannichfache Gegensätze dazu gehörten, bevor zur Ausscheidung drs. diese Vereinigung im bestimmten Bgr. als Dogma aufgefafst wurde. Gegensätze waren da-

---

*) *Ebr.* 1, 1: Πολυμερῶς καὶ πολυτρόπως πάλαι ὁ θεὸς λαλήσας τοῖς πατράσιν ἐν τοῖς προφήταις, ἐπ᾽ ἐσχάτου ἐλάλησεν ἡμῖν ἐν υἱῷ. Wenn die Propheten unmittelbar das Xthum vorbereiteten [*cf.* p. 134], so haben es die morgenländischen Religionsgründer u. die griech. Weisen mittelbar vorbereitet, indem die intellectuelle u. ästhetische Bildung von ihnen ausging, an der das Xthum nach sr. Losreifsung vom Judenthum theilnahm. Es ist kleinmüthig zu meinen, dafs auf den, welcher Mittelpunkt der Weltgeschichte ist, u. von dem die Geschichte sr. Nachwelt ausging, nicht auch die ganze Vorwelt eine Vorbereitung gewesen sei. Historische Darlegung, wiefern die Zeit erfüllt, d.i. geeignet war durch Sehnsucht wie durch Ggns. den Versöhner zu empfangen.

2) Ἰησοῦς, יֵשׁוּעַ, spätere aus יְהוֹשֻׁעַ contrahirte Form, von יָשַׁע *adjuvare, saltare*, also *Salvator*. Χριστὸς, מָשִׁיחַ von מָשַׁח *ungere*, sonach jeder Gesalbte, sowohl Priester *Lev.* 4, 3 ss. *Ps.* 105, 15. als König 1 *Sam.* 24, 7. *Dan.* 9, 25 s. κατ᾽ ἐξοχήν der Messias, unter den Gläubigen anerkannter Ehrenname Jesu; Hol: „*qui a Sp. S. in Regem, Sacerdotem et Prophetam unctus est.*" Von beiden messianischen, obwohl nicht ausschliefslichen, Bezeichnungen deutet ὁ υἱὸς τοῦ θεοῦ vorzugsweise auf den göttl., ὁ υἱὸς τοῦ ἀνθρώπου [בַּר אֱנָשׁ *Dan.* 7, 13 s.] auf den menschl. Ursprung Xti. Dafs aber die mess. Würde für ihn blose Form war, obwohl ein hist. nothw. u. von Gott geordnete, erhellt daraus, dafs Xtus ein andrer war u. ein andres erfüllte, als die jüd. Nation erwartete, auch nach einigen mess. Weifsgn., als Accommodationen Gottes an untergeordnete Bedürfnisse seines Volkes, erwarten konnte, nehmlich den Erneuerer der nationalen Theokratie. Als Beweis dafür, dafs Jesus der im A. T. verheifsne Messias war, werden angeführt [KL]: *a)* Erfüllung der Weifsgn. des A. T. an der Person u. in den Schicksalen Jesu, *b)* eigne Erklärung Jesu, *Lc.* 17, 20 ss. *Jo.* 17. 3. u. der App., *c)* Zeugnifs des Täufers, *d)* Stimme vom Himmel bei der Taufe, *e)* Vollkommenh. der Lehre, *f)* Wunder u. wunderbare Schicksale Jesu, *g)* Überwindung der gröfsten Hindernisse. — Nachdem die göttl. Würde Xti dargethan ist, kann diese Behauptung sr. mess. Würde, die sodann keines weitern Beweises bedarf, nur bedeutsam sein, um die Einh. der göttl. Offenbarungen anzuerkennen.

3) Gewöhnl. Eintheilung: [Br:] „*a) De persona,* *b) de statibus,* *c) de officio Xti.*" Eigenthümlich: Quen. *II. p.* 74: „*Sequitur principium salutis alterum, videlicet fraterna Jesu Xti redemptio. In cujus tractatione considerabimus* 1] *Redemptorem*, 2) *Redemptionem.*"

durch möglich, dafs entw. *a*) die eine o. andre Natur nicht vollständig anerkannt, o. *b*) ihre wahrhafte Einigung beeinträchtigt wurde. Die 1, Periode umfafst den Kampf wider die erste Art des Ggns. bis zum Siege über den Arianismus, 325 u. 381. Die göttl. Natur wurde mehr o. minder verleugnet von den Ebioniten, welche festhielten an den jüd. Messiasvorstellungen [*p*. 138]; die menschl. Natur von den Gnostikern, welche in ihrer Abneigung vor der Materie alle mehr o. minder Doketen waren.[1]) Die ältern KV stritten wider beide Extreme, doch dachten sie den Sohn Gottes in ausschliefslicher Rücksichtnahme auf sein irdisches Werk insgemein dem Vater untergeordnet, bis ATHANASIUS sein absolutes Gottsein zur Anerkennung brachte, u. stellten den Verein beider Naturen auf populäre Weise vor, den göttl. Logos als Geist, das Menschl. blos als Körper, doch gedachten schon TERTULLIAN u. ORIGENES einer menschl. Seele Jesu, welche gegenüber sr. vollständig anerkannten Gotth. zur Vollständigk. sr. menschl. Natur gegen Arianer u. Semiarianer [beide in sofern ἄψυχοι genannt] wie gegen den vermittelnden Apollinaris behauptet wurde.[2]) — Die 2. Periode umfafst den Kampf wider die andre Art des Ggns. bis zum Siege über die Monotheleten, 680. Nach dem allg. Ggns. der Antiochen. u. Alexandr. Schule ist gegen NESTORIUS [seit 428 Patr. von Constantinopel, entsetzt 431], der mehr eine moral. Zusammenfügung, als eine wahre Einh. [συνάφεια, nicht ἕνωσις] lehrte, diese zu Ephesus 431 anerkannt worden. Gegen EUTYCHES [Archimandrit in Constantinopel], der diese Einh. bis zur Vermischung [σύγχυσις, μεταβολή] beider Naturen in eine [daher Monophysiten] überspannte, wurde zu Chalcedon 451 die Verschiedenh. der Naturen in der Einh. der Person festgestellt. Als Concordat mit den Monophysiten wurde seit 622 die Lehre von zwei Naturen u. einer Willensäufserung [μία ἐνέργεια] am byzant. Hofe begünstigt. Durch die Verdammung der Monotheleten siegte auf dem 6. ökum. Conc. zu Constantinopel 680 die volle Anerkennung beider Naturen u. ihrer Einh. in der Person des Θεάνϑρωπος. — Die 3. Periode bis zur Ref. hat nur die Folgerungen der KL scholastisch ausgeführt: Verschiedenh. der Naturen u. Gemeinschaft ihrer Attribute, mit starker Hervorhebung der göttl. Natur. Unwillkürlich u. vereinzelt traten die ältern Ggns. unter den SL wieder hervor: eigenthümlich nur die nestorianische Neigung durch die zu Frankfurt 794 verworfnen Adoptianer.[3]) — Die 4. Periode entwickelt nach der *F. C.* durch die *communicatio idiomatum* den apost. Gl. an die vollkommne Gotth. u. an die vollkommne Menschh. Xti in sr. wissen-

---

1) Mochten sie nun wie die eigentl. Doketen [*Phantasiastae, Opiniarii*] im 2. u. die Manichäer im 3. Jhh. blos einen Scheinkörper Jesu [*corpus parastaticum, caro putativa*], o. wie Basilides u. a. einen himml. Körper u. den Kreuzestod eines dem Heilande ganz fremden Menschen annehmen.

2) Der jüngere APOLLINARIS, Bisch. von Laodicea seit ungefähr 370, lehrte nach der Platon. Trilogie [§. 79, *nt.* 1]: der Sohn Gottes nahm bei der Menschwerdung nur das σῶμα u. die ψυχή an, indem der göttl. Λόγος anstatt des menschl. νοῦς war.

3) ELIPANDUS, *Archiepisc. Toletanus*, u. FELIX, *Episc. Urgelitanus*, trennten seit 782 beide Naturen so, dafs sie behaupteten, Xtus sei hinsichtlich sr. menschl. Natur auch nach sr. Erhebung zur Rechten Gottes nicht wahrhaft, sdn. nur durch Adoption Sohn Gottes.

schaftl. Reflexion, somit das in sich vollendete Dogma. Späteres, mindestens einseitige Hervorhebung der menschl. Natur, ist weniger Entwicklung, als Negation.

§. 95. Naturarum unitio et unio personalis.

C. A. 10: „*Filius Dei assumpsit humanam naturam in utero Mariae virginis, ut sint duae naturae, divina et humana, in unitate personae inseparabiliter conjunctae, unus Xtus, vere Deus et vere homo.*" *Natura* [φύσις, οὐσία] in *Xto est substantia vel divinitatis vel humanitatis. Persona* [ὑπόστασις, πρόσωπον] *Xti est individuum ex utraque natura, divina et humana, conjuncta, non mixta, concretum.*[1]) Die Vereinigung beider Naturen zu einer Person als Act heifst *unitio personalis i. e.* [CAL:] *actus Filii Dei, quo humanam naturam in utero matris virginis Mariae in unitatem suae personae assumsit, Jo.* 1, 14. 1 *Tim.* 3, 16. *Phil.* 2, 6 *ss. Gal.* 4, 4. *Hbr.* 2, 17. 1 *Jo.* 4, 2 *s.*[2]) Defshalb ist zu unterscheiden [BR:] *duplex generatio Xti, aeterna, per quam habet, quod est Filius Dei, et temporalis, per quam habet, quod est Filius Hominis, Mt.* 1, 1 *ss. Gal.* 4, 4. Die Vereinigung geschah in der Empfängnifs.[3]) Die hieraus

---

1) CHMN: „*Substantia s. natura est illud, quod ex se multis individuis ejusdem speciei commune est, quodque totam singulorum essentialem perfectionem complectitur. Persona est quidquam singulare, quod totam quidem et perfectam ejusdem speciei substantiam habet, sed* [*characteristica quadam* proprietate determinatum seu *limitatum, atque ita a reliquis ejusdem naturae individuis, non essentia, sed numero discretum, per se subsistit.*" Er fügt hierauf die gewöhnl. Def. bei: „*Pers. est substantia individua, quae nec alterius pars est, nec in altero sustentatur.*" *Cf.* BMG: *Pers. est individuum substantiae incommunicabilis, completae, non sustentatae ab alio, intellectu praeditum.*" RXU: „*Nat. est suppositum proprietatibus quibusdam et facultatibus praeditum. Pers. est suppositum attributis quibusdam viribusque praeditum, et per se subsistens s. suppositum intelligens et per se subsistens.*" Der Bgr. bedurfte einer Revision. CHMN fafst das Vrh. des Individuum zur Gattung richtig auf, aber nicht das Eigenthüml. einer aus 2 verschiednen Gattungen construirten Persönlichk. Die andern Deff. erheben den Bgr. der Person nur durch das Moment der Selbständigk. über den Bgr. der Natur. Aber diese Selbständigk. kann doch einerseits wenigstens der göttl. Natur nicht abgesprochen werden, der ja die Persönlichk. selbst zukommt u. eine sehr bestimmte in der Trinität, während andrerseits sie gerade *non per se subsistit, sed in essentia divina.* Es schien daher einesth. der Bgr. zu bestimmen in Bezug auf das ähnl. Vrh. in der Trinität [*p.* 140), in welchem bisher die parallelen Bgr. *substantia* u. *persona* gerade auf entgegengesetzte Weise bestimmt worden sind; andernth. ganz individuell, weil der Fall selbst nicht weiter seines Gleichen hat; wobei die Schwierigk. ist, dafs die Person nicht als höhere Einh. angesehn werden darf, weil hierdurch das Dasein eines Höhern als das Göttliche behauptet würde.

2) Synonym: ἐνανθρώπησις, *inhumanatio*; ἐνσάρκωσις, *incarnatio.* Sie wird betrachtet als Handlung der göttl. Natur: λῆψις, *assumtio activa*, gegen welche sich die menschl. Natur leidend verhält, *assumtio passiva, elevatio.* HOL: „*Incarnatio est actio divina, qua Filius Dei naturam humanam, nobis consubstantialem, peccati vero expertem, propriaque subsistentia destitutam, in utero matris virginis Mariae in unitatem personae suae assumsit, eidemque tum hypostasin, tum naturam suam divinam communicavit, ut jam perpetuo in duabus naturis, arctissime unitis, subsistat Xtus* θεάνθρωπος." QUEX: in einer coordinirten Def. abstrahirt von der verschiednen Thätigk. der Naturen: „*Actualis et transiens duarum naturarum, div. et humanae, ad unum ὑφιστάμενον coalitio.*"

3) *F. C.* 607: [17] „*Virgo Maria non nudum aut merum hominem, sed verum Dei Filium concepit et genuit; unde recte Mater Dei et appellatur et revera est.*" 766: [24]

folgende Vereinigung beider Naturen als Zustand heifst *unio personalis* [ἕνωσις ὑποστατικὴ] i. e. [RNH:] *status, in quo homo Jesus cum Filio Dei ita conjunctus est, ut uterque nonnisi subjectum unum per se subsistens efficiat.*⁴⁾ Als Eigenschaften drs. werden angeführt: 1) *Proprietates negativae:* Die *unio personalis* ist a) nicht *essentialis* [*naturalis*], *qua duae naturae coalescunt in unam, ab utraque diversam,* gegen die Monophysiten;⁵⁾ b) nicht *accidentalis, non accidentium, sed essentiarum utriusque naturae conjunctio, eaque indissolubilis;* b) nicht *mystica, quae fide inter hominem Deumque intercedit, euque cessante solvitur;* d) nicht *moralis, qua personae diversae conjunguntur, sive pucto, muneris vitaeque consortio* [*unio externa*], *sive animi consensu* [*interna*]; e) nicht *verbalis, qua altera natura de altera praedicari posse dicitur, vel ob imaginis vel ob notionis communis rationem, quae inter utramque intercedit,* gegen die Reformirten; f) nicht *sacramentalis, qua materia coelestis ac terrestris in sacramento conjungitur.* 2) *Proprietates positivae:* Die *unio personalis* ist a) *realis, qua una natura alterius substantiam revera amplectitur*;⁶⁾ b) *supernaturalis i. e. non e naturae viribus, per singularem Dei efficaciam facta*; c) *aeterna i. e. inseparabilis s. indissolubilis.*
Die güttl. Natur in dieser Vereinigung wird erwiesen als 2. Person der Trinität [QUEN:] *argumentis* a) ὀνομαστικοῖς, *a nominibus petitis, tum essentialibus* [*Jehova*, θεός, κύριος], *tum personalibus* [*Filius Dei*, Λόγος], *tum officialibus* [*Messias, Mediator*]; b) ἰδιωματικοῖς, *desumptis ab attributis divinis, quae vel essentialia sunt, ut aeternitas etc., vel personalia, ut spirare Sp. S. et esse Filium Dei unigenitum;* c) ἐνεργητικοῖς, *ab operibus div. deductis, ut sunt opera creationis, gratiae etc.*; d) λατρευτικοῖς, *ab honore et cultu soli Deo proprio petitis.*
Die menschl. Natur wird in dieser Vereinigung gegen Doketen u. Apollinaristen nach Leib u. Seele als wahrhaft u. vollständig [*integritas, perfectio, veritas,* im Ggns. eines φάντασμα] erwiesen (HOL:] a) *ex nominibus humanis* [*Jo.* 8, 40. 1 *Tim.* 2, 5]; b) *ex partibus hominis essentialibus* [*Lc.* 2, 52. 24, 39. *Jo.* 2, 21. 10, 15. *Hbr.* 2, 14.]; c) *ex attributis vero homini propriis* [*Mt.* 4, 2. 8, 24. 26, 37 ss. *Lc.* 19, 41. *Jo.* 11, 33. 19, 28.]; d) *ex operationibus humanis* [*Mt.* 4, 1 ss. 26, 55. *Lc.* 2, 46 ss.]; e) *e genealogia Xti hominis* [*Mt.* 1, 1 ss. *Lc.* 3, 23 ss.]. Während sie aber in allen wesentl. Eigenschaften *naturae nostrae consubstantialis* ist,⁷⁾ kommen ihr zu *proprietates indi-*

„*Is Filius Dei etiam in utero matris divinam suam majestatem demonstravit, quod de virgine, inviolata ipsius virginitate, natus est.*"

4) HOL: „*Unio personalis est duarum naturarum, divinae et humanae, in una Filii Dei hypostasi subsistentium, conjunctio, mutuam, eamque indissolubilem, utriusque naturae communionem inferens.*"

5) So das ganze Alterthum. Erst BDD u. BMO wurden durch den Ausdruck *naturalis,* nach seinem gewöhnl. Ggns., zur Meinung veranlafst, dafs hier negativ ausgedrückt werde, was positiv durch *supernaturalis.* BDD: „*Naturalis unitio eorum est, quae per se ad hoc ordinata sunt, ut unam naturam s. essentiam constituant.*"

6) Sie wird gemeinlich definirt: [HAHN:] *talis copulatio, qua una natura cum altera id commune habet, quod ei proprium est,* u. daher mit περιχώρησις gleichgestellt. Allein dies ist schon *communicatio idiomatum,* u. wird daher von QUEN mit Recht erst unter dieser aufgeführt.

7) HOL: „*Xtus assumsit infirmitates naturales, omnibus hominibus in*

§. 95. Eigenschaften der menschl. Natur.

viduales s. praerogativae [ὑπεροχαί], zwar durch sich selbst, aber doch nur in dieser Vereinigung, th. wie die beiden ersten unmittelbar zum Behufe drs., th. wie die andern als das Urmenschliche: a) *Extraordinaria conceptio*, qua Jesus per Sp. S. *absque patre conceptus est, Mt.* 1. *Lc.* 1. 2.[8]). b) *Impersonalitas s.* ἀνυποστασία, i. e. *carentia propriae subsistentiae, s. potius* ἐνυποστασία, i. e. *subsistentia humanae personae in natura τοῦ Λόγου divina.*[9]) c) *Impeccabilitas s.* ἀναμαρτησία *inhaesiva*, qua omnis peccati proprii, tam originalis, quam actualis expers est, Jo. 8, 46. 2 Cor. 5, 21. Hbr. 7, 26 ss. 1 Ptr. 1, 19. 2, 22.[10]) d) *Singularis animi et corporis*

statu naturali constitutis communes; non autem p e r s o n a l e s , e caussis particularibus provenientes, multo minus moraliter vitiosos defectus adscivit." Hierdurch sind also alle Schwachheiten eingeschlossen, welche durch die Erbs. allgemein geworden sind, denn sie gehören zum *status naturalis*, z. B. Affecten, Erschöpfung, Vergessenh. Ihre Annahme gehörte als Theilnahme an unserm Lose zum Erlösungswerke. Mittels der *communicatio idiomatum* scheinen aber einige, z. B. Vergessenh. durch die Allwissenh., Erschöpfung durch die Allmacht nothw. aufgehoben.

8) *Symb. App. v.* 3: „*Conceptus de Sp. S., natus ex Maria virgine,*" *Symb. A t h a n. v.* 29: „*homo ex substantia matris in saeculo natus*," Cal: „*e massa seminali*," Br: „*e massa sanguinea virginis*," Hol: „*e semine animato.*" Über den modus Br p. 420 s: „*Causa efficiens productae humanae Xti naturae Sp. S. est, non tamen exclusis caeteris personis; est enim opus ad extra. Ipsa vero i m p r a e g n a t i o Mariae, et in ea facta p r o d u c t i o h u m a n a e X t i naturae, describi potest, quod sit actio supernaturalis, qua Sp. S. massam sanguineam b. virginis sanctificavit, et ad consuetum generationis locum delatam disposuit atque elevarit, ut ez ea fieret foetus perfectus humanus. Sc. S. vocat* ἐπέλευσιν *s.* ἐπισκιασμόν, *Lc.* 1, 35. *Ἐπέλευσις enim illa, s. actus superveniendi, talis utique est, quo Sp. S. alias quoad infinitatem et immensitatem suam omnipraesens, hic, in Maria, se esse praesentem novo quodam et peculiari effectu manifestavit. Et o b u m b r a t i o ista creditur analogiam habere ad eam actionem, qua Sp. S. in opere creationis, incubans aquis et quasi fovens eas, efficax fuit ad productionem creaturarum. An autem in uno momento corpus Xti organicum plene efformatum, et anima illi unita fuerit? non disputamus.*"

9) Quen. III. p. 77: „*Non enim persona (alioquin duae essent in Xto personae), sed natura humana, propria personalitate destituta, assumpta est.* 1 *Tim.* 2, 5. *Eph.* 4, 5. 1 *Cor.* 8, 6." Die Monotheleten, zu denen sich diese ganze Ansicht hinneigt, konnten dasselbe für ihren LBgr. anführen. Es scheint aber dies zunächst nur auf dem gerügten, mangelhaften Bgr. der Persönlichk. zu ruhn, u. gegen die Einwendung, dafs die menschl. Natur ohne Persönlichk., d. i. ohne ein freiwollendes Slbstbw. nichts weniger als vollständig sei, möchte nicht ausreichen, was Quen. die Persönlichk. mit der blosen Individualität verwechselnd, bemerkt: „*Non praejudicat naturae hum. veritati et perfectioni carentia propriae subsistentiae. Subsistentia enim non ad essentiam hominis pertinet et hominem facit, sed ad terminationem et sustentationem humanitatis, atque hunc hominem facit; neque defuit illa aliam ob causam, quam quia longe eminentiorum personalitatem accipere debeat, sc. τοῦ Λόγου.*" Der letzte Trost ist gleich dmj., den die Pantheisten geben wegen des Untergehens der Persönlichk. in Gott. Daher schien der schon von Joan. Damasc. begünstigte, später aber blos als der *impersonalitas* parallel aufgeführte Bgr. der ἐνυποστασία hervorzuheben; zumal da bereits der LBgr. der Trinität das Analogon des Subsistirens einer vollkommnen Person in einer von ihr unterschiednen Substanz darbietet, auch die *impersonalitas* in den S. B. nicht erwähnt ist.

10) *C. maj.* 495: [31] „*Sine omni labe peccati conceptus et natus, ut esset peccati Dominus.*" *F. C.* 648: [43] „*Filius Dei nostram naturam, sine peccato tamen, assumpsit.*" — *Inhaesive, i.e. subjective;* nicht *imputative*, *nostra enim peccata ei imputata sunt.* Die Freih. von der Erbs. wurde erklärt meist durch *purificatio* [κάθαρσις, ἁγιασμός], *qua Sp. S. ovulum Mariae a peccati labe purificavit et sanctifica-*

excellentia, qua reliquos homines superavit, Col. 1, 18. Ad animum pertinet sapientia et sanctitas concreata, maxima, finita tamen;[11]) ad corpus spectat summa εὐχρασία, aequabilis corporis temperies; immortalitas, ἀθανασία, i. e. possibilitas non moriendi;[12]) pulchritudo, non feminea, sed virilis.[13])

§. 96. Communio naturarum et communicatio idiomatum.

Die bestimmte Art der Einh. beider Naturen ist ihre Gemeinschaft, *communio naturarum*, i. e. *ea naturarum in Xto relatio, qua fit, ut altera alteri per personam sit propria.*[1]) Das vorzugsweise

vit; seltner durch *conservatio, qua Deus illud ovulum per omnes generationes a peccato orig. immune conservavit;* o. durch *creatio, qua novum ovulum Deus creavit. Cf.§.79.* Einigen schien am sichersten, nach der kath. Ansicht diese Befreiung von der Erbs. durch eins der angeführten Mittel schon auf Maria auszudehnen: *immaculata Virg. conceptio, cf. p.* 167. Über die Freih. von actueller Sünde schwanken die Ansichten, ob dadurch die Möglichk. o. nur die Wirklichk. der Sünde geleugnet werde: *non potuit peccare,* o. *potuit non peccare;* jenes zogen die AKD, dieses die NKS vor. Es ist der H. S., dem System u. auch der Analogie mit der *immortalitas* gemäſs, sich Jesum zu denken ohne Sünde, als den neuen Adam *in justitia originali,* so daſs er zwar sündigen konnte, aber erst durch einen wahrhaften Sündenfall, dessen entschiedenste Negation die Versuchungsgesch. enthält.

11) BMG nach ihm KL theilt diese *praestantia* ein in *naturalis* u. *supernaturalis,* welche letztere durch die Vereinigung mit der göttl. Natur entschieden sei, daher schon ins Gebiet des *genus majestaticum* eingreift. Die AKD nennen nur *gratia habitualis,* das unverletzte göttl. Ebenb., dieses aber ist nach protest. Ansicht *naturalis.*

12) QUEN: „*Ἀθανασία sc. ratione principii intrinseci* (ob *exactissimam temperamenti et qualitatum harmoniam) et secundum conditionem naturae impeccabilis, Rom.* 6, 23. *Quamquam mortale Xti corpus fuerit ab extrinseco et secundum voluntariam* οἰκονομίαν, *Jo.* 10, 17 s., *ita tamen, ut in libere suscepta morte incorruptibile fuerit, Ps.* 16, 10. *Act.* 2, 31. 13, 35."

13) QUEN: „*Venustissimam fuisse corporis Xti formam non probat pictura Xti, quae circumfertur ex Nicephoro, cui tuto non fidendum, sed potius ipsa miraculosa et extraordinaria ejus conceptio (quae autem Deus per se facit, perfectiora sunt, quam cum causis secundis administris utitur), temperamenti rigor, moderatissima vivendi ratio, gratia oris commendata, Lc.* 4, 22. *animae hospitantis excellentia etc. hinc Ps.* 45, 3, *dicitur speciosus forma prae filiis hominum, tum quoad externam corporis pulchritudinem, tum praecipue quoad singulares animae dotes internas* [geistige Schönheit]. *Quod despectus et abjectus inter viros dicitur, Jes.* 53, 3. [daher von einigen KV für häſslich gehalten] *id ad deformitatem adventitiam ex vulneribus passionis pertinet."* In den S. B. ist diese Eigenschaft nicht berührt.

1) HOL: „*Communio naturarum in persona Xti est mutua divinae et humanae Xti naturae participatio, per quam natura divina τοῦ Λόγου, particeps facta humanae naturae, hanc permeat, perficit, inhabitat, sibique appropriat; humana vero, particeps facta divinae naturae, ab hac permeatur, perficitur et inhabitatur."* Die gegebne Def. ist nach RNII mit Einfügung von *per personam,* um anzuzeigen, daſs nicht die eine Natur sich gänzlich u. durch sich selbst die andre zu eigen gemacht habe, sdn. nur wiefern beide eins geworden sind in der Person Xti. Die Deff. fassen bald mehr den Bgr. der *unio person.* bald den Bgr. der *communicatio idiomatum* auf, ohne einen Unterschied aufzufinden. Wesentlich sagen alle 3 Vrh. allerdings dasselbe aus, aber in verschiedner Beschränkung u. Bestimmtheit: durch *unio pers.* wird eine unbestimmte Einh. ausgesprochen, durch *comm. natt.* dieselbe als Gemeinsch. der Naturen bestimmt, durch *comm. idiomm.* auf gegenseitige Mittheilung der Kräfte u. Thätigkeiten beschränkt. Die gewöhnl. Zusammenstellung ist entweder: [QUEN:] *Consequentia s. effectus unionis personalis sunt* a) *communio natt.,* b) *propositiones personales,* c) *comm. idiomm.,* oder : [KL:] *unionis consequens reale est commu-*

§. 96. Communio naturarum.

thätige Vrh. der göttl. Natur in dieser Gemeinsch. wird bezeichnet als περιχώρησις, permeatio, quae non est mutua, sed divina natura permeat humanam. Ihr consequens verbale sind die propositiones s. praedicationes personales, i. e. enuntiationes, quibus concretum alterius naturae praedicatur de concreto alterius naturae. Concretum est personae appellatio ab alterutra natura repetita.[2]
Ihr consequens reale ist die communicatio idiomatum, i. e. utriusque naturae consortio vera et realis, qua altera natura alterius idiomata communicata sibi habet, quatenus per naturae divinae aseitatem fieri licet.[3] Idiomata sunt notae substantiales, quae substantiae

---

nio natt., verbale propositiones personales. Ex communione natt. fluit comm. idiomm. Während dgg. nur jene 3 als gegenseitige Bestimmungen aufzustellen waren, mit denen die propositiones perss. nicht gleichen Werth haben, so schien doch angemessen, diese durch den herkömml. Ausdruck consequens verbale in den Zusammenhang einzufügen; aber gegenüber der comm. idiomm., um dadurch ihren Werth,ihre Verschiedenh. von den proposs. idiomm., mit denen sie häufig verwechselt werden, u. den Ggns. wider die Auffassung der Reformirten [nt. 14] aufs stärkste auszudrücken.
2) Die gewöhnl. Def: Ipsum individuum s. suppositum, in quo natura quaedam inest. Es werden aufgeführt a) concreta naturae divinae: Deus, Filius Dei, Logos s. Verbum substantiale; b) concreta naturae humanae: Jesus, homo, Filius Hominis s. Mariae; c) concreta personae: Xtus, Redemtor, Messias, Immanuel, Rex, Dominus, Θεάνθρωπος. Also ist concretum naturae eine persönl. von der einen Natur hergenommene Bezeichnung, u. propositio personalis ist z. B. der Ausdruck: Deus est homo factus, Deus mortuus est; Gott als Gott, nach sr. göttl. Natur, ist weder in die menschl. Natur übergegangen, noch in den Tod, was Unsinn wäre, u. in sofern ist dieses blos Ausdrucksweise, consequens verbale; aber sie ist zulässig, auch dem gewöhnl. Sprachgebrauche angemessen, u. eine vollkommne Realität entspricht ihr [Bn: non verbales tantum, sed maxime reales] durch die communio naturarum insofern, wiefern dasj. Subj., welches der göttl. Natur theilhaft mit Recht Gott genannt wird, die menschl. Natur angenommen hat u. nach drs. gestorben ist. Die propp. perss. werden bezeichnet als inusitatae, individuales s. singulares et accidentales, d. i. Xto allein angehörig u. nicht aus dem Wesen beider Naturen hervorgehend, sdn. aus ihrer Verbindung. Als Beispiele werden aufgeführt: Jes. 9, 6. Jer. 23, 5 s. 33, 16. Ps. 110, 1. Mt. 1, 21. 16, 13. 16. 22, 42 ss. Mc. 15, 39. Lc. 1, 35. 2, 11. 20, 41 ss. 1 Cor. 15, 47. Nächst diesen, als propp. explicitae s. directae, führen einige [Grh: Br:] auch an propp. implicitae s. reductivae, quibus concretum personae cum concreto alterius aut utriusque naturae copulatur, v. c. Xtus est homo, est Deus, est θεάνθρωπος.
— Im Ggns. des concretum steht das abstractum naturae i. e. [Kön: Quen:] quod naturam in se sine connotione hypostaseos significat, Deitas, humanitas [wobei nicht auf diese, auch in der F. C. oft concret gebrauchten Bezeichnungen, sdn. auf den Bgr. alles ankommt], u. die hierauf gegründeten propositiones abstractivae, welche Lutu im Eifer des Streites für die Ubiquität mehr dem Namen als der That nach geltend machte, sind als confusio naturarum nach der F. C. allgemein verworfen [Gott ist Mensch; nicht: die Gotth. ist Menschh. geworden], auch keineswegs, wie Hahn p. 452 meinte, in tertio genere communicationis idiomatum angenommen, denn gesetzt, es sei dort wirklich vom abstracto naturae humanae die Rede [nt. 12], so sind doch idiomata naturae div. nicht natura div. selbst.
3) F. C. 773 : [46] „Una natura agit s. operatur cum communicatione alterius, quod cujusque proprium est." Hol: „Comm. idiomm. est cera et realis propriorum divinae et humanae naturas in Xto, ac alterutra, vel utraque natura denominato, participatio, ex unione personali resultans." Bhg: „Comm. idiomm. in eo consistit, quod utraque natura alterius proprietates suas fecit, quoad per utriusque essentiam fieri potuit." Rnh: „Comm. idiomm. est ea duarum naturarum in Xto relatio, ob quam quaevis id, quod alteri proprium est, ita possidet, uti per suam indolem potest."

*cuidam ut tali per se competunt, nec tamen ipsam substantiam constituunt.*⁴) In ihrer Mittheilung sind sie daher für die andre Natur nicht *idiomata*, sdn. *modi perpetui, i. e. perpetua praedicata accidentalia interna.* Denn die Mittheilung ist *vera* u. *realis*, aber nicht *essentialis*, keine Vermischung der Substanzen.⁵) Diese *communicatio idiomatum* muſs, wenn sie wirklich statt findet, auf bestimmte Weise in der H. S. ausgesprochen sein. Sie ist ausgesprochen durch die *propositiones idiomaticae, i. e. modi singulares declarandi communicationem idiomatum.* Es lassen sich logisch 4 solche Arten o. *genera* der Mittheilung denken: 2 im Vrh. der Naturen zur Person, u. 2 im Vrh. der Naturen zu einander. Allein da von der göttl. Natur menschl. Eigenschaften nicht ausgesagt werden konnten [ein *genus ταπεινωτικόν*], ohne sie ins Gebiet der Endlichk. zu ziehn: so hat die ev. K. im 8. Art. der *F. C.* u. hiernach die Mehrzahl der AKD⁶) nur *tria genera propositionum idiomaticarum* aufgestellt, *i. e. modi tres declarandi communicationem idiomatum.* 1) *Genus idiomaticum s. ἰδιοποιητικόν*⁷) *complectitur eas propositiones, quibus idiomata alterutrius naturae concreto personae ab altera natura*

Da aber durch diesen beschränkenden Zusatz der NKS die menschl. Natur überhaupt von der Theilnahme an absoluten Eigensch. der göttl. Natur ausgeschlossen würde, denn alles Absolute [z. B. Allmacht] ist gegen das Wesen einer endl. Natur: so war die Schranke nur in Bezug auf die göttl. Natur zu fassen, wie sie, obwohl nicht ausgesprochen, auch bei den AKD stets gegolten hat, nehmlich daſs die göttl. Natur nicht mehr an der Menschh. theilnehme, als ihre absolute Vollkommenh. gestattet, sonach nicht an irgend einer menschl. Beschränkung.

4) Kön: „*Idiomata dicuntur cujuscunque naturae attributa et proprietates, quibus tanquam notis et characteribus in personae unitate duae naturae a se invicem distinguuntur.*" Gewöhnlich: *Idioma est id, quod cuique naturae ut tali competit s. per quod altera natura ab altera discerni potest.* Allein wenn nicht beigefügt wird, daſs die Idiomata etwas von der Substanz verschiednes sein, so würde ihre Gemeinschaft als Vermischung der Substanzen gedacht werden müssen. Diese Behauptung, daſs die Kräfte gedacht werden können als etwas von der Substanz annoch verschiednes, findet allerdings Widerspruch in der neuern Physik, so gewöhnlich sie der ältern war: aber dies Gebiet der rel. Metaphysik steht über physikalischen Gesetzen.

5) *F. C.* 77b: [63 s,] „*His vocabulis (realis communicatio, realiter communicari) nunquam ullam physicam communicationem, vel essentialem transfusionem (qua naturae in suis essentiis, aut essentialibus proprietatibus confunderentur) docere voluimus: sed vocabula illa verbali communicationi opposuimus, cum quidam fingerent, communicationem idiomm. nihil aliud, nisi modum loquendi esse. - Quare ad recte declarandam majestatem Xti vocabula de comm. usurpavimus, ut significaremus, communicationem illam vere et reipsa (sine omni tamen naturarum et proprietatum essentialium confusione) factam esse. Sentimus itaque cum veteri orthodoxa Ecc., quod humana in Xto natura majestatem acceperit secundum rationem hypostaticae unionis, quod, cum tota Divinitatis plenitudo in Xto habitet, etiam omni sua majestate in assumpta humana natura liberrime luceat. - Idque ea quodammodo ratione, qua anima in corpore, et ignis in ferro candente agit. Hac enim similitudine tota erudita et pia antiquitas doctrinam hanc declaravit.*"

6) Doch war in der Reihenfolge u. Zahl Verschiedenheit. *Cf.* §. 97, *nt.* 3. Besonders wurde in Süddeutschland durch die Tübinger Theologen die vierfache Theilung vorherrschend, indem das erste *genus* in seine beiden mögl. Fälle zerlegt u. beide als *genera* aufgeführt wurden.

7) Bei den KV ἐναλλαγή καὶ κοινωνία ὀνομάτων, ἰδιοποίησις, ἀλλοίωσις, ἀντίδοσις, συναμφοτερισμός;. Bei den AKD auch *attributio, reciprocatio idiomatum, mutua extraditio, reciproca collatio.*

§. 96. Communicatio Idiomatum.

nominatae tribuuntur.[8] *Rom.* 1, 3. 1 *Ptr.* 3, 18. 4, 1. 2) **Genus apotelesmaticum**[9] *continet eas propositiones, quibus ἀποτελέσματα, i. e. actiones ad opus redemptorium, ad totam inde personam pertinentes, de altera tantum natura vel ejus concreto praedicantur.*[10] 1 *Tim.* 2, 5. s. *Hbr.* 1, 2 s. 3) **Genus majestaticum** *s. αὐχηματικὸν*[11] *exhibet eas propositiones, quibus natura humana attributis divinis effertur.*[12] *Jo.* 3, 13. 5, 27. *Mt.* 28, 18. 20. *Rom.* 9, 5. *Phil.* 2, 10.

---

8) *F. C.* 770: [36] „*Primo cum in Xto duae sint distinctae naturae, quae essentiis et proprietatibus suis neque mutantur, neque confunduntur, utriusque vero naturae una tantum sit persona: ea, quae unius tantum naturae propria sunt, alteri naturae non seorsim, quasi separatae, sed toti personae (quae simul Deus et homo est) attribuuntur, s. Deus s. homo nominetur.*" Hol: *Primum genus communicationis idiomm. est, quando propria divinae, vel humanae naturae vere et realiter tribuuntur toti personae Xti, ab ulterutra vel utraque natura denominatae.*" Hahn : „*Genus idiomm. complectitur eas propositiones, quibus idiomata naturarum praedicantur de concreto personae vel naturae.*" Allein obwohl das *concretum naturae* allerdings allgemein beigefügt wird, so enthält dieses doch offenbar schon der Bgr. des *genus majestaticum* u. ist deſshalb hier auszulassen,

9) Synonym: κοινωνία ἀποτελεσμάτων, κοινοποίησις, genus κοινοποιητικόν. Dieses genus wurde im 16. Jhh. hervorgehoben, weil Osiander lehrte, daſs Xtus nur nach der göttl., Stancarus, daſs Xtus nur nach der menschl. Natur Erlöser sei, beide, indem sie wegen Nichtbeachtung dieses *genus* Bibelstellen für ihre Meinung fanden.

10) *F. C.* 773: [46 s.] „*Deinde quod ad rationes officii Xti attinet, persona non agit in, seu cum una, vel per unam naturam tantum: sed potius in, cum et secundum atque per utramque naturam. Itaque Xtus est noster Mediator non secundum unam tantum naturam, s. divinam, s. humanam, sed secundum utramque naturam.*" Kön : „*Genus, quo in operibus officii utraque natura agit, quod suum est, cum communicatione alterius.*" Rnh: „*Genus, in quo actiones ad opus Xti salutare pertinentes dicuntur de concreto personae vel naturae.*" Dieses Schwanken des Bgr. kommt daher, weil die *F. C.* nur den Ggns. wider Osiander u. Stanc. ausspricht, ohne das zu Grunde liegende *genus* darzustellen. Die AKD bezeichnen zunächst den Grund des *genus*, weil eine Natur, auch wo sie allein genannt ist, nicht ohne Gemeinschaft der andern handelt; Rnh aber, dessen Def. von Kl u. Hahn als die gewöhnl. aufgeführt wird, zieht das *concretum personae* herein, für das es keiner bes. *comm. idiomm.* bedarf, um als Subject der Erlösung genannt zu werden.

11) Synonym: βελτίωσις, μετάδοσις sc. αὐχημάτων, δόξωσις, ὑπερύψωσις, *largitio, melioratio, unctio, exaltatio.*

12) *F. C.* 774: [51] „*Humana natura in Xto, eam ob causam, quod cum div. natura personaliter unita est, praeter et supra naturales, essentiales atque in ipsa permanentes humanas proprietates, etiam singulares, -supernaturales atque coelestes praerogativas majestatis, virtutis ac potentiae super omne accepit.*" Hol: „*Genus, quo Filius Dei idiomata divinae suae naturae assumtae humanae naturae propter unionem personalem vere et realiter communicavit, ad communem possessionem, usurpationem et denominationem.*" Hahn : „*G e n u s m a j. continet propositiones, quibus de natura humana (de abstracto naturae humanae?) idiomata naturae div. praedicantur.*" Was Hahn noch zweifelnd, hat Kl bestimmt ausgesprochen, daſs *de abstracto naturae hum.* die Rede sei. Dies ist *contradictio in adjecto*, denn eben dadurch, daſs die Natur durch die *comm. idiomm.* betrachtet wird innerhalb der *unio pers.*, wird sie nicht *in se*, nicht *in abstr.* betrachtet, wie denn auch alle angeführte Stellen der H. S. vom *concreto hum. naturae* sprechen, welches auch die AKD [obwohl durch die Aufstellung der *species*, κοινωνία τῶν θείων, allerdings den Irrthum begünstigend] voraussetzen, z. B. Hol p. 699: „*Subjectum, cui data est majestas divina, est X t u s secundum h u m a n a m n a t u r a m, vel quod idem est humana natura in ὑπόστασιν τοῦ Λόγου assumta*; also nicht *in se* spectata. Es werden bei dieser Mittheilung unterschieden *attributa* [αὐχήματα, wiefern *majestas* als.Inbegriff der göttl. Attr. angesehn wird]

Zur Aufstellung dieses in seinen einzelnen Momenten schon den KV, bes. aber dem JOAN. DAMASC. bekannten LBgr. wurden die Vrff. der *F. C.*, nach Luthers Vorgange u. Chemnitzens Schrift *de duabus in Xto naturis*, zunächst durch das Bedürfnifs veranlafst, zum Behufe ihrer Abendmahlsl. die *omnipraesentia corporis Xti* [ubiquitas] mittels des *genus majest.* zu erweisen;[13] so wie zunächst durch den Ggns. wider diese Abendmahlsl. die ref. Thlgn. bewogen wurden, die *comm. idiomm.* zu verwerfen u. die *propositiones idiomaticae* für blose Redefigur, ἀλλοίωσις [rhetorische Verwechslung eines Theils mit dem andern], zu erklären.[14] Dgg. die AKD im dgm. Bildungstriebe das *genus idiomaticum* in 3 species zerlegten : a) Ἀντίδοσις [*alternatio*] *i. e. species propositionum, quibus de tota persona enuntiatur, quod alterutri naturae convenit. Lc.* 24, 46. *Jo.* 21, 17. b) Κοινωνία τῶν θείων [*communio divinorum sc. idiomm.* i. e. *species propositionum, quibus de concreto naturae humanae idiomata divina praedicantur. Mt.* 9, 6. *Jo.* 3, 13.[15] c) Ἰδιοποίησις [appropriatio, κοινωνία ἀνθρωπίνων] *i. e. species propositionum, quibus de concreto naturae divinae idiomata humana enuntiantur.* 1 *Cor.* 2, 8. Da jedoch *a*) nur das *genus idiomm.* selbst, *b*) nur das recht verstandne *genus majestaticum*

---

quiescentia u. *operativa* [*cf. p.* 110 *s.*]. Nur die letztern kommen der menschl. Natur Xti *immediate* zu. Dgg. die *quiescentia* nur [HOL:] *mediate i. e. mediante attributo operativo, v. c. Xti hominis potentia est infinita, immensa et aeterna.* Allein da dies doch keine wahrhaft ewige Allmacht ist, die auch vor aller Zeit gewesen wäre, überhaupt aber das absolute Sein seinem Bgr. nach unmittelbar ist : so scheint die Beschränkung auf die *operativa* unbedingt festzuhalten, mit Aufgebung der gewöhnl. Formel : HOL : „*Omnia attributa div. communicata sunt carni Xsti, qua inhabitationem et possessionem; ad usurpationem vero et immediatam praedicationem eidem collata sunt idiomata operativa.*"
13) Die AKD verstehn nach *F. C.* 782 *ss.* unter der Xto hinsichtlieh seiner menschl. Natur [*Mt.* 28, 20. *Hbr.* 1, 3.] zugeschriebnen Allgegenw. keine *ubiquitas extensiva*, sdn. *omnipraesentia operativa*, die aber da, wo sie sein will, allerdings auch der Substanz nach ist. Sie unterscheiden daher ein dreifaches Vrh. des Gottmenschen zum Raume: a) der göttl. Natur kommt als wesentl. Eigensch. zu *omnipraesentia operat.*, Negation jeder Schranke durch den Raum; *b*) der menschl. Natur auch jetzt noch als wesentl. Eigensch. die gewöhnl. Beschränkung auf bestimmten Raum ; *c*) der menschl. Natur durch die *comm. idiomm.* eine *omnipraes. operat.* u. mittels drs. eine beliebige *praesentia substantialis*, [nach den Tübinger Thlgn. des 17. Jhh. *omnipraesentia substantialis*] *cf. F. C. p.* 783 : [97] „*S. Coenam instituit, ut testaretur, se etiam secundum eam naturam, qua carnem et sanguinem habet, nobiscum esse, in nobis habitare, operari et efficacem esse.*" Die von dieser Rücksicht ausgehende Norm dieser ganzen dogm. Bildung hat CHMN beschrieben, *p.* 88 : „*Ut regiam viam teneamus, ita unitatem personae confiteamur, ne naturarum distinctionem in Xto negemus; ita naturas distinguamus, ne ipsum discerpamus. Et ita juxta proprietatem corporis in coelis ipsum esse credamus, ut tamen Ecclesiae suae totum praesentem esse, et praesertim in Coena S. vere esse ipsum, suum, inquam, corpus et sanguinem rerum juxta verbum suum dare et exhibere, non dubitemus.*"
14) *F. C.* 770 *s.* [69 *s.* Verba Lutheri:] „*Hoc Cinglius vocat allocosin, cum aliquid de Divinitate Xti dicitur, quod tamen humanitatis proprium est, et contra. - Cave tibi, cave, inquam, tibi ab ista allocosi: est enim larva quaedam diaboli, quae tandem talem Xtum fingit, secundum cujus rationes ego certe nolim esse Christianus.*"
15) QUEN. *III. p.* 97: „*Ut: infans lactans est creator et conservator universi; puer jacens in cunis implet coelum et terram.* Den der Weltkreis nicht beschlofs, lieget in Marien Schofs. *Natus in temporis plenitudine est, antequam Abraham esset, Jo.* 8, 58."

u. *c)* nur das *genus apotelesmaticum* ist, in welchem allein die göttl. Natur, jedoch rein thätig, sich einem menschl. Schicksal unterzieht: so sind diese *species* verwerflich u. beruhn auf der [*not.* S u. 12] bemerkten fehlerhaften Auffassung des *genus idiomaticum* u. *majestaticum.*

§. 97. Communicatio idiomatum. Polemik.

Von den neuern Theol. ist die *communicatio idiomatum* fast einmüthig aufgegeben worden, als ein von der H. S. nicht bestätigtes u. der Erbauung nicht förderl. Eindringen des Vrst. in das unergründl. Geheimnifs des Gottmenschen.[1] Unleugbar aber werden in der H. S. der menschl. Natur Xti Attribute zugeschrieben, welche ihr nur durch eine Theilnahme an göttl. Attr. zukommen können. Um dies zu leugnen, müfste mit den RT behauptet werden, dafs überhaupt göttl. u. menschl. Natur nicht durch bestimmte Namen in der H. S. unterschieden würden, sdn. die hierauf bezognen Benennungen nur wesentlich gleiche Bezeichnungen der mess. Würde sein. Hierdurch aber würde der Hauptbeweis für die göttl. Natur Xti selbst aufgegeben. Sodann wird göttl. Macht u. Herrlichk. Xto beigelegt, th. als erst übertragen im Laufe seines irdischen Lebens, *Mt.* 11, 27. 18, 18. *Lc.* 10, 22., th. als erst empfangen in seinem überirdischen Leben zum Lohne seines auf Erden bewiesenen Gehorsams, *Phil.* 2. 6 ss. *Eph.* 1, 20 ss. *Hbr.* 2, 9. 5, 8 s. Da er nun als Gott nichts empfangen u. in nichts erhöht werden konnte, so ist hierdurch die Mittheilung göttl. Attr. an die menschl. Natur klar ausgesprochen. Wofern diese Unterscheidung aber nicht statt fände, so wäre durch jene Stellen die Gotth. Xti selbst widerlegt u. nichts bliebe übrig, als ein Arianisches Geschöpf o. ein Socinianischer Weltregent; daher aus der H. S. die Gotth. Xti gar nicht ohne die *communicatio idiomatum* zu erweisen ist. Diese aber kann um so weniger bezweifelt werden, da sinnlos ist, eine Einh. der Naturen [*unio pers.*] zu behaupten, ohne eine bestimmte Gemeinsch. drs., u. sobald die Einh. nicht eine Vermischung des Wesens sein soll, kann sie blos eine Gemeinsch. o. Mittheilung der Attr. [*communicatio idiomatum*] sein.[2] Eine solche hat die K.

---

1) z. B. STDL: „Die symbol. [krchl. Theorie überschreitet die Aufgabe, eine gesunde Verständigung über die Thatsache [der Menschwerdung] zu geben, u. verirrt sich in die Festsetzung von Bestimmungen, welche nur von dem Standpunkte einer vorübergehenden Zeitphil. aus Interesse haben u. einigermafsen genügen konnten. Persönlichk. als Mensch, abgesehn von dem göttl. Elemente [?] in sich, spricht sich Xtus ausnahmslos zu. Durch die blos menschl. Speculation ermittelte Ausdrücke, wie Maria seie Mutter Gottes, wird die Weise der H.S. scheu gewissenhaft sich aneignendes Gemüth vermeiden; ebenso Bestimmungen der Art, dafs der in Maria gelegte Embryo bereits mit der Würde des Sohnes Gottes bekleidet gewesen sei." HAHN hat die KL. aber nur historisch, u. wer dem consequenten Lutherthum in der Abendmahlslehre mit Spies u. Stangen entgegenging, konnte freilich an keine *comm. idiomm.* glauben. RNU läfst die *comm. idiomm.* gelten, aber da er keine wahrhafte Gotth. Xti lehrt, ists auch mit der Gemeinschaft nur Schein. Erst Sartorius hat die krchl. Grundansicht erneut, doch mit monophysitischem Anklange: Gott habe die Menschh. in sich aufgenommen, um den Menschen durch sich darzustellen, so dafs der Mensch aus Gott hervorstrahlte, Gott vom Menschen durchdrungen wurde; denn Gottes Macht wäre beschränkt, wenn die Creatur ihm eine Schranke wäre, die er nicht aufheben u. seine Creatur nicht in sich aufnehmen könnte.

2) Bew. der AKD: QUEN. *III.* p. 92: „*Probatur comm. idiomm.* a) *Ex Col.* 2, 9. *ubi σωματικῶς i. e. κατὰ σῶμα, secundum corpus. In qua natura tanquam aede sacra*

ausgesprochen in denj. Formen, unter denen sie dem Wesen beider Naturen nach allein statt finden kann u. nach der H. S. statt findet: nicht das Geheimnifs der Vereinigung beider Naturen hat sie dadurch zu ergründen gewähnt, aber sie hat dasselbe in einem festen Bgr. aufgefafst u. gegen Irrthum geschützt. Es hat daher dieser LBgr. allerdings nicht eine unmittelbare Bedeutung für die Erbauung, u. eine solche ist wenigstens für seine dgm. Auseinandersetzung nie behauptet worden;[3] wohl aber als die scharfsinnigste Zergliederung des christl. Bwsts. enthält er die wissenschaftl. Darlegung u. Rechtfertigung unsers Gl. an die vollkommne Gotth. u. Menschh. Xti. Der Gl. konnte fest u. innig bestehn, ohne sich in diesem wissenschaftl. Bwsts. zu reflectiren: aber dieses selbst, nachdem es durch äufsre Veranlassung u. innere Nothw. entstanden ist, kann nicht angegriffen werden, ohne im consequenten Fortschreiten den Gl. an den Gottmenschen selbst zu bekämpfen; u. dieser sich selbst mehr o. minder klare Ungl. an die Gotth. Xti ist es, aus dem die Polemik gegen eine wahrhafte Gemeinschaft des Menschen u. des Gottes in Xto hervorging.[4] Wenn aber die wiedergeborne Orth. zwar den Grundgedanken

habitat πᾶν πλήρωμα Deitatis, illa natura habet idiomata dic. sibi communicata ad possessionem, usum et denominationem. b) *Ex illis Sc. dictis, in quibus diversa enuntiata Xto, vel a persona, vel alterutra natura denominato, vel etiam naturis ipsis tribuuntur, quae praedicata signa sunt attributionis realis, ut cum Deus dicitur natus, passus, mortuus.* c) *Ab unionis natura: Ubi est vera et realis unio, ibi quoque est vera et realis proprietatum communicatio, quod adeo verum est, ut etiam infimus unionis gradus sine omni communicatione esse non possit. Sublata communicatione, quae est unionis naturarum necessarium consequens, tollitur ipsa quoque unio, quae est ejus necessarium antecedens.* d) *Ab absurdo: Si propria non possunt communicari, ergo nec ὑπόστασις τοῦ λόγου communicari potuit humanae naturae assumptae, nam et haec est τοῦ λόγου propria, et sic humana natura est vel propria personalitate subsistens, et sic peculiaris persona, a persona τοῦ λόγου distincta, vel omni personalitate et subsistentia carens, quod utrumque absurdum.* e) *Ab exemplis naturalibus, animae et corporis, ignis et ferri, quae etiamsi nonnihil dissimilia sunt, ratione rei tamen s. communicationis ipsius conveniunt.*" Die Gegenbew. nach Bar u. Kl: 1) In der H. S. ist zwar gesagt, dafs sich ein Göttl. mit Jesu vereinigt habe, aber nichts von den krchl. Subtilitäten über die Art dieser Vereinigung. Die KL beruht blos auf einem Schlusse, dessen Prämissen sich auf falsche Exegese gründen. Denn 2) alle jene göttl. Prädicate beziehn sich auf Jesum als den verheifsnen Messias, u. sind im jüd. Sinne, nicht nach scholast. Distinction zu verstehn. 3) Die L. von der *comm. idiomm.* hat kein praktisches Interesse u. setzt die Gewifsh. der *incarnatio* schon voraus. 4) Wenn die menschl. Kraft von der göttl. erhöht wird, so ist nicht die menschl., sdn. die göttl. Kraft wirksam. 5) Durch solche Mittheilung würde die menschl. Natur eine wesentl. Veränderung erleiden. 6) Durch vollkommne Gemeinschaft müfsten nicht blos *attr. operativa*, sdn. auch *quiescentia* mitgetheilt werden, was als unmöglich anerkannt ist; dgg. aber hätte auch die göttl. Natur eingehn müssen in menschl. Beschränkung. 7) Göttl. Attr. können nicht mitgetheilt werden ohne Veränderung der göttl. Natur selbst. 8) Ein Wesen, das allmächtig, allgegenwärtig etc., ist nicht mehr Mensch, sdn. Gott.

3) Quen: „*Quia quaestio de numero graduum vel generum comm. idiomm. non ad fidem ejusque constitutionem, sed ad τρόπον παιδείας et methodum docendi pertinet, hinc alii duo, alii tria, alii quatuor idiomatum genera constituunt.*"

4) Der übliche Einwand der ref. Theol. *finitum non est capax infiniti*, nach welchem der göttl. Logos während des ird. Lebens Xti ganz aufserhalb seiner menschl. Natur die Welt erfüllte, die menschl. Natur auch in ihrem überird. Leben an bestimmten Ort gebannt ist, wird zwar nur für ein Nebeneinandergehen beider Naturen geltend gemacht, würde aber in sr. Consequenz jede persönl. Einigung beider Naturen

der K. festhält, göttl. u. menschl. Natur wesentlich verschieden u. nur in dieser e i n e n Persönlichk. vereinigt, aber auf Vernunftgründe gegen die *comm. idiomm.* hörend als ihre Fortbildung über sie hinauswill: so bewirkt sie entw. auf Kosten der göttl. Natur, als einer sei's durch bes. Entschlufs [Thom] sei's durch das trinitarische Wesen des Logos [Lbr] verendlichten, — als wenn Gott, u. der es wahrhaft ist, je seiner selbst vergessen könnte! — die irdische Lebenseinh. des Gottmenschen,[5] o. in allen theol. u. krchl. Auffassungen bald den unversöhnten Dualismus bald die Verletzung einer der beiden Naturen scharfsinnig nachweisend, meint sie des grofsen Räthsels Lösung gefunden zu haben in einer erst während des irdischen Lebens Jesu allmäligen Ineinanderbildung des nach einander verlangenden göttl. u. menschl. Wesens zu einer Allpersönlichk.;[6] das aber ist nicht der kirchl. noch der bibl. Glaube, dem nicht erst allmälig der Logos Fleisch geworden u. Xtus schon als der Sohn des Höchsten geboren, sdn. nur ein supernat. Ausdruck für die rel. Entwicklung jedes Gläubigen. Es geht nun einmal über alle menschl. Vft., wie der, den das Weltall nicht beschlofs, sich in den Schos einer Jungfrau verschliefsen u. das mit dem Allwissenden eins gewordene Menschenkind sich menschlich entwickeln konnte. Die luth. K. will nur das heilbringende Räthsel als Mysterium gläubig aufstellen u. gegen falsche Aufstellungen verwahren.

§. 98. Der Gottmensch. Polemik.

Nachdem die Weish. der Socinianer sich dabei beruhigt hatte, einen Menschen gen Himmel fahren zu lassen u. anzubeten, sind allmälig fast alle unvollkomme Auffassungsweisen der ältern KV u. alle Phantasien der ältern Häretiker wieder aufgetaucht, bis der Rts. sich den Muth nahm, es offen auszusprechen, dafs Xtus ein bloser Mensch sei, ohne ihn defshalb von den Höhen der Menschh. herabzuziehn; nur dafs die Phil. [Kant] alle rel. Bedeutung auf den idealen Xtus legte, den zu denken der hist. Messias, wie er nachmals von Mythen [Strauss] o. von Legenden [Renan] umrankt erschien, nur den Anlafs gegeben habe. Die Gründe des Rts: *a)* In der H. S. ist Xtus reinmenschlich dargestellt, ja ausdrücklich versichert, dafs er ein Mensch war. *b)* Unmöglich können die App. mit dem Monotheismus, dem Grundgedanken des A. T., u. mit sich selbst in solchen Widerspruch gerathen sein, dafs sie Xtum für einen Gott hielten u. den Schöpfer für sein eignes Geschöpf. *c)* Die allmälige Apotheose Jesu ist aus dem Mifsverständnisse der für seine mess. Würde gebrauchten Ausdrücke, aus unwillkürl. Idealisirung schon im Joh. Ev., durch die gnostischen Speculationen, von denen sich die K. nicht überbieten lassen wollte, u. durch den Einflufs des griech. Polytheismus entstanden, daher wesentlich gleich den Incarnationen u. Apo-

---

aufheben. Dgg. der luth. Grundsatz: *nec Λόγος extra carnem, nec caro extra Λόγον*, die menschl. Vft. preisgibt u. den göttl. Logos-Menschen rettet. Die ref. Lehre ist nestorianisch, das luth. Dogma hält auf der Bahn des Concils von Chalcedon die goldne Mitte zwischen Nestorianismus u. Monophysitismus.

5) Als Einführung des vermifsten 4. *genus propositionum idiomaticarum* [p. 192, ταπείνωσις, κένωσις]. *Cf.* §. 104, *nt.* 1.

6) Dorner, Entwicklungsgesch. d. L. v. Xto. [845 ff. 853 ff.]

theosen aller alten Völker. d) Die urspr. christl. L. findet sich bei den ältesten Gemeinden, die nachher von der griech. K. Ebioniten genannt wurden. e) Die Vereinigung der göttl. u. menschl. Natur in einem Subj. als Vereinigung des Unendl. u. Endl. widerspricht allen Gesetzen unsers Denkens.[1] Dgg. ad a) Diese eine Seite der Wahrh. ist von der K. nie geleugnet worden, aber wozu selbst die Versicherung, daſs Xtus ein Mensch sei, wenn er nicht auch Gott ist! ad b) Die K. hat den Monotheismus nicht minder streng festgehalten. Jedenfalls steht fest: die apost. Kirche hat zu Xto gebetet. Entw. also hat sie einen Menschen angebetet, was nicht besser ist als ein goldnes Kalb anbeten, o. sie hat an seine Gotth. geglaubt. ad c) Die Vergötterung eines Menschen ist so frevelhaft, daſs bei drs. alle Vorwürfe gerecht wären, welche in dieser Hinsicht von Julian u. Mohammed dem Xthum gemacht worden sind, bei dem dann, hinsichtlich dessen, was über 1 Jahrtausend als allg. Gl. gegolten hat, von einer höhern Religionsweise als Judenthum u. Islam gar nicht die Rede sein könnte. Was aber myth. Incarnationen u. gnost. Speculationen betrifft, so ist einesth. die Wahrh. immer in getrübten Bildern geahnet worden, andernth. ist der Teufel, der z. B. dem Simon Magus eingab sich für eine Incarnation des höchsten Gottes auszugeben, immer ein Affe Gottes gewesen. ad d) Wie alt auch die Ebioniten sein, ihre L. von Xto wird mit dms. Rechte für die urspr. u. vollkommne angesehn, als ihr Judenchristenth. das vollkommne Xthum war. ad e) Dieses hehre Mysterium soll auch nicht mit unsern Gedanken ausgemessen werden, aber wir können nicht einmal einsehn, wie unser unendl. Geist in dem beschränkten Körper wohne, obwohl dieses nur eine geringe Analogie für das Einwohnen des Gottessohns im Menschensohne ist. Die PD suchten wenigstens in der KL den tiefern Sinn eines symbolisch aufgefaſsten wesentl. Vrh. der göttl. zur menschl. Natur zu erkennen, im Gottmenschen die von je ange-

---

1) Nach KL: „1) Die gleichartigen Mythen von göttl. Incarnationen u. jungfräul. Geburten unter den meisten Völkern des Alterthums. 2) Der urspr. Gl. der jüd. Gemeinden, welcher, unter den Ebioniten treu fortgepflanzt, Jesum für den Sohn Josephs hielt. 3) Bew. gegen die Ächth. der ersten Capp. des Mt. u. Mc. 4) Bew. aus der H. S. selbst: a) Widerspruch der Genealogien, überhaupt die Anführung drs., welche nur für den Sohn Josephs Wichtigk. hatte. b) Jesus wurde allgemein im Volke für den Sohn Josephs gehalten, Mt. 13, 55. Mc. 6, 3. Lc. 3, 23. 4, 22. Jo. 1, 46. 6, 42. 7, 27. 41 s. Rom. 9, 5. c) Weder er selbst, noch Johannes, der wegen seines Vrh. zur Mutter Jesu die sicherste Auskunft haben konnte, noch ein andrer App. gedenkt je einer aufserordentl. Geburt. d) Joseph wird von Maria selbst als Vater Jesu genannt, Lc. 2, 48. e) Jesu Brüder dachten gering von ihm, Jo. 7, 3 ss. Mc. 3, 21. 31 ss. f) Paulus nennt Jesum aus dem Stamme Davids entsprossen, Rom. 1, 3. 9, 5. Gal. 4, 4. 2 Tim. 2, 8. g) Ihm werden alle Eigenschaften eines natürl. menschl. Geistes u. Körpers beigelegt, Mt. 4, 2. 8, 24. 20, 28. 26, 38. Lc. 2, 52. 19, 41. 24, 39. Jo. 11, 35. Sonach ist die Erzählung von der Menschwerdung des Gottessohns ein späterer Mythus (Jes. 7, 14. Mich. 5, 1. cf. Jo. 7, 27.), dessen Hauptidee, daſs in Jesu ein göttl. Princip (ein ϑεῖον), daſs er ein aufserordentl. Mensch u. Gottesgesandter gewesen, fest zu halten ist." Gesetzt selbst, so wenig dieses gegen die histor. erwiesne Ächth. u. gegen die dgm. anerkannte Unfehlbark. der ersten Capp. des Mt. u. Lc. erweisbar ist, Jesus sei nach sr. menschl. Natur nicht übernatürlich erzeugt: so würde hierdurch die Incarnation des göttl. Logos um nichts weniger erweisbar sein, wie denn Joh. sie am klarsten ausgesprochen hat, ohne jener übernatürl. Erzeugung zu gedenken. Die andern Bew. thun dar, was in der KL ohnedem vorausgesetzt wird, daſs Jesus eine wahrhaft menschliche Natur habe.

strebte, irgendeinmal nothwendige Vollendung der Menschh.²⁾ Die K. mag solche Versuche menschlicher Weish. als Brücken u. Krücken, auf denen ein überkluggewordnes Zeitalter zur göttl. Weish. zurückzukommen sucht, wohl ertragen. Nur als von pantheist. Grundsätzen ausgehend sind sie unbedingt zu verwerfen. Denn der Panth. ist freilich nur allzugeneigt, göttl. u. menschl. Wesenh. in Xto einzuräumen. Weil aber hierdurch der Unterschied des Göttl. u. Menschl. überh. verwischt u. gar nichts wahrhaft Eigenthümliches von Xto ausgesagt wird, ist der pantheist. Gottmensch blos ein Trugbild dessen, an den die K. glaubt; STRAUSS hat diesen Standpunkt nur offen ausgesprochen, indem er allein die ganze Menschheit als Gottmensch gelten liefs.³⁾ Es waren die Jugendeindrücke des Herrnhutischen

---

2) WTT: „Diese L. ist dadurch verwirrt worden, dafs man den Gl. an die Gotth. Xti, welcher ideal ästhetischer Art ist u. dem frommen Gefühl angehört, zum Gegenstand der metaphysisch-verständigen Ansicht machte, u. mehr das Wesen u. die Natur, als die sittl. Würde Xti ins Auge fafste. Xtus ist wahrer Mensch nach der natürl. psychologisch-hist. Ansicht: in dieser sr. natürl. Erscheinung, weil sie eine alles übersteigende menschl. Vollkommenh. darstellt, ahnt u. schaut der fromme Gl. eine göttliche; über das Vrh. aber des Göttl. zum Menschl. läfst sich keine Theorie geben, daher auch in der krchl. L. blos das Negative richtig ist, das Positive aber in Mythologie übergeht. Eine Mythologie, die weiter keine Ansprüche macht, als das Unnennbare in Bildern darzustellen, kann die Kritik freundlich neben sich dulden; u. noch lieber eine Mystik, welche die Gemeinsch. des Göttl. u. Menschl. in Xto mit gesunder sittl. Kraft des Gefühls lebendig auffafst." SCHW: „Die Idee Gottes siegend in der Menschh. u. im einzelnen Menschen." MRT: „Das Centrum der Menschh. zugleich das offenbare Gottheitscentrum, der persönl. Einheitspunkt Gottes u. des Reiches Gottes, der in Fülle offenbart, was das Reich in getheilter Mannigfaltigk." — SCHL: „Die Menschwerdung Gottes ist eine Menschwerdung von Ewigk., der Mensch Xtus ist in der Erscheinung nur der Gipfel u. insofern auch der Anfang drs." HGL: „Die göttl. Natur ist die Wahrh. der menschl. Natur, die menschl. Natur die Wirklichk. der göttl. Natur, in der Person Xti ist diese Einh. Gottes mit den Menschen offenbar u. wirklich geworden. Xtus ist in der K. Gottmensch genannt worden, diese ungeheure Zusammensetzung ist es, die dem Vrst. schlechthin widerspricht; aber die Einheit der göttl. u. menschl. Natur ist dem Menschen darin zum Bwsts., zur Gewifsh. gebracht worden, dafs das Anderssein, o. wie man es auch ausdrückt, die Endlichk., Schwäche, Gebrechlichk. der menschl. Natur nicht unvereinbar sei mit dieser Einh., wie in der ewigen Idee das Anderssein keinen Eintrag thue dieser Einh., die Gott ist." Cf. p. 145. MRH: „Gott, sich herablassend zur menschl. Natur, verliert sich dadurch nicht selbst: sdn. nur in dieser Bewegung ist Gott wirklich u. nur in ihr wird erst wahrhaft die menschl. Natur. Die vollkommne Menschh. ist nur in der Einh. mit der Gotth. Als geschichtlich ist diese Einh. Gottes mit dem Menschen offenbar u. wirklich in der Person Xti. Der Bgr. des Gottmenschen in der hist. Person Xti enthält in sich die beiden Momente: das eine, nur durch den Menschen ist Gott offenbar, u. in dieser Beziehung ist Xtus noch allen andern Menschen gleichgestellt; das andre: in diesem Menschen ist Gott offenbar, wie in keinem andern; dieser offenbare Mensch ist der offenbare Gott; der offenbare Gott aber ist der Sohn Gottes; u. dies ist die Wirklichk. der Menschwerdung Gottes. Die Einh. beider Naturen in der Person Xti ist eine mit dem Bgr. des wahren Menschen u. des wirkl. Gottes identische. Beide in ein Diesseits u. Jenseits gestellt, lösen sich vollkommen in Nichts auf. Eine Gotth., die von der Menschh., eine Menschh., die von der Gotth. nichts weifs, ist nichts. Der Bgr. der Menschwerdung ist mit dem Bgr. der wahren Rel. identisch."

3) II. p. 214: „Wenn [in der Schlufsabhandl. zum Leben Jesu] der Idee der Einheit von göttl. u. menschl. Natur Realität zugeschrieben werde, so heifse das nicht so viel, dafs sie einmal in einem Individuum, wie vorher u. hernach nicht mehr, wirklich geworden sein müsse. Das sei gar nicht die Art, wie die Idee sich zu verwirkli-

Heilandes, daſs Schlr seinen nur menschl. Erlöser als das Urbild der Menschh. mit der schlechthinigen Kräftigk. des Gottesbwsts. apotheosirte.[4] Die VT hat sich an diesen Erlöser gehalten, an dem alles Menschl. als solches zugleich göttlich sei, ohne daſs doch seine ideale Präexistenz als ewiger Gedanke Gottes u. seine nachmalige Verherrlichung [Beyschlag, Xtologie des N. T. 866.] den ebionitischen *homunculus* wirklich zum Gott machen könnte. Die groſsen rel. Momente des Dogma liegen aber im einfachen Bibelglauben, daſs Gott Mensch u. dadurch, wie einst Schöpfer, so nun Wiederhersteller der Welt geworden ist, nehmlich: *a*) Die höchste Bedeutung aller Lehren u. Anstalten des Xthums durch die höchste Würde seines Gründers; ohne den Gl. an die göttl. Würde Xti hätte das Xthum nie über das Heidenthum u. über die Welt gesiegt. *b*) Die höchste Würde der menschl. Natur, welche Gott selbst anzunehmen nicht verschmähte u. mit sich erhob zur Weltherrschaft. *c*) Ein menschl. Gott, durch dessen Bedürfniſs die Gotth. zu allen Zeiten ins Gebiet der Abhängigk. herabgezogen wurde, vereinigt mit dem reinsten Monotheismus. In Xto hat Gott für uns eine Gestalt gewonnen, im Sohn erkennen wir den Vater, ihn vermögen wir menschlich zu lieben, im Bruder den Gott, über uns waltend allezeit, u. einst auf dem Weltrichterthrone getrösten wir uns eines Herzens, das in sich selbst erlebt hat, wie einem Menschenherzen zu Muthe ist in der verführerischen Lust, wie in der Sorge u. Angst des Lebens.[5] *d*) Die höchste Liebe Gottes, darin erschienen, daſs er selbst aus seiner Seligk. herabstieg, u. jeden Schmerz des menschl. Lebens auf sich nahm, damit wir Frieden hätten; u. so kann die göttl. Nothw. sr. Menschwerdung erst aus seinem Heilswerke vollständig erkannt werden. Darum allerdings, — u. darin findet die orth. L., in ihrer consequenten Durchführung, am Ziele wieder den versöhnenden Berührungspunkt mit den mannichfachen Abirrungen des Zeitalters, — besteht die höchte Erkenntniſs Xti nicht in den dgm. Formeln, in welchen die göttl. Menschwerdung aufgefaſst worden ist, sdn. in dankbarer Anerkennung u. Annahme

---

chen pflege, in Ein Exemplar ihre ganze Fülle auszuschütten, u. gegen alle andern zu geizen: sdn. in einer Mannichfaltigk. von Exemplaren, die sich gegenseitig ergänzen, im Wechsel sich setzender u. wieder aufhebender Individuen liebe sie ihren Reichthum auszubreiten. Als der Gottmensch wurde hiermit die Menschheit aufgestellt, u. für den Schlüssel der ganzen Xtologie wurde es erklärt, daſs als Subject der Prädicate, welche die K. Xto beilegt, statt eines Individuums eine Idee, im Sinne eines realen Gattungsbegriffs, gesetzt werde."

4) „Vermöge der Vereinigung des Geschichtl. u. des Urbildl. ist der Erlöser auf der einen Seite, was die menschl. Natur betrifft, uns vollkommen gleich, auf der andern Seite, als Anfänger eines zur Verbreitung über das ganze menschl. Geschlecht bestimmten neuen Lebens dadurch von allen andern Menschen unterschieden, daſs das ihm einwohnende Gottesbwst. ein wahres Sein Gottes in ihm war."

5) Daſs sich die christl. Frömmigk. oft vorzugsweise in der Verehrung des Sohnes gefiel, mit unwillkürl. Zurücksetzung des Vaters, wie vornehmlich bei den Herrnhutern geschieht, ist hieraus zu erklären u. billig zu beurtheilen, obwohl keineswegs zu billigen. Tadelnswerther ist, als unwahr u. unnöthiges Ärgerniſs für die Spötter, wenn dieses als L. gerechtfertigt werden soll, z. B. Lavater: Ich glaube mehr an Xtus als an Gott. Heinroth: Gott der Vater hat sich gleichsam von der Welt zurückgezogen, zur Ruhe gesetzt u. die Regierung dem Sohne übergeben.

§. 98. GOTTMENSCH. RELIGIÖSER GEHALT.

des durch dieselbe uns gebrachten Heils.⁶) Der allein hat ihn wahrhaft erkannt, in welchem Xtus eine Gestalt gewonnen hat.

Loc. XV. *De Christi opere salutari.*

§. 99. **Munus Christi triplex.**

Xti Werk ist die Versöhnung der Menschh. mit Gott. Sie wird vorbereitet durch rel. Belehrung, vollzogen durch den Versöhnungstod, vollendet durch rel. Regierung. Diese dreifache Beziehung wird als das Amt eines Propheten, Hohenpriesters u. Königs bezeichnet, nach einem LBgr., der aus hebr. Nationalität u. mess. Erwartung stammt, nach seinen Bestandtheilen der H. S. angehört, von Eus als bekannt vorausgesetzt, u. seit GRH von den AKD durchgeführt wird: *Munus [opus, officium] Xti salutare [mediatorium,* 1 Tim. 2, 5.] *est complexus omnium, quae Xtus ad homines salvandos e Patris consilio peregit peragetque; absolvitur munere triplici: prophetico, sacerdotali et regio.* Seit ERNESTI haben die NKS das königl. Amt ausgelassen o. diese ganze Lehrweise als tropisch u. unbestimmt verworfen. Da jedoch die Vereinigung dieser drei höchsten Würden des hebr. Volkslebens in dem Messias erwartet wurde; da sie Xtus wahrhaft in sich vereinte, nicht tropisch, aber in demj. idealen Sinne, in welchem er den jüd. Messias zum Weltheilande erhob; da dieser Eintheilung klare u. nothw. Bgr. zu Grunde liegen, auch durch dieselbe gegen die naturalist. u. supernat. Einseitigk., welche das Geschäft Xti blos in seine Lehre o. blos in seinen Tod setzt, das Werk des Versöhners allseitig aufgefaſst wird, wie auch seit SCHLR wieder anerkannt wurde: so ist diese Lehrweise festzuhalten.¹) Bei jeder Thatsache seines Werkes ist Xtus thätig nach beiden Naturen, jede nach ihrer Eigenthümlichkeit in Gemeinschaft mit der andern.²)

§. 100. **Munus propheticum.**

QUEN: ,,*Munus proph. est functio Xti, qua is ex S. Trinitatis consilio divinam de salute nostra voluntatem sufficientissime nobis revelat, ea seria intentione, ut omnes ad agnitionem veritatis coelestis perve-*

---

6) A. C. 79: [101] ,,*Notitia ejus justificabit multos. Quid est autem notitia Xti, nisi nosse beneficia Xti, promissiones, quas per Ev. sparsit in mundum! Et haec beneficia nosse, proprie et vere est credere in Xtum.*'' *Cf.* §. 26, nt. 2.
1) Zur Auseinandersetzung der KL behalten sie auch Wos, WTT u. KL bei; AM. ed. 3. gibt zu, nachdem er Ernestis Polemik gebilligt hat, ,,*attexi tamen possunt commode, quae ad illustrandam Jesu provinciam pertinent;*'' u. schlägt *ed.* 4. eine analoge Lehrweise vor: ,,*Xtum optime meruisse de genere humano docendo, vivendo et moriendo.*'' Nz: ,,Vorzüglich läſst sich des Heilands begründendes Werk als Zeugniſs, als Versöhnung u. als vorläufige Bildung einer Gemeinde auffassen. Diesem Dreifachen entspricht die in der H. S. wohlbegründete Eintheilung sr. Thätigk. in die proph., priest. u. königliche. Von einem Tropus sollte da nicht geredet werden, wo sich die vollkommenste Verwirklichung einer Amts-Idee, keineswegs eine bloſse Ähnlichkeit vorfindet.'' HUT schlieſst das prophetische noch in das priesterliche Amt ein.
2) QUEN. *III. p.* 212: ,,*Opus mediatorium est functio, competens toti personae θεανθρώπου, orta ex actionibus θεανδρικαῖς, qua in utraque cum utraque et per utramque naturam Xtus omnia perfecte executus est, tam acquirendo, quam applicando, et etiamnum exequitur, quae ad salutem nostram requiruntur.*''

niant."[1] *Deut.* 18, 18. *Mt.* 23, 8. 10. *Lc.* 24, 19. In der mit Recht hervorgehobnen Beziehung des Lehramtes Xti auf die Belehrung über den göttl. Rathschlufs der Versöhnung ist mittelbar eine erleuchtete Religionserkenntnifs überhaupt enthalten, daher als Obj. der L. von den AKD *Lex et Ev.* genannt wird. Über den Ursprung der L. Jesu stimmt der ächte Rts. mit dem Spnts. darin überein, dafs er dieselbe nicht aus irgend einer rel. Secte o. phil. Schule, noch in Socinianischer Mythologie aus einem *raptus Xti in coelum* ableitet: sdn. als den Ausdruck der vollkommnen Frömmigk. aus dem Einssein mit Gott, welches der Rts. moralisch-religiös, der Spnts. zugleich substantiell auffafst.[2] Es wird unterschieden *functio immediata,* das eigne Lehrgeschäft Xti auf Erden, u. *mediata,* seine Einsetzung des christl. LAmtes [*constitutio doctorum*], nebst der fortwährenden Segnung desselben [*directio doctorum*], welche übergeht in das *regnum gratiae.*[3]

§. 101. Munus sacerdotale.

BR: „*Munus sacerdotale in eo consistit, quod Xtus inter Deum atque homines, a se invicem dissidentes, medias partes tenet, ita quidem, ut pro hominibus cum Deo reconciliandis sacrificium et preces offerat.*"[1] *Objectum personale est genus humanum,* Rom. 3, 22 ss., *obj. reale est peccatum,* Rom. 8, 1. 1 Jo. 1, 7. KÖN: „*Partes hujus officii duae sunt, satisfactio et intercessio.*"[2]

1) HOL: „*Off. proph. est, quo Xtus θεάνθρωπος cum veram sententiam Legis div. exposuit, tum voluntatem Dei de salute hominum verbo Evangelii clarissime revelavit, ea seria intentione, ut omnibus hominibus constet via ad justitiam et salutem aeternam consequendam.*" RNH: „*Munus proph. est ea pars operis Xti salutaris, quae cernitur in erudiendo genere humano et suppeditanda perfectiore religionis notitia.*" Nach dem Bgr. der alten Prophetie fügen einige [BR, BMG, SCHLR] Weifsagn. u. Wunder bei: *confirmavit doctrinae veritatem et miraculis et vaticiniis.* HAHN bezeichnet mit gutem Bilde das ganze Lehrgeschäft Xti als Erleuchtung, nach *Jo.* 8, 12. Epitheta nach HOL: „*Xtus est propheta maximus, catholicus, illuminatissimus, obsignatissimus, efficacissimus et exemplaris* (i. e. *qui, quod verbis docuit, expressit factis, Lc.* 24, 19.).‟

2) AUGTN: „*Doctor doctorum Xtus, cujus schola in terra et cathedra in coelo est.*‟ Die AKD brauchen das Bild [QUEN:] *Sp. S. est muneris proph. causa efficiens Filium Dei secundum assumtam humanitatem ungendo,*" nach *Jes.* 61, 1. *Ps.* 45, 8. *Act.* 10, 38. *Jo.* 3, 34. 1 *Jo.* 2, 20. in Bezug auf die Taufe Jesu. Aber es ist nicht einzusehn, wozu die menschl. Natur, die in der *sapientia concreata* der höchsten menschl. Weish. durch sich selbst u. durch die *communicatio idiomatum* der höchsten göttl. Weish. theilhaft, noch einer bes. Ausrüstung durch den H. G. bedurfte. Das Wunder bei der Taufe war nur eine himmlische Anerkennung u. Beurkundung des Messias, nicht eine Ertheilung bes. Gnadengaben; welche Meinung, mit der orth. L. unvereinbar, sich zu gnostischen Irrthümern hinneigt.

3) KÖN: „*Immediata est, qua Xtus ipse αὐτοπροσώπως in diebus carnis suae Ev. hominibus annuntiavit, Legem divinam a corruptelis Pharisaeorum vindicavit, discipulosque suos ad futurum ministerium praeparavit. Mediata fit opera vicaria Apostolorum eorumque, qui illis succedunt, usque ad diem novissimum.*"

1) CAL: „*Functio Xti θεανθρώπου semetipsum pro genere humano offerentis in sacrificium, et ei oblationis istius intercedentis pro eodem ad acquirendam gratiam et salutem.*" RNH: „*Ea pars operis Xti salutaris, quae cernitur in acquirenda salute humana.*" AM p. 256: [getrennt von *obedientia activa* u. *intercessio*] „*Actus sacerdotalis, quo peccata mundi in se transtulit, poenas meritas luit, et sanguine ac morte debita hominum expunxit.*"

2) Die AKD des 18. S. führen als 3. Theil auf: *benedictio sacerdotalis,* εὐλογία, i. e. BMG: „*exhibitio salutis partae a Xto facta; atque non solum in appreca-*

§. 101. Munus sacerdotale. Satisfactio.

Dieses Amt bezieht sich unmittelbar auf die obj. u. hist. vollbrachte Versöhnung [*reconciliatio, καταλλαγή*], hinsichtlich des Übels Erlösung [*expiatio, redemptio, ἀπολύτρωσις*], u. wird nach dem Briefe an die Hebr. ein Priesterthum genannt, weil der Hohepriester als Mittler zwischen Gott u. seinem Volke durch Darbringung des Sühnopfers ein Vorbild [*τύπος*] war auf Xtum.

I. *Satisfactio* bezeichnet den ein für allemal vollzognen Act der Versöhnung.

1) **Lehre der H. S:** Jehova hat ein stellvertretendes Sühnopfer eingesetzt *Lev.* 16, 21. 17, 11. u. die Vorstellung gemeinsamen Leidens o. Heils durch eines Einzigen Schuld o. Verdienst war dem ganzen Alterthum bekannt; der Gedanke des leidenden u. stellvertretenden Messias aber, ausgesprochen zwar in der Weifsg. *Lc.* 24, 46. *cf. Jes.* 53. *Ps.* 22. u. tiefsinnigern Zeitgenossen Jesu nicht durchaus fern *Lc.* 2, 34 *s. Jo.* 1, 29., war dem mess. Volksgl. fremd. Im N. T. wird Xtus dargestellt als von Gott gesandt, die in der Sünde verlorne Welt zu erretten *Jo.* 3, 16. Als die Bedingung des von Gott zugesagten Heils wird das ganze irdische Leben Xti nach seinen einzeln aufgefafsten Momenten *Act.* 5, 31. *Rom.* 4, 25. 8, 34. angesehn, vor allem sein Tod als Lösegeld für unsre Sünde [*λύτρον, redemptionis pretium*] *Mt.* 20, 28. 26, 28., der Schuldlose als Sühnopfer an unsrer Statt, zur Offnb. göttl. Gerechtigk.,[3] dadurch wir aus der Knechtschaft der Sünde losgekauft [*ἀπολύτρωσις, ἐξαγορασμός*] 1 *Tim.* 2, 6. *Gal.* 3, 13. 2 *Ptr.* 2, 1., Vergebung der Sünde *Rom.* 5, 19. 1 *Cor.* 15, 3. 1 *Jo.* 1, 7., ewiges Leben u. Frieden mit Gott *Jo.* 10, 11. *Col.* 1, 20. erlangen. Daher ist Xtus *μεσίτης* zwischen Gott u. Menschh. 1 *Tim.* 2, 5., *εἰρηνοποιήσας διὰ τοῦ αἵματος Col.* 1, 20., *ἱλασμὸς περὶ τῶν ἁμαρτιῶν ἡμῶν* 1 *Jo.* 2, 3. 4, 10., *ἀρχιερεύς*, der sich selbst als Opfer darbrachte, uns mit Gott zu versöhnen *Hbr.* 2, 17. 5, 1. 9, 8 *ss.* Gott aber hat in Xto die Welt mit sich selbst versöhnt *Rom.* 5, 10 *s. Col.* 1, 22.[4]

2) **Hist. Entwicklung:** Dafs die Versöhnung durch Xtum allein u. vorzugsweise durch seinen Tod geschehen sei, blieb gemeinsame Ansicht; ob aber sein Tod dem Himmel o. der Hölle als Lösegeld zugefallen sei, darüber schwankten die Ansichten, u. die mannichfachen Segnungen, welche mittelbar aus diesem Tode über die Welt gekommen sind, wurden neben dem Grundgedanken des Sühnopfers aufgeführt. Diesen Grundgedanken hat Athn dahin erläutert,

---

tione verbis facta, sed efficacissima felicitatis hujus oblatione et, quoad per ipsos homines fieri potest, collatione consistit." Mosh: *„Collatio virium supernaturalium, quarum nos indigemus ad fidem et pietatem."* *Mc.* 10, 16. *Lc.* 24, 50. *Act.* 3, 26. *Hbr.* 7, 6 *s.* 21 *ss. cf. Num.* 6, 24-27. Da diese Segenspendung als bes. Geschäft Xti nirgends in der H. S. ausgesprochen wird, auch die reale Ertheilung zum *regnum gratiae* gehört: so scheint diese dgm. Bildung überflüssig. Eigenthümlich hat Schlr sie aufgefafst, als *a*) Vertretung im weitern Sinne, wiefern unsre Gemeinsch. mit Gott überhaupt durch Xtum geknüpft ist; *b*) im engern Sinne, wiefern nur das Gebet in Xti Namen Gott wohlgefällig ist, zu welchem Gebete „eine dasselbe heiligende Mitthätigkeit Xti gehört u. diese ist in dem Sinne seine Vertretung, als nur durch ihn unser Gebet wirksam zu Gott kommt."

3) 2 *Cor.* 5, 21: *Τὸν μὴ γνόντα ἁμαρτίαν ὑπὲρ ἡμῶν ἁμαρτίαν ἐποίησεν, ἵνα ἡμεῖς γνώμεθα δικαιοσύνη θεοῦ ἐν αὐτῷ. Rom.* 3, 25: *Ὃν προέθετο ὁ θεὸς ἱλαστήριον διὰ πίστεως ἐν τῷ αὐτοῦ αἵματι, εἰς ἔνδειξιν τῆς δικαιοσύνης αὐτοῦ.*

4) 2 *Cor.* 5, 19: *Θεὸς ἦν ἐν Χριστῷ κόσμον καταλλάσσων ἑαυτῷ.*

daſs die göttl. Wahrhaftigkeit, welche die Verdammung der Menschh. forderte, durch das stellvertretende Opfer Xti mit der göttl. Güte ausgeglichen wurde. Was bis zum 11 S. als Thatsache gegolten hatte, zuweilen auch als nothw. behauptet worden war, davon that ANSELMUS CANTUARIENSIS in der Schrift: *cur Deus homo?* die Nothwendigk. dar u. vollendete dadurch, nach einem von TERTULLIAN aus der Jurisprudenz eingeführten Ausdrucke, die Satisfactionstheorie: „Durch die Sünde der Menschh. ist Gottes Majestät unendlich verletzt. Nach sr. Liebe wollte er verzeihn, nach sr. Gerechtigk. konnte er nicht. Nur ein unendl. d. i. göttl. Wesen konnte für die unendl. Verletzung die unendl. Genugthuung leisten; aber dieses muſste auch Mensch sein, damit die Genugthuung von der Menschh. geleistet würde. Daher wurde Gott selbst Mensch u. der Gottmensch leistete dadurch, daſs er die Schuld der Menschh. auf sich nahm u. durch seinen schuldlosen Tod sühnte, der Gotth. die unendl. Genugthuung." Dieses Dogma wurde KL. Nur über das Vrh. der Schuld zur Genugthuung schwankten die dgm. Bgr. einer *satisfactio abundans* [*acceptatio*] u. *gratuita* [*acceptilatio*].5) HUGO GROTIUS hat gegen die Vorwürfe der Socinianer den Anselmischen LBgr. dahin abgeschwächt, daſs nicht einem vermeinten Zorne Gottes, sdn. dem sittl. Weltgesetze, *justitiae Dei rectoriae*, die Genugthuung geleistet worden sei, wobei er, die göttl. Nothw. einer solchen Vermittlung verkennend, die Genugthuung mehr subjectiv auffaſste, daſs sie nöthig war, um die Unverbrüchlichk. des Gesetzes vor den Menschen festzustellen, daher auch Gott diese Genugthuung nur eben gelten lasse [*acceptilatio*].6)

3) Dogmatisch orth. Darstellung: Gegen die Verdienste der Heiligen u. gegen die krchl. Satisfactionen, — deren Gültigk. zwar dgm. von Xto allein abgeleitet wurde, aber nach der Menschen Weise das Vertrauen auf sündige Menschen u. eigne Werke richtete,

---

5) Nach ANSELMUS ist die Genugthuung gröſser als die Schuld, aber sie muſs auch gröſser sein, um auszureichen. Die Thomisten vertheidigten nach Augustins Vorgange die *satisf. superabundans*: der unendl. Werth des Blutes Xti mehr als hinreichend; die Scotisten die *satisf. gratuita*: nur durch göttl. Gnade *ex acceptatione Dei gratuita i. e. ex acceptilatione* hinreichend. Die kath. K. billigte die *satisf. abundans*, die doch hinsichtlich der Strafen auf Erden u. im Fegfeuer durch eigne gute Werke u. krchl. Satisfactionen verdient werden müsse. *C. Trid. S. XIV. can.* 8.

6) Durch die Miſsverständnisse der Socinianer ist es üblich geworden, die Anselmische L. dahin zu verstehn, wie HAHN *p.* 482 das altkrchl. Dogma angab: „daſs der unendlich beleidigte u. Rache fordernde Gott durch das Blut des Heilandes habe versöhnt werden müssen," um ihr als die bibl. L. entgegenzusetzen: „daſs der eben so barmherzige als heilige Gott in Xto die Welt mit sich versöhnte." Aber da ANS. in der Liebe Gottes allein den Grund fand, aus welchem die H. Trin. den Rathschluſs der Versöhnung faſste, u. Gott der Sohn selbst für uns starb: so kann von solchem Zorne nicht die Rede sein. ANS. drückt das göttl. Gesetz der Gerechtigk. nur persönlich aus, wie die Alten pflegen, u. zwar deſshalb, weil sie die göttl. *aseitas* gegen die Meinung von einem über ihr stehenden Gesetze verwahren wollen; an individuelle Verletzung der Ehre Gottes hat er nicht gedacht. Er hat nichts neues erfunden, sdn. blos, was als Thatsache in der K. immer galt, daſs der Gottmensch unsre Schuld auf sich nahm, in sr. innern Nothw. demonstrirt; GROTIUS hat nichts daran geändert, als daſs er gerade der beginnenden Aufklärung zu Gefallen etwas Willkürliches hineingebracht hat. Es ist aber schlimm, wenn KD selbst die gemeine Rede begünstigen, als hätte die K. jemals einen blutdürstigen Gott gepredigt, dessen Zorn wegen persönl. Beleidigung nur durch das Blut seines einigen Sohnes getilgt werden konnte.

§. 101. Munus sacerdotale. Obedientia.

— erhob die ev. K. das alleinige Verdienst u. die alleinige Genugthuung des Todes Xti, mit der Behauptung ihrer Nothwendigk. nach der Anselm. Theorie.[7] Die *F. C.* fügte nach dem Vorgange einiger KV die Genugthuung der *obedientia activa* hinzu. Hiernach die AKD: [Hol:] *„Satisfactio est actus officii sacerdotalis, quo Xtus, ex decreto divino, consummatissima obedientia, activa et passiva, justitiae divinae, peccatis hominum luesae, satisfecit, in laudem justitiae et misericordiae divinae, et acquisitionem nostrae justitiae atque salutis."*[8] *Praestitit Xtus satisfactionem obedientia universa sua* [ὑπακοή *Rom.* 5, 9. *Phil.* 2, 8.], *quae est* [Quen:] a) *obedientia activa* [*satisf. legalis*], *i. e. perfectissima Legis impletio vicario nomine pro hominibus suscepta, Mt.* 3, 15. 5, 17. *Rom.* 5, 19. 10, 4. *Gal.* 4, 4 s. *Phil.* 3, 9. *Hbr.* 10, 7. b) *obedientia passiva* [*satisf. poenalis*]*, i. e. sufficientissima poenarum, quae nos manebant, persolutio, per mortem inprimis vicariam, i. e. mortem a Xto nostro loco, ad avertendas a nobis peccatorum poenas, sponte susceptam, Jes.* 53, 4. *Jo.* 1, 29. *Mt.* 20, 28. *Rom.* 5, 6-10. 2 *Cor.* 5, 19 ss. *Gal.* 3, 13. 1 *Ptr.* 2, 24 s. *Agendo culpam expiavit, patiendo poenam nostram sustulit.*[9] *A satisfactione proficiscitur Xti*

---

7) *C. A.* 10: [I, 4] „Peccata remitti propter Xtum [16: qui solus positus est Mediator et Propitiatorium], qui pro nostris peccatis satisfecit." *A. C.* 192: „Mors Christi est satisfactio pro morte aeterna." *F. C.* 696: [56] „Etiamsi Xtus de Sp. S. sine peccato conceptus et natus esset, et in sola humanitate sua omnem justitiam implevisset, nec tamen verus et aeternus Deus fuisset: talis ipsius humanae naturae obedientia et passio nobis ad justitiam imputari non posset. Et vicissim, si Filius Dei non homo factus esset, non posset sola divina natura esse justitia."

8) Quen: „Satisfactio est prior officii sacerdotalis pars, qua Xtus θεάνθρωπος Deo unitrino pro omnium omnino hominum peccatis, in judicio divino post voluntariam interventionem sibi imputatis, consummatissimae obedientiae lytrum solvit, in justitiae et misericordiae Dei laudem, et nostri redemptionem." Hahn: „Facta est expiatio satisfactione vicaria, quae est summa eorum, quae Xtus nostro loco et fecit et passus est, ut poenas a nobis meritas lueret et omni culpa nostra sublata salutem aeternam nobis compararet."

9) *F. C.* 684: [14 s.] „Justitia illa, quae coram Deo credentibus ex mera gratia imputatur, est obedientia, passio et resurrectio Xti, quibus ille Legi nostra causa satisfecit, et peccata nostra expiavit. Cum enim Xtus non tantum homo, verum Deus et homo sit, in una persona indivisa, tam non fuit Legi subjectus, quam non fuit passioni et morti (ratione suae personae) obnoxius, quia Dominus Legis erat. Eam ob causam ipsius obedientia (non ea tantum, qua Patri paruit in tota sua passione et morte, verum etiam, qua nostra causa sponte sese Legi subjecit, eamque obedientia illa sua implevit) nobis ad justitiam imputatur, ita ut Deus propter totam obedientiam (quam Xtus agendo et patiendo, in vita et morte sua, nostra causa Patri suo praestitit) peccata nobis remittat, pro bonis et justis nos reputet et salute aeterna donet." Quen: „Quia non tantum ab ira Dei, justi judicis, liberandus erat homo, sed et, ut coram Deo possit consistere, justitia ei opus erat, quam nisi impleta Lege consequi non poterat, ideo Xtus utrumque in se suscepit, et non tantum passus est pro nobis, sed et Legi in omnibus satisfecit, ut haec ipsius impletio et obedientia in justitiam nobis imputaretur." Hol: „Xtus satisfecit obedientia activa et passiva. Obedientia activa Xtus Legem divinam nostra vice exactissime implevit, ut hanc impletionem Legis vicariam peccatores poenitentes vera sibi fide applicantes coram judice Deo justi reputentur. Obedientia passiva Xtus totius mundi peccata in se transtulit, et poenas iis debitas ultro luit, sanguinem suum pretiosissimum fundendo, et mortem ignominiosissimam pro omnibus peccatoribus obeundo, ut credentibus in redemptorem Xtum peccata ad aeternam poenam non imputentur." Inwiefern die Strafen ewige Höllenstrafen sind, lehrten die AKD, daſs Xtus diese nicht *extensive*, nicht *quantum ad durationis circum-*

meritum, i. e. *summa eorum, quibus Xtus de nobis salvandis unice promeritus est;*[10] *quod appellatur:* a) *unicum, quatenus aliud aequale neque est, neque opus est*, 1 *Ptr.* 3, 18. 1 *Tim.* 2, 5. *Hbr.* 10, 1-18. b) *perenne, quatenus nunquam infringetur, Hbr.* 9, 12. 10, 12. c) *universale, quatenus ad omnes omnium temporum homines pertinet*, 1 *Jo.* 2, 2. 1 *Tim.* 2, 6. *Jo.* 3, 16 *ss.*"[11]

4) Polemik: *a*) Die NKS gaben nach TÖLLNERS Vorgange vorerst die *obed. activa* auf,[12] entschieden sich nach dem Beispiele der Arminianer für die *acceptilatio*, hatten aber nach Aufgebung der Erbsünde nicht eigentlich, was da versöhnt werden sollte, daher viele [MOR, SCHOTT, STAEUDLIN] dem Tode Jesu nur eine subj. Bedeutung zugestanden, als einem zu unsrer Beruhigung nöthigen Unterpfande der göttl. Gnade, einer Accommodation Gottes an die ewigen Bedürfnisse des Menschenherzens. *b*) Die RT nach dem Vorgange der Socinianer behaupten den alleinigen Werth einer sittl. Versöhnung, d. i. wie durch die Sünde allein der Mensch mit Gott zerfalle, so könne er sich auch wiederum mit Gott durch sittl. Befsrung allein vereinigen.[13] Während daher jeder sich selbst mit Gott ver-

stantiam, wohl aber *intensive, quantum ad essentiam*, erduldet habe, u. bezeichneten als die Zeit ihrer Erduldung meist das Leiden auf Gethsemane, *passio magna*.

10) Kön: „*Non coincidunt Xti satisfactio et meritum. Illa respectum habet ad injuriam compensandam, hoc ad mercedem gratuitam acquirendam peccatoribus. Illa in ordine ad meritum se habet instar causae; hoc instar effectus. Illa ipsi S. Trinitati, non nobis, licet pro nobis facta est; at non ipsi S. Trinitati, sed nobis meruit Xtus. Actus exinanitionis satisfactorii et meritorii simul sunt; ut actus exaltationis solum meritorii sunt.*"

11) Thesis der Universalisten [Katholiken, Lutheraner, Arminianer] gegen die Particularisten [Calvinisten u. Jansenisten]: Xtus ist dem göttl. Plane nach, τελικῶς, *finaliter*, ὑπὲρ πάντων gestorben; weil aber nicht alle sein Verdienst durch den Gl. sich zueignen, so geschah sein Tod der wirkl. Aneignung nach, ἐκβατικῶς, *eventualiter*, nur περὶ πολλῶν, u. auf dieses letztre beziehen sich *Mt.* 20, 28. 26, 28. *Rom.* 5, 15. 19.

12) Gründe: *a*) Sie ist erst durch die *F. C.* eingeführt. *b*) Die vollkommne Erfüllung des Gesetzes o. die Sündlosigk. Xti gehört ohnedem zu seinem Versöhnungstode, da er aufserdem selbst des Versöhners bedurft hätte. *c*) Als Mensch war er ohnedies dem Gesetze unterworfen; als Gott war ihm das Gesetz nur ein bestimmter Ausdruck seines eignen göttl. Willens, sonach bes. Unterwerfung nicht nöthig. *d*) Da die Tugend nicht als *opus operatum*, sdn. nur durch die Gesinnung Werth hat: so ist eine Tugend anstatt eines andern undenkbar.

13) Ihre Gründe wider jede obj. u. aufsersittl. Wirkung nach KL: *a*) Erst die App. haben die jüd. Vorstellung einer Nothw. der Opfer auf das Xthum übertragen, da den Judenchristen das Ärgernifs eines getödteten Messias nicht anders zu nehmen, noch die Abschaffung des Opfercultus anders durchzusetzen war, als durch die Vorstellung, Xtus sei als ewig gültiges Opfer für unsre Sünde gestorben. Er selbst sprach nur den Grunds. der rein sittl. Rel. aus, nach welchem Gott allein im Geiste durch Herzensreinh. zu verehren ist, *Jo.* 4, 23 s. *b*) Der Zweck aller Strafe ist Befsrung. Da die Strafe eines andern, zumal Unschuldigen, diesen Zweck nicht erfüllt, so ist eine *poena vicaria* zwecklos. *c*) Der endl. Mensch kann blos endl. Schuld u. endl. Strafe sich zuziehn: sonach ist unendl. Genugthuung unnöthig. *d*) Dem christl. Bgr. von Gott widerstreitet, er sei über die Menschen, seine Kinder, so erzürnt gewesen, dafs er ihnen wegen ihrer Sünden nicht eher habe gnädig werden können, bis er Blut gesehn u. ein erwünschtes Opfer sr. Rachgier gefunden habe. *e*) Der Gerechtigk. selbst, für welche die Satisfactionstheorie erdacht ist, widerspricht es, dafs die Strafe auf den Unschuldigen, die Belohnung auf den Schuldigen übertragen werde; Gott wird aber einem jeglichen geben nach seinen Werken, *Rom.* 2, 6 ss. *f*) Unsre Erde ist ein

§. 101. Munus sacerdotale. Polemik.

sühnen müsse, sei doch Xtus in sofern mittelbar der Versöhner, als er das menschl. Geschlecht auf das wirksamste zur sittl. Befsrung anregte. Die Bedeutung seines Todes, nur hist. u. sittlich aufzufassen, sei von den App., bewufst o. unbewufst, zum jüd. u. griech. Opfercultus accommodirt worden.[14] c) Die PD u. VT nahmen meist nur eine symbol. Bedeutung dieses Todes an, welche je nach ihrem Bgr. von der Sünde dem Spnts. o. dem Rts. näher steht, das Heil durch den Erlöser als das Eintreten in seine Lebensgemeinschaft: aber die panth. Systeme, denen der Tod des Gottmenschen nur ein Sinnbild des Untergangs ist, durch welchen alles Endl. wieder zum Unendlichen zurückkehrt, die Versöhnung nur ein Bewufstwerden der Identität des Göttl. u. Menschl., können in der KL nur eine poetische Personification des allg. Weltschicksals sehn.[15]

höchst kleiner Theil unter Millionen von Himmelskörpern: warum sollte gerade auf ihr Gott Mensch geworden sein? g) Jesus wünschte dem Tode zu entgehn, sah ihn also für ein vermeidl. Übel, nicht für die nothw. von Ewigk. beschlofsne Bedingung seines Werkes an, *Mt*. 26, 39. *Lc*. 22, 41. *h*) Das Ergreifen des Verdienstes Jesu ist freilich bequemer, als das Streben nach eigenem Verdienste; ist aber defshalb auch den wahren Tugend selten förderlich gewesen. — Gegen die KL Stdl: „1) Statt dafs Gottes Zorn (strafendes Mifsfallen) die Sünde rein trifft: wird der Sünder als ihm rein verfallen genommen; 2) die Gerechtigk. Gottes, als die vollkommne, würde nach ihrem wahren Bgr. mit sich bringen, nicht, dafs sie durch das Eintretenlassen irgend eines Übels (am Schuldlosen), sdn. einzig durch dessen Eintretenlassen an dem Schuldigen befriedigt würde; 3) nicht der dem Sünder, sdn. der der Sünde zürnende Gott kann eine Erlösung stiften."

14) Hist. Bedeutung, wiefern der Sieg des Xthums nach den geschichtl. Verhältnissen durch den Tod Jesu bedingt war; sittl. Bedeutung, wiefern dieser Heldentod zu den höchsten Aufopferungen begeisterte. Accommodation, wiefern Juden u. Griechen ohne Sühnopfer Sündenvergebung für unmöglich hielten. Löffler bezog die apost. Erklärung nur auf die vor der Taufe verübten Sünden, so dafs also wir, die als Kinder getauft sind, gar nichts davon hätten.

15) Kant: Symbol der Schuld u. Reue, die der neue gebesserte Mensch für den alten verdorbnen trägt, u. überhaupt Symbol der Versöhnlichk. Gottes. Wtt: Symbol der Resignation u. der Versöhnung aller Widersprüche im rel. Gefühle. Schlr: In jeder abgeschlofsnen Gemeinschaft ist das Übel gleich der Sünde. Xtus, um uns in die Gemeinschaft seines Lebens aufzunehmen, mufste eintreten in unsre Gemeinschaft u. die Übel drs. auf sich nehmen. Was er in dieser Gemeinschaft litt, hat er also für uns gelitten. „Der Erlöser nimt die Gläubigen in die Kräftigk. seines Gottesbwsts. auf, u. dies ist seine versöhnende Thätigk." — Schl: Die dem Loose der Endlichk. unterworfne Welt als leidender Gott, u. die Erlösung in diesem Bwsts., dafs die Welt als Sohn Gottes selbst, also mitten in der Endlichk. die Einh. mit dem Absoluten unverloren sei. Mau: Symbol der Idee, dafs die Welt sich selbst absterben mufs, um das Leben in Gott zu gewinnen. Hgl: „Gott selbst ist todt, heifst es in einem luth. Liede; dies Bwsts. drückt dies aus, dafs das Menschl., Gebrechl., das Negative göttliches Moment selbst ist; dafs das Anderssein, das Endl., das Negative nicht aufser Gott ist, das Anderssein die Einh. mit Gott nicht hindert; es ist das Anderssein, die Negation als Moment der göttl. Natur selbst. Die höchste Idee des Geistes ist darin enthalten. Der Tod hat einerseits diese Bedeutung, dafs damit das Menschl. abgestreift wird u. die göttl. Herrlichk. wieder hervortritt. Aber der Tod ist selbst zugleich auch das Negative, die höchste Spitze dessen, dem der Mensch als natürl. Dasein und eben damit Gott selbst ausgesetzt ist. Die Explication der Versöhnung ist, dafs Gott versöhnt ist mit der Welt, o. vielmehr, dafs Gott sich gezeigt hat als mit der Welt versöhnt zu sein, dafs das Menschl. eben ihm nicht ein Fremdes ist, sdn. dafs dieses Anderssein, sich Unterscheiden, die Endlichk., ein Moment an ihm selbst ist, aber allerdings ein verschwindendes." Strauss II. p. 336: „Dafs hiebei für die wirkl.

5) **Apologetik**: Das tiefste Gefühl der Sündhaftigk. neben dem höchsten Vertraun auf die unendl. Barmherzigk. Gottes ist in der KL ausgesprochen. Die neuern Einwendungen beruhn meist auf dem oberflächl. Bgr. der Sünde; wer die Gröfse sr. Schuld nicht erwog, hat leicht argumentiren wider den Versöhner. Ist des Menschen rel. Kraft unverletzt durch die Sünde, dann gibt es allerdings keine Versöhnung als die sittl. u. in sofern schliefsen die RT nach ihrer Voraussetzung folgerecht. Wer aber der Unmöglichk. sich bewufst ist, durch eigne Kraft sich zu erlösen, der wird das Verdienst des göttl. Versöhners dankbar ergreifen. Daher als man wieder zu bedenken anfing, welcher Fluch auf der Sünde liege,[16] traten auch Versuche hervor das göttl. Versöhnungswerk wieder zu verstehn;[17] doch konnte diese Theol., mit mancherlei Weisheit des Zeitalters beladen, sich nicht sofort den Muth fassen die wirkl. Versöhnung durch den stellvertretenden Tod des Gottmenschen demüthig anzunehmen, sdn. statt nach altväterlichem Glauben in der Sünde den ausreichenden Grund dieses ungeheuern Geheimnisses anzuerkennen, [o *felix culpa quae talem et tantum meruit redemptorem!*] legte sie das Hauptgewicht auf die göttl. Menschwerdung als die an sich nothw. Selbstmittheilung der Liebesfülle Gottes u. als die Vollendung des göttl. Ebenbildes in der Menschh.,[18] o. betrachtete das Leiden des Gottmenschen nur als eine von der prüfenden Gerechtigk. geforderte Bewährung desselben.[19] In diesem Sinne der Bewährung, Wiederherstellung u.

Geschichte, an welcher diese im Laufe der rel. Entwicklung der Menschh. herangereifte Idee etwa Veranlassung nahm, ins Bwsts. hervorzutreten, keine Art von wesentlicher Wichtigkeit im modernen Bwsts. übrig bleibe, erhellt von selbst."

16) ANSELMUS: *Tu non cogitasti, quanti ponderis sit peccatum.*
17) GÖSCHEL: Das Unrecht wird nur dadurch vergeben, dafs es abgebüfst u. getilgt wird. Aber der Abfall vom gesunden Rechtsorganismus kann nicht durch die Strafe der abgefallnen Menschh. getilgt werden, denn in der Strafe würde sich Gott vom abgefallnen Organ nur weiter entfernen, sdn. dadurch wird die Bufse geleistet u. die Gemeinschaft mit Gott wiederhergestellt, dafs der Gerechte, welcher straft, mittels der Liebesgemeinschaft die Strafe auf sich nimt, sonach Gott als Mensch mitleidet u. die Gemeinschaft wiederherstellt. TOLLIN: Die Versöhnung beruht auf dem Vrh. der göttl. Liebe u. Heiligk. Diese ist die Liebe sr. selbst, im Verh. zur Sünde strafende Gerechtigk. Liebe die Eigenschaft, vermöge deren Gott sich mittheilt, durch sie tritt Gott selbst ein als Glied in die Kette der Menschh., sein Mitleiden u. Mitleiden ist ein Gesundmachen der kranken Glieder. Die Genugthuung für die göttl. Gerechtigk. liegt in der Gröfse des Leidens, die nach der Empfänglichk. zu messen ist, nicht durch Addiren, u. in der Würde der Person, denn ein andres ist es, wenn ein Bettler, u. wenn ein König leidet. Uns zu Gute kommt die Genugthuung durch wahre Gemeinschaft mit Xto.
18) Schon die KV, doch nur beigeordnet, Gott sei Mensch geworden, um die Menschh. zu vergöttlichen, heterodoxe SL [Abälard, Duns Scotus] als göttl. Liebesbewährung, Osiander [*de imagine Dei,* 550,] als die volle Entwickl. des göttl. Ebenbildes, moderne Halborthodoxe [FSCH Idee d. Gtth. 839. LBR u. a.] als die von der göttl. Liebe geforderte Selbstmittheilung Gottes, der die Menschwerdung des Logos, des idealen Urmenschen, [DORNER] des alles zusammenfassenden Hauptes der Menschh., der persönlich gewordnen Rel., nur die Vollendung der Schöpfung u. Offnb. ist. Dgg. QUEN: „*Filius Dei in mundum non venisset, nec humanam naturam assumpsisset, si homo in statu integritatis perstitisset.*"
19) Noch mitten in der Zeit des Ungl. u. nach einer Seite hin selbst ihr angehörig MENKEN: Der Tod Christi nicht von der strafenden, sdn. von der rettenden u. prüfenden Gerechtigk. gefordert, indem der zweite Adam wie der erste für sein ganzes Ge-

§. 101. Versöhnungslehre.

Vollendung hat selbst ein Vertreter des erneuten Lutherthums geleugnet, dafs Christus gelitten habe, was die Menschh. hätte leiden, u. geleistet, was sie hätte leisten sollen.[20] Dgg. PHIL darthat, dafs durch diese subjectivistische Umsetzung nicht nur die Form, sdn. die Grundlehre luth. Orthodoxie umgestürzt werde,[21] die nur zu retten ist, indem wir zu dem einfach grofsen Gedanken des Anselmus zurückkehren, durch welchen der tiefste Widerspruch in unserm Geiste u. in der göttl. Weltordnung gelöst wird, der Zwiespalt der Heiligk. u. der Barmherzigk. Während unser Gewissen uns verdammt, u. die Heiligk. Gottes unsre Verwerfung fordert, so dafs besser wäre, die ganze Menschh. führe zur Hölle, als dafs die Unverbrüchlichk. des Sittenges. u. die Heiligk. Gottes verletzt würde: ist doch diese Ahnung unvertilgbar in der Menschh. gewesen u. durch das Ev. zum festen Glauben geworden, dafs Gott alles Verlorne retten wolle u. solche Rettung göttlicher sei als des Sünders Untergang. Aber diesen Widerspruch konnte nur Gott selbst lösen, nicht durch einen willkürl. Gnadenact, der mit der Heiligk. stritte, sdn. durch die Hingabe seines eignen Selbst für sein verlornes Geschlecht. Es ist ein Geheimnifs der göttl. Liebe, aber jemehr du dich in den Abgrund dieser Liebe versenkst, desto lichter wird das Geheimnifs. Da in Gott nichts Willkürliches ist, auch nicht gedacht werden kann, dafs Gott selbst Mensch wurde u. in den Tod ging, wenn auf eine leichtere Weise die Menschh. zu retten war: so hat Anselmus mit Recht die Nothw. des Versöhnungstodes behauptet, u. auf eine dem menschl. Vrst. anschauliche Weise sie auseinandergesetzt. So gut als durch die Erbs. die Schuld des Einen auf alle kam, so gut kann auch das Verdienst des Einen über alle kommen; eine Gemeinschaft von Wohl u. Wehe, wie schon die Vrh. jedes Staats u. Zeitalters sie mit sich bringen, obwohl sie erst von der Liebe in ihrer höhern Bedeutung vermittelt u. verstanden wird. Da aber die Nothw. in Gott zugleich die vollkommne Freih. ist, so kann jene Nothw., dafs Gott nicht auf andre Weise

schlecht einstehend sich bewähren mufste. Hierzu gehörte das höchste Leiden. „Es sollte nichts geben, wovon der Satan jemals hätte sagen können: wenn Jesus noch dieses erlitten hätte, so wäre er gefallen wie Adam!" Also vielmehr Hauptgewicht auf die *obedientia activa*.

20) HFM gegen die Anschuldigung seines Schriftbeweises: Schutzschrr. für eine neue Weise, alte Wahrh. zu lehren. 856 f. 3 St: Der dreieinige Gott, um seinen Zorn gegen die Sünde u. seine Liebe gegen die Menschh. zu erweisen, hat sich in den äufsersten Ggns. von Vater u. Sohn begeben, welcher ohne Selbstverneinung Gottes möglich war, in den Ggns. des um der Sünde willen der Menschh. zürnenden Vaters u. des sündlos der Menschh. angehörenden Sohnes, welcher alle Gottesfeindschaft, die der Satan in Folge der Sünde zu üben vermochte, über sich ergehn liefs u. grade dadurch sich als den Heilsmittler bewährte, so dafs fortan das Vrh. des Vaters zu der im Sohne neu beginnenden u. vollendeten Menschh. nicht mehr durch die Sünde Adams, sdn. durch die Gerechtigk. des Gottmenschen bestimmt sei.

21) D. v. Hofmann gegenüber d. luth. Versöhnungs- u. Rechtfertigungsl. 856: „Wer dem Menschen das dem Zorne Gottes vollgültig bezahlte Blut der Sühne nimt, der zieht ihm den festen Grund der Seligk. unter seinen Füfsen weg, der raubt ihm seinen einzigen Trost im Leben u. im Sterben. — Wenn die Voraussetzung der Schriftgemäfsh. Hofmannscher Versöhnungs- u. Rechtfertigungsl. erwiesen wäre, würde ich augenblicklich aufgeben nicht nur luth. Theolog, sdn. auch Glied der luth. K. zu sein, denn grade um der luth. Versöhn.- u. Rechtfertigungsl. willen bin ich luth. Theolog, luth. Xt, ja Xt überhaupt."

Hutterus redivivus. 11. Aufl. 14

die Menschh. retten konnte, zugleich als freier Entschluſs ausgedrückt werden.[22] Da der Bgr. einer *satisfactio abundans* den Werth der Aufopferung Xti, der Bgr. einer *acceptilatio* die Gnade Gottes hervorhebt: so sind beide Fassungen nicht ganz verwerflich: aber der Ausdruck eines völlig gleichen Vrh., wie es die ev. K. durch *satisfactio integra et perfectissima* bezeichnet, unendl. Genugthuung gegen unendl. Schuld, ist dem rel. Gefühl, wie sr. verständigen Auffassung am angemessensten. Die *obed. activa*, welche durch die *F. C.* nur einem Theile der ev. K. angehört, erscheint nicht auf gleiche Weise wie die Gl. an den Versöhnungstod als unmittelbarer Ausdruck des chr. Bwsts., weil in diesem Gl. die Unstindlichk. Jesu ohnedem wesentlich enthalten ist: wohl aber behauptet sie gegen die einseitige Betonung seines Todes, daſs sein ganzes Leben ein versöhnendes war.[23] Vornehmlich ist das in dieser Eintheilung liegende Moment einer Erlösung von der Schuld festzuhalten, von welcher die Erlösung von der Strafe nur untergeordnete Folge ist; weſshalb auch der Bgr. der Versöhnung dem der Erlösung voranzustellen, weil jene der reinen Sehnsucht nach Wiedervereinigung mit Gott unmittelbar entspricht, während diese das minder lautere Gefühl der Furcht vor der Strafe einschlieſst. Die Universalität des Verdienstes Xti ist unbedingt zu fassen für alle Sünde der Welt [1 Jo. 2, 2.] nach unsrer Kenntniſs des Weltgebäudes, denn mit einem auf unsre kleine Erde beschränkten Particularismus kann das Vrh. Gottes zu sr. ganzen Welt nicht vereinigt werden.[24] Die Satisfactionstheorie ist allerdings nur Dogma, begriffsmäſsige Auffassung des rel. Gl., daſs wir verloren in der Sünde, durch Xtum allein Frieden haben mit Gott: aber als Dogma einer der groſsen Entwicklungspunkte des krchl. Bwsts., denn wie durch Augustin erst die Bedeutung des Xthums in sr. innern Nothw. wissenschaftlich erkannt wurde, so durch Anselmus die Bedeutung u. Nothw. der göttl. Menschwerdung, die abgesehn von der Sünde nach der scholast. Frage, ob der Sohn Gottes nicht auch ohne dieselbe Mensch geworden wäre? als im Begriffe des göttl. u. menschl.

---

22) Diese Seite der Betrachtung, vor Ans. die herrschende, ist am stärksten von Avgtn ausgesprochen. *L. de agone Xtic.* 11: „*Sunt stulti, qui dicunt: non poterat aliter sapientia Dei homines liberare, nisi susciperet hominem et ex femina nasceretur; quibus dicimus: poterat omnino, sed si aliter faceret, similiter vestrae stultitiae displiceret.*“ Cf. Ddn. II. p. 305: „*Institutum, quo Deus coluit Servatorem generis humani naturae sublimioris esse socium, naturalem habere necessitatem, nec esse in numero voluntariorum, non ausim asserere: neque enim consentaneum duxerim, munificentiam divinam, quae tantum donum liberaliter concessit generi humano, necessitati subjicere, ac, quod sponte tribuit, id rationibus subductis extorquere velle.*“

23) Phil. [d. thät. Gehors. Xti 811.] Der Gottmensch nicht unter dem Sittenges., nicht ein Individunm, sdn. die ganze Menschh. darstellend, daher seine Gesetzeserfüllung für sie stellvertretend. [Aber ein Individuum ist er doch, weil eine Person, u. war er nicht unter dem Sittengesetz, so dieses doch in ihm als sein eignes Gesetz.]

24) Es fragt sich selbst, ob *Hbr.* 2, 16. ausreiche, um die Dämonen von der göttl. Gnade, falls sie zum Gl. sich bekehrten, auszuschlieſsen? Denn einesth. können unter ἄγγελοι gute Engel verstanden werden, denen Xtus nicht hilft, weil sie der Hülfe nicht bedürfen, andernth., da der Nachsatz, σπέρμα Ἀβραάμ, in sr. nur speciellen Bedeutung für die Empfänger des Briefs, nicht streng dogmatisch genommen werden kann, denn Xtus hat nicht blos den Samen Abrahams erlöst: so scheint auch der Vordersatz nicht zu urgiren.

§. 101. Intercessio.

Wesens enthalten, immer nur rationalisirend mit Gefährdung des absol. Gottseins Xti behauptet wurde. Daher ist das Dogma seinem Zwecke gemäfs so zu predigen, dafs die Furchtbark. der Sünde u. der unerbittl. Ernst des Sittenges. nicht minder klar werde, als die unendl. Barmherzigk. Gottes u. die liebevolle Aufopferung Xti. Nicht ein zürnender Gott mufste versöhnt werden, sdn. ein allerbarmender Vater hat dadurch, dafs sein erstgeborner Sohn der ewigen Gerechtigk. genugthat, seine gefallenen Kinder alle mit sich selbst versöhnt. Wer aber zu diesem Gl. hindurchgedrungen ist durch die Angst der Sünde, der wird, sei er auch Xti Verfolger gewesen, in der Fülle eines neuen Lebens freudig bekennen: Nun bin ich nicht ich selbst, sdn. Xtus ist gewaltig in mir!

II. *Intercessio* [*deprecatio*] *sacerdotalis*, angedeutet in den S. B. [*nt.* 28], ausgeführt seit Grh nach 1 *Jo.* 2, 1. *cf. Rom.* 8, 34. *Hbr.* 7, 25. 9, 24., bezeichnet die fortwährende Geltendmachung der Versöhnung. Quen: „*Inter c. est posterior officii sacerdotalis pars, qua Xtus (persona, quae intercedit) pro omnibus omnino hominibus (objectum generale), inprimis vero electis suis (objectum speciale) vi universi meriti sui (fundamentum intercessionis) vere proprieque, at sine ulla majestatis suae imminutione (ratio formalis) interpellat, ad impetrandum nobis quaecunque corpori atque animae praecipue salutaria esse novit (finis ex parte hominis]*.[25]) Genauer wird seit Bdd diese hohepriesterliche Fürbitte auf die Erlösung beschränkt. Sie wird beschrieben nicht blos als *realis i. e. muta ostensio meritorum*, sdn. auch *verbalis et oralis*, mündl. Fürbitte, unter sinnl. Bildern;[26]) sie wird eingetheilt, als a) *generalis*, *quae fit pro omnibus hominibus*, *Lc.* 23, 34. *et specialis, pro fidelibus, Jo.* 17, 9 ss. *Rom.* 8, 34. 1 *Jo.* 2, 1. b) *terrestris, quae facta est in statu exinanitionis, ideoque humilis, nec nisi oralis fuit, et coelestis, quae fit in statu exaltationis, ideoque majestatis plena, Jo.* 14, 16. 17, 9. Aber schon Br verwarf jede nähere Bestimmung über den *modus intercessionis*, u. die NKS sehn darin nur ein Bild der fortwährenden Thätigk. Jesu für unser geistiges Heil. Mit Recht. Denn die Genugthuung ist durch sich selbst gültig auf alle Zeiten, die *intercessio* ist nur ein Sinnbild dieser Gültigk. u. Geltendmachung für den Einzelnen,[27]) sie hat nur eine polemische Bedeutung als Ersatz u. Ggns. wider die kath. Fürbitte der Heiligen [als *mediatores intercessionis*, unterschieden von Xto als *mediator reconciliationis*];[28]) daher aus dms. Grunde von eini-

---

25) Hahn: „*Intercessio est ea officii sacerdotalis pars, qua pro hominibus redemtis apud Patrem, vi universi meriti sui, deprecando salutis acquisitae eos participes reddit.*"

26) Nach Chmn: „*Ostendit vultui Dei, quae stigmata pro redemptione nostra accepit;*" nach Cal: „*apparet coram Deo proprio sanguinolento corpore, imo, ut probabile est, cruento etiam;*" nach Bmg: „Anforderung an Gott, verbunden mit der Darstellung seines Blutes, welches vergofsne Opferblut eine anfordernde, reizende, bewegende u. überredende Kraft hat."

27) Daher auch in der ref. DK, der das Geschick des Einzelnen durch die Prädestination von Ewigk. her bestimt ist, wenig beachtet.

28) *A. C.* 227: [21 ss.] „*Adversarii jubent incocare Sanctos, cum neque promissionem Dei, neque mandatum, neque exemplum Scripturae habeant. Et tamen faciunt, ut major fiducia misericordiae Sanctorum concipiatur, quam Xti, cum Xtus ad se venire jusserit, non ad Sanctos. Fortassis ex aulis Regum sumunt hunc ordinem, ubi amicis*

gen AKD eine *intercessio Spiritus S.* beigefügt ward.²⁹) Da das Bedürfniſs einer Polemik in dieser Weise jetzt schwerlich mehr vorhanden ist, so wird, wenn ein zweiter Theil des priest. Amtes aufgestellt werden soll, dieser in die Thätigk. Xti zu setzen sein, mittels welcher er durch seine K. fortwährend die Versöhnung verkündigt u. in den Frieden drs. die Gläubigen aufnimt.

§. 102. Munus regium.

GRH: *Offic. regium est, quo Xtus omnia in coelo et terra gubernat, ac inprimis Ecclesiam suam adversus hostes tuetur.*"¹) *Distinguitur regnum potentiae s. naturae* [Machtreich], *quod ad rerum universitatem, regnum gratiae* [Gnadenreich], *quod ad Ecclesiam in his terris militantem, et regnum gloriae* [Himmelreich], *quod ad Ecclesiam in coelis triumphantem spectat.*²) Im N. T.

intercessoribus utendum est. At si Rex constituerit certum intercessorem, non volet ad se causas per alios deferri: ita cum Xtus sit constitutus Intercessor et Pontifex, cur quaerimus alios?" [Die bisher übersehne Hauptstelle des Dogma ist jedoch p. 90. r. 41: „*Qui sedet ad dextram Patris, et perpetuo interpellat pro nobis.*"] Wegen dieses Ursprungs ist auch geschehn, daſs von den AKD die Fürbitte Xti auf den ganzen Umfang unsrer Bedürfnisse bezogen wurde.

29) Man erwies dieselbe aus dem Bgr. des παράκλητος u. nach *Rom.* 8, 26. Den Unterschied von der *intercessio* Xti bestimmt KÖN *p.* 154: „*Illa* [Xti] *θεανδρικὴ est, haec θεϊκή; illa mediatoria, non item haec; illa nititur merito ipsius intercessoris, haec alterius.*" Aber schon QUEN. *III. p.* 259. billigt die Meinung derj., welche dies Geschäft des Geistes blos tropisch u. effectiv verstehn, wiefern der H. G. uns selbst beten lehrt, *Gal.* 4, 6.

1) QUEN: „*Officium reg. est functio Xti θεανθρώπου, qua is secundum utramque naturam omnes omnino creaturas in regno potentiae, gratiae et gloriae majestate et virtute infinita, quoad divinitatem ex generatione aeterna, quoad assumptam humanitatem ex personali unione ipsi competente, modo divino gubernat et moderatur.*" HOL: „*Officium reg. est, quo Xtus θεάνθρωπος cum omnium, quae in coelo et in terra sunt, dominus, tum in primis Ecclesiae rex et caput constitutus, in regno potentiae, gratiae et gloriae omnia majestate summa gubernat, ut serviant gloriae Dei et electorum saluti.*" Als Epitheta: „*Xtus est rex celsissimus, spiritualis, aeternus, catholicus, omnipotens, omnipraesens, omniscius, victoria inclytus.*" RSN: „*Ea pars operis Xti, qua homines partes a se salutis participes reddit.*" Die DD schwanken, ob die menschl. Natur sogleich bei der *unio* o. erst *in statu exaltationis* zur Herrsch. gelangt sei. QUEN entscheidet für das Letztre, HOL nach *Lc.* 2, 11. 19, 35. für das Erstere. Unleugbar ist Jesus kraft der *comm. idiomm.* schon als König geboren, allein da er seiner Herrlichkeit sich selten bediente [§. 103, *nt.* 3], auch die K. als sein eigentl. Reich noch nicht gegründet war: so ergibt sich als Vermittlung, daſs seine menschl. Natur zwar mit dem Königsrechte geboren, doch erst *in statu exaltationis* zu dessen voller Ausübung gelangte.

2) GRH: „*R. pot. est generale dominium super omnia, videlicet gubernatio coeli et terrae, subjectio omnium creaturarum, dominium in medio inimicorum, quos reprimit, coercet et punit. R. grat. est specialis operatio gratiae in Ecclesia, videl. missio, illuminatio ac conservatio Apostolorum, Doctorum et Pastorum, collectio Ecclesiae per praedicationem Evangelii et dispensationem sacramentorum. R. glor. conspicietur in resuscitatione mortuorum et universali judicio ejusque executione.*" HOL: „*R. pot. est, quo Xtus omnes creaturas in hoc universo potentissime conservat et gubernat, in Creatoris laudem et creaturarum prosperitatem. R. grat. est, quo Xtus Ecclesiam in his terris militantem colligit, gubernat, spiritualibus donis exornat, conservat et defendit in nominis divini laudem, regni satanici destructionem, et fidelium salutem. R. glor. est, quo Xtus Ecclesiam in coelis triumphantem gloriosissime regit, et aeterna*

wird Xtus König genannt als Messias u. als Herrscher des Gottesreichs. In drs. doppelten Beziehung, in welcher das allmälige Losreifsen der App. von allen weltl. Erwartungen erscheint, wird das Gottesreich zuweilen als irdisches Messiasreich gedacht, öfter u. in Jesu Reden stets als unsichtbare in jene Welt hineinreichende Gemeinschaft der Frommen unter dem gemeinsamen Herrn, *Mt.* 6, 10. *Lc.* 22, 25 ss. *Jo.* 18, 36 s. 2 *Thss.* 1, 5. 2 *Ptr.* 1, 11. *Hbr.* 1, 8. 12, 28. Daher die K. als das Reich Xti auf Erden von seiner unsichtbaren Gegenw. erfüllt u. von seinem Geiste regiert wird, *Eph.* 1, 22. 5, 23. *Col.* 1, 18. In den S. B. ist das Dogma zunächst polemisch benutzt, th. um gegen die Usurpation des Papstes die alleinige Herrschaft Xti, th. um gegen die sinnl. Erwartungen der Anabaptisten u. andrer Chiliasten ein geistiges Reich Xti zu behaupten.³⁾ — Kraft der *communicatio idiomatum* nimt allerdings die menschl. Natur Xti an der Weltherrschaft theil: allein da hierdurch an dem Bgr. der Vorsehung nichts verändert wird, auch ein *consortium imperii* immer noch ein menschl. Bild ist: so scheint angemefs'ner, das königl. Amt Xti nur in Beziehung auf die K. diesseits u. jenseits aufzufassen, so dafs *regnum pot.* sich blos auf den Schutz der K. gegen die Welt bezieht; wie auch neuere DD gelehrt⁴⁾ u. hierdurch die vorgebrachten Einwendungen beseitigt haben.⁵⁾ *Offic. regium est Xti munus, quo regnum suum i. e. Ecclesiam fundavit omnique tempore regit.* Ein solcher Gl. erhebt uns im Dienste der K. über allen Menschendienst, da niemand der K. etwas gebieten kann, das wider Xti Gebot ist: über alle Menschenfurcht, dafs durch die Macht der Welt die K. verletzt werden könnte, zu dem heiteru Vertraun, dafs diej. K., welche das Gottesreich am reinsten darstellt, u. Xtum allein als ihren Herrn erkennt, siegen müsse durch Xti Allmacht.

Loc. XVI. De Christi statu duplici.

§. 103. **Utriusque status ratio.**

Das Vrh. der beiden Naturen Xti zu den Geschicken u. Thaten, durch welche der Herr das Versöhnungswerk vollbrachte u. voll-

---

felicitate replet, in nominis div. laudem, et beatorum aeternam refectionem." BMG u. MOSH distinguiren: 1) *R. universale* [*consortium imperii divini in totam rerum creaturam universitatem*], 2) *R. particulare*: a) *gratiae*, b) *gloriae*.

3) A. S. 312: [1] „*Quod Papa non sit jure divino caput totius christianitatis* (hoc enim nomen uni et soli Jesu Xto debetur), *sed tantum Episcopus et Pastor Ecclesiae, quae est Romae.*" C. A. 14: [5] „*Damnant* [*Anabaptistas*] *et alios, qui nunc spargunt Judaicas opiniones, quod ante resurrectionem mortuorum pii regnum mundi occupaturi sint, ubique oppressis impiis.*"

4) AM: „*Si vel concedatur* [*Ernestio*], *in prophetae nomine totum opus Servatoris inesse, et officium regium a prophetico non nisi sono differre; jurat tamen cum literis sacris in Jesu Xto caput Ecclesiae suae venerari* (*Eph.* 1, 22. 4, 15.), *cui vel in statu sublimiori collocato salus suorum curae sit* (*Jo.* 17, 20 s. *Hbr.* 7, 25.).“ SCHLR: „Das königl. Amt Xti besteht darin, dafs alles, was die Gemeinsch. der Gläubigen zu ihrem Bestehn erfordert, immerwährend von ihm ausgeht."

5) Nach KL: a) Jesus hat nie ein äufsres, sdn. blos ein geistiges, unsichtb. Reich der Wahrh. sich zugeeignet, *Jo.* 18, 36 s. *Mt.* 6, 10. *Lc.* 22, 25 ss. b) Ein Stellvertreter u. Gehülfe in der Weltregierung streitet mit der reinen Gottesidee. c) Der Gl. an ein Reich Xti hat th. die Herrschsucht des Clerus, th. die fanatische Erwartung der Chiliasten genährt.

bringt, wird in der L. vom zwiefachen Stande Xti dargestellt, u. in seinen verschiednen Graden werden diese Thaten u. Schicksale selbst als die Hauptmomente der irdischen u. überirdischen Geschichte Jesu betrachtet. Nach der **populären**, für das Gefühl gültigen Ansicht, welche in der H. S. ausgesprochen ist, hat der Sohn Gottes sich selbst durch seine Menschwerdung erniedrigt, so dafs dem Zustande sr. irdischen Erniedrigung eine Vergangenh. u. eine Zukunft der Erhöhung gegenübersteht.[1]) Nach der **dgm**. Ansicht, welche in der *F. C.* ausgesprochen ist, kann die sich allezeit gleiche Gotth. weder erniedrigt noch erhöht werden; wohl aber lebte die menschl. Natur, durch die *comm. idiomm.* göttlicher Majestät theilhaft, in meist verborgner Herrlichk. u. sofern in Erniedrigung auf Erden.[2]) Dieser Ansicht gemäfs sind die von den **Sächsischen** Thlgn. im Streite der Thlgn. von **Tübingen** gegen die zu **Giefsen** u. **Marpurg**[3])

---

1) *Phil.* 2, 5—9: *Τοῦτο φρονείσθω ἐν ὑμῖν ὃ καὶ ἐν Χριστῷ Ἰησοῦ· ὅς, ἐν μορφῇ θεοῦ ὑπάρχων, οὐχ ἁρπαγμὸν ἡγήσατο τὸ εἶναι ἴσα θεῷ, ἀλλ' ἑαυτὸν ἐκένωσεν* [*Vulgata: exinanivit*], *μορφὴν δούλου λαβών, ἐν ὁμοιώματι ἀνθρώπων γενόμενος, καὶ σχήματι εὑρεθεὶς ὡς ἄνθρωπος, ἐταπείνωσεν ἑαυτόν, γενόμενος ὑπήκοος μέχρι θανάτου, θανάτου δὲ σταυροῦ. Διὸ καὶ ὁ θεὸς αὐτὸν ὑπερύψωσεν* [V: *exaltavit*], *καὶ ἐχαρίσατο αὐτῷ τὸ ὄνομα τὸ ὑπὲρ πᾶν ὄνομα.* Nach den AKD [QCEN:] „*Sensus oraculi hujus est: Xtum jam inde a primo incarnationis momento divinam majestatem sibi secundum humanam naturam communicatam plena usurpatione exercere et tanquam Deum se gerere potuisse, sed abdicasse se plenario ejus usu et humilem se exhibuisse usque ad mortem crucis.*" *Cf.* 2 *Cor.* 8, 9. *Hbr.* 8, 1. *Jo.* 17, 5.

2) *F. C.* 767: [25 s.] „*Hypostaticae unionis et communicationis virtute omnia miracula sua edidit, et divinam suam majestatem pro liberrima voluntate, quando et quomodo ipsi visum fuit (non tantum post resurrectionem suam et adscensum in coelos, verum etiam in statu exinanitionis) manifestavit. Ex naturarum communione humana natura habet illam exaltationem, post resurrectionem a mortuis, super omnes creaturas in coelo et in terra, quae recera nihil aliud est quam quod Xtus formam servi prorsus deposuit; humanam vero naturam non deposuit, sed in omnem aeternitatem retinet, et ad plenam possessionem et divinae majestatis usurpationem secundum assumptam humanam naturam erectus est. Eam vero majestatem statim in sua conceptione, etiam in utero matris habuit: sed ut Apostolus loquitur, seipsum exinanivit* [„sich drs. geäufsert"], *eamque ut D. Lutherus docet, in statu suae humiliationis secreto habuit, neque eam semper, sed quoties ipsi visum est, usurpavit.*" 779: [65] „*Haec humanae naturae majestas in statu humiliationis majore ex parte occultata et quasi dissimulata fuit. At nunc, post depositam servi formam* (s. *exinanitionem*) *majestas Xti plene et efficacissime coram omnibus Sanctis in coelo et in terris sese exseret.*"

3) Dieser seit 1616 geführte Kampf war kein blofser Wortstreit um die herkömml. dgm. Bezeichnungen dieses LBgr., nehmlich *κτῆσις* Besitz der göttl. Attr., *χρῆσις* Gebrauch drs., *κρύψις* geheimer Gebrauch drs., *κένωσις* gänzl. Enthalten vom Gebrauche; sämmtliche Parteien bedienten sich dieser Worte, aber mit Unterlegung verschiedner Bgr. Der Streitpunkt war, wie die Tübinger ihn genau bezeichnet haben: „*Ιn homo Xtus in Deum assumptus in statu exinanitionis, tamquam rex praesens coelum, licet latenter, gubernarit?*" Die Schwaben [Luc. Osiander, Melch. Nicolai, Theod. Thummius] behaupteten dieses, die Hessen [Balth. Menzer u. Just. Feuerborn] leugneten es; doch bestimmten jene ihre Ansicht näher dahin, dafs Xtus allerdings in den zum *munus sacerd.* gehörigen Handlungen sich der göttl. Majestät enthalten habe [*retraxerit*], beharrten jedoch bei dem Hauptsatze: „*Xtum secundum humanam naturam in ipso statu exinanitionis, quin et in ipsa morte, coelum et terram potenter et omnipraesenter gubernasse.*" Nach herkömml. Sprachgebrauche konnte sonach die schwäbische Ansicht als eine mit der *κρύψις* verbundene *χρῆσις*, die hessische Ansicht als eine der *χρῆσις* entgegengesetzte *κένωσις* betrachtet werden; über die *κτῆσις* war man

§. 103. Utriusque status ratio.

geltend gemachten Deff: *Status exinanitionis [humiliationis] est ea Xti conditio, in qua secundum humanam naturam, in unione personali consideratam, a majestatis divinae perpetuo usu abstinuit atque obedientiam usque ad mortem praestitit. Status exaltationis, quo Xtus secundum humanam naturam, depositis infirmitatibus carnis, plenarium divinae majestatis usum obtinuit.*[4] Die ref. Thlgn., weil sie die *comm. idiomm.* verleugneten, bezogen die Zustände auf beide Naturen, so dafs die menschl. Natur erniedrigt erschien hinsichtlich ihrer künftigen Herrlichk., die göttl. Natur nach ihrem irdischen Incognito [*ratione occultationis*].[5] Durch dieselbe Verwerfung der *comm. idiomm.* wurden die NKS zum populären LBgr. der II. S. zurückgeführt.[6] Beide Ansichten, welche einander keineswegs ausschliefsen,

einig. Die Schwaben konnten ihre Ansicht als eine consequente Durchführung der *comm. idiomm.* rechtfertigen: allein es war kaum zu verkennen, dafs dadurch etwas Unwahres u. Magisches in das Leben Jesu kam, indem alle Verhältnisse, in denen er menschlich bewegt u. gebeugt erscheint, zum blosen Scheine wurden. Defshalb entschieden die durch die Fürsten zur Vermittlung aufgerufnen sächs. Thlgn. in der vornehmlich unter dem Einflusse des Hofpr. Hoe von Hoenegg 1624 hrsgg. *Decisio* u. deren *Apologia* 1625 für die Hessen, indem sie jedoch zum Behufe der Vermittlung u. treu nach der F. C. hervorhoben, was die Hessen mehr zurückgestellt, als geleugnet hatten, dafs sich Xtus zu den Wundern der göttl. Majestät allerdings bedient habe: „*Non statuimus, quod toto humiliationis tempore Xtus, ut homo, nullatenus et ne quidem particulariter et interdum regiam suam majestatem exseruerit: sed constanter affirmamus, quod eam liberrime usurparit, quando, quomodo et ubi voluerit, ut cum vento et mari imperavit: sed hoc negamus, Xtum ut hominem,statim ab incarnatione semper, plene et universaliter exseruisse suam divinam majestatem omnipotentiae et omnipraesentiae, quia exinanitionis ratio non patitur, et Xtus non potuisset capi, crucifigi et mori, si omnipotentiam suam et omnipraesentiam plene et universaliter usurpare voluisset.*" Der unbefriedigte Streit verlor sich im 30jährigen Kriege.

4) Quen: „*Exinanitio est suspensio plenarii actus et usurpationis majestatis divinae communicatae, qua Xtus non tantum non usurparit eam plenarie in carne et juxta carnem, sed etiam vere hujus modi usu plenario se evacuavit et formam servilem revera in se suscepit, ut pati et mori posset pro mundi vita. Exaltatio est status Xti ϑεανϑρωπου, quo is secundum humanam naturam e profundissima κενωσει ad gloriae coelestis mere divinae usurpationem plenariam ac nunquam terminandam erectus est, ut in nomine Jesu omne genu se flecteret, et ipse nos omnibus pressuris superiores factos ad supercoelestia secum eveheret.*" Daher einstimmig die AKD: *subjectum quod* [*exinanitum et exaltatum est*], *est Xtus secundum humanam naturam: subjectum quo* [*exinanitus etc.*] *est humana natura*. Es ist ein Mifsverständnifs dieses letztern dgm. Ausdruckes, dafs Brt u. Rach ihm Kt berichtet, Br u. Hol hätten die menschl. Natur allein als Subj. beider Zustände angesehn; dieser Unsinn, die menschl. Natur in abstracto für erniedrigt o. erhöht anzusehn, ist nie einem AKD in den Sinn gekommen. Dafs aber Calv u. einige sr. Zeitgenossen beide Naturen als Subj. der Zustände ansahn, war nur der Übergang zur Ansicht der ref. K. durch Entfernung von der *comm. idiomm.*

5) Ebn will die confessionelle Streitfrage dadurch schlichten, dafs er in Bezug auf den *status* die luth. Fassung als formell berechtigt erkennt, in Bezug auf den *actus* die ref. Fassung, u. zwar sie überbietend als Subject des *actus exin.* die *persona div.*, als Object die *natura div.*, denn der Menschennatur sei vielmehr die höchste Ehre widerfahren. Allein auf die dieser Ehre zukommende Herrlichk. hatte Xtus vorläufig verzichtet u. einer wahrhaften Erniedrigung der göttl. Natur steht ihre Unwandelbark. unerschütterlich entgegen

6) Am: „*Status exin. ea Jesu conditio, qua, relicta divinitatis gloria, ad humanam sortem descendit, officio suo in forma servili ad mortem usque defunctus. Sta-*

sdn. jede nach ihrem Standpunkte der Wahrh. entsprechen, dürfen neben einander bestehn. Die dogm. Ansicht, welche im Wesen der göttl. Natur u. in der *comm. idiomm.* begründet ist, gehört der Wissensch. an, u. ist bedeutsam, um das reinmenschl., oft tiefgebeugte Leben Jesu, durch das nur zuweilen die Strahlen einer verhüllten Sonne brechen, ohne Beschädigung des Gl. an seine höhere Natur zu verstehn. Die popul. Ansicht gehört dem Volksunterrichte, für welchen sie die rel. Bedeutung der göttl. Menschwerdung [*cf. p.* 200 f.] am anschaulichsten darstellt. Der erniedrigte Xtus ist uns zum Troste, der erhöhte zur Seligk. [*Rom.* 6, 4.]; in dem, was niedrig u. gebeugt ist an unsern Brüdern auf Erden, an den leiblich o. geistig Armen, ehren wir die verborgne Herrlichk. der Kinder Gottes [*Mt.* 5, 3. *ss.*], u. blicken aus dem Stande unsrer eignen Knechtsgestalt, die Er mit uns getheilt hat, •getrost zum Stande seiner Erhöhung, die wir mit ihm theilen werden, *Rom.* 8, 7 *ss.*

§. 104. **Exinanitionis gradus.**

Der Stand der Erniedrigung wird aufgefafst: 1) Dogmatisch nach seinem negat. u. affirm. Theile. QUEN: „*Pars negativa* [κένωσις] *constat plenarii communicatae majestatis usus abdicatione, P. affirmativa* [ταπείνωσις] *servilis formae assumptione.*" Hierdurch ist ausgesprochen, dafs Xtus als Mensch nicht nur auf den vollen Gebrauch der durch die Gemeinsch. mit sr. göttl. Natur erlangten Vorzüge verzichtete, sdn. auch dem menschl. Schicksal in sr. furchtbarsten Schwere sich unterzog. Dafs aber der göttl. Logos in dieser Entäufserung durch einen vorirdischen Willensact sich selbst beschränkt u. Lethe getrunken habe [*p.* 197], wäre ein Aufgeben der göttl. Natur, Gott kann nie aufhören Gott d. h. allmächtig u. allwissend zu sein.¹) 2) Historisch nach verschiednen u. verschieden

---

tus exalt. ea Jesu de mortuis suscitati conditio, qua post exantlatos terrae labores ad imperium gloriosum coeli erectus est." Nur darf diese bibl. Def. nicht für die altkirchl. ausgegeben werden, wie auch HAHN that [1. Ausg.], während er für das Eintreten in die Erhöhung das nach dem altkirchl. Sinne durchaus falsche Wort „*recuperarit*", wiedererhielt [§. 104, *nt.* 1]. — Die Socinianer nahmen meist 4 Stände an: *statum dignitatis a nativitate ad passionem; st. humilitatis a pass. ad resurrectionem; st. exaltationis a resur. ad saeculi consummationem; st. degradationis in omnem aeternitatem.*

1) Nach THOM [Beitr. zur krchl. Xtolog. 845.] hat Xtus während fs. irdischen Lebens ein Logos-Bwsts. gar nicht gehabt, ja im Mutter- u. im Erden-Schoose ist ihm jedes Bwsts. erloschen. Lutherische u. halbluth. Thlgn. haben sich diese Neuerung angeeignet [HFM: er hat aufgehört Gott zu sein, um Mensch zu werden!], über deren Anfänge F. C. urtheilt 612: „*Damnanus quod dictum Xti Mt.* 28, 18. *horribili et blasphema interpretatione a quibusdam depravatur in hanc sententiam: quod Xto secundum divinam suam naturam in adscensione ad coelos iterum restituta fuerit omnis potestas in coelo et in terra, perinde quasi, dum in statu humiliationis erat, eam potestatem etiam secundum divinitatem deposuisset et exuisset.*" In der That ist jenes Umschlagen der luth. L. in die ref. Folgerung aus drs. nur Übertragung der rutst. Ansicht vom Leben Jesu auf den luth. Spnts., wie schon RNH dem Rts. zugestand, die menschl. Natur Jesu sei in ihrer Kindheit sich der Rechte u. Vorzüge noch gar nicht bewufst gewesen, die sie besafs. Diese neumodige *Kenosis* stellt das ganze Erdenleben Xti auf den ebionitischen Standpunkt. Auf diesem Wege der Kenotiker fortgehend nahm GESS [L. v. d. Person Xti, 856.] eine wirkl. Herabsetzung u. Verwandlung des göttl. Logos zu einer menschl. Seele an, also weder eine wahrhaft göttl. noch eine wahrhaft menschl.

§. 104. EXINANITIO.

aufgefafsten Momenten [gradus, modi, momenta] des Lebens Jesu.[2] Hierüber kann nur die annähernde Bestimmung gegeben werden: die j. Thatsachen aus dem Leben Jesu sind hervorzuheben, in denen, als den Wendepunkten desselben, seine versöhnende Thätigk. vornehmlich erscheint:[3] nehmlich nach HOL: „a) *Conceptio est actus supernaturalis, quo caro Xti, superveniente Spiritu S. producta ex massa sanguinea Mariae virginis, in ejusdem utero primum esse nobis consubstantiale accepit.*[4] b) *Nativitas Xti est egressio Dei infantis ex utero matris in has lucis auras.*[5] c) *Circumcisio est Xti infantis, octavo die facta, cruenta praeputii amputatio.*[6] d) *Educatio Xti fuit*

Natur. Dgg. THOM [schon 1846 u. Xti Person 2. A. S57.] sich corrigirend u. gegen den von DORNER [Jahrb. d. deutsch. Th. II.] im Namen der göttl. Unwandelbark. erhobenen Vorwurf des Theopaschitismus die Hülfe suchte in einer Unterscheidung immanenter u. relativer [transeunter] göttl. Attribute, so dafs der Logos bei der Menschwerdung nur auf die letztern verzichtet habe. Aber diese sind nichts anders als jene nur in Bezug auf die Welt u. es ist sinnlos z. B. ein absolutes Wissen anzuerkennen, das nicht auch Allwissenh. wäre, ja zu Zeiten nicht einmal Sibstbwsts.

2) GRH zählt 4: *conceptio, incrementum sapientiae aetatisque, obedientia usque ad mortem, sepultura*. CAL, AM 3: *exuit Filius Dei se ipsum dignitate coelesti, formam servilem adoptavit, suscepta provincia ad mortem usque functus est.* QUEN 5: *miranda conceptio, pauperrima nativitas et humilis educatio, acerbissima passio, ignominiosa mors, sepultura.* RSU 5: Armuth u. Gefahr der Kindh., mühselige Jugend, Gehorsam unter dem mos. Gesetze, Kampf u. Beschwerde des Lehramtes, Leiden des Todes. BN 7: *conceptio, nativitas, educatio, visibilis conversatio inter homines, magna passio, mors, sepultura.* CARP als 8. *gradus fuga in Aegyptum*, BDD *purificatio*. Die Annahme von 5 Graden nach dem *Symb. Apost.* blieb vorherrschend.

3) Nicht, wie RSH sie definirt: „*Modi exinanitionis sunt genera calamitatum, quas Xtus perpessus est.*"

4) Allein durch die *conceptio* wurde die menschl. Natur erst in die Gottheit aufgenommen. Daher genauer: *status in utero*. QUEN: „*In hoc virgineo utero gestatus fuit Λόγος ἔνσαρκος per novem menses consuetos.*" Dgg. SCHNECKENBURGER [Zur krchl. Xtol. 548.] den neuerwachten *Hutterus* darin noch für etwas schlaftrunken hielt, dafs er dem logischen Scharfsinne der AKD solch ein Versehn zutraut. Vielmehr nach ihrer L. habe der Sohn Gottes ein vom historischen Zusammenhange mit Adam unberührtes Menschenwesen angenommen u. als präexist. Gottmensch, als schon incarnirter Logos sich der Empfängnifs im Schose der Maria unterzogen. Allein obwohl die AKD die *assumptio naturae humanae* [*incarnatio*] als That des Logos dem Bgr. nach von der *conceptio* unterscheidet, so könnte doch ein präexist. Gottmensch nur mit der heterod. Anschauung eines Origenes u. Osiander verknüpft werden. Nach der orth. L. eint sich der *Logos ἄσαρκος* mit der menschl. Natur erst im Schose der Maria u. die *conceptio* steht unter den Momenten der Erniedrigung, weil dieselben als Hauptmomente der Knechtsgestalt meist nach dem *Symb. Apost.* aufgezählt werden, mit der Berechtigung, weil die menschl. Entstehung kraft der *comm. idiomm.* herrlicher sein konnte. HOL: „*Exinanitio dicitur de filio Dei ἐνσάρκῳ, incarnatio de ἀσάρκῳ.*" QUEN: „*Exinanitio sub se habet certos actus, in quibus maxime fuit conspicua, ut cos Symb. Apost. recensuit.*" BR: „*Qua conceptione certum est infirmitates aliquas concurrere, quae poterant locum non habere* [nicht an sich nothw. waren]." GRH: „*Si consideraverimus Adamum fuisse verum hominem, qui tamen nec in utero conceptus est, nec ex utero matris natus: potuisset igitur eodem modo Dei Filius absque tali conceptione et nativitate veram humanam naturam assumere, sed voluit in omnibus fratribus similis fieri.*

5) Nicht an sich, denn die Geburt ist ein nothw. menschl. Geschick, sdn. BR: „*Natalium tenuitas, nascentis contemtus atque egestas,*" wozu HOL auch den damaligen Zustand des jüd. Staats rechnet.

6) Als Symbol der allgemeinen Unterwerfung unter das Gesetz. „*Circumcisione*

assuefactio ejusdem in aetate puerili, tum ad genus vivendi Israelita dignum, tum ad artem fabrilem. e) Conversatio Xti fuit sanctissima ipsius consuetudo in diebus carnis suae cum variis, etiam contemtissimis hominibus, plena molestiis, incommodis, periculis. f) Passio magna [derelictio] est extrema passio, quam Redemtor exantlavit circa finem vitae suae, biduo [?] ante mortem, partim anima, partim in corpore maximos et acerbissimos dolores perferendo. g) Mors Xti est privatio vitae, ob dissolutum vinculum naturale corporis et animae Xti.[7]) h) Sepultura Xti est impositio corporis Salvatoris nostri, in cruce exanimati, in monumentum recens, ad declarandam mortis Xti veritatem." [8])

§. 105. Exaltationis gradus.

Die AKD zählen meist 4 *gradus exaltationis*,[1]) nach HOL: 1) „*Descensus ad inferos* est verus, realis et supernaturalis motus, quo Xtus, vincula mortis eluctatus et redivivus, tota sua persona ad inferos se contulit, ut spiritibus malis et damnatis hominibus se victorem mortis demonstraret." Ein Hinabsteigen Xti zum Hades als Folge seines wirklich erfolgten Todes wurde nach 1 *Ptr.* 3, 18 s.[2]) allgemein angenommen; doch erst als Erklärung gegen Apollinaris, zum Beweise, dafs Jesus einen menschl. Geist hatte, der auch im Tode das gemeinsame Schicksal erduldete, im *Symb. apost.* die Formel hervorgehoben: *descendit ad inferna*, ursprünglich gleichbedeutend mit: *mortuus est*. Predigt des Ev., Befreiung der Frommen des A. T., Überwindung des Teufels als Zweck der Höllenfahrt. Durch die Lehre

---

* Xtus se obligavit ad totam Legem implendam, atque prima sanguinearum guttarum effusione arrham dedit futurae per sanguinem suum redemtionis, Gal. 4, 4. 5, 3."

7) HOL: „Passio et mors fuit vera, non putativa: spontanea, non coacta; suscepta non casu, sed ex certa dispositione et consilio Dei; cruenta et ignominiosa; vicaria et satisfactoria. Xtus fuit verus homo in triduo mortis, non physice, ex vinculo unionis naturalis, quod disruptum erat; sed theologice et aestimatione fidei, ex vinculo unionis personalis, quod triduum mortis illaesum reliquit."

8) BMG nennt das Begräbnifs unehrlich. Dgg. HOL: „*Sepultura fuit gloriosa et fructuosa. Gloriosa* a) ob corpus sepultum, quod est deitatis templum, b) ob honestos curatores, c) ob monumenti dignitatem. *Fructus sunt:* a) *peccatorum nostrorum obsignatio*, Dan. 9, 24. b) *nostra consepultura, quae fit in renovatione*, Rom. 6, 4. c) *sepulcrorum nostrorum consecratio*, Jes. 57, 2. *Curator funeris, e statu politico*, Josephus Arimathaeus, senator pius, honestus, opulentus; *e statu ecclesiastico*, Nicodemus, nocturnus olim, nunc diurnus Xti discipulus, magister Israelis, vindex innocentiae Xti; *e statu oeconomico*, mulieres pietate in Xtum ardentes."

1) GRH u. CAL nach *Phil.* 2. haben nur 2: *actualem Xti secundum humanam naturam exaltationem et nominis supra omne nomen gratiosam concessionem*. KÖN, QUEN, BH, HOL zählen 4; BDD u. CARP fügten *vivificatio* hinzu, die schon in *resurrectio* liegt; seit BMG wurde gewöhnlich *reditus ad jud.* als 5. Grad angesehn, der wegen seiner Verbindung mit den *rebus novissimis* wenigstens bequemer hier übergangen wird.

2) Χριστὸς ἅπαξ περὶ ἁμαρτιῶν ἔπαθε, δίκαιος ὑπὲρ ἀδίκων, ἵνα ἡμᾶς προσαγάγῃ τῷ θεῷ· θανατωθεὶς μὲν σαρκὶ, ζωοποιηθεὶς δὲ πνεύματι, ἐν ᾧ καὶ τοῖς ἐν φυλακῇ πνεύμασι πορευθεὶς ἐκήρυξεν, ἀπειθήσασί ποτε, ὅτε ἀπεξεδέχετο ἡ τοῦ θεοῦ μακροθυμία, ἐν ἡμέραις Νῶε. Noahs Zeitgenossen nur repräsentativ für alle bisher Verlorne wegen des Ggns. von Sinfluth u. Taufe. Von AUGTN auf ungläubige Zeitgenossen Xti bezogen, die wie die Zeitgenossen Noahs lebten, von HFM [Schriftbew. II, 337.] auf die Bufspredigt vor dem Fluthgericht; also gar keine Höllenfahrt. Unpassend hierher gezogen: *Ps.* 16, 10. *Act.* 2, 27. 1 *Tim.* 3, 16. *Eph.* 4, 9.

§. 105. Exaltationis Gradus.

A e p i n s, daſs die Seele Jesu allein hinabgestiegen sei u. an unsrer Statt die Höllenstrafen erduldet habe, sonach der *descensus* zum *status exin.* gehöre, wurde der 9. *Art.* der *F. C.* veranlaſst, in welchem die Höllenfahrt der ganzen Person Xti zugeeignet, als ein Sieg über den Teufel beschrieben u. von weitern Speculationen abgemahnt wird.[3] Da durch den Tod Jesu sein Erlösungswerk vollbracht war, so dachten die AKD nicht an eine wirkl. Bekämpfung des Teufels, sdn. blos an einen Triumph über dns., die Predigt Xti nicht *evangelica et salutifera*, sdn. *legalis et damnatoria*; weil Xtus nach der göttl. Natur auch in der Unterwelt allgegenwärtig, ist er nur *secundum humanam naturam* hinabgestiegen.[4] Die neuern DD nahmen die Höllenf. th. als dunkles Problem ohne theol. Bedeutung,[5] th. wie Dᴅʀ nach dem Vorgange der Socinianer für den natürl. Zustand des Todes, th. wie Aᴍ u. Wᴀs für ebendns. in sr. mythischen Auffassung nach dem jüd. Bgr. des Hades, th. für eine symbol. Darstellung, nach Bᴍɢ vom tiefsten Versinken Xti in Elend u. Tod, nach Mʀʜ von der Verkündigung Xti auch im tiefsten Dunkel eines sündigen Herzens, nach Wᴛᴛ u. Hs von der Allgemeinh. des durch Xtum auch den Heiden erworbnen Heils. Und dieses Letztre, aber als Thatsache, daſs Xtus, unermüdet im Tode wie im Leben, allerdings das Ev. gepredigt habe unter den Völkern der Vorwelt, die im Schatten des Todes saſsen, u. fortwährend predigen lasse, ist sowohl hist. die der antiken Ansicht vom Scheol angemeſsne, als dgm. die der Rel. bedeutsame, in der ev. K. von Mᴇʟ u. Sᴛᴏʀʀ bereits angedeutete Ansicht,[6] die auch in der KL enthalten ist, wiefern die Errettung der Verlornen die

---

3) *F. C.* 788 s: [2 s.] „*Simpliciter credimus, quod tota persona, Deus et homo, post sepulturam ad inferos descenderit, Satanam devicerit, potestatem inferorum everterit, et diabolo omnem vim ei potestatem eripuerit. Quomodo vero Xtus id effecerit, non est, ut argutis et sublimibus imaginationibus scrutemur. Sic solidam doctrinam et veram consolationem (quod videlicet neque Satan neque ipsi inferi nos omnesque alios in Xtum credentes in potestatem suam redigere, aut nobis nocere valeant) ex hoc articulo hauriemus.*" Dgg. ratst. *Cat. Heidelberg.* qu. 44: *incnarrabiles animi angustiae, cruciatus et terrores.*

4) Hoʟ: „*Descendit Xtus non eo fine, ut a daemonibus quidquam mali pateretur, sed ut de daemonibus triumphum ageret, et ut homines damatos, in carcere jure concludi, convinceret. Xtus θεάνθρωπος descendit secundum humanam naturam.*" Sonach keineswegs, wie Kʟ referirt, stieg nach Hoʟ blos die menschl. Natur hinab, im Miſsverständnisse des gewöhnl. Ausdruckes aller AKD: *subjectum quod erat θεάνθρωπος, subj. quo humana natura;* doch lag der Leib im Grabe.

5) So Mᴏʟ, Mᴏsʜ, Sᴄʜᴏᴛᴛ. Am genausten geht Rsʜ auf den historischen, aber blos individuell u. negativ aufgefaſsten Sinn ein: „*Ea animi Xti, corpore soluti, actio, qua animis eorum, qui diluvio perierant, quaedam nuntiavit, in libris sacris haud patefacta.*"

6) Mᴇʟ: *Enarr. in Ev. Jo.* c. 19: „*Xtus resuscitavit patres, et praedicavit spiritibus, qui erant in carcere.*" Sᴛᴏʀʀ, Zweck des Todes Jesu: Jesus würde den geretteten (ἐν φυλακῇ) Seelen (die sich noch beim Anfange der Sündfluth gebessert hatten) die erfreuliche Nachricht (4, 6: εὐηγγελίσθη) von seinem Tode u. sr. Auferstehung nicht verkündigt haben, wenn sie nicht unter den ἄδικοις [v. 18.] gewesen wären, für welche er gestorben ist." — Aᴄᴋᴇʀᴍᴀɴɴ: [Xti Höllenf. 845.] „Die graunvollste Tiefe des Verderbens nicht zu tief für die erbarmende Liebe Gottes." Güᴅᴇʀ: [Erschein. Xti unter den Todten. 853.] Soteriologische Wirksamk. Xti im Zwischenzustande. Dgg. O. ᴅᴇ Zᴇᴢsᴄʜᴡɪᴛᴢ: [*Petri de Xti descensu sent.* 857.] für die aus teuflischem Samen erzeugte Menschengattung [nach *Gen.* 6] eine besondere Strafpredigt des Auferstandenen!

wahrhafte Besiegung des Todes u. Teufels [§. 92]. 2) „*Resurrectio est actus gloriosae victoriae, quo Xtus, per eandem cum Deo Patre et Sp. S. potentiam, corpus suum, animae redunitum et glorificatum, e sepulchro eduxit, variisque indiciis discipulis suis vivum stitit, in confirmationem nostrae pacis, gaudii et spei de nostra secutura resurrectione.*" 7) Gegen den Vorwurf eines Betrugs [REIMARUS] o. eines Mythus [KSR, zurückgenommene Ansicht] o. einer enthusiastisch visionären Einbildung [STRAUSS], etwa ausgehend von der nerven- u. liebesicchen Magdalena [RENAN], wird die Wirklichk. der Auferstehung erwiesen durch das Zeugnils der ganzen apost. K. [bes. 1 Cor. 15, 5 ss.] u. durch die ohne ein solches Factum nach den hist. Vrh. undenkbare Gründung drs. Sie wird zugestanden von den meisten RT, aber als Auferstehung aus einer Ohnmacht. Auch die AKD halten sie nicht für ein absol. Wunder, *propter immortalitatem corporis Xti*. Sie beschreiben den Körper des Erstandnen nach *Phil*. 3, 21. *Lc*. 24, 30. *cf.* 1 *Cor*. 16, 42. als σῶμα τῆς δόξης, *corpus gloriosum, idem numero ac substantia, sed novis qualitatibus vestitum, scil. impalpabilitate et illocalitate*; RNH beruft sich dgg. auf *Mt*. 28, 9. *Lc*. 24, 15. 30, 37 ss. *Jo*. 20, 25 s. 21, 12 s. *Act*. 1, 3. 1 *Jo*. 1, 1. In der That hebt der Auferstandne sein körperl. Dasein hervor, um den Gedanken einer Geistererscheinung [WS, SCHK] auszuschliefsen. 3) „*Adscensio est actus Xti gloriosus, quo is resuscitatus, secundum humanam naturam, vero, reali et per liberam oeconomiam locali motu, modoque visibili usque ad nubes, et inde invisibili ratione, in commune beatorum coelum et ipsum thronum Dei sese evexit, ut regnum Dei, hostibus triumphatis, occuparet, clausum paradisum reseraret, et permanentem in coelis sedem nobis pararet.*" 8) Die RT und einige PD achten die Himmelfahrt für einen Mythus; auch die NKS halten nur die Johanneische Idee fest, dafs Xtus zum Vater gegangen sei. Allerdings gehört zu den Räthseln der ev. Gesch., warum die Augenzeugen, Matth. u. Joh., von dieser Thatsache schweigen; dennoch ruht sie auf klaren Zeugnissen der H. S. 4) „*Sessio ad dexteram Dei est gradus gloriae summus, quo Xtus in thronum majestatis divinae evectus omnia, quae sunt in regno potentiae, gratiae et gloriae, potentissime praesentissimeque gubernat; in nominis sui gloriam, et Ecclesiae afflictae solatium et salutem.*" 9) Das Sitzen zur Rechten bezeichnet nicht ein räumliches Vrh., sdn. die

---

7) RNH: „*Nova conjunctio animi Xti cum corpore, quod in cruce pependit, die post mortem tertio, ad vitam sempiternam facta.*" Absichten der Auferstehung: HOL: „*Resurrexit Xtus ad manifestandam victoriam suam de morte et diabolo impetratam, ad offerendam et applicandam omnibus hominibus fructus passionis et mortis suae.*" Diese letztre rein hist. Betrachtung, dafs die K. durch die Auferstehung gegründet wurde, ist Hauptsache; ohne die mannichfachen Tröstungen auszuschliefsen, welche sich an dieselbe knüpfen.

8) RNH: „*Ea mutatio, qua Xtus ex hoc orbe discedens, ad locum aliquem augustum sublimis abiit, quem Scriptura coelum appellat.*"

9) KL: „*Actus, quo Xtus secundum humanam naturam imperium in res creatas obtinuit.*" RNH läfst diesen Grad nicht als solchen gelten, weil er den Stand der Erhöhung überhaupt bezeichne. Indefs unterscheidet er sich doch als Act der vollen Einsetzung in das königl. Amt. Nach der verschiedenen Ansicht von diesem betrachten die NKS diese Herrschaft als eine ideale [durch ihre Gründung] o. reale [durch fortwährenden unmittelb. Einflufs] Regierung der K., viele RT als eine blos myth. Vorstellung des jüd. Messianismus. *Cf. p.* 213.

Theilnahme an der Weltherrschaft,[10] angemessen diesem altorientalischen Bilde, um die Einsetzung des λόγος ἔνσαρκος [θεάνθρωπος] in die Regierung von der ewig unveränderten Herrschaft des λόγος ἄσαρκος, als Person der Trinität, zu unterscheiden.

Cap. III.
De Gratia Spiritus Sancti applicatrice.

§. 106. Prospectus.

Die L. von der Aufnahme des Sünders in die Versöhnung o. von der subjectiven Aneignung des durch Xtus gebrachten Heils beschreibt den Gnadenstand: 1) nach seinen Hauptmomenten [*status gratiae*], welche bereits durch die Polemik so ausgebildet in den S. B. niedergelegt waren, dafs die AKD die meisten Bestimmungen drs. nur wiederholen konnten; 2) nach seinen verschiednen Graden [*ordo salutis*]. Beide Lehrstücke sind nur verschiedne Betrachtungsweisen desselben Gegenstandes.*)

Loc. XVII. De Statu Gratiae.

§. 107. Die Gnade.

Gnade [χάρις] ist jedes unverdiente Wohlwollen des Höhern gegen den Niedern, jede Gabe aus solchem Wohlwollen Gnadengabe [χάρις, χάρισμα]. Sonach ist jedes menschl. Gut *gratia Dei in universum*; wiefern sie sich auf unsre rel. Wohlfahrt bezieht, *gr. salutaris*,[1] u. zwar wiefern sie durch natürl. Mittel wirksam ist [*Act.* 14, 17. 17, 24 *ss. Rom.* 2, 14 *s.*], *gr. naturalis.*[2] Da jedoch die Natur des Menschen gänzlich verdorben ist, sonach auf natürl. Weise ihr nicht geholfen werden kann: so ist die rettende Gnade *gr. supernaturalis*. Diese zwiefache Gnade, als ein Wiedergeben des Verlornen, wird κατ' ἐξοχὴν gratia genannt im Ggns. der Natur. Im N. T. u. in der ältestem K. ist dieser Ggns. nicht hervorgehoben, weil alles rel.

---

10) *F. C.* 666: [12] „*Dextera Dei ubique est.*" 768: [28] „*Non est certus aliquis et circumscriptus in coelo locus: sed nihil aliud est, nisi omnipotens Dei virtus, quae coelum et terram implet, in cujus possessionem Xtus juxta humanitatem suam, sine confusione tamen et exaequatione naturarum, realiter venit.*"

*) Da die Glieder dieser Eintheilung sich gegenseitig nicht ausschliefsen, so wäre für die freie dgm. Bildung eine richtigere Anordnung aufzusuchen. Allein der *ordo salutis* mufs wegen sr. hist. Wichtigk. aufgeführt werden. Nun sind zwar alle Bgr. in ihm enthalten, welche im *status gratiae* vorkommen: aber durch ihre untergeordnete Stellung [z. B. *fides salvifica* blos als *pars conversionis*, *justificatio* blos als eingeschaltetes *consequens conversionis*] wird die Wichtigkeit verborgen, welche sie als prot. Hauptdogmen haben. Daher auch die meisten DD von diesen Dogmen besonders handeln, ohne sich doch über ihr Vrh. zum *ordo salutis* zu erklären.

1) Unnütz ist ihre Eintheilung nach Neigung u. That: RNH: „*gratia affectiva* (quoniam indicat, quomodo Deus affectus sit erga homines) est efficax Dei propensio homines reddendi beatos; u. *gratia effectiva* (quoniam in efficienda hominis emendatione versatur) est universa Dei ad emendationem hominis efficacia.*"

2) Die gewöhnl. Bezeichnung ist *universalis*, im Ggns. der Gnade durch Xtum *particularis*; aber diese letztere selbst ist nach luth. LBgr. als *universalis* zu bezeichnen. Das Geschäft der *gratia naturalis* innerhalb der Xheit ist Vorbereitung u. Unterstützung der übernatürl. Gnadenwirkungen, denn Gott hört nicht auf durch Natur u. Gesch. zu segnen, seit er durch die Kirche segnet.

Leben als ein von Xto u. dem H. G., sonach durch Gnade empfangnes, angesehn wurde. Als aber seit PLG das natürl. Wesen des Menschen durch sich selbst etwas in der Rel. gelten wollte: so mufste die K. jenen Ggns. betonen, um zu erklären, dafs die Natur nichts, die Gnade alles thue. Als göttl. Urtheil über den Sünder wird sie *forensis*, als göttl. Einwirkung auf ihn *medicinalis*[3] genannt, jene vorzugsweise dem Vater, diese dem H. G. nach 2 Cor. 3, 8. zugeschrieben [*p*. 141]. Alles rel. Leben in uns, soweit es nicht blos negativ [Verwerfung unsrer selbst u. Sehnsucht nach der Erlösung] ist, geht aus von einer göttl. Gnadenwirkung. *Operationes gratiae sunt actus Sp. S. supernaturales, quibus pietas in homine corrupto creatur et conservatur*.[4] Nach der verschiednen Art dieser Wirkung werden dem H. G. 4 Ämter zugeschrieben: [BMG:] 1) Strafamt, *Officium elenchticum, quo Sp. S. hominem vitiositatis convincit, ita ut hic intelligat, se esse peccatorem damnationi aeternae obnoxium*, Jo. 16, 8. 2 Tim. 3, 16. 2) Lehramt, *O. didascalicum, quo de modo et conditionibus veniae peccatorum consequendae hominem edocet*, Jo. 14, 6. 16, 3 ss. 3) Bufs- u. Befsrungsamt, *O. paedeuticum, quo ad animum emendandum hominem excitat*, Rom. 8, 14. 2 Tim. 3, 16 4) Trostamt, *O. paracleticum, quo hominem emendatum, miseria oppressum, spe vitae aeternae erigit*, Rom. 8, 16. 26. Allgemeiner unter den AKD nach dem Vorbilde einer Augustinischen u. in der Umbildung einer scholastischen Lehrweise[5] wird die Gnade nach der verschiednen Art u. Zeit ihrer Einwirkung eingetheilt: 1) *gratia praeveniens* [incipiens, praeparans], *quae impedimenta conversionis removet, primosque motus excitat salutares;* 2) *gr. operans* [convertens], *quae conversionem ipsam efficit et absolvit;* 3) *gr. cooperans* [conservans,

---

3) Jene gehört zur *justificatio*, diese zu den *operationes gratiae*. Gleichbedeutend mit *medicinalis* wird *applicatrix* gebraucht. Allein auch die *justif*. ist Anwendung der allg. Gnadenwahl auf ein bestimmtes Subj., daher *applicatrix* passender als *genus* angesehn wird, unter welches HoL die *gratia vocans, illuminans, convertens, justificans, inhabitans, conservans et glorificans* stellt.

4) RNH: ,,*Conjuncta cum Evangelio ad corrigendos hominum animos Spiritus S. efficacia.*" HAHN: ,,*Operationes, quibus Sp. S. per media gratiae homines adducit ad salutem ipsis oblatam cognoscendam, accipiendam et conservandam.*" Durch die L., dafs nach Gründung der K. alle Gnadenwirkung an die Gnadenmittel geknüpft ist [*cf.* §. 117], entsteht die Einthlg. von *operationes gratiae immediatae s. internae*, jene unmittelbaren, nicht weiter vorkommenden *miracula gratiae specialis* [*cf. p.* 133] u. *operationes gratiae mediatae s. externae*, die gewöhnlichen an die Gnadenmittel gebundnen, aber nicht minder übernatürl. Wirkungen. Der Ausdruck *auxilia* für *operationes* ist wegen seines synergistischen Klanges verwerflich, noch weniger ist mit RNH die *gratia* als *vis adjutrix* zu definiren. Der Hauptbgr. selbst ist erst seit BMG ausgebildet worden, die AKD fafsten die einzelnen Gnadenwirkungen nur zusammen unter der *gratia applicatrix*, *i. e.* HoL: ,,*principium illorum actuum divinorum, quibus Sp. S. per verbum Dei et sacramenta beneficia spiritualia et aeterna, benignissima Dei Patris benevolentia humano generi destinata, et fraterna Xti redemtione acquisita, dispensat, nobisque offert, confert et obsignat.*"

5) AUGTN: ,,*Ipse ut velimus operatur incipiens, qui volentibus cooperatur perficiens.*" Die SL dachten insgemein den Anfang der Bekehrung als *gratia gratis data*, durch Benutzung drs. mittels des freien Willens empfängt der Mensch die *gratia gratum faciens*, u. verdient sich ferner durch Benutzung drs. die Seligk. Also ein semipelag. Zusammenwirken der übernat. Gnade u. des natürl. von der Gnade unabhängigen freien Willen

§. 107. OPERATIONES GRATIAE.

perficiens], *quae una cum studio hominis renati et novis viribus a Sp. S. instructi statum animi conversi conservat et sanctificat. Objectum gratiae praeven. est homo convertendus; obj. gr. oper. homo, qui convertitur: obj. gr. coop. homo conversus, sed sanctificandus.* [6] Als *affectiones gratiae* werden in der *F. C.* gegen die unbedingte Prädestination aufgeführt: *Gratia est* a) *universalis, Sp. S. omnibus salutem offert, cf. p.* 179. b) *resistibilis, a peccatoribus rejici potest, Mt.* 23, 37. *Act.* 7, 51 ss. *Eph.* 4, 30. *IIbr.* 3, S. 4, 2. c) *amissibilis, peccatis mortalibus excutitur.* Der pelag. Ggns. in sr. verschiednen Modification [*p.* 169 *s.*] geht nothw. aus dem pelag. Bgr. der Sünde hervor, u. halbirt zwischen göttl. u. menschl. Kraft auf eine Weise, von der die ächte Frömmigk. nichts weifs. Die Gründe der RT gegen die Gnadenwirkung, so leicht auch einige anerkannt, andre widerlegt werden können, sind auf diesem Standpunkte folgerecht: [7] denn ist im Menschen noch die ungebrochne rel. Freih: so bedarf er nicht der übernatürl. Wiederherstellung; ist sie aber verloren, so versteht sich die Nothw. der Gnadenwirkung von selbst u. ihre Wirklichk.

6) QUEN: „*Gratia, quae intendit hominem convertere, una quidem est et eadem, sed distinguitur ratione graduum et effectuum. Gr. est* 1) *assistens, quae extrinsecus circa hominem agit:* a) *incipiens* s. *praeveniens,* b) *praeparans,* c) *excitans,* d) *operans,* e) *perficiens;* 2) *inhabitans* [*ipse Sp. S.*]*, quae ipsum hominis cor ingreditur, illudque spiritualiter immutando inhabitat.*" RSH: a) „*Gr. praecurrens, Dei efficacia, qua homo varie perducitur ad sentiendam emendationis verae necessitatem;* b) *gr. praeparans, qua tollitur omne genus impedimentorum verae emendationis;* c) *gr. convertens, qua animi vera emendatio tandem producitur.*"
7) Nach KL.: 1) Im N. T. wird zwischen unmittelb. u. mittelb., natürl. u. übernatürl. Wirksamk. Gottes nicht unterschieden. 2) Es gibt keine Kriterien, die natürl. moral. Wirksamk. von der übernatürl. zu unterscheiden. 3) Es werden dadurch Wunder unnöthig gehäuft, denn die natürl. Mittel Gottes reichen aus uns zu bessern. 4) Gegen das psychol. Gesetz der Stetigk. würden die Gnadenw. die Freih. störend eintreten. 5) Ihr Bedürfnifs ruht auf der unerwiesenen Behauptung der Erbs. 6) Ihre Hoffnung begünstigt nur müfsigen Harren auf eine Hülfe, die der Mensch nur sich selbst bringen kann. 7) Ihre Consequenz führt auf absolute Prädest. Wenn dgg. RNR, MOU, HAHN u. a. die Gnadenw. semipelagianisch blos in Vermehrung der natürl. Kräfte des Menschen setzen, o. MICH u. DDR das Übernatürl. nicht in die Wirkung, sdn. blos in den Zusammenhang der Gnadenmittel mit einer übernatürlich gegebnen Offbr: so sind dadurch zwar einige Gegengründe des Rts. umgangen, aber der krchl. Standpunkt u. dadurch die Grundfeste, auf welcher diese L. ruht, ist verlassen. Die RT erklären die Gnadenw. nur für die natürl. Thätigk. der Vorsehung, die den Menschen durch die sittl. Kraft der christl. Rel. wie durch seine Umgebungen u. Schicks. einer immer höhern rel. Entwicklung entgegenführt. WGS: „*Omnis de gratia disputatio ad doctr. de providentia rectius refertur.*" Die PD suchen den Ggns. zwischen Gnade u. Freiheit aufzuheben. WTT: „Es ist eine u. dieselbe Thätigk., welche das Gute im Menschen wirkt; nach der natürl. anthropol. Ansicht schreiben wir sie dem Menschen zu, nach der rel. Gott; beide Ansichten dürfen nicht in Ggns. gestellt werden, sdn. bedingen u. ergänzen sich gegenseitig. Der Anthropolog wird bei Erklärung eines solchen Actes auf etwas stofsen, was ihm unerklärlich bleibt, u. die menschl. Abhängigk. nicht verkennen, dadurch aber die rel. Ansicht selbst rechtfertigen; der Religiöse mufs eine innre Verschmelzung der göttl. u. menschl. Thätigk. annehmen, u. somit der anthropol. Ansicht ihre Stelle lassen. Der Vorzug des orth. Systemes ist klar, weil es nicht die falsche Nebenordnung der göttl. u. menschl. Thätigk. wie die andern Systeme setzt, u. nur durin irrt, dafs es vom rel. Standpunkte aus, als dem höchsten, die anthropol. Ansicht, als die untergeordnete, bei Seite läfst." Hs: „Alles ist Gnade u. alles ist Freiheit." HGL. *I. p.* 157: „Was als mein Thun erscheint, ist Gottes Thun, u. ebenso auch umgekehrt."

erweist sich durch die That. Der von MEL ausgehende **Synergismus**[8]) ist nur entfernte pelag. Neigung, wiefern er einesth. die freie Mitwirkung des Menschen zu sr. fortgesetzten Befsrung auf eine Weise hervorhebt, dafs sie mehr natürlich, als vom H. G. empfangen erscheint, andernth. beim Beginnen der Befsrung das Nichtwiderstreben als ein actives Zustimmen ansieht. Er ist daher zwar mit Recht, wenigstens als gefährliche Ausdrucksweise, in der *F. C.* verworfen worden;[9]) aber der richtige Sinn ist auch in ihm anzuerkennen, nehmlich: *a)* dafs der bekehrte Mensch allerdings frei mitwirke zu sr. fortschreitenden Heiligung, allein diese wiederhergestellte Freih. selbst ist übernat. Gnadengabe [§. 110]; *b)* dafs der Mensch sein Herz der Gnade öffnen o. verschliefsen könne; u. dafs dieses Öffnen sogar eine gewisse Sehnsucht nach dem Heil enthalte [*cf. p.* 182], haben auch die AKD durch die Aufstellung der *actus paedagogici* anerkennen müssen.[10]) Aber die Sehnsucht ist sehr verschieden von ihrer Erfüllung, u. zu dieser verhält sich der Mensch blos passiv, sie ist lauter Gnade im Ggns. der Natur.

§. 108. Der alleinseligmachende Glaube.

Da im natürl. Menschen nichts ist, als neben der Sehnsucht die Furcht vor dem Zorne Gottes: so kann er nur dadurch der durch Xtum erworbenen Versöhnung theilhaft werden, dafs er sein Herz drs. gläubig hingibt;[1]) diese Hingabe heifst *fides salvifica* [*justificans*] *i. e.*

---

8) MEL: „*Concurrunt tres causae bonae actionis, verbum Dei, Sp. S. et humana voluntas assentiens nec repugnans verbo Dei.*" VICT. STRIGEL: „*Tres sunt causae efficientes conversionis: Deus, verbum et voluntas hominis.*" Das Erstere, weil vom Willen der Wiedergebornen die Rede sei, hielt CHMN u. selbst QUEN. [*III. p.* 505] für zulässig. *Cf.* STDL: „Der H. G. ist Gabe Gottes. Vom Uranfang des Geschäfts der Befsrung u. auf jedem Punkte seines Fortgangs geht nichts vor, ohne dafs es durch den Geist und mit ihm verliehn wird; aber eben so wenig, ohne dafs dieses Verleihen angeeignet u. benutzt wird von Seiten des Menschen." Der Unterschied vom SPlgms. ist, dafs dieser die menschl. Zuthat auf bestimmte Weise als natürl. Macht von allem durch übernat. Gnade Verliehnen unterscheidet.

9) *F. C.* 677 s: [77] „[*Damnatur*] *Syncrgistarum dogma, qui fingunt hominem in rebus spiritualibus non prorsus ad bonum esse emortuum, sed tantum graviter vulneratum et semimortuum esse. Et quamvis liberum arbitrium infirmius sit, quam ut initium facere, et seipsum propriis viribus ad Deum convertere, et Legi Dei toto corde obedire possit: tamen si Sp. S, initium faciat, et nos per Ev. vocet, gratiam suam offerat, tunc liberum arbitrium propriis suis naturalibus viribus Deo occurrere, aliquo modo* (*aliquid saltem, etsi parum et languide*) *ad conversionem suam conferre, eam adjuvare, cooperari, sese ad gratiam praeparare et applicare, eam apprehendere, amplecti, Ev. credere, et quidem in continuatione et conservatione hujus operis, propriis suis viribus una cum Sp. S. cooperari posse.*

10) *F. C.* 671: [53] „*Dei verbum homo, etiam nondum ad Deum conversus, nec renatus, externis auribus audire aut legere potest. In ejusmodi enim externis rebus homo etiam post lapsum aliquo modo liberum arbitrium habet, ut ad coetus publicos eccl. accedere, verbum Dei audire, vel non audire possit.*" BDD: „*Actus paedagogici, qui ad ipsam conversionem in se spectatam non pertinent, eidem tamen occasionem praebent, et hominem quodammodo praeparant ac disponunt, ut gratia convertens vim suam in eo exserere queat.*" BNH: „*Actus, quibus homo potest efficaciae religionis chr. apud se aliquem locum dare.*" Schon BN bemerkt, dafs sie nicht blos auf Kirchengehn u. drgl. sich beziehn, sdn. den Vrst. u. Willen betreffen; BMG, RNH u. a. rechnen die ganze natürl. Theol. hierher, denn der ächte Rts. ist der Pädagog auf Xtum.

1) *A. C.* 75: [84] „*Remissio peccatorum est res promissa propter Xtum. Igitur non*

§. 108. GLAUBE U. WERKE.

certa persuasio de venia peccatorum per Xtum obtinenda.[2]) Dieser Gl. ist sonach kein blos hist. Fürwahrhalten auf äufsre Auctorität [*fides historica*], vereinbar mit einem sündigen Leben [*fides mortua*]: sdn. ein unter den Schrecken des erwachten Gewissens durch den Trost des Ev. entstandener Gemüthszustand, in welchem wir unser Sündenelend erkennen, uns das Verdienst Xti durch eine Hingebung, die unvereinbar ist mit der Lust der Sünde, aneignen, u. unsre Seligk. ihm vertraun; *i. e.* (CHMN:) *fidei salvificae inest notitia, assensus et fiducia.*[3]) Diese *fides* als *specialis* ist verschieden von *fides generalis, i. e. persuasio universalis de veritate religionis christianae.*[4]) Beide Bedeutungen finden sich im N. T.[5]) Paulus hob die *fides specialis* als alleinseligmachend hervor gegen diejenigen, welche auf ihre Abstammung o. auf äufsre Gesetzeswerke einen Vorzug u.

---

potest accipi nisi sola fide. Si penderet res ex meritis nostris, incerta et inutilis esset promissio, quia nunquam constituere possumus, quando satis meriti essemus."

2) HUT: „*F. justificans non est nuda tantum notitia historiae de Xto: sed est ingens alique tale Dei donum, quo Xtum redemtorem nostrum in verbo Evangelii recte agnoscimus, ipsique confidimus, quod videl. propter solam illius obedientiam ex gratia remissionem peccatorum habeamus, sancti et justi coram Deo Patre reputemur, et aeternam salutem consequamur.*" CAL: „*F. just. est doctrinae salvificae, e Literis S. cognitae, soliloque assensu approbatae fiducialis et individualis applicatio ad peccatorum remissionem facta, ad consequendam per et propter meritum Xti aeternam salutem.*" QUEN: „*F. est actus poenitentialis alter, quo peccator, contritus conscientias suae vulneribus, ex vulneribus Jesu Xti in Evangelio ostensis, fiduciali eorundem ad se in individuo facta appropriatione, medicinam quaerit.*" — RUST: „Gl. heifst in der innigsten Gemeinschaft mit Xto die unzerstörbare Überzeugung in sich tragen, dafs nur in ihm Heil zu finden sei."

3) *A. C.* 86: [21 s.] „*Fides exsistit in poenitentia, h. e. concipitur in terroribus conscientiae, quae sentit iram Dei adversus nostra peccata, et quaerit remissionem peccatorum. In talibus terroribus et aliis afflictionibus debet haec fides crescere et confirmari. Quare non potest existere in his, qui delectantur cupiditatibus suis et obtemperant eis.*" *C. A.* 18: [23] „*Nomen fidei non significat tantum historiae notitiam, qualis est in impiis et in diabolo, sed significat fidem, quae non tantum credit historiam, sed etiam effectum historiae, videl. remissionem peccatorum.*" *A. C.* 125: [183] „*Sicut terrores peccati et mortis non sunt tantum cogitationes intellectus, sed etiam horribiles motus voluntatis, fugientis judicium Dei: ita fides non est tantum notitia in intellectu, sed etiam fiducia in voluntate, h. e. est velle et accipere hoc, quod in promissione offertur, reconciliationem.*" 108 s: [129] „*Talis fides neque facilis res est, ut somniant adversarii, neque humana potentia, sed divina potentia, qua vivificamur, qua diabolum et mortem vincimus.*" QUEN: „*Fides, qua e justificat, est notitia, assensus, fiducia, qua justificat, est nuda apprehensio beneficiorum Messiae passiva.*"

4) *A. C.* 172: [60] „*Adversarii cum de fide loquuntur, intelligunt fidem, non hanc, quae justificat, sed quae in genere credit Deum esse, poenas propositas esse impiis etc. Nos praeter illam fidem requirimus, ut credat sibi quisque remitti peccata. De hac fide speciali litigamus.*" Jene Beziehung der *F. gen.* auf blose Sätze der natürl. Th. ist nur polemisch. Die gewöhnl. Def. innerhalb der ev. K. HOL: *F. gen. est, quod homo salvandus credit, omnia vera esse, quae verbo div. revelata sunt.*" Nach ratst. Ansicht WGS: *F. gen., qua universae religioni chr. assensum praebemus, eamque sequimur.*"

5) Hbr. 11, 1: Ἔστι πίστις ἐλπιζομένων ὑπόστασις, πραγμάτων ἔλεγχος οὐ βλεπομένων. Mc. 16, 16: Ὁ πιστεύσας καὶ βαπτισθεὶς σωθήσεται. — Gal. 2, 20: Χριστῷ συνεσταύρωμαι· ζῶ οὐκέτι ἐγώ, ζῇ δὲ ἐν ἐμοὶ Χριστός· — ἐν πίστει ζῶ τῇ τοῦ υἱοῦ θεοῦ, παραδόντος ἑαυτὸν ὑπὲρ ἐμοῦ. Rom. 3, 25. Mitten inne: Rom. 10, 8: Τοῦτ' ἐστι τὸ ῥῆμα τῆς πίστεως ὃ κηρύσσομεν. Hinsichtlich der ersten Bedeutung der gewöhnliche Unterschied: *fides qua et quae creditur*, subj. u. obj. Rel.

Hutterus redivivus. 11. Aufl. 15

ein Verdienst zu gründen meinten.⁶⁾ In der kath. K. wurde nach dem Bgr. drs. [§. 21] der beselig. Gl. vorzugsweise aufgefafst als *generalis [catholica], i. e. persuasio, quae omnibus Ecclesiae dogmatibus assentit.* Da dem Volke die genaue Kenntnifs der KL nicht zugemuthet werden konnte, wurde *fides implicita* für hinreichend gehalten, *i. e. assensus, qui omnia, quamvis ignota, quae ab Ecclesia probantur, amplectitur.*⁷⁾ Bei der Bequemlichk. eines solchen mit jeder Gemüthsverfassung vereinbaren Gl. drang sich das Bedürfnifs auf, nicht von ihm, sdn. von seiner Bewährung durch Thaten das Heil abhängig zu machen; als solche wurden die in der alten KDisciplin herkömml. krchl. Werke u. Bufsen angesehn. Dadurch, verbunden mit dem SPlgms., kam der Abergl. auf, dafs der Mensch die Gnade Gottes sich verdienen müsse, *necessitas operis*; dafs er mehr zu thun vermöge, als dieses Verdienst fordre, *consilia evangelica, opera supererogationis;* dadurch der pharis. Hochmuth auf selbsterwählte äufserliche Werke, die jüd. heidn. Werthschätzung des äufserl. Werkes abgesehn von der Gesinnung, *opus operatum,*⁸⁾ u. die Meinung, solches Werkverdienst als etwas blos äufserl. von dem Überflusse andrer sich zueignen zu können. [§. 23.] Diese Mifsbräuche sind nicht in die Symbole der kath. K. aufgenommen worden, aber sie liegen der KPraxis, namentlich dem Ablasse, Cölibat u. Mönchthum zu Grunde, sie waren zur Zeit der Reformation allgemein u. wurden officiell vertheidigt. All' dieses Unchristenth. vernichtete die ev. K. durch den Paulinischen Satz: *fides specialis sola est salvifica, opera non sunt necessaria ad salutem; at fieri non potest, quin ex fide oriantur.*⁹⁾ Die Überspannung dieses Satzes: *bona opera ad salutem esse perniciosa,* dachte zunächst an die kath. Def. von selbsterwählten krchl. Werken, nicht an die ev. Def: *bona opera sunt actiones, quae secundum Dei Legem e fide proficiscuntur,* pflichtmäfsige Handlungen aus christl. Gesinnung.¹⁰⁾ Daher jene falsche Ausdrucksweise von der F. C.

---

6) Rom. 3, 28: *Λογιζόμεθα δικαιοῦσθαι πίστει ἄνθρωπον, χωρὶς ἔργων νόμου.* Die H. S. dringt auf gute Werke, eben wie die *F. C.* d. h. auf wahrhaft gute, wie sie nur von den Gläubigen vollbracht werden können. *Cf. nt.* 10.

7) Dgg. *fides explicita,* welche die ev. K. fordert, von den meisten DD mit Unrecht auf die *fides salvifica* bezogen wird. Jene Fordrung bezieht sich auf *fides generalis,* ist nur relativ zu verstehn, dafs jeder, soweit es durch seine Verhältnisse möglich ist, sich eine klare Kenntnifs des Xthums verschaffen solle, macht aber eben defshalb von dieser *fides explicita* das Heil nicht abhängig.

8) Dgg. Möh: Zu *opus operatum* sei zu suppliren *a Xto, i. e. quod Xtus operatus est.* Dafs aber in diesem Sinne mindestens die Sacramente *ex opere operato* Werth hätten, würden die Reformatoren nicht geleugnet haben, wenn ihre Gegner sich auf diese Ausflucht verstanden hätten.

9) *C. A. XX. A. C. II. III. A. S. III,* 13. *F. C. II. III.*

10) *F. C.* 700: [7 s.] „*Ea non sunt bona opera, quae quisque bona intentione ipsemet excogitat, aut quae secundum humanas traditiones fiunt: sed ea, quae Deus ipse in verbo suo praescripsit. - Opera bona [non renatorum] coram Deo sunt peccata h. e. peccatis contaminata. Quidquid non ex fide est, peccatum est.*" Hol: „*Opera bona sunt actus justificatorum liberi, per gratiam Sp. S. renovantem ad praescriptum Legis divinae, praelucente vera in Xtum fide, praestiti, in honorem Dei et hominum aedificationem.*" Bhg: „*Actiones propter Deum perpetratae.*" Rxii: „*Actiones hominis vere credentis a studio religioni chr. obtemperandi profectae.*" Kl: „*Actiones hominis fide salvifica imbuti, ex amore Dei et studio voluntati divinae obtemperandi profectae.*"

gründlich zurückgewiesen wurde.¹¹) Die ev. Kl₁ ist aber consequent, weil der verdorbne Mensch mit seinen eignen Werken nichts als die Verdammnifs verdient; sie ist streng sittlich, weil sie die That nur achtet in ihrem Vrh. zur Gesinnung, weil sie den Ernst der Pflicht ausspricht, welcher der Mensch nie genug thun, geschweige denn durch willkürl. erwähltes Werk sie überbieten kann; weil sie endlich Hochmuth u. unlautere Gedanken, die von den Werken des natürl. Menschen niemals lassen, unbedingt zurückweist.¹²) In der Anerkennung, dafs der Mensch nichts bei Gott verdienen könne, sdn. aus Gnaden selig werde, wird sie auch von frommen RT angenommen, aber als *fides generalis* der rel. im Xthum gebildete Geist überhaupt. Nur die KL von der *fides specialis* ist vollkommen christlich, weil sie alles Heil von Xto ableitet; u. in ihr ruht eine noch unentwickelte Kraft für die schärfste u. dennoch freisinnige Gestaltung der heil. Wissenschaft, indem, wenn aus dem Gl. an die Versöhnung durch Xtum allein das Heil kommt, alle andre GArtikel zwar aus diesem Gl. mit einer bestimmten Nothw. hervorgehn, u. dadurch zu einem genau gegliederten Systeme sich gestalten: dennoch aber gleich den Werken nicht unbedingt nöthig sind zur Seligk., sonach ein Irrthum in ihnen, wenn er nur jenen wesentl. Glauben nicht vernichtet, unser ewiges Seelenheil nicht gefährdet. [*Cf. p.* 20 *s.*] Solcher Gl. aber kann nur von Gott in uns gewirkt werden, denn den natürl. Menschen scheint es Thorheit, dafs er nicht durch seine eigne Tugend sich der Gnade

---

11) *F. C.* 708: [37 s.] „*Si quis bona opera articulo justificationis immiscere, justitiam suam, aut fiduciam salutis suae in eo reponere, gratiam Dei iis promereri, et per ea salutem consequi velit: respondemus, non quidem nos, sed Paulus ipse, quod tali homini opera sua non tantum sint inutilia, atque ad salutem impedimento, verum etiam perniciosa sunt. - Inde tamen handquaquam consequitur, quod simpliciter et nude asserere liceat bona opera credentibus ad salutem esse perniciosa. Bona enim opp. in credentibus indicia sunt aeternae salutis.*" 590 s: [16 ss.] „*Rejicimus igitur, cum docetur* [HENGSTENBERG]: *bona opera necessaria esse ad salutem. Repudiamus nudam hanc, offendiculi plenam, et chr. disciplinae perniciosam phrasin* [AMSDORF]: *bona opera noxia esse ad salutem. His enim postremis temporibus non minus necessarium est, ut homines ad recte et pie vivendi rationem bonaque opp. incitentur atque moneantur, quam necessarium sit, ut ad declarandam fidem atque gratitudinem suam erga Deum in bonis operibus sese exerceant: quam necessarium est, cavere, ne bona opera negotio justificationis admisceantur. Non minus enim homines Epicurea persuasione de fide, quam Pharisaica et Papistica fiducia in propria opp. et merita damnationem incurrere possunt.*" Um Luthers Worte: „Sündige kräftiger, aber sei kräftiger im Glauben!" mifszuverstehn, mufs man nicht nur mit sr. Gesinnung, sdn. auch mit sr. naiven, sorglosen u. kühnen Ausdrucksweise unbekannt sein.

12) *C. maj.* 482: (311 ss.] „*Quod sacrificus quispiam picturata auro casula amictus conspicitur, aut laicus quispiam per totum diem flexis innititur genibus in Ecclesia, secum nescio quid murmurans: hoc opus speciosum et praeclarum dicitur, quod a nemine sufficienter laudari potest. Caeterum quod miscra aliqua puellula infanti in cunis posito sedulo servit, ac fideliter, quod illi demandatum est, facit, illud nullius pretii habendum est. Vide vero, an non huic detestabilis quaedam sit istorum desperatorum hominum praesumtio, qua sibi tantum sumunt, ut audeant sublimiorem vitam et ordines invenire, quam decem praecepta docent, affirmantes vitam esse simplicem et leviculam, tantumque vulgo observandam; snam vero sanctis et perfectis convenientem. Neque vident calamitosi illi homines, nullum hominem eo rem deducere posse, ut vel uni praeceptorum perfecte satisfaciant. Quapropter eorum jactantia non est alia, quam si jactaram ac dicerem: Equidem neque grossum habeo, quem debitoribus meis numerem, decem tamen aureos perfacile exsolvam.*"

Gottes würdig machen solle.[13]) Der Gl. ist keine Tugend, kein Verdienst: aber aller Tugend u. Rel. Quell;[14]) sonach von Seiten des Menschen die einzige Bedingung des Heils.[15])

§. 109. Die Rechtfertigung.

Indem der Mensch durch die göttl. Gnade mittels des Gl. das Verdienst Xti sich aneignet, wird er vor Gott für **gerecht**, d. i. dem göttl. Gesetze genügend angesehn, u. dadurch mit Gott versöhnt.[1]) *Justificatio est actus, quo Deus, sola gratia ductus, peccatori, propter Xti meritum fide apprehensum, justitiam Xti imputat, peccata remittit, eumque sibi reconciliat.*[2]) Die Bestandtheile der Rechtfertigung als *applicatio satisfactionis* sind daher: a) *imputatio justitiae s. meriti Xti*, eine Zurechnung, als wenn wir selbst das Gesetz erfüllt u. die Sündenstrafe erduldet hätten; b) *remissio peccatorum*, nicht zunächst Aufhebung äufserer Strafen, sdn. des unseligen Bwsts., in welchem der Mensch nur den Zorn Gottes über sich fühlt; c) *reconciliatio cum Deo*, Wiederherstellung der natürl. Rel. als Liebe zwischen Gott

---

13) A. C. 113: [144] „*Opera incurrunt hominibus in oculos. Haec naturaliter miratur humana ratio, et quia tantum opera cernit, fidem non intelligit, neque considerat; ideo somniat, haec opera mereri remissionem peccatorum et justificare. Haec opinio Legis haeret naturaliter in animis hominum, neque excuti potest, nisi cum divinitus docemur.*"

14) A. C. 86: [26] „*Impossibile est dilectionem Dei, etsi exigua est, divellere a fide, quia per Xtum acceditur ad Patrem, et accepta remissione peccatorum vere jam statuimus, nos habere Deum, h. e. nos Deo curae esse, invocamus, agimus gratias, timemus, diligimus.*" F. C. 586: [11] „*Fides vera nunquam sola est, quin caritatem et spem semper secum habeat.*" Das ists, worauf Jacobus [2, 14 ss.] drang, indem er den Glauben nur von sr. intellectuellen Seite nahm, u. was Paulus da, wo er nicht den Hochmuth der Werke zu bestreiten hatte, nicht minder forderte. *Rom.* 2, 7. *Eph.* 2, 10. 1 *Cor.* 13, 1 ss. *Col.* 1, 10. *Gal.* 5, 6. 1 *Tim.* 6, 18. Ihr scheinbarer Widerspruch bezeugt nur den Reichthum u. die Freiheit apost. Anschauung. *Cf.* §. 109, nt. 10. §. 110, nt. 3.

15) F. C. 584: [5] „*Confitemur, solam fidem esse illud medium et instrumentum, quo Xtum Salvatorem, et ita in Xto justitiam, quae coram judicio Dei consistere potest, apprehendimus.*"

1) *Gen.* 15, 6: מקכּ לוֹ וַיַּחְשְׁבֶהָ בַּיהוָה הֶאֱמִן [Abraham] אָמַן *Rom.* 4, 5: *Τῷ μὴ ἐργαζομένῳ, πιστεύοντι δὲ ἐπὶ τὸν δικαιοῦντα τὸν ἀσεβῆ, λογίζεται ἡ πίστις αὐτοῦ εἰς δικαιοσύνην. Cf.* 3, 24 ss. *Eph.* 1, 7. *C. A.* 10: „*Docent, quod homines non possint justificari coram Deo propriis viribus, meritis aut operibus, sed gratis justificentur propter Xtum per fidem, cum credunt se in gratiam recipi, et peccata remitti propter Xtum, qui sua morte pro nostris peccatis satisfecit. Hanc fidem imputat Deus pro justitia coram ipso. Rom. III. et IV.*" A. C. 226: [19] „*Merita Propitiatoris proposita sunt, ut quae pro aliis satisfacerent, quae aliis donentur imputatione divina, ut per ea, tanquam propriis meritis justi reputentur; ut, si quis amicus pro amico solvit aes alienum, debitor alieno merito tanquam proprio liberatur.*" A. C. II. A. S. III, 13. F. C. III.

2) MEL: „*Justif. significat remissionem peccatorum s. acceptionem personae ad vitam aeternam.*" QUEN: „*Justif. est actus S. Trinitatis externus, judicialis, gratiosus, quo hominem peccatorem gratis, propter Xti meritum fide apprehensum, remissis peccatis, justum reputat, in gloriosae gratiae ac justitiae suae laudem et justificatorum salutem.*" EXH: „*Justif. est decretum Dei de condonandis peccatori propter Xtum delictorum poenis ac tribuenda vera felicitate.* AM: „[*Doct. bibl.*] *Justif. est actus Numinis forensis, quo hominem propter Xtum a peccati poena liberatum futuris praemiis dignum judicat.* [*Doct. eccl.*] *Justif. est actus gratiae, quo Deus peccatori credenti et converso, non propter dilectionem fidei, uti somniant scholastici, sed propter meritum Xti, peccata remittit et justitiam Xti imputat ad salutem aeternam.*"

§. 109. Rechtfertigung.

u. Mensch.[3] Der Hauptggns. wider die kath. KL, durch welchen dieser Artikel zur festen Burg des Prtstms. wurde, ist im Bgr. des Gl. enthalten als alleiniger Bedingung der Rechtfertigung.[4] Daher durch dieselbe nicht unmittelbar in der sittl. Beschaffenh. des Menschen, sdn. nur in der göttl. Anschauung [*actus Dei immanens*] u. im Vrh. des Menschen zu Gott eine Ändrung vorgeht: *actus Dei forensis, quo peccator justus declaratur*; doch ist nothw. eingeschlossen, daſs der Mensch die Sündenvergebung u. hiermit den Frieden Gottes in der That empfängt, sonach allerdings jene ungeheure Veränderung geschieht, die zwischen einem, der sich verdammt, u. einem, der sich selig fühlt, statt findet.[5] Dgg. die kath. K. die Rechtfertigung mit der Heiligung zusammenwirft; ihr ist sonach *justificatio* nicht *forensis*, sdn. *physica s. hyperphysica, i. e. infusio sanctitatis inhaerentis* [*habitus infusus*], *qua homo ex injusto justus redditur*. Dieser Ggns. scheint unbedeutend, weil auch wir die Heiligung als ihre nächste Folge mit der Rechtfertigung verbinden:[6] er ist aber richtig, weil nach menschl. Anschauung Gott den Menschen erst in seine Gnade mufs aufgenommen haben, bevor er ihm Gnadengaben einflöſst, u. weil der Mensch sich nicht wahrhaft bessern kann, bevor er nicht erst der Versöhnung gewiſs ist;[7] er ist hochwichtig,

---

3) *F. C.* 686: [25] „*Qua ratione* [*per fidem*] *nobis Xti justitia imputatur, unde remissionem peccatorum, reconciliationem cum Deo, adoptionem in filios Dei et haereditatem vitae aeternae consequimur.*" Diese 3 Momente sind bei sämmtl. AKD berücksichtigt, obwohl meist nur aufgezählt wird: *actus privativus remissio peccatorum, actus positivus imputatio justitiae Xti.* Die NKS übergehn wegen Verwerfung der Satisfactionstheorie absichtlich die *imputatio meriti Xti,* welche Mel u. Bn nur zufällig nicht in die Def. aufgenommen haben.

4) *F. C.* 683: [6] „*Hic articulus de justitia fidei praecipuus est* (*ut Apologia loquitur*) *in tota doctrina christiana, sine quo conscientiae perturbatae nullam rerum et firmam consolationem habere, aut divitias gratiae Xti recte agnoscere possunt. Id D. Lutherus suo etiam testimonio confirmavit, cum inquit: Si unicus hic articulus sincerus permanserit, etiam chr. Ecclesia sincera, concors et sine omnibus sectis permanet; sin vero corrumpitur, impossibile est, ut uni errori aut fanatico spiritui recte obviam iri possit.*" Quen: „*Divinissima haec de gratuita peccatoris per Xtum, vera fide apprehensum, coram tribunali Dei justificatione doctrinae ἀκρόπολις est totius chr. religionis, ac nexus, quo omnia corporis doctrinae chr. membra continentur, quoque rupto solvuntur.*"

5) Daher Möll der prot. K. ungerecht Schuld gab, sie betrachte die Rechtf. so ganz äuſserlich, daſs Xtus nur seinen Schatten über die Gläubigen hinwerfe, die darunter fortführen zu sündigen. Nur im Vrh. zur Heiligung u. im Ggns. zur kath. L. wird die Rechtf. von den AKD als äuſserlich beschrieben. Quen: „*Justif. est aliquid homini extrinsecum ad eum terminatum, ut sanctificatio intrinsecum aliquid est et inhaerens.*"

6) Baur: „Im Prtstms. wendet sich das rel. Bwsts. rückwärts auf die Vergangenh., um über die Vergangenh., von deren tiefgefühlter Schuld es sich nicht trennen kann, sich vor allem beruhigt zu wissen, das Bwsts. des Kthlcs. auf das vorwärts Liegende u. sieht über das Vergangne hinweg, wie wenn es sich von selbst verstände, daſs das einmal Geschehne nicht weiter beachtet werde."

7) Guiling: [Hieropolis, *p.* 57] „Die wahre K. ist frei von Blödsinn u. Abergl. Dahin gehört die antibibl. L., von der Sündenvergeb. zur Besserung u. von der Begnadigung zur Tugend überzugehn." Man sollte wenigstens gründlicher sprechen über Lehren, die mit der höchsten Consequenz aus einem System hervorgehn, das doch unleugbar die Anschauung eines tiefen rel. Gemüths ist, z. B. A. *C.* 83: [5 ss.] „*Haec* [*bona opera*] *non possunt fieri, nisi postquam fide justificati sumus, et renati accepimus Sp. S. Primum, quia Lex non potest fieri sine Xto. Item, Lex non potest fieri sine*

weil durch diese Scheidung jeder Gedanke abgeschnitten wird, als wenn der Sünder durch irgend ein Verdienst die Gnade erlangte.[8] Daher die Reformatoren auch einer bessern Lehrweise der SL, welche die Rechtf. aus der *fides formata* ableitete, d. i. aus dem Gl., der als *forma*, als belebendes Princip die Liebe in sich trägt [*propter fidei dilectionem justificamur*], wegen des Verdachtes sich entgegensetzten, daſs hier ein versteckter SPelgms. die Rechtf. durch die Liebe verdienen wolle;[9] aber sie waren fern zu leugnen, daſs der wahre Gl. durch Gottes Gnade ein unerschöpflicher Quell der Liebe sei.[10] Endlich nur nach der prot. Ansicht kann der Mensch sr. Seligk. vollkommen gewiſs u. froh werden, u. daran einen festen Trost in allen Ängsten der Erde haben, weil seine Rechtf. nicht auf sein eignes Werk u. Verdienst, sdn. allein auf Gottes Barmherzigk. u. Xti Verdienst gestellt ist; dgg. die kath. K. lehrt u. lehren muſs, daſs niemand auf Erden eine über allen Zweifel erhabene Gewiſsh. sr. Begnadigung habe.[11] Die prot. Bedeutung von δικαιοῦν *justum declarare* ist in der

---

Sp. S. At Sp. S. accipitur fide. Item, quomodo potest humanum cor diligere Deum, dum sentit Deum horribiliter irasci, et opprimere nos temporalibus et perpetuis calamitatibus? Lex autem semper accusat nos, semper ostendit irasci Deum. Non igitur diligitur Deus, nisi postquam apprehendimus fide misericordiam. Ita demum fit objectum amabile." Cf. §. 86, nt. 4.

8) Dgg. OSIANDER die rechtfert. Kraft nicht in den Gl. an sich setzte, sdn. wiefern er Xtum nach sr. göttl. Natur wesenhaft aufnehmend zur Heiligung würde. WEIGEL: der blos äufserl. Xtus kann uns nichts helfen, sdn. nur der in uns aufgenommene Xtus. SCHLR: Rechtfertigung u. Heiligung nur verschiedne Betrachtungsweisen unsers Aufgenommenseins in die Lebensgemeinsch. mit Xtus. — Die protest. Orthod. hat darin immer eine Annäherung an den kath. Irrwahn gesehn, auch die RT stehn hier auf Seiten des Kthlcs. Auch HFM gefährdet durch seine Versöhnungsl. das Kleinod der prot. Rechtf., da er sie nicht als Zurechnung des Verdienstes Xti fassen kann, sdn. gleich als wirkl. Aufnahme in seine Gemeinsch. Die stolze natürl. Vft. hat einen Ekel vor dem Seligwerden durch fremdes Verdienst. Unwillkürlich abirrend selbst HOL: „*Justif. est actus gratiae, quo Deus peccatori, culpae et poenae reo, sed concurso et renato, ex mera misericordia propter meritum Xti, vera fide apprehensum, peccata remittit et justitiam Xti imputat.*"

9) *F. formata* im Ggns. der für unzulänglich geachteten *F. informis* i. e. *absque dilectione*. Falsch HAHN selbst noch in 2. Aufl. nach Wos: die kath. K. begnüge sich mit *F. informis*, u. diese als gleich mit *implicita*.

10) *A. C.* 74: [77] „*Sola fide in Xtum, non per dilectionem, non propter dilectionem, aut opera, consequimur remissionem peccatorum, etsi dilectio sequitur fidem.*" 81: [109] „*Excogitaverunt cavillum, quo eludunt [Scripturae de fide doctrinam], dicunt de fide formata accipi debere, h. e. non tribuunt fidei justificationem, nisi propter dilectionem, imo prorsus non tribuunt fidei justificationem, sed tantum dilectioni, quia somniant, fidem posse stare cum peccato mortali.*" 119 s: [166 ss.] „*Duos modos justificationis tradunt, quorum alter est sumptus a ratione, alter ex Lege, non ex Evangelio. Prior est apud ipsos, quod docent, homines per bona opera mereri gratiam, tum de congruo, tum de condigno. Hic modus est doctrina rationis, quia ratio non videns immunditiem cordis, sentit se ita placare Deum, si bene operetur, et propterea subinde alia opera, alii cultus in magnis periculis excogitati sunt adversus terrores conscientiae. Alter modus traditur a Scholasticis, cum docent, quod justi simus per quendam habitum a Deo infusum, qui est dilectio, et quod hoc habitu adjuti intus et foris faciamus Legem Dei, et quod illa impletio Legis sit digna gratia et vita aeterna. Haec doctrina plane est doctrina Legis, verum est enim, quod Lex inquit: Diliges Deum etc. Dilectio igitur est impletio Legis.*"

11) *A. C.* 75 s: [84 s.] „*Si penderet res ex meritis nostris, incerta et inutilis esset promissio, quia nunquam constituere possemus, quando satis meriti essemus. - Proinde*

§. 109. RECHTFERTIGUNG. BEWEIS. 231

H. S. gegeben.¹²⁾ Die Einwendungen wider die ganze L. gehn vom Pelgms. aus.¹³⁾ Der Beweis der Rechtfertigung ruht darauf, dafs es keine andre Rettung gibt, es mag uns diese nun gefallen, o. nicht. Wenn der Mensch unfähig ist wegen der Erbsünde irgendwie dem göttl. Gesetze gerecht zu werden: so ist keine andre Hülfe, als dafs ihn Gott für gerecht ansieht. Als Ursachen der Rechtfertigung nennen die AKD: a) *Causa efficiens* [*impellens interna*] *Dei gratia, Rom.* 3, 24. 11, 6. *Eph.* 2, 8 s. b) *C. meritoria* [*impellens externa*] *plenaria Xti satisfactio, Rom.* 3, 25. *Eph.* 5, 2. c) *C. apprehendens* [ληπτική, *organica*] *fides salvifica, Rom.* 3, 25 ss. *Gal.* 2, 16. 20.¹⁴⁾ Wir werden also gerechtfertigt, nicht *propter fidem, sed per fidem*.¹⁵⁾ Hierauf gründen sich die dgm. Ausdrücke: *justitia fidei,*

non patiantur se bonae mentes depelli ab hac sententia, quod tantum fide accipimus remissionem propter Xtum; in hac habent certam et firmam consolationem adversus peccati terrores, et adversus aeternam mortem et adversus omnes portas inferorum." MEL: „*Debebant non opera sua, sed promissionem misericordiae Dei contemplari. Quid est enim iniquius, quam aestimare voluntatem Dei ex operibus nostris, quam ille suo verbo nobis declaravit.*" — Conc. Trid. S. VI. c. 9: „*Sicut nemo pius de Dei misericordia, de Xti merito, de sacramentorum virtute et efficacia dubitare debet: sic quilibet, dum se ipsum suamque propriam infirmitatem et indispositionem respicit, de sua gratia formidare et timere potest, cum nullus scire valeat certitudine fidei, cui non potest subesse falsum, se gratiam Dei esse consecutum.*"

12) *Mt.* 12, 37. *Act.* 13, 39. *Rom.* 2, 13. 3, 20 ss. 5, 1. 9. 8, 30. 33. *Tit.* 3, 7. Die Bedeutung wird unwiderleglich durch das parallele λογίζεται πίστις εἰς δικαιοσύνην *Rom.* 4, 5. Die Bedeutung *probum reddere* kommt nur vor *Apoc.* 22, 11. u. *Dan.* 12, 3. LXX für הַצְדִּיק *Cf. A. C.* 109: [131] „*Justificari significat hic non ex impio justum effici, sed usu forensi justum pronuntiari.*" 125: [184] „*Justificare hoc loco forensi consuetudine significat reum absolvere et pronuntiare justum, sed propter alienam justitiam.*" Dgg. D. Schulz: Δικαιοῦν kann etwas Andres nicht bedeuten, als gut, recht, fromm machen u. in Folge dessen als wirklich fromm etc. anerkennen."

13) Nach WGS u. KL: Paulus polemisirt allein gegen die Judenchristen, welche durch ihre Abstammung von Abraham u. durch das Gesetz einen Vorzug von den Heidenchristen u. ein Recht auf die Seligk. zu haben vermeinten; wie die Reformatoren gegen dieselbe Werkheiligk. dns. Lehrtropus erneuten. Hierdurch aber wird in Wahrh. nichts behauptet, als die reine L. Jesu u. der Vft., dafs der Mensch die Seligk. immer nur als eine Gabe freier Gnade von Gott empfange, obwohl er sich drs. würdig zu machen habe [*meritum beneficii*, nicht *debiti*]; dafs diese Würdigk. aber nicht nach einzelnen guten Werken, die aus sehr unlauterem Herzen hervorgehn können, sdn. allein nach der rel. Gesinnung selbst zu messen sei. WTT fafst den *actus judicialis* billigend, aber symbolisch auf „als Sache der frommen Gefühlsstimmung" d. i, des Gefühls, welches im Bwsts. der sittl. Unzureichendh. sich unbedingt in die göttl. Gnade ergibt. In der Hegelschen Schule wurde die Rechtfertigung zu einem blosen Sichwissen des Individuums in der Idee der Menschh., als individuell beschränkter Verwirklichung drs. STRAUSS *II. p.* 495: „Es kann die Idee der Menschh. auf doppelte Weise aufgefafst werden: einmal abstract, als Ideal, als in sich einfaches Urbild menschlicher Vortrefflichk., dem kein Einzelner je entspricht, vor welchem daher, als vor dem schrecknden Gesetze, der Mensch immer nur gerichtet u. verurtheilt ist. Oder denken wir die Idee der Menschh. concret, als den in sich geordneten Complex aller Unterschiede von Volks- u. Individualcharakteren, von Zeit- u. einzelnen Geistern: in dieser Idee (als dem Heiland) ist jeder Einzelne versöhnt u. gerechtfertigt, sofern es das Wesen der Idee ist, das sich im Zusammenhang mit allen andern auch in sr. Gestalt zur Wirklichkeit bringt."

14) *F. C.* 687 s: [25] „*Ad justificationem tantum haec requiruntur: gratia Dei, meritum Xti et fides, quae haec ipsa Dei beneficia in promissione Evangelii amplectitur.*"

15) *A. C.* 70: [56] „*Fides non ideo justificat, aut salvat, quia ipsa sit opus per sese*

i. e. quae per *fidem* accipitur;[16]) *fides pro justitia imputatur,* i. e. *justitiam apprehendit; Xtus est justitia nostra,* i. e. *ejus justitia nobis imputatur.* Die Eigenschaften der Rechtf. werden aus ihrem dargestellten Bgr. meist als Ggns. wider die kath. L. *de satisfactione operum* ac *de justificatione physica* u. gegen die calvin. L. *de praedestinatione* von den AKD entwickelt.[17])

§. 110. Der Gnadenstand.

Aus dem Stande der Verderbnifs tritt der Gerechtfertigte ein in den Stand der Gnade. *Status gratiae s. libertatis est hominis justificati conditio, qua per Sp. S. super omnia Deum diligit.* Rom. 5, 21. 6, 18 ss. 7, 22. *Gal.* 5, 1. *Jo.* 8, 32. 36.[1]) Der Stand selbst spricht ein Ideal aus, dem der Gerechtfertigte sich fortwährend nähert.[2]) Er besteht wesentlich in übernat. Wiederherstellung der natürl. Relig. Obwohl gänzlich auf göttl. Gnadengaben ruhend, ist er doch ein Stand

---

dignum, sed tantum, quia accipit misericordiam promissam." Cf. *F. C.* 684. [13.] Dgg. die kath..K. in die *fides* selbst ein Verdienst setzt, dennoch u. ebendefshalb sie für unzureichend achtet.

16) *Justitia fidei, status hominis justificati, i. e. immunitas a peccatorum culpa et poenis per fidem accepta.* Zum Unterschiede von der Heiligung *justitia externa* genannt. *Cf. nt.* 5. Defshalb wird unterschieden: *justificatio objective considerata, i. e. actus Dei, quo justificatur homo* u. *justificatio subjective considerata, i. e. status hominis, qui justificatus est.*

17) QUEN. *III. p.* 526: „*Affectiones justif.* sunt: 1) *Efficientia instantanea, non successive fit, ut renovatio, quae initia et progressus habet, sed in momento, simul et semel.* 2) *Perfectio, quia perfecte remittuntur peccata, ut nulla opus sit satisfactione propria.* 1 *Jo.* 1, 7. Rom. 8, 1. Hbr. 10, 14. [Die kath.Theol. unterscheidet *justif. prima et secunda,* d. i. Grade der Heiligung.] 3) *Identitas [aequalitas] modi justificationis respectu omnium omnino salvandorum. Act.* 4, 12. 15, 11. *Rom.* 3, 22 ss. 4) *Certitudo in nobis non conjecturalis, sed infallibilis et divina. Rom.* 8, 15. 38 s. 5, 1 s. *Eph.* 3, 12. 1 *Jo.* 3, 14. [Wer den Gl. hat, ist durch das Zeugnifs des H. G. der göttl. Gnade gewifs. *Cf. nt.* 10.] 5) *Incrementum non quoad actum justificationis, qui instantaneus, sed ratione fidei ac sensus.* 2 *Cor.* 10, 15. *Col.* 1, 10. 2 *Ptr.* 3, 18. *Eph.* 4, 15. 6) *Continuatio. Apoc.* 22, 11. [Daher die Einthlg. nach HOL: „*Justif. prima, qua Deus peccatorem justum declarat; continuata, qua renatum in statu justitiae conservat.*"] 7) *Amissibilitas. Ex.* 18, 24. 1 *Cor.* 10, 12. *Hbr.* 6, 5 s. *Jo.* 15, 2. [*Justificatio fide excussa evanescit.* Gegen die Calvinisten.] 8) *Reiterabilitas. Lc.* 15, 10. *Jo.* 6, 37. *Rom.* 5, 20. [*Per poenitentiam recuperari potest.*]"

1) Die AKD fassen die einzelnen Merkmale nicht im Bgr. zusammen, bezeichnen aber in der *unio mystica* das Ideal dieses Standes. Die NKS beschreiben meist nur die untergeordnete Sphäre einer beginnenden Sittlichk., wie sie wohl auch bei den Stoikern gefunden wurde. BUT nach SEILER: „*Conditio eorum, qui per fidem in Xtum mente emendati, divino auxilio adjuti, cupiditatibus pravis imperant."* KL: *Conditio hominis chr., per fidem in Xtum emendati, qui auxilio div. adjutus pravos appetitus cohibet, et religionis chr. legibus obtemperat."* ENM bezeichnet das. Bgr. durch „*justitia vitae, i. e. integerrimum hominis, veniam peccatorum adepti, studium emendandi animum et vitam."*

2) *F. C.* 675: [68] „*Cum in hac vita tantum primitias Spiritus acceperimus, et regeneratio nondum sit absoluta, sed solummodo in nobis inchoata: manet perpetua quaedam lucta inter carnem et Spiritum etiam in renatis. Et quidem non modo inter Christianos magnum discrimen deprehenditur, quomodo hic infirmus, ille robustus est Spiritu, verum etiam hanc diversitatem quilibet Christianus in semetipso animadvertere potest, se nunc quidem excelso animo esse, et ad omnia virtute Spiritus paratum promptumque, nunc vero timido et trepido, et jam quidem caritate ardere, firmum in fide et spe esse, post vero frigere et imbecillitatem suam sentire."*

§. 110. GNADENSTAND.

der höchsten Freih., denn der Mensch unterscheidet in diesem Stande u. in dem, was dms. wahrhaft angehört, nicht mehr, was sein ist, von dem, was Gottes ist, die göttl. Gnade ist ihm die höchste Freih. Die Tugenden gehn aus ihm hervor, wenn auch im Kampfe mit dem, was noch nicht in den Gnadenstand aufgenommen ist, u. insofern unzureichend wie alles Menschliche, aber als die Äußerungen einer schönen Natur, die gar nicht anders sein können, als sie sind. Wo aber von dieser reinen u. hohen Sittlichk. gar nichts zu spüren ist, da ist der Gl. nur ein todtes Meinen, alles Reden von Abwaschung unsrer Sünden durch Xti Blut ein loses Geschwätz, alle glänzende Werke nur glänzende Laster.[3] Die KD bezeichnen den Stand der Gnade als eine Folge der Rechtfertigung durch einzelne Tropen u. Merkmale der vollkommnen Religion.[4]

Loc. XVIII. De Ordine Salutis.

§. 111. Prospectus.

Der Sünder wird nach bestimmten Entwicklungsgesetzen in das neue geistige Leben aufgenommen. In der H. S. sind verschiedne Modificationen dieser Entwicklung angedeutet, aber meist mit bildl. Ausdrücken, die sich um das gemeinsame Bild der Wiedergeburt [*Jo.* 3, 3

---

[3] *F. C.* 675: [67] „*Cum, juxta Pauli doctrinam, omnes, qui baptizati sunt, Xtum induerint, et revera sint renati: habent illi jam liberum arbitrium, h. e. rursus liberati sunt, ut Xtus testatur."* 719: [6] „*Sane, si credentes per inhabitantem Sp. S. in hac vita perfecte renovarentur ita quidem, ut in tota ipsorum natura peccatum non amplius haereret, non indigerent illi Lege, neque ullo exactore, qui eos ad operandum urgeret, quia sponte et liberrimo spiritu, sine omni doctrina, admonitione, cohortatione, ea ipsa facerent, quae juxta voluntatem Dei agere debent. Sicut etiam sol, luna et reliqua astra naturalem suum cursum, sine admonitione, cohortatione, impulsu et coactione, per se sine impedimento absolvunt, ad eum modum, quem Dominus semel in prima creatione instituit, imo, sicut sancti Angeli promptam et per omnia spontaneam obedientiam praestant."* 701: [10 s.] „*Est fides quiddam vivum, efficax, potens, ita ut fieri non possit, quin semper bona opera operetur. Neque fides quaerit demum, an bona opera sint facienda, sed priusquam ea de re inquiratur, jam multa bona opera effecit, et semper in agendo est occupata. Qui vero non ad hunc modum bene operatur, is homo vera fide caret, et ubi sit fides, ubi bona opera, quasi coecus palpando quaeritat; interim tamen multa inepte de fide et bonis operibus garrit et nugatur. Fides justificans est viva et solida fiducia in gratiam Dei, adeo certa, ut homo millies mortem oppetere, quam eam fiduciam sibi eripi pateretur. Et haec fiducia laetos, animosos, alacres* (trotzig u. lustig) *efficit, cum erga Deum, tum erga omnes creaturas, quam laetitiam et alacritatem Sp. S. excitat per fidem. Inde homo sine ulla coactione promptus et alacris redditur, ut omnibus benefaciat, omnibus inserviat, omnia toleret; idque in honorem et laudem Dei, pro ea gratia, qua Dominus cum est prosecutus."*

[4] Nach Rnn u. Hahn: „*Effectus justificationis est:* 1) *Immediatus: Animi tranquillitas et gaudium de impetrata peccatorum venia et certa spe salutis sempiternae:* a) *Pax Dei, i. e. animi sensus is, quo nihil nobis a Deo metuendum esse scimus, Rom.* 5, 1. b) *Conscientia tranquilla, i. e. judicium de actionibus nostris malis, non amplius cum culpa conjunctis.* c) *Gaudium spirituale, i. e. voluptas e persuasione, nos a Deo diligi et probari, nata, Rom.* 14, 17. d) *Filiatio, i. e. ea conditio, in qua scimus, nos probari Deo, et omni metu liberati bona quaeris de eo speramus, Rom.* 6, 14 s. e) *Spes vitae aeternae, i. e. certa persuasio, sempiternam felicitatem propter Xtum nobis destinatam esse.* 2) *Mediatus: Vita aeterna eaque beata."* Die AKD fügen meist hinzu: *renovatio, sanctificatio, unio mystica, certa precum exauditio.*

ss.] reihen u. in einander übergehn.¹) In den S. B. ist auf bestimmte Grade hingedeutet.²) CAL fafste diese zusammen als σωτηριοποιία s. *salutis consequendae modus*, QUEN u. HOL als die verschiednen Aufserungen der *gratia applicatrix*. Erst auf Veranlassung des Pietismus ist durch CARP u. BMG der Bgr. eines bestimmten Weges zur Seligk. ausgebildet worden, *ordo s. oeconomia salutis, i. e.* [RNH:] *modus impetrandae salutis a religione chr. praescriptus;* genauer: *modus, quo peccator ad salutem per Sp. S. ducitur.* Die Grade o. Stufen desselben sind verschieden bestimmt,³) aber durch DANOV u. RNH ihrer 5 herkömmlich geworden: *vocatio, illuminatio, conversio, sanctificatio, unio mystica.* Ursprünglich sind sie obj. u. transitiv zu betrachten als Wirkungen des H. G. [*actiones Sp. S.*], subj. u. intransitiv aber als die ihnen entsprechenden Zustände des Menschen [*status hominis*]. Unter den neuern DD wegen ihrer Ansicht von den Gnadenwirkungen (*p.* 223) herrschte die letzte Betrachtungsweise dieser Zustände als verschiedner Stufen des christl. Lebens. Die wissenschaftl. Bedeutung dieses LBgr. ist die genaue Darstellung drj. Bgr., in welche die Versöhnung des Sünders zerlegt werden kann, u. ihre Feststellung gegen kath., calv. u. mystische Irrthümer. Auf das wirkl. Leben ist die Heilsordnung bes. von den Pietisten angewandt worden, indem ihnen die Grade für bestimmte, nach der Reihe zu durchschreitende u. im Bwsts. unterschiedne Zeiträume galten. Dgg. die AKD u. viele NKS ihre getrennte Aufzählung als blos wissenschaftl. Abstraction erkannten.⁴)

§. 112. Vocatio.

Vocatio [κλῆσις] *est actio Sp. S., qua genus humanum ad salu-*

1) Ἐπιστροφή, μετάνοια, ἀνακαινίζεσθαι, ἁγιάζεσθαι, ἄνωθεν γίνεσθαι etc. Der gewöhnl. Sinn ist: Übergang zum Xthum. Weil aber mit diesem die moral. Sinnesänderung immer verbunden gedacht wurde: so sind nicht ohne Grund diese Worte auf die religiös-sittl. Wiedergeburt auch innerhalb der Xheit angewandt worden.
2) *C. min.* 372: [6] „*Sp. S. per Ev. me vocavit, suis donis illuminavit, in recta fide sanctificavit et conservavit.*" F. C. 670: [5] „*Visum est Deo per verbum et per Sacramentorum legitimum usum homines ad aeternam salutem vocare, ad se trahere, convertere, regenerare et sanctificare.*"
3) AM: *vocatio, justificatio, sanctificatio.* BR: MOSH: BDD: *fides regen., justif., sanctif.* BMG: MICH: *voc., illum., regen., justif., unio myst.,* sanct. QUEN: *voc., regen., conv., justif., poenit., unio myst., sanct.* HOL: *gratia vocans, illuminans, convertens, regenerans, justificans, inhabitans, renovans, conservans, glorificans.* Ebenso hat CAL die *glorificatio*, als das Ziel, hereingezogen auf den irdischen Weg des Heils, *i. e. filiorum Dei e regno gratiae in regnum gloriae translatio inque eodem exaltatio*, CARP: *voc., illum., regen., conv., justif., contritio, fides, unio myst., sanctificatio.*
4) KÖN: „*Momentum unionis myst. cum momento regenerationis, justificationis et renovationis idem omnino est; fiunt enim haec apotelesmata omnia simul et in instanti: est tamen unum altero prius, quoad nostrum concipiendi modum, ob diversa connotata.*" STDL: „Bei den vielen Seiten, welche der Mensch für die Anregung durch die göttliche Gnade darbeut, u. bei der Mannichfaltigk. der Art, in welcher die Gnade sich zu wirken gefällt, werden wir besser thun, nicht einen Typus festzustellen, nach welchem die Gestaltung des Menschen in das Bild Xti vorzugehn hätte. Das Wesentl. ist, dafs, von welchem Punkte aus der anregende Ruf Gottes u. seines Geistes ergehe, der Durchdringung vom Geiste jedes der 3 Hauptvermögen des menschl. Geistes, in welcher Reihenfolge dies nun geschen möge, u. so vor der Erkenntnifsseite die *illum.*, von der Gefühlsseite die *justif.* sammt der *unio myst.*, von der Willensseite die *sanctif.* sich ergebe."

§. 112. VOCATIO.

tem per Xtum partam, fide consequendam, invitatur.[1]) Intransitiv: *status hominis verbo divino audientis.* Divisiones: 1) *Vocatio mediata* [*ordinaria*] durch Gottes Wort u. Scrm., *immediata* [*miraculosa, extraordinaria*] ohne die Heilsmittel, wie Moses u. Paulus, als nicht weiter vorkommend [§. 117]. 2) *Vocatio generalis* [*indirecta*] durch die Weltregierung überhaupt, *specialis* [*propria*] durch das Ev. inbes.[2]) *Affectiones*, sämmtlich gegen die Calvinisten: *Vocatio est* 1) *seria* [*non simulata*] *i. e. ita comparata, ut Deus in vocando revera omnium hominum conversionem intendat;* 2) *efficax i. e. satis apta ad producendam omnium hominum conversionem;* die Wirksamk. ist der Art, dafs dadurch ein Verlangen, das göttl. Wort zu hören, hervorgerufen u. dem Verlangen das herzdurchdringende Wort gepredigt wird; 3) *resistibilis i. e. cujus effectum peccator impedire potest;* 4) *inevitabilis i. e. ita comparata, ut nemo sit, qui eam non sentiat;* 5) *universalis* [*catholica*] *i. e. ad omnes peccatores pertinet.* Seit HOL wurde nur die *Vocatio generalis* für universal erklärt. Da diese nicht selig macht, so wäre damit wenig geholfen. Defshalb hielten die AKD mit festem Gl. an der Allgemeinh. der speciellen Berufung. Sie finde statt: *ratione* a) *intentionis Dei*, 1 *Tim.* 2, 4. b) *mandati Xti, Mt.* 28, 19. c) *ipsius praeconii, Mt.* 16, 20. *Rom.* 10, 18. *Col.* 1, 23., u. sei geschehn erst durch Adam u. Noah als Stammväter der Völker, dann durch die in der ganzen Welt zerstreuten Juden, endlich durch die App.[3]) Dieses ist historisch falsch, ideal richtig: nicht in der Vergangenh., die ja auch den spätern Generationen

---

1) Die AKD fassen den Bgr. rein biblisch, aber für die Heilsordnung zu eng, als Einladung der Nichtchristen. HOL: „*Voc. est actus gratiae, quo Sp. S. hominibus, extra Ecc. constitutis, voluntatem Dei de salvandis peccatoribus per verbum div. manifestat, et ipsis beneficia a Redemptore Xto offert, ut ad Ecc. adducantur, convertantur et salutem consequantur.*" Dgg. RXII, weil er die neuere Bestimmung der *voc. generalis* einschliefsen wollte, zu weit, durch das gänzl. Zurückstellen des christl. Momentes: *modus, quo Deus hominem ad animi emendationem excitat.*" Bereits Bxo hat beides zusammengefafst: „Einladung zur Xheit u. innerhalb drs. zur Befsrung." Die Berufung ist nicht blos als vorübergehender Act aufzufassen, sdn. alltäglich beruft uns Gott durch natürl. u. übernatürl. Mittel zu immer höherer Vervollkommnung. Hierdurch unterscheidet sich: *Vocat. prima* u. *continuata.* WTT bezeichnet die *vocat.* nur als *auditio*, indem er einen *actus paedagogicus* (*cf. p.* 224) mit dem krchl. Bgr. der Gnadenw. verwechselt. Auch geschieht selbst im allgemein rel. Sinne die Berufung nicht allein durchs Wort u. durchs Ohr, sdn. durch mancherlei Begegnung ruft uns Gott zu seiner Gnade.

2) HOL: „*V. generalis et paedagogica est, qua Deus peccatores ad inquirendum Dei cultum obscurius et e longinquo incitat et ad januam Ecclesiae adducit.*" Als Mittel nennen die AKD natürl. Rel., Gewissen, bes. Schicksale u. *fama de Ecc. toto orbe diffusa, Rom.* 1, 8. 1 *Thss.* 1, 8. Die NKS lassen die Beziehung auf das Xtbum weg. HARN: „*Excitatio ad emendationem, quae fit per eventus naturales et religionem naturalem, et ad omnes homines pertinet.*" Es ist aber auf dem krchl. Standp. nicht einzusehn, was für eine Befsrung das sein soll ohne Xtum. Daher ist die *V. gen.* auf natürl., die *V. spec.* auf übernatürl. Mittel der Berufung zu beziehn, beide immer forttönende Stimmen Gottes in u. aufser der Xheit, die zum wahren Xthum rufen. Die specielle Wirksamk. des H. G. tritt bei der *V. gen.* allerdings zurück, u. insofern gehört sie nur propädeutisch o. mittelbar zur Heilsordnung.

3) LÖHE (3 Bücher v. d. K. 815.] glaubt wieder an die Predigt der App. in America, „denn Gottes Wahrh. steht über den Ergebnissen geschichtl. Forschungen." Aber wo steht diese Gottes Wahrh. aufser auf den Lügen-Tafeln der Mormonen!

heidnischer Völker nicht zu Gute käme, sdn. in der Zukunft jenseit des Grabes wird die rechte Berufung an jeden einzelnen kommen [*p.* 184]. Hierdurch allein rechtfertigt sich die Andeutung der S. B., dafs der Gl. an die Universalität gegen alle Widersprüche der Erfahrung festgehalten werden müsse.[4])

§. 113. Illuminatio.

Illuminatio [φωτισμὸς] *est actio Sp. S., qua homo ad salutarem religionis chr. cognitionem instituitur.*[1]) Intransitiv: *status hominis salutari doctrinae divinae cognitione imbuti.* Jo. 14, 21 s. 1 Cor. 2, 13. Eph. 1, 17. *Divisiones*: 1) *Illuminatio mediata* durch das Wort Gottes u. *immediata* durch Inspiration; von welcher letztern gegen die *inspiratio Synodorum* der Kath. u. gegen *lumen internum* der Mystiker behauptet wird, dafs sie mit der apost. K. aufhörte.[2]) 2) *Illuminatio legalis* [HOL:] *quae peccatum, iram Dei et poenas peccati manifestat; evangelica, quae gratiam Dei, in merito Xti fundatam et vitam aeternam revelat.* Die natürl. Erleuchtung, *lumen naturae,* sowohl durch das natürl. Verständnifs der H. S., was die NKS allein unter *illuminatio* zu verstehn pflegen, als durch andre Wissensch., ist propädeutisch, *actu primo salutaris,* d. h. alle rechte Wissensch. führt zur Sehnsucht nach der Weish. des Xthums, welche *actu secundo,* d. i. in der Wirklichk. die heilbringende Erkenntnifs in uns schafft. Die AKD trugen doch meist Bedenken, die Eintheilung von *illum. supern.* u. *naturalis* aufzunehmen, weil sie dadurch den Naturalismus zu begünstigen fürchten. Aber sie unterscheiden in der vom H. G. gewirkten *illum.* eine nur äufserliche, vorbereitende, von der geistlichen, heilbringenden.[3]) *Affectiones* wie bei *vocatio.* Sie hat *gradus*

---

4) *F. C.* 804: [26] „*De hac quaestione non judicandum est ex rationis nostrae sententia, neque ex Lege, neque ex ulla aliqua externa specie: quin potius in revelatam Dei voluntatem intueri nos oportet.* [25] *Firmissime retinendum est, quod non tantum praedicatio poenitentiae, verum etiam promissio Evangelii sit universalis, h. e. ad omnes homines pertineat.*" Hierauf folgen die Belege durch *Lc.* 24, 47. *Jo.* 1, 29. 3, 16. 6, 51. etc. Was dgg. HAHN p. 525 angibt, dafs von den AKD gelehrt worden wäre: *V. ad omnes perlata,* in den S. B: *ad omnes penetratura,* in dem Sinne, dafs einst das Ev. auf der ganzen Erde gepredigt werden würde, dieser Unterschied findet sich nicht in den citirten Stellen [*F. C.* 619. 621. 804. 807], u. würde auch den Zwiespalt des idealen Gl. mit der Realität nicht ausgleichen, da diej. Heiden, zu deren Nachkommen erst das Ev. kommen wird, dennoch verloren wären.

1) *F. C.* 671: [55] „*Sp. S. per verbum praedicatum et auditum corda illuminat et convertit, ut homines verbo credere et assentire possint.*" HOL: „*Illum. est actus gratiae applicatricis, quo Sp. S. hominem peccatorem, ad Ecc. vocatum, per ministerium verbi docet, et sincero studio magis magisque informat, ut depulsis ignorantiae et errorum tenebris, ipsum verbi Dei notitia imbuat, atque ex Lege agnitionem peccati, ex Evangelio misericordiae divinae, in merito Xti fundatae, cognitionem eidem instillet.*" RNH: „*Illum. est ea Dei efficacia, qua hominem ad religionis chr. cognitionem perducit.*" *Gratia docens* genannt, auch *ungens* nach 1 Jo. 2, 20. 27.

2) *Cf.* §. 117. Die höchst verständige Seite dieser Satzung HOL: „*Deus omnes homines illuminare quidem serio intendit; actu autem illuminantur illi, qui ad Ecc. vocati et adducti gratiam Sp. S. admittunt, verbumque div. attente audiunt, legunt et meditantur.*"

3) HOL: „*Illum. respectu hominis est vel literalis et paedagogica, vel spiritualis et complete salutaris. Illa est operatio Sp. S., qua is per gratiam suam externe assistentem et praeparantem intellectum irregeniti quidem, ad regenera-*

§. 113. Illuminatio. §. 114. Conversio. 237

extensivi, in Ansehung des Umfanges, u. *gradus intensivi*, in Ansehung der Klarh. u. Tiefe, *Act.* 17, 27. 1 *Cor.* 12, 11. *Eph.* 4, 7., wodurch sie mit Recht nicht blos an die Schwelle der Heilsordnung gestellt wird, sdn. auch, obwohl in dieser Hinsicht nicht als nothw. zur Seligk., mit den Fortschritten des christl. Lebens immer höher steigt,[4] des christl. Gottesgelehrten höchster Schmuck, bis das Räthsel des Lebens sich löst, u. wir Gott nicht mehr im dunklen Spiegel unsrer beschränkten Natur, 1 *Cor.* 13, 12., sdn. ihn schauen, wie er ist, 1 *Jo.* 3, 2.

§. 114. Conversio.

Conversio s. poenitentia [ἐπιστροφή, μετάνοια] *est Sp. S. actio, qua peccatoribus ad religionem chr. institutis dolor ob peccata commissa firmaque persuasio injicitur, se propter solum Xti meritum salutem consequi posse.* Intransitiv: *status hominis, qui de suis peccatis ex Lege agnitis serio dolet, eorumque veniam per fidem in Xtum exspectat.*[1]) Zunächst im *status* werden unterschieden 2 Theile,[2]) *actus poenitentiales:* 1) *Contritio* [Hol.:] *est serius et sanctus dolor cordis,*

---

tionem tamen tendentis, literali credendorum notitia instruit et assensum Evangelii historicum producit, ut ad suscipiendam fidem salvificam magis magisque disponatur. Haec est operatio Sp. S., qua is cor hominis contritum ingrediens et inhabitans, salvificam misericordiae div. in merito Xti fundatae cognitionem in eodem accendit, assensum Evangelii fiducialem producit, eundemque interno suo testimonio obsignat."
4) Streit durchs ganze 17. bis weit ins 18. Jhh. über den Einfluſs der *illum.* auf den Willen, d. i. auf die *conversio*, u. über ihre nothw. Verbindung. Die Entscheidung: Hol: „*Primo immediate illuminatur peccatoris intellectus, consequenter et mediate etiam voluntas. Cum illuminatio sit actus gratiae successivus, utique imperfecta illuminatio in intellectu hominis esse potest sine sanctificatione voluntatis.*" Cf. §. 15. Wenn aber die AKD vorziehn, die Bekehrung aus der Erleuchtung abzuleiten, so entschieden die Mystiker meist für das Gegentheil, aus der Reinigung gehe erst die Erleuchtung auf.

1) Kön: „*Conv. est actus gratiae Sp. S. applicatricis, quo is una cum Patre et Filio ex pura gratia in merito Xti fundata, per verbum div. praedicatum, hominem adultum, spiritualiter mortuum, ex statu peccati in statum fidei, successive, et quidem vi supernaturali et divina, sed resistibili, transfert, ut poenitentiam agens per fidem remissionem peccatorum consequatur et salutis fiat particeps.*" Ihsn: unterscheidet pelag. beide Betrachtungsweisen: „*Conv. trans. est efficacia Dei, qua homini emendationis adminicula suppeditat. Conv. intrans. est studium hominis, omnia vcrae emendationis praesidia in utilitatem suam convertendi.*" Die bibl. Bedeutungen von ἐπιστροφή u. μετάνοια [Vulg: *poenitentia*] sind: Reue im engern Sinne [ohne den Gl.], Übergang zum Xthum, die sittlich-rel. Umänderung in allen Stufen der Heilsordnung u. insofern gleichbedeutend mit *regeneratio, renovatio, nova creatio, vivificatio, spiritualis resuscitatio.* In den S. B. dieselbe Vieldeutigk. Die AKD haben diese verwandten Bgr. willkürlich, daher mannichfaltig distinguirt, u. einzelne Stufen der Heilsordnung ungehörig gemischt, z. B. meist *regeneratio* als *donatio fidei et virium sancte vivendi*, also die 2. Hälfte der *conversio* mit der *sanctif.* Daher jene Ausdrücke besser der erbaulichen Rede ganz überlassen bleiben.

2) C. A. 12: [XII] „*Constat poenitentia proprie his duabus partibus. Altera est contritio s. terrores incussi conscientiae agnito peccato. Altera est fides, quae concipitur ex Ev. s. absolutione, et credit propter Xtum remitti peccata, et consolatur conscientiam, et ex terroribus liberat. Deinde sequi debent bona opera, quae sunt fructus poenitentiae.*" A. C. variata [ed. Hase] p. 165: „*Non ignoramus, quod vocabulum poenitentiae grammaticis significet, improbare id, quod antea probabamus. Id magis quadrat ad contritionem, quam ad fidem. Sed nos hic, docendi causa, totam conversionem intelligimus, in qua duo sunt termini, mortificatio et vivificatio.*"

*quo peccator agnita ex Lege divina peccata sua detestatur.*³) Auf die kath. Unterscheidung: *attritio*, dolor de peccatis e metu poenarum, *contritio*, dolor de peccatis e dilectione Dei oriundus, wobei die DD schwanken, ob die Erstere zureichend sei, ist die ev. K. nicht eingegangen.⁴) Die Eintheilung von GRH : *agnitio peccatorum* u. *sensus irae divinae*, hat fast allein RNH angenommen; das erste Glied gehört zur *illum*. Die gleichfalls nicht allg. Eintheilung *contr. exitialis* u. *salutaris* (minder richtig *legalis* u. *evangelica*) unterscheidet die in sich verharrende u. vergebl. Angst, aus der die Verzweiflung kommt, vom Schmerze, der im Hinblick auf Xtum die Hoffnung wirkt, wodurch die *contr.* in ihre rechte Beziehung zur *fides* gestellt wird. Das Kennzeichen der ächten *contr.* ist nur innerlich, der Schmerz u. seine Folge der Gl. mit dem ernsten Entschlusse der Befsrung.⁵) 2) *Fides salvifica* s. §. 108. Als 3. Thl. hält MEL die *nova obedientia* für zulässig;⁶) sie wird aber mit Recht ausgelassen als zur *sanctif.* gehörig. weil ohne sie die *justif.* genauer der *conversio* entspricht, u. so wider das kath. D. der Ggns., in welchem sich dieser ganze LBgr. gebildet hat, entschiedner hervortritt.⁷) Als Modi-

---

3) *A. C.* 165: [29] „*Dicimus contritionem esse veros terrores conscientiae, quae Deum sentit irasci peccato, et dolet se peccasse.*" KÖN: „*Contr. est actus poenitentialis prior, quo homo peccator, legis fulmine perculsus et irae divinae sensu percitus, ob admissa peccata secundum Deum tristatur et exparescit, illaque serio detestatur et odit.*" RNH: „*Contr. est vehemens tristitia de peccatis, quorum nobis sumus conscii.*" Die gewöhnl. Citate: *Lev.* 26, 41. *Ps.* 147, 3. *Jes.* 42, 3. 57, 15. 66, 2. *Jer.* 23, 9. bes. *Ps.* 51, 19., wo die *Vulg.* לֵב נִשְׁבָּר וְנִדְכֶּה [zermalmtes u. zerbrochnes Herz] durch *contritio*, Zerknirschung, übersetzt.

4) *A. C.* 165: [29] „*De contritione praecidimus illas otiosas et infinitas disputationes, quando ex dilectione Dei, quando ex timore poenae doleamus.*"

5) HOL: *Indicia verae contr. sunt:* 1) *Ind. interna et certa*: a) abnegatio mali propositi et omissio peccati proaeretici, b) desiderium legale et paedagogicum medici probatissimi. 2) *Ind. externa et probabilia*: a) *in ore*, confessio, coram Deo, coram Ecc., coram Ecc. ministro, vel coram proximo; b) *in facie et habitu*, lacrymae, cilicium et saccus, cineris aspersio, percussio pectoris et femoris, scissio vestium, humicubatio squalida; c) *in opere*, jejunium et satisfactio sc. proximo laeso, vel Ecclesiae, publico scandalo offensae." RNH: „*a*) Enthaltung von den bisherigen Ausschweifungen. *b*) Scham u. Verdrufs über sich selbst. *c*) Redl. Bekenntnifs aller Vergehungen vor Gott u. allen, welchen man sie zu gestehen verbunden ist; das Eintreten dieser Verbindlichk. hat die Moraltheol. zu bestimmen." Nz : „Dadurch unterscheidet sich die Bufse zur Seligk. von der Verzweiflung, dafs sie uns in den geistl. Strafen der Sünde stets die Gnade u. den Sieg Xti mitfühlen läfst, u. entw. die Kraft der Reue selbst aus dem Versöhnungsgl. schöpft, o. doch kein Weh über die Sünde herbeiführt, welches nicht in Freude am Herrn u. im Vertrauen zum Siege überginge; dadurch aber von der blos empfindsamen o. gar weltl. Reue, dafs sie das ganze Rechtfertigungsvertrauen bedarf, um nicht Verzweiflung zu werden, u. dafs sie in jeder neuen Erregung dem Streben nach der Heiligk. des Herrn als eine Stärkung hinzutritt."

6) *A. C.* 165: [25] „*Si quis volet addere tertiam* [partem], *videlicet dignos fructus poenitentiae, h. e. mutationem totius vitae ac morum in melius, non refragabimur.*"

7) Die kath. K. fordert 3 Theile der *poenitentia*: a) *contritio cordis*, dolor cum detestatione peccati et praeposito non peccandi; b) *confessio oris*, distincta et plena omnium peccatorum, quorum aliquis sibi conscius est, enumeratio coram sacerdote; c) *satisfactio operis*, quae est in perficiendis bonis operibus et luendis poenis canonicis, quibus justitiae div. satisfiat. Dieser LBgr. hat die zeitgemäfsen Formen der alten KBufse, dadurch sich der Gefallne der K. versöhnte, verwechselt

§. 114. Conversio. §. 115. Sanctificatio.

ficationen werden angeführt: a) *Poenitentia prima s. magna, transitus e statu corruptionis ad statum gratiae.* b) *Poenitentia continuata s. quotidiana, dolor hominis jam conversi de residua ad peccandum proclivitate et vitiositate.* Da jene Erste bereits mit der Taufe begonnen hat, so wird das Bwsts. eines bestimmten Momentes für dieselbe nicht gefordert; gegen den Durchbruch der Pietisten u. Methodisten. c) *Poenitentia iterata lapsorum, qui ad meliorem frugem redeunt.* d) *Poenitentia sera, quae fit ultimis vitae momentis.*[8])

§. 115. Sanctificatio.

Sanctificatio [ἁγιασμός, ἁγιωσύνη] est *Sp. S. actio, qua severum virtutis studium in hominis justificati animo excitat.* Intransitiv: *status hominis, qui divinis viribus instructus Legi divinae satisfacere studet.*[1]) *Rom.* 6, 19, 1 *Cor.* 6, 11. 2 *Cor.* 7, 1. Sonach die reale Seite desselben Actes im Menschen, der nach sr. idealen Seite *justificatio* in Gott ist. Ihre Folgen: innerlich *restitutio liberi arbitrii,* äufserlich *bona opera.* Sie ist auf Erden ein unvollkommnes Streben; gegen *deificatio* u. *christificatio* der Mystiker, sowie gegen *opera supererogationis* der Katholiken; aber das Unvollkommne gilt als gerecht vor Gott durch Xti Verdienst.[2])

---

mit einer Versöhnung vor Gott, von welcher jene nur ein Sinnbild war. *Cf. A. S.* 321. *de falsa poenitentia Pontificiorum.*

8) Ob sie gültig sei, o. nicht vielmehr noch während des Lebens ein *terminus gratiae peremtorius* eintrete, jenseit dessen der Mensch sich zu bekehren nicht vermöge, darüber am Ende des 17. u. Anf. des 18. Jhh. *lis terministica.* Die Pietisten vornehmlich führten gegen die Wirksamk. der späten Bekehrung an: *Mt.* 3, 7 ss. 7, 21. 20, 1-6. 2 *Ptr.* 2, 20 ss. *Hbr.* 6, 4 ss. Die AKD für dieselbe: *Lc.* 23, 40 ss. *Rom.* 5, 20 s. *Jes.* 65, 2. Ihre Entscheidung, dafs zwar der Aufschub gefährlich u. allezeit schädlich sei, aber der H. G. nie aufhöre, das Herz des Sünders zu bewegen, war dem Mifsbrauch ausgesetzt, doch dem chr. Geiste angemefsner, als jene Willkür, die der göttl. Gnade Mafs u. Ziel zu setzen meinte.

1) *A. C.* 68: [45] „*Fides regenerat nos et offert Sp. S., ut deinde Legem Dei facere possimus, videlicet diligere Deum, vere timere Deum, vere statuere, quod Deus exaudiat, obedire Deo in omnibus afflictionibus, mortificat concupiscentiam etc.*" CAL: „*Sanctif. est opus Trinitatis, quo nos anima et corpore consecrat in templum suum, explens nos omnis generis virtutibus et expellens omnis generis vitia, nobisque afferens gratiam Dei et regnum coelorum.*" RSU: „*Sanctif. trans. est efficacia Dei hominem in sectanda vera virtute adjuvantis. Sanctif. intrans. est indefessum verae virtutis studium, ad chr. religionis normam exactum et e fide natum.*" SCHLR: „In der Lebensgemeinsch. mit Xto werden die natürl. Kräfte der Wiedergebornen ihm zum Gebrauch angeeignet, woraus sich ein sr. Vollkommenh. u. Seligk. verwandtes Leben bildet, welches der Stand der Heiligung heifst." Gleichbedeutend o. durch künstl. Deff. unnöthig unterschieden sind *renovatio, nova obedientia, vita spiritualis.* Auch *confirmatio, obsignatio s. conservatio* gehört zur *sanctificatio* u. *unio myst.* als einem fortwährenden Acte, wird jedoch von den AKD meist bes. behandelt. HoL: „*Conservatio est actus gratiae, quo Sp. S. habitans in hominibus justificatis et renovatis, hos adversus diaboli, mundi et carnis tentationes, quibus ad peccatum et apostasiam a Deo sollicitantur, supernaturalibus viribus praemunit, fidemque ipsorum et vitae sanctitatem confirmat et auget, ne e statu gratiae excidant, sed in eodem perseverent et aeternum salventur.*"

2) *A. C.* 95: [68 ss.] „*Sunt facienda opera propter mandatum Dei, item ad exercendum fidem, item propter confessionem et gratiarum actionem. Propter has causas necessario debent bona opera fieri, quae, quamquam sunt in carne nondum prorsus renovata, quae retardat motus Sp. Sancti, et adspergit aliquid de sua immunditie : tamen propter fidem sunt opera sancta, divina, sacrificia, et politia Xti regnum suum*

§. 116. Unio Mystica.

Unio mystica est Sp. S. actio, qua hominem sanctificatum intimo amore cum S. Trinitate conjungit. Intransitiv: *status hominis sanctificati, qui Deum intimo amore amplectitur talisque amoris beatitudine fruitur.* Jo. 6, 56. 14, 23. 17, 23. 1 Jo. 2, 6. 4, 12. Rom. 8, 9. Eph. 3, 17. Der Name nach *Eph.* 5, 32. Auch *desponsatio* nach *Hos.* 2, 2 ss. u. nach dem Hohenlied. Vorzugsweise die rel. Beziehung des neuen Lebens, das in der Heiligung mehr nach sr. sittl. Beziehung aufgefaſst wird. In dieser Bedeutung haben LUTH u. MEL, wie nachher die Thlgn. von Wittenberg u. Gieſsen gegen die von Tübingen, G r a d e der *unio* angenommen. Die meisten AKD halten diese *unio* für eine wahrhafte Vereinigung der göttl. u. menschl. Substanz [*approximatio substantiae div. ad fideles*, *conjunctio substantiae hominis cum substantia Trinitatis, inhabitatio*], schlieſsen jedoch eine pantheistische Vermischung [*commixtio s. transformatio*] aus, u. verbinden hiermit nach 1 Cor. 6, 15 ss. Gal. 2, 20. eine Vereinigung mit Xto auch nach sr. menschl. Natur.[1] Ein von den Mystikern vielgemiſsbrauchter Gedanke von noch unergründeter Tiefe. Er scheint begründet auf der H. S. u. ist ausgesprochen in den S. B.[2] Nach dem Vorgange vieler Calvinisten, der Socianer u. Arminianer denken

---

ostendentis coram hoc mundo. In his enim sanctificat corda, et reprimit diabolum, et ut retineat Evangelium inter homines, foris opponit regno diaboli confessionem sanctorum, et in nostra imbecillitate declarat potentiam suam. Pauli, Athonasii, Augustini, et similium, qui docuerunt Ecclesias, pericula, labores, conciones sunt sancta opera, sunt vera sacrificia, Deo accepta, sunt certamina Xti, per quae repressit diabolum. Sic sentimus etiam de infimis vocationibus. Per haec opera triumphat Xtus adversus diabolum."

1) KÖN: „*Unio myst. est actus gratiae Sp. S. applicatricis, quo substantia fidelium substantiae S. Trinitatis et carnis Xti, mediante fide verbo Evangelii et Sacramentorum usu accensa, arctissime, impermixtibiliter lumen, illocaliter et incircumscriptive jungitur, ut unitus hoc modo Deo et Redemptori, de gratia praesenti et gloria subsecutura certior inde factus in statu filiorum Dei persereret et tandem aeternum salvus fiat. Forma unitionis non consistit in sola affectuum harmonia, aut sola gratiosa S. Sp. in credentibus operatione; neque in transsubstantiatione s. conversione substantiae nostrae in substantiam Dei et Xti, aut vice versa; neque in consubstantiatione, ut ex duabus essentiis fiat una; neque in coalitione extremorum unitorum in unam personam, ut credens Xto unitus possit dicere: Ego sum Xtus, Xtus edit, bibit per me! sed in conjunctione substantiae hominis credentis cum substantia Trinitatis et carnis Xti arctiori et ineffabili, sine extensione aut contractione essentiae divinae aut humanae, extremis unitis essentialiter distinctis, etiam in medio unionis statu.*" Des Tändelnden haben sich auch die AKD nicht durchaus enthalten. HOL: „*Deus unionem mysticam concinnat ministerio praeconum sacrorum, qui sunt quasi paranymphi, adducentes sponsam Xto, ut illa cum hoc connubio spirituali conjungatur.*" Sie lassen dubei nicht die *sanctif.* erst auf die *unio* folgen, weil sie alle Heiligung erst als Wirkung des einwohnenden H. G. ansehn.

2) Jo. 14, 23: *Ἐάν τις ἀγαπᾷ με, τὸν λόγον μου τηρήσει· καὶ ὁ πατήρ μου ἀγαπήσει αὐτόν, καὶ πρὸς αὐτὸν ἐλευσόμεθα, καὶ μονὴν παρ' αὐτῷ ποιήσομεν.* Wenn dieses blos für *operatio gratiae* o. *conjunctio moralis* gehalten wird, so ist Gefahr, daſs die Einh. Gottes mit Xto in dr̃s. Rede [*Jo.* 14, 10 s.] von auch nichts weiter verstanden werde. Ist aber eine einzige solche Andeutung zugestanden, so sind alle Beweisstellen gefährdet; zumal die Parallele dieser beiderseitigen Einh. besonders hervorgehoben wird, Jo. 17, 21: [*Ἐρωτῶ*] *ἵνα πάντες ἓν ὦσιν καθὼς σύ, πάτερ, ἐν ἐμοὶ κἀγὼ ἐν σοί, ἵνα καὶ αὐτοὶ ἐν ἡμῖν [ἓν] ὦσιν. F. C.* 698: [65 s.] *„(Damnamus sententiam,) quod non Deus ipse, sed dona Dei duntaxat in credentibus habitent.*"

§. 117. GNADENMITTEL. ALLGEMEINES GESETZ.

die NKS die *unio* blos als *praesentia gratiae div. operativa*, o. mit den RT nur als *conjunctio moralis*, d. i. göttl. Gnadenwirkung, o. Übereinstimmung des menschlichen mit dem göttlichen Willen.[3]

Cap. IV.
De mediis gratiae.

§. 117. Allgemeines Gesetz.

Da die Gnadenwirkung im einzelnen Falle von der Naturwirkung nicht allezeit unterschieden werden kann: so ist von Wichtigk., damit schwärmerische Einfälle nicht für Eingebungen des H. G. gehalten werden, dafs jede Gnadenwirkung nur durch ihren nachweisbaren Zusammenhang mit einem von Gott als Organ sr. Gnade erklärten Gnadenmittel als solche erkannt werde.[1] *Media [adminicula] gratiae sunt instrumenta, quibus solis Sp. S. ad gratiam applicandam utitur*.[2] Als solche erklärt die ev. K. das Wort Gottes u. die Sacramente,[3] indem sie den Gl. an unmittelbare Einwirkung des

---

3) MOR: „*Unio hominis cum Deo est ibi, ubi homo novit Deum, colit Deum, ideoque cum Deo consentit, statuendo et agendo, et Deus ei beneficia, e cognitione cultuque orta, exhibet.*" RNH: „*Ea piorum felicitas, qua praesentissima Dei efficacia magis magisque emendati ad beatissimam voluntatis consensionem cum Deo ipso perducuntur.*" HAHN: „*Ea piorum felicitas, qua se praesentissima Dei efficacia adjutos et beatos sentiunt.*" WGB: „*Animi humani cum divina voluntate consensus perfectus, quo ille ad Deum continuo conversus ad majorem Dei imitationem in dies ita enititur, ut quaecunque ipse cogitet ac cupiat et quaecunque hominibus acciderint, ad Dei voluntatem referat sanctissimam ac sapientissimam.*" ERNESTI hat mit Zustimmung der meisten NKS die Ausschliefung dieses nach seiner Behauptung aus den Schulen der Mystiker entsprungnen Lehrtropus aus dem Volksunterrichte gefordert. Dgg. WTT: „Vollkommne Gemeinsch. mit Xto, dem Erlöser u. Versöhner, vollkommne Erfüllung von der Lebenskraft des H. G. u. freudige Zuversicht zum Vater."

1) *F. C.* 672: [56] „*De praesentia, operatione et donis Sp. S. non semper ex sensu (quomodo videlicet et quando in corde sentiuntur) judicari debet aut potest: sed quia haec saepe multiplici infirmitate contecta sunt, ex promissione verbi Dei certo statuere debemus, quod verbum Dei praedicatum et auditum revera sit ministerium et organon Sp. S., per quod in cordibus nostris vere efficax est et operatur.*"

2) HOL *p.* 991: „*Media salutis sunt media divinitus ordinata, per quae Deus acquisitam a Mediatore Xto salutem omnibus hominibus, in peccatum prolapsis, ex gratia offert, veramque fidem donat et conservat, juxta atque omnes, meritum Xti fide amplectentes, in regnum gloriae introducit. Media salutis duplicis sunt ordinis: Media stricte dicta, ex parte Dei δοτικά, s. salutem exhibentia, sunt verbum et sacramenta; ex parte nostri medium ληπτικόν, s. oblatam salutem apprehendens est fides merito Xti inniza. Media salutis late dicta sunt εἰσα; ωγικά, s. exsecutiva et in regnum gloriae introducentia, scil. mors, resurrectio mortuorum, extremum judicium et consummatio saeculi.*" Nur von den *exhibitivis* wird hier gehandelt.

3) *C. A.* 11: [2] „*Per verbum et sacramenta, tanquam per instrumenta, donatur Sp. S.*" *A. C.* 153: [36] „*Constat, quod traditiones humanae non sint instrumenta, per quae Deus movet corda ad credendum, sicut verbum et sacramenta divinitus tradita.*" *F. C.* 670: [50] „*Visum est Deo, per hoc medium, et non alio modo, nimirum per verbum suum et per sacramentorum legitimum usum homines ad aeternam salutem vocare.*" Nicht Aufzählung der Gnadenm., sdn. der rel. auch natürl. Segnungen durch die K: *A. S.* 329: [IV.] „*Evangelium non uno modo consulit et auxiliatur nobis contra peccatum, Deus enim superabundanter dives est gratia et bonitate sua. Primum per verbum vocale. Secundo per baptismum. Tertio per sacr. altaris. Quarto per potestatem clavium, atque etiam per mutuum colloquium et consolationem fratrum.*"

Hutterus redivivus. 11. Aufl.

H. G. als **Enthusiasmus** verwirft; ohne zu leugnen, dafs zur Zeit, als die Offnb. eingeführt wurde, Gott auch unmittelbar eingewirkt u. durch Wunder seine übernatürl. Wirksamkeit als solche bestätigt habe: jetzt aber hat er diese Einwirkung an die Gnadenmittel gebunden. Hierdurch Ggns. wider eine unfehlb. Insp. kirchl. Behörden wie gegen das *lumen internum* der Mystiker.[4] Aus dem Bgr. der *fides salvifica* folgt, dafs die Gnadenm. nur Heil bringen durch ihre Auffassung im Gl., nicht als äufsre Thatsachen abgesehen von der rel. Gesinnung, *ex opere operato*.[5] Die Gnadenm. wirken also übernatürlich u. durch den Gl., dgg. die RT u. viele NKS sie blos für die wichtigsten Beförderungsmittel des chr. Lebens halten. Der LBgr. gliedert sich in die L. von den einzelnen Gnadenm. [*verbum divinum, sacramenta*] u. von der Anstalt zu ihrer Fortpflanzung u. Verwaltung [*ecclesia*].

Loc. XIX. De Verbo divino.

§. 118. Notio.

Verbum divinum est doctrina de salute hominis, divinitus patefacta, in Sc. S. comprehensa, quae gratiam div. nobis confert.[1] Das Wort Gottes wird hier betrachtet, nicht als Erkenntnifsquell der Offnb., sdn. als Mittel, dadurch die Gnade Gottes sich an uns bethätigt.[2] Die AKD haben die dgm. Behandlung dieses Bgr. ver-

---

4) *A. S.* 331 s: [3 ss,] „*Constanter tenendum est, Deum nemini Sp. S. et gratiam suam largiri, nisi per verbum, ut ita praemuniamus nos adversus Enthusiastas, i. e. spiritus, qui jactitant, se ante verbum et sine verbo Spiritum habere, et ideo Scripturam judicant, fluctunt et reflectunt pro libito, ut faciebat Monetarius, et multi adhuc hodie, qui acute discernere volunt inter spiritum et literam, et neutrum norunt. Quid, quod etiam Papatus est merus enthusiasmus, quo Papa gloriatur, omnia jura esse in scrinio sui pectoris, et quidquid ipse in Ecc. sua sentit et jubet, id spiritum et justum esse, etiamsi supra et contra Scripturam aliquid statuat. Hoc in universum antiquus est Satanas, qui etiam Adamum in enthusiasmum conjiciebat, et ab externo verbo Dei ad spiritualitates et proprias opiniones abducebat. Quid multis? Enthusiasmus insitus est Adamo et filiis ejus a primo lapsu usque ad finem mundi.*"

5) *C. A.* 13: [XIII.] „*Damnant illos, qui docent, quod sacramenta ex opere operato justificent, nec docent fidem requiri in usu sacramentorum, quae credat remitti peccata.*" *A. C.* 71: [63] „*Adversarii fingunt sacramenta conferre Spiritum S. ex opere operato, sine bono motu utentis; quasi otiosa res sit donatio Spiritus S.*" 252: [11 ss.] „*Coena Domini non confert gratiam ex opere operato, nec applicata pro aliis vivis aut mortuis meretur eis ex opere operato remissionem peccatorum, culpae aut poenae. Et hujus status firma probatio est haec, quia impossibile est consequi remissionem peccatorum propter opus nostrum ex opere operato, sed fide oportet vinci terrores peccati et mortis, cum erigimus corda cognitione Xti, et sentimus nobis ignosci propter Xtum. Nemo sanus illam Pharisaicam et ethnicam persuasionem de opere operato probare potest. Et tamen haec persuasio haeret in populo, haec auxit in infinitum missarum numerum.*" Cf. §. 108.

1) Am: „*Docent literae sacrae, verbum Dei esse significationem voluntatis divinae qualemcunque* (Gen. 1, 3. Deut. 8, 3. Ps. 33, 6.), *cum in rerum natura, tum in mente humana, tum in virorum sacrorum institutione obviam. - Huic verbo divino, a jejunitate literae sejuncto* (Jo. 6, 62 s. Rom. 7, 6. 2 Cor. 3, 6.), *vim coelestem ad peccatores tum arguendos* (Jer. 23, 29. 1 Ptr. 1, 23. Hbr. 4, 12.), *tum salvandos et salutari cognitione imbuendos* (Rom. 1, 16. 1 Cor. 1, 18.) *inesse docent.*"

2) Hol: „*Verbum divinum hic non consideratur ut principium γνώσεως s. cognoscendi, sed ut medium πράξεως s. operandi, cujus interventu peccator a Deo ad salutem aeternam perducitur.*"

§. 118. BEGRIFF DES GÖTTL. WORTS.

nachlässigt, indem sie sich allein mit seinen einzelnen Gliedern, *Lex et Ev.* beschäftigten. Als Inhalt der H. S. wird das W. G. durchaus angesehn: aber aus der Eintheilung in *Lex et Ev.*, die weder der Eintheilung in A. u. N. T., noch dem sämmtl. Inhalte der H. S. entspricht, u. aus der Anerkennung, daſs auch die krchl. Predigt, da sie doch eine freie Entwicklung des Schriftsinnes ist, W. G. sei, folgt, daſs in den S. B. die H. S. u. das W. G. auch nach ihrem Umfange unterschieden werden. Die AKD wurden durch die Schmähungen der Mystiker gegen das geschriebene Wort zur Gleichstellung von W. G. u. H. S. veranlaſst.³) Erst BDD unterschied in der H. S. ein *objectum primarium*, das zur Seligk. Nothwendige, als das eigentl. W. G., u. *secundarium*, das zur Erläuterung u. Bestätigung Nützliche.⁴) Ein seitdem mehr anerkannter, als begründeter Unterschied. W. G. ist der rel. Inhalt der H. S. u. die auf dms. begründete ev. Predigt; sonach th. von engerm, th. von weiterm Umfange als die H. S. Mit Recht ist aber neben diesem Unterschiede bes. von RNH der Werth des ganzen Inhalts der H. S. zur Erbauung o. Belehrung vertheidigt worden; denn, wofern auch nicht behauptet werden könnte, daſs der H. G. nicht eingegeben haben würde, was er nicht für nöthig gefunden hätte [*cf. p.* 87]: so würde doch vermessen sein zu behaupten, daſs irgendein Theil der H. S. weder für den Gelehrten unterrichtend, noch für den gemeinen Xten erbaulich sein könne; aber nothw. zum Heile ist nur das W. G. in der H. S.⁵)

3) *Cf. p.* 75. „*S. Sc. est verbum divinum.*" Gnu: „*Inter verbum Dei et Sc. S., materialiter acceptam, non esse reale aliquod discrimen, probatur:* 1) *Ex Sc. materia. Idem Prophetae et Apostoli scripserunt, quod div. inspiratione edocti prius viva voce praedicarunt.* 1 *Cor.* 15, 1. *Phil.* 3, 1. 2 *Thss.* 2, 15. 1 *Jo.* 1, 3; 2) *Ex phrasium ἰσοδυναμίᾳ. Vaticinia prophetica V. T. in N. T. quandoque allegantur his verbis: ut impleatur, quod dictum est per prophetam. Mt.* 1, 22. *Ergo quod prophetae dixerunt vel praedixerunt, idem est cum eo, quod scripserunt;* 3) *Ex regula logica: accidens non mutat rei essentiam. Accidit Dei verbo, sive voce enuncietur sive in literas redigatur. Unum idemque Dei verbum est, sive praedicationis sive scriptionis modo innotescat, cum nec causa efficiens principalis, nec materia nec forma interna, nec finis mutetur, sed tantum modus patefactionis in usu organico consistens variet.*" Aber nach solchen Gründen blos mit der Unterscheidung des gesprochnen u. geschriebnen Worts [ἄγραφον u. ἔγγραφον] wäre auch die kath. Gleichstellung von H. S. u. Tradition berechtigt. Doch blieb immer eine gewisse Verschiedenh. anerkannt, da nicht der ganze Inhalt der H. S. als GArtikel angesehn, sdn. individuelles Menschenwort, Kains-, Judas- u. Teufels-Wort unterschieden wurde. *Cf. p.* 95 s.

4) BDD *p.* 165: „*Si*, *quae in Sc. S. quaerenda sint, scire cupias, primo quidem ponenda loco erunt omnia ea, quae scitu credituque ad salutem sunt necessaria, tum vero et reliqua omnia, in quorum commemoratione Sc. S. versatur. Atque hinc quidem, quodnam objectum Scripturae tum primarium, tum secundarium sit, intelligere licet.*"

5) EBR. *I. p.* 38: „Die H. S. ist ein unter Gottes Leitung u. mit der Gesch. des Reiches Gottes entstandener geistiger Organismus, wo das minderbedeutende im organischen Zusammenhang mit dem übrigen aufgefaſst werden will, u. nicht fehlen darf, ohne daſs die Vollständigk. u. Schönh. des Ganzen leidet." Doch folgt daraus nicht, daſs die Unterscheidung der modernen Th. zwischen H. S. u. W. G. „grundverkehrt" sei, sdn. nur diej., welche wählerisch nicht den ganzen rel. Inhalt der H. S. anerkennt u. einen vermeinten Geist d. i. der Herren eignen Geist an die Stelle des Wortes setzt.

16*

§. 119. Efficacia.

Efficacia verbi div. est ea vis, qua Sp. S. per verbum div. legenti rel audienti gratiam confert. Die natürl. Wirksamk. des W. G. auf Verstand, Gefühl u. Willen, die es gemein hat mit jedem geistvollen Worte, gehört nicht eigentlich hierher, sdn. nur die übernatürl. Wirkung als Gnadenm.[1) Die S. B. haben diese Wirksamk., ohne das Vrh. zwischen Wort u. Geist näher zu bestimmen, anerkannt, u. es gehört zu den Verdiensten der ev. K., das W. G. als das mächtige Mittel geistiger Gemeinschaft u. Wirksamk. wieder zum Fundamente des Cultus, insb. als christl. Predigt zum Centrum desselben gemacht zu haben.[2) Die AKD betrachteten diese Kraft als eingeboren dem göttl. Worte durch eine mystische Vereinigung mit dem H. G.[3) [*Jes.* 55, 11. *Jer.* 23, 29. *Rom.* 1, 16. *Hbr.* 4, 12.], dgg. CLX u. MUSAEUS nur als *elevatio virtutis naturalis per Sp. S. ad effectus supernaturales producendos*, u. RATHMAN im Ggns. wider den Mifsbrauch, der das Lesen in der H. S. als *opus operatum* trieb, erklärte

---

1) BSH: „*Vis naturalis Sc. S. est praestantia argumenti, ad erudiendum et conformandum hominis animum apta. Vis supernaturalis est efficacia ipsius Dei s. Sp. S. per religionem, in libris s. patefactam et rite cognitam, hominum animos ad veram virtutem perducentis.*" HAHN: „1) *Vis nat., quam cum argumento cujusque libri boni communem habet*: a) *logica, praestantia argumenti ad hominum mentem erudiendam apta*, b) *rhetorica, ad bonos animi sensus et affectus ciendos accommodata*, c) *moralis, ad voluntatem hominis regundam apta;* 2) *supernaturalis, quae propria est ipsi et a singulari Sp. S. operatione repetenda.*"

2) *C. maj.* 426: [90 ss.] „*Videmus mollem turbam Religiosorum, qui quotidie in templis stantes boant et vociferantur, sed nullum sanctificant hac stentorea vociferatione et lupino illo ululatu suo sabbatum. Neque enim ullum Dei verbum docent aut exercent, sed plane contrarium et doctrina et vita exprimunt. Siquidem Dei verbum unicum illud sacrum est, quod omnes res sacras longe lateque sanctitat et praecellit, imo potius unicum illud mysterium, quod nos Xtiani scimus et habemus. Nam tametsi omnes omnium Sanctorum reliquias et ossa in acervum cumulata possideremus, aut in universum omnes sacras vestes haberemus: nihil tamen inde emolumenti caperemus aut sentiremus auxilii. Sunt enim res mortuae, neminem sanctificare valentes. Verum enim vero Dei verbum thesaurus ille est et gaza pretiosissima, quae omnia sanctificat, cujus adminiculo etiam ipsi Sancti omnes sanctimoniam consecuti sunt. Jam quacunque hora verbum Dei docetur, aut repetitur memoria, ea hujus tractatione auditentis persona, dies et opus sanctificatur, non externi quidem operis gratia, sed propter verbum, quo omnes nos sancti reddimur.*" 429: [101] „*Ea vis et virtus verbi est, ut, ubi seria quadam animi agitatione tractatur, nunquam sine fructu evanescat, sed subinde nova quadam intelligentia, voluntate et devotione auditorem afficiat, retineat et excitet, pectusque et cogitationes purificet. Neque enim verba sunt putrida, aut emortua, sed plane viva et efficacia.*" Die natürl. Wirkung ist hier nicht ausgeschlossen, solche concrete Auffassung ziemt dem Volksunterrichte: aber keineswegs konnte LUTH, wie BRT meint, der blos natürl. Kraft eine solche rel. Wirkung zuschreiben.

3) CAL: „*Virtus divina,' qua pollet Sc. S. intrinsece et per se, ex ordinatione et communicatione divina, etiam ante et extra omnem usum.*" HOL: „*Verbum div. est medium salutis efficacissimum, quippe cujus vis est non accidentalis, sed necessaria ex necessitate ordinationis divinae, atque adeo non separabilis, extra usum quoque verbo divino, qua actum primum, competens. Est haec efficacia vere divina, eundem cum Sp. S., qui perpetuo cum verbo unitus est, producens effectum, in quem Sp. S. influit una cum verbo per vim divinam, quae Spiritui S. originaliter et independenter, verbo Dei communicative et dependenter, propter mysticam verbi cum Sp. S. unionem intimam et individuam, competit.*" Die Bezeichnung der Wirksamk. des H. G. durch [*L. S.*] *tractus* u. [BERTLING] *tactus* ist bildlich.

§. 120. Lex et Evangelium.

das W. G. nicht allezeit, sdn. nur dann für wirksam, wenn es ordentlich benutzt werde u. ein bes. *concursus* des H. G. hinzukomme. Die NKS stimmten mit CLX überein, o. abstrahirten gänzlich vom Übernatürlichen (DDR, SCHOTT, HAHN), o. setzten dasselbe nicht in die Wirkung, sdn. blos in den Ursprung [MICH]. Da der H. G. selbst das W. G. verfafst hat, sonach das W. G. nur eine bestimmte Erscheinung des H. G. ist: so haben die AKD den richtigen Ausdruck, u. jede Trennung von Wort u. Geist ist unzulässig. Daher wird die Wirksamk. bestimmt als: a) *essentialis, cum verbo semper conjuncta et quemcunque legentem vel audientem movens* [*actu primo i. e. sec. efficacitatem*]; *sed* b) *resistibilis, nulla vi cogens* [*actu secundo i. e. sec. effectum*]: *inde* c) *ordinata, legibus cognoscendi et appetendi accommodata*, der Mensch mufs das Wort zu verstehn u. anzunehmen suchen. Die Wirksamk. ist obj. *vis divina*, subj. *testimonium Spiritus Sancti cf.* §. 45.

{§. 120. Lex et Evangelium.}

Der antinomistische Streit Agricolas gegen die Predigt des Gesetzes für die Wiedergebornen mit unklarer Polemik gegen das ganze A. T. wurde nach frühern Andeutungen [1]) in der *F. C.* entschieden, wie folgt: *Verbum divinum absolvitur Lege et Evangelio.* [2]) 1) *Lex est summa eorum, quae Deus facere jussit hominem, additis minis in Legis transgressores.* [3]) Dieses Sittengesetz umfafst sowohl das im A. u. N. T. geoffenbarte, als auch das natürl. Gesetz. [4]) Die AKD handeln daher vom Naturgesetze als einem allgemeinen obwohl unvollkommnen Sittengesetze, u. vom eigentl. Moralgesetze, als dem ewiggültigen Theile des Mos. Gesetzes, dessen Summa

---

1) *A. C.* 94: [65] „*Futemur Scripturam alibi Legem, alibi Ev. s. gratuitam promissionem peccatorum propter Xtum tradere.*" 60: [5 s.] „*Universa Scriptura in hos duos locos praecipuos distribui debet, in Legem et promissiones. Alias enim Legem tradit, alias tradit promissionem de Xto, videlicet cum aut promittit, Xtum venturum esse, et pollicetur propter eum remissionem peccatorum, aut in Ev. Xtus, postquam apparuit, promittit remissionem peccatorum, justificationem et vitam aeternam. Vocamus autem Legem in hac disputatione Decalogi praecepta, ubicunque illa in Sc. leguntur. De caerimoniis et judicialibus legibus Moisi in praesentia nihil loquimur.*" *Lex* wird aber auch noch für das A. T., *Ev.* für das N. T. gebraucht, jenes für das Judenth., dieses für das Xthum; auf dieser Unbestimmth. zunächst beruhte der antinomistische Streit. *A. C.* 71. (62.) 165. [29.] *A. S.* 318 s. [1 s.]

2) *F. C.* 592: [2] „*Credimus, discrimen Legis et Ev., ut clarissimum quoddam lumen, singulari diligentia in Ecc. Dei retinendum esse, ut verbum Dei, juxta admonitionem Pauli, recte secari queat.*"

3) *F. C.* 592: [3] „*Credimus, Legem esse doctrinam divinitus revelatam, quae doceat, quid justum Deoque gratum sit; quae etiam, quidquid peccatum est, et voluntati divinae adversatur, redarguat.*" 713 s: [17] „*Lex proprie est doctrina divina, in qua justissima et immutabilis voluntas Dei revelatur, qualem oporteat esse hominem in sua natura, cogitationibus, verbis, factis, ut Deo probari possit. Simul autem transgressoribus Dei iram et temporalia atque aeterna supplicia Lex denuntiat. Nam quicquid peccatum arguit, id Legis habet rationem.* „RNH: „*Lex est complexus omnium, quae Deus ab hominibus ita fieri vult, ut secus agentes poenis afficiat.*"

4) *A. C.* 61: [7] „*Humana ratio naturaliter intelligit aliquo modo Legem, habet enim idem judicium scriptum divinitus in mente. Decalogus autem requirit non solum externa opera civilia, quae ratio utcunque efficere potest: sed etiam requirit alia longe supra rationem posita, scil. vere timere Deum, vere diligere Deum etc.*" Diese rel. Gebote, *leges primae tabulae*, werden der Vft. nicht zugestanden.

im Decalogus enthalten ist.⁵) Diese bedingte Anerkennung des Naturgesetzes ist richtiger, als die Beschränkung des Moralgesetzes auf das Mos. Gesetz, denn erst durch das N. T. ist das Moralgesetz mit seinen höchsten geistigen Fordergn. u. in der Erbs. die ganze Tiefe unsers Sündenelendes offenbar geworden.⁶) *Legis usus est triplex:* a) *politicus s. civilis, quatenus externo hominum timore externam quandam disciplinam retinet;* b) *elenchticus s. paedagogicus, quatenus interno Dei terrore ad miseriam agnoscendam fidemque impetrandam peccatorem ducit;* c) *didacticus, normativus s. tertius, quatenus docendo renatorum vitam regit.*⁷) 2) *Evangelium* est doctrina de venia peccatorum per Xtum obtinenda.⁸) Sonach gehören auch

---

5) Hol: „*Lex divina est universalis et perpetua, vel particularis et temporaria. Lex perpetua dividitur in Legem naturalem et moralem specialiter sic dictam. Lex naturalis est jussum Dei, omnium mentibus naturaliter impressum, quo informantur et obligantur ad faciendum ea, quae per se sunt recta et honesta, et ad fugiendum ea, quae per se sunt iniqua et turpia, in laudem Dei Creatoris et societatis civilis conservationem. Lex moralis est jussum Dei, Legi naturali verbo divino revelato superadditum, inde ab origine mundi saepius repetitum, et tandem in monte Sinai solemniter promulgatum, atque in litteras relatum, distincte praecipiens honesta, et prohibens turpia, omnes motus externos et internos dirigens, omnesque homines obligans ad obedientiam perfectissimam, vel, hac deficiente, ad poenas exquisitissimas. Lex naturalis est imperfectior, Lex moralis perfectior et clarior. Illa dirigit externam disciplinam, haec tam internos, quam externos motus hominum. Lex temporaria est, quam Deus solis dedit Israelitis, eosque ad obedientiam obstrinxit, quae cadente Hebraeorum politia et ipsa cecidit; est vel caerimonialis vel forensis. Lex caerimonialis est jussum Dei, quo summus Legislator populum Veteris T. obligavit, et per Mosen certam formam externi cultus praescripsit, ut homines peccatorum commonefaceret, contritis Redemptorem eminus ostenderet, et gratiam foederalem per duo sacramenta et varia sacrificia applicaret et obsignaret. Lex forensis s. judicialis est jussum Dei, quo is Israelitas temporibus Veteris T. obligavit, et iisdem formam gubernationis politicae per Mosen praescripsit, ut externa disciplina in societate civili conservaretur, et politia Judaica, in qua Xtus nasciturus erat, ab aliarum gentium politiis discerneretur.*" Rnh: „*L. moralis leges verae virtutis continet; caerimonialis de cultu Dei publico praecipit; civilis ad gubernandam rempublicam Israelitarum pertinet.*"

6) *F. C.* 593: [6] „*Velum illud Moisis omnium oculis est obductum, quamdiu solam Legis concionem, nihil autem de Xto audiunt. Itaque peccata sua ex Lege non vere agnoscunt: sed aut hypocritae fiunt, qui justitiae propriae opinione turgent, quales erant Pharisaei; vel in peccatis suis desperant, quod Judas fecit. Eam ob causam Xtus sumpsit sibi Legem explicandam spiritualiter et hoc modo ira Dei de coelo revelatur super omnes peccatores, ut, vera Legis sententia intellecta, animadvertatur, quanta sit illa ira. Et sic demum peccatores ad Legem remissi vere et recte peccata sua agnoscunt.* Gal. 3, 22.

7) *F. C.* 504 s: [1] „*Cum constet, Legem Dei propter tres causas homini datam esse, primo, ut externa quaedam disciplina conservetur, et feri atque intractabiles homines quasi repagulis quibusdam coerceantur; secundo, ut per Legem homines ad agnitionem suorum peccatorum adducantur; tertio, ut homines jam renati, quibus tamen omnibus multum adhuc carnis adhaeret, eam ipsam ob causam certam aliquam regulam habeant, ad quam totam suam vitam formare possint et debeant: orta est inter paucos quosdam Theologos controversia super tertio usu Legis: videlicet an Lex etiam renatis inculcanda, et ejus observatio apud eos urgenda sit, an non.*" Dieser Theil des antinomistischen Streites wurde durch *F. C. VI. de tertio usu Legis* entschieden: *tertius usus ad renatos pertinet, non quatenus justi, sed infirmitati adhuc obnoxii sunt.*

8) *F. C.* 714: [20] „*Ev. proprie doctrina est, quae docet, quid miserrimus peccator credere debeat, ut remissionem peccatorum apud Deum obtineat.*" *Cf.* 592. [5.]

§. 120. Lex et Evangelium.

im A. T. das Protev., alle mess. Weifsgn. u. Typen zum Ev. - Diese in der H. S. zwar nur angedeutete Eintheilung [9] ist höchst angemessen, um die H. S. in ihrer höchsten praktischen Bedeutung (*ad salutem s. potius ad religionem necessaria*) anzuerkennen,[10] u. die beiden Fundamente der Versöhnung jedes in sr. eigenthüml. Geltung hervorzuheben: das Gesetz, welches unerbittlich verdammt durch das Gewissen, u. das Ev., das uns den Frieden mit Gott bringt durch das Zeugnifs des H. G.[11] Daher streng zu scheiden in der Lehre, damit sowohl der Ernst des Gewissens als die Barmherzigk. Gottes erkannt werde, mufs doch im Leben Gesetz u. Ev. allezeit beisammen gehn, da das Gesetz allein die Verzweiflung, das Ev. allein den Leichtsinn predigen würde;[12] u. so vereint hat Xtus sie verkündigt.[13]

Loc. XX. De Sacramentis.

§. 121. Notio.

Seit Tertullian wurde gewöhnlich, die bedeutungsvollsten Cäremonien des krchl. Cultus als Scrm. auszuzeichnen.[1] Nach langer

---

9) *Νόμος;* das A. T. Jo. 10, 34., die Mos. Gesetzgebung *Rom.* 2, 12 ss. *Gal.* 4, 4 s. 5, 18. 1 *Cor.* 9, 20., die Mos. Schriften *Mt.* 5, 17. *Act.* 13, 15., einzelne Mos. Einrichtgn. *Lc.* 2, 22. *Jo.* 19, 7. *Phil.* 3, 5 s., durch Zusätze [Gesetz Xti, der Freih., des Gl.] die christl. Rel. *Rom* 3, 27. *Gal.* 2, 19. 6, 2. *Jac.* 1, 25. *Εὐαγγέλιον laetus nuntius* 2 *Sam.* 18, 20 ss. *LXX*, die christl. Rel. nach ihren verschiednen Beziehungen *Mc.* 13, 10. *Lc.* 9, 6. *Eph.* 6, 15. *Phil.* 1, 27., wie die *F. C.* 592 [6] anerkennt: „*Cum vocabulum Ev. non semper una eademque significatione in Sc. S. usurpetur, unde et dissensio illa* [*antinomistica*] *primum orta est: confitemur, si vocabulum Ev. de tota Xti doctrina accipiatur* (*Mc.* 1, 15. *Act.* 20, 24.), *recte dici, Ev. esse concionem de poenitentia et remissione peccatorum.*" Seinem Wesen nach angedeutet ist aber der krchl. Sprachgebrauch darin, dafs Paulus in der Darstellung dieser L. allezeit *νόμος* vom verurtheilenden Gesetz braucht; in der Bedeutung von *εὐαγγ.* aber, als entsprechend der Paulinischen *πίστις εἰς Χριστόν,* herrscht das Moment der Gnade entschieden vor, *Rom.* 1, 16. 3, 22. 10, 16.

10) Rnh wendet gegen die ganze Eintheilung ein, dafs sie nicht genau sei, da nicht alles, was die H. S. enthalte, unter diese beiden Haupttitel gebracht werden könne. Dies aber ist eben das Treffliche dieser Eintheilung, dafs dadurch alles rein Metaphysische u. blos Historische zurückgestellt, aber das Praktische als zur Seligk. noth hervorgehoben wird. Es ist Eintheilung des W. G., nicht der H. S.

11) *F. C.* 716: [24 s.] „*Concione Legis ejusque gravissimis comminationibus in ministerio N. T. mentes impoenitentium perterrefaciendae, atque ad veram peccatorum agnitionem et ad agendam poenitentiam sunt adducendae. Id tamen non eo modo, ut propter peccata desperent, sed ut ad Xtum confugiant: Lex enim paedagogus est in Xtum, et cum Xtus sit finis Legis, non a Xto. sed ad Xtum nos ducit. - Quare ne doctrina Legis et Ev. denuo commisceatur, et uni, quod alterius est, tribuatur, summo studio vera et propria differentia urgenda est. Confusio enim facile meritum Xti obscurare, et Ev. in Legem transformare posset, quod sub Papatu accidisse videmus. Et hac ratione piis mentibus vera consolatio, quam ex Ev. contra terrores Legis haurire debent, eriperetur.*"

12) *F. C.* 715 s: [23 s.] „*Haec duo doctrinarum genera jam inde a condito mundo in Ecc. Dei, concinenti tamen discrimine, proposita fuere. - Haec duo doctrinae chr. capita credimus usque ad novissimum diem, concinenti tamen discrimine, in Ecc. Dei proponenda et urgenda esse.*" Hol: „*Lex et Ev. in praxi quovis puncto mathematico sunt conjunctiora. Confluunt enim ad poenitentiam peccatoris, ad renovationem hominis justificati, ad conservationem hominis renovati in perseverantia pietatis.*"

13) *Mt.* 4, 17: *Μετανοεῖτε· ἤγγικε γὰρ ἡ βασιλεία τῶν οὐρανῶν.*

1) Der classische Sprachgebrauch geht aus von *sacrare, res quaecunque sacrata,* daher ein beim *Pontifex M.* niedergelegtes Depositum, der Eid, bes. des Krie-

248 PARS IV. SOTEROLOGIA. Loc. XX. SACRAMENTA.

Unbestimmtheit wurde ihre Zahl zumeist durch PETRUS LOMB. auf 7 festgesetzt; nach sr. Def. *Scrm. est id, quod ita signum est gratiae Dei et invisibilis gratiae forma, ut ipsius imaginem gerat et causa existat.* Hiernach die zu Florenz u. Trient ausgesprochne KL.[2]) Die Reformatoren, nach einigem Schwanken,[3]) liefsen nur Taufe u. AM als Scrm. gelten, weil sie allein unter den heil. Bräuchen von Xto als Gnadenm. eingesetzt sind. *Scrm. est ritus per Xtum institutus, in quo cum re sensibili exhibetur bonum invisibile ad salutem recte utenti.*[4]) Hiernach die AKD, indem sie Scrm. des A. T. nach ihrer typischen Bedeutung nicht geringer achteten,[5]) von den Scrm. des N. T: 1) *Materia sacramenti:* a) *terrestris* [*visibilis s. elementum*], *aqua, panis et vinum;* b) *materia coelestis* [*invisibilis*], α) *mandatum divinum,* β) *gratiae oblatio.*[6]) 2) *Forma:* a) *interna est unio sacramentalis,*

gers. Der patristische Gebrauch in der Vermischung mit μυστήριον u. סְתִיר, daher jede heil. Sache, allegorische Deutung, geheimnifsvolles D. oder Fest, insbesondre Taufe u. AM als geheimnifsvolle wunderbar wirkende Cäremonien. Synonym: *symbola, signa, miracula, verbum Dei visibile* als coordinirt dem *verbum Dei verbale.*
2) *Cat. Rom:* „*Scrm. est res sensibus subjecta, quae ex Dei institutione sanctitatis et justitiae tum significandae tum efficiendae vim habet.*" *Baptismus, Confirmatio, Ordo, Poenitentia, Eucharistia, Matrimonium, Unctio extrema.* Die ersten 3 mit *character indelebilis,* die andern lassen zu u. fordern zum Theil *iteratio.* Ebenso die griech. Kirche mit einem Unterschiede von Sacramenten 1. u. 2. Ordnung.
3) LUTH hatte bereits in den Catech. nur von 2 Scrm. [*Captiv. Babyl:* *poenitentia* als *iteratio Baptismi* 3. Scrm.] gesprochen, als den von Xto eingesetzten. *A. C. 200 s.* wird *Absolutio* als *Scrm. poenitentiae* mit aufgezählt u. die Betrachtung der *Ordinatio* als Scrm. freigelassen. Hierdurch sind neuere Vorschläge einer Vermehrung der Scrm. entschuldigt: AUG: *Absolutio.* AM: *Redditio animae in manus Domini.* KBR: *Impositio manuum.*
4) *A. C. 200:* [3] „*Si Scrm. vocamus ritus, qui habent mandatum Dei, et quibus addita est promissio gratiae, facile est judicare, quae sint proprie Scrm. Nam ritus ab hominibus instituti non erunt hoc modo proprie dicta Scrm. Non est enim auctoritatis humanae, promittere gratiam. Quare signa sine mandato Dei instituta non sunt certa signa gratiae, etiamsi fortasse rudes docent et admonent aliquid.*" 233: [18] „*Scrm. est caeremonia vel opus, in quo Deus nobis exhibet hoc, quod offert annexa caeremoniae promissio.*" KÖN: „*Scrm. est sacra et solemnis actio divinitus instituta, qua Deus interveniente hominis ministerio, mediante visibili atque externo elemento, cum verbo institutionis conjuncto, rem coelestem singulis utentibus exhibet, ad applicandam et obsignandam promissionem de gratuita peccatorum per Xtum remissione.*"
5) KÖN: „*Circumcisio est scrm. Veteris T. prius, quo Deus ordinarie per Ecclesias ministerium homini masculo Ecclesiae Jud. inserendo, praeputii cruenta resectione, futuram sanguinis Messiae in assumta carne effusionem praefigurante, fidem et gratiam foederalem conferebat et obsignabat, ad div. bonitatis et sapientiae gloriam et ipsius circumcisi salutem. Agnus paschalis est alterum V. T. scrm., quo Deus per agnum typicum verbo singulariter consecratum, mactatum et manducatum, liberationem a morte spirituali obtulit, et credentibus contulit in sapientiae et bonitatis suae laudem et utentium salutem.*" KL: „War nach dieser Ansicht ein Erlöser nöthig? daher betrachteten auch Andre die Scrm. des A. T. blos als Typen, mit denen die oblatio et collatio gratiae nicht verbunden war." Das aber ist eben der wahre Typus, durch welchen die Versöhnung in Hinsicht auf den kommenden Versöhner verkündigt wird; wie einige SL lehrten: *per accidens justificant, non per se.* Wenn dgg. die NKS seit MICH diese Scrm. des A. T. verwerfen, so mögen sie sagen, wodurch u. warum Gott mit dem hebr. Volke einen Bund schlofs, wenn nicht, weil u. damit der Versöhner aus ihm hervorgehn sollte, also typisch auf Xtum. Das ganze Judenth. hat nur als Typus, d. h. subj. als Ahnung, obj. als Vorbereitung auf das Xthum eine Bedeutung.
6) Die S. B. bezeichnen die Bestandtheile als *signum* u. *verbum*, *Signum s. ri-*

§. 121. Inhalt u. Wirkung des Sacramentes. 249

quae utramque materiam conjungit; b) *externa i. e. administratio, absolvitur actibus formalibus:* α) *consecratione i. e. recitatione verborum institutionis;* β) δόσει *s. datione;* γ) λήψει *s. acceptatione;* dgg. in der kath. K. schon durch *consecratio* das Scrm. vollendet wird. 3) *Finis est* a) *primarius: oblatio et collatio gratiae divinae,* α) *exhibitiva convertendis,* β) *obsignativa renatis;* b) *secundarius: sacramenta sunt* α) *notae Ecclesiae s. professionis inter homines,* β) *vincula caritatis et nervi publicorum congressuum,* γ) *monumenta beneficiorum Xti,* δ) *incitamenta ad virtutum exercitia.*7) Diese Wirkung ist allein bedingt durch den Gl. des Empfangenden, unabhängig von der sittl. Beschaffenh. u. jeder innern Einwirkung des Administrirenden. Die erste u. die letzte Bestimmung gegen die kath. KL.8) Calvin trennte nur den H. G., der durch das Scrm. wirkt, zu scharf von seinem Mittel, weil den zur Verdammnifs Prädestinirten die Gnade im Scrm. nicht einmal angeboten werde; dgg. nach Zwinglis Vorgange die Arminianer u. NKS das Scrm. immer mehr zum blosen Sinnbilde göttlicher Gnade machten.9) Die Quäker verwerfen den äufsern Gebrauch als fleisch-

---

tus, incurrens in oculos et corda movens ad credendum. Verbum i. e. promissio et oblatio gratiae. A. S. 329: [1] „*Accedit verbum ad elementum, et fit Sacramentum.*" Seit Ghh wurde *verbum div.* u. *gratia div.* als Bestandtheil des Scrm. von der eigentlichen *materia coelestis* unterschieden als dem göttl. Leib u. Blut im AM. [Also a) *verbum div.* b) *materia terrestris,* c) *materia coelestis.*] Da jedoch über eine ähnliche Himmelsmaterie in der Taufe die Ansicht nothw. schwankte, wurde seit Br diese Bedeutung der *materia* [*coelestis*] wieder zurückgestellt u. als der himml. Bestandtheil die Gnade Gottes nach ihren verschiednen Beziehungen als W. G., H. G. o. Sündenvergebung bezeichnet.

7) C. A. 13: [XIII.] „*Scrm. instituta sunt, non modo ut sint notae professionis inter homines, sed magis ut sint signa et testimonia voluntatis Dei erga nos, ad excitandam et confirmandam fidem in his, qui utuntur, proposita.*" A. C. 253: [18] „*Hic offert et exhibet Deus remissionem peccatorum.*" 267: [60] „*Scrm. sunt signa voluntatis Dei erga nos, non tantum signa hominum inter sese.*"

8) A. C. 203: [18 ss] „*Simpliciter judaica opinio est, sentire, quod per caeremoniam justificemur, sine bono motu cordis, h. e. sine fide: et tamen haec impia et perniciosa opinio magna auctoritate docetur in toto regno Pontificio. - Nos docemus, quod in usu Sacramentorum fides debeat accedere, quae credat istis promissionibus et accipiat res promissas, quae ibi in Scrm. offeruntur. Et est ratio plana et firmissima. Promissio est inutilis, nisi fide accipiatur. At Scrm. sunt signa promissionum. Hic usus Scrm. consolatur pias et pavidas mentes: quantum autem in Ecc. abusuum peperit illa fanatica opinio de opere operato sine bono motu utentis, nemo verbis consequi potest.*" Cf. §. 117, nt. 5. Conc. Trid. S. VII. can. 8: „*Si quis dixerit, per ipsa scrm. ex opere operato non conferri gratiam, sed solam fidem divinae promissionis ad gratiam consequendam sufficere: anathema sit.*" — C. A. 12: [VIII.] „*Scrm. propter ordinationem et mandatum Xti sunt efficacia, etiamsi per malos exhibeantur.*" Gegen Anabaptisten u. andre Fanatiker, die nur Wiedergebornen eine kräftige Verwaltung der Scrm. zugestanden. — Conc. Trid. S. VII. can. 11: „*Si quis dixerit, in ministris, dum scrmi. conficiunt et conferunt, non requiri intentionem saltem faciendi, quod facit Ecclesia: anathema sit.*" Unser Ggns. wider diese Usurpation des Clerus ist weniger unbedingt auszusprechen, als die KD pflegen. Eine innerl. Willenseinwirkung mufs die ev. K. nach ihrer L. vom geistl. Stande verwerfen, wohl aber den bethätigten Willen fordern, so zu administriren, wie die K. thut, weil aufserdem wesentl. Momente des Sacraments fehlen könnten.

9) Zwingli: „*Sunt sacramenta signa vel caeremoniae, quibus se homo Ecclesiae probat aut candidatum, aut militem esse Xti, redduntque Ecclesiam totam certiorem de tua fide, quam te.*" Socinianer: *Signum professionis et communicationis eccl.* Ar-

liche Sitte, die RT empfehlen ihn als religiös anregende Handlung, jene mit dem Hochmuth, der die sinnliche Natur des Menschen verkennend über Xtus hinauswill, diese auf das blos Natürliche beschränkt. Ein Theil der neuluth. Partei erhebt die Scrm. über die *fides salvifica*.[10]

§. 122. Baptismus.

Nach Xti Gebrauch u. Gebot[1] hat die Taufe allezeit als Bad der Wiedergeburt u. als Weihe zur Xheit gegolten. *Baptismus est initiationis et regenerationis sacramentum, quo per aquam cum verbo divino conjunctam gratia divina offertur et per fidem accipitur.*[2] 1) *Materia* a) *terrestris est aqua;* b) *coelestis est verbum divinum, quod conspicitur tum* a) *institutione Xti,* β) *tum gratia ad regenerationem efficaci.*[3] 2) *Forma est:* a) *interna, elementi verbique unio sacra-*

m i n i a n e r: *Tessera mutuae inter Deum ac homines confoederationis.* Mor: „*Ritus in Sc. S. ideo praescriptus, ut, quippe pertinens ad religionem, saluber sit observantibus.*" Rxн: *Ritus sacer, ab ipso Xto institutus, per quem rite utentes beneficiorum quorundam div. participes fiunt.*" Am: „*Mysteria visibilia, h. e. actus solennes ad religionem pertinentes.*" Der wesentl. Unterschied der ältern von der neuern Ansicht ist der sonst aufgestellte zwischen der luth. u. zwingl. K: nach jener sind scrm. *signa praebentia, exhibitiva s. collativa sc. gratiam*, nach dieser *signa significantia s. mere σημαντικά*. Die höhere Einh. besteht darin, dafs auch in der letztern Ansicht der rel. Glaube wahrhaft gestärkt wird; der Unterschied bleibt, dafs diese Erhöhung des rel. Lebens dort übernatürlich, hier natürlich geschieht. Vermittelnd Sart: „Von Gott verordnete sichtb. Zeichen u. Siegel sr. unsichtb. Gnade."
10) Stahl: [luth. K. u. Union. 859.] „Die Scrm. bewegen nicht unsern Willen durch Erkenntnifs u. Aufforderung, sdn. sie theilen ihm unmittelbar durch ein Wunder eine andere reale Beschaffenh. mit. Aber der Glaube ist nicht das Mittel u. Organ, durch welches Gott den Segen des Scrm. wirkt."
1) *Jo.* 4, 1 s. *Mt.* 28, 19: Μαθητεύσατε πάντα τὰ ἔθνη, βαπτίζοντες αὐτοὺς εἰς τὸ ὄνομα τοῦ πατρὸς καὶ τοῦ υἱοῦ καὶ τοῦ ἁγίου πνεύματος. Heilige Lustrationen: *Gen.* 35, 2. *Ex.* 29, 4. 30, 18. *Lev.* 8, 6. 2 *Reg.* 5, 10. *Ezech.* 37, 23. Taufe des Johannes. Eine Proselytentaufe im Zeitalter Jesu ist nicht zu erweisen. In der apost. K. wurde die T. betrachtet als Aufnahmeritus zum Xthum *Act.* 2, 38. *Eph.* 5, 25 ss. Mittel der Wiedergeburt durch den H. G. *Eph.* 5, 26. 1 *Cor.* 6, 11. *Tit.* 3, 5., Mittel der Sündenvergebung *Rom.* 6, 3 ss. *Gal.* 3, 27. 1 *Ptr.* 3, 21. Βαπτισμὸς jede Reinigung *Mc.* 7, 8., nur von der T. βάπτισμα, καθαρισμός, λουτρὸν παλιγγενεσίας;.

2) *A. S.* 329: [1] „*Baptismus nihil est aliud, quam verbum Dei cum mersione in aquam.*" Br: „*Actio sacra a Xto instituta, in qua homines, sine sexus et aetatis discrimine, abluuntur aqua, in nomine Patris et Filii et Sp. S., ut sic regenerentur ac renoventur, salutis aeternae consequendae causa.*" Bud: „*Scrm. initiationis, quo in foedus gratiae secundum Numinis praeceptum in N. T. recipiuntur, quotquot Xto nomina dant sua.*" Rxн: „*Solemnis lotio a Xto instituta, per quam tirones reipublicae chr. initiantur, ac sperandae per Xtum sempiternae salutis jus accipiunt.*"

3) *C. maj.* 537: [14] „*B. non est prorsus aqua simplex, sed ejusmodi, quae verbo et praecepto Dei comprehensa, et illi inclusa est et per hoc sanctificata, ita ut nihil aliud sit, quam Dei s. divina aqua; non quod aqua haec per sese quavis alia sit praestantior, sed quod ei verbum Dei accesserit.*" Grh nahm als *materia coelestis* eine bes. Gegenwart der Trinität, Hut nach 1 *Jo.* 5, 6. des Blutes Xti im Taufwasser an, beide nach Andeutungen Luthers, andre den H. G. nach *Jo.* 3, 5. Quen: „*Sententiae illae orthodoxorum de materia coelesti diversae quidem sunt, non oppositae, facileque ad concordiam reduci possunt.*" Schon Cal alle 3 Bestandtheile. Die meisten NKS haben dies u. ähnl. als willkürlich abgelehnt. Wesentlich ist nur die Gnadengabe des H. G. u. sie die wahre *materia coelestis.*

§. 122. BAPTISMUS. 251

mentalis; b) *externa,* a) *realis*, nach dem N. T. u. den S. B. *immersio*, nach occidental. KPraxis seit dem 8. Jhb. *adspersio;* obwohl ein Sinnbild durch die letztre verloren geht,[4] so haben doch mit Recht die AKD eine unwesentl. Form nicht gegen die Volkssitte behauptet; β) *verbalis*, Anrufung des Vaters, Sohnes u. H. Geistes. 3) *Finis et effectus:* a) *primarius* [*internus*] *est gratiae collatio et collatae obsignatio*,[5] *quae regeneratione exseritur;* b) *secundarius* [*externus*] *est ad sacra chr. initiatio.*[6] Jene Wirkung geht obj. vom göttl. Worte u. H. G. aus u. wird subj. durch den Gl. bedingt.[7] Daher zur T. ein lebendiger Mensch gehört: gegen die T. von ungebornen Kindern, Todten, Glocken etc. in der kath. K. Die Nothwendigk. der von ORIGENES als apost. Tradit. betrachteten, doch aus der H. S. nicht sicher erweisbaren u. erst nach AUGTN allgem. Kindertaufe [*Paedobaptismus*] wird gegen die Anabaptisten behauptet.[8] Die Annahme, dafs ein wirkl. Zustand des Gl. in den Kindern bewirkt werde, ist mit dem krchl. Bgr. des Gl. nur sofern vereinbar, als hierunter die Aufhebung der Erbsündenschuld durch Einwirkung des H. G. u. die künftige Entwicklung des Gl. verstanden wird: denn die h. Handlung u. der Gl. fällt nur der Zeit nach auseinander; was für die Ewigk. bestimmt ist, dafür ist das Auseinanderfallen einiger Jahre gleichgültig.[9] Weil also die Taufe im Geiste allezeit vollzogen u.

---

4) Rom. 6, 4: Συνετάφημεν αὐτῷ διὰ τοῦ βαπτίσματος εἰς τὸν θάνατον· ἵνα ὥσπερ ἠγέρθη Χριστὸς ἐκ νεκρῶν, οὕτω καὶ ἡμεῖς ἐν καινότητι ζωῆς περιπατήσωμεν. C. m aj. 548: [65] „Hae duae res, in aquam mergi, et iterum emergere, virtutem et opus Baptismi significant, quae non sunt alia, quam veteris Adami mortificatio, et postea novi hominis resurrectio. Quae duo per omnem vitam exercenda sunt, ita ut Xtiani vita nihil aliud sit, quam quotidianus quidam Baptismus, semel quidem inceptus, sed semper exercendus."

5) Die Formel der AKD: *in infantibus est fidei et gratiae collatio, in adultis credentibus fidei et gratiae confirmatio et obsignatio*, ist nicht ganz genau, da ja auch der Erwachsne erst im Momente der T. wiedergeboren wird.

6) KÖN: „*Secundarius est Xtianorum a coetibus gentilium discretio, commonefactio de impuritate naturali, recordatio amoris Xti, adhortatio ad novitatem vitae.*"

7) C. m aj. 340: [73] „*B. non tantum inanem significationem repraesentat, sed mortificandae carnis opera conjuncta habet. Porro autem absente fide nudum et inefficax signum tantummodo permanet.*" A. S. 329: [2 s.] „*Non sentimus cum Dominicanis, qui verbi et institutionis Dei obliti dicunt, Deum spiritualem virtutem aquae contulisse et indidisse, quae peccatum per aquam abluat. Non etiam facimus cum Franciscanis, qui docent, Baptismo ablui peccatum ex assistentia divinae voluntatis, et hanc ablutionem fieri tantum per Dei voluntatem, et minime per verbum et aquam.*"

8) C. A. 12: [XI.] „*De B. docent, quod sit necessarius ad salutem, quodque per B. offeratur gratia Dei; et quod pueri sint baptizandi, qui per B. oblati Deo recipiantur in gratiam Dei. Damnant Anabaptistas, qui improbant Baptismum puerorum et affirmant pueros sine B. salvos fieri.*" A. C. 136. [52.] HUT: „a) *Xtus baptizari jussit omnes gentes, ergo et infantes. b) Regnum Xti tantum cum verbo et scrm. existit.* Jo. 3, 3. *Ergo infantes quoque regno Xti ut inserantur, non nisi mediante Baptismo fieri potest. c) Promissio salutis pertinet etiam ad parvulos.* Mt. 18, 14. 19, 14. Mc. 10, 13 ss. *d) Deus ipse testatum fecit, se probare Baptismum parvulorum, dum hactenus tot saeculis Ecclesiam, isto sacramenti usu infantibus collato, ex genere humano collegit,* Sp. S. *iisdem baptizatis impertivit, ac tandem aeternum plurimos salvos fecit. e) B. successit in locum circumcisionis.* Col. 2, 11."

9) C. m aj. 546: [57] „*Puerum Ecclesiae Ministro baptizandum apportamus, hac spe et animo, quod certo credat, et precamur, ut Deus eum fide donet: verum propterea non baptizamus, sed potius quod Deus ita faciendum nobis praeceperit.*" Doch kann

täglich wiederholt werden soll [*nt.* 4], so dafs die Wassertaufe von dieser fortwährenden Geistestaufe durch die Bufse nur der Anfang ist: so fällt auch der Gl. noch zusammen mit der h. Handlung. Wir sind berechtigt Xtenkinder zu taufen, weil sie jedenfalls berufen sind zum Xthum, als deren Bildung ohne christl. Einflüsse gar nicht denkbar ist, u. wir sind dazu verpflichtet, weil wir die Macht der Erbsünde durch das in unsre Hände gelegte Gnadenmittel nicht früh genug brechen können. [10] Die Kindertaufe wird aber durch die Confirmation vollendet als Besieglung und Einsegnung des entwickelten Gl. [11]) Die Nothw. der T. ist in den S. B. nur gegen das Vorurtheil der Anabaptisten ausgesprochen. Die AKD halten demnach weder Xtenkinder, noch Catechumenen, die ungetauft sterben, für verloren, denn die Gnadenwirkung kann schon vor der T. durch das Wort statt finden. [12]) Die innre relat. Nothw. als Gnadenm. ist verschieden von

---

diese Hoffnung nur auf die Zukunft gestellt werden, wie auch angedeutet ist *ib.* p. 546: [56] „*Propterea dico, si non recte credidisti prius, tamen adhuc crede.*" Kön: „*Infantes per B. virtute Sp. S. vera fide donari vel inde patet, quod regenerantur. Jam autem vera regeneratio sine fide esse nequit. Quid? quod Xtus ipse dilucide asserit: Infantes in se credere, Mt.* 18, 6." [Die Zurechnung des Gl. der Ältern etc. *fides aliena*, nach Augts, mufste als *opus operatum* verworfen werden.] Die Beschaffenh. des Säuglings-Gl. ein Geheimnifs. Gerl: „*Nos non de modo fidei solliciti sumus, sed in illa simplicitate acquiescimus, quod infantes vere credant.*" Hol: „*Non pendet fides ab usu rationis, sed ratio captivanda est sub obsequium fidei, quin immo ratio ferociens saepe generationem fidei impedit. Habent infantes fidem non reflexam aut discursivam, sed directam et simplicem, a Sp. S., cui malitiose non resistunt, per B. accensam.*" Lg. *II.* p. 1131: Kirchlich sociale Wiedergeburt der Kinder, doch nur als Potenz, zu ihrer Verwirklichung voraussetzend: *a*) den Gl. der Ältern u. Pathen, *b*) die rel. Anlage des Kindes, *c*) den Gl. der taufenden Kirche als vereint die christl. Erziehung u. Zukunft sichernd.

10) C. maj. 546: [58] „*Quocirca nimium utique confidentes et crassi sunt spiritus illi, qui ita concludentes inferunt: Ubi fides non est, ibi nec B. rectus esse potest. Quasi ita velim concludere: Si fidem non habuero, sequitur Xtum nihil esse* [eigentlich nur: *nihil in me proficere cf. Mc.* 6, 5.]." Dgg. Lob. Lange zu Klein: „Kinder können weder den chr. Gl. anerkennen, noch bekennen, sie können eben so wenig zu einem sittlich-reinen, dem Gl. entsprechenden Wandel verpflichtet, u. mithin noch viel weniger in die Gemeinschaft der Bekenner dieses Gl., aufgenommen werden, da sie noch nicht den mindesten Begriff von Gl., Verpflichtung auf dns. u. krchl. Gemeinsch. haben. Und es zeugt nur von Vorurtheil u. Befangenheit, von geringer Kenntnifs u. Achtung der Schriftlehre, wenn man die Kindertaufe noch immer in Schutz nehmen will."

11) *A. C.* 261: [6] „*Confirmatio et unctio extrema sunt ritus accepti a patribus, quos ne Ecclesia quidem tanquam necessarios ad salutem requirit, quia non habent mandatum Dei. Propterea non est inutile hos ritus discernere a superioribus* [*B. et Coena S.*], *qui habent expressum mandatum Dei et claram promissionem gratiae.*" Seit der Mitte des 17. Jhh. wurde die bei der Ref. als Reservat der Bischöfe abgekommene, doch schon in Liturgien des 16. Jhh. berücksichtigte Conf. fast allgemein wieder eingeführt.

12) Augtn. c. Donatist. *IV*, 32: „*Non privatio, sed contemtus sacramenti damnat.*" Hol p. 1008: „*B. necessarius est necessitate praecepti et medii, et quidem necessitate ordinata, non absoluta; siquidem infantes Xtianorum sine B. decedentes salvari credimus.*" 1289: „*Catechumeni, notitia chr. religionis imbuti, etiam ante perceptum B. sunt vera et viva membra Eccl., quia ex praedicatione Ev. fidem acceperunt, Rom.* 10, 17., *per fidem autem sunt filii Dei, atque adeo etiam filii Ecc. Nam qui spiritualiter regenerantur, eorum pater est Deus, Ecc. mater, Gal.* 4, 26. *Latro in cruce, Valentinianus Imp., et martyres ante susceptum B. ad tormenta rapti, facti sunt cives Ecc. triumphantis: ergo etiam fuerunt cives Ecc. militantis.*" Daher nach den KV wird *B.* san-

§. 122. Exorcismus. Nothtaufe.

der äufsern relat. Nothw., welche Zwinglianer, Arminianer, Socinianer, NKS u. RT der T. zugestehn, als Einweiheritus zum Xthum, mit blos bürgerl., moral. u. krchl. Folgen; [13] u. nur der offne, sachkundige Ggns. wider die K. nimt auch Anstofs an der T.[14] *Iteratio Baptismi* ist nach *Eph.* 4, 5. allezeit in der Xheit gemifsbilligt worden,[15] aber die kath. u. ev. K. erklärt auch gegen Anabaptisten aller Art, dafs jede, sowohl von Ketzern als an Kindern im Namen des Vaters, Sohnes u. Geistes vollzogne T., mit dem Willen in die Xheit aufzunehmen, auf immer gültig sei.[16] Der Exorcismus bei der T. schreibt sich als *abrenuntiatio diaboli*, d. i. Entsagung des Götzendienstes, aus frühen Zeiten der K. her, wurde nicht sowohl als Beschwörung, sdn. als [GRH] *commonefactio de spirituali captivitate in regno Satanae et de salutari efficacia Baptismi* von der luth. K. festgehalten, seit BR für indifferent erklärt, von der Aufklärung des 18. Jhh. abgeschafft u. von der neuesten Gläubigk. wieder hervorgesucht. Nothtaufe, auch durch Laien u. Frauen, wurde auf dem krchl. luth. Standp. allezeit gebilligt, von den NKS meist verworfen. Die Zuziehung von Taufzeugen o. Pathen [*sponsores, susceptores, patrini, matrinae*] seit dem 3. Jhh. ist als frommer, nützlicher Brauch in der ev. K. beibehalten.

---

guinis, Märtyrertod, u. nach den SL neben *B. fluminis* auch *B. flaminis*, geistige Taufe durch die Gnadengaben, in der ev. K. anerkannt. — BR: „*Infidelium infantes non baptizatos divino judicio committimus; imo neque eos invitis parentibus per vim abripere et sic baptizare audemus.*"

13) Gründe nach KL: *a)* Eine übernatürl. Wirkung der T. ist in der Erfahrung nirgends bestätigt. *b)* Neugeborne Kinder sind keines Gl. fähig. *c)* Die Aussprüche des N. T. über den Zweck der T. beziehn sich blos auf Erwachsne, u. ihre Wirkung wird nur gepriesen, wiefern sie Weihe zum Xthum ist. *d)* Ihre Nothw. zur Seligk. ist im N. T. nicht ausgesprochen, vielmehr haben die App. selbst die christl. T. gar nicht erhalten. [Daher hielten die AKD die Johannistaufe für ein Scrm. *in Messiam passurum*, wie die christl. T. *in Messiam passum*.]

14) STRAUSS *II. p.* 557: „Jene von der Phil. abgewiesene Vorstellung eines Gnadenm. ist von dem Taufritus defswegen unzertrennlich, weil seine Bedeutung die Aufnahme in die K. d. h. zum Antheil an aparten göttl. Gnadenerweisungen, nicht in einen sittl. Verein, o. die Gemeinschaft der wahren Humanität als solcher, ist. Daher bewahrheitet sich das Galerische Wort, der Phil. könne die christl. Gebräuche von Herzen mitmachen, an der T. keineswegs; vielmehr tritt hier einer der Collisionsfälle ein, aus welchem sich der Einzelne nur insofern leichter als aus andern ziehen kann, da er hier nicht sowohl selbst etwas mitzumachen, als vielmehr nur zu gestatten hat, dafs mit einem Andern, seinem Kinde, etwas vorgenommen werde, was zu verhindern er, mit Rücksicht auf die bürgerl. u. socialen Inconvenienzen, welche seinem Kinde daraus erwachsen dürften, sich nicht berechtigt glauben mag."

15) Dgg. fordert die ev. K. *repetitio B.*, nehmlich geistig durch Reue u. Gl. *C. maj.* 549 s: [77 s.] „*B. semper subsistit, et quanquam aliquis ab eo peccatorum procellit abreptus excidat, nobis tamen ad eum regressus patet, ut veterem hominem recipiscentiae jugo iterum subjiciamus. Verum ut iterum aqua perfundamur, non est necesse. Nam etsi centies in aquam mergeremur, non tamen nisi unus B. est. Caeterum opus et significatio permanet. Ita poenitentia nihil aliud est, quam reditus ad B., ut illud iterum petatur et exerceatur, quod ante quidem inceptum et negligentia intermissum est.*" *Cf. nt.* '4.

16) HOL: „*Si B. ab haeretico, substantialia B. retinente, collatus sit, de ejus efficacia non est dubitandum.*" Nur der Preufs. OKRath hat 1851 jede T. innerhalb der freien Gemeinden für ungültig erklärt, wie vormals prot. Fanatismus zuweilen Socinianer u. kath. Ignoranz Protestanten von neuem taufte.

§. 123. Sacra Coena.

Das h. AM,[1]) die Erfüllung des Passahmahls, ist als ein Mahl der Einigung mit Xto u. der Xheit untereinander nach Xti Einsetzung [2]) allezeit gefeiert worden zum Gedächtnifs ss. Todes u. in der Erwartung sr. Wiederkunft [*Lc.* 22, 18], obwohl die eigentl. Liebesmahle, *ἀγάπαι*, seit dem 4. Jhh. abkamen. Ein doppelter Gesichtspunkt ist im 2. Jhh. angedeutet bei JUSTIN u. vollendet im 7. Jhh. durch GREGORIUS MAGNUS, als Scrm. u. als Opfer: *sacramentum eucharistiae, quod gratiam divinam nobis exhibet, et sacrificium missaticum, quod Deo offertur;* jenes von den Gläubigen gemeinschaftlich genossen, dieses vom Priester allein dargebracht, daher auch aufser der Gemeinsch. der Gläubigen, *missa solitaria*, als *opus operatum* zum Heile für Lebende u. Verstorbne [Seelenmessen]. Übernatürl. Wirkung u. Beziehung auf Xti Fleisch u. Blut ist in den ältesten Denkmalen unter mancherlei Formen angedeutet. Am bestimmtesten tritt vor dem *Conc. Nic.* die Anschauung hervor: Wie der Logos einst mit dem Körper Jesu sich vereinte, so vereint er sich jetzt mit Wein u. Brot. Die nachherige Ansicht wurde vorzüglich durch PASCHASIUS RADBERTUS im 9. Jhh. ausgebildet, u. nach mannichfachen Kämpfen (gegen *Rabanus Maurus, Scotus Erigena, Berengarius Turonensis*) auf dem *Conc. Lateran. IV.* 1215 anerkannt als *transsubstantiatio, i. e. miraculum, quo sacerdos consecrans panis vinique substantiam in sanguinis corporisque Xti substantiam mutat, remanente tamen illorum specie accidentali.* Die griech. Kirche lehrte nach älterer Ausdrucksweise eine *μεταβολή*, nicht sowohl Wandlung der Substanzen, als Theilnahme des Brots u. Weins an Fleisch und Blut Xti, u. ist in ihrem neuern Bekenntnisse [*ὀρθόδοξος ὁμολογία* des Mogilas 1643] auch auf den Begriff der Verwandlung [*μετουσίωσις*] eingegangen. Seit dem 12. Jhh. entzog die kath. K. der Gemeinde den Kelch u. rechtfertigte diese erst 1415 zu Constanz sanctionirte Entziehung durch die *concomitantia*, Vorhandensein des Blutes im Leibe.

Die ev. K. verwarf den Opferdienst, weil Xtus ein für allemal uns mit Gott versöhnt hat; die Transsubst., weil sie ersonnen ist zur Verherrlichung des Priesterth. ohne Grund in der H. S.; sie gab der Gemeinde den Kelch zurück [*communicatio sub utraque sc. specie*] nach Xti Einsetzung. *C. A. X. A. C. X. XII. A. S. II, c. 2. III, c. 6.*

---

1) Im N. T: δεῖπνον κυριακόν 1 Cor. 11, 20., τράπεζα κυρίου 1 Cor. 10, 21., κλάσις τοῦ ἄρτου Act. 2, 42. Bei den KV: εὐλογία, εὐχαριστία, προσφορά, θυσία, σύναξις, κοινωνία, ἄφεσις λαῷ, s. coena, coena domini, oblatio, sacrificium, sacramentum altaris, epulum dominicum, communio, missa. In den S. B: s. coena, sacramentum altaris, missa, eucharistia.

2) *Mt.* 26, 26-29: Ἐσθιόντων αὐτῶν λαβὼν ὁ Ἰησοῦς τὸν ἄρτον καὶ εὐλογήσας, ἔκλασεν, καὶ ἐδίδου τοῖς μαθηταῖς, καὶ εἶπεν· Λάβετε, φάγετε· τοῦτό ἐστι τὸ σῶμά μου. Καὶ λαβὼν τὸ ποτήριον καὶ εὐχαριστήσας ἔδωκεν αὐτοῖς, λέγων· Πίετε ἐξ αὐτοῦ πάντες· τοῦτο γάρ ἐστι τὸ αἷμά μου, τὸ τῆς καινῆς διαθήκης, τὸ περὶ πολλῶν ἐκχυνόμενον εἰς ἄφεσιν ἁμαρτιῶν. Mc. 14, 22-25. Lc. 22, 19 s: Λαβὼν ἄρτον, εὐχαριστήσας ἔκλασεν, καὶ ἔδωκεν αὐτοῖς, λέγων· Τοῦτό ἐστι τὸ σῶμά μου, τὸ ὑπὲρ ὑμῶν διδόμενον· τοῦτο ποιεῖτε εἰς τὴν ἐμὴν ἀνάμνησιν. Ὡσαύτως καὶ τὸ ποτήριον, μετὰ τὸ δειπνῆσαι, λέγων· Τοῦτο τὸ ποτήριον ἡ καινὴ διαθήκη ἐν τῷ αἵματί μου, τὸ ὑπὲρ ὑμῶν ἐκχυνόμενον. 1 Cor. 11, 23-27: - Ὥστε ὃς ἂν ἐσθίῃ τὸν ἄρτον, ἢ πίνῃ τὸ ποτήριον τοῦ κυρίου ἀναξίως, ἔνοχος ἔσται τοῦ σώματος καὶ τοῦ αἵματος τοῦ κυρίου. Cf. 1 Cor. 10, 16 s.

§. 123. SACRA COENA. ORTHODOXE LEHRE.

In diesem Ggns. hielt ZWINGLI Brot u. Wein blos für Zeichen [*symbola, signa*] des Leibes Xti, die heil. Handlung nur für Gedächtnifsfeier [*ritus mnemonicus*];³) eben so Arminianer u. Socinianer. CALVIN suchte wenigstens wahrhaft, wenn auch nur geistig, die Gemeinschaft mit Xto festzuhalten: der Gläubige empfängt im Augenblicke des Genusses *per singularem Sp. S. operationem et per solam spiritualem manducationem* eine von dem verherrlichten Leibe Xti ausgehende Kraft. Dieser LBgr. ist in den Symb. der ref. K. mehr o. minder bestimmt ausgesprochen. LUTHER hielt fest nach dem Worte der H. S. am wirkl. Genusse des Leibes u. Blutes.⁴) Nach ihm mit Verdammung der Sacramentirer, ohne zwischen Zwingli u. Calvin zu unterscheiden, die *F. C. art. VII:* Brot u. Wein bleibt, aber Xtus, durch die *communicatio idiomatum* auch nach der menschl. Natur gegenwärtig überall wo er sein will u. zu sein verheifsen hat, theilt sein wahres Fleisch u. Blut i n, m i t u. u n t e r den äufsern Zeichen [also nicht blos *signa,* sdn. *vehicula et media collativa*] den Geniefsenden mit, den Gläubigen u. Ungläubigen.

Hiernach die AKD: *S. Coena est obsignationis et dilectionis mutuae sacramentum, per quod pane vinoque consecrato fruentibus in, sub et cum utraque specie verum corpus et verus sanguis Xti exhibetur, credentibus ad veniam peccatorum impetrandam, improbis ad damnationem.*⁵) 1) *Materia:* a) *terrestris* [elementa, species] *est panis* [azymus] *et vinum* [album];⁶) b) *coelestis est a) corpus et sanguis Xti, β) gratia divina.* 2) *Forma:* a) *interna est materiae coelestis ac terrestris unio sacramentalis, qua fit, ut corpus et sanguis ore quidem, non tamen manducatione capernaitica* [*Jo.* 6, 26.], *sed coelesti et supernaturali modo sumantur;* ⁷) b) *externa absolvitur tribus actibus sa-*

---

3) Nach CARLSTADT ist τοῦτο zu beziehn, δεικτικῶς, nicht auf das Brot, sdn. auf den eignen Leib, auf welchen Jesus zeigte; nach ZWINGLI ἐστί *significat,* nach OECOLAMPADIUS σῶμα *symbolum corporis.* Die Wirkung des AM ist nur moralisch, eben so die *unio sacramentalis:* wir werden durch unsre Gesinnung mit Xto verbunden.

4) Ebenso MEL, als er noch treu bei Luther stand: *C. A. art. X:* „*Docent, quod corpus et sanguis Xti vere adsint, et distribuantur vescentibus in Coena Domini, et improbant secus docentes.*" [*Variata:* „*Docent, quod cum pane et vino vere exhibeantur corpus et sanguis Xti vescentibus in Coena Domini.*"] A. C. 157: [54] „*Quod vere et s u b s t a n t i a l i t e r adsint corpus et sanguis Xti.*"

5) HOL: „*Solemnis actio, a Xto instituta, in qua verum et substantiale corpus Xti, cum pane benedicto manducandum, verusque et substantialis ipsius sanguis, cum vino benedicto bibendus, datur communicantibus Xtianis, et utrumque ab his accipitur, modoque supernaturali editur et bibitur, in commemorationem mortis Xti et gratiae ev. confirmationem.*" Lutherische Formel: „das i s t d e r w a h r e L e i b."

6) Ungesäuertes Brot in der röm. K. seit dem 8. Jhh. bemerkt, im 12. Jhh. als Hostie. Die Reformirten u. Socinianer ziehn das Brechen des Brotes wegen der symb. Bedeutung vor. Die griech. u. kath. K. braucht *vinum* [aqua] *temperatum,* die evang. K. eigentlich nicht.

7) *F. C.* 604: [42] „*Rejicimus capernaiticam manducationem corporis Xti, quam nobis Sacramentarii contra suae conscientiae testimonium, post tot nostras protestationes, malitiose affingunt, quasi videlicet doceamus, corpus Xti dentibus laniari, et instar alterius cujusdam cibi in corpore humano digeri* [Stercoranismus]. *Credimus autem veram, sed supernaturalem manducationem corporis Xti. Haec autem humanis sensibus aut ratione nemo comprehendere potest, quare in hoc negotio intellectum nostrum in obedientiam Xti captivare oportet.*" 743 s: [61 ss.] „*D u p l e x est manducatio carnis Xti: Una s p i r i t u a l i s, de qua praecipue Xtus in Ev. Jo. cap.* 6. *agit, quae*

cramentalibus: α) consecratio [εὐλογία[, tum precatio, tum recitatio verborum institutionis, qua unio sacramentalis non efficitur, sed declaratur [gegen Transsubst.]; β) distributio [δόσις]; γ) sumptio [λῆψις], quae perficitur manducando et bibendo.8) 3) Finis est collatio et obsignatio gratiae divinae; a) ultimus, salus aeterna; b) intermedius, α) recordatio et commemoratio mortis Xti, quae fide peragitur; β) obsignatio promissionis de remissione peccatorum et fidei confirmatio; γ) insitio nostra in Xtum et spiritualis nutritio ad vitam; δ) dilectio mutua communicantium.9) Nur gemeinschaftl. Genuſs ist in der Ordnung, doch wird dem Kranken die Privatcommunion nicht verweigert.10) Zugelassen werden nur Erwachsene [jetzt, Confirmirte] nach vorhergegangner Beichte.11)

Polemik u. Apologetik: Der Streit zunächst über dieses Scrm. trennte die luth. u. ref. K. Aus Abneigung vor dem Wunder der Ubiquität [p. 194] u. im Wunsche der KVersöhnung näherte sich MEL der calv. Ansicht mit der Beschränkung auf die Gegenwart u. Wirksamk. Xti bei der heil. Handlung.12) Der aus sr. Schule hervorgegangne Kryptocalvinismus, mehrmals gewaltsam niedergeschlagen, führte zur Ausscheidung einer deutsch-ref. K. Mit der modernen Preisgebung der *communicatio idiomatum* fiel das luth. D. Die NKS sprechen demnach nur von einer besondern *praesentia Xti operativa* im AM, o. stehn wesentlich auf Seiten der RT, welche nur die symb. Bedeutung u. moral. Wirkung anerkennen.13) Die neue

---

non alio modo, quam spiritu et fide in praedicatione et meditatione Evangelii fit, nihil aliud est, quam credere praedicato verbo Dei. Altera est sacramentalis, quando in S. C. verum et substantiale corpus et sanguis Xti ore accipiuntur ab omnibus, qui panem et vinum edunt et bibunt, non modo a credentibus, sed et ab indignis, infidelibus, hypocritis, nomine duntaxat christianis."

8) F. C. 750: [96] „*Ad externam actionem requiritur consecratio, distributio et sumptio, seu externa, quae dicitur, oralis manducatio benedicti panis et vini; item corporis et sanguinis perceptio. Et cum extra hunc usum panis in missa pontificia non distribuitur, sed vel offertur, vel includitur, vel circumgestatur, aut adorandus proponitur, non est ille pro sacramento agnoscendus.*"

9) KÖN: „*Finis est ultimus vel subordinatus. Ultimus est vel absolute talis, ut gloria divinae bonitatis et sapientiae, vel secundum quid talis, ut hominum salus. Subordinatus est vel primarius vel secundarius. Primarius est nutritio et augmentatio communicantium hyperphysica, fidei nostrae confirmatio, promissionis evangelicae de remissione peccatorum obsignatio, continuatio et certioratio praesentiae Dei gratiosae, arctior fidelium cum Xto unio. Secundarius est mortis Xti commemoratio, Xtianorum a paganis separatio, arctior fidelium inter sese unio.*"

10) Dgg. A. C. 250: [6] „*Quod tantum fit apud nos publica missa s. communio, nihil fit contra Eccl. cath. Nam in graecis parochiis ne hodie quidem fiunt privatae missae, sed fit una publica missa.*" Also blos Ggns. wider *missa solitaria.*

11) A. C. 212: [10] „*Apud nos utuntur Coena Domini multi, sed prius instituti, explorati et absoluti.*" Die Theilnahme der Kinder, erweislich im 3. Jhh., wurde in der griech. K. beibehalten, in der röm. K. seit dem 12. Jhh. abgeschafft.

12) „*Dixi Xtum adesse et efficacem esse. Id profecto satis est.*"

13) Lindner: [L. v. AM. 831.] Essen der Sündenvergebung. Daher die Taufe als Scrm. der Sündenreinigung u. Mittheilung des h. Geistes dem AM erst nachfolgen soll! STDL: „Die Worte Xti sagen: Indem ich euch den Wein reiche, reiche ich euch damit mich, insofern ich zum Heile der Meinigen mein Leben lasse, d. h. das Genieſsen des Weines bringt mit sich den Antheil an mir als dem Gestorbnen. Das AM besteht in einer feierlichen Begehung des frommen Andenkens an Xtum den Gestorbnen, für

§. 123. SACRA COENA. POLEMIK U. APOLOGETIK.

Kräftigung des Gl. weckte auch der luth. L. neue Vertheidiger.[14] Andre, die sich nicht ein Herz fassen konnten, Thoren des Ev. vor der welche der Xt sich in eine Gott gefällige Fassung des Gemüths zu setzen hat, u. kraft welches er die Gemeinschaft, in der er mit Xto als dem zur Vergebung der Sünden Gestorbenen, u. durch diesen mit allen Gläubigen steht, erklärt u. verbürgt erhält, u. in sich zu erfahren bekommt." Nz: Abbildliche Verbürgung u. Vermittlung der *manducatio spiritualis*. — Stephani: [d. h. AM. 811.] Bundesmahl. Titelkupfer: Catilina, der den Verschwornen sein Blut zu trinken gibt. Schulz: [L. v. AM. 824. 831.] „Dieses stellt meinen Leib dar, welchen ich für euch hingebe, d. h. so wie ihr durch den gemeinsamen Genufs desselben Brots zur innigsten Theilnahme an einander euch vereint: so sollt ihr euch durch den gleichen Antheil an dem Segen, welcher allen aus der freien Hingabe meines Lebens erwächst, zur innigsten Gemeinsch. unter einander, wie mit mir selbst verbunden betrachten. Demnach ist das AM nicht das Eine o. das Andre, Gedächtnifsfeier, Bundesmahlzeit, Ausdruck der Gemeinsch. mit Xto u. den Gläubigen, Versöhnung, Sündenvergebung, sdn. alles dieses zusammen u. noch mehr." Rat: [d. AM in der alten K. 856.] Nach *Mc.* 14 das urspr. Wort Xti nicht zur Erklärung des dargebotnen Stoffes, sdn. auf den Act des Darbietens zu beziehn, auf das Brechen des Brots u. das Flüssige im Kelche als Verkündigung fs. bevorstehenden Todes, daher das AM die Feier, in welcher der Gläubige bei Genufs von Brot u. Wein das lebendige Bwsts. dessen in sich erneut, was Xtus für uns war, fs. heil. Wesens u. der durch ihn vermittelten Erlösung. Das Mifsverständnifs, das sich von der Handlung weg dem Stoffen zuwandte, schon anhebend in der Paulinischen Auffassung als Himmelsspeise eines verklärten Leibes. — Gründe gegen die KL: *a)* Sie ruht nicht auf der H. S., ἐστί ist symbolisch zu verstehn, kommt oft in der H. S. vor, wo es gar nicht anders verstanden werden kann, u. konnte auch hier von den App., die doch nicht meinen konnten, den Leib des vor ihnen sitzenden Herrn zu essen, gar nicht anders verstanden werden; Blut zu trinken, war den Juden ein Greuel; auch Paulus denkt blos an eine moral. Einigung mit Jesu, überall wird die Wirkung des AM als eine solche vorgestellt, daher durch die würdige Vorbereitung bedingt, 1 *Cor.* 10, 16 ss. 11, 27 s. 12, 13. *b)* Die *unio sacram., mand. oralis et supernaturalis* sind Subtilitäten, bei denen sich nichts Klares denken läfst. *c)* Die Ubiquität ist unerweislich u. zuviel beweisend, Allgegenw. eines menschl., sonach beschränkten Körpers *contradictio in adj. d)* Die Erfahrung beweist, dafs die Wirkung des im orth. Sinne gefeierten AM keine andre ist, als bei den Zwinglianern. *e)* Mit Gott u. göttl. Dingen findet nur geist. Gemeinsch. statt. *f)* Für jedes unbefangene, menschlich fühlende Gemüth liegt etwas Schauderhaftes in dem Gedanken, Fleisch u. Blut eines Menschen, eines geliebten Menschen zu essen u. zu trinken. Mit Berufung auf *Cic. de N. D. I,* 26: „*In Deo, quid sit quasi corpus, aut quasi sanguis, intelligere non possum; ne tu quidem, sed non vis fateri. III,* 16: *Quum fruges Cererem, vinum Liberum dicimus* [WGs: *panem corpus Xti, vinum sanguinem Xti], genere nos quidem sermonis utimur usitato, sed ecquem tam amentem esse putas, qui illud, quo vescatur, Deum credat esse.*" Das moderne Antichristenthum hat die Behauptung wirklich gewagt [Daumer, s. 1860 Katholik], dafs das AM aus einem alten, lang in der Kirche heimlich erhaltenen Menschenopfercultus stamme.

14) Scheibel, Sartorius: Die luth. Ansicht hält die rechte Mitte zwischen der kath., alles verleiblichenden, u. der ref., alles entleiblichenden Ansicht, indem hier dem Leibe u. dem Geiste sein Recht geschieht. Das geistige Gut will überall ins Leibliche gefafst sein, u. dem verklärten Körper Xti eine noch wirksame Anwesenh. absprechen, ist nicht einmal vernünftig. „Oder sollte nur das wirklich sein, was wir mit unsern stumpfen Sinnen greifen können? sind es nicht gerade die allerwirksamsten Potenzen, wie z. B. das Leben selbst, die aller sinnl. Betrachtung sich entziehn? Warum soll der allmächtige Xtus nicht gegenwärtig sein können? Man sagt, es sei unmöglich, weil er zur Rechten Gottes sitze. Der Himmel ist kein bestimmter Platz, die Rechte Gottes ist seine allmächtige allgegenw. Kraft. Grade weil Xtus jetzt zur Rechten Gottes sitzt, weil auch seine leibliche Natur jetzt unendlich erhöht u. verklärt ist, kann er jetzt sr. ganzen Person nach gegenwärtig sein, wo er

Welt zu werden, suchten wenigstens eine wirkl. Gegenwart Xti u. bei
Calvinischer Neigung doch den Tiefsinn des luth. D. anzuerkennen; [15])
auch die pantheistische Phil. sah im AM die Feier u. das aufgehende
Bwsts. des gegenwärtigen Natur-Gottes, [16]) bis die antichristische
Entwicklung dieser Phil. ihren natürlichen Ekel vor allem Fleisch u.

will, wie auch wir, diesem Raupenstande entnommen, eine minder beschränkte Gegenw. haben werden. Wir wollen diej. nicht beneiden, die in diesem Mahle nur eine Erinnerung an den abwesenden Xtus sehn, wobei nichts von ihm gegenwärtig ist, als was sie dabei hinzudenken. Diese würden besser thun, ein Crucifix o. ein *Ecce homo* o. dergl. zu betrachten, als ein Stückchen Brot zu essen u. etwas Wein zu trinken. Die Armen sind denen zu vergleichen, die von einer grofsen Verschreibung o. von einem reichen Testamente nur das Papier festhalten, worauf es geschrieben steht."
[15]) Hahn suchte die allg. Union in Erneuerung der alten Ansicht, dafs der Logos, wie einst mit dem Leibe Jesu, so jetzt mit Brot u. Wein sich vereine, daher dieses gleichnifsweise Fleisch u. Blut zu nennen sei, als an dessen Stelle getreten. [1858: persönl. Gemeinsch. mit Xto, wie einst in Fleisch u. Blut, so nun durch Brot u. Wein, auch durch *Comm. idiomm.* mit sr. verklärten Menschh.] Th. Schwarz: [Wesen des AM. 825.] „Das Heidenthum war nur Leib, welcher zum Geiste aufstrebte, das Judenth. nur Geist, welcher sich zum Leibe herabneigte. Das Xthum, in welchem Gott Mensch wurde, ist die absol. Vereinigung von Geist u. Leib als ein geistl. Leib. Durch das Wort Jesu wird nur der Geist genährt, durch das Scrm. der ganze geistl. Leib des Menschen. Wer an dies Geheimnifs der Leiblichkeit nicht glaubt, ist kein Christ." Olshausen: Leiblich verklärende Durchdringung durch den leiblich verklärten Xtus, wodurch auch der Keim des leiblich seligen Lebens in die Gläubigen gelegt wird. Mrt: Prophetisch anticipirende Vereinigung mit Xtus als Pr. der heil. Vermählung des Geistes u. der Natur das Endziel der Schöpfung. Lo: Dynamische Verwandlung des Brots u. Weins in Leib u. Blut des verherrlichten Xtus im Geniefsenden selbst, als Sacrm. der kommenden Weltverklärung. Ebr: Mit dem Gennsse der irrd. Zeichen gleichzeitiger unsichtb. Act der erneuten myst. Selbstmittheilung der Person Xti zur erneuten Mittheilung der Frucht seines Todes. R. Stier: Selbstmittheilung des Herrn an die Gläubigen.
[16]) Hol. *II. p.* 274 f: „Das Letzte [im Reiche des Geistes] ist der Genufs der Gegenwärtigk. Gottes. Es handelt sich eben um die bewufste Gegenwärtigk. Gottes, *unio mystica*, das Selbstgefühl Gottes. Dies ist das Scrm. des AM, in welchem auf sinnliche, anschauliche Weise dem Menschen gegeben wird das Bwsts sr. Versöhnung mit Gott, das Einkehren u. Innewohnen des Geistes in ihm. Indem dies Selbstgefühl ist, ist es auch eine Bewegung, setzt voraus ein Aufheben Unterschiedner, damit diese negative Einh. herauskommt. Das AM ist der Mittelpunkt der chr. L. u. von hieraus erhalten alle Differenzen in der K. ihre Farbe u. Bestimmung. Darüber sind dreierlei Vorstellungen: 1) Nach der einen Vorstellung ist die Hostie, dieses sinnl. ungeistige Ding durch Konsekration der gegenw. Gott. Gott als ein Ding, in der Weise eines empirischen Dinges, ebenso empirisch von dem Menschen genossen. Indem Gott so als Äufserliches im AM gewufst war, ist diese Äufserlichk. die Grundlage der ganzen kath. Rel. Es entstehet so die Knechtschaft des Wissens u. Handelns. 2) Die luth. Vorstellung ist, dafs die Bewegung anfängt von einem Äufserlichen, das ein gewöhnl. Ding ist, dafs aber der Genufs, das Selbstgefühl der Gegenwärtigk. Gottes zu Stande kommt, insoweit die Äufserlichk. verzehrt wird, nicht blos leiblich, sdn. im Geist u. Gl. Im Geist u. Gl. nur ist der gegenw. Gott. [Dies wäre calvinisch!] Die sinnl. Gegenw. ist für sich nichts, sdn. der Gegenstand ist allein im Gl., u. im Vernichten des Sinnl. die Vereinigung mit Gott. Hier ist das grofse Bwsts. aufgegangen, dafs aufser dem Genufs u. Gl. die Hostie ein gemeines, sinnl. Ding ist: der Vorgang ist allein im Geiste des Subj. wahrhaft. 3) Die Vorstellung ist, dafs der gegenw. Gott in der Vorstellung nur, in der Erinnerung nur Gegenwärtigk. habe. Dies ist die ref. Vorstellung, eine geistlose, nur lebhafte Erinnerung der Vergangenh., nicht göttl. Präsenz, keine wirkl. Geistigk. Hier ist das Göttl., die Wahrh. in die Prosa der Aufklärung u. des blosen Vrst. heruntergefallen, ein blos moral. Verhältnifs."

§. 123. SACRA COENA. POLEMIK U. APOLOGETIK.

Blut eines Gottmenschen, wie vor aller krchl. Gemeinschaft, offen aussprach.[17] Insgemein ward zu Anfange des 19. Jhh. behauptet, dafs die Wirkung des AM von einer bestimmten Ansicht über die Gegenwart des Fleisches u. Blutes nicht abhänge. In dieser Stimmung wurde s. 1817 die Union der luth. u. ref. K. begonnen. Nachdem selbst die sonst Orthodoxen sich diesem auch vor der Welt beliebten Zuge hingegeben hatten, ist s. 1830 von Schlesien u. Sachsen aus eine kleine separirte Heerde, s. 1840 eine theol. Partei hervorgetreten, welche die Union mit der ref. K. als Verrath am Lutherthum verwirft. Allerdings spricht die Feier nach luth. D. durch eine wahrhafte u. reale Vereinigung mit dem Gottmenschen, ohne den Abergl. einer priest. Wunderhandlung, den Tiefsinn des göttl. Geheimnisses [*mysterium tremendum*] allein vollkommen aus, ist dadurch als unmittelb. Gegenwart des menschgewordnen Gottes die Blüthe des krchl. Cultus, u. geht folgerecht aus der *communicatio idiomatum* hervor. Durch nichts hat Xtus angedeutet, dafs die einfache grofse Hingabe seines Fleisches u. Blutes nur allegorisch verstanden sein wolle. Die App. mögen den Tiefsinn sr. Rede wie so vieles andre damals nicht vollkommen verstanden haben, aber sie bedurften es damals auch nicht, denn sie hatten jedenfalls den Herrn noch wirklich u. leibhaftig. Da die menschl. Natur Xti auf ewig an göttl. Eigenschaften theilnimt, sonach überall gegenwärtig sein kann, wo sie sein will: so ist das Dafs gegeben. Das Wie ist uns ein Geheimnifs wie die göttl. Menschwerdung selbst. Wie aber in Christo Gott u. Mensch eins geworden ist, ohne Untergang o. Verwandlung des Einen, so auch im AM Brot u. Leib, Irdisches u. Himmlisches. Da wir nicht allein Geist, sdn. auch Fleisch sind, u. durch die Sünde Fleisch u. Geist in uns entzweit ist: so will der Versöhner auch leiblich zu uns kommen, um ganz unser zu werden. Wie er den Jüngern in der Abschiedsstunde als Ersatz, dafs sie sein Angesicht auf Erden bald nicht mehr sehn würden, diese unzertrennliche irdische Gegenwart verhiefs, so der ganzen Xheit als Ersatz, dafs sie es noch nie geschn hat; u. nur auf diese Weise ist die erhabne Zeit des irdischen Wandelns Jesu auf Erden allezeit gegenwärtig in der K. Wie das Kind mit der Mutter eins bleibt, so lang es an ihrem Herzen trinkt, so bleibt auch die Gemeinde der Gläubigen eins mit Xto, indem er ihr wiedergebornes Leben mit seinem Herzblute nährt. ·Hat die göttl. Liebe das Wunder der Menschwerdung u. des Versöhnungstodes erfunden, um ihre unaussprechliche Fülle zu offenbaren: so auch dieses Wunder der höchsten geistigen u. leibl. Einigung, denn das ist ihre Art, in der höchsten Geistigkeit doch auch leiblich zu sein, ja den Unterschied des Leibl. u. Geistigen gänzlich zu überwinden. Auch den Ungläubigen entzieht er sich nicht, wie er seinen irdischen Leib den Henkern nicht entzogen hat. Calvin hat wenigstens den frommen Willen, verflüchtigt aber die wahrhafte

---

17) STRAUSS *II. p.* 601: „Gerade das, worin auf dem krchl. Standpunkte der Werth des AMBrotes u. Weines bestand, dafs es nicht blos dies, sdn. zugleich Leib u. Blut war, macht es dem auf modernem Boden Stehenden ungeniefsbar, u. nicht eher könnte dieser das AM anerkennen u. allenfalls selbst auch wieder mitmachen, als bis dms. aller Fleisch- u. Blutgeschmack, u. damit auch die Beschränkung auf die Gemeinschaft eines bestimmten Glaubensbek. u. einer einzelnen Religionsform, abgethan, u. es im Kantischen Sinne zum Brudermahle der allg. Humanität gereinigt u. erweitert wäre."

17 *

Gegenw. zum Widerspruche eines blos geistigen Körpers u. entreifst dadurch dem h. Mahle seine ganze sinnl. Herrlichk. Zwinglianer u. RT verflachen das hohe Gottesmahl zu einer blosen Cäremonie, darin niemand etwas empfängt, was er nicht bereits mitgebracht hat, u. Brot eitel Brot bleibt. Die NKS erheben das Scrm. nicht über das gewöhnl. Vrh. der krchl. Gemeinsch. u. des Reiches Xti [*p.* 212]. Weil aber auch der übernatürl. Segen des h. Mahls nicht von Fleisch u. Blut, sdn. vom Gl. ausgeht, nicht an ein bestimmtes D. über das AM. sdn. vom Gl. an die Versöhnung: so ist dennoch mit MEL im Geiste der ev. K. jene Verschiedenh. der Lehren nicht für ein wesentl. Hindernifs christlicher Einigung zu achten.[18]

Loc. XXI. De Ecclesia.

§. 124. Ecclesia visibilis et invisibilis.

Die lebendige Gemeinschaft, durch welche Xtus allezeit die Menschh. aufnimt in die Versöhnung u. erhält in der Gnade, ist die Kirche,[1]) als das von Xto gestiftete, mit der Welt streitende [*Ecc. militans, Eph.* 6, 12] einst siegende [*triumphans, Hbr.* 12, 23.] Reich Gottes auf Erden. Die innre Gemeinschaft des Gl. u. der Liebe mufste sich darstellen in der Welt als äufsre Gesellschaft, in der sowohl noch Ungebesserte [*Mt.* 13, 28 s.] als die Wiedergebornen mit ihrer noch anhängenden Schwachheit sind. Eine solche Gesellschaft, wie sie aus dem apost. Vereine allmälig hervorwuchs, gründeten die App. nach dem Gebote Xti u. in Kraft des H. G.[2]) Die Katholiken nahmen

---

18) R. STIER [d. heil. AM. 855.] *p.* 96: „Erfahrungsgemäfs kann Jemand steif u. fest für Leib u. Blut im Scrm. mit hohen u. tiefen Worten streiten u. viel weniger würdig sein zum Empfangen als ein redlich unverständiger Zwinglianer."

1) קָהָל‎, עֵדָה‎, מִקְרָא‎, , συναγωγή, ἐκκλησία, jede zusammenberufene Menge *Gen.* 35, 11. *Act.* 7, 38., Israel als Volksversammlung *Ps.* 22, 23 s. *Act.* 7, 38., Gemeinde der Verehrer des Messias [*respublica christianorum, societas veri Dei cultorum, qui baptismo initiati religionem a Xto traditam profitentur*] *Mt.* 16, 18. 18, 17. 1 *Cor.* 10, 32. 1 *Tim.* 3, 15., Gemeinde eines bestimmten Ortes [*coetus christianorum singularis*] *Act.* 8, 1. 9, 31. *Col.* 4, 16. Mehr die innere Gemeinschaft u. die ideale K. wird bezeichnet durch: βασιλεία τοῦ θεοῦ, τῶν οὐρανῶν, τοῦ Χριστοῦ, ὁ λαὸς θεοῦ, οἶκος θεοῦ, σῶμα Χριστοῦ, ἔθνος ἅγιον. Kirche, germanisch von küren o. Horch [Hain]; griechisch von κυρία [sc. ἡμέρα, *dies comitialis*], o. κυριακή [οἰκία], o. κύρις [als Anfangshymnus des Gottesdienstes]. *C. maj.* 498 s: [48] „*Germanica vocula*, Kyrche, *proprie nihil aliud significat, quam congregationem, neque vox Germana est, sed Graeca. Illi enim lingua sua κυρίαν, quemadmodum Latini curiam nominant. Quamobrem recto Germanorum sermone Xtianorum communio s. congregatio* (ein christl. Gemeine o. Sammlung) *aut omnium optime et clarissime S. Xtianitas* (eine heil. Xheit) *dicenda fuerat*."

2) Xtus wollte eine äufsre K. gründen, denn er setzte einen Gemeindeverband u. Vorstand voraus, *Mt.* 18, 15-18. 16, 18 s., stiftete durch Taufe u. AM Einweiheritus u. Bundesmahl; *Jo.* 4, 21-24. ist blos polemisch gegen einen auf bestimmten Ort beschränkten Cäremoniendienst. War hierdurch der Fall des Judenth. als nothw. verkündet, so wird schon dadurch wenigstens die hist. Nothw. einer K. ausgesprochen, wenn das Xthum nicht als vereinzelte Erscheinung mit dem ersten Menschenalter vorübergehn sollte. Nach RKT: [Büchlein v. d. K. 857.] wollte Xtus „die Gemeinde des Begriffs" die nichts Äufseres bedarf, da sie alles an den Gläubigen hat, statt dessen entstand durch die Aufnahme Unberufener die K., welche derzeit nur als Zwangskirche bestehend so zerfallen sei, dafs nichts übrig bleibe, als auf ihren Trümmern durch das Zusammenthun der wenigen christlich Gesinnten eine kleine Missionskirche zu gründen.

§. 124. Ecclesia visibilis et invisibilis.

die innre Gemeinschaft für gleich mit der äufsern Gesellschaft, das Reich Gottes als gleich mit der röm. K: [§. 21] *Ecclesia est regnum divinum, unicum veritatis salutisque fundamentum, a Xto in orbe terrarum conditum, quod Pontifex Max. per episcopos secundum canones administrat.*[3] Die Protestanten konnten ihre nothw. Trennung von dieser K. nur rechtfertigen, indem sie zum urspr. Unterschiede der innern Gemeinsch. u. äufsern Gesellsch. zurückgingen u. das Reich Gottes als Ideal von sr. unvollkommnen Darstellung in jeder realen K. unterschieden. Hierdurch der in den S. B. wesentlich ausgesprochne, von den AKD auch namentlich anerkannte, doch nicht streng durchgeführte Unterschied einer unsichtbaren u. sichtbaren, d. i. idealen u. realen K. *Ecc. invisibilis est regnum divinum s. communio sanctorum, per totum orbem dispersorum, fide salvifica et mutua dilectione conjunctorum.*[4] *Ecc. visibilis est societas externa piorum et impiorum, qui Xto nomina dederunt.*[5] *Ecc. invisibilis est sancta, una,*

---

3) *A. C.* 149: [13 s.] „*Fortassis adversarii sic postulant definiri Ecclesiam, quod sit monarchia externa suprema totius orbis terrarum, in qua oporteat Rom. Pontificem habere potestatem ἀνυπεύθυνον, de qua nemini liceat disputare aut judicare, condendi articulos fidei, abolendi Scripturas, quas velit, instituendi cultus et sacrificia etc. Atque haec definitio, non Ecclesiae Xti, sed regni Pontificii, habet auctores non solum Canonistas, sed etiam Danielem c. XI.* [36.]" — Ansicht des modernen Kthlcs: Möн: „Die kath. K. erkennt in der sichtb. K. die gegebne posit. Wahrh., in der unsichtb. K. die von den Gliedern der sichtb. K. in den Geist u. Willen aufgenommene Wahrh., so dafs mithin die unsichtb. K. nie höher als die sichtb. K. stehn kann. Die Katholiken lehren: die sichtb. K. ist zuerst, dann kommt die unsichtb., jene bildet diese. Die Protestanten sagen: aus der unsichtb. geht die sichtb. K. hervor u. jene ist der Grund von dieser."

4) *C. A.* 11: [VII.] „*Ecc. est congregatio Sanctorum, in qua Ev. recte docetur et recte administrantur Sacramenta.*" *A. C.* 146: [10] „*Catholicam Ecclesiam dicit* [*Symb. Apost.*], *ne intelligamus, Ecclesiam esse politiam externam certarum gentium, sed magis homines sparsos per totum orbem, qui de Ev. consentiunt, et habent eundem Xtum, eundem Sp. S. et eadem Sacramenta, sive habeant easdem traditiones humanas, sive dissimiles. - Qui ergo peccator est aliqua sorde maculatus, de Ecc. Xti non potest appellari, nec Xto subjectus dici.*" 149: [22] „*Ecc. non consistit in hominibus ratione potestatis vel dignitatis eccl. vel saecularis, quia multi Principes et summi Pontifices inventi sunt apostatasse a fide: propter quod Ecc. consistit in illis personis, in quibus est notitia vera et confessio fidei et veritatis.*" Cal: „*Ecc. est coetus fidelium, qui sub uno capite Xto per verbum et serm. collectus utitur et communicatur per eadem ad aeternam salutem.*"

5) *A. C.* 144: [3] „*Concedimus, quod hypocritae et mali in hac vita sint admixti Ecclesiae et sint membra Ecclesiae secundum externam societatem signorum Ecclesiae.* F. C. 827: [14. *Damnatur Anabaptistarum dogma*:] „*Non esse veram chr. Ecclesiam, in qua peccatores reperiantur.*" Der scheinbare Widerspruch mit nt. 4 ist durch die zu Grunde liegende Unterscheidung gehoben. *A. C.* 144: [5] „*At Ecclesia non est tantum societas externarum rerum ac rituum, sicut aliae politiae: sed principaliter est societas fidei et Sp. Sancti in cordibus.*" 146: [12 ss.] „*Quanquam hypocritae et mali sint socii verae Ecclesiae secundum externos ritus, tamen cum definitur Ecc., necesse est eam definire, quae est vivum corpus Xti, item quae est nomine et re Ecc. Necesse est enim intelligi, quae res principaliter efficiat nos membra, et viva membra Ecclesiae. Si Ecclesiam tantum definiemus externam politiam esse bonorum et malorum, non intelligent homines regnum Xti esse justitiam cordis et donationem Sp. S., sed judicabunt tantum externam observationem esse certorum cultuum et rituum. Item, quid intererit inter populum Legis et Ecclesiam, si Ecclesia sit externa politia?*" — Hol p. 127b: „*Ecc. bifariam accipitur:* a) κυρίως, *proprie et praecise* [invisib.] *pro coetu sanctorum, Xto capiti per fidem conjunctorum unumque mysticum et vivum corpus constituentium;* b) πυχυλῶς, *late et improprie* [visib.] *pro coetu vocatorum ex vere credentibus*

apostolica, catholica, infallibilis [*columna veritatis*], *extra quam nulla salus;* [6] *semper exserere se debet Ecc.* *visibili,* [7] *quae tantum veritatis salutisque habet, quantum participat Ecclesiam invisibilem.* [8] *Ecc. visibilis est vel u n i v e r s a l i s, omnium christianorum societas, nullo quidem foedere externo juncta, ex iisdem tamen originibus nata, notisque communibus ab alienigenis diversa; vel p a r t i c u l a r i s, singularis christianorum societas, externo foedere juncta.* [9] *E c c l e s i a e p a r t i - c u l a r e s sunt vel sibi invicem oppositae, ut Ecc. protestantico-evangelica sanctisque, admixtis hypocritis ac malis, eandem tamen fidem profitentibus, aggregato."* p. 1313: „*Ecc. falsa, qualenus falsa est, non parit Deo filios sprituales. In Ecc. tamen corrupta nasci possunt et nascuntur Deo filii spirituales per verbum Dei, quod ibi adhuc praedicatur, et per Baptismum in substantialibus integrum."* [Dadurch aber ist kein Indifferentismus gerechtfertigt.] p. 1311: „*Inquisitio verae Ecclesiae homini, salutem adeptaro, perquam utilis, et aliqua ratione necessaria est."*

6) Diese herkömml. u. von der kath. K. auf ihr äufsres Institut bezognen *affectiones* werden in den S. B. u. von den AKD auf die *Ecc. vera* d. i. ideale K. bezogen. Hut p. 290 s: „*Quod ad veram Ecclesiam pertinet, quod sit columna veritatis, quodque non erret, illud ad suam Ecclesiam Pontificii vitiose transferunt. Ergone errare potest Ecclesia? Potest. Etsi enim Ecc. promissionem habet, quod semper sit habitura Sp. S., tamen habet etiam comminationes, quod sint futuri impii doctores et lupi, qui, si fieri queat, in errorem inducant ipsos electos. Sic ergo statuendum est, errare non posse Ecclesiam, si totam ac universam s. catholicam Ecclesiam respicias. Haec enim habet infallibilem promissionem de Sp. S. inductvo eam in omnem veritatem. Jo.* 16, 13. *cf. Mt.* 16, 18. 1 *Tim.* 3, 15. *Caeterum quoad hanc vel illam particularem Ecclesiam, imo quoad maximam etiam ejus partem, errare potest Ecc., imo enormiter erravit saepissime. Si tota catholica Ecc. erraret, tum etiam tota periret, imo sic portae inferorum adversus eam praevalerent."* Der Sinn des wegen der Verwechslung mit der äufsern Allgemeinh. ungeschickten Ausdrucks ist: Das wahre Ev. ist auch die dunkelsten Zeiten hindurch in der unsichtb. Gemeinde der Gläubigen geblieben, mit der Kraft wieder hervorzubrechen u. alle Irrthümer zu überwinden. Die im 18. Jhh. vorherrschende Bezeichnung *visib.* u. *invis.* hat durch Rücksicht auf die eigentl. Bedeutung des Sichtbaren etc. die Grundbedeutung des Vrh. der Idee zur Wirklichkeit gleichfalls verdunkelt.

7) A. C. 148: [20] „*Non somniamus nos Platonicam civitatem, ut quidam impie cavillantur, sed dicimus e x s i s t e r e hanc Ecclesiam, videlicet vere credentes ac justos sparsos per totum orbem. Et addimus notas: puram doctrinam Evangelii et Sacramenta. Et haec Ecc. proprie est columna veritatis."*

8) Nach dem Kanon unsrer K : Reinh. der ev. L. u. rechte Administration der Scrm., welche Reinh., verbunden mit dem ihr gemäfses christl. Leben, ein Ideal ist, daran jeder wirkl. Zustand sich mifst. Statt dieses aus dem Wesen des Xthums genommnen Merkmals braucht die kath. K. allerlei äufserliche Merkzeichen, die mit dem Xthum wenig zu schaffen haben u. nach denen nicht einmal die apost. K. eine wahre K. war, nehmlich *antiquitas, episcoporum successio ab App. deducta, gloria miraculorum, felicitas temporalis etc.* — Über das Vrh. der sichtb. zur unsichtb. K. Hol p. 1283: „*Non asserimus Ecclesiam visibilem et invisibilem esse duas Ecclesias specie diversas, aut contrarie oppositas, sed unam eandemque Ecclesiam diverso respectu dicimus visibilem et invisibilem: vis. respectu vocatorum, invis. respectu renatorum, - qui diversi, considerandi modi nec constituunt diversas species, nec inferunt oppositionem contrariam, quia coetus invisibilis renatorum sub visibili coetu vocatorum continetur. Antithesis est* a) *P o n t i f i c i o r u m, statuentium, non dari Ecclesiam invisibilem,* b) *W e i g e l i a - n o r u m, negantium, veram dari Ecclesiam visibilem."* •

9) Die AKD machen zum Subj. dieser Eintheilung die *Ecc. militans*, u. diese ist ihnen *congregatio sanctorum*, also *invisibilis*. So wenig aber geleugnet wird, dafs auch die ideale K. in den Particularkirchen enthalten sei: so scheint doch die Trennung vielmehr auf die reale K. zu beziehn, da die ideale K. allezeit einig, sonach das Gemeinsame wie das Wahre in allen Particularkirchen ist.

§. 124. ECCLESIA UNIVERSALIS ET PARTICULARIS. UNION.

et romano-catholica; vel interna indole et fidei fundamento conciliatae, ut Ecc. evangelicae Germanorum et Britannorum.[10] *Ecc. evangelica est Ecclesiarum particularium earum, quae a Xto solo salutem repetunt et Ecclesiae catholicae* [*ut impurae*] *erroribus se opponunt, communio, caeteris Ecclesiis perfectior* [*pura*] *quidem regni divini adumbratio, ad majorem tamen perfectionem semper tendens.*[11]) Durch diese Unterscheidung der Idee von der Erscheinung ist die Glaubensherrschaft der Hierarchie niedergeschlagen, u. der unduldsamen Verdammung der andern Kirchen ein Ende gemacht. Der Rts. dachte an eine allgemein rel., wo nicht blos [KANT] sittl. Gemeinschaft, für welche sich das Phantasiebild einer blos unsichtb. K. brauchen liefs, dem die NKS nur leise widersprachen, bis das wiedererwachende kirchl. Gemeingefühl an SCHLR seinen Propheten fand, u. gegen die Xtusentfremdung, die gar keine K. wollte [§. 123, nt. 17] ein excentrisches Kirchenthum sich zur Verleugnung der unsichtb. K. steigerte [§. 125, nt. 1]. Die Union der luth. u. ref. K. namentlich in deutschen Landen, nach langen vergebl. Versuchen ebensosehr ein Werk der Gleichgültigkeit als des neuerwachten christl. Interesse s. 1817, ist durch die beiden Unterscheidungslehren, die allein im krchl. Volksbwsts. hervorgetreten sind, nicht mehr verhindert [*p.* 181. 259].[12]) Ihr Bedenken für den aufrichtigen Lutheraner, denn die ref. K. hat immer die Bruderhand bereitgehalten, liegt da, von wo die Neigung zu ihr ausgegangen ist, in der allg. Erschütterung des Ansehns der unveränderten *C. A.* u. *F. C.*, wenn ihre Verdammungssprüche in diesem einen Falle nicht ferner gelten sollen. Da jedoch diese Bekenntnifsschriften, als nicht unfehlbar, auch den Leidenschaften ihrer Zeit ihren Antheil gewähren mufsten, u. die einende Segnung Xti auf dem gemeinsamen Grunde der H. S. u. des rechtfertigenden Gl. gröfser ist als alle krchl. Verdammung: so hat die luth. K. sich in die göttl. Schickung dieser Union zu ergeben, wiefern dadurch ihre eigenthümlichen Dogmen nicht aufgehoben, sdn. nur als nicht kirchentrennend anerkannt werden; u. wie die Lutheraner hoffen dürfen, dafs die Wahrheit, die bei ihnen ist, leichter in brüderl. Gemeinschaft, als im Ggns. der Kirchen, die Irrenden gewinnen werde, so wird auch Luthers mächtige Individualität nicht aufhören mindestens deutsche Herzen, sobald das entgegenstehende krchl. Vorurtheil gefallen ist, zu sich heranzuziehen.

---

10) *A. C.* 151 : [30 s.] „*Ad veram unitatem Ecclesiae satis est, consentire de doctrina Evangelii et administratione Sacramentorum, nec necesse est, ubique similes traditiones humanas esse, s. ritus aut ceremonias ab hominibus institutas. - Nos de vera, h. e. spirituali unitate loquimur, sine qua non potest exsistere fides in corde; ad hanc dicimus non esse necessariam similitudinem rituum humanorum.*"

11) Die AKD haben diesen Bgr. nicht, er liegt aber in der tiefern Auffassung des Übergangs der *Ecc. militans* zur *triumphans;* denn die K. siegt nicht allein über die Welt als ein Äufsres, sdn. auch über das Weltliche, Unvollkommne in ihr selbst, indem sie es überwindet, u. dadurch immer vollkommner die Idee d. K. darstellt.

12) Dgg. zum Umgehn der Union die Halbheit der Conföderation z. B. HAHN [1858]: „Das Ziel ist eine conföderative Organisation der obersten wie der Provincial-KBehörden, so dafs die Leitung der ev. [preufs.] Landeskirche, welche neben den, im Ganzen nicht zahlreichen wirklich unirten Gemeinden die luth. u. reformirte K. umfafst, Männern verschiedenen Bekenntnisses anvertraut wird."

§. 125. Status hierarchicus triplex.

[Hol :] *Status s. ordines in Ecc. instituti sunt tres: status ecclesiasticus, politicus et oeconomicus. St. eccl. inservit Ecc. collectioni et informationi, atque opponitur haeresibus et doctrinae corruptelis; st. polit. inservit Ecc. defensioni et externae gubernationi, atque opponitur tyrannidi et latrociniis; st. oecon. inservit Ecc. propagationi, atque opponitur vagis libidinibus.* Triplex hic status dicitur etiam triplex hierarchia. Die Bedeutung dieses LBgr. der AKD ist, th. durch Betrachtung der verschiednen Stände in ihrem Vrh. zur K. das ganze äufsre Leben in sr. krchl. Bedeutung aufzufassen u. zu weihen, th. die äufsre Verwaltung der K. in ihrer ordnungsgemäfsen Gliederung unter die verschiednen Stände darzustellen.

1) [Hol :] *Ministerium eccl. est officium sacrum et publicum, divinitus institutum, certis atque idoneis hominibus per legitimam vocationem commendatum, ut peculiari potestate instructi verbum Dei doceant, sacramenta administrent et disciplinam eccl. conservent, ad gloriam Dei hominumque salutem promovendam.* Obwohl als Stand eingesetzt von Gott, ist doch alle seine Gewalt durch die Gemeinde vermittelt [§. 126]. Hierdurch ist mit Wiedereinsetzung des altchristl. Gedankens eines allg. Priesterthums der Xheit sowohl die kath. Vorstellung des Priesterth. verworfen als eines nothw. Mittleramtes zwischen Xto u. der Gemeinde, wie die neuluth. Vorstellung des luth. Pastorats als gleich dem apost. Hirten- u. Lehramte mit eigenthüml. das Dasein der K. bedingender Amtsgnade, daher auch mit Verwerfung einer unsichtb. K., da auf diesem Standp. die K. die Gesammtheit aller Getauften ist, mit Xtus verbunden durch einen geistl. Mittlerstand.[1]) Nach ächtluth. L. ist der geistl. Stand aus der Gemeinde hervorgegangen u. nur um der Ordnung willen mit aller geistl. Macht der K. betraut [§. 127], die daher im Nothfall auch von

---

1) Doch ist das in dieser Partei, im Fortschreiten von der Auffassung der K. als Bekenntnifsanstalt zur sacramental. Heilsanstalt, controvers geworden u. mit ihrer Spaltung drohend, indem ein Theil [Höfling, Harlefs, selbst Löhe, obwohl, „wie einer zur K. steht, so steht er zu Gott"] am altluth. *sola fide* festhaltend, alles andre, Pastorat, K. u. Scrm. nur als die göttlich geordneten Mittel dazu anerkennt, ein anderer Theil [Delitzsch, Münchmeyer, Flörke] von der allein sichtb. K. u. ihrem Gnadenmittleramte alles Heil ableitet; diese bei aller Anerkennung der luth. K. als der des einzig reinen, ja wohl unfehlbaren Bekenntnisses, doch auf dem Wege nach Rom. A. C. 201: [7 ss.] „*Sacerdotium intelligunt adversarii non de ministerio verbi et Sacramentorum aliis porrigendorum, sed intelligunt de sacrificio, quasi oporteat esse in N. T. sacerdotium simile Levitico, quod pro populo sacrificet et mereatur remissionem peccatorum. Nos docemus, sacrificium Xti, in cruce morientis, satis fuisse pro peccatis totius mundi, nec indigere praeterea aliis sacrificiis. Ideo sacerdotes vocantur non ad ulla sacrificia velut in Lege pro populo facienda, ut per ea mereantur populo remissionem peccatorum, sed vocantur ad docendum Ev. et Scrm. porrigenda.*" 1 Ptr. 2, 9: 'Υμεῖς δὶ, γένος ἐκλεκτόν, βασίλειον ἱεράτευμα, ἔθνος, ἅγιον. — A. S. 342: [11] ,,*Paulus* [1 Cor. 3, 5 ss.] *exaequat ministros et docet Ecclesiam esse supra ministros.*" 353: [66] ,,*Ubicunque est Ecc., ibi est jus administrandi Evangelii. Quare necesse est Ecclesiam retinere jus vocandi, eligendi et ordinandi ministros. Et hoc jus est donum proprie datum Ecclesiae, quod nulla humana auctoritas Ecclesiae eripere potest.*" Ebenso Amt der Schlüssel: §. 126, nt. 6. Grh: ,,*Negamus ordinationem necessariam esse ratione cujusdam effectus, qualem Pontificii illi tribuunt, quasi ex opere operato conferat dona ad ministerium requisita, de quo nulla ex Xti et App. dictis adferri potest promissio.*"

§. 125. Ministerium ecclesiasticum.

jedem aus dem Volke geübt werden kann.[2] Doch ist der Geistliche im eigentlich geistl. Geschäfte ausgerüstet mit aller Auctorität der K. u. stellt nicht sich, sdn. Xtum selbst dar.[3] Er wird eingesetzt durch innern göttl. Ruf [*vocatio immediata*], äufsre Berufung der gesetzl. Berechtigten [*vocatio mediata*][4] u. den krchl. Segen [*ordinatio*].[5] Die Einwendung der Katholiken gegen die rechtmäfsige, apost. u. bischöfl. Succession der ev. Geistlichk. ist bei der Verwerfung des kath. Priesterthums bedeutungslos, u. inconsequent hat man sich auf eine Nachweisung dieser Succession eingelassen. Gott hat nicht verschiedne Ordnungen der Geistlichk. eingesetzt, aber der Ordnung halber, nach menschl. Rechte, ist Macht u. Rang verschieden vertheilt.[6] Geistliche können heirathen, Eigenthum erwerben u. sollen

2) *C. A.* 13: [XIV.] „*De ordine eccl. docent, quod nemo debeat in Ecc. publice docere, aut Sacramenta administrare, nisi rite vocatus.*" *A. S.* 353: [67] „*In casu necessitatis absolvit etiam laicus et fit minister ac pastor alterius; sicut narrat Augustinus historiam de duobus Xtianis in navi, quorum alter baptizaverit κατηχούμενον, et is baptizatus deinde absolverit alterum.*"

3) *A. C.* 150: [28] „*Non admittit Sacramentis efficaciam, quod per indignos tractantur, quia repraesentant Xti personam, propter vocationem Ecclesiae, non repraesentant proprias personas, ut testatur Xtus: Qui vos audit, me audit. Cum verbum Xti, cum Sacramenta porrigunt, Xti vice et loco porrigunt.*"

4) Bei den AKD ist voc. *immediata* eine wunderbare göttl. Berufung, so Moses, Paulus etc. Da sie nicht weiter vorkommen soll, schien die Anwendung auf das Allgemeingültige vorzuziehn. Doch ist die Nothw. der voc. med. nur auf die gewöhnl. Ordnung der Dinge zu beziehn, denn es können auch jetzt noch Zeiten eintreten, da einer durch nichts berufen wird zur Verkündigung des Ev., als durch den Geist von innen u. das Schicksal von aufsen. Voc. m e d. [Rsn:] *est publica declaratio, qua aliquis ad gerendum munus sacrum constituitur ab his, qui eligendi munus habent.* Wiefern sie der Einzelne als Recht erhalten hat [Mor:] *jus certo loco docendi et Sacramenta administrandi.*

5) *A. C.* 201 s: [12] „*Si Ordo hoc* [evangelico] *modo intelligatur, neque impositionem manuum vocare Sacramentum gravemur.* Habet enim Ecc. mandatum de constituendis ministris.*" Cumn: „*Ordinatio nihil aliud est, quam publica testificatio, qua vocata persona ad ministerium idonea, in conspectu Dei, et ipsius nomine declaratur esse legitima et divina.*" Hol: „*Ord. est actus solemnis, quo persona idonea in conspectu Dei Ecclesiae declaratur esse examinata et legitime vocata, a negotiis profanis segregatur, certumque in Ecc. obeundum munus ipsi commendatur, ad quod ab Episcopo, vel Presbytero, per χειροθεσίαν et solemnes preces inauguratur, atque officii sui rite faciendi graviter admonetur.*" KL: „*Consecratio ministrorum Ecclesiae ad munus sacrum per impositionem manuum cum precibus conjunctam, ab aliis doctoribus facta.*"

6) *A. S.* 352: [61] „*Omnium confessione etiam adversariorum liquet, potestatem jure divino communem esse omnibus, qui praesunt Ecclesiis, s. vocentur Pastores, s. Presbyteri, s. Episcopi.*" Luth: „*Alle Xten sind wahrh. geistl. Stands u. ist unter ihnen kein Unterschied, denn des Amts halber allein.*" Ggns. wider die kath. Hierarchie als eine von Gott geordnete Gliederung der geistl. Würden. Jenes ist der ideale, aber eben so gemeinsam anerkannt ist der reale Gesichtspunkt: *A. C.* 204: [24] „*Saepe testati sumus, nos summa voluntate cupere conservare politiam eccl. et gradus in Ecc. factos etiam humana auctoritate. Scimus enim bono et utili consilio a Patribus ecc. disciplinam hoc modo, ut veteres canones describunt, constitutam esse.*" Hol: „*Ob εὐταξίαν s. bonum ordinem pariter atque donorum disparitatem utile et consultum est, distinctos esse gradus dignitatis et auctoritatis inter ministros Ecclesiae.*" Ggns. wider Puritaner u. Anabaptisten. Am wenigsten hat die luth. K. daran gedacht, die bischöfl. Würde abzuschaffen, da vielmehr in den S. B. die Ausübung der KGewalt fast durchaus auf die Bischöfe bezogen, u. ebenso von den AKD ihr Dasein nur ohne besondre Amtsgnade u. ihre Wiederherstellung vorausgesetzt wird. Nur interimistisch

gemeinen Nutzens halber weltlich geehrt werden.[7] In amtlicher Rede gebührt ihnen die höchste Freih., so weit sie mit der bestehenden Ordnung vereinbar ist.[8]

2) (KÖN:) *Magistratus politicus est officium civile publicum divinitus institutum, per certas personas administrandum, juxta potestatis concessae mensuram et legum praescriptum, ad Dei gloriam et subditorum salutem.* Die AKD behandeln diesen status keineswegs als eine Regierung der K., sdn. sie stellen ein theokratisches, aber höcht liberales Natur- u. Staatsrecht auf, um einesth. die Obrigk. zu belehren, wie ein Volk christlich zu regieren sei, andernth. um dem Volke eine Ehrfurcht u. einen Gehorsam einzuprägen, als um

---

u. aus Noth wurde das Bisthum abgeschafft, kann aber, sobald es der K. vortheilhaft ist [*jure humano*], wieder erneut werden.

7) *C. A. II. c. 2. de conjugio sacerdotum.* A. C. c. 41. A. S. III. c. 11. — *A. C.* 156: [50] „*Illos [Anabaptistas], qui negabant sacerdotibus licere tenere possessiones aut proprium, plane seditiosos judicamus.*" Selbst Erwerbung unmittelbar durch geistl. Geschäft ist erlaubt, obwohl mit der alten Klage: Hol p. 1345: „*Minister Ecclesiae honorarium* [Beichtpfennig] *a confitente bono animo oblatum illaesa conscientia acceptare potest. Sicubi autem mos offerendi et accipiendi ejusmodi honorarium varia incommoda secum trahat, consentiente Ecc. abrogari, et stipendia ministrorum commodiori ratione augeri possunt. Deut.* 16, 16 s. *Lc.* 10, 7. *Gal.* 6, 6. 1 *Tim.* 5, 18. *Sicubi oriantur simultates inter ministros Ecclesiae ob nummum confessionis, indignante uno collega, quod alter plures habeat confitentes; si pauperiores absterreantur a confessione privata ob defectum pecuniae, si ditiorum peccata mollius tractentur ob dona largiora etc.*" — *A. C.* 202: [13] „*Prodest, quantum fieri potest, ornare ministerium verbi omni genere laudis.*" *C. maj.* 444: [160] „*Cum patres (spirituales) eos esse constet, et his honor prae omnibus aliis deferendus est.*" Hol: „*Officia auditorum consistunt in reverentia, quam debent ministris, tanquam legatis Dei, et beneficentia, qua praeconibus sacris subsidia vitae honeste agendae largiuntur.*"

8) Die AKD rechtfertigen vornehmlich die zu ihrer Zeit übliche Freih., auch die Sünden der Obrigk. öffentlich zu rügen. GRH: *XIII. p.* 111 ss: „*Quidam politici putant, tales reprehensiones honori magistratui debito repugnare, ejusque existimationi detrahere, quin et seditioni ansam praebere. Quidam etiam aulici concionatores, animadvertentes, tales reprehensiones magnatibus parum gratas, sibi vero periculosas esse, redduntur in officio suo negligentes. Sed opponimus illis:* 1) *Mandatum generale, quo ministri absque ullo personarum discrimine jubentur peccata redarguere. Jes.* 58, 1. 1 *Tim.* 5, 20. 2) *Mandatum speciale, quo magistratum etiam arguere jubentur ministri. Ex.* 6, 11. *Jer.* 13, 18. *Ez.* 31, 1 s. 3) *Exempla Prophetarum, Apostolorum et ipsius Xti, qui non solum privatis et plebejis, sed etiam publicis et in magistratu constitutis personis delicta ipsorum ante oculos posuerunt. Ex.* 7. 8. 9. 1 *Sam.* 15, 19. 2 *Sam.* 12, 9. 1 *Reg.* 16, 17 ss. *Jes.* 39, 6. *Jer.* 32, 4. *Mich.* 3, 1 ss. 6, 2. *Mt.* 14, 4. *Sic Ambrosius redarguit Theodosium ob nimiam crudelitatem in cives Thessalonicenses.* 4) *Ecclesiastici officii dignitatem. Quamvis enim personae et res ministrorum certo modo subsint magistratui, illorum tamen officium non agnoscit ullum alium Dominum, quam solum Xtum.* 2 *Cor.* 5, 20. *Ergo quod doctrinam et ministerium arguendi adtinet, non magistratui, sed soli Deo se subesse noverint.* LUTH: *T. VI. Jen. f.* 384: *Das Predigtamt ist mit ein Hofdiener o. Bawerknecht, sdn. es ist Gottes Diener u. Knecht u. sein Befehl geht über Herr u. Knecht. Arguere peccata est Sp. S. opus. Jo.* 16, 8, *ille est, qui loquitur per ministros, Mt.* 10, 20. 5) *Redargutionis hujus utilitatem. Cedit enim ea magistratui in bonum, ut a peccatorum cursu ad poenitentiam revocetur. Quod autem fit juxta Dei mandatum et ad magistratus bonum, illud non judicandum existimationi ejus detrahere, aut seditioni ansam praebere.* 6) *Redargutionis illius necessitatem etc. Sedulo tamen cavendum, ne redargutorium Sp. S. officium in tribunitios clamores ad seditionem contra magistratum excitandam comparatos degeneret. Pii ministri sunt praecones conversionis, non tubae seditionis.*"

§. 125. SYSTEMA EPISCOPALE, TERRITORIALE. 267

Gottes Willen, wie kein Gesetz ihn erzwingen kann. Über das Vrh. des Staates zur K. wurde nur dies allezeit anerkannt, dafs der Staat zum Schutze der K. verbunden sei u. nichts vermöge wider das Ev. Über seine thätige Einwirkung [*jus in sacra*] folgte die Theorie der wechselnden Praxis. In den S. B. u. durchaus im 16. Jhh. wird das *systema hierarchicum* des kanon. Rechts festgehalten, dafs polit. u. krchl. Gewalt von Gott geschieden, obwohl sich gegenseitig in freier Gemeinsch. zu fördern bestimmt sei.[9]) Da durch die Noth der Umstände fast alle KGewalt an die Fürsten gekommen war, rechtfertigte vornehmlich CARPZOV seit 1645 diesen Zustand durch das *systema episcopale*: „die Gewalt der kath. Bischöfe ist auf die Fürsten übertragen;" THOMASIUS u. J. H. BÖHMER gegen Ende des 17. Jhh. durch das *systema territoriale* [nur in tyrannischer Ausübung, d. i. gegen den Zweck der K., *Caesareopapia* genannt]: „die KGewalt ist wesentlich begriffen in der Staatsgewalt [*cujus regio, ejus religio*], aber auf eine dem Zwecke der K. gemäfse Art zu verwalten." Die Theologen suchten gegen diese polit. Thatsachen u. jurid. Rechtfertigungen wenigstens die Selbständigk. der K. in rein geistl. Dingen [*potestas ordinis et jurisdictionis*] zu behaupten,[10]) bis

---

9) *A. C.* 37: [3 s.] „*Nostri ad consolandas conscientias coacti sunt ostendere discrimen ecclesiasticae potestatis et potestatis gladii* [*civilis*] *et docuerunt utramque propter mandatum Dei religiose venerandam et honore afficiendam esse, tanquam summa Dei beneficia in terris. - Cum potestas ecc. concedat res aeternas, et tantum exerceatur per ministerium verbi: non impedit politicam administrationem, sicut ars canendi non impedit politicam administrationem. Nam politica administratio versatur circa alias res, quam Evangelium. Magistratus defendit non mentes, sed corpora et res corporales adversus manifestas injurias, et coercet homines gladio et corporalibus poenis, ut justitiam civilem et pacem retineat. Non igitur commiscendae sunt potestas ecc. et civilis.*" Noch 1638 die theol. Facultät zu Wittenberg: „Also kann auch nicht probiret werden, wenn in unserer ev. Kirchen, da wir das päbstl. Joch von uns geworfen, *magistratus politicus* wolle *similem tyrannidem* üben, u. was der ganzen Kirchen gehöret, allein zu sich reifsen, die *jura, quae sunt totius ecclesiae*, u. *cetera membra ecclesiae* u. fürnehmlich die geistliches Standes ausschliessen. Nun aber ist das *jus episcopale*, wie der Nahme mit sich bringet, *jus eccl.*, denn ja allein *ecclesia*, u. nicht *respublica mundana*, *ut ab ecclesia distincta est, habet episcopos*. Über das auch alles, was *ad jus episc.* gehöret u. dahin mufs gezogen werden, seyn *res ecclesiae*: als die Bischöffe u. Prediger zu erwählen, zu vociren, zu confirmiren, auf dieselbige fleifsige Aufsicht zu haben, denen strafwürdigen *poenam* zu dictiren, *ab officio* suspendiren oder gar removiren. Es gehöret auch dazu die ganze *disciplina eccl. etc.* Wenn nun dem also ist, als ist es unmöglich, dafs das *jus episc.* hänge u. *per suam naturam* hängen könne an dem *jure politico et territorii*, denn es ja gantz ein ander Recht von diesem abgesondert, also gar, dafs es auch ohne dasselbe bestehn könne. Ja, sprichstu, es ist aber nunmehro durch den RFrieden also geordnet in unsern Kirchen. Erstlich ist die Frage, ob dem also sey, es befindet sich gleichwohl nicht weder im Passauischen noch in dem RFrieden. Darnach wenn es auch gleich also geschehen wäre, fragt sich weiter, obs recht sey? u. ob es *Magistratus christianus* mit gutem Gewissen acceptiren könne u. solle?" BÖHMER bemerkte hierzu: „*Demiror theologos tam impudenter talia proferre, et jura reipublicae in dubium vocare potuisse.*"

10) HOL p. 1361: „*Circa res sacras occupatur magistratus: sollicite observando et exercendo, quae omnibus hominibus salvandis sunt credenda et agenda; externa gubernatione Ecclesiam et religionem chr. dirigendo; internam vero sacrorum gubernationem sibi non vindicando, sed ministris Ecclesiae relinquendo; et in externo sacrorum regimine sincerorum Ecclesiae doctorum consilio utendo. Externa gubernatione magistratus Ecclesiam dirigit: 1) Idoneos ministros Ecclesiae constituendo.* Vo-

PFAFF s. 1719 das *systema collegiale* aufstellte [SCHUDEROFF: *systema confraternitatis*]: „die K. als freie Gemeinschaft [*collegium*] hat ihr eigenthüml. Recht; wiefern die höchste Verwaltung dieses Rechts im Staatsoberhaupte gefunden wird, kann sie rechtlich nur durch einen zu supponirenden Vertrag an dasselbe gekommen u. nichts in dms. enthalten sein, was dem Zwecke der K. widerspräche."" Der Hegelschen Phil. verschwand die K. in der rel. Beziehung des Humanitäts-Staats. Aber das amerikanische, schon in England durch den unbedingten Ggns. der Staatskirche entstandene System einer gänzlichen Independenz der Kirche rief s. 1840 immermehr Wünsche in Deutschland hervor u. wurde in Staatsgrundgesetzen s. 1848 als berechtigt anerkannt. Das Recht des Staats *circa sacra* i. e. *facultas inspiciendi, ne quid respublica per Ecclesiam detrimenti capiat*, als ein wesentl. Staatsrecht ist auch in der kath. K. anerkannt.

3) [HOL:] *Status oeconomicus est societas hominum, unam domum vel familiam constituentium, et dividitur in societatem conjugalem, paternam et herilem*. Die Familie wird angesehn als die K. im Kleinen [*ecclesiola*], die Pflanzstätte des christl. Lebens. Die AKD handeln hier nur *de conjugio*, nach sr. idealrelig. u. kirchenrechtl. Beziehung.[11]) Es ist aber dieser Stand auch zu betrachten nach sr. allg. u. öffentl. Bedeutung als Gemeinde o. christl. Volk, aus dem die andern beiden Stände nur mit bestimmten Vollmachten hervorgehn [§.127]; im Ggns. der kath. Ansicht des Laienstandes als des blos passiven Theiles der Kirche.

§. 126. Potestas ecclesiastica.

Die K. ist Theokratie,[1]) *respublica sub uno capite Xto secundum Legem divinam administranda*.[2]) Xtus hat der K. als der leben-

catio namque ministrorum pertinet ad magistratum, tum ratione personae, quia est membrum Ecclesiae praecipuum, tum ratione officii, quia est Ecclesiae nutritius et utriusque tabulae decalogi custos divinitus constitutus; caveat tamen, ne, excluso presbyterio et populo, pastores invitis obtrudat. 2) Templa et scholas erigendo. 3) Doctoribus in Ecc. et in scholis publicum munus obeuntibus de honesta sustentatione prospiciendo. 4) Ordines inter Ecclesiae ministros instituendo. 5) Ministros flagitiosos ob officio suspendendo aut removendo. 6) Leges eccl. de externo cultus divini exercitio ferendo. 7) Bona eccl. legitime dispensando. 8) Visitationes et concilia instituendo. 9) Religionem per haeresin, superstitionem et idololatriam contaminatam reformando, atque adeo in haereticos et seductores inquirendo et animadvertendo, atque cultus idololatricos abolendo." Überall wird hier eine drs. K. zugethane Obrigk. vorausgesetzt, wie aus einzelnen Fällen des Gegenth. erhellt, cf. §. 127, nt. 6. Bei dieser Hingebung der K. an den Staat, die dem vorhandnen Rechtszustande entsprach, wurde aber zugleich durch die Concilien [§. 127, nt. 4] ideal eine rein krchl. Gesetzgebung aufgestellt.

11) GRH: „*Benedictio sacerdotalis non requiritur ad conjugii essentiam, sed ad publicum ejus testimonium*." HOL: - „*non ad contrahendum, sed ad consummandum matrimonium pertinet. Vinculum conjugale in se est indissolubile, cum ob mutuum consensum, tum ob institutionem divinam. Per accidens autem et ob superveniens vitium quandoque fit divortium. Causae justae divortii sunt adulterium* (Mt. 5, 32) *et malitiosa desertio*. (1 Cor. 7, 15). Über letzteres neben dieser strengern Doctrin auch eine mildere Disciplin.

1) Als Ideal, darnach alle Institutionen mehr o. minder streben, verschieden von ihrer gewöhnl. realen Darstellung in der Hierarchie, nicht Herrschaft der Heiligen, was sie ihrem theokr. Elemente sein sollte, sdn. Herrschaft einer Priesterkaste unter dem Vorgeben besondrer Verbindung mit Gott.

2) *C. maj.* 499: [51] „*Credo in terris esse quandam Sanctorum communionem*,

§. 126. POTESTAS ECCLESIASTICA.

digen Trägerin des Xthums alles zu ordnen übergeben, was dem Xthum förderlich ist, u. die K. eines jeden Zeitalters ist hierin durch keine Vergangenh., auch nicht durch apost. Satzung beschränkt;[3] wo sie aber etwas thut wider Xti Gesetz u. seinen H. G., so ist dieses nichtig in sich selbst. Nach ihrem Vrh. zur Welt sichert sie ihr Recht durch Verträge, o. andre positive Rechte, u. wird *Ecclesia publica*; aber sie kann hierdurch ein wesentl. Recht weder aufgeben, noch erwerben. Nach der Natur des rel. Gl., der nicht durch menschliche Macht erzwungen werden kann, hat sie keine zwingende Gewalt, sdn. regiert die Geister durch geistige Kräfte.[4] Ihre wesentl. Macht ist:[5] 1) *Potestas ordinis*, Predigt des göttl. Worts u. Verwaltung der Scrm. 2) *Potestas clavium*, Ertheilung der von Xto erworbnen Sündenvergebung, *absolutio, et declarativa et exhibitiva*.[6]

---

sub uno capite Xto, per Sp. S. convocatam, in una fide, eodem sensu et sententia, multiplicibus dotibus exornatam, in amore tamen unanimem."

3) Der Auftrag ist anerkannt, so bald anerkannt ist, dafs Xtus die K. gegründet, ihr sonach die Erhaltung des christl. Lebens anvertraut hat; er ist auch ausgesprochen *Mt.* 16, 19. 18, 18. *Jo.* 20, 22 s. Das den App. Übertragne, wiefern es wesentlich zur K. gehört, mufste nach ihrem Tode auf die K. übergehn. *F. C.* 791: [9] „*Confitemur, quod Ecc. Dei quibusvis temporibus et locis pro re nata liberrimam potestatem habeat, (in rebus vere adiaphoris) aliquid mutandi, abrogandi, constituendi; si tamen id absque levitate et scandalo et bono ordine fiat, et, si accurate expendatur, quid singulis temporibus et ad conservandum bonum ordinem et ad piam retinendam disciplinam et ad Ecclesiae aedificationem quam plurimum faciat.*" Adiaphora sunt, quae non ad salutem, sed ad piam disciplinam conservandam et ad εὐταξίαν Ecclesiae pertinent.* Da nun in das, was zum Heile gehört, eine fremde Macht noch weniger eingreifen darf, so ist hierdurch die Selbständigkeit der K. ausgesprochen. *Cf. C. A.* 154.
4) *A. C.* 187: [30] „*Erras, si vi et armis existimas Ecclesias retinendas esse. Doceri de religione postulant homines.*" 294 s: [14] „*Non habent [Episcopi] potestatem tyrannicam, h. e. sine certa lege, neque regiam, h. e. supra legem, sed habent certum mandatum, certum verbum Dei, quod docere, juxta quod exercere suam jurisdictionem debent.*" *C. min.* 363: [21] „*Nolo ego quemquam neque ad fidem, neque ad Scrm. cogi, et male faciunt illi, qui leges, certa tempora, aut certa loca, ad talos res praescribunt.*" *C. maj.* 562: [52] „*Nos neminem cogimus aut violenter impellimus, nec quisquam in nostri gratiam hujus coenae [sacrae] conviva esse dignetur. Hominibus utique non concedendum est, ut ab illis, aut ad fidem, aut ad ullum bonum opus adigamur. Nos non plus facimus, quam ut doceamus et moneamus, quid facto opus sit.*"
5) *A. C.* 294: [13] „*Placet nobis vetus partitio potestatis [eccl.) in potestatem ordinis et jurisdictionis. Habet igitur Episcopus potestatem ordinis h. e. ministerium verbi et Sacramentorum, habet et potestatem jurisdictionis, h. e. auctoritatem excommunicandi obnoxios publicis criminibus, et rursus absolvendi eos, qui conversi petant absolutionem.*"
6) *A. S.* 330: [1] „*Claves sunt officium et potestas Ecclesiae, a Xto data, ad ligandum et solvendum peccata, non tantum enormia et manifesta, sed etiam subtilia, abscondita, soli Deo nota.* 345: [24] „*Necesse est fateri, quod claves non ad personam unius certi hominis, sed ad Ecclesiam pertineant. Nam Xtus de clavibus dicens, Mt.* 18, 19. *addit: Ubicunque duo vel tres consenserint etc. Tribuit igitur principaliter claves Ecclesiae et immediate.*" Das Stück vom Amte der Schlüssel ist im Ggns. der Calvinisten gegen Ende des 16. Jhh. in den Catechismus gekommen. — Allgemeiner fafst SCHLB den Bgr: „Das Amt der Schl. ist die Macht, vermöge deren die K. bestimmt, was zum chr. Leben gehört, u. ü. jeden Einzelnen nach Mafsgabe sr. Angemessenh. zu diesen Bestimmgn. verfügt." — *A. C.* 167: [40] „*Voci absolventis non secus ac voci de coelo sonanti credendum est.*" Die AKD lehren daher, dafs die Absolution vom Geistlichen ausgehe, nicht blos *signative et declarative*, sdn. *effective et realiter*, von Gott αὐτοκρατορικῶς, durch den Geistlichen διακονικῶς. Die NKS lehren

Diese geht nach alter Sitte dem Genusse des AM vorher u. ist mit der B e i c h t e verbunden. Die Nothw. der seit dem 5. Jhh. in der röm. K. gewöhnlichen, 1216 zum KGesetze gemachten O h r e n b e i c h t e [*confessio auricularis*] wurde in der ev. K. verworfen, die von der luth. K. geforderte P r i v a t b e i c h t e hat der Zeitgeist des 18. u. 19. Jhh. grofsentheils abgeschafft.[7] 3) *Jus vocationis*, Berufung derjenigen, denen die K. die Ausübung ihrer Macht in bestimmtem Mafse vertraut.[8] Mit welcher Vollmacht dies auch geschehe : so kann einesth. in drs. nichts enthalten sein, was Xti Gesetze u. dem Wesen der K. widerspräche ; andernth. fällt die vertraute Gewalt, wem sie auch übertragen sei, durch Mifsbrauch an die K. zurück, denn wo sie es auch wollte, so hat die K. kein Recht dazu, von Xti Rechte nachzulassen.[9] Hieraus folgt auch Recht u. Pflicht, alles dasj. zu ordnen, was mittelbar zur Beförderung des christl. Lebens gehört, sonach : *jus confessionis* zur Feststellung der öffentl. Lehre, *jus sacrorum* zur Ordnung des Cultus, *jus rerum eccl.* zur Verwaltung des KGutes, *jus reformationis* zur Abstellung eingerifsner Mifsbräuche u. zur freien Entwicklung der K. Die Reformatoren drangen auf das Wesentliche ; von jenen abgeleiteten Rechten hoben sie nur die *j u r i s - d i c t i o s. d i s c i p l i n a e c c l.* hervor, Aufsichtsrecht der K. über die Sitten ihrer Glieder, geübt durchVermahnungen u. KBufse, im äufsersten Falle gegen grobe u. hartnäckige Sünder durch Ausschliefsung aus der KGemeinschaft [*excommunicatio minor*], welche an sich keine Ausschliefsung aus der unsichtb. K. ist, u. nach dem Willen der K. keinen Verlust an politischen Rechten [*excommunicatio major*] nach

blos *absolutio declarativa* s. *annunciatio conditionata*, *i. e. potestas ministris Ecclesiae concessa vere poenitentibus annuntiandi veniam peccatorum.*

7) *C. A.* 12: [*XI.*] „*De confessione docent, quod absolutio privata retinenda sit, quanquam in confessione non sit necessaria omnium delictorum enumeratio.*" *A. C.* 181 : [6] „*Quod objiciunt judicem prius debere cognoscere causam, priusquam pronuntiat, hoc nihil ad hanc rem pertinet, quia ministerium absolutionis beneficium est, seu gratia, non est judicium, seu lex. Itaque ministri habent mandatum remittendi peccata, non habent mandatum cognoscendi occulta peccata.* [3] *Impium esset ex Ecc. privatam absolutionem tollere.*"

8) *A. S.* 345: [24] „*Ecc. principaliter habet jus vocationis.*" 353 : [67 ss.] „*Ubi est vera Ecc., ibi necesse est esse jus eligendi et ordinandi ministros. Quae cum sola habeat sacerdotium, certe habet jus eligendi et ordinandi ministros. Idque enim communissima Ecclesiae consuetudo testatur. Nam olim populus eligebat Pastores et Episcopos.*" Dgg. die spätere Rechtsansicht : §. 125, nt. 10, mit der Vermittlung: Hol : „*Dist. inter jus vocandi ministros et juris exercitium. Jus vocandi est penes universam Ecclesiam et omnes ejus ordines et membra. Exercitium autem j u r i s variat pro diversa conventione et consuetudine Ecclesiae particularis.*"

9) *C. A.* 39: [21 ss.] „*Jure divino nulla jurisdictio competit Episcopis nisi remittere peccata, item cognoscere doctrinam, et ab Ev. dissentientem rejicere, et impios, quorum nota est impietas, excludere a communione Ecclesiae, sine vi humana, sed verbo. Hic necessario et de jure divino debent eis Ecclesiae praestare obedientiam. Verum cum aliquid contra Ev. docent aut statuunt, tunc habent Ecclesiae mandatum Dei, quod obedientiam prohibet, Mt. 7, 15. Gal. 1, 8. 2 Cor. 13, 8 ss. A u g u s t i n u s : Nec catholicis Episcopis consentiendum est sicubi forte falluntur, aut contra canonicas Dei Scripturas aliquid sentiunt.*" *A. S.* 342: [11] „*Paulus exaequat ministros et docet Ecclesiam esse supra ministros.*" 352: [66] „*Cum Episcopi ordinarii fiunt hostes Ecclesiae, aut nolunt impertire ordinationem: Ecclesiae retinent jus suum. Nam ubicunque est Ecclesia, ibi est jus administrandi Evangelii. Quare necesse est, Ecclesiam retinere jus vocandi, eligendi et ordinandi ministros.*"

sich ziehn soll.¹⁰⁾ Hervorgegangen aus eigenth. Verhältnissen der ältesten K., in der ev. K. anfangs von allen Pfarrern geübt, gegen Ende des 16. Jhh. meist den Consistorien vorbehalten, ist die KZucht in der luth. K. durch den Geist des 18. Jhh. allmälig abgeschafft u. neuere Versuche ihrer Wiedereinführung sind als hierarchische Anmafsungen verdächtigt worden. — Dafs aber auch jene abgeleiteten Rechte selbst in den Zeiten des Territorialsystems der K. zugeeignet wurden, obwohl nicht ohne Widerspruch der Praxis u. der ihr folgenden Theorie, beweisen die von den AKD angeführten Gegenstände der den Concilien zukommenden Gesetzgebung. [§. 127, nt. 4.] Es würde aber jede Gewalt, die wider den Willen der K. ihre Macht an sich risse u. wider ihren Zweck anwendete, einfallen in Xti Reich u. anstreben wider Gottes Satzung. Noch weniger ist die K. ihrer Natur nach ein Staatsinstitut, denn nicht ein Fürst noch ein Staat, sdn. Gott hat sie gestiftet durch seinen eingebornen Sohn, u. der Gottmensch hat sie erkauft durch sein theures Blut. Dies ist die Selbständigk. der K., wie sie aus dem alten Sptns. klar u. nothwendig hervorgeht.

§. 127. Ecclesia synthetica et repraesentativa.

Die K. als Quell aller KGewalt ist *Ecc. synthetica*, wiefern sie aus den 3 hierarchischen Ständen besteht. Die mit der Verwaltung ihrer Macht von ihr betraute Behörde *Ecc. repraesentativa*, weil die Regierung der ev. K. nur durch ein Repräsentativsystem rechtlich denkbar ist.¹⁾ Die *potestas ordinis et clavium* ist nach der besondern Art dieses Amtes dem geistl. Stande übertragen worden, der diese Macht sonach als Repräsentant der K. übt. Nach wechselnden Zeitverhältnissen können die andern Theile der KGewalt auf verschiedne Weise repräsentirt werden. Dafs eine solche oberste Repräsentation der ganzen K. nicht von Xto dem Petrus übertragen, noch weniger aus sr. Nachfolge dem römischen Bischofe überkommen sei, dieser vielmehr wegen der Usurpation u. des Mifsbrauchs dieser Macht für den Antichrist gehalten werden müsse, darüber waren die AKD mit

---

10) Die KZucht ist der eigentl. Gegenstand der *jurisdictio ecc.* [nt. 5]. Sie wurde geübt durch verschiedne Grade der krchl. Censur: als geheimer Verweis, vor dem versammelten Ministerium, vor dem Consistorium, bis zur Excommunication. *A. S.* 333: [IX.] „*Majorem excommunicationem, quam Papa ita nominat, non nisi civilem poenam esse ducimus, non pertinentem ad nos ministros Ecclesiae: minor autem, quam nominant, vera et chr. est excommunicatio, quae manifestos et obstinatos peccatores non admittit ad Sacramenta et communionem Ecclesiae, donec emendentur.*" Anders die AKD. Hol p. 1349: „*Excomm. minor est, qua peccator publice flagitiosus ab usu S. Coenae arcetur, Mt.* 7, 6. *Excomm. major est, qua peccator manifestus et obstinatus non tantum a participatione Sacramentorum arcetur, sed etiam velut membrum putridum ab Ecc. rescinditur et Satanae traditur, usque dum resipiscat, Mt.* 18, 17. *Haec non fit a Pastore absque consensu Senatus eccl. sive Consistorii.*" — p. 1290: „*Homines justis de causis excommunicati non sunt membra Ecclesiae. At vero injuste excommunicati non desinunt esse membra catholicae Ecclesiae, etiamsi ex visibili et particulari Ecclesia ejiciantur.*"

1) Quen. IV. p. 483: „*Ecc. repraesentativa dicitur congregatio doctorum et praepositorum Ecclesiarum, s. omnium s. singularum, quae Ecclesiam syntheticam repraesentat, et quandam quasi ideam ejus exhibet et compendium facit.* Hol p. 1320: *Repraesentatur Ecc. synthetica* [ἀπὸ τῆς συνθέσεως, *a collectione omnium Ecclesiae membrorum*] *cum per ministerium eccl. tum per concilium.*" Der Bgr. der Repräsentation ist nur hinsichtlich der Concilien klar durchgeführt.

den S. B. einverstanden.²) Die Gunst sr. K. war nicht mit Melanchthons Dafürhalten, dafs dem Papste, *jure humano*, durch freie Übertragung der K. unter gewissen Bedingungen ein allg. Episcopat zugestanden werden könne [*A. S.* 358]. Die Übertragung einer solchen Macht an protest. Fürsten kann durch das Collegialsystem gerechtfertigt werden, u. ist nur die Aufnahme eines Factums in die Rechtsidee. Diese Kirchenfürsten können jedoch nicht Herren der Kirche werden, da selbst den App. solche Herrschaft verboten war,³) sdn. sie sind Repräsentanten der K. unter den aus dem Wesen drs. [§. 126] hervorgehenden Schranken. Die AKD aber setzten die höchste Repräsentation der K. in das Concilium,⁴) als eine wo möglich von den Fürsten berufene u. in ihrer äufsern Ordnung gesicherte ⁵) freie Versammlung

2) Nach 2 *Thss.* 2, 3 s. Doch 1 *Jo.* 2, 18: *Ἀντίχριστοι πολλοί, Apoc.* 13, 18: Nero. *A. S.* 312. 340 ss. *C. maj.* 460: ,,*Defensatrix et caput furum omnium sancta sedes Romana.*'' *A. S.* 310: ,,*Sacrilegus et damnatus ille Judas s. Papa.*'' 316: ,,*Quare sicut diabolum ipsum non possumus adorare et pro Domino Deo colere, ita nec ejus Apostolum, Papam s. Antichristum in regno ejus ut caput et dominum ferre possumus.*'' 346 s: ,,*Plane notae Antichristi competunt in regnum Papae et sua membra. Paulus enim ad Thess. describens Antichristum vocat eum adversarium Xti, extollentem se super omne, quod dicitur aut colitur Deus, sedentem in templo Dei tanquam Deum etc.*'' HOL p. 1327: *Antichristus est magnus Xti adversarius, universale regimen in Ecclesiam Xti sibi arrogans, supra Caesarem, Reges Principesque se extollens, sedem suam praecipue in urbe Roma habens, sub specie singularis sanctitatis varias doctrinae et sacrorum publicorum corruptelas invehens, casque fraude et violentia, oppressis verae fidei confessoribus, propagans, tempore divinitus statuto manifestandus, et spiritu oris divini destruendus, atque a Xto, ad extremum judicium veniente, penitus abolendus. Distinguunt nonnulli inter Antichr. orientalem et occidentalem. Illum statuunt esse Mahometum, hunc Pontificem Rom. Fatemur, quasdam proprietates Antichristi competere Mahometo, sed non omnes conjunctim. Nam Antichr. magnus sedet in templo Dei* (2 *Thss.* 2, 4.) *h. e. in media Ecc. dominatur. Pontifex Rom. igitur est Antichr. magnus.*'' Der Felsen, auf dem Xtus die K. erbauen wollte, *Mt.* 16, 18. war nach der befangenen Auslegung der Reformatoren Xtus selbst, der AKD das Bekenntnifs Petri v. 17. HOL: *Tu es Petrus, vir saxeus, stans super confessione tua velut super petra firmissima, et super hac petra aedificabo Ecclesiam meam.*''

3) *Mt.* 20, 25 ss. 23, 8 ss. 1 *Ptr.* 5, 3. *Cf.* §. 126, *nt.* 5. Dgg. aber auch unbillig wäre, auf diese Regenten der K., die nur mifsbräuchlich Bischöfe genannt werden, anzuwenden, was von den geistl. Fürsten gelehrt wird: *A. S.* 334: [2] ,,*Quia nec sunt, nec esse volunt veri Episcopi,* [*sed politici Dynastae et Principes, qui nec concionantur et docent, nec baptizant, nec ullum opus et officium eccl. praestant, sed eos, qui vocati munus illud subeunt, persequuntur et condemnant: profecto ipsorum culpa Eccl. non deserenda nec ministris spolianda est.*

4) HOL p. 1320: ,,*Concilium eccl. est solemnis conventus doctorum et delegatorum Ecclesiae, instigante et moderante Deo congregatorum, publicaque auctoritate convocatorum, ad rite expendendum et dijudicandum quaestiones exortas de dogmatibus fidei, moribus chr. et ritibus eccl., ut gloria Dei propagetur, concordia in una fide stabiliatur, schismata, haereses et delicta publica avertantur.*'' Da die meisten AKD alle Ausübung der KGewalt auf die *Eccl. repraesentativa*, u. diese allein auf die Concilien beziehn: so ergibt sich ihre Ansicht vom vollkommner Selbständigk. der K., im Ggns. einer andern dem wirkl. Zustande nähern Theorie, §. 125, *nt.* 10.

5) HOL p. 1321: ,,*Potestas indicendi et convocandi concilia est penes magistratum orthodoxum, quo deficiente possunt ipsi fideles, citra injuriam in dominos territoriorum heterodoxos, congregationem eccl. instituere.*'' [Auch gegen das alleinige Berufungsrecht des Papates.] QUEN. *IV.* p. 484: ,,*Praeses in concilio requiritur melioris ordinis causa estque is vel ipse Princeps, vel ejus delegatus, in statu sc. Ecclesiae florente, vel si is perturbatus sit* [*i. e. Eccl. et republica dissentiente*], *unus vel plures, quibus*

§. 127. ECCLESIA REPRAESENTATIVA. CONCILIUM. 273

aus Vertretern der 3 hierarchischen Stände,⁶) mit höchster, doch an die H. S. gebundner Auctorität über alle Gegenstände der krchl. Gesetzgebung.⁷) Ihr gläubiges Voraussetzen dieses altchristl. Instituts, das sie als einen nicht aufzugebenden Rechtstitel fortführten, im vollen Widerspruche mit der Praxis ihres Zeitalters, muſs für ein Ideal gehalten werden, dessen Erfüllung sie der Zukunft vertrauten.

Fünfter Theil.
ESCHATOLOGIA.
Loc. XXII. De Novissimis.

§. 128. Prospectus.

Erst in einer Zukunft, zu der jeder durch den Tod eingeht, wird die Versöhnung vollendet, sowohl für den Einzelnen dadurch, daſs die Macht der Erbsünde völlig in ihm vernichtet u. der H. G. allein in ihm mächtig wird, als für die K. dadurch, daſs sie aus der Bahn des Kampfes eintritt in die Herrlichk. des Sieges, in dessen Vollendung einst das Gottesreich allein herrschen wird. Die Ereignisse, durch welche diese Vollendung herbeigeführt wird, betreffen daher th. den Einzelnen, th. die K. u. die Weltgesch. überhaupt;¹) nach Sir. 7, 40. τὰ ἔσχατα genannt (*novissima, ultima*), werden sie unter diesem Gesammtbgr. der vollendeten Versöhnung zu-

---

Ecc. hoc munus commisit." Hol.: „*Praeses concilii invisibilis est Sp. S. Praeses visibilis est vel politicus vel ecclesiasticus. Praeses politicus (Imperator, Princeps chr. aut aliquis ab eo delegatus) ordinem concilii externum moderatur, colloquentibus securitatem a vi externa praestat, impedit tumultus, coercet rixantes, decreta majoris et melioris partis approbat, publico edicto sancit et executioni tradit. Praeses eccl. (unus vel plures Episcopi ab Imperatore, vel communi totius concilii suffragio electi) interna Ecclesiae s. ipsas actiones eccl. moderatur, non cum auctoritate coactiva, sed ordinaria, quaestiones, de quibus deliberandum est, accurate proponit, suffragia rogat et colligit, definitivam sententiam pronuntiat, acta synodica concipit, eaque toti congregationi recensenda et confirmanda tradit.*"

6) QUEN: „*Assessores et judices in conciliis sunt viri ex omni ordine ad judicandum habiles, i. e. non tantum Episcopi et Presbyteri, s. Doctores et Pastores, sed etiam politici et laici, doctrina, rerum divinarum et eccl. peritia, nec non pietate, vitae sanctimonia, veritatis zelo et judicii acrimonia conspicui, et ad synodum a suis Ecclesiis missi.*"

7) Hol.: „*In conciliis expenduntur quaestiones de dogmatibus fidei, moribus et caerimoniis Ecclesiae chr. Forma est decens ordo concilii s. legitimus processus, quoad singula partium congregatarum munia.* Nach dem Muster der ökum. Concilien der 6 ersten Jhh.] *Concilia pollent auctoritate magna, eaque decretoria et decisiva, quam non habent inde, quod Ecclesiam universalem exacte repraesentent, sed habent eandem dependenter a Sc. S. et convenientia decretorum suorum cum eadem; quamvis a posteriori ex consensu Ecclesiarum per terrarum orbem exsistentium illis quaedam accedat auctoritas, quae tamen non est infallibilis, aut immunis ab errandi periculo.* [In der letzten Bestimmung waltet die Rücksicht auf die alten Concilien u. ihre Glaubenssatzungen vor.] *Concilia sunt necessaria, non absolute, sed hypothetice i. e. ad bene esse.*"

1) CAL.: „*Novissima dicuntur vel ratione microcosmi, hominis, i. e. quae obtingunt homini circa ejus excessum, vel ratione macrocosmi, s. mundi, i. e. quae toti universitati circa ejus finem obtingunt.*"

sammengefafst,²) die einzelnen Ereignisse aber in verschiedner Zahl neben einander gestellt.³)

§. 129. Mors et immortalitas.

[Kön:] *Mors est privatio per lapsum primorum parentum introducta, animae et corporis unionem solvens.*¹) Für den Versöhnten ist der Tod zum blosen Naturereignifs geworden, zuweilen schmerzlich in sr. irdischen Beziehung, in sr. himmlischen Beziehung der Weg zur Herrlichk.²) Im chrstl. Bgr. des Todes liegt daher schon die Unsterblichk. als selbstbewufstes, ewiges Fortleben des Individuums.³)

2) *F. C.* 641: [14] „*Opus Sp. S. in hac vita tantummodo in nobis inchoatur, in altera demum vita absolvetur et perficietur.*" Quen: „*Media salutis laxius sumta.*" Hol: „*Media salutis exsecutiva s. isagogica sunt media divinitus ordinata, sine quorum antecessu Deus glorificationis sententiam non exequitur, et quorum interventu proximo homines, perseveranter fideles, in summam beatitudinem introducuntur.*" Danov: „*Ipsa salutis copia et usus in altera vita.*" Ernesti: „*Salutis possessio.*" Brt: „Vollendung der Erlösung." Schlr: „Die Vollendung der K. als prophet. Lehrstück." Hahn: „Die Hoffngn. der K." Stdl: „Vom Ziele, zu welchem in Folge der Erlösung der Mensch u. die Menschh. sich entwickelt." In genauer Durchführung der analyt. Methode [p. 32] haben die AKD meist das Dogma *de beatitudine aeterna* von diesem *L.* losgerissen u. zwischen die *Theol.* u. *Anthrop.* gestellt. wodurch veranlafst Br u. Bdd die ganze *Eschatol.* dahinzogen; Hahn u. Eckermann rechnen sie zum *munus Xti regium*, Hs theilt sie zwischen die *Anthropol.* u. *Xtologie.*

3) Unter den SL gewöhnlich 4, nach dem Distichon:
Mors tua, judicium postremum, gloria coeli,
Et dolus inferni sunt meditanda tibi.
Grh: „*Novissima ratione duplicis objecti sunt duplicia:* μακροκόσμου *novissimum est saeculi consummatio;* 2) μικροκόσμου *novissima:* a) *mors,* b) *resurrectio,* c) *judicium,* d) *mora aeterna, piorum sc. in coelo et damnatorum in inferno.*" Nach Kön u. Quen gewöhnlich: *Mors, resurrectio, extremum judicium, consummatio saeculi.*

1) Grh: „*Animae et corporis solutio.*" Rnh: „*Ea animi et corporis separatio, qua prorsus tollitur utriusque commercium.*" Dieser eigentl. Tod, gewöhnlich *temporalis* genannt, wird von den metaphorischen Bedeutungen nach bibl. Sprachgebrauch unterschieden. Quen: „*Improprie notat Mors* 1) *quamlibet rem mortiferam s. omnis generis calamitates, propter peccatum homini in hac vita tolerandas, quae sunt mortis caduceatores;* 2) *mortem spiritualem, quae duplex est, fidelium et infidelium:* a) *M. spir. fidelium est, qua dicuntur mori tum peccato, Rom.* 6, 2. 11. *Col.* 3, 3. *tum legi morali, Rom.* 7, 1 ss. *Gal.* 2, 19. *tum caeremoniis legalibus V. T., Col.* 2, 20. *tum mundo, Gal.* 6, 14. b) *M. spir. infidelium vel temporaria vel aeterna est; illa consistit in gratiae div. amissione in hac vita, Mt.* 8, 22. *Lc.* 9, 60. 15, 21. 1 *Tim.* 5, 6. *haec est finalis et nunquam terminanda hominis a Deo separatio, cum cruciatibus infernalibus conjuncta, dicta alias mors secunda, Apoc.* 2, 11. 20, 14. 21, 8.

2) *A. C.* 194: [55s.] „*Corpus mortificatur propter praesens peccatum, quod adhuc in carne reliquum est. Et mors ipsa servit ad hoc, ut aboleat hanc carnem peccati, ut prorsus novi resurgamus. Neque jam in morte credentis, postquam fide terrores, mortis vicit, ille aculeus et sensus irae est, de quo Paulus etc.* 1 *Cor.* 15, 56. *Ille sensus irae vere est poena, donec adest: mors sine illo sensu irae proprie non est poena.*" Daher ist dem christl. Standpunkte weniger angemessen, dafs Rnh den Tod überhaupt als Strafe, Ddr als *grave infortunium* ansieht. Die AKD bezeichnen ihn zwar nach sr. natürl. Beziehung auf die Sünde als *paterna castigatio*, heben aber seine christl. Bedeutung mit altkirchl. Bildern hervor, als: [*Gregor Naz.*] *aeternae vitae natalis,* [*Gregor. Nyss.*] *obstetrix ad vitam vere sic dictam promovens,* [*August.*] *provectio ad civitatem Dei,* [*Prudent.*] *reparatio vitae,* [*Bernard.*] *janua ad vitam aeternam.*

3) Rnh: „*Immortalitas est ea animi a corpore separati conditio, in qua sui conscius est et in aeternum agere pergit.*" Die Rücksicht auf die Auferstehung ist hintangesetzt.

§. 129. Mors et Immortalitas.

In den Schriften des A. T. vor dem Exil finden sich neben einem Schattenreiche [שְׁאוֹל, ᾅδης] nur entfernte Ahnungen einer wahren Unsterblichk., weil Gott in der Stufenfolge sr. Offnb. sein Volk noch nicht zu diesem Gl. erzogen hatte. Aber als im Elende die Propheten das Volk mit der klaren Weifsg. auf den Messias trösteten: hat er als Todtenerwecker sogleich den Gl. an ein ewiges Leben erweckt.[4] Unser Gl. ruht aber nicht sowohl auf einzelnen Aussprüchen Jesu, wie die AKD es darstellten, als darauf, dafs in dem von ihm empfangenen Gottesfrieden der Tod seinen Stachel verloren hat u. das ewige Leben schon angebrochen ist *Jo.* 5, 24 s. 11, 25 s. 2 *Cor.* 4, 10 ss. Bei dieser Sicherh. haben die KLehrer andrer natürl. Beweise *e lumine naturae et historiae* nicht bedurft, die Meinung über ihre Beweiskraft hat unbefangen gewechselt, u. erst von den NKS sind sie in die DK aufgenommen worden. Sie dienen allerdings, das natürl. Bwsts. mit dem rel. Gl. zu befreunden,[5] widerlegen auch die Möglichkeit einer Vernichtung, dgg. ein Aufhören des individuellen Bwsts. u. ein bloses Fortleben o. Untergehn in Gott scheinen sie nicht hinreichend auszuschliefsen, wie die neueste Phil. dies bezeugt;[6]

---

4) Das allen gleiche freudenlose Schattenreich ist kein Haus des Lebens. *Gen.* 15, 15. 37, 35. *Num.* 16, 30 ss. *Deut.* 32, 50. *Job.* 3, 13 ss. 10, 21 s. 30, 23. *Ps.* 6, 6. 18, 5. *Jes.* 14, 9 ss. Einige KV haben dies bemerkt, doch ist es gegen das eingeripsue Vorurtheil erst im 18. Jhh. wieder anerkannt worden. Der Gl. an Offnb. hat die Resultate der scharfsinnigsten Kritik nicht zu scheuen, sdn. wird vielmehr durch dieselben in seinen Äufserlichkeiten bestätigt. Wenn die Sünde den Tod u. Xtus allein das Leben gebracht hat: so ist in der Ordnung, dafs der Gl., der den Tod überwindet, erst mit dem Gl. an den Todtenerwecker selbst in das Volksleben kräftig eintrat: er ist ein wesentl. Theil der messian. Weifsg. u. überall steht der Messias in der Mitte derj. Weltbegebenheiten, durch welche das Irdische übergeht ins Überirdische. Daher in den spätern Propheten u. in den Apokr. der Gl. an ein ewiges Leben. Die Sadducäer hielten fest an der alten Vorstellung, welche gleich ist einem Leugnen der Unsterblichk. *Mt.* 22, 23. *Act.* 23, 8. Die Essener glaubten Unsterblichk. ohne Auferstehung. Die Pharisäer Auferstehung.

5) Dies die billigere Ansicht, wie sie Grh. *XVII. p.* 158 s. als die vorwaltende in der ev. K. darstellt: „*Distinguimus primo inter rationes praecedentes et consequentes. Thomas, P. I. p.* 32. *art.* 1: „*Ad aliquam rem dupliciter inducitur ratio, primo ad probandam sufficienter aliquam radicem, secundo quae radici jam positae ostendit congruere consequentes effectus.*" *Hoc posteriori modo immortalitas animae ex lumine naturali demonstrari potest, postquam ex Sc. S. immota consequentia eadem prius fuerit demonstrata. Deinde inter rationes cogentes et verisimiles. Argumenta ex lumine naturae quandam verisimilitudinis persuasionem de animae immortalitate inducere possunt, sed firmum et immotum fidei fundamentum nequaquam exhibent. Philosophia aliquid auguratur* (inquit *Melanchth.*) *et habet conjecturam aliquam de immortalitate quantulamcunque et qualemcunque.*" Schema der aus der Wolf. Schule entstandnen Beweisform: a) *argumenta possibilitatis physicae et moralis*, aus der göttl. Allmacht, Analogie der Natur, logischen Widerspruchlosigk. des Bgr. der Unsterblichk. b) *arg. necessitatis*, aus der Nothw. gerechter Vergeltung, c) *arg. veritatis*, aus Bibelstellen u. Aufersteh. Jesu.

6) Nachdem z. B. Hegel über eine individuelle Fortdauer sich nur flüchtig u. zweideutig geäufsert hatte, ist Richter [L. v. den letzten Dingen. 833.] als ein Verräther an der phil. Geheimlehre mit bitterm Hohne wider jeden Gl. an Unsterblichk aufgetreten, um aus die neue Ev. des ewigen Todes zu verkünden, während Göschel von der unüberwindl. Lebenskraft des Begriffs aus als des allein Seienden, Weifse von der freien Individualität des geistig Wiedergebornen aus als der Theilnahme am Absoluten ein Fortleben des Individuums demonstrirten, jener als die ächte Lehre

18*

daher sie zwar im Unterrichte nicht zu verachten sind, aber bei dem mögl. Widerspruche, der jedem dieser Bew. entgegengestellt werden kann, ist der Glaube an ein ewiges Leben auf Xtum, u. nicht auf phil. Demonstrationen o. zweifelhafte Historien zu gründen.⁷) Daher sich auch in der armen Hütte ein kräftigerer Gl. an ein ewiges Leben findet, als in den Hörsälen grofser Philosophen.

Hegels. dieser als ihre nothw. Fortbildung u. Umgestaltung. Dgg. die ganze neuere Wendung der Hegelschen Phil. darauf ausgeht, die Hoffnung wie die Furcht des Jenseits auszurotten, u. nicht in der christl. Adn. in rein negativer Weise das Ewige nur anzuerkenen im Diefseits. STRAUSS II. p. 738: „Das Schleiermachersche Wort: mitten in der Endlichk. eins zu werden mit dem Unendlichen, u. ewig zu sein in jedem Augenblick, ist Alles, was die moderne Wissenschaft über Unsterblichk. zu sagen weifs. Denn das Jenseits ist zwar in allen der Eine, in sr. Gestalt als zukünftiges aber der letzte Feind, welchen die speculative Kritik zu bekämpfen u. wo möglich zu überwinden hat."
7) Gewöhnl. Darstellung der NKS u. RT nebst den Gegensätzen: A. Phil. Beweise: I. Theoretische: 1) Metaphysischer: Die Seele ist immateriel, sonach einfach u. unauflösbar. Alle Zerstörung ist Auflösung eines Objectes in seine Bestandtheile. Sonach kann die Seele nicht zerstört werden. Dgg: Der Tod ist nicht Auflösung in Theile, sdn. Aufhören des Bwsts., die Substanz der Seele mag fortdauern o. vernichtet werden. 2) Teleologischer: Die unendl. Anlagen des Menschen werden im irdischen Leben niemals entwickelt, er allein kann seinen Zweck auf Erden nicht erreichen, während jedes andre Geschöpf ihn erreicht. Also etc. Dgg: Die Kräfte können fortwirken in der Menschh., der sie angehören, unter neuen Formen, aber es folgt nicht, dafs dasselbe Individuum fortbestehe. 3) Analogischer: In der Natur ist keine Vernichtung, sdn. aus allem scheinbaren Tode entwickelt sich neues Leben. Nach drs. Analogie etc. Dgg: In drs. Weise mag der Geist der Menschh. in immer neuen Gestalten sich offenbaren, aber ohne bleibende Individualität. 4) Kosmischer: Wie die Gestirne mit einander in physischer Verbindung stehn, so läfst sich auch eine moral. Verbindung ihrer Bewohner erwarten. 5) Theologischer: a) Aus der göttl. Weish., die dem Menschen nicht unendl. Anlagen vergeblich verliehen haben kann. [Ist eins mit dem Teleolog.] b) Aus der göttl. Güte, welche die Sehnsucht nach Unsterblichk. nicht vergeblich in uns gelegt haben kann. Dgg: Viele billige Wünsche sind vergeblich, u. die Lust zum Fortleben ist dem Leben so nothw. dafs ohne sie die Freude am Leben nicht möglich wäre. c) Aus der göttl. Gerechtigk. Dgg: Ein Recht auf Lohn kann sich der Mensch überhaupt nicht erwerben, der natürl. Mensch aber verdient gar nichts als Strafe, so dafs ihm durch Vernichtung kein Unrecht geschieht. II. Praktische o. mor. Beweise: 1) Arg. ethonomicum, vornehmlich nach Kant: Im Menschen ist das gleiche Streben nach Sittlichk. wie nach Wohlsein. Die Sittlichk. fordert oft die Aufopferung des letztern. Sonach mufs eine künftige Ausgleichung der Tugend mit dem Wohls. o. eine Seligk. statt finden. 2) Arg. perfectibilitatis, vornehml. nach Reimarus: Die prakt. Vft. fordert Vollkommenh. Diese kann auf Erden nicht erreicht werden. Sonach, wenn in der prakt. Vft. nicht ein unlösbarer Widerspruch sein soll, etc. 3) Arg. juridicum [p. 105]. 4) Das Sittengesetz fordert Aufopferung unsers Lebens für die Idee. Es forderte also seine eigne Vernichtung, wenn der Tod in das Nichts führte. Dgg: Als ein mit unserm sittl. Handeln verbundener Gl. übt diese Beweisart allerdings eine gewisse Macht über unser Gemüth, indefs unterliegt sie doch einigem Bedenken, th. weil die Tugend in ihrer selbständigen Würde eines jenseitigen Lohnes nicht bedarf, th. weil wir durch unsre eigne Schuld das Übel in die Welt gebracht u. die uns mögl. Vollkommenh. aufgegeben haben. B. Hist. Beweise: I. a consensu gentium et philosophorum potiori; II. aus Geistererscheinungen; III. aus dem Xthum: 1) aus den Zeugnissen der H. S. für ein künftiges Leben; 2) aus der Auferstehung Jesu; 3) aus den durch Jesum vollzognen Todtenerweckungen; 4) aus der Sendung Xti, denn der aus Liebe seinen Sohn für uns dahingab, mufs uns zu einem ewigen Leben bestimmt haben, da das irdische Leben eines solchen Opfers nicht werth war.

§. 129. Status intermedius.

Nach dem N. T. werden die Gläubigen sogleich nach dem Tode in das Reich Gottes übergehn [*Lc.* 23, 43. *Phil.* 1, 23], nur die noch nicht Bekehrten versinken in das Schattenreich, 1 *Ptr.* 3, 19. Der Gl. an ein **Fegfeuer** *ignis purgatorius* als Abbüfsung für die läfsl. Sünden der Gläubigen wurde durch Gregor d. Gr. im 6. Jah. eingeführt, zu Florenz 1439 als KL anerkannt,[8] aber in der ev. K., auch abgesehn von den damit verbundenen Mifsbräuchen, als eine Beschränkung der alleinigen Versöhnung durch den Gl. verworfen,[9] u. ein unmittelbarer Übergang der Seelen zur Seligk. o. Verdammnifs gelehrt; welcher Zustand durch ein innres Gericht, *judicium particulare in agone mortis*, entschieden wird, doch als ein noch nicht völlig abgeschlofsner u. vollendeter Zustand zu denken ist.[10] Hierdurch sind andre mythische Ansichten eines *status intermedius* ausgeschlossen, als **Seelenwanderung** *μετεμψύχωσις, μετενσωμάτωσις*, u. **Seelenschlaf** *ψυχοπαννυχία*, die sich einzeln, besonders unter **Socinianern** u. **Anabaptisten**, finden.

8) Veranlassungen: Nach Zoroaster wird durch den Weltbrand alles Endl. geläutert. Nach Platon ist dieses Feuer blos Sinnbild der Reinigung. Weltbrand der Stoiker u. Petri ohne Bezug auf die Reinigung. Die Alexandriner benutzen das allgemeine Reinigungsfeuer zur Wiederherstellung aller Dinge. Augts hielt für wahrscheinlich, dafs die auf Erden nicht hinreichend gebüfsten Sünden der Gläubigen in Feuerqualen vor dem Weltgerichte abgebüfst würden. Berufung auf 2 *Mcc.* 12, 43 ss., wo allerdings vom wesentl. Inhalte der kath. KL, nehmlich vom Gelde die Rede ist, das zum Heil der Todten an die Priester gegeben wird; auf 1 *Cor.* 3, 15., wo der Bgr. einer gefährl. Rettung blos sprüchwörtlich ausgedrückt ist. — Nach der unterirdischen Geographie der kath. K. liegt der *infernus* im tiefsten Centrum der Erde, um ihn der *locus purgatorii*, um diesen der *limbus puerorum*, Aufenthalt der vor der Taufe gestorbnen Xtenkinder im gleichgültigen Zustande [*poena damni, non sensus*], diesen Kreis begränzt der *limbus patrum* [*sinus Abrahami*], in welchem die Frommen des A. T. weilten, bis sie Xtus bei der Höllenfahrt ins Paradies führte.

9) *A. S.* 307 ss: [11 ss.] „*Draconis cauda ista (missum intelligo) peperit multiplices abominationes et idololatrias. Primo purgatorium. Missa propemodum pro solis defunctis fuit celebrata, cum tamen Xtus Sacramentum pro solis viventibus instituerit. Quapropter purgatorium et quidquid ei solemnitatis, cultus et quaestus adhaeret, mera diaboli larva est. Pugnat enim cum primo articulo, qui docet, Xtum solum, et non hominum opera, animas liberare. Et constat etiam de mortuis nihil nobis divinitus mandatum esse.*"

10) *A. S.* 311. [26. 28.] wird ungewifs gelassen, ob die Heiligen „*in sepulcris s. in coelis*" seien. *C. min.* 375: [20] „*Oramus, ut Pater coelestis, cum hora mortis venerit, felicem vitae exitum nobis largiatur, nosque ex hac miseriarum valle ad se in coelum recipiat.* Kön: „*Judicium particulare est, quod cuivis seorsim et in individuo subeundum est in extremo mortis agone.*" Quex: „*Asserimus, plenariam consummatamque beatitudinem, quae in clara et intuitiva Dei visione consistit, piis, plenariam item atque completam damnationem impiis obtingere, idque statim atque seculo exierunt, etiam ante universalem corporum resurrectionem.*" Richtiger haben KD seit Bmg u. Mosh jenen Zustand für noch nicht vollendet erklärt, denn es ist aufserdem nicht einzusehn, wefshalb es noch der Auferstehung n. des Gerichts bedürfe; jedenfalls mufs für die äufsre Gemeinsch. u. Wirksamk. der vollkommne Sieg des Gottesreichs durch das Weltgericht u. die Verklärung der Welt einen vollkommnern Zustand herbeiführen. Diese Ansicht ist auch angedeutet *C. A.* 14. [XVII.] *cf.* §. 130, *nt.* 1. Bes. hat Hanx die Bedeutung dieses Mittelzustandes richtig darin erkannt, dafs die Frommen in fortwährender innerer Verklärung begriffen sein u. die Gnade des Allbarmherzigen zur Rettung derj. unsterblichen Geister wirken werde, welche den Zweck ihres ird. Lebens verloren haben. *Cf. p.* 181.

§. 130. Christi reditus. Resurrectio. Judicium.

Die Versöhnung wird vollendet u. der äufsre Sieg des Gottesreichs entschieden werden durch die Wiederkunft Xti.[1] Gott hat die Zeit drs. sich allein vorbehalten, Xtus aber ihre Vorzeichen offenbart.[2] Die Verbindung dieser Wiederkunft in der Weifsg. des Herrn *Mt.* 24 mit der Zerstörung Jerusalems ist uns dunkel, u. die apost. K. hat in der Sehnsucht nach ihr seine Rückkehr nahe gehofft, 1 *Thss.* 4, 17. *Jo.* 2, 18; allein die App. haben die Unbestimmth. der Zeit. bevor die Anzeichen erfüllt sein, nicht verkannt, 2 *Thss.* 2, 1 ss. 2 *Ptr.* 3, 8 ss. Daher ist eben so vermessen, jetzt mit Zahlen berechnen zu wollen, was den App. selbst unbekannt war, als defshalb, weil der Herr länger verzieht, als wir meinten, an sr. Wiederkunft in ihrem wörtl. Verständnisse zu zweifeln.[3] Die sichtbare

---

1) S y m b. A p o s t : „*Venturus est, judicare vivos et mortuos.*" *S. Nic:* „*Iterum venturus est in gloria, judicare vivos et mortuos.*" *S. Athan:* „*Ad cujus adventum omnes homines resurgere habent cum corporibus suis, et reddituri sunt de factis propriis rationem.*" *C. A.* 14: [*XVII.*] „*Xtus apparebit in consummatione mundi ad judicandum, et mortuos omnes resuscitabit, piis ei electis dabit vitam aeternam et perpetua gaudia, impios autem ac diabolos condemnabit, ut sine fine crucientur.*" Biblische Bezeichnungen: παρουσία, ἐπιφάνεια, ἀποκάλυψις τοῦ κυρίου, ἡμέρα κρίσεως μεγάλη, ἐσχάτη, συντελεία τοῦ αἰῶνος.

2) *Act.* 1, 7. HOL p. 1248: „*Signa, quae diem extremum vel longiore vel breviore intervallo antecedunt, sunt:* 1) *Securitas et nefanda impietas*, *Mt.* 24, 37 s. 2 *Ptr.* 3, 3 s. 2) *Haeresium multiplicatio*, *Mt.* 24, 11. 2 *Ptr.* 3, 4. 3) *Totius orbis per bella, seditiones, pestiferos morbos, terrae motus conturbatio, Lc.* 21, 9 s. 4) *Insignis Romanae monarchiae inclinatio, Dan.* 2, 31 ss. 5) *Antichristi revelatio*, 2 *Thss.* 2, 3. 6) *Prodigiosae eclipses, lapsus stellarum de coelo et horrendae tempestates*, *Mt.* 24, 29. *Sunt, qui verba Xti exponunt mystice de insigni mutatione Ecclesiae, de obfuscatione doctrinae coelestis et apostasia doctorum - Quamvis Judaeis aditus ad poenitentiam et fidem in Xtum absoluto Dei decreto non sit praeclusus, multique eorum inde ab aevo apost. successu temporis cum Deo in gratiam redierint: universalis tamen eorum, aut certe illustris et solennis conversio sub finem mundi non est exspectanda.*" HAHN p. 653: 1) Allg. Verbreitung des Ev. *Act.* 3, 19-26. 2) Allg. Bekehrung der Juden. [Viele KV u. einige AKD theilen diese Ansicht nach *Rom.* 11, 26.] 3) Grofser Abfall in der K. durch falsche Propheten u. Widersacher Xti [Rationalisten, Lichtfreunde, Pantheisten], welche ihre Feindschaft gegen Xtum [Antichristianismus] zu dem gröfsten Frevel gegen Gott u. selbst zur Anmafsung göttl. Ehre [Antitheismus u. Autotheismus] führen wird, *Mt.* 24, 37 s. *cf.* 11 s. 2 *Ptr.* 3, 3 ss. *cf.* 1 *Thss.* 5, 3. 2 *Thss.* 2. 3-12. 4) Unmittelbar vorher aufserordentl. Veränderungen in der ganzen sichtbaren Welt, *Mt.* 24, 29. *Mc.* 13, 24 ss. *Lc.* 21, 25 ss. — Die Schwierigk. bei dieser Darstellung ist, dafs eine Verwechselung derj. Anzeichen, die dem Falle Jerusalems vorangehn sollten [z. B. *Mt.* 24, 15.], mit den Wahrzeichen der Wiederkunft Xti möglich ist: u. der Herr hatte allerdings mehr Veranlassung, die Vorzeichen der Zerstörung Jerusalems zu offenbaren, weil sich mittels drs. die Seinen bei Zeiten retten sollten [*Mt.* 24, 16 ss.], als die sr. fernen Wiederkunft. — Auch in den S. B. erscheinen Spuren davon, dafs der jüngste Tag für nächstbevorstehend gehalten wurde, u. LUTH wird von einigen AKD dgg. vertheidigt, dafs er wegen dieses Irrthums für einen falschen Propheten zu halten sei, GRN. *XIX. p.* 244 s.

3) Ausdeutungen: *a)* Die Reden Jesu beziehn sich nur auf die Zerstörung Jerusalems, die mit einer unsichtb. Wiederkunft Xti verbunden war; *b)* Accommodation zu jüd. Messiaserwartungen; *c)* Selbsttäuschung durch diese Erwartungen; *d)* Bildl. von den App. eigentlich genommene Darstellung des mit dem Falle Jerusalems verbundnen Sieges der christl. Rel. Durch solche Ausdeutung pflegt zu entstehn: [QUEN. *IV. p.* 608.] „*Epicuraea securitas, qua libere carni suae frena laxant et irrisorio animo quaerunt, ubi nunc promissio adventus ejus?* 2 *Ptr.* 3, 4." Die Ansicht [SCHOTT], dafs Xtus bei der Zerstörung Jerusalems unsichtbar o. nur symbolisch gekommen sei, einst aber

§. 130. CHRISTI REDITUS. RESURRECTIO.

Herrlichk. drs. liegt in sr. Weifsg., in sr. göttl. Majestät u. im Zwecke sr. Wiederkunft, der ein äufsrer ist. Die AKD folgten in Beschreibung drs. seinen eignen Worten,[4] u. statt mit den NKS diese äufsre Herrlichk. zurückzustellen als blos bildl. Darstellung, ist vielmehr zu erwarten, dafs sie noch viel herrlicher sein werde, als wirs zu fassen vermögen. Xtus aber wird kommen, alles Weltliche zu enden; nicht ein irdisches Reich, darin die Frommen herrschen, zu gründen, wie die **Chiliasten** meinen.[5] Durch das Wort Christi erfolgt im Momente th. *resurrectio mortuorum* i. e. *noxa animarum cum corporibus suis restitutis conjunctio*, th. *immutatio* i. e. *eorum, qui adhuc vixerint, ad statum resurgentium transfiguratio*.[6] Das Wesent-

---

wirklich zurückkehren werde, ist eine in der Schrift nicht begründete Vermittlung zwischen Glauben u. Unglauben.

[4] HUT p. 472 ss: „Servator noster affirmat, se venturum cum potentia et gloria magna in nubibus, ea nimirum gloria, qua humana ipsius natura ex unione cum divina et sessione ad dextram Patris donata est. Deinde accedet κέλευσμα illud et vox archangeli, et tuba Dei in supernis, et angelorum omnium myriades, cum tuba et voce magna. Non hoc vult Propheta [Zach. 12, 10.], quod tum servilis iterum sit futura forma carnis Xti, sed quod per dispensationem quandam impiis monstraturus sit cicatrices vulnerum et vestigia clavorum, et hoc pacto extreme illos territurus."

[5] Chiliasmus, nach Jes. 63, 4. Ps. 90, 4. Hoffnung einer tausendj. Herrsch. der lebenden u. auferweckten Frommen [ἡ πρώτη ἀνάστασις, τῶν δικαίων] unter dem Messias auf Erden, als Bestandtheil der jüd. Messiaserwartung. Symbolisch ausgesprochen Apoc. 20, 4 ss. cf. 2, 26 ss. 5, 10, war er in der alten K. weitverbreitet, bis der römische Presbyter Cajus u. Origenes ihn bekämpften. — C. A. 11: [XVII.] „Damnant eos, qui nunc spargunt judaicas opiniones, quod ante resurrectionem mortuorum pii regnum mundi occupaturi sint ubique oppressis impiis." HOL p. 1255: „Regnum Xti millenarium, eximia mysteriorum divinorum cognitione, sanctitate vitae, terrenaque felicitate eorum, qui in eodem victuri esse censentur, maxime conspicuum florentissimumque, filiis Dei in his terris non est exspectandum." Da sich durch einzelne fromme Lehrer u. Gemeinden dieser Irrthum öfter erneute, mit Berufung auf Lc. 14, 14. 1 Cor. 15, 22 s. 2 Ptr. 3, 8. 1 Thss. 4, 16. 2 Tim. 2, 12., unterscheidet man: a) Chil. crassus, Erwartung sinnlicher Freuden [Cerinth, Papias, die Anabaptisten des 16. Jhb.]; b) Chil. subtilis, vollkomme Herrschaft des Gottesreichs auf Erden nach Bekehrung der Juden u. Sturz des Papstthums; die Subdivision subtilior u. subtilissimus bezieht sich nicht auf die Art der Freuden, sdn. nur darauf, dafs jener [von Petersen, Crusius, Auberlen u. a. verkündete] eine bestimmte chiliast. Form [nahe, sichtbare Wiederkunft des Herrn, alleinige Auferweckung der Frommen, tausendj. Dauer. Berechnung des Anfanges, durch J. A. Bengel auf 1836], dieser [von Spener, Vitringa, Hahn gebilligte] dieselbe nicht hat, sonach nicht eigentl. Chiliasmus genannt werden kann. Ganz unhistorisch rationalisirend HENGSTENBERG: das tausendj. Reich schon abgelaufen u. derzeit der Satan wieder los.

[6] C. maj. 501: [57] „Exspectamus, ut haec nostra caro, cum omnibus suis sordibus et vitiis, abolita et sepulta computrescat, rerum praeclare et magnifice iterum prodeat et exsurgat a mortuis ad perfectam sanctitatem, nova et immortali vita animata." F. C. 649: [46] „Hujus nostrae carnis, quam circumferimus, substantia (sed tamen a peccato mundata) est resurrectura." AKD: [HOL:] Resuscitatio et resurrectio differunt ut causa et effectus, illa est actio Dei, haec opus dir. Forma interna est a) corporum reproductio, s. reparatio ejusdem, quod per mortem cecidit, corporis ex atomis, s. particulis illius corporis, hinc inde disjectis atque dissipatis; b) redunitio ejusdem cum anima. Forma externa: [GRH:] a) Xtus subito et ex improviso in forma illa visibili, qua in coelum adscendit, in nubibus apparebit, et super thronum majestatis suae in magna gloria sedebit, Mt. 24, 30 s. 25, 31. b) Angeli, qui tanquam apparitores, praecones ac ministri aderunt, tuba canent, Mt. 13, 41. 1 Thss. 4, 16. c) Sonabit omnipotens et efficacissima vox Xti: Surgite mortui! Mt. 9, 25. Lc. 7, 11. Jo. 5, 28.

liche der Auferstehung ist ein aus dem erstorbenen Körper zu entwickelndes Organ für die neue Gemeinsch. u. Wirksamk. des geist. Lebens in der Aufsenwelt.[7] Obwohl die Erweckung eines solchen Organs der Vft. unbegreiflich ist, so ist ihr doch das geistige Fortleben eines endl. Wesens ohne sinnl. Organ ebenso undenkbar, u. die gegen die Auferstehung vorgebrachten Gründe[8] beziehn sich th. auf eine grobsinnl. Auffassung (gleich den 7 Weibern der Sadducäer, *Mt.* 22, 23 ss.), th. erwägen sie diese Beschaffenh. des endl. Geistes nicht, wegen der vielmehr wahrscheinlich ist, dafs vor der Auferstehung keine unmittelbare Gemeinsch. u. Wirksamkeit der Geister statt findet, sdn. die Gläubigen blos in Gott die Welt anschauen (*p.* 149). Nach der Auferstehung hält Xtus das Weltgericht. Da die Guten u. Bösen bereits geschieden sind, theils durch das *judicium particulare*, th. auch diejenigen, die etwa noch in der Zwischenzeit sich bekehrt haben, durch das Stellen zur Rechten des Thrones: so besteht das Gericht nur in summarischer Darstellung des Processes,

11, 43. *d*) *Ad vocem illam excitabuntur mortui.* e) *Immutabuntur viventes, momentanea et subitanea corporis immutatione,* 1 *Cor.* 15, 51 s. 1 *Thess.* 4, 17. f) *Utrique in duas partes distribuentur, separatis bonis et malis, ac illis quidem ad Xti dextram, his vero ad ejus sinistram collocatis.*

7) Die AKD unterscheiden in der *materia resurrectionis*: 1) Die den Körpern der Gläubigen u. Ungläubigen gemeinschaftl. Qualitäten. [QUEN:] *Idem numero et substantia corpus, quod in hac vita gessimus, resurget.* Wiederherstellung drs. organischen Theile, wenigstens für die Gläubigen meist gedacht in einem mittlern Lebensalter [Alter Xti]. Besonders vertheidigen sie den bleibenden Geschlechtsunterschied [*excluso tamen semine et lacte*] gegen einige KV u. SL, die dns. nach *Lc.* 20, 36. *Eph.* 4, 13. u. wegen der Unvollkommenh. des weibl. Geschlechts leugneten. In der That durchdringt der Geschlechtsunterschied auch das geistige Leben so tief, dafs er als bleibend gedacht werden mufs. 2) Bes. Qualitäten der zur Seligk. bestimmten Körper: *Sunt corpora* [GER:] a) *glorificata h. e. formosissima claritate et fulgore sicut pallio vestita, Mt.* 13, 43. 1 *Cor.* 15, 40 s. *Dan.* 12, 3. b) *potentia i. e. ab infirmitatibus, doloribus ac morbis libera ac proinde firma, impassibilia, agilia, vi penetrandi alia corpora solida praedita, Jo.* 20, 19. 26. *Phil.* 3, 21. c) *spiritualia, non quidem ratione essentiae, sed ratione spiritualium qualitatum, non erunt amplius animalia corpora, cibi, potus etc. indiga.* Die Ungläubigen: [HOL:] *cadavera deformia, pallida, foetida.* Die NKS nehmen blos eine partielle Identität der auferweckten Leiber mit den dermaligen an, eine Entwicklung aus ihren edelsten Grundstoffen, *e primis staminibus*, mit Berufung auf 1 *Cor.* 15, 35 ss. 6, 13. *Mt.* 22, 30.

8) KL: a) Die Wiederbelebung eines in unzählige Theile zerstreuten, selbst in andre menschl. Körper übergegangnen u. nach allen seinen Stoffen der gemeinsamen Natur angehörigen Körpers ist unmöglich. b) Es ist nicht einzusehn, was die Wiedervereinigung mit dem alten Körper zur Wiedervergeltung beitrage. c) Entw. kann die Seele thätig sein ohne sinnliches Organ: dann bedarf sie der Wiedervereinigung nicht; o. sie kann nicht thätig sein: dann mufs sie sogleich bei dem Tode ein Organ empfangen haben, da sie nicht Jahrtausende in Unthätigkeit gedacht werden kann. d) Die Auferstehungslehre ist aus der plastischen Anschauungsweise des Alterthums entstanden, dem ein rein geistiges Leben undenkbar schien, u. ihre Entstehung unter den Juden, nicht durch Offnb., sdn. durch Zoroaster, historisch nachweisbar. e) Die Ansichten des N. T. widersprechen einander, denn th. soll die Seele unmittelbar nach dem Tode zu Gott übergehn *Phil.* 1, 21., th. will Xtus die Todten erst am jüngsten Tage erwecken *Jo.* 6, 40., th. auch noch die alte Vorstellung des Allen gemeinsamen Schattenreichs *Act.* 2, 27. Die RT u. PD halten daher die Auferstehungslehre bei Xto für Accommodation o. volksthüml. Bild der Unsterblichk., bei Paulus für pharisäisches Dogma; überall nur Sinnbild eines rein geistigen Fortlebens o. eines sogleich mit dem Tode sich entwickelnden vollkommneren Organs der Seele.

§. 130. Weltgericht. §. 131. Consummatio mundi.

im Spruche u. in der Vollstreckung des Urtheils, nach dem Gesetze der Liebe für die Frommen, der Gerechtigk. für die Gottlosen. Vor Gericht aber wird gestellt alles Geschaffne, das da gesündigt hat. *Extremum judicium universale est actio solemnis, qua Deus unitrinus, per Xtum in visibili forma summaque gloria apparentem, angelos malos omnesque homines ad normam Legis et Evangelii judicabit, piis aeterna gaudia, malis aeternos cruciatus assignaturus.* [9] Die äufsre Herrlichk. dieses Gerichts u. ihre Zurückstellung bei den NKS ist mit der Ansicht von der Wiederkunft Xti nothw. verbunden.[10] Die RT u. PD halten das Weltgericht für Accommodation zum jüd. Messiasbegr., o. für ein Sinnbild der in der Geschichte waltenden Gerechtigk., des siegenden Gottesreichs, der Entscheidung unsers ewigen Schicksals nach den vernünftigen u. göttl. Gesetzen des Xthums, o. für den wirkl. geschichtl. Act einer völligen Trennung der Guten u. Bösen, doch ohne äufsre Gerichtshandlung, die nach dem *judicium particulare* ohnedem unnöthig sei.

§. 131. Consummatio mundi.

Dem Weltgericht wird folgen die Verbrennung der Welt u. die Auferstehung einer vollkommnen unvergänglichen Welt als Heimath der Seligen, 2 Ptr. 3, 7 ss. Mt. 5, 18. 24, 35. Lc. 21, 33. Ps. 102, 27 s.

---

9) Anselmus: „*Ut judicii species notior fieret hominibus, judicandi forma ex his, quae inter homines geruntur, assumta est.*" Forma: Gnu: 1) „Solennis praeparatio: a) *Xti judicis in throno collocatio*, Mt. 19, 28. 25, 31. *Quamvis exacte sciri nequeat, qualis thronus fuerit, unde quidam putant esse angelos, inter quos quidam dicuntur throni, quidam de iride accipiunt, probabilius tamen statuimus hunc thronum fore partim invisibilem, ipsam sc. Dei dextram, partim visibilem, splendidam sc. et augustam nubem.* b) *Omnium hominum coram tribunali Xti congregatio*, Mt. 25, 32. Rom. 14, 10. c) *Congregatorum in duas partes separatio*, Mt. 25, 32 s. 2) Ipsa administratio. a) *Causae cognitio*, Mt. 25, 35 s. Hbr. 4, 13. Jo. 2, 25. *Ut partis utriusque, tam piorum, quam impiorum, causa liquide cognoscatur, judex omnia occulta in clarissimam lucem collocabit*, 1 Cor. 4, 5. [Zur gegenseitigen Anerkennung eine allg. u. gleichzeitige Darlegung aller Sünden.] b) *Causae cognitae decisio ac definitivae sententiae promulgatio*. c) *Sententiae promulgatae exsecutio*, Mt. 25, 46." Hol: „*Judicium Xti, ratione processus, distinguitur in judicium discussionis et retributionis. Judicio discussionis omnium hominum, tam justorum, quam injustorum, cognoscetur causa et injustorum mala opera accurate examinata publicabuntur. Singula fidelium peccata speciatim examinatum et publicatum iri, non est probabile.* (*E multorum sententia in memoriam piis revocabuntur, quo magis gratiae amplitudinem sentiant.*) *Judicio retributionis pronuntiabitur sententia cuique conveniens, quod erit duplex:* absolutionis, *quo electis assignabitur et conferetur vita aeterna, et* condemnationis, *quo reprobi ablegabuntur in ignem aeternum.*" Über den Ort des Gerichtes entscheiden die AKD mit den SL gegen die unter den KV begünstigte jüd. Meinung vom Thale Josaphat, neigen sich für einen Ort in der Luft, lassen jedoch seine nähere Bestimmung ungewifs. Seine Dauer wird gewöhnlich auf 1 Tag bestimmt nach Act. 17, 31., doch wird dieser Tag verschieden aufgefafst. *Ministri judicii* die Engel, ihr Geschäft p. 150. *Assessores, testes et comprobatores judicii* die Heiligen, nachdem sie selbst gerichtet sind. Br: „*Proxime quidem a Xti latere Apostoli, deinde Patriarchae, Prophetae, Martyres, Doctores ac fideles caeteri, suo ordine*, Mt. 19, 28. Lc. 22, 30. 1 Cor. 6, 2. 1 Thss. 4, 14. Apoc. 19, 1 ss." Kön: „*Finis principalis est Dei et Redemptoris glorificatio*, 2 Thss. 1, 6 ss. 1 Cor. 15, 24. *Minus principalis est tum fidelium glorificatio, tum infidelium condemnatio.*"

10) Rnh: „*Judicium extremum est actio div., qua hominibus omnibus in vitam restitutis tribuitur id quod eorum rebus gestis consentaneum est.*"

Jes. 34,4. 51,6. 65,17s. Apoc. 21. Die AKD beschreiben die Verbrennung als eine Vernichtung, scheinen aber die neue Schöpfung in der dogm. Behandlung ganz vergessen zu haben. Consummatio mundi est actio Dei, qua totum hoc universum et quicquid eo praeter naturas intelligentes continetur, igne redigitur in nihilum; in Dei gloriam et piorum liberationem.[1] Die NKS erwarten statt der Vernichtung eine blose Umbildung u. zwar [STORR, SCHOTT) des Weltalls, o. [BMG, CARP] unsers Sonnensystems [systema solare] o. nur [MICH, DDR, RNH] der Erde. Die RT bezogen das D. th. auf die Zerstörung Jerusalems, th. faſsten sie es symbolisch auf als Sinnbild eines angemeſsnen Wirkungskreises für den von irdischen Schranken befreiten Geist. Diese Ansicht scheint der Wirkungsart Gottes angemeſsner, welcher, statt zu vernichten, die höhere Vollkommenh. aus verborgnen Keimen entwickelt, u. ist als die unter den KV herkömmliche, selbst von LUTH ausgesprochne Lehre [qualitatum alteratio, non substantiae abolitio] auch von den AKD nicht durchaus verworfen worden.[2] Demnach wie sich unser verklärter Körper aus dem Leichnam entwickelt, so wird auch die unvergängliche Welt ein Phönix aus der Asche der vergänglichen u. seufzenden Creatur [Rom. 8, 19-23.] hervorgehn. In diesem D. liegt th. die Mahnung, das Herz nicht an diese Welt zu hängen,[3] th. die Erwartung, daſs einst eine unvergängliche Welt als ein unzerstörbares u. herrliches Organ unsrer Thätigk. uns aufnehmen werde. Weil aber alles Vergängliche vergehn, auch Xtus im Vrh. zur ganzen Welt gedacht werden muſs [p. 210]: so wird das ganze Weltall, wie weit es den Seligen gehört, zu unvergänglicher Schönh. sich verklären als ein wiedergewonnenes u. allg. Paradies. LUTH: „Der Himmel hat itzo an sein Werkeltags-Kleid, dort aber wird er anziehn sein Sonntags-Kleid."

§. 132. Damnatio et beatitudo aeterna.

Nach dem Weltgericht ist der Zustand der Bösen u. Guten auf ewig geschieden als ein unveränderl. Sein. — Die Verdammnifs ist die Qual der Verwerfung vor sich selbst u. vor Gott mit dem höchsten Elende des äuſsern Zustandes, nach einem Bilde der H. S. bezeichnet als ewiger Tod. HOL: „Mors aeterna est complexus plurium malorum, quae Deus triunus, judex justissimus, ob infidelitatem finalem reproborum, ex hac vita egressorum, animabus et corporibus aeternum toleranda infliget, ad justitiae, veritatis et potentiae

---

1) QUEN: „Cons. seculi est actio Dei unitrini, qua is per ignem totum hoc universum, et quicquid eo praeter angelos et homines continetur, quoad substantiam totaliter annihilabit, in veritatis, potentiae et justitiae suae gloriam et piorum liberationem." Cf. §. 129, nt. 8.

2) GRH. XX. p. 52. „Non diffitemur, multos ex piis veteribus in eam concedere opinionem, quod mundus non κατ' οὐσίαν sit interiturus, sed κατὰ ποιότητας duntaxat sit immutandus. p. 54: Proinde sententiam de substantiali mundi interitu non defendimus ut fidei articulum, sed eam emphaticis Scripturae dictis, quae de fine mundi loquuntur, magis conformem esse dicimus. Unde multi malunt in hac quaestione ἐπέχειν et futurae experientiae eventui rem committere, quam certi quiddam determinare."

3) GRH. XX. p. 89: „Coelum, terra et omnia, quae in illis sunt, conflagrabunt. Ergo terrenis et transitoriis rebus non adhaereamus amore inordinato, sed coelestia et aeterna bona quaeramus, id vero aliter fieri nequit, quam pio ac sedulo pietatis studio."

§. 132. Ewige Verdammniss. 283

divinae gloriam." Der Ort dieser Qualen, γέεννα,[1] u. ihre Art ist uns ein dunkles Geheimnifs, davon blos menschl. Bilder zum heilsamen Schrecken offenbart sind.[2] Auf diesem menschl. Standpunkte werden unterschieden *poenae damni*, privative im Vrh. zu den Seligen, u. *poenae sensus*, positive Strafen.[3] Die Ansicht der NKS, dafs das Feuer blos Bild des höchsten Schmerzes sei, ist nicht wesentlich verschieden, da sie doch zur innern Qual auch die Schrecken des äufsern Zustandes einräumen müssen. Die AKD nehmen Grade der Verdammnifs an, die jedoch mit der unendl. Schuld eines jeden Nichtbekehrten kaum vereinbar erscheinen.[4] Die absolute Ewigk. der Höllenstrafen ist nach klaren Stellen der H. S. [*Jes.* 66, 24. *Mt.* 3, 12. 26, 24. *Mc.* 9, 43 ss. *Jo.* 3, 36. *Apoc.* 9, 6.] u. als die entschiedenste Verwerfung des Bösen von der K. allezeit behauptet worden. Die Ansicht der neuern DD - von einer blos hypothetischen Ewigk., wiefern sich die Bösen nicht in jener Welt noch bessern würden; meist verbunden mit einer relativen Ewigk. der Strafen, d. i. einiger auch im beglücktern Zustande fortwährenden Folgen der verlornen Zeit, - setzt voraus, dafs der H. G. auch in der Hölle noch wirke, o. vielmehr hält pelag. die Wiedergeburt für möglich durch eigne Kraft, u. sieht nicht in der Gerechtigk. Gottes u. in der Verwerfung des Bösen, sdn. blos in der Befsrung den Zweck der Strafe; eine schon von den Juristen aufgegebne Verwechslung der Strafart mit dem Strafzwecke. Die wider die Ewigk. vorgebrachten Gründe[5] sind aber widerlegt, wenn erst durch das Welt-

---

1) Das bei Jerusalem einst blühende Thal des Hinnom [בֶּן־גֵּיא *vallis* u. *nomen proprium* הִנֹּם], wo dem Moloch Kinder geopfert worden waren. Daher nach der Rückkehr aus dem Exil als Anger für die Leichname von Verbrechern u. todtes Vieh, zu deren Verzehrung Feuer unterhalten wurde, γέεννα τοῦ πυρός.

2) Hut 475 s: „*Ubi est infernus? Cum Sc. S. nuspiam hoc tradiderit, neque nostrum fuerit, curiosius illud inquirere, sed opera potius danda, ut vera fide cruciatus infernales a nobis avertamus. Quales futuri sunt cruciatus isti? Neque istud vel mens nostra satis comprehendere, neque lingua effari potest. S. Sc. ad captum nostrum se accommodans, variis vocabulis et phrasibus, desumtis a poenis hujus vitae, aliquo modo adumbrare voluit: ut, quando nominat confusionem, ignominiam, opprobrium sempiternum, fletum, stridorem dentium, densissimas tenebras, vermem nunquam intermoriturum, stagnum ignis, et per id genus vocabula ista, maximos et exquisitissimos cruciatus ob oculos ponit. Jes.* 66, 24. *Mt.* 8, 12. *Apoc.* 19, 20."

3) Hol p. 982 ss. „*Mala privativa: Carebit anima visione Dei beatifica et lumine gloriae, fruitione summi boni, amore Dei et gaudio; corpora destituentur omni claritate et venustate. Praeterea exclusi erunt damnati ab omni consortio sanctorum. Mala positiva: Intellectus cognoscet Deum judicem justissimum et vindicem peccatorum acerrimum. Voluntas torquebitur odio Dei, tristitia summa et impatientia furibunda. Corpora cruciabuntur igne, materiali quidem, sed singulari [ex aliorum sententia improprie intelligitur de doloribus acerrimis]. Externa mala, quae damnatos circumstabunt, sunt detestabile cum cacodaemonibus consortium, domicilium squalidissimum.*"

4) Hut: „*Erunt gradus cruciatuum secundum gradus peccatorum*. *Mt.* 11, 21 ss. *Lc.* 12, 47 s." Die S. B. kennen blos Grade der Seligkeit.

5) Mifsverhältnifs ewiger Strafen zu zeitl. Vergehn. Wahrscheinlichk. der Befsrung durch die Strafe u. den wegfallenden Reiz zur Sünde. Wegfallen des Strafzweckes bei eintretender Befsrung. Die Schöpfung u. Erhaltung ewig unglücklicher Wesen unvereinbar mit der Güte u. Weisheit Gottes, die Erinnrung an sie mit ungetrübter Seligkeit etc.

gericht die ewige Verwerfung entschieden wird. Nachdem in dieser Zwischenzeit alle Folgen der Sünde, alle Wirkungen der göttl. Gnade vergeblich gewesen sind, wendet Gott durch den Spruch des Weltgerichts seine Gnade auf immer von den Unverbesserlichen ab. Auch das gehört zur Würde des Menschen, dafs er ewiger Strafe fähig ist, dass er sie ertragen u. verdienen kann. Das weichliche Gefühl unsrer Zeit wagt nicht den furchtbaren Ernst des Bösen zu denken. Es gibt aber für ein ewiges u. zum Reiche Gottes bestimmtes Wesen, das seinen Erlöser verschmäht hat, nur noch eine Weise am Reiche Gottes wider Willen theilzunehmen, dadurch dafs es auf ewig ein Gegenstand der strafenden Gerechtigk. wird. Hierdurch ist verworfen die von Origenes nach Zoroaster aufgestellte, von Mystikern u. Pantheisten öfters erneute Wiederbringung aller Dinge [ἀποκατάστασις τῶν πάντων, παλιγγενεσία, restitutio omnium] als Wiederherstellung des Universums, sonach auch der Hölle, zur urspr. Unschuld, nun als Heiligk.[6] Die Stellen der H. S. Mt. 19, 28. Act. 3, 21. 1 Cor. 15, 26 ss. 2 Ptr. 3, 7. so wie C. maj. 517. (54), auf welche diese L. gestellt wird, verkünden blos den völligen Sieg des Gottesreichs. Sie verletzt aber unser unbedingtes Verwerfungsurtheil des Bösen, indem dieses als etwas allmälig von selbst Verschwindendes u. in das Gute Übergehendes erscheint. Leichter noch möchte sich das chr. Bwsts. mit der vor Auotn nicht ungewöhnl. Ansicht einer endl. Aufreibung durch die Höllenstrafen, sonach einer Vernichtung des dämon. Reichs ausgleichen. — Die Seligk. ist die unendliche Fülle des Lebens, daher das ewige Leben selbst genannt, welches in einer so vollkommnen Heiligk. besteht, dafs der Mensch aus freier Liebe des Guten gar nicht sündigen kann. Seine vollkommne Seligk. aber ist die objective Erkenntnifs, die unendl. Liebe u. Verherrlichung Gottes. Diese verschiednen Beziehungen werden von den AKD bezeichnet als ἀναμαρτησία [impeccabilitas, status confirmationis], visio et fruitio Dei, glorificatio Dei et jubilatio sempiterna,[7] ohne dafs hierdurch etwas

---

[6] C. A. 14: [XVII.] „Damnant Anabaptistas, qui sentiunt hominibus damnatis ac diabolis finem poenarum futurum esse."

[7] Gnn: „Vita beata est felicissimus piorum status, in quem post hanc vitam translati Deum a facie in faciem videbunt, et ab omni molestia liberi in sempiterna laetitia et gloria ac ineffabili felicitate vivent et regnabunt." Hol p. 451: „Finis formalis theologiae est adeptio summi boni, istque operatio quaedam animas rationalis circa Deum, eaque perfecta, qua bonitatis ipsius ita redditur particeps, ut eadem plenissime satietur. Vocatur alias beatitudo et vita aeterna. Ἀναμαρτησία s. immunitas a peccandi periculo, et sanctitas constantissima." Br p. 286: „Voluntas ad amorem Dei perfecte determinata et sancta non poterit a Deo deficere et peccare. Eph. 5, 27. Apoc. 19, 14. Mt. 22, 30. Atque huec impeccabilitas est similis illi, quam in angelis beatis observavimus." p. 150. Cf. Rom. 8, 21 ss. 1 Cor. 15, 53 s. 2 Thss. 1, 7. Hbr. 4, 9. Hol: „Visio Dei beatifica est actus intellectus, lumine gloriae collustrati, quo is Deum clare et immediate, ut in se est, cognoscit, 1 Jo. 3, 2. 1 Cor. 13, 12. Beatos in coelo Deum oculis corporeis visuros esse [Job. 19, 27.], non quidem apodictice certum, probabile tamen est. [Diese sinnl. Anschauung beschränkt Br richtiger auf den Gottmenschen, in welchem allein, nach einigen SL u. Storr, wir Gott schauen werden.] Fruitio Dei est actus voluntatis, quo beati in patria coelesti Deum, summum bonum, avidissime complectuntur, suavissime percipiunt, et eodem plenissime satiantur." [Verschiedne Bezeichnungen der geistigen Liebe u. ihrer Se-

andres, als das höchste Leben der Frömmigk. in irdischen Bildern u. Ahnungen dargestellt werden sollte.⁸) Zu diesem Wesen des ewigen Lebens, das in der Liebe Gottes besteht, kommt als *accessorium* die freie Thätigk. im Reiche Gottes.⁹) Hinsichtlich des Wesens ist die Seligk., da sie allein durch den Gl. empfangen wird, allen gleich; hinsichtlich des Accessorium hat sie nach dem Mafse der auf Erden vollbrachten guten Werke verschiedne Grade.¹⁰) Da die App. mit dem Herrn wieder vereinigt werden sollten: so dürfen auch wir hoffen, unsre Geliebten wiederzufinden u. die Menschh. in allen ihren Individualitäten zu erkennen u. zu lieben.¹¹) *Jo.* 16, 22. 17, 24. *Hbr.* 12. 22 *ss.* Das Mitleid mit den Verdammten aber wird die Seligen nicht betrüben, weil ihr Wille eins mit dem göttl. Willen, der

ligk.] Gnn unterscheidet: „1) *Privativa vitae aeternae bona* [Abwesenh. aller mit der Sünde verbundnen Übel]; 2) *positiva vitae aet. bona*, a) *visio Dei*, b) *ineffabilis beatorum laetitia et exsultatio*, c) *glorificatio Dei et jubilatio sempiterna*, Ps. 84, 5. 126, 2. *Apoc.* 4, 8. Co elum est certum ποῦ, *in quo electi aeternam laetitiam et gloriam participabunt*, *Lc.* 16, 9. 23, 43. *Jo.* 14, 2. 2 *Cor.* 12, 2." Man unterschied: *coelum gloriae* Welt der Seligen, *coelum naturae* Aether, *coelum gratiae* Kirche au Erden. Auch bezeichnet *coelum* den Zustand der Seligen, ja die Gottheit selbst.

8) Hut: „*Cum oculus non viderit, neque auris audiverit, neque in cor hominis ascenderit, quae praeparavit Deus diligentibus se*, 1 *Cor.* 2, 9., *utique nemo mortalium verbis satis digne explicare poterit, quid sit vita aeterna. Sufficit, nos credere, quod vita aeterna futura sit ineffabilis beatitudo, qua fideles suos Deus aeternum beabit et glorificabit, ut in ipso, cum omnibus angelis, aeternum vivant, et de mundi hujus miseriis triumphantes Deum sine fastidio ament, sine satietate colant, sine fine intueantur. Ps.* 16, 10 *s.*"

9) Von den AKD nach einzelnen Beziehungen dargestellt. Br: „*Praeter haec, quae ad essentiam beatitudinis pertinent et quae porro in anima formaliter consistunt, placet Deo etiam alia dona addere, quibus c o r p o r a beatorum quam maxime perficiantur et beentur. Corpora sunt s p i r i t u a l i a i. e. animae perfectissimo modo subjectae. Et quia anima, quatenus sensitiva est, corporis etiam partibus tanquam organis utitur, hac etiam ratione beatitudo piorum augebitur, ut o c u l i intuendo Filium Dei incarnatum et homines beatos amicos, forte etiam a u r e s hymnis elegantioribus sese oblectare possint.*"

10) *A. C.* 135: [234] „*Opera, quae placent Deo propter fidem, merentur praemia corporalia et spiritualia. Erunt enim discrimina gloriae sanctorum.*" Br: „*Erit visio beatifica una cum amore et gaudio inde nascentibus in omnibus hominibus beatis a e q u e perfecta. Juxta vero accidentalia, inprimis claritatem corporum, i n a e q u a l i t a s quaedam beatorum deprehendetur; prout alius prae alio plura virtutum chr. specimina in hac vita ediderit. Dan.* 12, 3. 1 *Cor.* 15, 41 *ss. Mt.* 10, 41. 19, 28. *Lc.* 19, 17 *s.* 22, 30.*"*
Hut: „*Caeterum hi ipsi gradus gloriae non ex merito, aut dignitate laborum, sed ex libero Dei dono et gratia dependebunt, qui sua bona in sanctis suis coronare solet.*"

11) Hut p. 457 *ss*: „*Sicut in vita aeterna, abolito eo, quod ex parte erat, Deum a facie ad faciem visuri sumus: sic cognoscemus etiam nos mutuo, ita ut omnes omnibus, et singuli singulis futuri simus notissimi. Nam in altera vita restaurabitur plenissime imago divina, quae inter reliqua perfectam etiam sapientiam et cognitionem in se continebat. Quemadmodum ergo Adamus, vi hujus imaginis, statim cognovit Evam, quam prius non viderat: ita et nos, virtute imaginis hujus in nobis restauratae, cognoscemus singulos et universos, quantumvis in hac vita nobis neque visos neque cognitos. Deinde exemplum hujus rei videre licet in historia transfigurationis Xti, ubi Petrus statim cognovit Mosen et Eliam, nunquam antehac visos, cum exiguum tantum gustum vitae aeternae perciperet. Tandem nisi hoc concedatur, sequetur, cognitionem hujus vitae praestantiorem fuisse cognitione alterius vitae, id quod absurdum.*" Nicht geleugnet, aber gleichsam vergessen haben das Wiedersehn mehrere AKD, weil sie allein am seligen Anschaun Gottes hingen.

V. ESCHATOLOGIA. Loc. XXII. NOVISSIMA.

die Verdammnifs ordnete.[12]) Die Seligk. der NKS u. RT ist von dieser Darstellung nicht wesentlich verschieden, sdn. nur nüchterner aufgefafst, als ein stetes Fortwachsen in der Erkenntnifs Gottes. Daher halten viele, auf dem blos irdischen u. occidentalischen Standpunkte, auch das selige Leben für ein bloses Streben, nicht ohne Mängel, u. können sich nicht zum himmlischen Standpunkte eines seligen Seins, wie es die Gottheit lebt, erheben, das, ob es auch in sich noch endlich ist, im Anschaun u. in der Liebe Gottes theilnimt am unendl. u. ewigen Leben. Wir aber hoffen eine Vollendung des Lebens, da Gott alles in allem ist, in einem ewigen Gottesreiche.

Christus gubernet mentes nostras ad veram pietatem, et restituat Ecclesiae piam et perpetuam concordiam. Amen.

---

[12] HUT: *„Annon gaudium contaminabitur ex eo, quod beati multos suorum conjunctissimorum in inferno torqueri videbunt? Minime vero. Nam beatorum voluntas per omnia erit conformis voluntati divinae. Deinde affectus hujusmodi carnales, qui hac in vita infirmitatis nostrae sunt indicium, omnino cessabunt in altera vita, ubi omnis noster amor tantum erga eos se ostendet, quos Deus ipse sibi habet caros. In damnatis vero summam Dei justitiam summe et admirabuntur et aeternum celebrabunt."* Menschlicher aber ist zu glauben, dafs der einzelne Verdammte in der Erinnerung der Seligen gänzlich zurücktreten werde, als was GRH meint: *„Beati videbunt suos notos et cognatos inter damnatos, quotiescunque voluerint, sed absque ullo commiserationis affectu."*

SOLI DEO GLORIA.

REGISTER.

Abendmahl 248. 254 ff. s. *Coena S.*
Aberglaube 6.
Ablaſs 28. 226.
Abrenuntiatio diaboli 253.
Absolutio 248. 269.
Abstractum naturae Xti 190.
Acceptilatio 204. 206. 210.
Accommodatio 96. 207.
Ackermann Höllenfahrt 219.
Acroamatica Theologia 12.
Actus forensis 229.
— *formales Sacramenti* 248 f.
— *paedagogici* 224.
— *personales* 141.
— *poenitentiales* 237.
— *providentiae* 127.
Adam 157. 164 ff. 169.
Adessentia, adiastasia Dei 112.
Adiaphora 269.
Adminicula gratiae 241.
Administratio judicii extr. 281.
Adoptianer 186.
Adscensio Xti 220.
Adspersio 251.
Aechtheit der H. S. 80 f.
Aepinus 219.
Aequilibritas 119.
Aesthet. Behandl. d. Xthums 45 f.
Aeternitas Dei 112.
Aëtianer 140.
Aevum angelorum 150.
Affectiones Scripturae S. 89 ff.
Ἀγάπαι 254.
Agnitio peccatorum 238.
Agnus paschalis 248.
Agricola, Antinomismus 245.
Ahnung 4. Vorahnung 134.
Alexandriner 26.
— Erbsünde 168.
— Evangelium im Hades 184.
— πίστις u. γνῶσις 4.
— Reinigungsfeuer 277.
Alicubitas 149.
Allegorische Auffassung 43. 93.
Allgegenwart Gottes 112.
— des Körpers Xti 194. 255. 259.

Allmacht 116.
Ἀλλοίωσις 192. 194.
Allwirksamkeit 112.
Allwissenheit 113.
Alsted DK 34.
Alternatio s. ἀντίδοσις 194.
Altes Testament 75 f.
Altkirchliche Dogmatiker 31 ff.
— *Affectiones Sc. S.* 89.
— *Articuli fundamentales* 19 ff.
— Bew. f. d. Menschh. Xti 188 ff.
— — für die Gottheit Xti 188.
— — für *Comm. idiomm.* 195 ff.
— Xtus 187 ff.
— Concilien 272 f.
— *Conservatio* 127 f.
— Dogmatik 17 f.
— *Efficacia verbi div.* 244 f.
— Erbsünde 166 f.
— *Exorcismus* 253.
— Freiheit der Rede 266.
— Grade der Seligkeit 284.
— — der Verdammnifs 283.
— *Imago Dei* 159 f. 174.
— *Inspiratio* 82 ff. 87.
— *Interpretatio* 92 f.
— Kanon 79.
— Kirchengewalt 268 ff.
— Nothwendigk. der Taufe 252.
— Offnb. 53 f. 71. Wahrheit 72.
— *Ordo salutis* 234.
— Prädestination 179 f.
— Princip 22 f.
— Religion 1. 2. 3. 5. 8.
— Sacramente des A. T. 248.
— Schöpfung 120 ff.
— Sündenfall 164 f.
— Symb. Bücher 101.
— *Testimonium Sp. S.* 72 f.
— *Theologia* 11 ff. ἀρχέτυπος 12.
— *Unio mystica* 232. 240.
— Verdammung der Heiden 184.
— Vernunft u. Offenb. 56 ff.
— Wunder 66. 133.
Ammon DK 42. Bibl. Theol. 37.
— *Auctoritas Sc. S.* 94.

Ammon Bew. f. Dasein G. 105 f.
— Glauben u. Wissen 4.
— göttliche Attribute 109. 111.
— Höllenfahrt 219.
— Inspiration 84.
— Mysterien 58. Mysticismus 6.
— Offenb. 54. 64. 66. 67.
— Pantheismus 108. 109.
— Princip der Dogmatik 23.
— rationaler Spnts. 62. 63. 66.
— redditio animae 248.
— Religion 1. u. Theol. 13.
— Sacramente 250.
— Schöpfung 124.
— Status exalt. et exinanit. 215 f.
— Sünde wider den H. G. 177.
— Symbol. Bücher, Mängel 100.
— Zeugniss des H. G. 73.
— Trinität 145.
— verbum Dei 242.
— Wunder 67 f. 132.
Amor divinus 117.
Amsdorf 227.
Amt der Schlüssel 269
— dreifaches Xti 201 ff.
— vierfaches d. H. G. 222 f.
Anabaptisten139.169.251.253.277.
Analogia fidei et Sc. S. 93.
Analogischer Beweis 276.
Analytische Methode 32 f.
Ἀναμαρτησία angelorum 150.
— beatorum 284.
— Xti 189.
Angeli 147 ff.
— boni 150 ff.
— tutelares 151.
— mali 151 ff.
— Polemik u. Apologetik 153 ff.
Angelus Silesius 108.
Annihilatio 128.
Ἀνόμοιοι 140.
Anschauung Gottes 284.
Anselmus 105. 204. 208. 281.
Antelapsarii 181.
Anthropologia 156 ff.
Anthropomorphismus 110.
Anthropomorphiten 161.
Anthropopathismus 110.
Antichristus 271 f. 272.
Ἀντίδοσις 192. 194.
Ἀντιλεγόμενα 81.

Antinomistischer Streit 245 ff.
Antitrinitarier 139. 143 ff.
Ἀνυποστασία Xti 189.
Ἀξιοπιστία Scripturae S 80 f.
Ἀποκάλυψις 53. 278.
Ἀποκατάστασις πάντων 284.
Apokryphen 79.
Apollinaris 186.
Apologia Confessionis Aug. 95.
Ἀπολύτρωσις 203.
Apostel 75 f.
Apostolische Kirche 24 f.
— Wiederkunft Xti 278.
Apotelesmaticum genus 193.
Apotheose Xti 197 ff.
Appproximatio subst. div. 240.
Ἄψυχοι 186.
Arbitrium liberum Dei 116.
— in spiritualibus amissum 167.
— restitutum 233.
Argumentum ontologic. etc. 105 f.
Arianer 140. 186.
Aristoteles i. d. K.27.28.36.56.124.
Arius 138.
Arminianer 35. 139. 161.
— Acceptilatio 206.
— Erbsünde 169.
— Praedestination 181.
— Sacramente 249. 253. 255.
Articuli fidei 19 ff.
— fundamentales etc. 19 ff.
— puri et mixti 23.
Articuli Smalcaldici 98.
Ascensnages 139.
Aseitas Dei 111.
Assensus in fide 225.
Assumtio activa et passiva 187.
Ἀταξία actionis 130.
Ἀθανασία Xti 190.
Athanasius 139. 186. 203.
Atheismus 107 f.
Attributa divina 109 f.
Attritio 238.
Auctoritas Scripturae S. 80. 94 ff.
Auctoritätsglaube 4.
Auditio verbi div. 235.
Auferstehung Jesu 220.
Auferstehung der Todten 279.
Aufreibung der Verdammten 284.
Augusti Dogmatik 51.
— Absolutio als Sacrament 248.

REGISTER.

Augusti Artic. fidei fund. 22.
— Beschränkung der Vft. 74.
— Inspiration 84.
Augustinus 26.
— Erbsünde 169.
— Fatum 131.
— Feuerqualen d. Verstorb. 277.
— Nothw. d. Versöhnungstod. 210.
— Sacramente 251. 252.
— Prädestination 180.
— Regula pietatis 93.
— Trinität 138.
— Tugend der Heiden 183.
— Wunder 132.
Ausbreitung des Xthums 66. 68.
Auslegung der H. S. 93 f.
Authentia Scripturae S. 80.
Authentica dignitas 95.
Autochthonen 157.
Αὐχήματα 193.
Auxilia gratiae 222.
Bahrdt 41.
Baier Dogmatik 34.
— Inspiration 82.
— mater. Vernunftgebr. 58. 72.
Bann 270 f.
Baptismus 248ı 250 f.
— flaminis, sanguinis 252 f.
— iteratio et repetitio 253.
Barmherzigkeit Gottes 118. 179.
Basedow 41.
Bauer bibl. Theol. 37.
Baumgarten Dogmatik 36.
— Inspiration 84.
— status corruptionis 177.
— Tradition 91.
Baumgarten-Crusius DK 48.
— bibl. Theologie 37.
— Bgr. der Dogmatik 14.
— Bew. f. Dasein Gottes 106.
— Xthum 9.
— Erbsünde 170.
— göttl. Attribute 109.
— Hexaemeron 121.
— Inspiration 82.
— Offenbarung 54 f.
— Symb. Bücher 100. 101.
— Tradition 90.
— Wunder 132.
Baur Erbsünde 171.
— neutest. Theol. 37.

Hutterus redivivus. 11. Aufl.

Baur Rechtfertigung 229.
Bayle 129.
Beatitas Dei 113.
— beatorum aeterna 284 ff.
Beck bibl. Theologie 37.
Βεελζεβούβ 147.
Beichte 256. 270.
Beichtpfennig 266.
Bekehrung 237 ff.
Belohnung 119.
Βελτίωσις 193.
Benedictio Xti sacerdotalis 202.
Beneficentia, benevol. Dei 118.
Bengel 279.
Benevolentia Dei univ. 178 ff.
Berengarius Turonensis 254.
Bertling 244.
Berufung zur Seligk. 234 f.
— zum geistlichen Amte 265.
Beschneidung 248.
Beweisstellen, dogmatische 92.
Bibel 74 ff. s. Scriptura S.
Bibelverbot 97.
Bibliologia 53 ff.
Bibliothek allg. deutsche 36.
Biblische Theologie 36.
Bindseil Mel.'s loci 31 f.
Bischöfe 265.
Bockshammer Offnb. 55.
Böhme Religion Jesu 37.
— göttl. Attribute 111.
— Protestantism. u. Kathol. 11.
Böhmer Dogmatik 40.
— Territorialsystem 267.
Böses, radicales 170. s. Peccatum.
Bona opera 226. 239.
Bonaventura 29.
Bonitas Dei 113.
Bonnet 135.
Bretschneider Dogmatik 39.
— Begriff der DK 13. d. Rel. 1.
— Beweis für die Offnb. 66. 71.
— göttl. Eigenschaften 111.
— Spnts. u. Rts. 60.
— Sündenfall 164.
— Wunder 67.
Bruch göttl. Attribute 110.
Buddeus Dogmatik 35.
— Obj. So. S. prim. et sec. 243.
— Offenbarung 54.
Büsching bibl. Theol. 36.

19

Bundestheologie 34.
Bufse 237 ff.
Cärimonialgesetz 246.
Caesareopapia 267.
Cajus Presbyter 279.
Calixtus analytische Methode 32.
— Inspiration 83.
— Moral 18.
— Sünde 175.
— Syncretismus 35.
— Tradition 91.
— Trinität 137.
— Wirksamk. göttl. Wortes 245.
Calovius Dogmatik 34.
— Kriterien der Offnb. 64.
— Offenbarungstheorie 53.
Calvin Dogmatik 32. cf. 30.
— Abendmahlslehre 255. 259.
— Prädestination 181. cf. 115.
— Sacramente 249.
Canon 79.
Capernaitica manducatio 255.
Carlstadt 255.
Carpov Inspiration 83
Carpzov Episcopalsystem 267.
Cartesius 33. 36. 105. 129.
Cassianus 169.
Catechismi Lutheri 98.
Catechumeni 252.
Catholicismus 10. s. Katholicism.
Causae occasionales 129.
Causalmethode 33.
Character hypostaticus 141.
Chemnitz Dogmatik 32.
— biblische Rede 15.
—. Xtologie 194.
— Rel. u. Theol. 17.
Chiliasmus 279.
Christenthum 8 ff. 19.
— als Offenbarung 66.
— u. Dogmatik 16 ff.
Christificatio 239.
Christus 185 ff.
— *Conceptio extraord*. 189. 217.
— göttl. u. menschl. Natur 187 ff.
— *Intercessio* 211 f.
— *Justitia nostra* 232.
— Lehre 24. 201 f.
— *Meritum* 205 f.
— Messias 185 f.
— *Munus* 201 f.

Christus Name 185.
— *Obedientia* 205 f.
— *Opus salutare* 201 ff.
— *Persona* 185 ff.
— *Status duplex* 213 ff.
— Θεός 137.
— wahre Erkenntnifs 31. 200.
Cicero Religio 1.
— *Superstitio* 6.
Circumcisio Xti 217.
— *Sacram. V. T.* 248.
Claves 269.
Clemens Alexandrinus 26.
Clerus 25. 264.
Coadamiten 157.
Coccejus 34. 77.
Cölibat 226. 265.
Cölln bibl. Theol. 37.
Coelum 285.
Coena sacra 248. 254 ff.
— orthod. Darstellung 255 f.
— *Sacrificium et sacram.* 254.
Collegialsystem 268.
Communicatio idiomatum 186.
190 ff. 255. 256. 259.
— — Polemik 195 ff.
— *sub utraque* 254.
Communio naturarum 190 ff.
Conceptio Xti 189. 217.
— *immaculata* 167.
Concilium 272 f. oecum. 25.
Concomitantia 254.
Concordia s. Liber Conc. 98.
Concretum naturae Xti 191.
Concupiscentia 167.
Concursus Dei 129.
Condescensio 96.
Confessio Augustana 9. 98.
Confessio auricularis, privata 270.
Confessio cordis, oris 238.
Confirmatio 248. 252.
— *angelorum* 150.
Conjugium 268.
Consecratio 249. 256.
Consensus gentium 276.
Consequens verbale, reale 191.
Conservatio, modus provid. 127 f.
— *hominis emendati* 239.
Consilia evangelica 226.
Constantia Dei 117.
Consubstantialitas 141.

Consummatio religionis chr. 96.
— mundi 281 f.
Contritio 237. cordis 238.
Conversatio Xti 218.
Conversio 237 ff.
Corpora spiritualia 280. 285.
Corporatio Xti 187.
Corruptionis status 162 ff. 177.
Cosmischer Beweis 276.
Cosmologischer Beweis 106.
Cramer bibl.Th.37. Dogmatik 41.
— Offenb. 53. Rel. 3.
Creatianer 158.
Creatio 120 ff.
— ex nihilo 123 ff.
Cryptocalvinismus 30. 256.
Culpa 164.
Cyprian 25. 26.
Dämonen 147. cf. 210.
Damnatio aeterna 282 f.
Danäus Moral 18.
Danhauer 34.
Danov Eschatologie 274.
— ordo salutis 234.
Daub Dogmatik 45.
— Definition der Religion 2.
Daumer Abendmahl 257.
Decalogus 246.
Decreta divina 115.
Decretum absolutum 180.
— conditionatum 183.
Deificatio der Mystiker 239.
Deismus 107 f.
Definitive Methode 33.
Delbrück Tradition 91.
Delitzsch Teufel 155.
— Schöpfung 122.
Demonstrative Methode 36.
Deprecatio Xti 211.
Derelictio Xti 218.
Descensus Xti ad inferos 218 f.
Desponsatio s. unio myst. 240.
Determinatio Dei 130.
Dextera Dei 220.
Διαϑήκη 75.
Dichotomie des Menschen 157.
Dicta classica, probantia 92.
Didacticus legis usus 246.
Δικαιοῦν justum declarare 230 f.
Dilectio fidei 230.
Dinge die letzten 273.

Διοίκησις 127.
Dionysius Areop. 110. 151.
Directio Sp. S. 82. Dei 130.
Disciplina ecclesiastica 270.
Distributio S. Coenae 256.
Divinatio 134.
Doctorum constitutio 202.
Döderlein Dogmatik 38.
— Fundamentalartikel 22.
— Inspiration 84.
— Wahrheit der Religion 5.
Δόγματα 13. 19.
Dogmatik Begriff 1. 13 ff.
— altprotestantische 30 ff.
— biblische 36.
— compar., christl., bibl. 14.
— Geschichte 24 ff.
— Haupteintheilung 23.
— katholische 28 f.
— kritische u. kirchliche 14.
— Nothwendigkeit 16 f.
— phil.13. krchl.philosoph. 45 ff.
— prakt. Wissenschaft 12. 16 ff.
— Princip 23.
— protestantische 15 ff.
— Verhältn. zum Xthum 16 ff.
— Verhältn zur Moral 18.
— vierfaches Geschäft 16.
Dogmatiker altkirchliche 31 ff.
— kirchlich philosophische 45 ff.
— neualtkirchliche 51 f.
— neukirchliche 38 ff.
— vermittelnde 50.
Doketen 186.
Dominium Dei 131.
— hominis 161.
Donum supernaturale 158. 161.
Δόξασις 193.
Dorner Christus 208. 217.
— Protestantism. 11.
— Trinität 146.
Dortrecht Synode 181.
Δόσις Sacramenti 249. 256.
Δουλεία 149.
Dreieinigkeit 136 ff.
— im A. Test. 136 f.
Dualismus 107.
Durchbruch 239.
Ebenbild Gottes 158.
Ebioniten 138. 139. 186.
Ebrard Dogmatik49.Begr.drs.14.

19*

Ebrard Abendmahl 258.
— Christus 215.
— Ethik 18.
— Inspiration 88.
— Offenbarung 65.
— Prädestination 181.
— Religion 2.
— Symbol. Bücher 100.
— *Verbum divinum* 243.
Ecclesia 260 ff.
— *Affectiones* 262.
— *catholica* 25. 262.
— *evangelica* 263.
— *invisibilis, visibilis* 261 f.
— *militans, triumphans* 260.
— *publica* 269.
— *pura, impura* 263.
— *synthetica, repraesent.* 271 ff.
— *universalis, particularis* 262.
Ecclesiola 268.
Eckermann Dogmatik 41.
— *Summa fidei* 23.
Educatio Xti 217 f.
Efficacia Scripturae S. 96.
— *verbi divini* 244 f.
Ehe 248. 268.
— der Geistlichen 265.
Ehre Gottes 120. 125.
Eigenschaften Gottes 109 ff.
Einheit Gottes 107.
— der ev. Kirche 263.
Eklekticismus des Rts. 41.
Ἔκστασις 53.
Electio 180.
Elementa Sacram. 248. 250. 255.
Elevatio humanae Xti nat. 187.
— *verbi divini* 244.
Elipandus 186.
Ἐνανθρώπησις 187.
Encyclopädisten 36.
Ende der Welt 281.
Engel 147 ff. s. *Angeli*.
Enkratiten 161.
Ἐνσάρκωσις, ἐνσωμάτωσις 187.
Enthusiasmus 242.
Ἐνυποστασία 189.
Ἕνωσις ὑποστατική 188.
Ἐξαγορασμός 203.
Ephesus Synode 186.
Episcopalsystem 267.
Episcopat 26. 265. 271.

Ἐπιστροφή 234. 237.
Erasmus 181.
Erbsünde, orthod. Lehre 166 ff.
— Schriftl., Dogmengesch. 168 ff.
— rel. Begründung 171 ff.
Erdmann 9.
Erhaltung der Welt 127.
Erhöhung Xti 215 ff.
Erklärung der H. S. 91 ff.
Erleuchtung 236 f.
Erlösung 202 ff. cf. 146.
Ernesti 36. 73. 94. 201. 241.
Erniedrigung Xti 215 ff.
Eschatologia 273 ff.
Eschenmayer 4. 39.
Essener 275.
Essentia divina 140. 187.
Eucharistia 254 ff.
— *infantum* 256.
Εὐχρασία *Xti* 190.
Εὐλογία *Xti* 202. 256.
Eunomianer, Eusebianer 140.
Eutyches 186.
Evangelische Kirche 29 ff. 203.
Evangelista 76.
Evangelium et Lex 245 ff.
Ewigkeit der Höllenstrafen 283.
Exaltatio Xti 215 f. 218.
Excommunicatio 270.
Exinanitio Xti 215 ff.
Existentia, subsistentia 140.
Exorcismus 253.
Expiatio 203.
Fall der ersten Menschen 164 ff.
Fanatismus 6. cf. 242.
Fatalismus, Fatum 131.
Fegfeuer 277.
Felix Urgelitanus 186.
Fetischismus 107.
Feuerbach Religion 2.
Fichte 2. 42. 105 f.
Fidei Articuli 19 ff.
— *Regula et Analogia* 93.
— *salvificae partes* 225.
Fides 224 ff.
— *aliena, habitualis* 252.
— *divina* 72. 81.
— *explicita, implicita* 226.
— *formata* 230.
— *generalis et specialis* 21. 225 f.
— *historica* 4. 225.

Fides humana 72. 80 f.
— philosophica 4.
— quae, qua creditur 19. 225.
— salvifica 20. 224 ff. 238.
Fiducia 225.
Filiatio 141. 233.
Filioque 139.
Filius Dei 137. 141 ff.
Filius hominis 185.
Finis Creationis 125 f.
— Sacramentorum 249. 251. 256.
— Theologiae 12.
Firmelung 248. 252.
Fischer göttl. Attribute 111.
— Religion 1. 3.
Flacius Erbsünde 167. 169.
Fleck Dogmatik 40.
Föderaltheologie 34.
Forma Sacramenti 248 f. 250. 255.
Formula Concordiae 30. 98.
Freidenker 36.
Freiheit Gottes 116.
— des Menschen 163. 166. 232.
— des Geistlichen 266.
Freudentheil Mystic. 7.
Fricke Dasein Gottes 106.
Friedrich II. 36.
Fries 4. 46.
Fruitio Dei 284.
Fürbitte Xti 211.
Fürwahrhalten 3 ff.
Functio Xti 202.
Fundamentalartikel 19 ff.
Fundamentum fidei 19 f.
Futuribilia 114.
Gabler Begr. d. bibl. Theol. 37.
Gass Protestant. 11.
Gaussen Inspiration 86.
Γέεννα 283.
Gefühl als Quell der Rel. 3. 46.
Geheimnisse 23. 58. 74.
Gehorsam Xti 205 f.
— neuer des Menschen 238.
Geist Gottes 137 ff. s. Spiritus S.
Geistliche 264 ff.
Gelpke Religion 1.
— Superstitio 6.
Generatio activa, passiva 141.
— aeterna temporalis 187.
Genugthuung 203 f. s. Satisfactio.
Genus apotelesmaticum 193.

Genus idiomaticum, majest. 192 f.
Gerechtigkeit Gottes 118 ff.
Gerhard Dogmatik 32.
— Taufe 252.
— Vernunftgebrauch 57. 59.
Gericht jüngstes 281.
Gesenius:Sündewider d.H.G.177.
Geſs status exinanitionis 216.
Gesetz mosaisches, moralisches,
natürliches 75. 245 ff.
— und Evangelium 245 ff.
Glaube und Wissen 3 ff.
— philosophischer, histor. 4.
— seligmachender 224 ff.
Glaubensartikel 19 ff.
Glaubwürdigkeit der H. S. 80 ff.
— Gottes 116.
Gloria Dei 120.
Glorificatio Dei 284.
Gnade 221 ff. s. Gratia.
Gnadenmittel 241 ff.
Gnadenstand 232 f.
Gnadenwahl 179.
Gnadenwirkungen 221.
Gnostiker als Doketen 186.
Γνώρισματα revelationis 64. 66 ff.
— personarum Trinitatis 141 f.
Γνῶσις 4. 26.
Göschel Unsterblichkeit 275.
— Versöhnung 208.
Göttlichkeit der christl. Rel. 65.
Gott 102 ff. 136 ff.
— Begriff 103.
— Eigenschaften 109 ff.
— Erkenntniſs 102.
— hist. u. phil. Beweise 104 ff.
— Namen 103.
— religiöser Beweis 104. 106.
Gottesreich 213. 261.
Gottmensch 187. 197 ff.
Gotschalk 181.
Gratia 117. 178. 182 f. 221 ff.
— applicatrix 178. cf. 221.
— salutaris forensis, medicinalis,
praeveniens etc. 221 ff.
Gratiae media 241 ff.
Gratiae terminus 239.
Gregorius Magnus 254. 277.
Gregor v. Nyssa 26.
Greiling 229.
Grohmann Definition d. Mystic. 6.

Grotius 204.
Grundrifs d. altprot. DK 30 ff.
— d. neukirchl. DK 38 ff.
Gubernatio divina 130 f.
Güder 219.
Güte Gottes 117.
Gurlitt Sünde w. H. G. 177.
Gut höchstes 117.
Hades 275. cf. 184.
Ἁγιασμός, ἁγιοσύνη 239.
Hahn Dogmatik 40.
— Abendmahl 258.
— Beweis für die Offenb. 65 f.
— *efficacia verbi div.* 244.
— *Genus majestaticum* 193.
— Inspiration 84.
— *Justificatio* 233.
— Lehramt Xti 202.
— Mittelzustand 277.
— Rationalismus u. Supernat. 61.
— Religion 1.
— Satisfactionstheorie 204.
— Schöpfungsgesch. 121.
— Trinität 137. 144. 147.
— Union 258. 263.
— *Vocatio* 235. 236.
— Wiederkunft Xti 278.
— Wunder 135.
Hahn [G.L.] Theol. d. N. T. 37.
Hariolatio 134.
Harmonie des A. u. N. T. 7.
— der göttl. Eigenschaften 110.
Hase Dogmatik 48. Begriff 14.
— Christenthum 9.
— Gnadenwirkung 223.
— göttliche Attribute 109. 111.
— Katholcs. u. Protestms. 11.
— Mysticismus 6.
— Religion 2. Wahrheit 6.
— Schöpfung 125.
— Trinität 144.
Hegel 9. 42.
— Abendmahl 258.
— Beweis f. Das. Gottes 104. 105.
— Erbsünde 171.
— Glaube u. Wissen 5.
— Gnadenwirkung 223.
— göttliche Attribute 109.
— göttl. Gerechtigkeit 118.
— göttl. Güte 117.
— Gottheit Xti 199.

Hegel Offenbarung 55.
— Orthodoxie 43.
— Rationalismus u. Supernat. 62.
— Religion 2. 3.
— Sündenfall 164.
— Schöpfung 124.
— Trinität 145.
— Unsterblichkeit 275.
— Versöhnung 207.
— Wahrh. in der H. S. 94.
— Zeugnifs des H. G. 73.
Heiden Seligkeit 183 f.
Heilige Schrift 74. s. *Script. S.*
— — Locales u. Individ. 95.
— u. Wort Gottes 242 f.
Heiligenverehrung 211.
Heiliger Geist 137 f. s. *Spirit. S.*
Heiligkeit Gottes 117.
Heiligung 239. cf. 146.
— — u. Rechtfertigung 228 ff.
Heilmann 13. 18. 20. 38.
Heilsordnung 233 ff.
Heinroth 7. 200.
Hengstenberg Weifsagg. 77. 279.
Henke Dogmatik 41.
Heppe Dogmatik 51.
Herrnhuter 200.
Heterodoxie 16.
Ἑτερούσιος 140.
Hexenprocesse 154.
Hierarchicum systema 267.
Hierarchie 268.
Himmelfahrt Xti 220.
Hinnom 283.
Hinrichs Religion 2.
Histor. Beweis 106.
Hofmann Schriftbeweis 51 f.
— Fall der Engel 147. 155.
— Rechtfertigung 230.
— Satisfactionstheorie 209.
— Schöpfungsbericht 122.
— Weifsagung 77.
Hölle 283.
Höllenfahrt 218 f.
Höllenstrafen Xti 206. 218 ff.
— der Verdammten 282 f.
Hohespriesterthum Xti 202 ff.
Hollaz 35.
— Symb. Bücher 97.
Homo 157 ff.
Hosmanni Th. comparativa 34.

Hostien 255.
Hufnagel bibl. Theologie 36.
Humanitas Dei 119.
Hume Begr. d. Glaub. 4.
Humiliatio Xti 215.
Hunnius 19.
Hutterus 33 f. 79. 97. 251.
Hylozoismus 108.
Hypocriseos status 177.
Jacobi 41.
— Glauben u. Wissen 4. 104.
— Religion 2.
Jacobus 228.
Jansenismus 181.
Idealismus 42. 44. 45.
Identitätssystem 42.
Idiomata 191 f.
Idiomaticae propositiones 192 f.
Idiomaticum genus 192.
'Ιδιοποίησις 192. 194.
Jehova 103.
Jesus 185. s. Christus.
Ignatius 25.
Ignis purgatorius 277.
Ignorantia vincibilis etc. 175.
Illuminatio 236 f.
— *et conversio* 237 ff.
Imago divina 158 ff.
Immanentia s. *περιχώρησις* 142.
— *Dei* 115.
Immaterialität Gottes 112.
— der Seele 276.
Immensitas Dei 112.
Immersio 251.
Immortalitas animi 274 ff.
— *Xti* 190.
— *concreata* 158.
Immutabilitas Dei 112.
Immutatio vivorum 279.
Impassibilitas protoplastorum 160.
Impeccabilitas angelorum 150.
— *beatorum* 284.
— *Xti* 189.
— *imaginis div.* 159.
Impeditio actus provid. 130.
Imperium Dei 131.
Impersonalitas 189.
Impraegnatio Mariae 189.
Impulsus 82.
Imputatio 164.
— *justitiae Xti* 228. 232.

Imputatio peccati Adamitici 166. 169.
Incarnatio 187.
Incomprehensibilitas Dei 113.
Incredulitas 6.
Independentia Dei 112.
Independenz d. Kirche 268.
Indifferentismus 6.
Indistantia Dei 112.
Individuelles in d. h. Schrift 95.
Induratio 163. 177.
Indurationis status 177.
Infallibilitas Scripturae S. 81 ff.
— *Ecclesiae* 10. 25.
Infallibilitas Pontificis Maximi 10.
Infernus 277. 283.
Infinitas Dei 112.
Infralapsarii 181.
Inhumanatio 187.
Inscriptio in librum vitae 180.
Inspiratio 82 ff. 87. d. Symb. B. 99.
— *et revelatio* 82 ff. 86.
— Beweise 87 ff. Gegenbew. 88 f.
Instinct 4.
Instrumentum s. *Testamentum* 75.
Integritas Scripturae S. 81.
Intellectus divinus 113.
Intentio Sacerdotis 249.
Intercessio Xti sacerd. 211 f.
— *Spiritus Sancti* 212.
Interpellatio Xti sacerd. 211.
Interpretatio Scripturae S. 92 ff.
Joannes Baptista 66.
— *Evangelista* 24.
— *Damascenus* 27. 106.
Irenaeus 11. 25.
Irrationalismus 60.
Irreligiosität 6.
Isidorus Hispalensis 27.
Iteratio Baptismi 253.
Juden allgem. Bekehrung 278.
Judenthum 77.
Judicium extremum partic. 277.
— — *universale* 278. 281.
Juridicum argumentum 276.
Jurisdictio ecclesiastica 269. 270.
Jus confessionis et reform. 270.
— *majestaticum in sacra* 267.
— — *circa sacra* 268.
— *rerum eccles.* 270.
— *sacrorum, vocationis* 270.

Justificatio 228.
Justinus Martyr 254.
Justitia Dei 118 ff.
— — *rectoria* 204.
— *civilis et spiritualis* 30. 167.
— *fidei ac vitae* 231 f.
— *nostra Xtus* 232.
— *originalis* 158 ff.
Kabbala 137.
Kahnis Dogmatik 52. 16.
— Inspiration 86.
— Kanon 79.
— Offenbarung 65.
— Princip d. Protest. 11.
— Rational. u. Supern. 61.
— Religion 1. 3. 5.
— Schriftkritik 89.
Kaiser DK 39. Bibl. Theol. 37.
— Auferstehung Xti 220.
— *Impositio manuum* 248.
— Princip der Dogmatik 23.
— *summa fidei* 23.
Kanon 79.
Kant 41 ff.
— Aberglaube 6.
— Glaube u. Wissen 4.
— moral. Beweis 105. 276.
— moral. Interpretation 94.
— Mysterien 58.
— Offenbarung 63.
— radicales Böse 170.
— Religion 2. 3.
— Sünde wider den H. G. 176.
— Theismus 63. 107.
— Versöhnung 207.
Κατὰ τὸ ῥητὸν, τὴν διάνοιαν 92.
Καταλλαγή 203.
Katholicismus 10 f.
— Bibelverbot 97.
— *Ecclesia* 261.
— *Fides* 226.
— *Imago divina* 158. 161.
— *Justificatio* 229 f.
— *Operum necessitas* 226.
— *Opus operatum* 27. 226. 249.
— *Peccatum originale* 169.
— *Pelagianismus* 27. 168.
— *Poenitentia* 238.
— *Sacerdotium* 264.
— *Sacramenta* 248.
— *Satisfactio* 238.

Katholicismus Todsünden 175.
— *Traditio* 90.
— *Transsubstantiatio* 254.
— *Vulgata* 80. 95.
Katholische Dogmatik 28 f.
— Kirche, Entstehung 25 f.
— Verfall 27 f.
Kelchentziehung 254.
Κένωσις 197. 214. 216.
Ketzertaufe 253.
Kindertaufe 251.
Kirche 260 ff. s. *Ecclesia*.
— apostolische 24 f.
— etymologische Abstamm. 260.
— evang. protestant. 29 f. 261.
— kath. 25 f. 260 ff.
— ref. u. luth. 29. 256. 259 f.
Kirchengewalt 268 ff.
Kirchenlehre 97 ff.
Kirchenväter 26 f. 82. 137.
Kirchenvereinigung 259 f.
Kirchenzucht 271.
Kirchlich phil. Dogmatiker 45 ff.
— göttl. Ebenbild 159 f.
— Teufel 154 f.
— Tod Jesu 207.
Klein Dogmatik 51.
— Einheit Gottes 107.
— Katholicismus 10.
— Offenbarung 54 f. 66.
— Religiosismus 63.
— Wahrh. d. Rel. 5. christl. 9.
Κλῆσις 234.
Knapp Dogmatik 39.
— *Articuli fidei fund.* 22.
König Dogmatik 34.
Königliches Amt Xti 212 f.
Körper menschlicher 157.
— der Auferstandenen 280.
— Xti nach d. Auferstehung 220.
Κοινωνία τῶν θείων 194.
Kosmogonie 120 ff.
Krause Ration. 56.
Kriterien der Offenbarung 64 f.
— der Inspiration 87.
Kritik d. Gottesbegr. 108.
Kritische Dogmatik 14 f.
Krug Perfectibilität 96.
Κρύψις, Κτῆσις 214.
Krytocalvinismus 256.
Kurtz Satan 155.

Kurtz Schöpfung 122.
Lange [Lobeg.] Dogmatik 51.
— Kindertaufe 252.
Lange [J. P.] Dogmatik 50.
— Abendmahl 258.
— *Argum. a tuto* 106.
— Offenbarung 54.
— Symb. Bücher 100.
— Weifsagung 77.
— Wunder 136.
Langmuth Gottes 118.
Lapsus angelorum 152.
— *hominum* 164 ff.
Latitudinarier 36.
Λατρεία 149.
Leben Gottes 113.
Leges divinae 175.
Lehramt Jesu 201 f.
— in der Kirche 264.
Leibnitz 36. 119. 125. 129.
Lessing 36. 91. 96.
Lex et Evangelium 202. 245 ff.
— *Mosaica* 75. 245.
— *naturalis, moralis etc.* 246.
— *usus triplex* 246.
Leydecker 34.
Λῆψις 187. 249. 256.
Libertas angelorum 151. 152.
— *contradictionis et contrar.* 116.
— *in spiritualibus amissa* 167.
— *restituta* 232.
Libertatis status 232 f.
Libri Symbolici 97 ff.
Liebe Gottes 117.
— als Religion 2.
Liebner Dogmatik 50.
— Gottmensch 197.
— Trinität 145.
Limbus infantum, patrum 277.
Lindner Abendmahl 256.
Lis terministica 239.
Locales in der H. S. 95.
Löffler 207.
Löhe 264. App. in America 235.
Logismus 62.
Logos ἄσαρκος, ἔνσαρκος 221.
— in Jesu 138. 144. 186. 188.
Logos verwechselt mit *πνεῦμα* 138.
Lossius biblische Theologie 37.
Lücke Dogmatik 48.
— Symb. Bücher 100.

Lumen naturae et gratiae 102. 236.
— *internum* 6. 242.
Lustrationen 250.
Luthardt 51.
Luther 29. Abendmahl 255.
— A. Test. 76. Br. Jacobi 80.
— Auslegung 92. 94.
— Glaube u. Werk 227.
— Prädestination 181.
— Predigtamt 265.
— Sünde 176. Teufel 152.
— Symb. Bücher 99.
— Vernunftgebrauch 56.
— Wiederkunft Xti 278.
— Wirkung d. göttl. Worts 244.
— Wunder 72 f. 133 f.
Lutz bibl. Dogmatik 37.
Macedonius, Macedonianer 140.
Macrocosmi novissimum 273.
Märtyrerthum 66. 68.
Magistratus politicus 266 ff.
Majestas Dei 120.
Majestaticum genus 193.
Malebranche 129.
Manducatio spiritualis, capernaitica, supernaturalis 255 f.
Manichäismus 157. 174. 186.
Μαντεία 134.
Marheineke Dogmatik 43.
— Allgegenwart 112.
— Gottheit Xti 199.
— Höllenfahrt 219.
— Inspiration 85.
— Religio 2.
— Versöhnung 207.
Mariae Conceptio immacul. 167.
— *Virginitas inviolata* 189.
Martensen Dogmatik 50. u. Ethik 13. 18.
— Abendmahl 258.
— Erbsünde 171.
— Gottmensch 199.
— Protestantism. 11.
— Teufel 155.
Materia Baptismi 250.
— *Coenae Sacrae* 255.
— *Resurrectionis* 280.
— *Sacramenti* 248.
Materiale peccati orig. 166 f.
Materialismus, Mechan. 60. 131.
Matrinae 253.

Media gratiae s. *salutis* 241 ff.
— *salutis executiva* 241. 274.
Mediator et mediatores 211.
Meinung 4.
MelanchthonDogmatik 31 f. cf. 30.
— *Coena sacra* 255.
— Erbsünde 166.
— Höllenfahrt 219.
— Kirchenvereinigung 260.
— Kryptocalvinismus 30. 256.
— *Nova obedientia* 238.
— Papst 10. 272.
— *Praedestinatio* 181.
— *Redivivus* 41.
— Synergismus 169. 224.
Mendelssonianum argument. 105.
Menken Versöhnung 208.
Mensch 157 ff.
Menschensohn 185.
Menschwerdung des Logos 187.
Meritum Xti 205 f. cf. 183.
Messe 254.
Messianische Weifsagg. 77 ff. 134.
Messias 137. 185.
Μεταβολή 186. 254.
Μετάδοσις 193.
Μετάνοια 234. 237.
Metaphysischer Beweis 276.
Μετεμψύχωσις, μετενσωμ. 277.
Methodisten 239.
Methodus Theologiae dogm. 23.
— *analytica, synthetica* 32 f.
— *definitiva, causalis* 33.
— *foederalis, oeconomica etc.* 34.
— *mathematica* 36.
Michaelis 38. 73. 88. 184.
Microcosmi novissima 273.
Ministerium ecclesiasticum 264 ff.
Miracula 67. 131 ff.
— Beweise für die Offenb. 66.
— Erklärungsarten 132.
— Möglichkeit 135.
— *et mirabilia* 133.
— *naturae et gratiae* 133.
— *potentiae et praescientiae* 134.
— *suspens. et restitut.* 133.
Missa solitaria 254.
Modalisten 138. 139.
Modi perpetui 192.
Möhler 158; Erbsünde 169. 174.
— Grade der Schuld 177.

Möhler *Opus operatum* 226.
— Rechtfertigungslehre 229.
— Tradition 91.
— unsichtb. Kirche 261.
Monarchiani 139.
Monophysiten, Monotheleten 186.
Monotheismus 107.
Moral 18 f. Moralgesetz 245.
Mors Xti vicaria 204 f. 218.
— *temporalis, aeterna* 274. 282.
Morus Dogmatik 38. 67. 84.
— Fundamentalartikel 20. 22.
Mosaismus 8.
Müller Sünde 163. 177.
— Präexistenz 171.
— Wunder 136.
Munus Xti triplex 201 ff.
— *propheticum* 201 f.
— *regium* 212 ff.
— *sacerdotale* 202 ff.
Musaeus Efficacia verbi div. 244.
— *Inspiratio* 83.
Mysteria 6. 23. 58. 74. 143.
Μυστήριον 248.
Mysticismus 6.
Mystik 6 f.
— des Mittelalters 29.
— des Pietismus 35.
Mystiker 237; Durchbruch 239.
— inneres Licht 242.
— Perfectibilität 96.
— Rechtfertigung 230.
Mystische Union mit Gott 240 f.
Mythus 132.
Nativitas Xti 217.
Natura in Xti persona 185 ff.
— *in Trinitate* 140.
Naturalismus 9. 60. 107.
Naturarum Xti communio 190 ff.
Naturgesetz 245.
Necessitas Scripturae S. 90.
Nestorius 186.
Neualtkirchl. Dogmatiker 51.
— Amt u. Kirche 264.
— Inspiration 85.
— Schöpfung 122.
Neukirchl. Supernaturalismus 38 ff. 70.
— Abendm. 256. 260.
— Absolution 269.
— Auferstehung 220. 279.

Neuk. Supernat. Beweise für die Offenb. 65 f. 71.
— christl. Religion 8 f.
— Communicatio idiomm. 192.194.
— Consequenz 73.
— *Consummatio mundi* 282.
— Ebenbild 161.
— *Efficacia verbi div.* 244 f.
— Erbsünde 169 f.
— Fundamentalartikel 22 f.
— Gnadenwirkung 222. 232 f.
— H. Geist 137 f.
— Höllenfahrt 218.
— Inspiration 84. 87. 88.
— *Obedientia activa* 206.
— Prädestination 183.
— Religion 1.
— Schöpfung 121.
— Sündenfall 164.
— *Testimonium Sp. S.* 73.
— Trinität 143.
— *Unio mystica* 241.
— Versöhnung 206.
— Weltgericht 281.
— Wiederkunft Xti 279.
— Wunder 67. 135.
Neuplatoniker 61.
Nicäa Synode 138. 254.
Nihil negativum et privat. 124.
Nitzsch Dogmatik 48. u. Moral 18.
— Abendmahl 257.
— Aberglaube 6.
— Auslegung der H. S. 92.
— ächte Buße 238.
— A. Test. 77.
— Amt Xti 201.
— Engel 156.
— Inspiration 85.
— Glaube 4.
— göttl. Attribute 111. 113. 119.
— Offenbarung 54.
— Pantheismus 108.
— Princip der Dogmatik 23.
— Rel. 2. Wahrheit 5. christl. 9. positive 7.
— Schöpfung 125.
— Sünde 163. 165.
— Trinität 146.
— Typen 78.
— Zeugniſs des H. G. 73.
Nominalisten 28. 109.

Νόμος 247.
Norma docendi, credendi 100.
Normativus legis usus 246.
Notae characteristicae 141 f.
Nothtaufe 253.
Nothwendigkeit Gottes 114.
Notiones personales 141.
Notitia Dei nat. et revel. 102.
Novissima 273 ff.
Obedientia activa, passiva 205 f.
— *hominis nova* 238.
Obsessio diabolica 153.
Obsignatio 239. 251. 256.
Occasionalismus 129.
Oecolampadius 255.
Oeconomia 8. *salutis* 234.
Oeconomica opera 142.
— *Theologia* 34.
Offenbarung Definition 7. 53 ff.
— göttlicher Beweis 72.
— historische Perioden 7 f.
— u. Inspiration 82 ff.
— Kriterien 64 f.
— menschliche Beweise 71.
— Möglichkeit 64 f.
— natürliche, übernatürliche 53.
— Nothwendigkeit 65 f. 71.
— religiöse Bedeutung 53 f.
— u. Vernunft 55 ff.
— Wirklichkeit 66 ff.
Officia Spiritus Sancti 222.
Officium triplex 201. s. *Munus*.
Ohrenbeichte 270.
Οἰκονομία *et Theologia* 11.
Olshausen Abendmahl 258.
— Dämonenbesitzung 154.
Omnipotentia Dei 116.
Omnipraesentia Dei 112.
— *Xti* 194. 255. 259.
Omniscientia Dei 113.
Ὁμολογούμενα 79.
Ὁμοουσία 138. 141.
Ontologicum argumentum 105.
Opera ad intra, ad extra 141 f.
— *attributiva* 142.
— *bona* 226. 239.
— *bona e fide oriuntur* 233.
— *operata* 27. 226. 242. 249.
— *supererogationis* 226. 239.
Operationes gratiae 222.
Opfer als Typen 203.

Opfer im Abendmahl 254.
Optimismus 125.
Opus Xti mediatorium 201 ff.
Ordination 248. 265.
Ordinis potestas 269.
Ordo ecclesiasticus 264 f.
— salutis 221. 233 ff.
Origenes 26. 93. 251. 279. 284.
Orthodoxie 16.
OsianderRechtfertig.192.208.230.
Osterlamm 248.
Οὐσία 140. 187.
Paalzow 36.
Paedagogicus legis usus 246.
Paedobaptismus 251.
Παλιγγενεσία 284.
Panlogisticus Pantheismus 108.
Pantheismus 43. 107 f. 164. 170. 199. 258.
Papst 26. Antichrist 272.
— Unfehlbarkeit 10.
— Usurpator 213.
— Verfall d. kath. K. 27 f.
Παράδεισος 158.
Particularis Ecclesia 262.
Particularismus 107. 181.
Particularisten 181. 206.
Paschasius Radbertus 254.
Passah 248.
Passio magna Xti 218.
Pater in Trinitate 137. 142.
Pathen 253.
Patres ecclesiastici 26 f.
Patriarchalis religio 8.
Patrini, propatres 253.
Patripassiani 139.
Paulus Apostolus 24.
— Erbsünde 168.
— Fides specialis 225. 228.
— Lex et Evangelium 245 ff. 247.
— Vernunft 55.
Paulus Heidelbergens. 41. 132.
Paulus Samosat. 139.
Peccatum 162 ff.
— actuale, habituale 174 f.
— Divisiones 174 ff.
— in Filium Hom. et Sp. S. 176.
— originale 30. 166 ff.
— — Dogmengeschichte 168 ff.
— — orthod. Darstellung 166 ff.
— — religiöse Begründung 171 ff.

Pelagianismus d. kath. K. 27 f. 168.
— der NKS 26. 168.
— Verwerfung 157. 161. 174.
Pelagius 26. 168.
Perfectibilität des Xthums 96.
Perfectibilitatis argument. 276.
Perfectio Scripturae S. 89 f.
— Dei 113.
Περιχώρησις essentialis 142.
— personalis 191.
Permissio actus providentiae 130.
Persona Xti 185 ff.
— Trinitatis 141.
Perspicuitas Scripturae S. 91 f.
PetrusLombardus27. Sacram.248.
Peyrerius 157.
Pfaff Collegialsystem 268.
— Inspiration 83.
Phantasiasten 186. 188.
Pharisaeismus 176. 275.
Philippi Dogmatik 52.
— — Begriff 14.
— — Quellen 100.
— Christenthum 9.
— Ebenbild göttl. 161.
— Erbsünde 171.
— Fundamentallehren 19.
— H. S. Auctorität 95.
— — Inspiration 86.
— obedientia activa 210.
— Offenbarung 54.
— Originaljustiz 162.
— Religion 1.
— Satan 155.
— Tradition 91.
— Versöhnungslehre 209.
— Zeugnifs d. H. G. 88.
Philoponus, Photinus 139.
Philosophie u. Theol. 59 ff.
Philosoph. Dogmatiker 62.
Physico-theologicum argum. 130.
Pietisten 35.
— Ordo salutis 233 ff.
— Poenitentia sera 239.
Πίστις 4. s. Fides, γνῶσις 26.
Plan Jesu Bew. der Offenb. 66.
Plato Begriff des Glaubens 4.
— Begriff der Religion 2.
— Reinigungsfeuer 277.
Πνεῦμα 137. πνευματικὸν 157.
— ἅγιον 138.

Πνευματομάχοι 138.
Poena 119. 164.
— damni et sensus 152. 194. 277. 283.
— peccati originalis 165.
Poenitentia 237 ff.
Politicus usus legis 246.
Polytheismus 107.
Positive Religion 7.
Positivismus 60.
Potestas clavium 269. 271.
— ecclesiastica 267. 268 ff.
— ordinis 269. 271.
Practischer Beweis 104. 276.
Präadamiten 157.
Prädestinatianer 128. 180.
Praedestinatio 178 ff. cf. 127.
— late et stricte dicta 179.
— et praescientia 182.
— religiöse Begründung 180 ff.
Präexistentianer 158.
Präformation 135.
Praemia divina 119.
Praeparatio judicii extremi 281.
Praesagium, praesagitio 134.
Praescientia Dei 114. 182.
Praesentia Xti operativa 256.
Praeses concilii 273.
Praevisio fidei finalis 183.
Praxeas 139.
Predigt des Ev. 243. 269.
Priesterthum 25. 264 ff.
Princip d. Dogmatik 23.
— des Protestantismus 10. 95.
Principia salutis 178.
Privatbeichte 270.
Privatcommunion 256.
Πρόγνωσις, πρόθεσις 127. 180. 182.
Πρόνοια 126.
Προορισμός 180. 182.
Propheta, prophetia 75 f. 134.
Propheticum Xti munus 201 f.
Propositiones abstractivae 191.
— idiomaticae 192.
— personales 191.
Proprietates 109.
— personales 141. 188.
Proselytentaufe 250.
Προσκύνησις 149.
Πρόσωπον 140. 187.
Protestantismus 9 ff.

Protestantismus Entstehung 29 f.
— Entwickelung 36 ff.
Protoplastorum lapsus 165.
Providentia 126 ff.
Pulchritudo Xti 190.
Pura naturalia 156. 168.
Purgatorium 277.
Purificatio ovuli Mariae 189.
Quäker Sacramente 249.
Quenstädt Dogmatik 34.
— Vernunftgebrauch 57 f.
Quodlibetarii 28.
Rabanus Maurus 254.
Raptus Xti in coelum 202.
Rathmann 244.
Rathschlufs Gottes 115. 180 f.
Rationalismus 59 ff. 3. 9.
— Beweise 68 ff.
— christlicher Charakter 60. 74 f.
— der Symb. Bücher 55 f.
— speculativer 62.
— supernaturaler 63.
— u. Supernaturalismus 59 ff.
— Gesch. ihres Verhältn. 59 ff.
— Indifferenz 69.
— Entscheidung 70 f.
Rationalisten vulgäre 40 ff.
— Abendmahl 256. 260.
— Auferstehung Jesu 220.
— — der Todten 280.
— Consummatio mundi 282.
— Erbsünde 169.
— Fundamentalartikel 23.
— Gnadenmittel 242.
— Gnadenwirkungen 223.
— göttl. Ebenb. 161.
— Gottheit Xti 139. 197.
— Inspiration 84.
— Rechtfertigung 229.
— Sacramente 250. 253.
— Selig. durch d. Glauben 227.
— Sündenfall 164.
— Trinität 139. 144.
— Unio mystica 241.
— Versöhnung 206.
— Wunder 132.
Raumlosigkeit Gottes 112.
Realisten 28. 109.
Reatus culpae et poenae 163 f.
— peccati originalis 167. 170.
Rechtfertigung 228 ff.

Reciprocatio idiomatum 192.
Reconciliatio 185 ff. 203. 228.
Redemptio 203.
Reditus Xti 278 ff.
Redslob 1.
Regeneratio 233 f. 236.
Regierung Gottes 130 f.
Regula fidei 93.
Reich Xti 212 f.
Reimarus 36. 220. 276.
Reinhard Dogmatik 38.
— Auferstehung 220.
— Communicatio idiomm. 193.
— Eid auf Symb. B. 98 f.
— Erbsünde 170.
— Gnade 221. 222. 223. 224.
— göttl. Attrib. 111. 112. 113. 116. 117. 120.
— Höllenfahrt 219.
— Imago div. 160.
— Inspiration 84. 88.
— Kennzeichen der Bufse 238.
— Lex et Evangelium 247.
— Mysterien 58.
— Sünde wider den H. G. 176.
— Unsterblichkeit 274.
— wahre Rel. 6. christl. 8 f.
Relatio Dei 140.
Religion, Begr. hist. 1. phil. 1.
— christl. 8 ff.
— Eintheilungen 7.
— Ursprung 3 f.
— Wahrheit 5 ff.
— Wissen u. Glauben 3 ff.
Religionsphilosophie 14. 42.
Religiosismus 63.
Remissio peccatorum 228.
Remonstranten 35.
Renan 197. 220.
Renovatio 233 f. 237.
Repetitio baptismi 253.
Reprobatio 179. 160.
Resurrectio Xti 220.
— et resusc. mortuorum 279 f.
Reue 237.
Revelatio 53 ff. s. Offenbarung.
Richter Unsterblichkeit 275.
Röhr 41. 60. 61 f. 85. 144.
Rosenkranz Wunder 135.
Rothe Ethik 50. 155.
Rückert Dogmatik 49 f. Ethik 18.

Rückert Abendmahl 257.
— Erbsünde 171.
— Kirche 260.
— Offenbarung 55.
— Rationalismus 62.
Rust 43. 62. 225.
Sabellius 139.
Sacerdotium 264 ff.
Sacramenta 58. 241. 247 ff.
Sacramentarii 255.
Sacramentum poenitentiae 248.
Sacrificium missaticum 254.
Sadducäer 275.
Salbung Xti 142. 193.
Salutis ordo 233 ff.
Sanctificatio 239.
Sanctitas Dei 117.
— amoris divini 117. 120.
— concreata 160.
Sapientia concreata 160.
— Dei 114.
$\Sigma \acute{\alpha} \varrho \xi$, $\psi v \chi \acute{\eta}$, $\pi v \varepsilon \tilde{v} \mu \alpha$ 157.
Sartorius Abendmahl 257. cf. 250.
— Communicatio idiomm. 195.
— Teufel 154.
Satan 147 ff. im Paradies 164 f.
Satisfactio Xti 203 ff.
— Orthodoxe Darstellung 204 ff.
— Polemik 206 f. Apologetik 208 ff.
— operis 236.
Schaff Sünde w. H. G. 177.
Schattenreich 277.
Scheibel Abendmahl 257.
Schelling Identitätssystem 42.
— Erbsünde 170.
— Glaube u. Anschauung 4 f.
— Gottheit Xti 199.
— Offenbarung 55.
— Religion 2. u. Moral 18.
— Schöpfung 125.
— Trinität 145.
— Versöhnung 207.
Schenkel Dogmatik 51. 13.
— Inspiration 85.
— Protestantismus 11.
— Religion 3.
Schicksal 131.
Schlegel Rel. u. Moral 18.
Schleiermacher Dogmatik 46 ff.
— A. Test. 77.
— Amt der Schlüssel 269.

Schleiermacher Begr. d. Theol.
13. d. DK 14.
— *Benedictio sacerdotalis* 203.
— Dasein Gottes 104.
— Dogmatik u. Moral 18.
— Engel 156.
— Erbsünde 170.
— göttl. Attribute 109. 111. 112. 113. 114. 116. 117. 118.
— Gottheit Xti 200.
— Heiligung 239.
— Inspiration 85. 88.
— *Intercessio Xti* 203.
— königl. Amt Xti 213.
— Neues Testam. 95.
— Optimismus 125.
— Pantheismus 109.
— Prädestination 181.
— Prtstms. u. Kthlcms. 11.
— Rechtfertigung 230.
— Rel. 3. christl. 9. posit. 7.
— Schöpfung 124. 126.
— Sünde 163.
— Symb. Bücher 100.
— Versöhnung 207.
— Wunder 68.
Schlüssel 269.
Schmid Def. des Mysticismus 6.
Schmid [H.] luth. Dogmatik 51.
Schmid [C. F.] bibl. Th. 37.
Schöpfung der Menschen 157.
— der Welt 120 ff.
Scholastik 28 f. 102. 159. 222.
Schott Dogmatik 39. 23. Offenb. 63.
— *Testim. experientiae* 73.
— Wunder 67.
Schrift heilige 74 f.
Schuderoff 268.
Schuld 163.
Schulz 231. 257.
Schutzengel 151.
Schwärmerei 6.
Schwarz DK 39. 23. u. Moral 18.
— Menschwerdung 199.
— Princip der Dogmatik 23.
— Religion 2.
— [Theod.] Abendm. 258.
Schweizer Dogmatik 48 f.
— Prädestination 181.
Scientia Dei necessaria, media 113. 114.

Scotisten 28. 204.
Scriptura Sacra 74 ff.
— *Affectiones* 89 ff.
— Locales, Temporelles 95.
Sederholm Begr. d. Rel. 1.
Sedes doctrinarum 92.
Seele: Entstehung 158.
Seelenmesse 254.
Seelenschlaf, Seelenwandr. 277.
Segen hohenpriesterlicher 202.
Seiler Wunder 135.
Seligkeit 284. Grade 284.
— Gottes 113.
— der Heiden 183.
Semiarianer 140. 186.
Semipelagianer 27 f. 169. 180. 224.
Semler Dogmatik 38.
— *Articuli fidei universales* 22.
— dämonische Besitzung 154.
— Exegese 94.
— historische Kritik 36 f.
— Inspiration 84.
Sensus Scripturae $\varkappa\alpha\tau\grave{\alpha}$ $\dot{\varrho}\eta\tau\grave{o}\nu$ 92.
— $\varkappa\alpha\tau\grave{\alpha}$ $\tau\grave{\eta}\nu$ $\delta\iota\acute{\alpha}\nu o\iota\alpha\nu$ 92.
— *literalis, mysticus etc.* 93.
— *irae* 238.
Sententiarii 28.
Sepultura Xti 218.
Sessio Xti ad dexteram Dei 220.
Signum in Sacramento 248 f.
Simplicitas Dei 112.
Sittengesetz als Weltgesetz 118 f.
Socinianer 35.
— göttliches Ebenbild 161.
— Gottheit Xti 139.
— Höllenfahrt Xti 219.
— Präscienz u. Freiheit 183.
— Sacramente 249. 253. 255.
— Stände Xti 216.
Soterologia 178 ff.
Spener 35.
Spieker Def. des Mystic. 6.
Spinoza 2.
Spiratio 141.
Spiritualia 167.
Spiritualitas Dei 113.
— *corporis beatorum* 280. 285.
Spiritualis manducatio 257.
Spiritus Sanctus 137. 142.
— *Intercessio* 212.
— *Officia quatuor* 222.

Spiritus Testimonium int. 72. 76.
Sponsores, susceptores 253.
Staat u. Kirche 267.
Stäudlin Dogmatik 42.
Stahl Fundamentalartikel 21.
— Sacramente 250.
Stancarus 193.
Status angelorum 150.
— *Xti duplex* 213 ff.
— — Giefsen u. Tübingen 214 ff.
— *corruptionis* 162 ff. 177.
— *exinanitionis et exaltat.* 215 ff.
— *gratiae s. libertatis* 221 ff. 232 f.
— *hierarchicus triplex* 264 ff.
— *hominis quinque* 156.
— *integritatis* 157 ff.
— *intermedius* 277.
— *oeconomicus* 268.
— *securitatis, servitutis* 177.
Steinbart 41.
Stephani Abendmahl 257.
Stercoranismus 255.
Steudel Dogmatik 40. cf. 14.
— Abendmahl 256 f.
— *Communicatio idiomm.* 195.
— Glaube 4.
— Glaubenslehre u. Moral 18.
— Genugthuungslehre 207.
— Gnade 224.
— göttl. Attribute 111.
— Inspiration 84.
— Kritik der Kirchenlehre 15.
— *Ordo salutis* 234.
— Religion 3.
— Schöpfungsgeschichte 121.
— Sünde 163.
— Supernaturalismus 63.
— Symb. Bücher 100.
— Wunderbeweis 67.
— Zeugnifs des H. G. 73.
Stier Abendmahl 260.
— Inspiration 86.
Storr Dogmatik 38. 40.
— Bew. f. d. Das. Gottes 104.
— Höllenfahrt 219.
— Inspiration 84.
— Schöpfung 123.
— Teufel 155.
— Wunder 67.
— Zeugniss des H. G. 73.
Strafamt des Geistlichen 266.

Strafe 164.
Strafgerechtigkeit Gottes 119.
Straufs Dogmatik 44 f.
— Abendmahl 259.
— Auferstehung Xti 220.
— Engel 153 f.
— Erbsünde 171.
— Gottmensch 199.
— Möglichkeit der Offenb. 65.
— Pantheismus 108.
— Perfectibilität 96.
— Rechtfertigung 231.
— Schöpfung 124.
— Taufe 253.
— Teufel 154.
— Trinität 145.
— Unsterblichkeit 276.
— Versöhnung 207.
— Weifsagung 134.
— Wunder 132. 135. 136.
— Zeugniss des H. G. 88.
Strigel Synergismus 224.
Sublapsarii 181.
Subordinatianer 139. 143.
Subsistentia in Trinitate 140.
Substantia divina 140.
— *Xti* 187.
Successio episcopalis 265.
Sufficientia Scripturae S. 90.
Suggestio 82.
Summa fidei 23.
Summistae 28.
Sumptio S. Coenae 256.
Sünde 162. s. *Peccatum*.
— Eintheilungen 174 ff.
— wider den H. G. 176.
Sündenfall 164 ff.
Supernaturalismus 59 ff. 61.
— Beweise 64 f. 69 ff.
— moderner 50. 55.
— populärer 61.
— rationaler 63.
— wissenschaftlicher 66. 71.
Superstitio 6.
Suppositum 140.
Supralapsarii 181.
Συγκατάβασις *accommodatio* 96.
Σύγχυσις 186.
Syllogismus praedestinator. 180.
Symbolik 14. 97.
— der Dogmen 45.

Symbolische Bücher 97 ff.
Symbolum 97.
— Apostolicum 25. 98. 138.
— — als regula fidei 93.
— Athanasianum 98. 139.
— Chalcedonense 98. 186.
— Constantinopolitanum 98. 186.
— Ephesinum 98.
— Nicaenum 98. 138.
Συναμφοτερισμός 192.
Συνάφεια 186.
Syncretismus 35..
Synergismus 169. 224.
Synthetische Methode 32.
System der Dogmatik 23.
Systeme des KRechts 267 f.
Tactus Spiritus Sancti 244.
Tagewerke der Schöpf. 122.
Ταπείνωσις 216.
Taufe 250. s. Baptismus.
— Nothwendigkeit 252.
Taufzeugen 253.
Teleologischer Beweis 106. 276.
Teller Dogmatik 38. 41.
Temporelles in der H. S. 95.
Terminus gratiae perempt. 239.
— vitae 128.
Territorialsystem 267.
Tertullian 55. 138. 166. 168. 186. 204. 247.
Testament 75 f.
— Altes im Xthum 77.
Testimonium Ecclesiae 81. 87.
— Spiritus Sancti 72. 87 f.
Teufel 147 ff. 154 f.
Thatsünde 174.
Θεάνθρωπος 166. 221.
Theile Tabellen 41 f.
Theismus 60. 107.
Theodicee 125.
Theokratie 268.
Theologia 11ff. 101ff. s. Dogmatik.
— acroamatica, popularis 12.
— ἀρχέτυπος, ἔκτυπος 12.
— naturalis 36.
— prophetica, typica 77 ff.
Theologischer Beweis 106. 276.
Theologus 17.
Theopneustie 83.
Theosophie 6.
Tholuck Fundamentalartikel 22.

Tholuck Inspiration 84.
— Mysticismus Definit. 6.
— Weifsagung 77.
Thomas Aquinas 28 f. 132 f.
Thomasius [Ch.] 154. 267.
Thomasius [G.] Dogmatik 52.
— Status exinanitionis 197. 216.
Thomisten 28. 204.
Thummius 214.
Tieftrunk 23. 42. 111.
Tod 274. s. Mors.
— Jesu 205. 218.
Todsünde 175.
Töllner 206.
Tollin Versöhnungslehre 208.
Tractus Spiritus Sancti 244.
Traditio 25. 90.
Traducianer 158.
Tradux peccati 168.
Träume als Offenbarungen 53.
Transfiguratio 279.
Transsubstantiatio 254.
Trias, Trimurti 137.
Trichotomie des Menschen 157.
Trinitas 136 ff. 140 ff. 143 ff.
— symbolisch 145.
Trinum, triplex 140.
Triplex legis usus 246.
Tritheismus 107.
Tritheiten 139.
Τρόπος ὑπάρξεως, ἀποκαλ. 141.
Twesten Dogmatik 47.
— Glaube 4.
— Offenbarung 53. 54. 57.
— Pelagianismus 27.
— Protestms. u. Katholcs. 11.
— Religion 5.
— Symb. Bücher 100.
— Verbalinspiration 85.
— Vernunft u. Offenb. 59.
— Zeugnifs des H. G. 73.
Typen, Typologie 78. 248.
Tzschirner Dogmatik 41.
— Offenbarung 53.
— Princip 23.
— Zeugniss des H. G. 73.
Ubietas Dei 112.
Ubiquitas Xti 194. 255. 259.
Uebel 125.
Uebereinst. des A. u. N. T. 8. 75 f.
Ueberzeugungsarten 3.

Ullmann Christenthum 9.
Unbegreiflichkeit Gottes 113.
Unctio Xti 142. 193.
— *extrema* 248.
Unermefslichkeit Gottes 112.
Unfehlbarkeit 10. 25.
Unglaube 6.
Unio mystica 240 f.
— *permeatoria* 190 f.
— *personalis* 188.
— *sacramentalis* 250 f.
Union d. ev. K. 181. 259. 263.
Unitarier 139.
Unitas Dei numerica, special. 107.
Unitio personalis 187.
Universalismus 107. 181.
Universalisten 181. 206.
Universitas rerum 121.
Unschuld ursprüngliche 158.
Unsündlichkeit der Engel 150.
— Jesu 189.
— der Seligen 284.
Unsterblichkeit 274 ff.
— Beweise 276.
Untergang der Welt 261 f.
Unveränderlichkeit Gottes 112.
Urim und Thummim 54.
Usus legis triplex 246.
Vaticinia 76. 134.
Vatke bibl. Theol. 37.
Veracitas Dei 116.
Verbalinspiration 82
Verbum divinum 242 ff.
— *obj. primar. et secund.* 243.
— *verbale et visibile* 247 f.
Verbum in Sacramento 249.
Verdammnifs ewige 282 ff. cf. 183.
Verdienst Xti 205 f.
Vereinigung mit d. Trinität 241.
Vergebung der Sünden 228.
Vergeltung 119.
Verhärtung 163.
Vermittlungstheologie 50. 62.
Vernunft Definition 55.
— natürliche, erleuchtete 57.
— Verhältnifs zur Offenb. 55 ff.
— u. Verstand 3.
Vernunftgebrauch 55. 58.
— Beschränkung 74.
— Geschichte 55 ff.
— Volksunterricht 74.

Versöhnung 74. 201. 203.
— Princip der luth. DK 19.
— Zweck d. Offenb. 22. 74.
Verstockung 163. 182.
Verwandlung 254. 279.
Via eminentiae, negationis etc. 110.
Vilmar Teufel 155.
Vires residuae 166. 174. 181.
Visio Dei beatifica 284.
Vita aeterna 284.
— *Dei perfectissima* 113.
Vitiositas innata 170.
Vivificatio Xti 218.
Vocatio 234.
— *ad ministerium* 265.
Vocationis jus 270.
Voetius Dogmatik 34.
Voluntas Dei 114 f.
— *antecedens et consequens* 115. 179.
— *signi et beneplaciti* 115.
Vorherwissen Gottes 114. 127.
Vorsehung 126.
Vulgata versio 95.
Wahrhaftigkeit Gottes 116.
Wahrheit der Religion 5 ff.
Wahrsagerei 134.
Wegscheider Dogmatik 41.
— Abendmahl 257.
— A. Testament 77.
— Beweise f. den Rts. 68 ff. cf. 65.
— Fundamentalartikel 22 f.
— Inspiration 85.
— Mysticismus 6.
— Protestantismus 10.
— Rts. u: Spnts. 60.
— Rechtfertigung 231.
— Religion 1.
— *Summa fidei* 23.
— Theologie 13.
Weigel Rechtfertigung 230.
Weisheit Gottes 114.
Weifsagung 76. 134.
Weifse Dogmatik 50.
— Auferstehung Xti 220.
— Teufel 155.
— Trinität 146.
— Unsterblichkeit 275 f.
— Wunder 132.
Welt 121.

Weltbrand, Weltende 281.
Weltgericht 280 f.
Werke gute 226. 239.
Wessenberg Def. d. Mystic. 7.
De Wette 45 f.
— *Auditio* 235.
— bibl.Theol. 37. kirchl.Th. 51 f.
— Gnadenwirkung 223.
— Gottheit Xti 199.
— Höllenfahrt 219.
— Inspiration 85.
— Offenbarung 55.
— Protestantismus 11.
— Rts. u. Spnts. 61. 62.
— Rechtfertigung 231.
— Religion 2. 3.
— Sünde wider den H. G. 176 f.
— Trinität 145.
— unsichtbare K. 262.
— Versöhnung 207.
— Zeugnifs des H. G. 73.
Wiederbringung aller Dinge 284.
Wiedergeburt 233.
Wiederkunft Xti 278 ff.
Wiedersehn 285.
Wiedertaufe 253.
Wille Gottes 114.

Wirksamkeit der H. S. 96.
— des göttl. Wortes 244.
Wislicenus 95.
Wissen u. Glauben 3 ff.
Wolfische Schule 36. 104. 106.
— Vernunftgebrauch 55.
Wort Gottes 241. 242 f.
— u. Heilige Schrift 243 f.
Wunder 131. s. *Miracula*.
— Bew. der Offenbarung 66.
Zabäismus 107.
Zeitlosigkeit Gottes 112.
Zerknirschung 237.
Zeugnifs des H. G. 72 ff. 87 ff. 247.
— Jesu für sich selbst 66.
·· des Johannes 66.
Zezschwitz Höllenfahrt 219.
Zornwahl 179.
Zoroaster 277. 284.
Zufall 131.
Zurechnung 164. cf. *imputatio*.
Zwingli Abendmahl 255. 260.
— *Allöeosis* 194.
— Prädestination 181.
— rationalistische Tendenz 30.
— Sacramente 249. 253.
— Seligk. der Heiden 184.